全国普通高等中医药院校药学类专业第三轮规划教材

中药商品学（第3版）

（供中药学、药学、药物制剂、中药资源与开发、市场营销及相关专业用）

主　编　蒋桂华　杨扶德　李　峰

副主编　张　芳　叶耀辉　李昌勤　王添敏　兰志琼　管家齐　李鹏跃

编　者　（以姓氏笔画为序）

马　羚（重庆三峡医药高等专科学校）　　王明伟（甘肃中医药大学）

王晓倩（浙江中医药大学）　　　　　　　王添敏（辽宁中医药大学）

叶耀辉（南昌医学院）　　　　　　　　　兰志琼（成都中医药大学）

曲中原（哈尔滨商业大学）　　　　　　　苏雪慧［山东第一医科大学(山东省医学科学院)］

李　峰（山东中医药大学）　　　　　　　李　娟（湖北中医药大学）

李昌勤（河南大学）　　　　　　　　　　李鹏跃（北京中医药大学）

杨扶德（甘肃中医药大学）　　　　　　　杨青山（安徽中医药大学）

杨枝中（云南中医药大学）　　　　　　　杨晶凡（河南中医药大学）

连　艳（成都中医药大学）　　　　　　　吴志瑰（江西中医药大学）

张　芳（山东中医药大学）　　　　　　　张　琳（陕西中医药大学）

林　莺（滨州医学院）　　　　　　　　　盛　琳（海南医学院）

笪舫芳（贵州民族大学）　　　　　　　　蒋运斌（西南大学）

蒋桂华（成都中医药大学）　　　　　　　景松松（河北中医药大学）

管家齐（浙江中医药大学）

中国健康传媒集团

中国医药科技出版社

内 容 提 要

本教材是"全国普通高等中医药院校药学类专业第三轮规划教材"之一，依照高等教育教学相关文件和精神，根据中药商品学课程标准和课程特点，结合《中国药典》2020年版和相关执业药师考试，编写而成。全书共分上、下两篇，上篇主要介绍中药商品学的定义、任务、历史演变；中药商品经营管理；中药商品的命名及分类、产地及采收加工、商品规格等级、道地药材以及中药商品的仓储、包装、物流、质量控制和标准等内容。下篇为各论部分，以中药材主产地或集散地分类介绍川、广、云、贵、关、北、西、南、浙、怀药等道地药材。本教材为书网融合教材，即纸质教材有机融合电子教材、教学配套资源和数字化教学服务（在线教学、在线作业、在线考试），便教易学。

本教材实用性强，主要供中药学、药学、药物制剂、中药资源与开发、市场营销及相关专业师生教学使用，也可作为医药行业考试与培训的参考用书。

图书在版编目（CIP）数据

中药商品学/蒋桂华，杨扶德，李峰主编. —3版. —北京：中国医药科技出版社，2024.1

全国普通高等中医药院校药学类专业第三轮规划教材

ISBN 978 – 7 – 5214 – 3994 – 6

Ⅰ.①中…　Ⅱ.①蒋…②杨…③李…　Ⅲ.①中药材 – 商品学 – 中医学院 – 教材　Ⅳ.①F762.2

中国国家版本馆 CIP 数据核字（2023）第 130137 号

美术编辑　陈君杞

版式设计　友全图文

出版　**中国健康传媒集团** | 中国医药科技出版社

地址　北京市海淀区文慧园北路甲 22 号

邮编　100082

电话　发行：010 – 62227427　邮购：010 – 62236938

网址　www. cmstp. com

规格　889mm × 1194mm $\frac{1}{16}$

印张　20 $\frac{3}{4}$

字数　596 千字

初版　2014 年 8 月第 1 版

版次　2024 年 1 月第 3 版

印次　2024 年 1 月第 1 次印刷

印刷　河北环京美印刷有限公司

经销　全国各地新华书店

书号　ISBN 978 – 7 – 5214 – 3994 – 6

定价　**65.00 元**

获取新书信息、投稿、为图书纠错，请扫码联系我们。

出版说明

"全国普通高等中医药院校药学类专业第二轮规划教材"于2018年8月由中国医药科技出版社出版并面向全国发行,自出版以来得到了各院校的广泛好评。为了更好地贯彻落实《中共中央　国务院关于促进中医药传承创新发展的意见》和全国中医药大会、新时代全国高等学校本科教育工作会议精神,落实国务院办公厅印发的《关于加快中医药特色发展的若干政策措施》《国务院办公厅关于加快医学教育创新发展的指导意见》《教育部　国家卫生健康委　国家中医药管理局关于深化医教协同进一步推动中医药教育改革与高质量发展的实施意见》等文件精神,培养传承中医药文化,具备行业优势的复合型、创新型高等中医药院校药学类专业人才,在教育部、国家药品监督管理局的领导下,中国医药科技出版社组织修订编写"全国普通高等中医药院校药学类专业第三轮规划教材"。

本轮教材吸取了目前高等中医药教育发展成果,体现了药学类学科的新进展、新方法、新标准;结合党的二十大会议精神、融入课程思政元素,旨在适应学科发展和药品监管等新要求,进一步提升教材质量,更好地满足教学需求。通过走访主要院校,对2018年出版的第二轮教材广泛征求意见,针对性地制订了第三轮规划教材的修订方案。

第三轮规划教材具有以下主要特点。

1.立德树人,融入课程思政

把立德树人的根本任务贯穿、落实到教材建设全过程的各方面、各环节。教材内容编写突出医药专业学生内涵培养,从救死扶伤的道术、心中有爱的仁术、知识扎实的学术、本领过硬的技术、方法科学的艺术等角度出发与中医药知识、技能传授有机融合。在体现中医药理论、技能的过程中,时刻牢记医德高尚、医术精湛的人民健康守护者的新时代培养目标。

2.精准定位,对接社会需求

立足于高层次药学人才的培养目标定位教材。教材的深度和广度紧扣教学大纲的要求和岗位对人才的需求,结合医学教育发展"大国计、大民生、大学科、大专业"的新定位,在保留中医药特色的基础上,进一步优化学科知识结构体系,注意各学科有机衔接、避免不必要的交叉重复问题。力求教材内容在保证学生满足岗位胜任力的基础上,能够续接研究生教育,使之更加适应中医药人才培养目标和社会需求。

3.内容优化，适应行业发展

教材内容适应行业发展要求，体现医药行业对药学人才在实践能力、沟通交流能力、服务意识和敬业精神等方面的要求；与相关部门制定的职业技能鉴定规范和国家执业药师资格考试有效衔接；体现研究生入学考试的有关新精神、新动向和新要求；注重吸纳行业发展的新知识、新技术、新方法，体现学科发展前沿，并适当拓展知识面，为学生后续发展奠定必要的基础。

4.创新模式，提升学生能力

在不影响教材主体内容的基础上保留第二轮教材中的"学习目标""知识链接""目标检测"模块，去掉"知识拓展"模块。进一步优化各模块内容，培养学生理论联系实践的实际操作能力、创新思维能力和综合分析能力；增强教材的可读性和实用性，培养学生学习的自觉性和主动性。

5.丰富资源，优化增值服务内容

搭建与教材配套的中国医药科技出版社在线学习平台"医药大学堂"（数字教材、教学课件、图片、视频、动画及练习题等），实现教学信息发布、师生答疑交流、学生在线测试、教学资源拓展等功能，促进学生自主学习。

本套教材的修订编写得到了教育部、国家药品监督管理局相关领导、专家的大力支持和指导，得到了全国各中医药院校、部分医院科研机构和部分医药企业领导、专家和教师的积极支持和参与，谨此表示衷心的感谢！希望以教材建设为核心，为高等医药院校搭建长期的教学交流平台，对医药人才培养和教育教学改革产生积极的推动作用。同时，精品教材的建设工作漫长而艰巨，希望各院校师生在使用过程中，及时提出宝贵意见和建议，以便不断修订完善，更好地为药学教育事业发展和保障人民用药安全有效服务！

数字化教材编委会

主　编　蒋桂华　杨扶德　李　峰

副主编　张　芳　叶耀辉　李昌勤　王添敏　兰志琼　管家齐　李鹏跃

编　者（以姓氏笔画为序）

马　羚（重庆三峡医药高等专科学校）　　王明伟（甘肃中医药大学）

王晓倩（浙江中医药大学）　　　　　　　王添敏（辽宁中医药大学）

叶耀辉（南昌医学院）　　　　　　　　　兰志琼（成都中医药大学）

曲中原（哈尔滨商业大学）　　　　　　　苏雪慧［山东第一医科大学(山东省医学科学院)］

李　峰（山东中医药大学）　　　　　　　李　娟（湖北中医药大学）

李昌勤（河南大学）　　　　　　　　　　李鹏跃（北京中医药大学）

杨扶德（甘肃中医药大学）　　　　　　　杨青山（安徽中医药大学）

杨枝中（云南中医药大学）　　　　　　　杨晶凡（河南中医药大学）

连　艳（成都中医药大学）　　　　　　　吴志瑰（江西中医药大学）

张　芳（山东中医药大学）　　　　　　　张　琳（陕西中医药大学）

林　莺（滨州医学院）　　　　　　　　　盛　琳（海南医学院）

笪舫芳（贵州民族大学）　　　　　　　　蒋运斌（西南大学）

蒋桂华（成都中医药大学）　　　　　　　景松松（河北中医药大学）

管家齐（浙江中医药大学）

中药商品学是一门具有中医药特色的以中药商品质量和经营管理为核心内容研究中药商品的应用学科，是中药学类、管理学类、中医学类以及相关学科的必修课或专业基础课。本教材汇集了成都中医药大学、山东中医药大学、甘肃中医药大学、江西中医药大学、河南大学药学院、北京中医药大学、辽宁中医药大学、浙江中医药大学、云南中医药大学等的27位中药商品学专业教师共同编写完成。

本教材以"博采众长，突破创新；注重实践，突出商品"为编写理念，以上版教材为基础，注意参考吸收现有各个版本《中药商品学》教材的优点，以及《商品学》《营销学》《中药鉴定学》《中药资源学》《中药制剂学》等相关教材的内容，把握"中药"和"商品"两个关键，突出中药的商品特色，注重中药在商品流通环节（购销运存）的各种变化，注意近年来中药材市场、商品规格、等级的新变化、新动态和新趋势。注意区分《中药商品学》与《中药鉴定学》的主要不同。同时结合教学要求，突出实践能力培养，注重培养学生对不同中药商品规格、等级的实践鉴别能力。

全书分上、下两篇，共二十一章。上篇为中药商品学总论部分，主要介绍中药商品学研究内容及任务，中药商品的历史及发展，中药商品的分类与命名，中药商品的机构与经营管理，中药商品的采收加工与规格等级，中药商品的包装、仓储及物流，中药商品的道地产区与品种，中药商品的鉴定以及中药商品的质量标准与质量管理等内容，吸收了中国药品管理与监督机构的最新政策，采用了中药市场、仓储、物流及电子交易等方面的最新技术动态和市场商业数据。下篇为各论部分，主要介绍了常见中药材、饮片与中成药商品近300种。本教材采用以中药材道地产区如川、广、云、贵、怀、浙、关、北、西、南药为常见中药商品各论分类依据，另增设进口药和中成药部分，各自独立成章，每章以中药商品名称的笔画排序，以突出中药商品特色，有利于学生学习和掌握中药的道地产区和著名道地中药商品。每味中药商品项下，以"别名"列出中药材的商品名称；内容突出中药商品规格等级，参考中药商品质量标准以及加工储藏方法和规范。本教材重点突出、层次分明，为帮助学生更好地学习掌握《中药商品学》的基本知识、基本技能及思政元素，在每章设立了"学习目标"和"课程思政要点"；对有关知识内容通过"知识链接"等方式在教材中给予提示，并在每章末总结归纳出"本章小结"和"目标检测"，以满足教师教学和学生学习的需要。同时，本教材为书网融合教材，即纸质教材有机融合电子教材、教学配套资源和数字化教学服务（在线教学、在线作业、在线考试），便教易学。

本教材由主编、副主编分工负责组织编委进行各章的编写修订，第一、二章由李峰编写，第三章由杨扶德编写，第四章由叶耀辉编写，第五章由张芳编写，第六章由管家齐编写，第七章由蒋桂华编写，第八章由王添敏编写，第九章由李鹏跃编写，第十章由蒋桂华、连艳、蒋运斌、马羚编写，第十一章由张芳、林莺、盛琳编写，第十二章由兰志琼、杨青山、杨枝中编写，第十三章由兰志琼、李娟、笪舫芳编写，第十四章由李昌勤、杨晶凡编写，第十五章由管家齐、王晓倩编写，第十六章由王添敏、曲中原编写，第十七章由张芳、苏雪慧编写，第十八章由杨扶德、王明伟编写，第十九章由叶耀辉、吴志瑰、景松松编写，第二十章由李昌勤、张琳编写，第二十一章由李鹏跃编写。总论由李峰负责统稿审校，各论由蒋桂华负责统稿审校，数字代资源由杨扶德负责统稿审校，并由连艳担任秘书。

本教材适用于中药学、药学、药物制剂、中药资源与开发、市场营销等专业必修课或选修课使用，教学时可以根据不同学时的需要选择使用，也可作为管理学、商品学、中医学、民族医学、民族药学等相关专业的学习用书选用，还可以作为中药商品市场的购、销、运、储等生产工作的参考用书。

　　本教材编写过程中，老师们付出了辛勤的劳动，并得到了各位编者所在单位的大力支持，在此一并表示衷心的感谢！由于受编者水平与经验所限，书中难免存在不妥之处，欢迎各位读者批评指正，以利于今后修改完善。

编　者

2023 年 9 月

CONTENTS 目录

◆ **上篇 总论** ◆

◆ 下篇　总论 ◆

第一章 中药商品学的定义与任务

PPT

学习目标

知识目标

1. 掌握 中药商品学的定义、特点、任务。

2. 熟悉 商品学一般知识；中药商品学的研究对象；商品、中药商品、中药、中药材、饮片、中成药等名词术语。

3. 了解 中药商品的特点；中药商品学与中药鉴定学的异同。

能力目标 能够把握中药商品的特殊性，具备从事中药商品鉴定、应用的能力，以及应用中医药思维从事中药商品学学习、研究的能力。

第一节 中药商品学的定义

中药商品学（the traditional Chinese medicine commodity science）是一门以研究中药商品质量和经营管理为中心内容的应用学科。它是在继承中药商品传统经营管理和质量控制经验的基础上，以商品学的理论与方法为指导，运用现代科学技术研究中药商品在流通领域中的来源、产地、购销、贮存、商品规格、商品质量及经营管理规律，从而促进中药商品的生产、经营、管理和发展，保证中药商品安全有效，提高人民的健康水平。简言之，中药商品学就是研究在商品流通领域中如何保证中药商品质量和提高经营管理水平的学科。

中药（Chinese materia medica）是指在中医药理论和临床经验指导下用于防治疾病和医疗保健的药物（drug）总称，包括中药材、中药饮片和中成药，以及中药配方颗粒和中药提取物等新的类型。中药材（Chinese crude drugs）是取自天然的未经加工或只经过简单产地加工的原料药，简称为"药材"，按其来源可分为植物药、动物药和矿物药三大类。中药饮片（decoction pieces）是根据治疗疾病的需要，将中药材经过净制、切制或炮制后的加工品。中药配方颗粒（the pellet formula of traditional Chinese Medicine）和中药提取物（traditional Chinese medicine extracts）等是将传统中药材或饮片经现代药物提取方法制备的新型中药商品。中成药（Chinese patent medicine）是以中药饮片为原料，根据中医处方的要求，采用相应的制备工艺和加工方法，制备成的随时可以应用的剂型。

商品（commodity）是用来交换的劳动产品。它具有使用价值和价值二重属性。使用价值是指对人们有某种用处，如粮食可以充饥，衣服可以保暖，药品可以治病等，这是商品的自然属性。同时，商品还能用来交换，具有交换价值，因为商品在生产中都花费了人类的劳动，人类劳动的凝结形成了商品的价值，价值是商品的社会属性。

中药商品（traditional Chinese medicine commodity）是在中医药理论指导下，用于防病治病、康复保健的传统药物商品，是市场流通、交换和经营中的特殊商品。国家及有关药品标准中规定使用的中药均为中药商品。中药商品是治病救人的物质基础，属于特殊的商品，除具备一般商品的使用价值和价值二重属性外，还具有如下特点。

1. 质量特点　中药商品的使用价值就是对人有治疗、预防、保健等作用，其集中体现为中药的质量。中药作为特殊的商品，其质量涉及到疗效、毒性和稳定性三个关键。质量合格的中药，可以用于防治疾病和卫生保健；质量不合格的中药，不但误病还能害人。也就是说，药品质量不合格就失去了使用的价值。所以，要严格中药商品的质量管理制度，以保障临床用药的安全与有效。

2. 经营特点　中药商品的经营活动直接或间接地都与医疗卫生领域相关，其社会效益重于经济效益。药品经营的品种、数量和价格取决于临床的需要。当因特殊情况，药品短缺时，可造成价格飙升，正所谓"黄金有价药无价"；当药材产量过剩、且不利于储存时，则价格再低亦无人问津。所以，要根据医疗和保健需求的信息组织中药商品的货源、生产和储备。

3. 来源特点　中药商品既包括来源于自然界的植物、动物和矿物，又有经过中药炮制、制剂加工的产品，来源复杂，品种繁多，管理困难。正确的中药来源是保证中药商品质量的基础。目前，中药市场上的中药材商品达1200种左右，其中较常用品种近600种；中成药商品达9300余种，其中较常用基本药物2000多个品种。中药材加工生产工艺独特，副作用较小，含有多种化学成分，若使用合理，不易造成药源性疾病。

4. 生产特点　中药材生产属于农副产品，仍以野生为主，家种、家养的药材约200多种，大宗者占100余种。无论家种、家养或野生，药材生长均需要有一定的生长年限和生态环境。因此，药材生产常常具有一地生产供全国，一季生产供全年的特点。另外，由于中药野生资源日趋减少，亟待中药材种植规范化生产。在国家积极推广的《中药材生产质量管理规范GAP》中，规定要控制药材生产的各种因子，规范药材各生产环节及至全过程，使生产出的药材"真实、优质、稳定、可控"。

中成药、配方颗粒和中药提取物均是制药企业工业化生产，产品要求在符合中药制剂生产规范GMP条件下生产。

5. "道地"特点　中药材商品最讲究"道地性"。《中华人民共和国中医药法》规定"道地中药材，是指经过中医临床长期应用优选出来的，产在特定地域，与其他地区所产同种中药材相比，品质和疗效更好，且质量稳定，具有较高知名度的中药材。"如东北人参、内蒙古甘草、宁夏枸杞、山东金银花、江苏薄荷、四川贝母、甘肃当归、河南四大怀药、浙江浙八味等。道地药材是一个约定俗成的古代优良药物商品的概念。在长期实践中得到医者与患者的普遍认可。以道地产地生产、专有加工方法及固定连锁销售等方法来保证药材商品的货真质优，道地药材商品的产生以长期大量的临床实践经验为依据，经得起临床的考验，有着丰富的科学内涵。道地药材具有，特定产区、历史悠久、质量优良、加工技术成熟、疗效显著、知名度高等特点。道地药材在国内外享有很高的信誉，发展道地药材不仅有利于提高中药材质量，还有利于巩固、提高和加强中药在国际市场的竞争力。

>>> **知识链接** ●-------------------------------------

商品学是一门研究商品使用价值的科学。商品的使用价值是商品在人们生产或生活中的有用性，商品的有用性是商品的自然属性所形成，商品的自然属性是指商品的外形结构、物理性质、化学性质等，这些属性的综合，反映为商品质量。商品质量是商品在市场竞争中取胜的关键。

⟫ 第二节　中药商品学的任务

　　中药商品学研究的范围主要有中药商品的名称、来源、产地、销售、生产工艺或加工方法、商品性状、商品规格、主要化学成分、商品鉴别、质量标准、商品包装、商品流通、商品贮藏及商品用途和商品信息等。

　　中药商品的特殊性，决定了中药商品学任务的重要性和复杂性。

（一）研究和制定中药商品的质量管理标准，保证中药商品质量

　　研究和制定中药商品的质量标准，保证中药商品质量是中药商品学的首要任务。中药是防病治病的特殊商品，其质量的优劣关系到人民身体健康和生命安全。制定中药商品质量标准，是保证人们用药安全有效，促进中药生产、经营、发展的重要措施。《中华人民共和国药品管理法》从法律上确认了对中药质量监督管理的权力，"在中华人民共和国境内从事药品的研制、生产、经营、使用和监督管理的单位或者个人，必须遵守本法"。国家药品标准是药品生产、经营、使用、检验和监督管理部门共同遵循的法定依据。如《中华人民共和国药典》（简称《中国药典》）是我国药品的最高标准；《七十六种药材商品规格标准》是用来衡量和评价中药材商品规格，执行"等价交换"和"按质论价"政策的重要法定依据。目前，中药商品质量标准仍不够完善，亟待补充健全。因此，研究和制定规范化的中药质量标准，是促进中药现代化、科学化、国际化的重要内容，是中药商品学的首要任务。

　　1. 中药商品的质量管理标准　中药商品的质量管理标准是国家指定的专业性标准；是中药生产和商品流通的技术规范，是衡量和控制中药质量、贯彻执行"等价交换"和"按质论价"的依据；是评价中药商品可用性（使用价值）的准则。研究和制定中药商品质量的检验方法和管理标准，是中药商品学的首要任务。由于中药是关乎人民身体健康、防病治病的特殊商品，所以要科学地控制和提高中药的质量，中药商品的质量标准必须在国家有关药品管理法规指导下制定。

　　2. 中药商品的质量管理标准所包含的内容　中药商品包括中药材、中药饮片、中成药等种类。各种中药商品均应有相应质量管理标准。

　　（1）中药材商品质量管理标准　在药材市场流通的中药材均应有一定的规格等级和质量标准。目前我国中药材的质量标准分为三级，第一，《中国药典》收载在我国使用较广、疗效较好、质量可控的中药材，是国家对药品质量标准及检验方法所作的技术规定，是药品生产、供应、使用、检验、管理部门共同遵循的法定依据。第二，国务院药品监督管理部门颁布的《药品标准》（简称部颁标准）是对同时期在我国使用但药典尚未收载的中药商品的质量标准。第三，各省、市、自治区食品药品监督管理局制定的中药材标准（简称地方标准），主要收载同时期中国药典及部颁标准中未收载的药品，或虽有收载但规格有所不同的本省、市、自治区分布和生产的药品，它具有本地区性的约束力。上述三个标准，以药典为最高标准，部颁标准为补充。凡是在全国经销的药材或生产中药饮片和中成药所用的原料药材，必须符合药典和部颁标准。地方标准只能在本地区使用，市场上经销的药材必须经各省、市、县药检所鉴定方有效。

　　（2）中药饮片商品质量管理标准　中药饮片商品质量管理标准应以《中国药典》关于中药饮片的质量标准为最高标准。在医院等医疗单位还应遵循国家中医药管理局和原卫生部制定的《医院中药饮片管理规范》。在中药饮片加工生产企业还应遵循《药品生产质量管理规范》（GMP）等法规。中药饮片

的炮制加工还应遵循《中药炮制规范》等规定。对中药饮片的销售经营单位实行专门定点销售，应通过国家《药品经营质量管理规范》（GSP）的认证。

　　（3）中成药的质量管理标准　我国的中成药质量管理标准应符合《中国药典》和国务院药品监督管理部门颁布的《药品标准》（简称部颁标准）。中成药生产企业应通过《药品生产质量管理规范》（GMP），并严格按照GMP规范的要求进行中成药的生产、检验、包装、仓储和运输。

（二）鉴别中药商品的真伪和优劣，保证中药商品安全有效

　　鉴别中药商品质量的关键是中药商品的品种和质量。品种决定中药商品的真伪，质量决定中药商品的优劣。具有预防和治疗疾病的功能是中药商品价值的基本特征，而对其使用价值的评价，主要依赖其安全性和有效性，这两条原则是中药商品研究、生产和临床应用的准绳。中药商品学的核心任务就是为保证中药商品和临床用药的安全与有效提供科学依据，为中药商品的生产提供质量标准和鉴定方法，为中药商品研究的准确性提供技术支撑。

　　中药在商品流通中，由于品种复杂和多种因素，除正品外常会出现伪品、劣品、混淆品和代用品等现象。

　　正品、伪品、劣品、混淆品、代用品的概念是：凡是符合国家药品标准规定的中药来源的品种均为正品；凡不符合国家药品标准规定的品种以及非药品冒充或者以他种药材冒充正品的均为伪品；虽符合国家药品标准所规定的中药来源品种，但不符合国家药品标准规定的质量指标的中药均为劣品。完全符合或超过国家药品标准规定的品种和质量各项指标的中药商品为优品质。因中药品种的混乱、名称相同或形状相似等原因引起混淆现象的中药商品，称为混淆品。因性味、归经、功能主治与正品相似而被代用的中药商品称为代用品。

　　1. 中药商品的真伪鉴定　是指对中药商品的品种或基原的鉴别。鉴定中药的真伪是保证其商品有效性的根本。我国常用的中药商品达7000余种，其中中药材1200种左右、中成药6000种左右。中药材商品有复杂品种问题的约占50%，直接影响了临床用药的准确性和中药商品的质量。中药材品种存在的问题颇多，主要表现在如下方面：一药多种来源，本末难分；形态相似，造成误采、误收、误种、误用；以假充真，冒名顶替；地方用药习惯；人为制造伪品等。

　　2. 中药商品的质量鉴定　是指对中药商品优劣的检验。鉴定中药的优劣是保证其商品有效性的关键。中药商品的品种明确后，必须注意检查质量，如果药材商品的品种使用正确，但质量不符合标准要求，同样不能入药。影响中药商品质量的因素主要有：药材产地以及中药生长环境条件与药材商品质量关系密切，它是中药质量的源头。药材采收季节、采收时间（植物的生长年限）不同，中药商品所含的化学成分也有较大差异。中药商品在包装、运输、储藏等环节受到有害物质的污染，虫蛀霉变等不良因素都会影响中药商品质量。此外，人为在中药商品中掺入异物或混入非药用部位，如柴胡、龙胆混入大量的地上茎；西红花中掺入花丝、雄蕊、花冠；羚羊角、天麻中夹铁钉、铁粒等，都严重地影响了中药材商品的质量。还有的将中药商品如人参、八角茴香、天麻、独活等，经过化学成分提取、干燥后再

用，其外观性状与原药材相似，但药材的内在质量却发生了变化。

中药商品的优劣和真伪至关重要、如果中药品种不真，质量低劣，不仅有损中医药商品的信誉，还会导致中药生产、研究及临床疗效的失败；不仅误病害人，还会造成经济损失。所以，鉴别中药商品的优劣和真伪，对促进中药商业的发展，继承和发扬中医药学，提高人类的健康水平都具有特殊的意义。这是中药商品学的核心任务。

（三）研究和掌握中药商品的流通和管理规律，构建现代中药商品体系

中药商品在传统市场经营活动中具有特定的规律性，研究和掌握这些规律，是做好中药商品流通和管理的基本条件。购、销、调、存是商品流通领域中的四个重要环节，深入研究中药商品在这四个环节的基本内容和相互间的内在联系，应用科学的管理方法，有计划、有组织地做好流通过程，构建现代中药商品体系，保证中药的质量，降低商品损耗，实现科学化的经营管理，为研制和开发新药奠定基础，以满足市场的需要和人们用药的需求，这是中药商品学的基本任务。

（四）研究和掌握国内外中药市场动态及信息，积极推进现代中药商品贸易

中药商品是我国具有自主知识产权的国内外医药贸易的重要组成部分。全面地了解国际市场对中药需求的动态变化及信息，根据国内外市场的需求而采取相应的对策，积极开展以电子商务、网络营销为代表的现代中药商品营销和国际贸易，大力促进中药商品的国内外贸易，使中药商品走向全世界、造福全人类是中药商品学的现实任务。

目标测试

答案解析

一、单选题

1. 可以用来交换的劳动产品称是

　A. 药品　　　　　　　B. 商品　　　　　　　C. 产品　　　　　　　D. 日常用品

2. 中药商品学是一门以研究中药商品质量和经营管理为中心内容的

　A. 应用学科　　　　　B. 基础学科　　　　　C. 应用基础学科　　　D. 理论学科

3. 决定中药商品真伪的因素是

　A. 质量　　　　　　　B. 价值　　　　　　　C. 品种　　　　　　　D. 产值

4. 我国中药材的质量标准分为三级，第一级标准是

　A. 部颁标准　　　　　　　　　　　　　　　　B. 地方标准

　C.《美国药典》　　　　　　　　　　　　　　D.《中华人民共和国药典》

5. 中成药、配方颗粒和中药提取物均是制药企业工业化生产，产品要求符合中药制剂生产规范的哪项

　A. GAP　　　　　　　B. GMP　　　　　　　C. GSP　　　　　　　D. GCP

二、名词术语解释

1. 中药商品学

2. 中药商品

3. 道地中药材

4. 正品

5. 伪品

6. 劣品

书网融合……

思政导航	本章小结	题库

第二章 中药商品学的历史及发展

学习目标

知识目标

1. **掌握** 与中药商品相关的重要本草著作。
2. **熟悉** 中药商品的起源、形成和发展历史。
3. **了解** 中药商品学的发展。

能力目标 具备从事中药商品历史研究和本草考证的能力。

第一节 中药商品的起源及药业形成

一、中药以及中药商品的起源

中药商品及中国药业的孕育、形成与发展同中国几千年政治、经济、文化、科技、医学、药学的发展紧密联系。

中国传统药学已有几千年的历史。中药的起源可以追溯到远古的时候，我们的祖先为了生存，在寻找尝试各种食物的过程中，会遇到一些具有泻下、致呕、止血、镇痛等特殊作用的物质，当人们产生疼痛、出血、腹胀以及食物中毒等疾病时，就会根据自己或前人的体验来治疗。经过众多人们的长期体验并代代相传，使人们逐渐积累起一定的经验，可以带着解除某种疾苦和强壮身体的目的，去采集所需要的植物，于是形成了药的概念。在长时期的反复实践和经验积累中，便逐渐产生了医药，故有医食同源、药食同源之说。可以说，自历史上出现了人类，在远古人类寻找食物的同时就认知了药物，逐渐产生了医疗活动，而在不断进行医疗活动的同时，便有药物的产生，即所谓药食同源和医药同源。初期辨识的药物仅供自己使用，没有交换，形不成药物商品。

我国很多古籍记载，神农氏时代已有了商品交换。如《易经系辞下》说："神农氏……日中为市，致天下之民，聚天下之货，交易而退，各得其所"。《淮南子》又载："神农尝百草之滋味，水泉之甘苦，令民知所避就，当此之时，一日而遇七十毒。"把这两种说法联系起来，似乎神农氏时代已有了药物的发现和医药商品交换。但是，因那时生产力有限，剩余的食品、物品也不多，没有货币，也没有固定的市场，只能进行少量互通有无的物物交换，仅为中药商品交换的萌芽时期。

二、中药商品的发展历史

一般认为，我国商代以前，物质匮乏，缺少交换，几无商品出现。在商代后期，农耕种植已有较大发展，粮食作物已能种植粟（小米）、黍（粘黄米）、稷（黄米）、麦、稻，经济作物能种桑、麻，有了较多的剩余商品。于是出现了专门从事买卖活动的人（商人），做买卖的人越来越多，形成一个社会阶层——商业。至此，古代经济的三大分工农业、手工业、商业在商代基本完成。虽然商代的医药有发展和进步，但是水平仍然很低。依然处在发现药物的初期阶段，不大可能有很多的药物商品交换。

西周建立后，农业、畜牧业、手工业进一步发展。商业比殷商更为发达，商业活动开始规范。商品交易有物物交换和货币（贝币、铜币等）交换两种形式。西周的医药知识经过长期的历史积累，中药商品产生了很大的发展，如《周礼》记载的五药：草、木、虫、石、谷五类药物，石是矿物药，虫是动物药，草、木、谷类是植物药，是按中药的天然来源大分类法，植物药中的草、木、谷又是按用药部位来分类，使分类更加具体，为后世的药材分类奠定了基础。五毒，是用胆矾、朱砂、雄黄、砒石和磁石烧炼制成的粉状药剂，后世称为丹剂、丹药。

春秋战国时期，虽有中药的应用和中药商品的出现，但药业的形成还处于孕育之中。如记载大量药物的书籍有《山海经》《诗经》，在诗句中提到了100多种药用植物，如卷耳（苍耳）、芣苢（车前草）、梅等。当时已有数十种常用药材商品在市场上流通。其中的姜、桂、麦麹、芎劳、杜衡、丹砂、砒石、雄黄、胆矾、磁石可能是早期最常用的药材商品。

汉代，中医学的临床医学体系和药物学体系初步建立，医药学有了划时代进步。《伤寒杂病论》的问世标志着临床中医学体系初步建立；《神农本草经》的问世标志着药物学体系的初步建立。医学、药学的进步，推动中药商业的同步发展；中药商业的发展又为医学、药学继续进步提供物质保障。药品的市场供应已能基本满足发展了的社会需求。汉代药业经营的常用药材比春秋战国时期增加了一倍半。汉代对城市药业的管理严格，规定交易只能在商业区"市"内进行，还规定药商、医药经营者在内的所有商人，必须如实申报资产，交纳所得税，否则罚戍边两年，没收资产。汉代的零售药业，向正规化方向迈出了一大步。如《治百病方》使用了升、斤、尺、两、分、颗、枣、枚、方寸匕、五分匕、一刀圭、三指撮等多种剂量单位，称取量较战国精确。对药物的炮制要求也比战国时多而严格。《范子计然》是西汉时一本以药材商品为主的商品学手册，或者可以说是我国第一部供采购销售人员使用的"药材商品学手册"。它的出现，是西汉时对药材商品知识的一次总结，开药材商品学之先河。表明我国西汉药业已发展到一个新的水平，在中国药业史上有十分重要的地位。当时在我国南北商品的交换中，中药商品已经占有较大的比例，如有柑橘、荔枝、龙眼等商品药材的记载。在《后汉书》中亦有韦彪、张楷、韩康（字伯林）等著名的采药、卖药人的记载。东汉末年至三国时期，名医华佗在今安徽亳州一带既行医又售药、制药。至今当地还保留着遗迹。在北方西都长安和魏都洛阳是政治、经济、文化、交通中心，也是全国药材集散地之一。而在南方江西樟树镇建立的"药圩"，也是早期中药市场的雏形。中药业的技术性和复杂性，都比先前增强了许多。用药种类增加了一倍，而且产地、规格增多，再加上出现的伪劣品，使药材商品经营者必须掌握更多的商品来源和药材鉴别知识。

隋唐时期，我国社会经济发展迅速，朝廷对医药十分重视，组织编撰了几部重大的医药专著，推动了全国医药业大发展。随着国内药材产地扩大，品种增加，外来药物交流增多，中药商品日趋兴旺，使全国市场进一步扩大，出现了定期专业中药市场。如在四川梓州出现了一年一度的定期药市，唐末传到成都，在五代时成都药市已有较大规模。在南方的广州，南北药材和进口药材在这里集散。在农村以集市和草市为中药流通市场，集市数日一聚，草市则是常年的固定市场，多在交通要道或城市近郊。边疆及少数民族聚居地药材贸易也有较大发展。药市的出现对中药业发展起到了极大的促进作用。

宋代，经济、文化交流和商品贸易发达，海外贸易达50余个国家和地区。医药的发展尤为突出，药业体系全面建立，药业发展到了较高水平。北宋朝廷十分重视医学，专门建立了校正医书局，组织医药官员收集、整理、校正、编纂了大量医药书籍。国家开办官药局，防止药商投机控制医药，在中药商品经营体制上出现了官营和民营两种交易场所。在医药商品经营方式上有批发、零售之分；在经营品种上分生、熟两类。北宋时建立官方太医局，并在京城开封设卖药所。宋朝"太医局卖药所"是我国官办的第一个中药经营机构，在全国陆续推广，形成了庞大的官营中药工商体系。卖药所后改称为"医药惠民局"，修合药所改称为"医药合剂局"。另外，民营药铺几乎遍及各大集市。至南宋迁都杭州，有名的药铺有 20 余家，并出现专事经营川广道地药材的"川广生药市"。河南禹州（今河南禹州市）形成中原地区药材集散的常年大市，不少外地药商都到此采购。江西建昌府（今江西南城县）发展为赣东地区的药材市场。宋代官药局的产生与发展，具有十分重大的意义。官药局颁行的《太平惠民和剂局方》，可视为当时中成药配制的国家标准，为宋代及后世的中成药生产、宣传推广起到了巨大的推动作用。当时还在京城和州县开办医学教育，广泛培养医学人才。

明代，医药学有较大进步，中药商业继续发展。药铺业发展很快，如山西的文盛号药铺、广州的陈李济药铺规模很大，享誉全国。全国药材交易市场初步形成，首先在药业发达的河南禹州出现，随后有百泉、祁州、樟树等药市形成，除上述四大药市外，还有河南马山口药市和云南大理药市等。明代的官药局在中后期逐渐衰亡，到了清代就再无朝廷下令置局的记载。中药商品的官药局体制，由北魏开始，经宋进行抗衡私商垄断、办成营利性工商企业的改革和推广，到金元继承，至明末而衰亡，历时 1200 多年。

清代，中药商业的规模更加扩大，出现了区域性、垄断式的药品经营组织"十三邦"，即京通卫邦、关东邦、山东邦、山西邦、陕西邦、古北口邦、西北口邦、宁波邦、彰武邦、怀邦、广邦、江西邦、亳州邦。在此基础上，形成了一批全国性的中药集散地，规模较大的有河北祁州（安国）、河南百泉（辉县）、江西樟树（清江市）、安徽亳州等地。中药商品的流通渠道经过了漫长的庙会、赶集等形式的集散市场，随着交通的发达，中药市场不断繁荣，中药商品的经营方式多样化。有主要经营帮货和道地药材的"生药行"、既销药材又售饮片的"拆货棚"、专营饮片的"片子棚"、经营炮制品和中成药的"熟药行"、专门生产和销售中成药的"成药业"等，流通渠道多样，信息网络广泛。随着海上航道的开通，我国与东南亚及欧美等国的中药贸易也日趋频繁。

大中城市药业发展尤为迅速。南北药材源源不断运进北京，城内药铺、药行林立。著名的店铺首推康熙八年（1669 年）开业的同仁堂，此外有万锦堂、同春堂、玉和堂、仁一堂、包太和、千芝堂、一小堂等。他们经营饮片，更重成药开发，使北京成为中国北方成药生产的主要基地。在大城市药业迅速发展的同时，全国中小城市及县城、乡镇药业亦有很大发展。高、中、初三级药材市场在清代全面形成。全国性的高级药材集散市场，祁州、百泉、樟树，在明末初具规模，清代中期以后达到盛世，它们既有平时的常年交易，又有每年的定期集市，来自全国的药商相互进行批发交易，形成全国性的高级药材集散市场。中级市场为地区性药材集散地，本地和邻近州县药材集中于此外销，外地药材也运抵于此批发内转，有买有卖，调剂余缺，中级市场常是靠近药材产区、水陆交通方便的中小城市，每省都有数个分布，规模大小不等，成为沟通初、高级药材市场的桥梁。中级市场以常年经营为主，药材产新季节，交易更加兴旺，有的地方还趁节日举行药材交流会促进贸易。初级市场遍布全国药材产区，多形成于运输方便的集镇或县城，产新季节，药农将自种或采集的药材带到市场，三天一次的赶集日是上市高潮，本地和外地药商收购贩运。商品来源除本地所产外，往往还有邻县所产。限于产地不广，初级市场上的药材品种一般不多，有的甚至是单一药材。善于经营的药商十分重视药材初级市场，常常长途跋涉赴地采购或设庄收购，因此不少初级市场在全国很有名气。买主，是药业里不可缺少的服务性中间商。有的批发商经营单种或数种药材。加工类药业有饮片加工和技术含量高的特殊药材加工。

鸦片战争后，西方教会在我国沿海和内地城市纷纷建立医院和诊所，从清末起，萌芽的西药业以近代医学和科技为基础，显露出蓬勃生机。

民国元年（1912 年 1 月），北洋政府颁布《医学教育规程》，将中医药教育拒之门外，引起全国中医药界强烈反对。北洋政府虽然拒绝中医药教育进入政府《医学教育规程》。但也未能真正执行废弃中医药政策。下令对全国西医（称医师）、中医（称医士）进行登记；对中药业进行注册登记，默许了中医药和中医药学校在民间存在的现实。西医药业迅速发展，给传统的中医药业带来了巨大的冲击和挑战。但是民国时期的中国药业，从药业户数、从业人数、地域布点、出口贸易和经营效益等方面看，中药业仍占主导地位。广大农村及中小城市，人们主要使用的药物，仍是中药行业提供的传统中药。

中华人民共和国成立后，国家成立了专门的中药机构和医药行政管理部门，对中药商品的产、供、销实行统一管理。中药生产、经营企业遍及全国。形成了一批全国性的现代大型中药交易市场，如安徽的亳州、河北的安国、江西的樟树等。并定期召开全国性中药商品交易大会。在计划经济时期，中药的生产、加工、销售均在国家商业机构和医药行政管理部门监管下，按需定量、计划生产、统一调拨，中药的产、供、销实行统一管理。改革开放后的市场经济时期，在国家药品监督管理部门管理下，依据药品管理法，中药商品主要根据市场需求和经济规律，来调控生产、购销和使用。市场经济给中药商品带来了活力，有力地推进了中药现代化和国际化的发展进程。我国的中药商品在长期的发展过程中，积累了丰富的商品知识经验，为中药商品学的形成奠定了坚实的基础。

第二节　中药商品学的发展过程

随着中药商品的形成与发展，中药商品学和中药商品鉴定等方面的知识也在不断的积累与发展。

20 世纪初，由于受国外医药学术发展的影响，出现了一些用现代植物学、生药学和药物化学等理论和方法对传统的中药商品进行整理和研究的学者和机构。对中药事业的发展起到了先导作用，并开始了专门的中药商品教学和研究工作。

中华人民共和国成立后，中药事业得到了空前发展。中药商品从传统的经验鉴别和质量管理发展到应用现代科学的方法，扩大了中药商品的经营品种和使用范围。相继出版了许多以中药商品为主要内容的学术专著，如《中药材手册》《中药志》《药材学》《中药大辞典》《中国动物药志》《中国常用中药材》《中华本草纲要》《中药商品知识》《常用中药材品种整理与质量研究》《中药材商品学》《常用中药鉴定大全》《中药材色谱鉴别》《中成药商品学》《中药鉴定学》及《中华人民共和国药典》等书籍，从中药商品的来源、鉴别特征、质量标准、商品流通等方面进行了深入的研究和探讨，为中药商品学的形成奠定了基础。

中药商品在长期的发展过程中，相关的中药采收加工、品种鉴定、质量检测、商品规格、包装贮藏等方面的知识和技术不断的发展和积累，在中医药理论指导下形成了特色，逐渐形成为既区别临床中药学，又区别于中药鉴定学的一门新的学科——中药商品学。

我国从 20 世纪 60 年代中期，在中等中医药学校就开设了中药材商品学课程。1965 年，商业部根据全国中药商业工作和中药商品技术人员培养的需要，责成四川省中药学校编写了《中药材商品学》教材。1990 年朱圣和主编《中国药材商品学》、1993 年山西省中药学校编写了《药材商品学》教材、1994 年李志君主编《中药商品鉴定学》、1998 年邹家林主编了全国中等专业中医药学校统编教材《药材商品学》、2001 年张贵君主编《现代商品通鉴》、2002 年张贵君主编《中药商品学》、2002 年曾俊超、卢先明主编《中药商品学》等相继出版，为中药商品学学科的建设与发展起到了重要的作用。

20 世纪 70 年代初期，全国中等医药专业和专科学校相继开设了中药材商品学课程，作为中药学专业的专业课。

随着我国改革开放，市场经济逐渐取代计划经济，中药商品市场的拓宽和国际化的必然趋势，对中药商品的质量评价、经营管理和教育滞后的矛盾日益突出，已经成为中药现代化中亟待解决的关键性问题，中药商品学的教学需要日渐突出。

20 世纪 80 年代后期，为适应改革开放和市场经济的需求，全国部分高等中医药院校相继开设了中药材商品学和中成药商品学课程，并有部分现代中药商品知识方面的著作陆续出版。

20 世纪 90 年代初期，全国部分中医药院校开设了中药商品学课程，进入 21 世纪，全国中医药院校大部分都开设了中药商品学课程。中药商品学课程的开设，对于培养中医药的商业高层次人才，发展中医药贸易经营管理事业，具有十分重要的意义。

20 世纪 90 年代中期，相继出版了一大批与中药商品学相关的学术著作，如《中国常用中药材》《中药材及饮片原色图鉴》《中药商品知识》《常用中药材品种整理与质量研究》《常用中药鉴定大全》《中药材商品学》《中成药商品学》等。国家还组织实施了"71 种中药材质量标准规范化研究"的攻关项目，给中药的产业化和中药商业现代化带来了机遇和挑战。在此期间，为适应改革和社会需求，各高职院校多采用自编《中药商品学》讲义授课。

至 21 世纪，全国中医药院校和部分综合性大学的中药学、药学、制药工程、中医学、市场营销、工商管理专业等已经纷纷开设了中药商品学课程。为了适应中医药教育事业发展的需要，出版能够反应现代中药商品基础理论、基本知识、基本技能的高等医药院校《中药商品学》教材已经成为当务之急。

《中药商品学》教材的出版，对于满足我国中医药院校中药学的教学需要、培养实用型高层次的中医药人才、发展中药商品产业、使中医药走向世界，均具有十分重要的现实和战略意义。

◈ 第三节　中药商品本草沿革

中药商品的知识是随着中药的发现和商品交换而产生的，在没有文字的太古时代，这些知识只能依靠师承口授流传后世。有了文字以后，中药商品的知识逐渐间接或直接地被记录下来，出现了医药书籍。古代记载中药的著作称为"本草"（herbals），从秦汉时期到清代，我国本草著作约有 400 种之多。这些著作是我国人民长期与疾病作斗争的宝贵经验和中药商品丰富知识的总结，是中医药学的宝贵财富，并在国际上产生了重大影响。其中对中药商品业发展贡献较大的本草著作主要有下列几种。

《神农本草经》成书于东汉末年，载药 365 种，创立了药物性味、有毒无毒、功能、主治、配伍、采制、加工等药性理论，按医疗作用分为上、中、下三品（three grades of drugs），其中植物药 252 种、动物药 67 种、矿物药 46 种。从所记载的药名推求，当时已经具备了较为完整的中药商品性状鉴别方法，如人参、丹参、木香、苦参等，均与经验鉴别的看法、嗅法、尝法有关。该书为我国已知最早的药物学专著。总结了汉代以前有关中药的基本理论和基本知识，提出了"药有土地所出，真伪新陈"等中药商品质量鉴定的问题，为后世中药商品学的发展奠定了基础。原书早已佚失，但原文已收载于后代本草中，现有明代、清代的辑本。值得指出的是，《五十二病方》中的 247 种药物，将近一半不在《神农本草经》中，说明当时的中药品种还要更多。

《本草经集注》（七卷）由陶弘景以《神农本草经》和《名医别录》为基础编成，成书于南北朝梁代（502—536 年），载药 730 种。全书以药物的自然属性分类，分为玉石、草木、虫兽、果、菜、米食、有名未用 7 类。本书对药物商品的产地、采收、形态、鉴别等有所论述，有的还记载了火烧试验、对光照视的鉴别方法。如硝石"以火烧之藩黛青烟起"；云母"向日视之，色青白多黑"；朱砂以"光色如云可拆者良"等。有的还指出商品品质的好坏，如治疟的常山，特别指出以细实而黄的鸡骨常山最有功效。该书记述了各药材性能、产地、采收、加工、经验鉴别等内容，尤其重视中药材真伪优劣的对比鉴别，指出了当时中药材市场上多种药材的 90 余种规格。丰富了药材商品的内容，开始显露出中药商品的品种和质量存在的混乱现象。如对"术"的鉴别，认为术有白术和赤术两种，药市上有"钟乳醋煮令白，细辛水浸令直……"，以及匾床为藦芜，荠苨乱人参等现象。原书已遗失，现存敦煌残卷，其主要内容散见于后世本草中，是南北朝以前我国药物知识的总结。

《新修本草》（该书又称《唐本草》）（五十四卷），由唐代李勣、苏敬等 22 人集体撰成，成书于 659 年，载药 850 种。该书由唐朝政府颁布，是世界上第一部由国家颁行的药典，它比欧洲地方性的《佛洛伦斯药典》（1498 年）早 839 年，比欧洲第一部全国性的《丹麦药典》（1772 年）早 1113 年。该书按药材的属性分为 11 部，新增山楂、芸苔子、人中白等 114 种新的药物，其中不少是外来药物商品，如由印度传入的豆蔻、丁香等；波斯传入的茉莉、青黛；南洋传入的木香、槟榔、没药等。该书首创了图文并行的编写方式，有本草 20 卷、目录 2 卷、图经 7 卷、药图 25 卷，图文并茂，可谓较为完整的中药材商品图文鉴别方法的专著。该书出版不久即流传到国外，对世界医药的发展做出了重要贡献。

《本草拾遗》由唐代陈藏器著成，收载了《新修本草》未载的中药 692 种，该书提出了按照药效宣、通、补、泄、轻、重、燥、湿、滑、涩的分类方法，在内容上重视中药的性味功能、生长环境、产地、形态描述、混淆品种考证等。尤其对药材商品的描述真实可靠，如"海马出南海，形如马，长五六寸，虾类也"。

《开宝新详定本草》简称《开宝本草》，由宋代刘翰、马志等撰成，载药 983 种。为了加强中药商品的质量管理和普及中药鉴别知识，1061 年，苏颂等校注药种图说，编成《图经本草》，对中药的产地、形态、用途等均有说明。该书首创版印墨线药图，图的绝大多数为实地写生绘制，药图的名称大多冠以州县名，反映了当时十分重视道地药材和药材的质量评价。该书是后世本草图说的范本，但已亡佚，其所载药图 930 余幅均在其他本草中得以保存。

《经史证类备急本草》（三十一卷），简称《证类本草》，由北宋时期蜀医唐慎微编撰，成书于 1108 年以前，该书载药 1746 种，收集了许多民间单方、验方，是研究中药商品鉴定方法的重要文献，为《本草纲目》的编写奠定了良好基础，也是现存最早、最完整的本草著作。

《本草衍义》由明代著名的药物学家寇宗奭著，成书 1116 年，该书载药 470 种，根据作者的实地考察和医疗实践经验，侧重药材商品的鉴别，提出了药材产地与质量关系的论点，甚为后世推崇。

《本草纲目》（五十二卷）由明代李时珍著，成书于 1596 年，明代的本草著作甚多，其中对药学贡献最大的，当首推李时珍编撰的《本草纲目》。该书载药 1892 种、药方 11096 首、药图 1109 幅。该书自立分类系统，将药材按其来源的自然属性分为 16 部 60 类。该书对中药材的性状鉴别记载较为完善，如对樟脑的描述为："状似龙脑，白色如雪，樟脑脂膏也"。《本草纲目》不仅继承了唐、宋代本草图文并茂的优点，而且把所有的药材鉴定内容归于"集解"项下，使之条理化，并且"集解"项中引录了很多现已失传的古代本草对药物鉴别的记载，为后世留下了宝贵的史料。本书集明代以前中药学及中药商品知识之大成，收载内容的广度、深度及编写质量都远远超过明代以前的本草，是我国药学发展史上的传世巨著。该书在 17 世纪就流传到国外，先后被译成多种文字，是当代研究中药的重要参考文献之一。《本草纲目》对中外医药学和生物学科都有巨大地影响，畅销世界各地，成为世界性重要药学文献之一。

《本草品汇精要》由明代刘文泰等编写，载药 1815 种，新增药 48 种，该书以苗、形、色、味、嗅等项逐条记载了与性状鉴别有关的内容，并附有彩色药图，具备了现代中药性状鉴定法的雏形。

《本草蒙荃》由明代陈嘉谟编撰，载药 742 种。该书对中药材商品的"生产择土地""收采按时月""贸易别真假"进行了专述，提出了药用植物体与其生长环境统一的规律性、不同药用部位采收的一般规律，以及产地与药材商品质量的关系。对中药商品市场掺伪作假的现象进行了详细调查，指出了"枸杞子蜜拌为甜、蜈蚣朱其足"等以劣充优的现象。

《本草纲目拾遗》（十卷）由清代赵学敏著，成书于 1765 年，载药材 921 种。书中有 716 种中药材是《本草纲目》中未记载的，如冬虫夏草、西洋参、浙贝母等，它是清代新增中药材品种最多的一部本草著作。

目标测试

答案解析

一、单选题

1. 一般认为，我国的商业形成于

　　A. 夏代　　　　　　　　　B. 商代　　　　　　　　　C. 周代　　　　　　　　　D. 汉代

2. 《神农本草经》，成书于东汉末年，载药种类为

　　A. 365 种　　　　　　　　B. 563 种　　　　　　　　C. 653 种　　　　　　　　D. 356 种

3. 世界上第一部由国家颁行的药典是

　　A. 《神农本草经》　　　　　　　　　　　　　　　　B. 唐《新修本草》

　　C. 明《本草纲目》　　　　　　　　　　　　　　　　D. 清《本草纲目拾遗》

4. 《本草纲目》的作者是

　　A. 陶弘景　　　　　　　　B. 张仲景　　　　　　　　C. 李时珍　　　　　　　　D. 赵学敏

5. 《证类本草》成书于

　　A. 汉代　　　　　　　　　B. 唐代　　　　　　　　　C. 隋代　　　　　　　　　D. 宋代

6. 《范子计然》可以说是我国第一部供采购销售人员使用的"药材商品学手册"。成书于

　　A. 西汉　　　　　　　　　B. 宋代　　　　　　　　　C. 民国　　　　　　　　　D. 清代

二、多选题

1. 学习《中药商品学》历史较重要的本草著作有

　　A. 《神农本草经》　　　　　　　　　　　　　　　　B. 《新修本草》

　　C. 《本草纲目》　　　　　　　　　　　　　　　　　D. 《证类本草》

　　E. 《本草纲目拾遗》

2. 清代逐渐形成了中药商品"十三邦"，包括

　　A. 京通卫邦、关东邦、山东邦　　　　　　　　　　B. 山西邦、陕西邦、古北口邦、西北口邦

　　C. 怀帮、亳州邦　　　　　　　　　　　　　　　　D. 宁波帮、彰武邦

　　E. 广帮、江西邦

3. 规模较大的全国性的中药集散地有

　　A. 河北祁州（安国）　　　　　　　　　　　　　　B. 河南百泉（辉县）

　　C. 江西樟树（清江市）　　　　　　　　　　　　　D. 安徽亳州

　　E. 北京（京城）

4. 《本草纲目拾遗》记载了716种中药材是《本草纲目》中未记载的，如

　　A. 冬虫夏草　　　　　　　B. 人参　　　　　　　　　C. 西洋参

　　D. 浙贝母　　　　　　　　E. 三七

书网融合……

思政导航　　　　　　　　本章小结　　　　　　　　题库

第三章　中药商品的命名及分类

PPT

学习目标

知识目标

1. **掌握**　中药商品的中文命名法以及中药材、饮片、中成药等商品的分类。
2. **熟悉**　中药商品的拉丁文命名法。
3. **了解**　中药提取物、配方颗粒等商品的分类。

能力目标　通过本章的学习，能够掌握中药商品的命名及分类概念及方法，加强中药学基础理论、基本知识、基本技能、人文社会科学内容的提升，同时具备从事药学服务、用药对象、医药行业人员进行交流沟通的能力。

第一节　中药商品的命名

一、中药商品通用命名

（一）中药材命名

中药材系指用于中药饮片、中药提取物、中成药原料的植物、动物和矿物药。中药材名称应包括中文名（附汉语拼音）和拉丁名。

1. 中药材的中文名

（1）一般应以全国多数地区习用的名称命名；如各地习用名称不一致或难以定出比较合适的名称时，可选用该中药材来源的动、植物名命名。如：人参。

（2）增加药用部位的中药材中文名应明确药用部位。如：白茅根。

（3）中药材的人工方法制成品，其中文名称应与天然品的中文名称有所区别。如：人工麝香、培植牛黄。

2. 中药材的拉丁名　现行版《中国药典》对中药材拉丁名的规定。具体如下。

（1）植物类药材和动物类药材的命名规则基本相同。这两类药材的拉丁名包括药用部位名和动、植物名两部分。其中药用动、植物名用名词单数属格形式置于前，药用部位名用名词单数主格形式置于后。如有形容词，则列于最后。如：远志 Polygalae Radix；苦杏仁 Armeniacae Semen Amarum。

（2）一种中药材包括两个不同药用部位时，把主要的或多数地区习用的药用部位列在前面，次要的药用部位列在后，中间用"et"相联接。如：大黄 Rhei Radix et Rhizoma。

（3）一种中药材的来源为不同科、属的两种植（动）物或同一植（动）物的不同药用部位，须列为并列的两个拉丁名。如：枸杞子 Lycii Fructus（枸杞果实）和地骨皮 Lycii Cortex（枸杞根皮）。

（4）中药材植（动）物来源的拉丁名一般采用属名或属种名命名。

（5）以属名命名：在同属中只有一个品种作中药材用。或这个属有几个品种来源，但作为一个中药材使用的。如：白果 Ginkgo Semen（一属只一个植物种作药材用），麻黄 Ephedrae Herba（一属有几个植物物种作同一药材用）。有些中药材的植（动）物来源虽然同属中有几个植物物种作不同的中药材使用，但习惯已采用属名作拉丁名的，一般不改动。应将来源为同属其他植物物种的中药材，加上种名，使之区分。如：黄精 Polygonati Rhizoma，玉竹 Polygonati Odorati Rhizoma。

（6）以属种名命名：同属中有几个不同种来源，分别作为不同中药材使用的，按此法命名如：当归 Angelicae Sinensis Radix，独活 Angelicae Pubescentis Radix，白芷 Angelicae Dahuricae Radix。

（7）以种加词命名：为习惯用法，应少用。如：人参 Ginseng Radix et Rhizoma。

（8）以有代表性的属种名命名：同属几个种来源同作一个中药材使用，但又不能用属名作中药材的拉丁名时，则以有代表性的一个属种名命名。如：辣蓼，有水辣蓼 *Polygonum hydropiper* L. 与旱辣蓼 *P. fiaccidum* Meisn 两种；而蓼属的药材还有何首乌、火炭母等，不能以属名作辣蓼的药材拉丁名，故以使用面较广的水辣蓼的学名为代表，定为 Polygoni Hydropiperis Herba。

（9）国际上已有通常用的名称作拉丁名的中药材，且属种来源与国外相同的，可直接采用。如：全蝎 Scorpio 不用 Buthus；芥子 Sinapis Semen 不用 Brassicae Semen；但阿魏在国际上用 Asafoetida，而我国产的品种来源不同，所以改用 Resina Ferulae。

（二）中药饮片命名

中药饮片系指中药材经过净制、切制或炮制后的加工品，其名称应与中药材名称相对应。中药饮片名称包括中文名和拉丁名。

1. 中药饮片的中文名

（1）净制、切制的生用饮片，按原中药材命名；特殊管理的毒性药材，在名称前应加"生"字；如：生草乌、生天南星等。鲜品饮片在名称前应加上"鲜"字。如：鲜薄荷。

（2）以炒、蒸、煅等方法炮制的中药饮片，在中药材名前冠以炮制方法或后缀以炮制后的形态名。加辅料炮制的中药饮片，应冠以辅料名。如：煨肉豆蔻、煅石膏（炮制方法）；巴豆霜、地榆炭（炮制后的形态名）。如：酒白芍、清半夏（应冠以辅料名）。

2. 中药饮片的拉丁名
一般采用在其中药材的拉丁名后加上形容词 Praeparata 的原则命名，特殊炮制饮片可以用前置词 Cum 说明炮制时所用辅料，或加其他形容词或短语修饰。如：Rehmanniae Radix Praeparata 熟地黄。Glycyrrhizae Radix et Rhizoma Cum Melle（蜜）炙甘草。

（三）中药提取物命名

中药提取物系指将中药材或饮片经适宜的方法提取、纯化制成的供中成药或天然医药保健品生产的原料。中药（天然植物药）提取物是国际中药市场上的一种新的商品形态。该类产品应在符合《中药材生产质量管理规范》（GAP）及《药品生产质量管理规范》（GMP）要求下进行生产，采用先进的工艺和质量检测技术，体现了中药现代化的要求和国际中药市场的需要。

1. 中药提取物的中文名

（1）中药提取物的名称一般以中药材名称加提取物构成。如：人参提取物。

（2）已提纯至某一类成分的应以药材名加成分类别命名，必要时可以加副名。如：黄芩苷提取物。

2. 中药提取物的拉丁名
中药提取物拉丁名的基本组成是，采用提取物名以主格形式在前，动、植物学名以属格形式在后，如果还含有药用部位名，则以属格形式将其置于动、植物学名之后。

（1）基本组成：提取物名（名词主格）+ 动、植物学名（名词属格）。如：Extractum Glycyrrhizae 甘草浸膏；Extractum Acanthopanacis Senticosi 刺五加浸膏。

（2）如有药用部位名，放在动、植物学名后，用属格。提取物名（名词主格）+ 动植物学名（名词属格）+ 药用部位名（名词属格）。如：Pulvis Bubali Cornus Concentratus 水牛角浓缩粉。

（3）如有说明提取物状态、特征的形容词置最后，与提取物名同性、数、格。如：Extractum Leonuri Liquidum 益母草流浸膏；Extractum Scutellariae Siccum 黄芩提取物。

（四）中成药命名

中成药系指以中药材、中药饮片或中药提取物及其他药物，经适宜的方法制成的各类制剂。中成药名称包括中文名、单味药制剂可用拉丁名。

1. 中成药的中文名

（1）剂型应放在名称之后。如：银黄口服液。

（2）不应采用人名、地名、企业名称。如：同仁乌鸡白凤丸等。

（3）不应采用固有特定含义名词的谐音。如：名人名字的谐音等。

（4）不应采用夸大、自诩、不切实际的用语。如"宝""灵""精""强力""速效"等。如飞龙夺命丸、男宝胶囊、心舒宝片、软脉灵口服液、治糜灵栓、强力感冒片、速效牛黄丸、中华跌打丸。名称中没有明确剂型，如紫雪、一捻金、龟龄集、健延龄。名称含有"御制""秘制""精制"等溢美之词，如御制平安丸、秘制舒肝丸、精制银翘解毒片。不应采用受保护动物命名。

（5）不应采用封建迷信色彩及不健康内容的用语。如：媚灵丸、雪山金罗汉止痛涂膜剂。

（6）一般不采用"复方"二字命名。如：复方丹参片等。

（7）一般字数不超过 8 个字。

2. 单味制剂命名　一般应采用中药材、中药饮片或中药提取物加剂型命名。如：穿心莲片。

3. 复方制剂命名　根据处方组成的不同情况可酌情采用下列方法命名。

（1）由中药材、中药饮片及中药提取物制成的复方制剂的命名。

（2）可采用处方中的药味数、中药材名称、药性、功能等并加剂型命名。鼓励在遵照命名原则条件下采用具有中医文化内涵的名称。如：六味地黄（滋阴）丸。

（3）源自古方的品种，如不违反命名原则，可采用古方名称。如：四逆汤（口服液）。

（4）某一类成分或单一成分的复方制剂的命名。应采用成分加剂型命名。如：丹参口服液、蛹虫草菌粉胶囊；云芝糖肽胶囊、西红花多苷片等。单味制剂（含提取物）的命名，必要时可用药材拉丁名或其缩写命名，如康莱特注射液。

（5）采用处方主要药材名称的缩写并结合剂型命名。如：香连丸由木香、黄连二味药材组成；桂附地黄丸由肉桂、附子、熟地黄、山药、山茱萸、茯苓、丹皮、泽泻等八味药组成；葛根芩连片由葛根、黄芩、黄连、甘草等四味药材组成。

（6）注意药材名称的缩写应选主要药材，其缩写不能组合成违反其他命名要求的含义。

（7）采用主要功能加剂型命名。如：补中益气合剂、除痰止嗽丸、大补阴丸。

（8）采用主要药材名和功能结合并加剂型命名。如：牛黄清心丸、龙胆泻肝丸、琥珀安神丸等。

（9）采用药味数与主要药材名或药味数与功能并结合剂型命名。如：六味地黄丸、十全大补丸等。

（10）由两味药材组方者，可采用方内药物剂量比例加剂型命名。如：六一散，由滑石粉、甘草组成，药材剂量比例为 6∶1；九一散，由石膏（煅）、红粉组成，药材剂量比例为 9∶1。

（11）采用象形比喻结合剂型命名。如：玉屏风散，本方治表虚自汗，形容固表作用像一扇屏风。

（12）采用主要药材和药引结合并加剂型命名。如：川芎茶调散，以药引茶水调服。

（13）必要时可加该药临床所用的科名，如：小儿消食片、妇科千金片、伤科七味片。

（14）必要时可在命名中加该药的用法，如：小儿敷脐止泻散、含化上清片、外用紫金锭。

4. 中药与其他药物组成的复方制剂的命名　应符合中药复方制剂命名基本原则，兼顾其他药物名称。

二、中药商品名称的种类

1. 正名　是指历史沿用、现今广泛采纳、药品标准记载的法定名称。一种中药只允许有一个正名，有的记载中药的书籍中采用的正名与药品标准中的名称不一致，使用时以药品标准的名称为准。

2. 别名　又称为"副名"或"异名"，是除正名以外的其他别称。一种中药常有多个别名。正名和别名不是固定不变，如川芎古时称芎䓖，后因主产于四川而逐渐广泛称为川芎，并为各级药品标准和典籍而收载，故以芎䓖为别名。中药的别名可依据使用范围分为"地名"或"古名"，其特点是数量多，地方性强，使用范围小，如人参在东北地区有"棒槌"之名，三七在广西有"田七"之名。

3. 处方名　是医生开方使用的名称，主要体现了医生根据临床治疗对药物性质的要求，如"制何首乌"是对炮制的要求，"鲜白茅根"是对贮藏的要求，"霜桑叶"是对采收的要求，"辽细辛"是对药材品种或产地的要求等。有的医生为处方书写方便省事，常使用简称，如将金银花写成"双花"，将麦冬写成"寸冬"等，有的医生常把几个药名并写在一起，如"二冬"（指天冬和麦冬），"三仙"（指神曲、麦芽、山楂）。

4. 商品名　药材在商品经营过程中，还有众多的规格名、商业习用名或简称，如大黄的蛋吉、片吉等，就是规格名。如将牛蒡子称大力子，肉苁蓉称大芸，山茱萸称枣皮，都为商业习用名。商业开票、记账等环节为书写方便省事，常使用简称，如将信石简称人言，将硼砂简称月石，将射干简称寸干等。了解掌握中药商品中的这些名称，有益于中药商品的学习和经营工作。

5. 植物栽培品种名　植物栽培品种名仅在药材生产中使用。如人参的栽培品种名有"大马芽""二马芽""圆脖圆芦""线芦"等。栽培的品种在药材的产量、质量和商品特征方面都存在着一定的差异。因此，了解不同栽培品种对从事药材生产、经营等工作均有益。

三、中药商品名称的复杂性与规范化

1. 名称复杂性问题　由于中药名称的复杂性，便产生了中药名称的同物异名与同名异物的现象。同物异名指同一种药材有不同的名称，以《中药大辞典》为例，玉竹一药就有 37 个异名，茜草有 17 个异名，决明子有 17 个异名。该书收录中草药 5767 种，除正名外，列的异名有 3000 余种，可见同物异名问题之严重。同名异物是指不同的药材用同一名称。如全国不同地区称为"白头翁"的药材有 16 种以上不同植物，而称"贯众"或作贯众使用的就有 30 种之多。同样，同名异物现象也比较严重。

2. 命名规范化问题　中药商品名称的复杂问题，不仅造成了名称的混淆，而且影响正确的鉴别和正确的使用，也不利于经验交流和科学研究。为解决这个问题，一方面要求在制定标准时，必须对所述药材附上其来源动植物的拉丁学名。另一方面要求列出按命名规则拟定的药材拉丁名。对药材的中文名，由于长期历史过程中形成的各地习惯不一等情况，一时难以统一，但制订合理的命名规则，实现命名规范化势在必行。今后在制定药材标准时，对正名的采取需经严格论证选取，一旦选定，各方面以此为准，统一名称。对待名实混淆的药材，应通过原植物调查鉴定、药材鉴定、本草考证及必要的实验等一系列研究，据实正名，依本性应用。即按照它们本来的药名、药性、功能及应用。地区性药材和民间草药，也要按命名规则逐渐统一名称，做到一名一物，避免混淆。

》 第二节　中药商品的分类

中药商品的品种繁多，为了便于学习、研究、管理和应用，必须根据不同的使用目的对中药商品加以科学地分类。分类方法随着时代的进步和对中药商品研究不断深入而不断变化和改进。

一、中药商品分类的定义

根据一定目的，为满足某种需要，选择适当的分类标准或特征，将中药商品集合总体科学地、系统地划分为不同大类、中类、小类、品类或品目、品种乃至规格、品级等细目的过程。或者根据中药商品的属性或特征，按照一定的原则和方法，将其进行区分和归类，并建立起一定的分类系统和排列顺序，以满足某种需要。称为中药商品的分类。

二、中药商品分类的原则

中药商品分类的原则是建立中药商品科学分类体系的重要依据。为了使中药商品分类能满足特定的目的和要求，在分类时应遵循以下五项原则。

1. 系统性原则　该原则是指根据中药商品的某些共性进行分类，构成分类体系，并且在进行系统分类时，必须考虑分类体系中应该具有补充新产品的余地。如片剂中后出现的泡腾片、分散片属片剂中的其他片剂。

2. 专一性原则　该原则是指中药商品分类后，一种商品只能出现在一个类别里，不允许同时出现在两个类别中。这就要求选择分类标志时，尽可能地从本质上将各类药品之间的差异加以明显区别，保证分类清楚。

3. 简明性原则　该原则要求中药商品分类术语应通俗易懂；分类的标记应有明显特征，一目了然；分类的方法应科学合理；分类的层次应清晰明了，使得管理手段简便、快速、准确。如植物药的分类按照入药部位分可分为根及根茎类、茎木类、皮类、叶类、花类、果实种子类、全草类等。

4. 协调性原则　该原则要求中药商品分类体系应具有适用性、协调性，力求使分类结构合理。

5. 稳定性原则　该原则要求中药商品分类既要考虑现实状况，也应符合中药商品发展的客观规律，如果分类目录发生变更时，也不会破坏整个分类结构，应有相对稳定性。

三、中药商品分类的形式

（一）中药材商品

1. 中药商品古代分类法

（1）按药物的性能分类　分为上、中、下三品。《神农本草经》即按此法分类。上品：120 种，多为无毒的滋补药；中品：120 种，有的有毒，有的无毒，对疾病的治疗作用较广泛；下品：125 种，多为有毒、药性猛烈的药物。

（2）按药物的来源和自然属性分类　《神农本草经集注》按药物的自然属性分为玉石、草、木、果菜、米食、有名未用 6 类，每类又分上、中、下三品。《本草纲目》则将药物分为水、火、土、金、石、草、谷菜、果、木等 16 部，每部下又分 60 类，如草部又分为山草、芳草、隰草、毒草、蔓草、水草、石草、苔草、杂草 9 类。

2. 中药商品现代分类法

（1）按来源和药用部位分类　这种分类方法便于对中药商品的鉴定、经营管理和贸易，一般归纳为植物药类、动物药类和矿物药类。植物药可分为根及根茎类、茎木类、皮类、叶类、花类、果实及种子类、全草类、藻菌和地衣类、树脂类等，动物药可分为骨骼类、昆虫类、贝壳类、分泌物类、角类、排泄物类等，矿物药一般不再分类。

（2）按药材基原（原植物、原动物或矿物）的自然分类系统分类 采用这种分类方法，便于对药材的品种鉴定，也利于根据植物、动物的亲缘关系去开发和研制新药。如生物药按照科属分类，矿物药按照晶系分类。

（3）按药材的性味或功效分类 这种分类方法便于临床用药。如分为辛味药、酸味药，或寒性药、热性药，或解表药、清热药等。

（4）按药材所含的主要化学成分分类 这种分类方法便于研究中药的活性成分及其药理作用，便于通过对中药所含化学成分的研究去寻找生物合成的途径和理化分析方法。动、植物药可分为含生物碱类、苷类、蛋白质类药物等。矿物药可按所含的阳离子或阴离子化合物的类型分类。

（5）以药名汉字首字笔画或汉语拼音字母顺序分类 此种分类方法多在中药辞典的书籍中采用，便于学习和查阅。

（二）中药饮片商品

中药饮片系指中药材经过净制、切制或炮制后，可直接配方或制剂的加工品。此处中药饮片是中药炮制品的统称，而非狭义地将中药切制成的饮片。常用分类方法如下。

1. 按照炮制方法分类 可分为修治、水制、火制、水火共制、其他制法五大类型。其下面又可分为炒制法、煅制法、水飞法、发酵法等。此种分类方法有利于按照中药炮制类型来管理使用中药饮片。

2. 按照临床功效分类 可以分为解表药、利水药、活血化瘀药、补气药、驱虫药等多种类型。此种分类方法可以使中药饮片更有利于临床中药调剂工作。

3. 按照饮片性质分类

（1）普通中药饮片 中医常用饮片，最能体现中医用药特点，已有数千年的应用历史。

（2）中药免煎颗粒 用药精细，体积小，调配方便，免除煎药的过程，方便上班族人群，但不能完全体现中医用药特点。

（3）中药精制饮片 即小包装饮片。称量准确，清洁卫生，规格统一，调配方便。价格相对较贵，有些品种不符合炮制和调配规范。

根据不同饮片性质分类，可以适应不同疾病和患者要求，满足不同临床用药需求，提高医疗水平和服务质量。

（三）中成药商品

中成药是根据临床治疗和保健需求，按照中医方剂，将中药饮片以独特的生产工艺和质量标准加工生产的中药制剂。常用的分类方法如下。

1. 按剂型分类 如丸剂、片剂、颗粒剂等。此种分类方法便于中成药商品的研究、生产、检验、贸易、运输和贮藏。

2. 按主要功能分类 如补益之剂、发表之剂等。此种分类方法便于调剂、零售和临床用药。

在实际工作中，也可参照和借鉴中药材及饮片的分类方法。

（四）中药提取物商品

中药提取物是以中药材或饮片为原料，按照对提取的最终产品用途的需要，经过物理化学提取分离过程，定向获取和富集中药中的某一种或多种有效成分，而不改变其有效成分结构形成的产品。中药提取是中药产业的新兴领域，是对中药材的一种深度加工形式，以适应国际天然医药保健品市场的需求。

1. 按照提取的成分分类 可分为苷、酸、多酚、多糖、萜类、黄酮、生物碱等类。

2. 按照最终产品的性状分类 可分为植物油、浸膏、流浸膏、粉、晶状体等。

3. 按照提取溶媒分类 可分为水溶性提取物、醇溶性提取物、醚溶性提取物等。

4. 按照提取方法分类　可以分为冷浸法、热浸法。

（五）中药商品的贸易分类

我国药材商品贸易分类，一般是将商品分成品目、品种和细目。品目是若干具有共同性质的商品的总称。品种是商品分类中具体反映的商品名称。细目是对药材品种进行不同规格、等级的详细区分。

1. 商业分类　按药用部位将药材商品分为十个品目，习称"商品十大类"。各品目按下列固定顺序排列：①根茎类；②果实类；③全草类；④花叶类；⑤树皮类；⑥藤木树脂类；⑦菌藻类；⑧动物类；⑨矿物类；⑩其他类。

药用部位相同的药材在贮藏、包装、运输、加工、质检等工作中按商业分类法很方便。因此，全国药材商业单位多年来一直采用这种分类法并进行商品编号。

如："4012"表示第4类（花叶类）中的第12种药材（辛夷）；"1001 - 1"表示第1类（根茎类）中第1个品种（红参）的第一个规格等级。

商品的编号在记账、定价、管理、收发货等工作中都能大大提高工作效率。

2. 商品分类代码　为了对中药商品进行数字化管理，1987年4月，国家标准局颁布了《全国工农业产品（商品、物资）分类与代码》的国家标准。

中药商品的分类是：按药用部位分大类，每大类又分三个层次小类。各层类目均用两位阿拉伯数字作为代码。每层代码一般以01开始，按升序排列，最多编到99，以便微机处理。这样每个品种的代码就有8个阿拉伯数字组成。

如："42011001"这个代码"42"表示中药材，"01"表示植物类药材，后面的"10"表示根茎类中药材（一），最后的"01"表示本类中的第1个品种；再如"42011101"，前四位数字含义与上述相同，后面的"11"表示根茎类中药材（二），最后的"01"表示本类药材中第1个品种。

3. 其他贸易分类　各部门根据自己的业务性质，规定其分类方法。

（1）储运部门　根据产地分川广货、地产货、南药、西怀类（北方产品）；川汉类（西南产品）、山浙类（华东产品）。有时按价值分贵细药（价高品种）、草药（价低品种）等。按储藏类型分为毒麻药、常规药。

（2）销售部门　分大路货（常用药材，又称热货）、冷备货（不常用药材，又称冷货）、长线商品（货源充足）、短线商品（货源不足）、季节商品、常年商品等。

（3）加工部门　分个子货、饮片、生药、炮制品等。饮片又根据生产要求和形态特征常分为圆片（又称"顶头片"）、斜片、直片、肚片、丝条片、刨片、段子、骨牌片、骰子（丁子）、粉末、劈块、剪片等。

（4）零售部门　编排斗谱时常按中药商品的功效分类放置。

各类药材在包装、储藏、调剂、价格等方面均有区别。

目标测试

答案解析

简答题

1. 中药商品的命名有哪几部分？
2. 试述中药商品名称的种类。
3. 如何理解植物栽培品种名？
4. 试述中药商品分类的原则。

5. 以《神农本草经集注》或《本草纲目》为例，试述按药物的来源和自然属性分类的内容。

6. 试述中药商品现代分类法有哪些？

7. 试述按药材基原（原植物、原动物或矿物）的自然分类系统分类的优点。

8. 试述按药材所含的主要化学成分分类的优点。

9. 试述按照饮片性质分类有哪些？

10. 试述中药商品的贸易分类。

书网融合⋯⋯

思政导航　　　　　本章小结　　　　　题库

第四章 中药商品的管理与经营

PPT

学习目标

知识目标

1. **掌握** 国内主要中药市场的特点；中药经营企业的特点。
2. **熟悉** 药品管理机构与法规；中药商品的价格组成和影响因素。
3. **了解** 国际主要中药市场的特点；药品商标的使用原则；中药商品广告的管理。

能力目标 通过本章的学习，能够加强学生对于中药商品以及中药市场的认识，培养和提升学生分析解决中药商品相关问题的能力。

第一节 药品管理机构与法规

对于药品这种特殊商品，我国一直采取以国务院药品监督管理部门为主体、其他有关职能部门配合监管的方式。

一、国家药品管理机构

我国药品管理的机构按工作性质可分为药品监督管理行政机构和药品监督管理技术机构。

（一）行政管理机构

我国现行的药品管理行政机构分为四级：国家药品监督管理局、省（市、自治区）级药品监督管理局、地市级药品监督管理局、区县级药品监督管理局。

1. 国家药品监督管理局 组建国家药品监督管理局，由国家市场监督管理总局管理，主要职责是负责制定药品、医疗器械和化妆品监管制度，并负责药品、医疗器械和化妆品研制环节的许可、检查和处罚。与药品管理相关的主要职责为：负责起草药品等监督管理的法律法规草案，拟订政策规划，制定部门规章；负责组织制定、公布国家药典等药品标准，组织制定分类管理制度，并监督实施。参与制定国家基本药物目录，配合实施国家基本药物制度。负责药品注册管理，制定注册管理制度，严格上市审评审批，完善审评审批服务便利化措施，并组织实施。负责药品质量管理，制定研制质量管理规范并监督实施；制定生产质量管理规范并依职责监督实施；制定经营、使用质量管理规范并指导实施。负责药品上市后风险管理，组织开展药品不良反应的监测、评价和处置工作；依法承担药品安全应急管理工作。负责执业药师资格准入管理；制定执业药师资格准入制度，指导监督执业药师注册工作。负责组织指导药品监督检查，制定检查制度，依法查处药品注册环节的违法行为，依职责组织指导查处生产环节的违法行为。负责药品监督管理领域对外交流与合作，参与相关国际监管规则和标准的制定。负责指导省、自治区、直辖市药品监督管理部门工作。

2. 省（市、自治区）级药品监督管理局 各省（市、自治区）结合本地实际，组建药品监督管理机构，对药品实行集中统一监管，同时承担本级政府安全委员会的具体工作。与药品管理相关的主要职责为：贯彻执行国家有关药品监督管理的方针政策和法律法规；起草有关地方性法规、规章草案；制定全省（市、自治区）药品监督管理的政策规划；监督实施全省（市、自治区）药品标准、分类管理制度及其研制、生产、经营、使用质量的管理规范，监督检查药品的注册工作。建立药品不良反应监测体系，并开展监测和处置工作。推动完善执业药师资格准入制度，指导监督执业药师注册工作。参与制定本省（市、自治区）基本药物目录内药品生产的鼓励扶持政策，配合实施国家基本药物制度。组织实施药品监督管理的稽查制度，组织查处重大违法行为。建立问题药品召回和处置制度并监督实施。依法审查药品广告内容。负责药品安全事故应急体系建设，组织和指导药品安全事故应急处置和调查处理工作，监督事故查处落实情况。负责制定药品安全科技发展规划并组织实施，推动药品检验检测体系、电子监管追溯体系和信息化建设。

3. 地（市）级药品监督管理局 负责辖区内药品的监督管理工作。

4. 县级药品监督管理局 负责辖区内药品的监督管理工作。

（二）技术管理机构

与药品生产、经营和使用单位的药检部门不同，行使国家对药品质量监督检验的职能，检验结果具有法律效力。

我国现行的药品管理技术机构分四级：中国药品检定研究院、省（市、自治区）级药品检验检测院、地市级药品检测中心、县级药品检测中心。

1. 中国食品药品检定研究院 简称中检院（原名中国药品生物制品检定所），是原国家食品药品监督管理总局的直属事业单位，是国家检验药品生物制品质量的法定机构和最高技术仲裁机构。

依法承担实施药品、生物制品、医疗器械、化妆品、实验动物、包装材料等多领域产品的审批注册检验、进口检验、监督检验、安全评价及生物制品批签发，负责国家药品、医疗器械标准物质和生产检定用菌毒种的研究、分发和管理，开展相关技术研究工作。每年检验各类药品、生物制品、医疗器械等近万件（批）。

2. 省（市、自治区）级药品检验检测院（原省（市、自治区）级药品检验所） 省（市、自治区）级药品检验检测院主要承担各省（市、自治区）辖区内药品（含中药、民族药）、直接接触药品的包装材料和容器、药用辅料、医疗器械、化妆品等药品检验检测及其技术研究等工作。

3. 地市级药品检测中心（原地市级药品检验所） 地市级药品检测中心是在原地市药品检验所的基础上经机构整合与职能整合形成的综合性药品检测机构，主要承担辖区内的药品等的监督检验与评价检验。

4. 县级药品检测中心（原县级药品检验所） 县级药品检测中心是我国药品监督管理体系中最基层的一支力量，承担着县、区药品产、供、用单位的监督管理工作，主要对广大乡、村医疗机构食品药品质量进行监督管理。目前，大多数县级检验检测中心规模尚小，少数县级药检所实际上已是工作停滞，无法满足工作要求。党十八大后，国务院提出整合县级安全检验检测资源，建立区域性的检验检测中心的指导意见。

（三）国家药典委员会

国家药典委员会（原名称为卫生部药典委员会）成立于1950年，根据《中华人民共和国药品管理法》的规定，负责组织编纂《中华人民共和国药典》及制定、修订国家药品标准，是法定的国家药品标准工作专业管理机构。

（四）国家药品监督管理局药品审评中心

国家药品监督管理局药品审评中心是国家药品监督管理局药品注册技术审评机构，负责对药品注册申请进行技术审评。主要职能为：负责药物临床试验、药品上市许可申请的受理和技术审评；负责仿制药质量和疗效一致性评价的技术审评；承担再生医学与组织工程等新兴医疗产品涉及药品的技术审评；参与拟订药品注册管理相关法律法规和规范性文件，组织拟订药品审评规范和技术指导原则并组织实施；协调药品审评相关检查、检验等工作；开展药品审评相关理论、技术、发展趋势及法律问题研究；组织开展相关业务咨询服务及学术交流，开展药品审评相关的国际（地区）交流与合作；承担国家局国际人用药品注册技术协调会议（ICH）相关技术工作。

（五）国家药品监督管理局食品药品审核查验中心

原国家食品药品监督管理局药品认证管理中心，其主要职能为：组织制定修订药品、医疗器械、化妆品检查制度规范和技术文件。承担药物非临床研究质量管理规范认证检查及相关监督检查，药物临床试验机构监督检查。承担药品注册核查和研制、生产环节的有因检查；承担药品境外检查。承担疫苗研制、生产环节的有因检查，疫苗、血液制品的生产巡查；承担疫苗境外检查。承担医疗器械临床试验监督抽查和研制、生产环节的有因检查；承担医疗器械境外检查。承担国家级检查员考核、使用等管理工作；承担特殊化妆品注册、化妆品新原料注册备案核查及相关有因检查，生产环节的有因检查；承担化妆品和化妆品新原料境外检查。承担国家级职业化专业化药品、医疗器械、化妆品检查员管理；指导省级职业化专业化药品、医疗器械、化妆品检查员管理工作。指导省、自治区、直辖市药品检查机构质量管理体系建设工作并开展评估等。

（六）国家中药品种保护审评委员会

国家中药品种保护审评委员会负责组织国家中药保护品种的技术审查和审评工作。配合国家药品监督管理总局制定或修订中药品种保护的技术审评标准、要求、工作程序以及监督管理中药保护品种等。

（七）国家药品监督管理局药品评价中心（国家药品不良反应监测中心）

药品监督管理局药品评价中心主要承担全国药品不良反应、医疗器械不良事件、化妆品不良反应监测与上市后安全性评价以及药物滥用监测的技术标准和规范及其相关业务组织工作，对省、自治区、直辖市药品不良反应、医疗器械不良事件、化妆品不良反应、药物滥用监测与评价机构进行技术指导。参与拟订、调整国家基本药物目录的相关技术工作。承担拟订、调整非处方药目录的技术工作及其相关业务组织工作。承担发布药品不良反应和医疗器械不良事件警示信息的技术工作等。

二、国家药品管理法规

（一）《中华人民共和国药品管理法》

2001 年颁布，简称《药品管理法》。为加强药品监督管理，保证药品质量，保障人体用药安全，维护人民身体健康和用药的合法权益提供了法律依据和保障。

新修订的《药品管理法》于 2019 年 8 月 26 日由中华人民共和国第十三届全国人民代表大会常务委员会第十二次会议修订通过，并于 2019 年 12 月 1 日起正式施行。这是药品管理法在颁布 18 年之后进行的一次全面大修。

新修订的《药品管理法》在总则当中明确规定国家鼓励研究和创制新药，增加和完善了 10 多个条款，明确了主要六个方面的举措，进一步鼓励药物研发创新、加快境内外新药上市。此外，新修订的《药品管理法》全面加大对违法行为的处罚力度，专条规定，违反本法规定，构成犯罪的，依法追究刑事责任，旗帜鲜明地保持对药品安全犯罪行为的高压态势。

（二）《药品经营质量管理规范》

2000 年国家药品监督管理局审议通过了《药品经营质量管理规范》（good supplying practice，GSP），是我国药品经营质量管理的基本准则，适用于我国境内经营药品的专营或兼营企业。要求药品经营企业在购、销、运、贮等环节实行质量管理，建立质量体系，并使之有效运行。此后，国家相关职能部门根据实际应用和时代的发展进行了数次修订。

（三）《药品生产质量管理规范》

《药品生产质量管理规范》（good manufacturing practice，GMP）是我国药品生产和质量管理的根本标准，涵盖药品制剂生产全程及原料药生产中影响最终产品质量的关键环节。我国自 1988 年初次公布药品 GMP，已经走过 20 余载历程。在此期间，经过了 1992 年和 1998 年两次修订。到 2004 年 6 月 30 日，我国已实现所有原料药及制剂均符合 GMP 标准的生产要求。

2011 年 1 月 17 日，国家市场监管总局发布了最新版的《药品生产质量管理规范》，并自 2011 年 3 月 1 日起正式实施。该规范以《中华人民共和国药品管理法》和《中华人民共和国药品管理法实施条例》为依据，旨在进一步规范我国药品的生产质量管理。各药品生产企业应按照该规范要求，建立完备的药品质量管理体系，确保该体系覆盖所有可能影响药品质量的因素，从而确保药品质量满足其预期用途。

此外，与《药品生产质量管理规范（2010 年修订）》相配套，国家药监局于 2022 年发布了《药品生产质量管理规范（2010 年修订）》临床试验用药品附录的公告（2022 年第 43 号），该公告自 2022 年 7 月 1 日起正式生效。

（四）《中药材生产质量管理规范》

《中药材生产质量管理规范》（good agricultural practice，GAP）是以确保中药材质量为宗旨，对影响药材质量的各种因素进行控制。该规范详尽地规定了中药材的各个生产环节，从种植到加工，旨在使药材达到"优质、稳定、可控"的目的。

国家药监局联合农业农村部、国家林草局、国家中医药局于 2022 年 3 月 17 日联合发布《中药材生产质量管理规范》公告（2022 年第 22 号）。该规范为我国境内中药材生产企业提供了全面的生产和管理指导，是规范化生产中药材的基础。规范中所涉及的中药材是指来源于药用植物、药用动物等资源，经规范化的种植（含生态种植、野生抚育和仿野生栽培）、养殖、采收和产地加工后，用于生产中药饮片、中药制剂的药用原料。

（五）《药品注册管理办法》

《药品注册管理办法》是由国家市场监管总局于 2020 年 3 月 30 日公布的一项规章，于 2020 年 7 月 1 日起正式施行。这项规章旨在规范药品注册行为，保证药品的安全、有效和质量可控。

现行版《药品注册管理办法》相较于 2007 年版的《药品注册管理办法》有很多变化。例如，药品注册分类发生了很大的改变，现行版《药品注册管理办法》去掉了相关附件，并明确后期将以配套文件的形式陆续发布。此外，现行版《药品注册管理办法》还提出了特别审批程序，在发生突发公共卫生事件的威胁时以及突发公共卫生事件发生后，国家药品监督管理局可以依法决定对突发公共卫生事件应急所需防治药品实行特别审批。

关于药品变更的分类管理，现行版《药品注册管理办法》将变更按照其对药品安全性、有效性和质量可控性可能产生的影响和风险分为三类管理：①可能有重大影响和风险的变更由国家局审批；②可能有中等程度影响和风险的变更由省级局备案；③基本不产生影响和风险的变更由企业年度报告。

（六）《中药品种保护条例》

1992 年国务院为提高中药品种的质量，保护中药生产企业的合法权益，促进中药事业的发展，发布了《中药品种保护条例》，是中华人民共和国成立以来我国制定的第一部有关中药品种保护的行政法规。本法规对于保护中药名优产品、保护中药生产的知识产权等起到了保障。

为深化中药品种全生命周期的管理并不断提高其质量，国家药监局组织了《中药品种保护条例（修订草案征求意见稿）》（以下称"草案"）的起草，并于 2022 年 12 月 25 日至 2023 年 1 月 24 日对外公开征求意见。此次条例修订主要集中在中药保护品种制度的核心——保护范围、方式及等级。具体变化如下。

1. 保护范围调整　基于中成药的品种保护，修订将中药饮片和中药材也纳入了保护，并明确了受保护和非受保护的特定情况。

2. 保护等级与期限调整　原有制度下的中药品种分为一、二级保护，期限分别为 30 年、20 年、10 年（一级）和 7 年（二级）。草案提议将其分为三级。

（1）一级保护　十年市场独占权，配有中药品种保护专用标识。

（2）二级保护　五年市场独占权，同样配有中药品种保护专用标识。

（3）三级保护　仅有五年的中药品种保护专用标识，无市场独占权。

草案还提出取消延长保护期制度，目的是促进中药品种的创新，提高已上市品种的质量，避免长期保护而无实质进展的情况。

3. 保护方式调整　除市场独占权外，新增了中药品种保护专用标识，以区分受保护与非受保护的品种，同时强化保护制度的积极效果和导向功能。

（七）《医疗用毒性药品管理办法》

为加强医疗用毒性药品的管理，防止中毒或死亡事故的发生，1988 年国务院发布并实施了《医疗用毒性药品管理办法》。毒性药品的管理品种，由原卫生部会同国家医药管理局、国家中医药管理局规定。包括毒性中药品种和西药毒药品种两类。毒性中药品种有砒石（红砒、白砒）、砒霜、水银、生马钱子、生川乌、生草乌、生白附子、生附子、生半夏、生南星、生巴豆、斑蝥、青娘虫、红娘虫、生甘遂、生狼毒、生藤黄、生千金子、生天仙子、闹羊花、雪上一枝蒿、红升丹、白降丹、蟾酥、洋金花、红粉、轻粉、雄黄。

◇ 第二节　中药商品市场

市场的概念有广义和狭义两种。广义的市场是指在一定的时间和空间条件下，商品交换关系的总和。即视市场为商品的交换、生产、流通和消费的总体。狭义的市场是指商品交换的具体场所，一般设在交通发达、人口稠密的城镇。所以狭义的市场是一个有限的区域，但在今天的数字化时代，狭义市场的边界已大大扩展。买卖双方不仅可以面对面交易，还可以通过网络平台、移动应用等数字技术进行交易，故市场的范围可遍及全世界。

本章中药市场的概念属于狭义市场的概念，即中药商品交换的场所。中药市场是中药商品生产发展的产物，是扩大社会再生产及其发展的必要条件。

中药市场主要侧重于中药商品的经济交换，主要功能是以中药商品为媒介，实现中药商品的流通及其价值的转移，以满足人们用药的需要。同时，中药商品通过市场交换，把药品转变成货币，为我国经济建设积累一定的资金，因此中药市场在国民经济中占有一定的地位。

一、国内市场

我国的中药市场历史悠久。如《后汉书》中记载了韦彪、张楷等著名采药、卖药之人。东汉恒帝时，霸陵人韩康常采药于名山，在长安市上卖药达三十多年。同时在我国汉代的《神农本草经》中就提到《范子·计然》一书中论及了药价。这都说明中药作为商品在市场上的交换历史已经有几千年。

早在三国时期，在江西的"樟树镇"建立了"药圩"，至今已有1700多年的历史，号称"药都"。"药圩"是我国早期的中药市场雏形。公元1076年，宋朝政府兴办的"太平卖药所"是我国首个官办的中药市场；南宋迁都临安后，中药市场又有新的发展，不仅有"生药铺""熟药铺"之分，还建立了"川广生药市"，出现了药材的批发市场。

中药市场经过历代的发展，到了明清时期，全国大型的中药市场有著名的四大药市，即河北的"安国"、河南的"禹县"和"百泉"、江西的"樟树"以及安徽的"亳州"等。那时经营的规模有大有小，经营的方式各不相同。

现以河北的"安国"药市为例说明：安国市，古称祁州，位于河北省中部，四方水陆交通便利，有水路可达天津，转通于营口、香港等地，为药材商品交换的发展提供了便利条件。安国在历史上因药业发达，在国内外久负盛名而素有"北药都"之称。它不仅在全国各地有极大影响，而且在日本、朝鲜特别是在东南亚各国都有较高声誉。

药都的形成，由来已久。早在北宋太平兴国年间（976—984年）因药王显灵的传说和药王庙的建立（此处的药王传说是东汉刘秀部下武将邳彤，曾是燕赵一带医药界领袖人物），吸引各地"善男信女"前来朝拜。随之客货云集，名声大振，逐渐发展成为我国大型的中药市场。从明朝泰昌元年（1620年）至民国26年（1937年）期间，药都生意兴隆，盛况空前，成为全国规模最大的中药市场。

祁州经营道地药材有著名的"祁州十三邦"，药邦是地方药材行业借同乡或同行联合起来的团体，具有明显的竞争和垄断的资本性质。包括关东邦、京通卫邦、口邦、山西邦、怀邦、川汉邦、亳州邦、禹州邦等，各邦销售当地药材，对当时药材的交流和经济的发展起到了积极的作用。

历代中药市场的建立和发展，都因所在地的药材种植业和加工业发达，交通便利，运价低廉，名医、寺庙的影响以及庙会的群众基础等，使中药市场从无到有，由小到大，经营的药物品种和市场数量由少至多，同时近十多年来，药材市场规模不断增大，经营的药材品种日益增多，营业时间也变成常年经营，座商、行商云集市场，交易人群络绎不绝，使市场显得格外繁荣，营业额与日俱增，营业利润成倍增长，上交国家税利逐渐增加。

我国中药材市场迅速发展，规模持续壮大。根据国家统计局资料显示，2020年我国中药材市场成交额达到1664.83亿元，呈现0.7%的同比增长。预计到2024年，市场规模将突破2000亿元，展现出巨大的增长潜力。随居民消费水平提升和健康保健意识加强，健康总体需求增长，为中医药市场提供了强劲推动力。尤其在"以健康为中心"的大健康理念指引下，中药材市场预期更为繁荣。

新老市场的相继兴起不仅加强了中药商品交流，也刺激了中药的生产，活跃了市场经济。中药企业的内部竞争机制的引入，更进一步优化了中药生产和经营管理。但也应该看到，中药市场的无序发展，加上一些地方市场管理混乱，中药市场上产生了一些不容忽视的问题，如违规经营严禁的药品，伪劣药材累查不绝，危害了人们的身体健康，甚至威胁到人民群众的生命安全。因此国务院、原卫生部、国家药品监督管理局、中医药管理局和工商行政管理局不仅联合发出整顿中药市场的通知，而且多次组织联合检查组到各地中药市场检查验收整顿的结果。经整顿，自1996年国家仅批准保留了17家中药材专业市场后，再没有审批新的药材市场。它们分别是河北安国、安徽亳州、山东鄄城舜王城、黑龙江哈尔滨三棵树、湖北蕲春、江西樟树、广州清平、广东普宁、四川成都荷花池、湖南邵东廉桥、河南禹州、陕西西安万寿北路、广西玉林、重庆解放西路、云南昆明菊花园、湖南岳阳花板桥、甘肃兰州黄河17家中药材专业市场。现选有一定代表性的中药材市场简介如下。

（一）河北安国中药材专业市场

"药都"安国地处北京、天津、石家庄中心地带，古称祁州，是全国重要的中药材集散地。安国药市历史悠久，源于宋朝，兴于明朝、盛于清朝。素有"草到安国方成药、药经祁州始生香"的美誉。

新的安国中药材专业市场兴建于1993年，又称"东方药城"，建筑面积60万m^2，总投资6亿元，经营品种2000多种、日吞吐量超300吨、年成交额达20亿元。整个药城由4条"井"字形大街构成，分为9个区，拥有商楼1100多座，经营品种2300多种，经营销售已辐射全国各地，远销港澳台、东南亚及欧美等20多个国家和地区。中心交易大厅是东方药城集中交易场所之一，占地15亩，经营面积12000m^2，拥有固定商位4000多个，分为个子货杂药区，企业饮片展销区，精细药材区。

（二）江西樟树中药材专业市场

樟树是江西省清江县樟树镇的简称，相传以盛产樟树而得名，在唐朝即辟为药墟，宋元时形成药市，明清时期臻于鼎盛，终成"南北川广药材之总汇"的大气候，素以"药都"著称，享有"药不到樟树不齐，药不过樟树不灵"的美誉，具有1700多年的历史，并以其精湛的饮片炮制技术，形成全国闻名的"樟树邦"。1988年改为江西省樟树市，地处江西赣中胜地，京九、浙赣铁路、105国道、赣粤、沪瑞高速公路、赣江等水陆交通便捷。

2001年竣工的樟树中药材专业市场，占地500亩，建筑总面积达25万m^2，投资3亿元，拥有一流的现代网络设施和电子报价系统、物流储运设施，整个市场视野开阔，造型中西合璧，既能感受到繁华、开放的市场氛围，又能体会到樟树药业文化的源远流长与博大精深。现有2000余户药商在场内经营，年成交量100万吨，交易额超50亿元，辐射全国30个省（市）、港、澳、台以及东南亚地区。

（三）安徽亳州中药材专业市场

亳州位于安徽的西北部，三面与苏、鲁、豫毗邻，涡河从西而东贯城而过。由于亳州的地理、气候条件得天独厚，又因这里是华佗故里，神医华佗遗风在亳州经久不衰，所以名医辈出，药师济济。传统的中药材栽培、炮制技艺更是高人一筹，是有名的"药材之乡"。

亳州中药材专业市场交易中心是目前国内规模最大的中药材专业交易市场，该"中心"占地387亩，建筑面积35万m^2，拥有1000余家中药材经营店面。3.2万m^2的交易大厅有6000多个摊位，经营者2万多人。现代化办公主楼建筑面积7000多平方米，内设办公机构、大屏幕报价系统、交易大厅电视监控系统、中华药都信息中心、优质中药材种子种苗销售部、中药材种苗检测中心、中药材饮片精品超市等。中药材日上市量高达6000吨，上市品种2600余种，日客流量5万~6万人，中药材年成交额达100多亿元。

2013年，该中心搬迁到国际现代化的中药材专业市场中国亳州康美中药城，占地面积106万m^2，建筑面积120万m^2，是目前最大的一站式中药材交易中心。交易大厅总建筑面积10万m^2，交易大厅采用花瓣式组合，围绕电子商务中庭，八个花瓣分别代表不同类别的药材经营区域，相互区别又相互联系。交易大厅分为四层，一层为中医药文化走廊、保健养生、民族医药、中药材品牌形象店等，二层和三层为中药材集中贸易展示铺面及地道中药材样品展示区，四层为真伪药材标本室、检验检测中心等。

（四）河南禹州中药材专业市场

禹州位于中原腹地，因帝舜时大禹治水有功，册封于此而得名。禹州被人们公认为我国亘古中药发祥地，是历史上有名的古药都之一。相传唐代孙思邈曾在这里采药行医，著书立说，终老禹州后，当地人厚葬城西关外，为他建庙，尊为药王。禹州的中药材种植历史悠久，素有"中华药城"之称，是我国医药发祥地之一。禹州具有悠久的中药材种植、采集、加工历史，以加工精良、遵古炮制著称于世。历史上就有"药不到禹州不香，医人见药王不妙"之说。

禹州中药材专业市场又称"中华药城"，药城占地面积400余亩，包括建筑面积23000m^2、分上下两层、可容纳2500个摊位的中心交易大厅，以及2000余间三层以上经商楼，市场经营品种上千种，固定从业人员上万人，年交易额达十亿元人民币。

禹州中药材专业市场门店固定，常年经营，商户稳定；药材商品品种较为齐全，且注重经营道地药材其中冠以"禹"字头的道地品种有禹南星、禹白附、禹白芷、禹余粮等。

（五）成都荷花池中药材专业市场

成都荷花池中药材专业市场建立于20世纪70年代，历经30多年风雨，经过四次产业升级，现整体搬迁到位于成都市北新干道旁的成都国际商贸城，交通极为便利，是西部地区最大的中药材市场。市场占地142亩，建筑面积20万 m²，拥有4000多个商位，是目前全国体量最大、硬件设施最优秀的中药材专业市场之一。采用现代化的商铺设计理念，中央空调、专业的通风采光设计和自动关合玻璃顶棚等现代化设施，使市场成为全国唯一的"会呼吸的中药材市场"。

市场常年经营户有1700多户，5000余人，主要来自省内外100多个县（市），经营中药材品种4500余种，常见药材约2000种，其中川产药材1300余种，如道地药材川贝母、黄连、冬虫夏草、川芎、川乌、附片、麦冬等。也有许多四川草药医生习用的地方药，如大菟丝子、理塘黄芪等，市场日销售额500多万元。

近年国家授权发布的中国成都中药材价格指数即是以荷花池中药材专业市场的商户为主要价格采集点。它的制订和发布，将为政府和行业主管部门准确及时了解和掌握中药材贸易动态，为中药材和经营者提供商业信息，同时引领中药材产业发展方向，为广大业内人士提供最有参考价值的市场信息。

（六）黑龙江哈尔滨三棵树中药材专业市场

哈尔滨三棵树中药材市场形成于1991年，是我国东北、内蒙古自治区唯一的中药材专业市场，位于黑龙江哈尔滨三棵树火车站附近而得名。毗邻连通黑龙江省内外三十余个市县公路客运站，与哈尔滨港口隔南直立交桥相望，铁路、公路、水路和空运四通八达，十分方便。经多年的建设发展，已成为我国北方中药材经营的集散地。

1996年完成搬迁，占地6000多 m²，建筑面积23000m²，市场内设有1～3层各式营业用房300套，可容纳经营户1000余个，内设中草药种植科研中心、质检中心、仓储中心。充分体现东北高寒地区药材交易市场特色。现中药材交易品种已达到580余种，其中107种量大质优，具地方特色。东北是关药的道地药材的主产区，销量居全国之首，如人参、鹿茸、哈士蟆油、关防风、关龙胆、关黄柏、北五味子、刺五加等名贵药材，特别是人参，80%出口到俄罗斯、日本、韩国、东南亚、西欧等国家和地区，药材边境贸易十分活跃。

（七）广州清平中药材专业市场

广州清平中药材专业市场创办于1979年，是我国南方重要的药材交易市场之一。经营户来自五湖四海、商品交易活跃，销往全国和港澳台、东南亚及世界各地，是华南地区最大的中药材特别是贵细滋补中药材和广药的集散地和进出口贸易重地。

2006年完成升级改造，新药市坐落于广州清平路和六二三路，是目前唯一建立在大都市中心区域的中药材市场，拥有庞大的交通网络，市场面积达1.1万 m²，有商铺1500多家，年营业额超10亿元。该市场还是全国第一个准许经营范围达5大类别（中药材、中药饮片、中西成药、医疗器械、保健品）的医药展贸平台。9层楼的清平医药中心是其标志性建筑。

药材市场中药材品种齐全，货源充足，有名贵的中药材如人参、西洋参、巴戟天、海马、海龙、阳春砂、雪蛤膏等，有大宗批发的品种如田七、青天葵、当归、川芎、金银花、菊花等，也有小额零售的普通中草药。

（八）甘肃兰州黄河中药材专业市场

兰州黄河中药材专业市场于1994年创办，是甘肃、宁夏、青海、新疆及西藏和内蒙西部地区唯一的国家级中药材专业市场。经过多年的发展，市场逐步形成了立足甘肃、面向西北、辐射全国的经营格局。2003年，在全国17家中药材专业市场率先实行了公司化管理模式，2008年乔迁至兰州市安宁区高新技术开发区，新建占地约60余亩的现代网络销售物流中心，形成了"前店后厂"的营销模式。市场和公司主要销售甘肃地产药品如党参、黄芪、甘草、当归、生地、板蓝根等优势品种，同时经营全国其他产地常用中药材约800余种，年销售2亿元左右，产品主要销往甘、宁、青、新等地，辐射全国及东南亚等地。

（九）中国香港地区市场

历史上中国香港也是我国中药的主要国际市场，中药商品多从香港转口外销，形成了我国中药的重要转口贸易基地。在香港可买到的药材品种约1900多种。在药材铺出售的药材约900种，其中常用的有约400种。药材市场年贸易额约18亿港元左右。出口药材品种中，居前十位的药材品种为：园参、野山参、甘草、当归、党参、黄芪、怀山药、生地黄、菊花、枸杞子，其在港销售约占55%左右，其余则销往中国台湾、东南亚、美国、加拿大等地。我国香港中医药行业从业人员约1.2万，出售中成药已达3300种，其中，中成药的80%、药材和饮片的90%是从大陆进口。

但近年随着我国对外开放的发展，中药的转口贸易因日本、韩国、中国台湾等地都直接由大陆发货而大幅度下降，贸易额减少。

（十）中国台湾市场

中国台湾的中药主要来源为大陆，台湾已成大陆药材出口第5大市场。伴随着我国内陆与台湾两岸三通的实现，贸易便利化的增强，海峡两岸在中药贸易领域的合作日益增多，中药进出口贸易保持着持续稳定的增长。全台有300多家药商经营中药商品，经营品种总数有500余种。近年来多从福建入境，不再从香港转口。

从产品结构来看，我国内陆中药对台出口主要以中药材及饮片、提取物为主，保健品和中成药所占比例很小。市场上的人参、当归、枸杞子、黄芪等品种较为畅销，排名第一为人参类产品占药材进口总金额的28.5%。

>>> 知识链接

甘肃以陇西为中心的中药材专业市场发展势头强劲，其中陇西文峰中药材交易城自2011年8月建成运营，截至目前已入住企业和个体经营户690家，中药材静态仓储能力20多万吨，仓储品种320多个，年仓储周转量50多万吨，是目前西北最大的中药材交易市场。2013年上半年实现销售额86亿元，创造就业岗位1300个，带动周边其他社会就业上万人。建立了中药材物联电子交易平台，行情分析查询系统已投入运行，累计发布供求信息2万余条，注册会员5000余人，电商交易平台签约供应商80余家，部分产品已实现网上交易。目前，陇西文峰中药材交易域基本替代了兰州黄河中药材专业市场的功能。陇西周边还有较大规模的中药材交易市场，如岷县当归城（主要交易当归、党参、黄芪等），渭源中药材市场（主要交易党参等），陇西首阳中药材市场（主要交易党参、黄芪等）。

二、国际市场

国际市场是指我国在对外贸易中，中药商品在国外及我国港、澳、台地区进行交换的场所。

加强中药商品对外贸易，积极巩固和开辟国际市场，是我国中药商业对外贸易的战略决策。经营的基本原则是在保证国内市场供应的前提下，实行合理组织，分工经营，联合一致，统一对外的购销原则。在坚持这些原则的基础上，积极组织适销对路的中药商品出口和进口，以增加外汇，积累资金，促进我国中医药事业的不断发展。

（一）中药对外贸易与交流的发展概况

我国的中药商品对外贸易与交流有着悠久的历史。早在汉武帝时代，张骞两次奉命出使西域，开辟了丝绸之路后，中药商品随着医药文化对外交流就开始了初期的对外贸易。当时中药对外贸易主要靠国内外商人之间的商品交换为主，从国外输入的药品有番红花、胡麻等。

到了唐代，中药对外贸易与交流有很大发展。那时中药出口的国家主要有朝鲜、日本、印度、越南等。与此同时，从印度、波斯、大秦等国进口的药物有安息香、龙脑香、紫草、血竭、阿魏等。李珣的《海药本草》记载海外进口药材达124种，可见中药进出口贸易已经非常发达。

两宋金元时期，在唐代的基础上，中药对外贸易又有新的发展。公元971年，宋朝政府在广州专门设置"市舶司"，统管对外贸易，更多的中药商品出口到朝鲜、日本、越南、柬埔寨、罗马、阿拉伯等国。据《宋会要》记载，当时出口阿拉伯的中药有朱砂、水银、人参、牛黄、硫黄、附子、川芎、蜀椒、茯苓、茯神、甘草、白术、黄芩等58种，并由阿拉伯商人把这些中药运到西方各国。其中牛黄深受国外医家的重视，《伦敦药典》中收载了牛黄，阿拉伯名医阿文左阿记载有"解毒石"（即牛黄）。元代出口的中药也较多，《真腊风土记》（真腊即柬埔寨）中记载有水银、硫黄、檀香、焰硝、白芷等中药，说明当时我国与柬埔寨也有频繁的贸易往来。与此同时，当时输入的药物也不少，如乳香、没药、槟榔、丁香、荜澄茄等。

到了明清时期，特别是由于郑和七次奉命下南洋，打通了我国与欧、亚、非三洲的海上通道，使明代的中药对外贸易得到了进一步发展。如大黄、当归、鹿茸等出口量不断增加，远销到欧、亚、非三洲各国。据《明会要》记载，明代输入的药物有藤黄、乌爹泥（儿茶）、苏木、檀香等50余种，仅暹罗（泰国）输入的药品就达31种之多。公元1606年，西方医生熊三拔来到中国，结合医药的制备方法，编著了《药露说》，从而有了苏合油、丁香油、檀香油、桂花油、冰片油等用于临床。

但到了清代，尤其是1840年鸦片战争后，中国沦为半殖民地半封建社会，西药充斥国内市场，中药的国内外市场几乎丧失殆尽，更无发展可言。但是随着西药的引入，康熙10年，每年有数十箱鸦片输入，给中国人民的健康带来极大的危害。引进的药物也只有《本草纲目拾遗》中有记载，如强水、日精油、西洋参、东洋参、浮大海、洋虫等。

中华人民共和国成立后，随着我国对外贸易的发展，国际市场才得到了逐渐的恢复，并有所发展。近年来，随着我国进一步的对外开放和世界各国人民"回归大自然"风潮的高涨，国际市场不断增加。特别是加入世贸组织后，据相关资料统计我国中药出口覆盖到六大洲、168个国家和地区，规模呈不断扩大的趋势。主要国际市场分为日韩市场、东南亚市场、西方市场、非洲及阿拉伯市场。日韩市场是我国中草药出口稳步发展的市场，但同时也是我国竞争国际草药市场的主要对手，约占世界草药市场的21%；东南亚市场主要包括东南亚诸国及我国港、澳、台地区，占世界草药市场的26%；西方市场主要包括西欧和北美等国；非洲及阿拉伯市场随着20世纪60年代初我国多批医疗队的派遣，中医药和当地草药治病的热潮正在形成，是一个正在崛起的中草药国际市场。

近年来，我国中药对外贸易与交流取得了长足的发展。根据中国海关总署数据显示，2019年，我国中药类商品进出口贸易总额达61.74亿美元，其中，出口总额达40.19亿美元，同比增长2.8%；进口总额达21.55亿美元，同比增长15.9%。在出口贸易中，植物提取物产品的出口金额占比最大，新兴市场出口增速强劲。

此外，在国际交流方面，我国政府积极推动中医药抗疫国际合作，推广使用中医药诊疗技术，惠及更多民众。在这一过程中，中医药治疗新冠肺炎的作用得到国际社会高度评价和认可，传统中医药正快步走向更广阔的世界。

目前，中医药已传播至196个国家和地区。我国与43个外国政府、地区和国际组织签署了专门的中医药合作协议。自2015年起，中国在国内开展了59家中医药对外交流合作示范基地建设，并与相关的"一带一路"沿线国家开展了30个高质量中医药海外中心的建设工作。截至目前，这些示范基地和海外中心共与88个国家开展了合作，累计服务外国民众15万人次，培训外籍专业人员7100人次，培养学生超过1万人次，并推动捷克、匈牙利等国家对中医药立法。

我国中药产品的主要出口市场包括亚洲国家、美国和欧盟。亚洲是我国传统中药产品的出口市场，亚洲国家拥有较好的中医文化基础，对中药的接受程度较高。我国中医药文化在欧盟的根基薄弱、宣传少，中药产品在欧盟的接受程度较低。2010年1~8月，我国对欧盟国家的中药产品出口额为1.7亿美元，占比14.63%。2016年我国中药出口前10的国家与地区包括日本、中国香港、韩国、越南、中国台湾、马来西亚、美国、泰国、德国和新加坡。

中药对外贸易与交流的主要市场有日本市场、韩国市场、越南市场、北美市场、西欧市场及东南亚及其他国际市场等。

1. 日本市场 我国医药学对日本的影响最大，时间最长。早在秦汉时期我国医药学就开始传入日本，逐渐形成了"汉方医学"。从此以后他们有使用汉方汉药治病的习惯，使之成为我国中药商品的主要国际市场之一。近年来，日本政府对汉方汉药的使用放宽了控制，使药材的需求量大幅度增加。据日本汉方生药制剂协会报道，日本国内汉方制剂的年生产总额为10亿美元，其生药原料的70%~80%从我国进口。中国人参在日本大受欢迎，2006年对其出口额高达985.8万美元，其他出口额超过100万美元的产品依次为：半夏、甘草、茯苓、杜仲、白芍、肉桂、地黄、黄芪、枸杞子、冬虫夏草、白术和黄连等。在日本市场上可见的由我国直接生产、输入或经日方重新包装销售的中成药有近100多种，补益性药物如三鞭丸、人参鹿茸丸、十全大补丸、首乌延寿片等；治疗常见病药物如华佗膏、鼻渊丸、槐角丸、麻杏止咳片等；特色强、无同类商品的如冠元颗粒、舒筋丸等，但缺少对疑难病症有效的中成药。

2. 韩国市场 韩国的韩医在历史上也是受中医影响很深，特别是近年随着制药企业不断研制开发新药的需要，人们生活水平的提高，需求药材商品的数量不断增加。而韩国各版药典所记载506种药材中，仅62种与中药材同名异物，其余均相同。韩国有中药厂80多家，因本土中药资源很少，原料也主要依靠从中国进口。据估计，韩国每年约需中药材近3万吨，一直是我国中药材主要市场之一。韩国进口的中药材主要是本地产量少甚至没有的，包括葛根、菊花、甘草、桂枝、藿香、鹿角、鹿茸、桃仁、麻黄、半夏、茯苓、附子、酸枣仁、牛黄、肉桂、猪苓、秦皮、杏仁、黄连、黄柏、厚朴、当归以及抗癌类草药。

3. 越南市场 自中越关系正常化以来，越南也实行对外开放的政策，放宽了对中药商品贸易的限制，因而进入越南的中药商品品种和数量大大增加，已占越南药品市场的50%以上。主要出口越南的药材商品有人参、黄芪、白术、川芎、党参、桔梗等。

4. 北美市场 包括美国、加拿大、墨西哥等。中药商品很久以来以食品、食品添加剂、土特产等进入。中药如作为药品进入美国市场必须先通过FDA认证，所用资金多且风险大，因此进入难度最大。近年美国政府正在放宽对中药进口的限制，专门出台了《植物药在美上市批准法》和《关于植物药品研究指南》开始接受有复方制剂的植物药作为治疗药物。我国申报的复方丹参滴丸已顺利通过美国FDA的Ⅱ期临床试验，进入Ⅲ期临床试验阶段。新版美国药典收载了数十种植物制剂的质量标准。加拿大政府近年也宣布了对包括中草药在内的天然保健产品的管理方式进行改革。

5. 西欧市场 包括德国、法国、英国、比利时、丹麦、希腊、爱尔兰、意大利、卢森堡、荷兰、葡萄牙等国家。欧洲国家对中药进口要求较严，与日韩相比，中药进入欧洲市场难度较大。随着对中药认识的转变，近年来西欧各国进口中药的数量也日渐增多，德、法、英、意、西、比、荷7国是进口最多的国家。中药在德国和法国已按欧洲共同体要求注册管理。2012 年我国生产的地奥心血康胶囊以治疗性药品通过荷兰药品注册，实现欧盟注册零的突破。

6. 东南亚及其他国际市场　东南亚国家华人较多，各国政府大都承认我国的中药市售药品，中成药得到广泛应用。新加坡每年从我国进口中药材约 2 万吨，马来西亚每年进口中药材 0.8 万吨，泰国每年约需 5000 万美元的中药材，因此该市场最大且相对容易进入。

其他的国际市场如东欧、澳洲、非洲等随着中药零售企业的增加，需求量也逐渐增加。近年澳大利亚成功实施中医立法，为中医药走向世界迈出了巨大一步。这些市场也是我国今后努力发展的中药商品国际市场。

◎ 第三节　中药经营企业

《药品管理法》第一百零二条规定："药品经营企业是指经营药品的专营企业或兼营企业"。与药品生产企业不同，它主要为买进药品，然后转手销售出去，从中获取利润。不对购进的药品进行加工、再生产以得到更大的利润。

中药经营企业是我国商业的重要组成部分，是药品经营企业的一部分。是扩大中药商品再生产的中间环节，是联系工业与农业，城市与乡村、生产与消费之间的纽带和桥梁，在我国国民经济中占有一定的地位。

一、中药经营企业的分类

按在中药商品流通中的职能不同，中药经营企业可分为批发企业、零售企业。

1. 批发企业　《药品管理法实施条例》对药品批发企业的定义是指将购进的药品销售给药品生产企业、药品经营企业或医疗机构的药品经营企业。

中药批发企业是指专门从事收购或调入中药商品，然后批量供给零售企业、医疗单位、其他批发企业，或供应生产企业为基本业务的中药经营企业。它是组织产销之间、城乡之间、地区之间药品流通的枢纽，既是中药商品流通的起点，又是中药商品流通的中间环节。其经营特点是进行大宗的经营活动，不直接与消费者发生交换关系。因而在中药商品销售中占有重要地位。

中药批发企业的主要任务是：①进行中药商品市场的调查与预测；②根据市场需求，指导和落实中药商品的生产和收购任务，促进中药商品生产的发展；③根据国家有关的方针、政策和计划，组织好中药商品的分配、调拨和供应工作，保证人民用药需要；④根据中药商品的产销情况，合理贮存中药商品，做好养护工作，保证市场供应。

2. 零售企业　《药品管理法实施条例》对药品零售企业的定义是指将购进的药品直接销售给消费者的药品经营企业。

中药零售企业是指直接供应消费者用药的中药经营企业。它是中药商品流通的最终环节，是直接为广大消费者服务的。它的特点是企业规模小，交易次数多，每次销量小，使中药商品随着从流通领域向消费领域的转移而实现其价值。

零售企业的根本任务是：①根据广大消费者的需要，积极组织适销对路的药品，反馈消费者的意见；②满足人们医疗保健的需要，为生产部门提供市场信息；③把好药品质量的最后一关，保证投药准确和用药安全；④文明经营，不断提高药学服务质量。

零售企业按其业务范围的大小又分为综合性零售企业和专营性零售企业，前者业务范围大，一般经营中药、西药、医疗器械等；后者业务范围小，只经营某一类或几类药品，如参茸专卖店等。

二、中药经营企业经营的特点

中药经营企业是特殊商品的企业，它不但有商品的经营方式，还具有医药市场的特殊属性。药品经营是一件关系到人民身体健康、生命安危的大事，国家对于开办中药经营企业施行严格的法规与管理规范。一般而言，药品的生产和经营需要遵循许可证制度。对于经营中药的企业，持有《药品经营许可证》是基本要求，同时也需满足药品经营质量管理规范（GSP）。此外，企业还必须配备执业药师及其他药学专业技术人员，确保有与其经营药品相匹配的营业场所、设备与仓储设施，并在药品的采购、储存、销售及运输各环节实施严格的质量控制措施，坚决杜绝假劣药品的流通。

中药经营企业的经营除具有一般商业企业的经营特点外，还具独自的经营特点，这些特点主要如下。

1. 技术性强、责任重大　中药商品主要是治病救人的特殊商品，要求从业人员既要有高尚的职业道德和高度的负责精神，又要有良好的业务素质，即要掌握医药卫生、合理用药、经营管理和贮藏养护方面的理论知识和技能，能正确指导消费，否则易发生事故，影响消费者的健康甚至危及消费者的生命安全。

2. 货源不稳定，销量不稳定　中药商品特别是中药材商品的货源和销量易受自然条件、灾情、疫情等非人为因素的影响，造成经营的复杂性和多变性，因而货源和销售量不稳定。这就要求中药经营企业做好社会调查、市场预测工作，以保证突发灾情、疫情等的药品供应。

3. 需求弹性小，社会保有量少　中药商品多是消费者在需要治疗的情况下，才被动购买的特殊商品，从整个社会消费的角度来看，少了不够用，多了又没用；不用则不要，要用时则需立即到手，因此必须加强经营中的计划安排与调节，必须有合理的库存，以保证急需时的供应。

4. 质量第一，优质高效　中药商品具有治病救人，救死扶伤的特殊使用价值，这一特殊的使用价值就决定了经营的药品必须是质量第一，优质高效。因此在经营中必须讲究质量，牢固树立质量第一的观点，严禁销售伪劣药品。

5. 薄利多销，微利经营　中药经营企业具有两重性，既是经济事业，又是社会福利事业，因而获取利润不是经营中药商品的唯一目的，而经济效益与社会效益并重是经营中药商品的总原则，所以薄利多销、微利经营是中药经营企业的经营特点。

▷▷ 第四节　中药商品的价格

药品是与人民生活关系重大的商品。中药商品的价格问题，是一个敏感的社会问题，它关系到中药商品的生产者、经营者和消费者的切身利益，是关系到成千上万人民的防病治病，保健强身的大事，因此药品价格问题历来都受到国家和人民的高度重视。

为了规范药品价格行为，提高政府制定价格的科学性和透明度，保护消费者和经营者的合法权益，目前我国对药品价格实行政府调控和市场调节相结合的管理方式。药品价格分政府定价、政府指导价和市场调节价三种形式。对列入国家基本医疗保险药品目录的药品或具有垄断性生产、经营的药品，实行政府定价或者政府指导价；对其他药品，实行市场调节价。

一、中药商品价格组成

中药商品价值是由在生产过程中已经消耗的物化劳动转移到产品中的价值，是由劳动者为自己创造的价值、为社会创造的价值组成的。表现在货币形式上就是生产成本、流通费用、税金和利润。这就是组成商品价格的四个要素。这四个要素是制订和调整价格最基本的依据。

1. 生产成本　是指生产企业生产某种中药商品所消耗的物质资料费用和职工劳动报酬等的货币额。

2. 流通费用　是指中药商品从生产领域到消费领域的流通过程中所支付的必要费用的货币额。为了准确计算中药商品价格中的流通费用，国家有关主管部门以正常经营情况下，合理的必要费用为标准，做了综合差率、批零差率、损耗率和倒扣率等的相应规定，分别计算到各流通环节的价格中去。

3. 税金　是指劳动者为社会创造价值的货币表现，是国家通过法令，规定将一部分社会纯收入通过税收的形式上交国家财政部门，是国家积累资金的重要手段，具有强制性、无偿性和相对固定性的特点。根据国家税法规定，税金要计入商品成本。

4. 利润　也是劳动者为社会创造价值的货币表现，它在价值上等于销售商品的收入和其他收入之和，扣除成本、税金和其他费用后的金额。

二、中药商品的价格体系及其分类

中药商品的价格体系是由相互关系，相互制约的不同类的价格组成。一般根据不同的分类标准，有以下两种不同的分类方法。

（一）按照价格管理的形式分类

中药商品按照价格管理形式分为政府定价、政府指导价和市场调节价三种，国务院价格主管部门和省、自治区、直辖市政府价格主管部门根据中央和地方定价目录，分别制定公布本级药品定价目录。

1. 政府定价　政府定价是指按照物价管理权限，对列入国家基本医疗保险用药目录的药品，以及生产经营具有垄断性的药品由政府制定价格。政府定价的药品，经营者应严格执行规定价格，不得擅自调整。如国家发改委发布的感冒清热颗粒、九味羌活丸、柴胡注射液、蛇胆川贝液等700余种中成药皆属定价药品。

2. 政府指导价　政府指导价是国家依据中药产品的不同特点，在国家物价政策的指导下，由各级政府采用不同的方法制订的指导性价格，并由各级政府的物价主管部门分级负责。政府指导价的药品，经营者在不突破政府规定价格范围及符合有关规定的前提下，自主制定购销价格。

3. 市场调节价　市场调节价是由中药商品的生产企业、经营企业和医疗机构的生产者和经营者在国家物价政策规定的范围内按照公平、合理和诚实信用、质价相符的原则自行制订的价格。其特点是随行就市，自由涨落。具有自发性和不稳定性。但在价格大起大落时，各级物价部门和业务主管部门应及时加强管理，以保护生产者、经营者和消费者的利益。

目前大多数中药材实行的是市场调节价，同时已公布标注使用"天然麝香""天然牛黄"入药的中成药，也实行市场调节价。

（二）按照价格形成的阶段分类

中药商品从生产领域进入流通领域要经过收购、调拨、销售、批发销售、零售等不同环节，因而形成了收购价、出厂价、调拨价、批发价和零售价组成的价格体系。在制订或调整中药商品的各种价格时，都要十分慎重，否则极易引起零售价格波动。

1. 收购价　是指药材的经营者向生产者收购药材的价格。它一般由生产成本、税金、生产纯收益构成。收购价格涉及工农之间、国家与农民之间的经济利益和生产与消费的关系，有的药材品种还关系到药源保护问题。

2. 出厂价　是指中药生产企业出售产品的价格。中药出厂价格一般由生产成本、税金和工业利润构成。中药饮片出厂价格一般由生产成本、税金、加工损耗费、加工费和工业利润构成。

中药工业产品出厂价也是中药商业企业的收购价格。它涉及到工商双方的利润分配，反映工商企业之间的经济关系。同时中药工业产品出厂价是其进入流通领域第一个环节的价格，是其他环节价格的基础，决定着零售价格水平。

3. 调拨价　是指中药经营企业内部调拨销售中药商品的价格；也是企业之间调拨销售药品后结算的价格，一般是依据主产地或中转地的市场批发价格，按规定的计算方法、倒扣率制订的。有的也由上级业务部门制订。它涉及到中药批发企业间的经济利益。所以合理制订或调整这一价格，有利于各批发企业之间的密切协作，促进各地区之间的药品交流，保证中药市场的正常供应。

4. 批发价　是指中药批发企业销售给零售企业或医疗单位的价格；也是零售企业或医疗单位的购进价格。一般由批发企业的购进价、流通费用和批发利润构成。它反映了批发者与零售者之间的经济关系，又是零售价格计算的基础，直接影响中药商品市场零售价格的水平。

5. 零售价　是指中药零售企业或医疗单位向消费者销售中药商品的价格。它一般由当地的批发价格、零售的流通费用、税金、零售利润构成。中药商品的零售价格是其流通领域中最后一个环节的价格，直接与消费者见面，体现了国家与广大消费者的利益关系，积累与消费的关系，是中药商品价格体系中政策性最强的一种价格，因此制订或调整中药商品的零售价格，更要十分慎重。为了维护广大消费者的利益，零售价是国家有关部门作为价格检查、监督的重点。

三、中药商品价格的制订及其计算方法

在中药商品价格体系中，商品流通环节不同形成不同的价格，其价格构成各异，所以制订的方法差别较大。现把各种中药商品价格制订的一般方法和计算公式简介如下。

（一）药材商品价格的制订和计算方法

1. 收购价　中药材收购价格制订的方法如下。

（1）主产地的收购价格　根据生产成本、税金和收益，国家产销的计划指导和市场需求情况，参照与其他农副产品和药药比价，结合其生产的难易、技术水平的高低，生产年限的长短和抗灾能力的强弱以及药源保护方面的要求等来制订药材的收购价格。一般要略高于其他同地同期农副产品的价格。

（2）次产地的收购价格　是在主产地收购价格的基础上，加上与主产地的地区差价加以制订。流转到销售地的收购价格也是在产地收购价格的基础上，加上流转费用来制订。

2. 批发价　中药材的批发价格具体有以下几种，其制订和计算公式分别是：

（1）省内产地县公司批发价格 =（收购价格 + 代购手续费 + 包装费 + 挑选整理费 + 药材集中费）×（1 + 综合差率），综合差率的含义是经营管理费、损耗费、利息、利润等和所占收购价格的百分比。

（2）省内产地二级站批发价格 =（产地县公司批发价 + 综合运杂费）×（1 + 综合差率）

（3）省内销地县公司批发价格 =（产地二级站批发价格 + 实际运杂费）×（1 + 综合差率）

（4）省外销地二级站批发价格 =（产地二级站批发价格 + 实际运杂费）×（1 + 综合差率）

（5）省外销地县公司批发价格 =（销地二级站批发价格 + 实际运杂费）×（1 + 综合差率）

3. 调拨价

（1）国内中药材的调拨价格 = 调出地当日牌价 ×（1 − 倒扣率）（倒扣率一般为 3%）

（2）进口药材调拨价 = 调出口岸当日牌价 ×（1 − 倒扣率）（倒扣率一般为 5%）

（3）进口药材口岸之间调拨价格 = 调出口岸当日牌价 × （1 − 倒扣率）（倒扣率一般为 10%）

4. 零售价　中药材零售价格 = 批发价格 × （1 + 批零差率）

（二）中药饮片商品价格的制订与计算方法

1. 批发价

（1）中药饮片批发价格 = 〔原药材的批发价格 ÷ （1 − 损耗率） + 各项费用〕 × （1 + 利润率）

（2）复制饮片批发价格 = 〔饮片的批发价 ÷ （1 − 损耗率） + 辅料费 + 各项费用〕 × （1 + 利润率）

2. 零售价　中药饮片零售价格 = 饮片批发价格 × （1 + 批零差率）

（三）中成药商品价格的制订与计算方法

1. 出厂价　出厂价 = 生产成本 × （1 + 税利率）

2. 批发价

（1）产地批发价格 = 出厂价格 × （1 + 购销差率）

（2）销地批发价格 = 产地批发价格 × （1 + 地区差率）

3. 调拨价

（1）产地对二级站批发价格 = 调出地当日批发牌价 × （1 − 倒扣率）（倒扣率一般为 12%）

（2）产地对销地三级站批发价格 = 调出地当日批发牌价 × （1 − 倒扣率）

4. 零售价　零售价格 = 批发价格 × （1 + 批零差率）

中药商品的价格制订或调整后，要按照物价管理的权限，报上级主管部门批准，批准后才能执行。不能任意乱提价，乱涨价。同时物价管理部门要配合有关部门加强定期或不定期的检查与监督，对违反物价政策的部门或个人，应按有关规定严肃处理，以保护消费者的利益。

四、中药商品的差价

中药商品的差价，是指同种药品在流通过程中，由于在质量、地区、时间、购销或剂型等方面的差别，形成在价格上的差异关系。它反映了中药商品从收购到销售的各个环节的经济关系。直接关系到药品的生产者、经营者、消费者和国家的经济利益。形成各种差价的基础是生产与经营中中药商品所支付的劳动耗费的差异。合理安排中药商品的差价，对于正确调节中药商品的生产者、经营者、消费者和国家的经济利益有极重要的意义。中药商品的差价主要包括如下几种。

1. 中药商品的质量差价　是指同种中药商品，由于品种、规格、等级等质量上的差异产生的价格差额，由于生产不同质量的同种中药商品，所消耗的社会必要劳动时间是不同的，所以价格也不同。

2. 中药商品的地区差价　是指同种中药商品在同一时间内，在不同地区收购价格或销售价格之间的差额。

3. 中药商品的购销差价　是指同种中药商品在同一时间同一市场内，购进价格与销售价格之间的差额。它反映了中药商品流通中各方面的经济关系和国家对各种中药商品的政策。

4. 中药商品的批零差价　是指同种中药商品，在同一时间同一市场内，批发价格与零售价格之间的差额。

5. 季节差价　是指同种中药商品，在同一市场内的不同季节价格之间的差额。合理安排季节差价，有利于按需安排生产，防止生产过剩造成的损失；有利于"一季生产，供应全年"药品生产的发展。

6. 数量差价　数量差价又称优惠价，是指根据用户购买某种商品达到一定数量或金额后，在价格上给予一定的优惠。一般是用户购买的数量越多，金额越大，价格上优惠就相应大一些。数量差价与其他差价不同，它是一种促销和市场竞争的手段，它的差率不是由国家统一规定，而是由买卖双方协商论定。

7. 剂型规格包装差价　是指同种药品因剂型、规格或包装材料不同而形成的价格之间的差额或比值。按照差比价关系计算药品价格时，应按照剂型、规格、包装材料的顺序计算。

中药商品的差价（数量差价除外），一般都用差率来表示，如质量差率、地区差率、购销差率、批零差率、季节差率等。这些差率的大小，在一定的条件下，取决于整个价格水平的高低，影响到中药商品的生产者、经营者、消费者和国家的经济利益。因此主要中药商品的各种差率由国家主管部门作统一的具体规定。

五、影响中药材商品价格的主要因素

中药材商品是生产中成药和饮片的原材料，中药材商品价格的变化是引起中成药和饮片商品价格变化的基本因素。所以我们着重介绍影响中药材商品价格的主要因素。

中药材商品的价格（元/千克，以下同）是其交换价值的货币表现。在产销平衡的正常情况下，受价值规律的制约，价格随其交换价值大小的不同而变化。但由于药材商品生产的特殊性和经营管理的复杂性，其价格除受价值规律制约外，还受药材商品生产、经营外部和内部诸多因素的影响，使其价格变化大，常产生价格背离价值的逆反现象。这样就造成与其他工农业产品的比价失调，影响药材和相关工农业产品的发展，也直接影响人民用药的需求。所以分析和控制中药商品价格变化的各种主要因素，对于保证人民的各种需要，协调工农业生产的发展都具重要意义。

（一）影响药材商品价格的外部因素

影响药材商品价格的主要外部因素有：与其他农副产品的比价失调、药源的减少和自然灾害及疫情的出现三个因素。

1. 与其他农副产品的比价失调　制订或调整中药材商品价格的依据之一就是与其他农副产品的比价。若其价格与其他农副产品的比价失调，就直接影响药农种植药材的积极性，造成药材产量的增加或减少。产量增加，供大于求，价格下降；产量减少，供不应求，价格上升。

2. 中药资源的减少　中药材商品中，有60%左右的药材品种都靠采集野生药源。经过长期过度乱挖乱采，造成药材资源枯竭，产量逐渐下降，产不足销，价格上升。

3. 自然灾害或大的疫情出现　药材商品生产特别是野生药材生产，目前还处于"靠天吃饭"的境地，一旦受旱涝灾害或病虫害的影响，产量减少，产不足销而价格上升。另外，当疫情暴发时，贮备药量不足也会造成价格上升。

在以上影响药材商品价格的外部因素中，前两种因素是可采取及时调整比价和保护药源的措施加以控制，以消除对中药材商品价格的影响。

（二）影响药材商品价格的主要内部因素

影响药材商品价格的内部因素很多，但起决定作用的是货源、销售量、库存量和质量。这些因素又常相互联系和制约，其结果都可影响药材商品的价格。

1. 货源　在药材商品销售量和库存量基本不变的情况下，货源的多少是影响价格的主要因素。而货源的多少又取决于产量的大小。一般规律是货源多，供大于求，则价格下降；货源少，供不应求，则价格上升；供求平衡，价格稳定。

2. 销售量　在货源和存量基本不变的条件下，销售量多少也是影响价格的主要因素。一般规律是销售量增加，价格上升；销量减少，价格下降。

3. 库存量　调节市场供应，保证中药商品流通的连续性和满足人民用药需要，中药商品都有一定量的库存。在产销平衡时，库存量的大小对价格影响不大，但如出现产不足销时，库存量的大小对价格就会产生明显的影响。影响的一般规律是库存量大，可以解决供销矛盾，但由于库存增加了药品成本，价格也有一定幅度的上升；如库存量小，不能解决供销矛盾，使药品供不应求，价格上升的幅度就大。

4. 质量　中药商品是治病救人的特殊商品，其质量的优劣不仅关系到人民生命的安全，而且是生产、经营和使用单位生存与发展的关键。在其他条件相同的情况下，质量的优劣是决定价格高低的主要因素。一般规律是质优则价高；质差则价低。因而药品质量的高低自然是影响药材商品价格的主要因素之一。

对于药材商品，其规格与等级是质量优劣的标志。规格好、等级高的药材质量好；反之，质量差。如人参，在药材商品上首先分为野山参和园参两大类。前一大类的价格十分昂贵，是后一大类的成百上千倍。后一大类按加工方法不同又分为生晒参、红参和白参（糖参）等几类。每一类又分几小类，每一小类再分为若干个规格，每一规格再分几个等级。这些类别、规格和等级之间价格各不相同。最好的规格等级与最差的规格等级之间价格悬殊很大。

在影响中药商品价格的四个内部因素中，都可通过价值规律制约和发挥市场的调节作用加以控制或消除。即可通过按需生产、以销定购、以优促销、合理库存的办法来控制或消除这些因素对中药商品价格的影响，达到宏观调控、微观搞活、保证供应、稳定药价的目的。

◈ 第五节　中药商品的商标与广告

中药商品是一种不同于一般商品的特殊商品。每一种药品都有自己特定的功能主治和特定的使用对象。商标是中药商品标志之一，可以区别不同的生产者和经营者，利用各种媒介对商标进行广告宣传，使商标在消费者中产生信誉，更好地进行经营。

药品广告的内容对指导合理用药、安全用药起着至关重要的作用。所以，对其广告内容的审核发布和监督管理较之其他商品更为严格。药品广告必须经过药品主管部门的审核批准后才能发布。

一、中药商品的商标

（一）商标的概念、类型及标记

1. 商标的概念　商标是能将自己的商品或服务与他人的商品或服务区分开的标志（包括文字、图形、字母、数字、声音、三维标志和颜色组合，以及上述要素的组合）。注册商标是指国家工商行政管理总局商标局依照法定程序核准注册的商标，受法律保护，其他任何单位和个人未经商标所有权同意，不得使用该商标，否则构成侵权。

2. 商标的类型　按商标结构分类，商标可分为文字商标、图形商标、字母商标、数字商标、三维标志商标、颜色组合商标或其他组合商标等。按商标使用者分类，商标可分为商品商标（又可分为商品生产者的产业商标和商品销售者的商业商标）、服务商标和集体商标。按商标用途分类，商标分为营业商标、证明商标、等级商标、亲族商标、组集商标、联合商标等。

3. 商标的标记　商标在使用时通常需要标注特有的"商标标记"，常用的商标标记有®、TM等。R是英文register（注册）的缩写，这一标记在世界范围内通用。《中华人民共和国商标法》（简称《商标法》）规定：使用注册商标应标明"注册商标"字样或者注册标记，其目的是告知公众该商标已经注册，受法律保护，警示他人不要误用造成侵权。商标的注册标记包括®，使用时应当标注在商标的右上或右下角。注册标记具有简洁的特点，因此最适合于文字商标。目前国内的注册商标大多采用®标记。

TM 是英文 trademark 的缩写，泛指"商标"。在我国，商标使用 TM 另有其特殊含义，TM 表示该商标已经向国家商标局提出申请，并且获得受理，现有商标持有人有优先使用权。在获得《注册商标证》后，TM 也就改为®了。

（二）商标的作用

（1）对生产经营企业来说，可以明确责任，提高信誉和知名度。商标对企业争优质、创名牌起到推动作用。

（2）对消费者来说，可区分同类商品的质量、性能，便于选择。

（3）对于竞争者来说，可以防止其模仿、抄袭，限制其伪劣假冒的违法活动。

（4）对于商品出口来说，代表出口信誉，利于竞争。

（5）有利于广告宣传。商标具有易记易读的特点，广告宣传中用其可扩大影响。

（三）药品商标的使用原则

商标的使用是指将商标用于商品、商品包装或者容器以及商品交易文书上，或者将商标用于广告宣传、展览以及其他商业活动中，用于识别商品来源的行为。

在我国，商标使用和注册一般采用自愿原则，只是对某些涉及国计民生或人身健康的特殊商品，要求必须使用注册商标。现行《商标法》（2019 年版）明确：法律、行政法规规定必须使用注册商标的商品，必须申请商标注册，未经核准注册的，不得在市场销售。

药品在我国曾经是规定必须使用注册商标的商品。原《药品管理法》（1984 年版）规定：除中药材、中药饮片外，药品必须使用注册商标；未经核准注册的，不得在市场销售；注册商标必须在药品包装和标签上注明。而现行版《药品管理法》取消了上述规定。因此，药品不再作为必须使用注册商标的商品。但国家食品药品监督管理局 2006 年公布施行的《药品说明书和标签管理规定（局令第 24 号）》中规定"药品禁止使用未经注册的商标"，即禁用 TM 商标。

二、中药商品的广告

中药商品的广告宣传是为商业企业传递信息的一种手段，它在中药商品经营活动中占有重要的地位，对于扩大商品流通、促进消费和生产，提高文明经商、消费服务和提高企业经济效益均有明显的作用。特别是经济高速发展的当今，中药商品的广告宣传显得就更为重要，是企业经营管理中不可缺少的重要一环。

（一）中药商品广告审批管理

国家工商局、卫生部在 1992 年颁发了《药品广告管理办法》，加强药品广告管理，以保证药品宣传真实、科学、准确，合理指导用药，保障人民身体健康。2007 年国家食品药品监督管理局和国家工商行政管理总局发布了《药品广告审查办法》《药品广告审查发布标准》，凡利用各种媒介或者形式发布的广告含有药品名称、药品适应证（功能主治）或者与药品有关的其他内容的，为药品广告，应当按照该办法进行审查。以保证药品广告真实、合法、科学。2019 年国家市场监督管理总局发布《药品、医疗器械、保健药品、特殊医学用途配方食品广告审查管理暂行办法》。

（1）为保证人民用药安全、有效，防止和杜绝某些药品广告夸大疗效、误导患者的宣传，药品广告须经企业所在地省、自治区、直辖市人民政府药品监督管理部门批准，并发给药品广告批准文号；未取得药品广告批准文号的，不得发布。

（2）药品广告批准文号的申请人必须是具有合法资格的药品生产企业或者药品经营企业。药品经营企业作为申请人的，必须征得药品生产企业的同意。

（3）对任意扩大产品适应证（功能主治）范围、绝对化夸大药品疗效、严重欺骗和误导消费者的违法广告，省以上药品监督管理部门应当采取行政强制措施，暂停该药品在辖区内的销售，同时责令发布更正启事。

（4）经国务院或者省、自治区、直辖市人民政府的药品监督管理部门决定，责令停止生产、销售和使用的药品，药品广告审查机关应当注销药品广告批准文号。

（二）中药商品广告内容管理

中药商品广告的内容是否真实，对正确指导患者合理用药、安全用药十分重要，与患者的生命安全和身体健康关系极大，因此，中药商品广告的内容必须真实、准确、对公众负责，不允许有欺骗、夸大情况。不切实际的广告宣传不但会误导患者，而且延误治疗。所以，中药商品广告内容必须实行严格管理，主要规定如下。

（1）药品广告的内容应当以国务院药品监督管理部门核准的说明书为准。药品广告涉及药品名称、药品适应症或者功能主治、药理作用等内容的，不得超出说明书范围。

（2）药品广告应当显著标明禁忌、不良反应，处方药广告还应当显著标明"本广告仅供医学药学专业人士阅读"，非处方药广告还应当显著标明非处方药标识（OTC）和"请按药品说明书或者在药师指导下购买和使用"。

（3）下列药品、医疗器械、保健食品和特殊医学用途配方食品不得发布广告：①麻醉药品、精神药品、医疗用毒性药品、放射性药品、药品类易制毒化学品，以及戒毒治疗的药品、医疗器械；②军队特需药品、军队医疗机构配制的制剂；③医疗机构配制的制剂；④依法停止或者禁止生产、销售或者使用的药品、医疗器械、保健食品和特殊医学用途配方食品；⑤法律、行政法规禁止发布广告的情形。

（4）不得利用处方药或者特定全营养配方食品的名称为各种活动冠名进行广告宣传。不得使用与处方药名称或者特定全营养配方食品名称相同的商标、企业字号在医学、药学专业刊物以外的媒介变相发布广告，也不得利用该商标、企业字号为各种活动冠名进行广告宣传。

（三）中药商品的广告的种类

广告的分类有很多种，按广告媒介的物理性质进行分类是常使用的一种分类方法。使用不同的媒介，广告就具有不同的特点。在实践中，选用何种媒介作为广告载体是制定广告媒介策略所要考虑的一个核心内容。

1. 印刷媒介广告 也称平面媒体广告，即刊登于报纸、杂志、招贴、海报、宣传单、包装等媒介上的广告。

2. 电子媒介广告 是以电子媒介如电视、广播、电影等为传播载体的广告。

3. 户外媒介广告 是利用路牌、交通工具、霓虹灯等户外媒介所作的广告；还有利用热气球、飞艇甚至云层等作为媒介的空中广告。

4. 直邮广告 是通过邮寄途径将传单、商品目录、订购单、产品信息等形式的广告直接传递给特定的组织或个人。

5. 销售现场广告 又称售点广告或POP广告（Point of Purchase），就是在商场或展销会等场所，通过实物展示、演示等方式进行广告信息的传播。有橱窗展示、商品陈列、模特表演、彩旗、条幅、展板等形式。

6. 数字互联媒介广告 是利用互联网作为传播载体的新兴广告形式之一，具有针对性强、互动性强、传播范围广、反馈迅捷等特点，发展前景广阔。

7. 其他媒介广告 是利用新闻发布会、体育活动、年历、各种文娱活动等形式而开展的广告。

随着科学技术水平的不断提高与发展，媒介的开发和使用也是日新月异地变化着，新兴媒介不断进入人们的视野，成为广告形式日益丰富的催化剂。

目标测试

答案解析

一、单选题

1. 我国现行的药品管理行政机构分为

　　A. 一级　　　　　　　B. 二级　　　　　　　C. 三级

　　D. 四级　　　　　　　E. 五级

2. 《药品经营质量管理规范》的英文简称是

　　A. GLP　　　　　　　B. GCP　　　　　　　C. GSP

　　D. GMP　　　　　　　E. GAP

3. 我国亳州中药材专业市场位于

　　A. 安徽　　　　　　　B. 河南　　　　　　　C. 河北

　　D. 四川　　　　　　　E. 江西

4. 我国西部地区最大的中药材市场是

　　A. 西安万寿北路　　　B. 广西玉林　　　　　C. 成都荷花池

　　D. 重庆解放西路　　　E. 昆明菊花园

5. 中药商品的什么价是国家有关部门价格检查、监督的重点

　　A. 收购价　　　　　　B. 出厂价　　　　　　C. 调拨价

　　D. 批发价　　　　　　E. 零售价

二、多选题

1. 中药经营企业按职能不同可分为

　　A. 批发企业　　　　　B. 零售企业　　　　　C. 国有企业

　　D. 集体企业　　　　　E. 个人企业

2. 中药批发企业的主要任务包括

　　A. 市场调查与预测　　B. 组织生产与收购　　C. 合理贮藏与养护

　　D. 商品调拨与分配　　E. 货源组织与把控

3. 中药经营企业必须满足

　　A. 持有《药品经营许可证》　　　　　　　　B. 符合药品经营质量管理规范

　　C. 配备相应的执业药师等人员　　　　　　　D. 制定有效的质量控制措施

　　E. 拥有足量的中药商品库存

三、简答题

1. 请列举我国主要的中药材市场。

2. 请简述影响中药材商品价格的主要因素。

书网融合……

| 思政导航 | 本章小结 | 微课 1 | 微课 2 | 题库 |

第五章 中药材商品的采收、加工与规格等级

学习目标

知识目标

1. **掌握** 现代中药材采收原则；常用中药商品加工方法；中药材商品规格与等级划分依据。
2. **熟悉** 传统中药材的采收规律。
3. **了解** 中药材商品加工的目的。

能力目标 通过本章的学习，具备划分中药商品规格与等级的能力。

第一节 中药材商品的采收

中药材品种繁多，药用部位各异，家种与野生不一，产地分散、其成熟期也不尽相同，因此，采收时节不一致。而中药材的质量与其品种、产地、栽培技术、生长年限、药用部位、采收时间及方法、产地加工方法等有密切关系。中药材的适时、合理采收是指根据药用植物及动物种类的生长状况及药用部位差异，综合考虑我国历代药农的采药实践经验和现代科学研究结果，确定不同中药材的采收时间、采收方法及技术。

一、中药材的传统采收规律

除特殊的种类外，一般中药材的采收期按药用部位的不同而异，现分述如下。

（一）植物类药材

1. 根及根茎类 根及根茎类药材一般都在秋冬季地上部分将枯萎时或初春发芽前采收。这时植物生长缓慢，基本上处于休眠状态，各种营养物质大部分贮存在根或根茎内，有效成分含量较高，所以此时采收药材的质量好。如当归、前胡、黄连、木香等都在秋末或冬季采收。如果植物体枯萎较早的，就在夏季采收，如延胡索、半夏、浙贝母、川贝母等，所以对这类药材的采收期应具体分析，区别对待。

2. 茎木类 茎木类一般在秋、冬季节植物落叶后或春初萌芽前采收，如木通、川木通、大血藤等；若与叶同用的，则应在植物生长旺盛时采收，如夜交藤、海风藤、络石藤等；木类药材一年四季可采或结合伐木工作进行，如苏木、沉香、降香等。

3. 皮类 根皮类大多在秋末冬初挖根后剥取，如地骨皮、牡丹皮等；茎皮类则以春末夏初采收最好，此时皮部与木部易分离，如厚朴、杜仲、黄柏等；但肉桂宜在秋分前后采收，此时药材气香味甜、质量好。

4. 叶类 叶类一般在花前盛叶期或花盛期时采收，此时植物生长旺盛，叶的光合作用强，叶内养分丰富。荷叶一般在其花蕾含苞欲放或盛开时采收，此时叶片肥厚、清香气浓郁，质量较好。薄荷多在小暑至大暑的盛花期，选择晴天采收，此时叶大香气浓郁，薄荷脑和挥发油的含量最高。另有少数叶类药材，如桑叶、枇杷叶，需在霜降后叶落时采收为好。

5. 花类　花类药材一般在花蕾含苞欲放时或花初开时采收。如金银花，一般应在花蕾期采收，若花开放，有效成分如绿原酸、异绿原酸等含量会显著降低。也有部分药材在花开放时采收，如洋金花、菊花、红花、旋覆花等。

6. 果实种子类

（1）果实类药材　一般在自然成熟时采收，因为此时营养物质或有效成分的含量相对较高，药材质量好，如五味子、枸杞、山楂、瓜蒌、栀子等。有的则在果实未成熟时采收，如枳实、青皮等。若果实成熟期不一致，要随熟随采。

（2）种子类药材　一般须在果实成熟时采收，如决明子、牵牛子、苏子、白芥子、牛蒡子等。此时种子积聚的营养物质最为丰富。

7. 全草类　全草类药材一般在植物生长旺盛、枝繁叶茂的花前期和花期采收。因为此时是植物新陈代谢旺盛的时期，有效成分含量高。如益母草、薄荷、藿香、穿心莲、仙鹤草等；亦有在初春采收其幼苗的，如绵茵陈。

8. 藻、菌、地衣及孢子类　应视不同药用部位而定。如茯苓在立秋后采收，马勃亦在子实体刚成熟时采收，冬虫夏草在夏初子实体出土孢子未发散时采收，松萝全年均可采收。

9. 树脂类　不同种类的树脂类药材其采收的部位与时间不同。如松香多在秋冬季采收；安息香多在4～10月份，于树干上切成倒三角形的口子，其汁凝固后采收；新疆阿魏是割取根头的皮层部分，榨取汁液，置通风处干燥即得。

（二）动物类药材

动物类药材要根据药用动物生长习性和活动规律不同进行适时、合理的捕取。如蛤蚧多在夏、秋二季捕取成体；全蝎宜在春、夏、秋三季捕取；有翅昆虫应选早晨露水未干时捕捉，以防逃飞，如斑蝥；桑螵蛸应在三月中旬前采收，过时卵会孵化而失去药效；动物的生理或病理产物应在宰杀时收集，如牛黄、鸡内金等。

（三）矿物类药材

矿物类药材一年四季均可采收，大多结合开矿或兴修各种工程时收集，如石膏、滑石、龙骨、琥珀等。

二、中药材的现代采收原则

对已经明确有效成分的中药材，要在研究其有效成分含量随年节律、月节律、日节律或时间节律积累变化规律的基础上，结合药用植物、动物的生长发育状况，考虑不同地区气候、土壤条件等差异，掌握不同药用部位成熟程度确定与判断技术。依据药用部位产量、有效成分含量或毒性成分含量等因素，综合考虑确定适宜采收期，具体情况如下。

（1）药材有效成分积累的高峰期与药用部位生物产量高峰期一致，宜在产量最高和质量最佳时采收。

（2）药材有效成分含量具有显著高峰期，而在高峰期前后药用部位产量变化不显著，有效成分高峰期就是药材适宜采收期。

（3）药材有效成分含量无显著高峰期，此时以药用部位产量的高峰期为适宜采收期。

（4）药材有效成分积累的高峰期与药用部位生物产量高峰期不一致，以有效成分含量作为确定适宜采收期的判断指标，有效成分含量达到最大值时即是最佳采收期。

（5）对尚含有毒性成分的中药材，要选择产量高、有效成分含量高，但毒性成分含量低时采收。

第二节 中药材商品的产地加工

一、中药材产地加工的一般原则

产地加工是指中药材采收后，在产地进行净选、清洗、切制、干燥等初步加工。因为中药材采收后大都是鲜品，含水量高，容易霉烂变质，药效成分也易分解与散失，影响药材的质量和疗效，因而必须在产地对采收的药材进行必要的初步加工处理。产地加工与饮片的炮制加工不同。除少数要求鲜用的药材如鲜石斛、生姜、鲜地黄、鲜芦根等外，绝大多数药材均需在产地进行加工处理，其目的：一是通过净选、清洁、去壳、撞搓等除去药材的非药用部位、劣质部分及杂质，保证药材的纯净度；二是通过初步的蒸煮、发汗、干燥等，杀死害虫和微生物，使药材的水分保持在安全水分以内，防止药材进入流通过程后出现虫蛀、发霉、变色、变味等质变现象，确保药材的质量与药效；三是通过对药材进行切制等，便于划分药材商品的规格和等级，以及进一步的饮片加工炮制；四是利于中药材商品包装、贮藏、养护与运输。

中药材来源广泛，品种繁多，药材的商品规格不一，药用部位各不相同，其形、色、气、味、质地各异，药材所含化学成分不同，各地的传统用药习惯也不尽相同，因此对中药材进行加工时，应根据加工目的和要求的不同、药材性质和药用部位差异，选择合适的产地加工方法。总的要求是要达到外形完整，含水量适度（安全水分内），色泽好，有效物质损失少。具体情况按药用部位不同分述如下。

1. 根和根茎类药材 采收后一般应趁鲜除去非药用部位，如地上部分、须根、芦头等，洗净泥沙，然后按不同情况进一步进行加工。

（1）按大小进行分级，然后干燥，如丹参、白芷、甘草、黄芪、牛膝等。

（2）药材形体较粗大，不易干燥或干燥后质地太过坚硬，不易进行下一步加工的，要趁鲜切片或剖开后再干燥，如葛根、乌药、大黄、苦参、何首乌、天花粉、虎杖、狼毒、商陆等。

（3）有的需要趁鲜刮去痂皮，再进行干燥或下一步加工，如大黄等；有的药材需先放入沸水中煮至无白心，再刮去或剥去外皮，洗净后干燥，如天冬、明党参、北沙参、白芍等；含有淀粉或黏液质的药材，含糖分或水分较高的块根或鳞茎类药材，或肉质性药材，不易直接进行干燥，需用沸水煮或蒸至透心后再干燥，如天麻、莪术、黄精、郁金、姜黄、玉竹、延胡索等。

（4）有的药材需反复经"发汗"处理后，再干燥，如厚朴、续断、玄参、茯苓等。

2. 皮类药材 采收后一般趁鲜修切成一定长度或大小的片或块，再进行干燥。有的需趁鲜刮去外皮，再进行干燥，如黄柏、桑白皮、牡丹皮等。有的需经"发汗"处理，使内表皮变成紫褐色或棕褐色，再干燥，如杜仲、厚朴。

3. 叶类药材 含挥发油多的，一般应放在通风处晾干或阴干，如薄荷；有的可直接晒干，如大青叶等。

4. 花类药材 加工时要注意保持花朵的完整和色泽鲜艳，可直接晒干或烘干，烘干时要注意烘干温度和烘干时间，以最大限度地保证药材质量。如金银花在产地多采用晒干或烘干等加工方式，菊花要杀青后进行烘干。

5. 果实类药材 采收后一般直接干燥。以果皮或果肉入药的药材，如陈皮、山茱萸、瓜蒌皮等，应先除去瓤、去核或剥下果皮后干燥。而女贞子、五味子、栀子等药材需将果实蒸至上汽或置沸水中略烫后干燥，以便保证药材的质量。对于因体积大而不易干透的药材，如香橼、佛手、木瓜、枳壳等，多趁鲜切片后干燥。而乌梅需用烘烤、烟熏等方法进行加工。

6. 种子类药材　一般多采收成熟的果实，干燥、脱粒后收集种子，如沙苑子、决明子、葶苈子、芥子等。有的需要击碎果核，取出种子，如酸枣仁、郁李仁、桃仁、苦杏仁等。以种仁入药的，需要除去种皮，如肉豆蔻、薏苡仁等。

7. 全草类药材　采收后一般应放在通风处晾干、阴干或晒干。对广藿香、荆芥、薄荷、麻黄等含挥发性成分的药材，为避免有效成分损失，不宜暴晒，应晾干、阴干或低温下烘干。而紫苏、香薷、薄荷等全草类药材在未干透之前需扎成小把，再晾至全干，以免叶、花、果等破碎或散失。有的全草类药材为肉质叶片，含水量较高，不易干燥，应先用沸水略烫后再进行干燥，如垂盆草、马齿苋等。

二、常见的中药材加工方法

选择加工方法时要考虑药材种类、质地及加工要求，同时还要注意因地制宜。常用的加工方法介绍如下。

1. 清洗　将采收的新鲜药材于清水中洗涤以除去药材表面附着的泥沙，如人参、白芍、山药等。有些含黏液质较多的药材，下水会黏结成团，不能水洗，如葶苈子、车前子等；具有芳香气味的药材，一般不用水洗，以免损失有效成分，如薄荷、细辛、木香、白芷等。在清洗有毒药材如半夏、天南星，以及对皮肤有刺激、易发生过敏反应的药材，如银杏、山药时，应穿戴好防护手套、筒靴，或用菜油等涂擦手脚，做好劳动保护，以免造成伤害。

2. 净制　亦称净选，是指根据中药材药用部位要求、除去非药用部分、杂质及霉变品、虫蛀品、灰屑等，使其达到药用的净度标准。经过净选后的中药材称"净药材"。

（1）去皮　黄柏、肉桂等树皮类药材的栓皮属非药用部位，或栓皮内有效成分含量甚微，且表面附有苔藓等，可用刀刮去。知母、桔梗、北沙参、明党参等根及根茎类药材多在产地趁鲜除去外皮，干后不易除去。天冬、白芍等采收后，需置于沸水中烫或煮至透心，再刮去外皮。

（2）去心　一般指除去根类、皮类药材的木质部或种子的胚芽。如远志、巴戟天、五加皮、牡丹皮等木心在加工过程中应去除，以符合药用要求。莲子心（胚芽）与莲子肉的作用不同，须分别入药，多在产地趁鲜进行去心处理。

（3）去核　山茱萸等以果肉入药的在加工过程中需出去果核。

3. 切制　肉质的果实类、坚硬的藤木类、较大的根及根茎药材大多在产地趁鲜进行切制，以便干燥和包装。如佛手、香橼切成薄片；木瓜纵切成瓣；鸡血藤、大血藤横切成片；大黄、何首乌、葛根等也要切成厚片或段、块等。对含挥发性成分的芳香药材或有效成分易氧化变质的药材如川芎、当归、白芷、槟榔等切片后会加大有效成分的损失，影响药材质量，宜以完整药材保存，使用前切片或粉碎。

4. 蒸、煮、烫　含淀粉、黏液质、糖分多的药材，用一般方法难以干燥，需先进行蒸、煮、烫处理，以缩短干燥时间，便于干燥。加热时间的长短及采取何种加热方法，视药材的性质而定。如天麻、红参等要蒸透心，百合、百部、太子参置沸水中略烫，鳖甲烫至背甲上的硬皮能剥落时去除剥去背甲等。药材经加热处理后，不仅容易干燥，有的便于刮皮，如白芍、北沙参；有的能杀死虫卵，防止孵化，如五倍子、桑螵蛸等；有的熟制后起滋润作用，如黄精、玉竹等；有的不易散瓣，如菊花，同时可使一些酶类失活，防止药材中成分在酶的作用下发生转化，影响药材质量。

5. 发汗　将药材堆积起来或经过微煮、蒸后堆积起来发热，使其内部水分外溢，变软，变色，增加香味或减少刺激性，以利于干燥，称为"发汗"，如厚朴、杜仲、玄参、续断、茯苓等。此法加快了干燥速度，使药材内外干燥一致。但应掌握好"发汗"的时间和次数，同时注意检查，做到适度"发汗"，及时摊开晾晒，防止药材堆积发霉变质。

6. 干燥 干燥是药材产地加工过程中最普遍、最主要的加工方法。干燥能使药材水分降低，体积缩小，重量减轻，避免发霉、虫蛀以及有效成分的分解和破坏，便于运输、贮藏，保证药材的质量。常见的干燥方法如下。

（1）自然干燥法 是指利用太阳辐射、风及干燥空气除去药材中过多水分的加工方法，具有简便、节能的特点。分阴干和晒干两种方法。含挥发性成分的花类、叶类及全草类中药，如荆芥、薄荷、紫苏、玫瑰花；光照易引起成分分解及药材变色的中药，如白芍、黄连、槟榔、红花等；以及光照后易引起爆裂（如郁金、白芍等）、走油（如枣仁、知母、柏子仁、苦杏仁、火麻仁等）的药材应当采用阴干法；晒干法适合多数普通药材。

（2）烘干法 是指利用人工加温除去药材中过多水分的加工方法。有烘干、炕干、远红外干燥、微波干燥、真空干燥等。其中烘干最为常用，有恒温烘干和变温烘干两种。此法适合大多数药材的干燥，具有效率高、省劳力、不受天气限制等优点，特别适用于阴湿多雨的季节。最常用的方法是将药材置于烘房、火炕上加热干燥。一般药材干燥温度以 50~60℃ 为宜；含维生素 C 的多汁果实类如山楂、木瓜等可用 70~90℃ 的温度迅速干燥。在烘干时，应严格控制温度，适时翻动，以防烘枯烤焦，影响药材质量。

此外，远红外干燥是利用远红外线辐射药材进行干燥的方法。具有干燥速度快，药材质量好，杀菌、杀虫及灭卵能力，便于自动化生产等优点。

微波干燥是由微波能转变为热能使药材干燥的方法。具有干燥速度快，时间短，加热均匀，热效率高，且能杀灭微生物，防止发霉、生虫，以及药材质量好等优点。

第三节 中药材商品的规格等级

一、划分中药材商品规格、等级的意义

中药材商品既有药用性，又有商品性。为了适应商品性的要求和临床用药需求，必须按照质量的优劣划分规格与等级，以制定相应的销售价格，在市场上进行商品交换，从而实现按质论价，符合商品流通规律。中药材商品的规格是依据不同的产地、品种或药用部位等划分的商品类别，如白芍按产地不同划分为杭白芍、川白芍、亳白芍等。等级是指同一品别或同一规格下的药材，按照质量优劣分出若干等级。

二、划分中药材商品规格等级的一般原则

我国先后在 1959 年颁布了《38 种药材商品规格标准》，1964 年颁布了《54 种药材商品规格标准》，1984 年由国家中医药管理局和卫生部颁布了《76 种药材商品规格标准》，作为全国统一的中药材商品规格标准。1984 年版的标准已经颁布实施了 30 余年，收载的药材、药品种仅 76 个，而目前中药材种植、生产、交易已经发生了巨大变化，中药材流通环节品产业发展，因此建立一套适应目前我国常用中药材商品规格标准的工作迫在眉睫。

2017 年 11 月 1 日出版的《200 种中药材商品电子交易规范等级标准》规范了 200 种中药材商品电子交易规格等级标准。该标准涵盖了我国常用大宗药材品种：每个品种介绍了来源、产地、采收加工方法、影响规格等级的要素，以及每一个规格的形成方法和主要参数的规格定义。该标准可作为中药材生产、加工、流通、科研和监管的参考。

评价中药材质量的方法很多，特别是现代仪器分析技术的广泛使用为评价中药材的质量提供了有效的手段。但这些方法往往耗时费力，在中药材的产地加工阶段不便使用。在实际工作中，判定与衡量中药材的规格与等级，特别是在药材产地加工环节大部分仍以外观性状特征作为质量评价主要指标。划分中药材规格等级的一般原则是以国家标准和地方标准为依据，结合传统中药鉴别经验，体现按质论价的特点，有利于促进优质药材的生产，不断改进产地加工的技术和提高生产效益。在质量稳定的前提下力求简化标准，便于量化操作。

三、中药材商品规格、等级的制定

（一）规格制定

中药材商品规格标准通常以产地、采收时间、产地加工方法、药材的外部形态、药材的老嫩程度、药用部位、药材的基源不同为依据进行划分。

1. 按产地不同来划分　同种药材，产地不同，其外观性状和内在质量均存在差异。如广藿香，按产地不同划分为石牌广藿香和海南广藿香。石牌广藿香气香纯正，挥发油含量虽低，但抗真菌有效成分广藿香酮却较高，质量好，为道地药材；海南广藿香气味辛浊，挥发油含量虽高，但广藿香酮含量却较低，相比道地产区所产药材，质量要差。

2. 按采收时间不同来划分　一般药材的最佳采收期只有一个，但有的药材有几个采收期。采收的季节不同，质量差异较大，在产地采收时常据此划分成不同的规格。如三七于 7～8 月开花前期采收的称"春三七"，体重质坚，质优；于 11 月至次年 1 月采收种子后采收的称"冬三七"，体质较轻泡，质较次。另外，如天麻按采收的时间不同分冬麻（质量好）和春麻（质量次）两种规格。

3. 按产地加工方法不同来划分　有的药材因产地加工方法不同引起质量上的差异，因而据此划分出不同的规格。如附子，按产地加工法不同首先划分成附子和附片两类。其中附片又按加工时加入的辅料或切制方法不同再划分成白附片、黑顺片等规格。每一种规格再分成若干等级或为统货。

4. 按药材的外部形态来划分　有些药材因加工方法不同或其他因素导致外部形态不同，从而形成不同的规格。如浙贝母依据外部形态不同，分为元宝贝和珠贝两种规格。其中，元宝贝外层单瓣鳞叶，呈"元宝"状或肾形，质优；而珠贝则为完整鳞茎，呈扁圆球形，质量稍差。

5. 按药材的老嫩程度不同来划分　药材的老嫩程度（生长期长，开始衰老的习称为老；生长期短，生长旺盛的习称为嫩）不同，其质量也不同。如花鹿茸按茸角的老嫩、分叉的多少不一划分成"二杠"和"三岔"等规格，其中，"二杠"为有一个分支的，"三岔"为有两个分支的。

6. 按药用部位的不同来划分　有的药材药用部位不同，据此划分规格。如厚朴按药用部位不同分为筒朴（干皮）、枝朴（枝皮）和根朴（根皮）等。

7. 按药材的基源不同来划分　有些药材因来源的科、属、种不同，内在质量或外形不一，据此划分规格。如麻黄，按其来源的种不同分为草麻黄、中麻黄和木贼麻黄三种规格。

（二）等级制定

中药材的等级划分与制定是指同一种规格或同一品名的药材按加工部位形状、色泽、大小、重量等性质不同分出若干等次（标准），每一个标准即为一个等级。通常以质量最优者为一等品，最次者（符合药用标准）为末等，一律按一、二、三、四……的顺序排列。

中药材的等级划分的依据主要包括以下 7 个方面：按色泽不同、按个体大小不同、按饱满程度不同、按个体厚度不同、按单位重量药材的个数不同、按纯净度不同、按单个药材的重量不同。如三七，按照每 500g 的个数分为 12 个等级；天麻按每千克支数分为 4 个等级。五味子按色泽、果皮厚薄、干瘪粒的比例划分等级，其中一等五味子要求干瘪粒不得超过 2.0%，二等五味子干瘪粒比例不得超过 20.0%。杭白芍依据根的长度、中部直径等划分为 7 个等级。

（三）统货

统货是对既无规格也无等级的药材的通称。对品质基本一致或部分经济价值较低、优劣差异不大、不影响生产加工者，均列为统货。

目标测试

答案解析

一、单选题

1. 根及根茎类中药一般的采收时间为
   A. 秋冬季节地上部分刚枯或新春刚发苗时采收
   B. 花将开放至刚结果时采收
   C. 地上部分光合作用最旺盛时
   D. 清明至夏至间
   E. 花类含苞欲放时采收

2. 广藿香划分规格的依据为
   A. 产地　　　　　　　B. 大小　　　　　　　C. 色泽
   D. 采收时间　　　　　E. 产地加工方法

3. 三七划分规格的依据为
   A. 产地　　　　　　　B. 大小　　　　　　　C. 色泽
   D. 采收时间　　　　　E. 产地加工方法

4. 浙贝母按外部形态不同划分为以下哪两种规格
   A. 元宝贝和珠贝　　　B. 松贝和炉贝　　　　C. 平贝母和青贝
   D. 伊贝和松贝　　　　E. 炉贝和大贝

5. 花鹿茸的规格有二杠和三岔两种，是依据哪种原则划分的
   A. 外部形态不同　　　B. 产地加工方法不同　　C. 老嫩程度不同
   D. 药用部位不同　　　E. 基原不同

二．多选题

1. 按照中药材的现代采收原则，在确定一味中药的采收时间时，应考虑以下哪些因素
   A. 药用部位有效成分含量　　　　　B. 药用部位毒性成分含量
   C. 药用部位产量　　　　　　　　　D. 药用部位的形状
   E. 药用部位的味道

2. 以下药材产地加工过程中需要先进行蒸煮烫处理，再进行干燥的为
   A. 天麻　　　　　　　B. 桑螵蛸　　　　　　C. 白芍
   D. 百部　　　　　　　E. 大黄

3. 以下药材产地加工过程中需要先进行发汗处理的为
   A. 玄参　　　　　　　B. 续断　　　　　　　C. 茯苓
   D. 厚朴　　　　　　　E. 杜仲

三、简答题

1. 中药材商品规格划分的依据有哪些？
2. 中药材等级划分的依据有哪些？

书网融合……

思政导航　　　　本章小结　　　　题库

第六章 中药商品的包装、仓储及物流

PPT

学习目标

知识目标

1. 掌握 中药商品的包装材料种类、选择原则、包装方法与要求、包装标志；药品仓库功能区域划分、分类贮存要求、色标管理、仓储检查的内容、温湿度调控原则与方法。

2. 熟悉 中药仓库分类、现代仓库的设施与设备、堆垛要求、分类贮存目的、商品的编码与定位、药品物流高科技实用技术。

3. 了解 中药商品包装目的和作用；药品仓库建筑要求、消防安全要求、文档管理要求。

能力目标 通过本章的学习，能够正确选择中药商品包装材料，包装各种中药商品，准确辨认中药包装标志。能够正确指导中药商品仓库建设，熟练管理中药商品仓库，尤其善于仓储检查及文档管理。培育勤俭节约精神，增强传承发展中医药的文化自觉与文化自信，争做德才兼备社会主义接班人。激发高科技物流实用技术的研习兴趣和热情。

第一节 中药商品的包装

一、中药商品包装的含义、作用与分类

中药商品的包装（package）是指根据中药的自然属性，选取适当的包装材料或包装容器，采取一定的技术，将中药商品包裹封闭，并进行必要的装潢，印刷适当的标记和标志。无论中药商品是中药材、中药饮片、中成药或提取物等，均需要进行适当包装，才能更有效地保证中药商品的质量和临床用药的安全有效，同时达到便于流通，促进销售和方便使用的目的。

中药商品包装按形态不同分类可分为内包装和外包装。按包装目的分类可分为销售包装和运输包装两大类。按包装材料分类可分为纸类包装、塑料类包装、金属类包装、玻璃和陶瓷类包装、木材类包装、纺织品类包装、复合材料类包装，以及其他包装材料类包装。按运输方式分类可分为铁路运输包装、公路运输包装、船舶运输包装、航空运输包装等。按包装方法分类可分为真空包装、充气包装、防潮包装、防锈包装、灭菌包装、贴体包装、组合包装、缓冲包装、收缩包装等。

二、中药商品包装材料和选择原则

1. 中药商品的包装材料（packaging material） 常用的中药材、中药饮片包装材料有麻袋、塑料编织袋、塑料袋、瓦楞纸箱、药用玻璃、木箱、金属容器、陶瓷容器、蒲包、席片、竹篓（筐）、柳条筐等。以上包装材料各有优缺点，要根据中药材、中药饮片的性质和包装要求，选择不同的包装材料。

常用的中成药包装材料有可用于片剂、胶囊剂、口服液、水针剂的包装药用玻璃；用聚乙烯、聚丙烯、聚苯乙烯、聚氯乙烯、聚酰胺、聚碳酸酯等制造的瓶、罐、袋、管、泡罩包装的塑料；适合多种中

药商品包装的复合膜；各型纸袋、纸盒、瓦楞纸箱、纸桶、纸板等，还有可与塑料薄膜、铝箔等复合的纸；用于包装霜剂等半固体制剂的软质铝管、用于包装泡腾片或喷雾剂的硬质铝管、用于盛装液体药品的金属桶以及铝箔等的金属；用于盛装名贵中药，尤其是易吸潮变质的药品的陶瓷；主要用作制作各种瓶塞的卤化丁基橡胶；木制品以及包装中药蜜丸的蜡壳等。

对中药商品包装材料的要求是应能够保护所包装的药品；为清洁、干燥、无污染、无破损的材料；无毒；性质稳定，不与包装的中药发生反应；不吸附药物；不改变药品的性能（如气和味等）；能承受机械化加工及装卸处理；印刷性、着色性好。

2. 包装材料的选择原则　①对等性原则：在保证中药质量的同时，应考虑选用的包装材料价格应与中药的品性或相应的价值对等。②适应性原则：选用的包装材料应与流通条件（如气候和运输方式）、流通对象与流通周期等相适应。③协调性原则：是指中药包装应与该包装所承担的功能相协调。在不影响中药包装质量的前提下，应选用价格便宜的材料；在满足强度要求的前提下，选用质量轻的材料。④美学性原则：包装材料的颜色、挺度、外形、种类等应符合美学要求，方能产生好的陈列效果，提高产品的附加值。⑤包装材料与药物相容性原则：要考虑到包装材料与药物间的相互影响或迁移，包含物理相容、化学相容和生物相容三个方面。应该首选对药物无影响，对人体无伤害的材料，同时也要考虑所包中药对包装的影响，以便能更好地保护中药的质量。⑥无污染原则：要有利于节约资源、保护环境，如回收利用及再生等。

>>> 知识链接

中药商品包装的生态设计

生态设计也称绿色设计、生命周期设计或环境设计。它是在生态技术发展过程中成长起来的，以使用再生材料、减少材料消耗为目的，将设计介入产品构想、设计、制造、使用及废物利用的全过程。

中药商品包装的生态设计，一是从保护环境角度考虑，减少资源消耗、实现可持续发展战略；二是从商业角度考虑，降低成本、减少潜在的责任风险，以提高竞争能力。

三、中药包装方法

1. 中药材、中药饮片包装前的质量要求、检查及准备　检查中药材、中药饮片的含水量、净度、饮片片型、饮片色泽是否符合《中国药典》《全国中药炮制规范》《中药饮片质量标准通则（试行）》中的相关规定。一般中药材的水分含量宜控制在 15% 以内。一般炮制品的水分含量宜控制在 7% ~ 13%。中药材、中药饮片的净度要达到一定的要求，才能进行包装。饮片应均匀、整齐，色泽鲜明，表面光洁，无污染，无泛油，无整体，无枝梗，无连刀、掉边、翘边等。饮片色泽改变意味着药品质量的变化。

对于饮片的气味、灰分、浸出物、有效成分、有毒成分、重金属、农药残留、微生物限度检查等方面的要求，应根据具体饮片的相关标准规定进行相应的检查。

对于水制、火制或水火共制的饮片，必须凉透后方可包装，否则会出现结露和霉变现象。

对于易破碎的药材应考虑选用坚固的箱、盒进行包装；对于毒性药品、麻醉药品、贵细药材应考虑选用特殊包装，并应贴上相应的标记。

有些中药材在包装前需按一定标准分成不同的规格、等级，分别包装，按质论价。如天麻有"冬麻"和"春麻"两种规格；再按大小分为 4 个等级。多数中药材目前是以不分规格、等级的统货形式销售。有的中药饮片亦可按一定标准进行等级划分，并在饮片包装上注明，如鹿茸片等。

2. 中药材包装 中药材种类繁多，价值相差悬殊，产区分布广泛，使用的包装材料与形式多种多样。总的说来，对贵重、易变质、易碎药材以及以玻璃器皿为内包装容器的药材，宜用纸箱包装；对质地轻泡、受压不变形、破碎的药材宜用打包机压缩打包；质地较软的花、叶、草类还需外加竹片、荆条等作支撑物，再用编织带等捆扎。运输包装形式有：①中药材袋运输包装件：包装材料主要有麻袋和塑料编织袋。包装件内装净重分 10kg、20kg、25kg、30kg、35kg、40kg、45kg、50kg，共 8 个量级。其技术要求参见 GB6264—1986《中药材袋运输包装件》。②中药材压缩打包运输包装件：适用于轻泡中药材压缩打包。压缩打包的机箱规格共有 5 种。包装材料包括裹包材料、捆扎材料、防潮材料及缝合材料。压缩打包件中药材的净重分 20kg、30kg、40kg、50kg、60kg，共 5 个量级。其技术要求参见 GB6265—1986《中药材压缩打包运输包装件》。③中药材瓦楞纸箱运输包装件：箱型为扁长方形大盖纸箱。纸箱编号共 10 个。每个包装件净重规定 5kg、10kg、15kg、20kg，共 4 个量级。对不同药材可分别选用塑料薄膜、防潮纸、麻布或本色布作衬垫。具体技术要求参见 GB6266—1986《中药材瓦楞纸箱运输包装件》。

3. 中药饮片包装 ①根类、根茎类、种子类、果实类、花类、动物类药材饮片可全部采用小包装加大包装的方法。小包装采用无毒聚乙烯塑料透明袋，每袋规格一般为 0.5kg、1.5kg、2.0kg。大包装可用瓦楞纸箱或大铁盒。②全草类、叶类药材饮片采用无毒聚丙烯塑料编织袋包装。每袋规格为 10～15kg。③矿物类及外形带钩刺药材饮片一般采用双层或多层无毒聚丙烯塑料编织袋包装，其规格有大、中、小型可供选用。④贵重、毒剧药材饮片宜采用小玻璃瓶、小纸盒分装到一日量或一次量的最小包装，并贴上完整的使用说明标签。对贵重药材饮片，其规格一般较小，也可在小包装外再进行精美的外包装。⑤易霉变、易泛油、易虫蛀的饮片亦可采用真空包装。⑥花类药材如金银花、菊花等以及色泽、成分不稳定，易氧化药材饮片亦可采用充气包装（如氮气、二氧化碳）。包装后，应对包装进行检查，以确保饮片的质量。

4. 中成药包装 总体规定与要求：①药品包装、标签、说明书必须按照国家药品监督管理局规定的要求印制，其文字及图案不得加入任何未经审批同意的内容。②药品包装、标签上印刷的内容对产品的表述要准确无误，除表述安全、合理用药的用词外，不得印有各种不适当宣传产品的文字和标识。③药品商品名须经国家药品监督管理局批准后方可在包装、标签上使用。其使用要符合相关规定。④同一企业，同一药品的相同规格品种（指药品规格和包装规格两种），其包装、标签的格式及颜色必须一致，并不得使用不同的商标。同一企业的相同品种如有不同规格，其最小销售单元的包装、标签应明显区别或规格项应明显标注。⑤药品的最小销售单元，系指直接供上市、销售药品的最小包装。每个最小销售单元的包装必须按照规定印有标签并附有说明书。⑥麻醉药品、精神药品、医疗用毒性药品、放射性药品等特殊管理的药品、外用药品、非处方药品在其大包装、中包装、最小销售单元和标签上必须印有符合规定的标志；对贮藏有特殊要求的药品，必须在包装、标签的醒目位置中注明。⑦经批准异地生产的药品，其包装、标签还应标明集团名称、生产企业、生产地点；经批准委托加工的药品，其包装、标签还应标明双方企业名称、加工地点。⑧凡在中国境内销售和使用的药品，包装、标签所用文字必须以中文为主并使用国家语言文字工作委员会公布的现行规范文字。民族药可增加本民族文字。企业根据需要，在其药品包装上可使用条形码和外文对照；获我国专利的产品，亦可标注专利标记和专利号，并标明专利许可的种类。⑨包装标签有效期的表达方法，如有效期至 2025 年 11 月，也可表达为有效期至 202511 或 2025/11 或 2025－11 等。

中药制剂包装、标签内容：①内包装标签内容包括药品名称、规格、功能与主治、用法用量、贮藏、生产日期、生产批号、有效期及生产企业。因标签尺寸限制无法全部注明上述内容的，可适当减少，但至少须标注药品名称、规格、生产批号三项，如安瓿、注射剂瓶等。中药蜜丸的蜡壳上至少须标注药品名称。②直接接触内包装的外包装标签内容包括药品名称、成分、规格、功能与主治、用法用量、贮藏、不良反应、禁忌证、注意事项、生产日期、生产批号、有效期、批准文号及生产企业等内容。由于包装尺寸的原因而不能注明不良反应、禁忌证、注意事项，均应注明"详见说明书"字样。③大包装标签内容包括药品名称、规格、生产批号、生产日期、有效期、贮藏、批准文号、生产企业及运输注意事项或其他标记。

四、中药包装标志

中药商品包装标志（mark）是指在中药包装外部制作的特定记号或说明。其主要作用是识别药物，便于对药物的收发管理；识别危险品，明示应采用的防护措施，以保证中药商品的安全。按其内容和作用可分为收发货标志（也称包装识别标志）、储运图示标志和危险品标志。

1. 收发货标志　是在流通过程中为辨认货物而采用的标志，由运输货签与包装件刷写的文字和图案组成。运输袋上都应有收发货标志。

2. 储运图示标志　是根据中药的某些特性而确定的标志。其目的是在运输、装卸和储存过程中，引起作业人员的注意。如小心轻放、禁用手钩、向上、怕热、远离放射源及热源、由此吊起、怕湿、重心点、禁止翻滚、堆码质量极限、堆码层数极限、温度极限等。标志的内容、颜色、标打等要符合国家标准 GB195—85《包装储运图示标志》的规定。

3. 危险品标志　是指在包装上用图形和文字表示危险品的标志。对易燃、易爆、有毒中药，应在包装上清楚和明显地标示危险品规定的标志。对含有医疗用毒性药品的中成药、麻醉药品、精神药品、放射性药品等特殊管理的药品，应在其外包装、中包装、最小销售单元和标签上必须分别印有符合规定的相应药品标志。储运的各种危险货物性质的区分及其应标打的标志，应按照国家标准 GB 6944—2012、GB 12268—2012 及有关国家运输主管部门规定的危险货物安全运输管理的具体办法执行；出口货物的标志应按我国执行的有关国际公约（规则）办理。

此外，外用药品、非处方药品亦必须在其所有包装和标签上印有符合规定的相应标志。对贮藏有特殊要求的药品，必须在包装、标签的醒目位置中注明。

>>> **知识链接**

中药商品包装的基本要求：安全牢固，外形合理，用料经济，大小、体积适度，整齐美观，标志齐全。

第二节　中药商品的仓储

一、中药商品仓库建设

（一）中药仓库的类型

中药仓库的类型多种多样。按商品存放环境的露闭形式分为露天库（货场）、半露天库（货棚）、密闭库，密闭库又可分为普通库房、密闭库房、保温库房、熏蒸库房、冷藏库房等；按建筑形式分为平面库、多层库、立体库、地下库、货棚、货场等；按商品流通过程中的职能分为采购仓库、批发仓库、零售仓库、加工仓库、储备仓库、中转仓库；按商品性质分为普通中药库（又分为中药材仓库、中药饮片仓库、中成药仓库）、特殊中药商品库（又分为细贵药材库、毒剧药品库、危险品仓库）。

（二）现代中药仓库的建筑要求

1. 地址选择 选择建设仓库的地址一般应符合下列条件：①地点适中，交通方便，尽可能选择设在靠近铁路、公路或港口的地方，或与中药生产、批发、销售单位较近。②建调拨、中转、批发仓库的地面应广阔平坦，便于存放大批商品，并有扩充的余地。③地面要坚硬，以免日后地面下沉带来麻烦，影响商品进、出。④地势要较高，有利于排水，避免洪涝威胁，能保证水和电的使用，便于消防。⑤注意选择环境卫生条件较好的地点，并远离易燃烧或有污染的生产单位和居民集中区，这样才能确保仓库安全和避免污染产生。

2. 性能要求

（1）普通仓库 要求有防潮、隔热及通风性能。仓库内部要留有足够的空间和通道，便于机械操作，方便进出作业和堆码。为达到仓库坚固、适用、经济的目标，要合理摆布商品，以提高库房单位面积的使用率。

（2）危险品库 最好选用耐火材料建设危险品库的墙壁、地坪、屋顶，内部以耐火墙壁间隔，库门用耐火材料制成。安装电灯需加装防爆灯罩。露出屋顶的通风管要用细密铁网遮罩。

（3）冷藏库、恒温仓库及低温仓库 一般全部用水泥、钢筋混凝土建造墙壁、地坪、屋顶，墙壁中间砌装隔热材料，库门密封性能要好。

3. 仓库建筑的技术要求 要针对具体情况和条件，对仓库结构制定技术标准，规定仓库建筑各主要结构部分的一般要求，才能保证仓库建筑的质量，确保储存商品和业务操作的安全。

（1）库房基础 库房的墙壁和主柱下面必须建造基础。库房基础一般分为两种：①连续基础，指仓库实体墙下面用砖和砖石作材料，采用石灰或水泥砂浆砌筑的连续基础。为起到连续和整体稳固作用，基础平面两侧，一般应伸出墙面以外 50~60cm。②支点基础，又称柱形基础。建造单层不保温仓库时如采用木柱或砖柱构架墙，可用柱形基础，并在柱形基础之间加装砖砌或钢筋混凝土的地下过梁，然后再将墙筑在过梁上。柱形基础之间的间隔通常为 3~3.5m。为提高库房面积利用率和便于仓库作业，库房内支柱一般不宜过多。

（2）库房地坪 仓库地坪由基础、垫层和面层构成。垫层可用沙子、砾石、碎石和混凝土等铺筑；面层按所用材料的不同有水泥、沥青地坪、水泥混凝土地坪及沥青混凝土地坪。对仓库地坪的基本要求是：坚固结实、平整、干燥；有一定的载荷能力（通常标准为 5~10 吨/m^2）；具有耐摩擦和耐冲击能力；不透水、不起尘埃、导热系数小、防潮性能好等性能。同时还要做好必要的防潮处理和防白蚁处理，以防止地坪的沉落或裂缝，保持一定的强度和刚度。

（3）库房墙壁 按其作用不同，分为 3 种。①承重墙：一般做成实体墙，承受屋顶及某些设备的重量，并起围护作用；②骨架墙：是砌在梁柱间的墙，只具备充填和隔离作用；③间隔墙：是把大房间分隔成小房间的内墙。对其基本要求是：隔热、防潮、保温性能好；坚固耐久，并且有一定承重能力；表面光洁、平整，不起尘，不落尘。

（4）库房房顶 通常有平顶、脊顶、拱顶等形式。其坚固、耐久性应与整个建筑相适应。房顶应无渗漏，并有良好的隔热与防寒性能，导热系数小，并符合安全防火要求。为了满足其隔热、防寒和防尘要求，还可加装天花板覆盖。

（5）库房门、窗 ①库门：库门应在库房的较长一边的两侧开设，满足商品的进出和技术操作要求。②库房窗户：为了便于搞好窗户清洁卫生工作，以采用开关窗或上翻窗为宜。仓库窗户面积应尽量小些，有利于保持温湿度恒定；窗户一般要安装适宜的窗帘，避免日光直射药品，影响其质量。

（三）仓库的设施与设备

1. 自动化控制与管理设备 ①仓库管理自动化方面的设备，如电脑管理系统等设备。②仓库温、湿度控制与调节自动化方面的设备，如温、湿度控制与调节采用自动化系统。

2. 搬运及保管类设备　①装卸搬运设备，如各种类型起重机、叉车、各种手推车、电瓶车等。②保管设备，如苫布、苫席、油布等苫垫用品；各种类型的货架、货柜等存货用品；各种磅秤、天平、尺子、卡钳等计量设备。

3. 养护检验设备　①测湿仪、吸潮机、烘干机、温湿度计，以及通风、散潮、照明、取暖的设备和气调养护设备。②小型药品检验室：万分之一分析天平、酸度仪、电热恒温干燥箱、恒温水浴锅、片剂崩解仪、澄明度检测仪、水分测定仪、紫外荧光灯和显微镜等检验设备。

4. 消防安全设备　主要包括：各种报警器、消防车、电动泵、水枪、各种灭火机、灭火弹、蓄水池、各式消防拴、砂土箱、消防水桶、消防云梯。

5. 安全防护用品　如工作服、安全帽、坎肩、围裙、耐酸绝缘的胶鞋、手套、口罩、护目镜、防毒面具等。

二、中药商品仓库管理

（一）中药商品仓库的功能分区

我国《药品经营质量管理规范》（GSP）要求药品经营（批发和零售连锁）企业应有与其经营规模、经营范围相适应的仓库。仓库内部区域应分成药品储存作业区、辅助作业区、办公生活区。药品储存作业区为仓库核心部分，包括库房、装卸药品的货场和保管员工作室。根据企业经营的不同规模，库房应进一步划分为待验库（区）、合格品库（区）、发货库（区）、不合格品库（区）、退货库（区）等专用场所；各库（区）均应设有明显标志。辅助作业区包括验收养护室、分装室；办公生活区包括办公室、宿舍、汽车库、食堂、厕所、浴室等。《药品经营质量管理规范实施细则》中规定：药品储存应实行色标管理。其统一标准是：待验药品库（区）、退货药品库（区）为黄色；合格药品库（区）、零货称取库（区）、待发药品库（区）为绿色；不合格药品库（区）为红色。

GSP 还要求药品批发和零售企业的仓库应设置不同温、湿度条件的仓库，其中冷库温度为 $2 \sim 10℃$，阴凉库温度不高于 $20℃$，常温库温度为 $0 \sim 30℃$，各库房相对湿度应控制在 $45\% \sim 75\%$；设置的药品检验室应有用于仪器分析、化学分析、滴定液标定的专门场所，并有用于易燃、易爆、有毒等环境下操作的安全设施和温、湿度调控的设备。同时对仓库的避光、通风、排水、检测和调节温湿度、照明、防尘、防潮、防霉、防污染，以及防虫、防鼠、防鸟等的设施、设备及措施提出了相应的要求。另外要求分装中药饮片要有固定的分装室；经营中药饮片还应划分零货称取专库（区）。

目前仓库现代化的发展趋势主要包含电子计算机信息化管理系统建立，现代化设施与设备的应用，商品进出作业机械化和控制自动化，温、湿度调控自动化，管理现代化和规范化，现代专业技术人员的配备，管理制度健全与执行等。

（二）中药商品的分类贮存

中药品种繁多，所含的成分不同，性质各异，需要进行分类贮存。中药商品的分类贮存是指按中药商品的不同属性，分别放置于具有防潮、隔热、避光、通风、密封等功能不同的中药仓库内，以便采取针对性较强的保管与养护措施，保证质量的过程与操作。

要实行中药的分类保管，首先需规定库存范围，然后确定库存商品种类。中药商品库房主要有中药材库、中药饮片库、中成药库。中药材商品又分为植物药、动物药、矿物药。植物药可再按药用部位根茎类、花叶类、全草类、果实种子类等进一步细分。动物药分昆虫类，以及药用的具体部位，即角类、鳞甲类、骨骼类、贝壳类、脏器类、生理产物（分泌物、排泄物等）、病理产物及加工品，或者按经济价值分为细贵药、一般动物药。矿物药一般不再分类。中药饮片商品可按药用部位，也可按切制类、加工类、炮炙类等分类。中成药商品一般按剂型分类，如丸剂、散剂、膏剂、丹剂、片剂、胶囊剂、合剂及糖浆剂、软膏剂等，再分库或区贮存。

《药品经营质量管理规范》（GSP）要求药品与非药品（指不具备药品批准文号的商品）必须分库存放；内服药与外用药应分库或分区存放；性质互相影响，易串味的药品应分库存放；品名或外包装容易混淆的药品，应分区或隔垛存放；处方药与非处方药可分区存放；药品中的危险品，应在专用危险品库内存放；麻醉药品、一类精神药品可在同一个专用库房或专柜内存放；医疗用毒性药品应专库（柜）存放；放射性药品，应在特定的专用库房或专柜内存放。

（三）中药商品的堆垛

1. 中药商品的堆垛与苫垫　是中药仓库保管工作中的重要环节。为了防止商品和包装的损坏，或受日晒、雨淋，以及地面潮湿的侵袭，在商品入库时就应该按照中药的性质特点、包装种类、式样以及仓库条件，配置正确的保管货位（场地），然后进行合理的垫底、堆码和苫盖。GSP要求中药商品货垛间距：垛与垛的间距不小于100cm。垛与墙的间距不小于50cm。垛与梁的间距（下弦）不小于30cm。垛与柱的间距不小于30cm。垛与地面的间距不小于10cm。库房内主要通道宽度不小于200cm。库房水暖散热器、供暖管道与储存药品的距离不小于30cm。照明灯具垂直下方不准堆放药品，其垂直下方与货垛的水平间距不小于50cm。

>>> **知识链接**

堆码

堆码也称堆垛，立方垛主要采用直码、交叉码。

1. 直码：是指整整齐齐地把货件从下而上堆码，上层与下层的堆放形式一样。这种堆码方式适用于木箱或纸箱包装，优点是简便易取，便于点数，但不稳定。

2. 交叉码：是指上、下层纵横交叉堆码。这种堆码方法比较稳定，但工作不便，适用于袋装商品或需堆码较高的木箱、纸箱包装商品。

2. 中药商品的编码与定位　商品的编码是指对入库存放的中药商品位置进行统一编号，相当于商品的"门牌号码"。商品定位是指采用专用的标记来说明商品在货场或仓库的位置（俗称放置地点），相当于商品的"住址"，即库号、货号、副号（库内）。对货场与露天货垛常划分成区、排、号来进行定位；对仓库常划分成库号、货号、副号来进行定位。商品存放完成后，要立户编订"副本号"。就是保管员根据各种商品存放集团编订的标记商品定位情况的本子。它与保管卡片及保管的商品存放地点应当一致。

（四）仓储检查

仓储检查是中药商品仓库保管工作中一项十分重要的工作。随时了解中药商品的质量状况，及时发现存在的问题，迅速采取适当的措施，可以确保仓库及货物安全，避免重大经济损失。根据检查的内容、时间可分为入库验收、在库检查、出库管理等。

1. 入库验收　入库验收是指对供货单位发来的商品是否符合质量要求的检查。按合同进行商品质量、数量的验收。分清供货单位、运输部门对商品应负的责任。验收依据是国家及地方标准（如中药材、中药饮片、中成药标准），以及进货合同上注明的质量条款和入库凭证上所要求的各项规定。同时可参考国家相关部门颁布的《中药材运输包装标准》。对进口的商品，要根据口岸药检所的检验报告书进行验收。即使有出口国家检验证明，也要会同国家有关部门进行商检、药检、检疫等方面的检查，验收依据是《中华人民共和国卫生部进口药材标准》。

2. 在库检查 在库储存期间，中药商品由于所含的化学成分性质及水分、微生物影响，同时受到外界环境因素（温度、湿度、光照、紫外线等）的影响，随时都有可能出现霉变、虫蛀、变色、泛油、散气变味、风化、潮解等现象，因此，除需采取适当的保管、养护措施外，还必须经常地和定期地进行在库检查。中药商品的在库检查是指对库存中药商品的查看和检验。通过检查，及时了解中药商品的质量变化，以便采取相应的防护措施，并验证所采取的养护措施的成效，掌握中药商品质量变化的规律，防患于未然。

>>> **知识链接** o

中药变质的因素

1. 内在因素：又称遗传因素，是指中药本身所含的成分因受自然界的影响而引起的变异，导致其质量变化。例如，富含淀粉和糖类的药材，利于微生物、虫害的滋生和繁殖，易虫蛀、发霉变质。

2. 外在因素：又称环境因素，是指导致中药变质的自然因素，直接或间接影响其质量。外在因素主要包括以下几种：日光、空气、温度、湿度、微生物等。

（五）仓储文档管理

利用计算机对中药仓库进行文档系统管理，一是可以贮存大量中药商品信息，如各种数据、记录、资料、文件等，随时为企业内各部门或上级管理部门提供所需的各种完整报表、资料；二是可实现快速查找功能和综合分析，如商品入库自动点数计数归档，记录商品定位情况，查询商品库存情况，进行综合分析，为企业管理决策提供信息支持。文档管理主要包括购进商品的所有信息记录（含检验记录）、在库保管与养护记录、产品质量档案等。有条件的单位可采用手持终端对药品的验收、入库上架、发货、复核、出库进行条形码扫描管理。根据单位实际情况对中药商品的名称、剂型、规格、生产厂家、产品批号、购进单位、有效期、进货检验单号、到货日期、总件数、单件编号、货位编号进行编码。随着计算机普遍应用和互联网、物联网技术的发展，如大型超市、物流企业管理一样，对药品实行条形码跟踪管理是必然趋势。

◈ 第三节 中药商品的物流

中药商品的物流与中药资源分布、道地药材生产、集散地分布、中药商品经营企业、中药材专业市场、中成药生产、人口分布密度、消费习惯、物流设施与新技术应用等因素密切相关，也与交通运输条件与方式改善密不可分。

一、中药商品集散地与中药材专业批发市场

我国明、清及民国时期，中药商业市场比较发达，店铺林立，形成大量的中药商品集散地。这些集散地一般靠近产区，或沿长江（宜宾至上海）、近海（临江至香港）、沿丝绸之路（宝鸡至伊宁）、沿长城内外（山海关至武威）而建，主要依靠水路或陆路运输。以丰富的中药资源为基础，借助名医、药王的影响，加之便利的交通、集市庙会的群众基础和中药加工业的兴起，是这些中药集散地形成的主要原因。其中最为著名的有祁州（安国）、禹州、百泉、樟树四大药市。

改革开放后，国内中药材市场发展很快，数量不断增加，截至1996年，国内市场增至110多家。为保证中药商品质量，经国家相关部门整顿，仅批准保留了河北安国、安徽亳州、江西樟树、广州清

平、成都荷花池、兰州黄河等17家中药材专业市场，分散于全国各地，满足与保障全国中药商品的供应。目前我国的水路、公路、铁路、航空运输已经比较发达，方便快捷，特别是随着互联网购物的兴起与发展，我国的商品物流发展迅速，为实现中药商品物流现代化奠定了基础。

二、我国医药批发企业的发展历史

我国最早的医药批发企业建立于20世纪50年代。在计划经济体制下形成了严格的三级站管理。原国家医药管理局（国家药品监督管理局前身）通过中国医药总公司下设北京、上海、广州、天津、沈阳、大连6个一级批发站；全国各省直辖市设立二级批发站；市地县设立三级批发站。逐级调拨、分销药品，最后进入医院和零售药店。涉及的各级批发企业和零售药店当时均为国营体制。中国医药公司的一、二、三级站主要经营化学药品；中国药材公司的一、二、三级站主要经营中药商品，两者的发展轨迹如出一辙。

20世纪90年代后，在改革开放的市场经济体制下，与其他商业企业一样，政府放开医药批发企业，三级管理模式逐步分解。中国医药公司保留原有的6个一级采购供应站和政府严格管理的麻醉药业务。其他各地的医药公司纷纷独立。1998年中国医药公司改组成立国药集团，其北京总部改制成为国药股份上市。同时各省市的二级批发站不断发展壮大成区域性流通企业，其中上海医药、广州医药、华东医药、南京医药也逐步成为上市企业。全国各地中、小药品批发企业数量亦日益增多。

三、我国药品现代物流建设

我国传统医药物流采用的是仓库、车辆和人员堆积的方式，需要的劳动力多，车辆的利用率有限，工作效率不高。据报道，国内医药批发企业的平均物流成本占销售额的10%以上，而美国医药批发商仅为2.6%。

为进一步推进我国现代物流的发展，在全国范围内尽快形成物畅其流、快捷准时、经济合理、用户满意的社会化、专业化的现代物流服务体系，2004年8月，经国务院批准，国家发展和改革委员会等九部门联合印发的《关于促进我国现代物流业发展的意见》。2005年4月19日国家食品药品监督管理局发布了《关于加强药品监督管理促进药品现代物流发展的意见》。文件中强调：①对于申请新开办药品批发的企业，要按照《药品经营许可证管理办法》和《药品经营质量管理规范》的规定，坚持药品批发企业的现代物流准入条件，坚持药品批发企业要具有适合药品储存和实现药品入库、传送、分检、上架、出库等现代物流系统的装置和设备，具有独立的计算机管理信息系统，能覆盖企业药品的购进、储存、销售各环节管理以及经营全过程的质量控制。②鼓励具有药品现代物流条件的药品批发企业通过兼并、重组、联合发展，促进规范化、规模化，使企业做大做强。允许其接受已持有许可证的药品企业委托进行药品的储存、配送服务业务。③允许有实力并具有现代物流基础设施及技术的企业为已持有许可证的药品企业开展第三方药品现代物流配送，第三方药品现代物流企业应在不同区域设有储运设施，能够为药品企业提供跨（区、市）的药品储存、配送服务。仓储、运输条件要优于《开办药品批发企业验收实施标准（试行）》中相关条件的要求。④积极支持具有现代物流基础设施及技术的药品企业参与农村药品配送，在农村"两网"（供应网和监管网）建设中实现更大规模、更大区域的集中配送、连锁经营。⑤加强药品监督管理信息化建设。要采用互联网技术实现资源共享、数据共用、信息互通，逐步使药品监管信息与药品企业的信息有机地结合起来，真正实现有效的监督。要加强药品经营许可软件的管理和使用，加强使用人员的管理和培训，加强现代药品物流的监管。发展药品现代物流是深化我国药品流通体制改革，促进药品经营企业规模化、规范化和进一步规范药品流通秩序的重要措施。对促进药品生产、经营企业的结构调整，提高药品生产、经营企业的管理水平和效益，将会起到积极的作用，同时也有助于提高我国的药品监管水平。

四、完善城乡药品物流

按照商业的经营模式，我国的医药商业企业分为零售与批发两大类。批发企业是医药流通市场的主力军，是药品物流的"搬运大军"。根据其经营规模分为大规模医药分销企业和小规模医药分销企业。

国家商务部关于"十四五"时期促进药品流通行业高质量发展的指导意见指出，到2025年，药品流通行业与我国新发展阶段人民健康需要相适应，创新引领、科技赋能、覆盖城乡、布局均衡、协同发展、安全便利的现代药品流通体系更加完善。培育形成1~3家超五千亿元、5~10家超千亿元的大型数字化、综合性药品流通企业，5~10家超五百亿元的专业化、多元化药品零售连锁企业，100家左右智能化、特色化、平台化的药品供应链服务企业。药品批发百强企业年销售额占药品批发市场总额98%以上；药品零售百强企业年销售额占药品零售市场总额65%以上；药品零售连锁率接近70%。

（一）优化行业布局

按照医疗卫生事业发展需要，鼓励药品批发、零售企业优化网点布局，实现网点布局与区域发展相适应、药品供应能力与药品需求相匹配的均衡有序发展格局。加快建立布局合理、技术先进、便捷高效、绿色环保、安全有序的现代医药物流服务体系，提升由区域物流中心、省级物流中心和地县配送中心构成的全国医药物流网络的服务功能，发展多层次的药品供应链物流网络。

（二）加快农村药品流通网络建设

以县域为中心、乡镇为重点、村为基础，继续加快农村药品供应网络建设。逐步完善县乡村三级药品配送体系，支持药品流通企业与第三方物流、邮政、快递等进行市场化合作，参与城乡药品流通的第三方企业要严格执行《药品管理法》《药品经营质量管理规范》对于药品储存、运输等环节的有关规定。扩大农村基层药品配送覆盖面，支持跨区域配送、分级接力配送，健全通达最后一公里终端的农村药品供应网络。

（三）提高城市药品流通服务能力

支持大中型药品批发企业结合城市医疗资源调整和分级诊疗体系建设，优化完善城市药品供应保障体系，全面实现端到端的药品配送与服务。药品零售连锁企业结合城市一刻钟便民生活圈、新建社区的服务网点建设，有效融入以多业态集聚形成的社区服务商圈，实现药品流通对基层的有效覆盖，提升人民群众用药的可及性、便利性。鼓励零售企业特色化发展，做精做专，满足多层次健康消费市场需求。

五、物流配送中心和高科技物流实用技术

由于可推动降低物流成本，提高物流服务效率和服务质量，同时还可借助各种增值服务提高个性化服务水平，现代物流中心作为先进的流通经营模式，受到越来越多的药品流通企业的重视和认可。不同规模的医药配送中心正在落成并投入运行。配送中心的组织架构、进货与送货管理、绩效管理是目前一些大型医药流通企业努力探索和实践的内容。不同类型的配送中心，其运营模式有所差异。按配送中心运营主体分成制造企业采购供应配送中心、制造企业分销配送中心、批发商配送中心和第三方物流配送中心四种类型的运营模式。而高科技物流实用技术的普遍应用正是上述物流配送中心的主要特色和手段。

（一）计算机智能化技术

1. 运输管理方面　①运输管理系统（TMS）：是物流配送中心的配车计划与车辆调度计算机管理软

件。美国、日本等发达国家广泛应用，已经商品化。我国也有应用。②货物自动跟踪系统（GPS 定位系统）：已经广泛用于物流运输管理。

2. 仓库管理方面 仓库管理系统（WMS）：在我国物流配送中心比 TMS 应用程度高；我国新建的大型医药物流中心已经采用更为先进的 WMS。其特点是由传统的纸张（内部出库单）驱动作业人员去做的工作，变为由计算机系统根据客户需求订单的需求分析成各项任务提醒作业人员去做。还有自动分拣系统、自动化立体仓库、自动拣货系统（如电子标签拣货系统）、无线射频技术（RF）。这些系统还可以与 WMS 系统通过接口相联。实现货物入库、出库、拣货、盘点、储位管理等的无纸化作业。

3. 供应链管理方面 集成供应链物流管理系统（ECR）：20 世纪 90 年代美国食品杂货业为提高市场竞争力而推出的，也是互联网销售（电子商务）的雏形。其核心是要求供应商和零售商共同关注消费者的需求，把精力转移到了解消费者需求上并为之做出努力，使消费者少付出金钱、精力、时间和风险，而更加方便地得到更多信息、更好的商品、更新的创意、更新鲜的产品。即力求将消费者、供应商和零售商拴在一起，结成利益共同体。通过建立的自动补货系统，把供应商、配送中心、商场（POS 系统）的产、供、销三者组成网络实施 ECR。这样就把传统的点（企业内部信息）发展到线（企业间资讯系统）、面（供应链上中下游垂直、水平整合），进而进入"体"（跨国、跨地区、跨行业、跨企业的供应链整合）的时代。

（二）电子标签（Pick – To – Light）

连锁超市和便利店对物流作业的"拆零"需求越来越大。据统计，目前"拣货"和"拆零"作业的劳动力已经占整个配送中心劳动力的 80%。这种"拆零"现象和需求在医药行业配送中心十分普遍和突出。订货药品的多品种和小批量化是影响物流作业效率的关键环节。

目前国内外的医药、化妆品、制造行业已经广泛使用的是全自动拣选系统；而流通领域，尤其是连锁超市、便利店的配送中心多广泛使用电子标签拣货系统。电子标签拣货系统的特点是只要把客户的订单输入计算机系统，控制系统会根据客户需求自动提示拣货信息，此时存放商品的架上的货位指示灯和品种显示器会立即亮灯，显示出拣选商品的具体位置（即货格）及所需数量。作业人员从货架上取出商品，放入输送带上的周转箱（视客户订单关联情况），然后按动按钮，货位指示灯和品种显示器熄灭，配齐订单商品的周转箱用输送带送入自动分拣系统。该系统适合出货频率最高或较高的商品。还可以自动引导拣货人员进行拣选作业，无需特别培训即能上岗作业。实现快速拣选，保证拣选的准确率，大大减轻作业强度，提高工作效率。

（三）无线射频

无线射频（radio frequency，RF）技术原用于军事通讯，1985 年开始被引入商业领域。它是通过在库房布置无线基站的方式，操作人员使用无线手持终端、无线车载终端，可以将采集到的数据实时送达后台数据库。特别是无线射频与条形码技术的结合应用，实现了作业信息的实时无线传输，大大缩短了操作人员整理数据的时间，提高了准确率和工作效率。该技术特别适合用于物料跟踪、仓储货架等非接触数据采集和交换的场合。目前我国医药商品领域广泛使用条形码技术，无线射频技术的应用越来越多。

（四）自动存取系统

自动存取系统（AS/RS）即是自动化立体仓库。一般指多层货架，采用计算机控制的自动堆垛或巷道车进行存取作业的系统。分为单叉式轻负载自动仓储和双叉式较重负载自动仓储。该系统大大拓展了仓库的功能，从单纯的保管型向综合的流通型方向发展。

六、药品物流信息化建设与监督管理

企业物流的信息化水平对整个药品企业的高效运行具有极其重要的作用，已成为物流企业核心竞争力之一。物流信息化建设包含物流信息系统的建立、物流信息的采集与处理及物流信息技术的应用等方面。

近几年我国在药品监管方面信息化进程明显加速。通过构建全国药品市场数据、电子监管等信息平台，以信息化带动现代化医药物流发展，用现代化科技手段改造传统医药物流方式，实现药品从生产、流通到使用过程的信息共享和反馈追溯。国家药品监督管理部门开始实施药品电子监管工作，药品生产、经营企业开始使用药品电子监管网的手持终端，扫描电子监管码采集数据，然后通过计算机登录药品电子监管网传送数据。2011年已经全面实施了基本药物全品种电子监管工作。

现行版《药品经营质量管理规范》不仅提高了对药品经营企业负责人、企业质量负责人、企业质量管理部门负责人及从事质量管理、验收及养护等岗位人员的要求；还加强了药品流通中计算机技术的管理，要求通过计算机系统记录数据时，有关人员应当按照操作规程，通过授权及密码登录后方可进行数据的录入或者复核；数据的更改应当经质量管理部门审核并在其监督下进行，更改过程应当留有记录。

七、我国医药行业未来发展趋势

近年来，我国的医药行业迅速发展壮大。特别是通过 GMP 和 GSP 的实施，使我国药品生产、经营及监督管理逐步趋向严格。药品流通市场进一步加剧竞争，分化，兼并，优胜劣汰。今后批发企业的功能将可能向多元化方向发展，服务将成为重要职能；批发企业趋向大型化、集团化、国际化，现代化商品配送中心的建设与运行增多，现代医药批发企业成为新的市场主角；专职批发业进一步向生产加工领域渗透；区域市场联动是未来医药流通市场发展的格局。鼓励药品物流功能社会化，即在满足医药物流标准的前提下，有效利用邮政、仓储等社会资源，发展第三方医药物流；引导有实力的企业向医疗机构和生产企业延伸现代医药物流服务；支持连锁经营；物流配送与电子商务相结合；鼓励经营规范的零售企业发展网上药店，这些可能是未来药品经营流通行业发展的趋势。

目标测试

答案解析

一、单选题

1. 中药蜜丸的蜡壳上至少须标注

    A. 药品名称   B. 生产批号   C. 规格   D. 功能主治

2. 常温库温度为

    A. 1~5℃   B. 2~10℃   C. 0~30℃   D. 2~15℃

3. GSP 要求中药商品货垛间距，垛与垛的间距不小于

    A. 100cm   B. 200cm   C. 300cm   D. 400cm

二、多选题

1. 最小销售单元和标签上必须印有符合规定标志的是

    A. 麻醉药品   B. 精神药品   C. 医疗用毒性药品

D. 放射性药品　　　　　E. 外用药品

2. 药品储存实行色标管理，其中，绿色代表的是

A. 合格药品库　　　　　B. 待发药品库　　　　　C. 退货药品库

D. 零货称取库　　　　　E. 待验药品库

3. 下列属于中药材专业市场是

A. 河北安国　　　　　　B. 安徽亳州　　　　　　C. 江西樟树

D. 广州清平　　　　　　E. 成都荷花池

三、简答题

1. 简述中药商品包装的含义。

2. 试述中药商品包装的作用。

3. 简述中药仓库的类型。

4. 试述高科技物流实用技术有哪些？

书网融合……

|思政导航|本章小结|题库|

第七章 中药材商品的道地产区与品种

PPT

学习目标

知识目标

1. **掌握** 道地药材的含义；各产区的主要道地药材品种。
2. **熟悉** 各道地产区的含义及包括的地域。
3. **了解** 道地药材的历史记载情况。

能力目标 通过本章的学习，能够获取、收集、处理、运用不同产区道地药材的实践能力。

我国幅员辽阔，各地气候、土壤、水质等自然环境条件差别较大，长期的历史演变过程中，经过先辈的不断人为选择和培育，各地不同种的药材，逐渐形成了特有的道地性能的药材，称为道地药材，即指那些产地较为固定、生产历史悠久、质量优、疗效显著、生产和加工技术成熟的中药材。而道地药材的产地和集散地即为中药商品的道地产区。"道"是古代行政区划名称，如唐代将全国分为剑门道、关南道等10余道。"道地"原为各地特产，后演变为货真价实、质优可靠的代名词。道地药材在国内外具有很高的信誉，在经营中具有很强的竞争力，因而形成了较大的商品规模。在中药材商品中，为了突出其产地和品质可靠的特征，常在药材前面冠以道地产区，如怀山药、川黄连、杭麦冬等。

第一节 中药材商品的道地产区

历代本草对中药的道地产区都有记载。成书于东汉时期的《神农本草经》所收载的365种药物中，不少从药名上就带有道地性，如巴戟天、蜀椒、秦艽、秦皮、吴茱萸、代赭石等。巴、蜀、秦、吴、代都是周朝前后的古国地名，间接地界定了这些药物的道地产地。同时代的中医专著《伤寒论》在书中论述了药物使用的道地性，书中的巴豆、代赭石、阿胶等均属道地药材。唐代的《新修本草》中谓："……离其本土，则质同而效异。"《千金翼方》中，最先按当时行政区划的"道"来归纳药材的产地，特别强调"用药必依土地"。宋元时期的医药学家，在唐代的基础上，对药材的道地性有了进一步的研究。《证类本草》中附图的图题都冠以产地名称，如"神州半夏"、"银州柴胡"等。明清时期的《本草品汇精要》收载的药物中有268种记载了道地产地，其中川药32种，广药27种，怀药8种……。《本草纲目》谓"性从地变，质以物迁，……沧卤能盐，阿井能胶，……"许多药物项下记载了其最佳产地，如麦冬强调了以浙中来甚良，薄荷以苏州为胜。

历史形成的道地药材有200余种，分布于全国各地，几乎各省都有。如著名的四大怀药、东北三宝、西北四大药材、浙八味等。

根据各种道地药材分布省区在我国所处的地理位置不同，按照历史习惯形成的分类方法，将中药材商品的道地产区分为以下十大产区。

1. 川药产区 指分布于四川、重庆的道地药材产区。四川是我国著名的药材产区，生态环境和气候多样，药材资源极为丰富，所产药材居全国第一位，有"无川不成方"之说。

道地药材呈明显的区域性和地域性，如高山的冬虫夏草、川贝母、麝香、羌活，中山的厚朴、黄连，平坝的川芎、姜黄、郁金等。

2. 广药产区　指分布于广东、广西、海南的道地药材产区。该产区的主要特点是水、热资源丰富，土壤呈强酸性，适于热带、亚热带动植物的生长。包括桂南的六万大山、十万大山；珠江流域属亚热带季风湿润气候；海南的热带雨林气候为广药的主要来源如龙脑香科、樟科、姜科等植物提供了适宜的生态环境。

3. 云药产区　指分布于云南、西藏南部的道地药材产区。包括滇北、滇南和西藏江南察隅、墨脱等地。滇西北为横断山区，在不同海拔高度有不同道地药材分布，如海拔 2000～2500m 适宜云苓、云木香的生长，雪线以上产冬虫夏草。滇南的西双版纳森林生态系统对云药的生产起到了决定性的作用。滇南和滇北之间的文山、思茅地区以盛产三七闻名于世。察隅、墨脱为从北极到海南植物类型的缩影。

4. 贵药产区　指分布于贵州的道地药材产区。贵州全省冬无严寒、夏无酷暑。贵药主要分布在地形崎岖的高原、山岭、河谷、丘陵和盆地，尤以苗岭、梵净山、大娄山为多，如天麻、杜仲、天冬、朱砂、黄精等。

5. 怀药产区　指分布于河南的道地药材产区。"怀"是古代怀庆府的简称，著名的"四大怀药"即是指产于怀庆府所管辖的博爱、武陟、孟县、沁阳等地的道地药材。本书所指的怀药范围稍广，包括河南的其他道地药材。秦岭和淮河横贯中部，将河南划分为气候、土壤、植被显著不同的南北两个区，四大怀药属北区，豫西南的伏牛山、桐柏山区也盛产多种中药材，如南召的辛夷等。

6. 浙药产区　指分布于浙江的道地药材产区，以产"浙八味"为代表。浙江山多地少，素有"七山一水二分地"之说，地处亚热带。浙八味基本上分布在宁波绍兴平原和北部太湖流域，尤以鄞县、磐安、嵊州、杭州、金华、东阳为著名产地；浙南及沿海的气候环境则适宜喜温暖湿润的温郁金、乌梅、牡蛎、乌贼骨等药材的生长。

7. 关药产区　指分布于山海关以北的东三省及内蒙古东部的道地药材产区，以"东北三宝"为代表。形成关药的自然环境条件是大小兴安岭以人字形崛起在北部，东南侧有长白山脉绵延，中、南部为大片平原。冬夏温差大，冬季风雪严寒，夏季大量降水。植被有由东向西依次交替的特点，即红松阔叶混交林→草甸草原→草原，意味着湿润的森林气候向干燥的草原气候过渡，药用动植物的分布也因之而异。

8. 北药产区　指分布于华北大部分省区，包括河北、山东、山西、内蒙古中部的道地药材产区。取义于北沙参、北柴胡、北山楂等习惯称谓。北药产区自然环境极为复杂，山东半岛适宜金银花、香附的栽培和全蝎的养殖，沿海也有不少海洋道地药材；华北平原为典型的温带大陆性气候，适宜祁白芷、知母等的生长；内蒙中部风多，干旱严重，阴山山地为药用动植物的重要生长点。

9. 西药产区　指分布于西安以西的广大地区，包括陕西、甘肃、宁夏、内蒙古西部、新疆及青藏高原的道地药材，以"西北四大药材"为代表。即包括春秋战国的秦地、青藏高原，以及新疆（古西域）等地区。西药的地理位置广泛，地形、气候复杂。陕甘宁有八百里秦川、秦岭和六盘山－贺兰山等不同生态环境，分别是栽培秦药（秦皮、秦艽、秦归）、太白贝母、宁夏枸杞、银柴胡等药材的传统产地。河西走廊以西是我国最干旱的地区，但森林、灌丛、草原、绿洲并存，适宜秦艽、羌活、甘草、马鹿茸、肉苁蓉、冬虫夏草、川贝母等的生长。新疆有阿尔泰山、天山、昆仑山等巨大山系，之间有温带荒漠区，使得新疆盛产甘草、紫草、阿魏、麻黄、马鹿茸、肉苁蓉等药材。

10. 南药产区　指分布于长江以南的湖南、湖北、江苏、安徽、江西、福建、台湾等省区的道地药材产区，取义为南山楂、南五味子、南沙参等的"南"字。即长江以南除川、广、云、贵、浙药产区以外均属于"南药"。湘鄂地区春秋短，夏季长，盛产湘莲、湘枳壳、龟甲、射干等；苏皖地区南北环境差异在药材分布上也有很大差异；赣闽台地区主要有江西的江枳壳、栀子，福建的建枳壳、泽泻、建曲，台湾主产槟榔、胡椒、樟脑等。

第二节 道地中药商品

道地药材的分布与道地药材产区的关系最为密切，根据我国中药资源的分布区域及以上道地药材产区，把常见的道地中药商品介绍如下，但有的药材也有多产区分布的情况。

1. 川药类 川药产区主要的道地药材有高原地区的川贝母、冬虫夏草、麝香；岷江流域的干姜和川郁金；江油的附子；都江堰、彭州的川芎；绵阳三台的川麦冬；石柱的味连；遂宁的川白芷；合川的使君子和补骨脂；汉源的花椒；中江的丹参和白芍；通江的银耳；天全、乐山金口河的川牛膝。其他还有著名的"三木"树种厚朴、杜仲、川黄柏，以及川乌、川木香、川木通、川射干、川续断、乌梅、半夏、姜黄、独活、莪术、羌活等。

2. 广药类 广药产区的主要道地药材有著名的槟榔、砂仁、巴戟天、益智仁被称作"四大南药"（和本书的南药概念不一样）；珠江流域出产广藿香、高良姜、广防己、化橘红等；桂南一带出产鸡血藤、广豆根、广金钱草、桂莪术、石斛、肉桂等；海南主产槟榔、胡椒；广东砂仁年产量占全国产量的80％，阳春砂仁质量最优；广藿香年产量占全国产量的92％，石牌藿香主茎矮，叶大柔软，气清香；广东新会的广陈皮、德庆的巴戟天；化州橘红历史上曾列为贡品；广西桂平的肉桂；合浦的珍珠、穿心莲；龙津、大新的蛤蚧等均为主要的广药。

3. 云药类 云药产区的道地药材主要有文山、砚山的三七；滇北的云苓、云木香、冬虫夏草，滇南的诃子、槟榔、儿茶、木蝴蝶；丽江地区的云当归、云龙胆，德钦的云连；麻栗坡的云南马钱；昭通的云天麻，此外，还产云防风、滇重楼、余甘子、琥珀、灯盏花、草果、砂仁等。

4. 贵药类 贵药产区的道地药材主要有贵天麻、朱砂（辰砂）、杜仲、吴茱萸、半夏、雄黄、天冬、白及、石斛、艾片、通草、黄精、猪苓、南沙参等。

5. 怀药类 怀药产区的道地药材主要有著名的四大怀药（怀山药、怀牛膝、怀地黄、怀菊花），新密的密银花；禹州的禹白附、禹白芷；沁阳的怀红花，此外，还有全蝎、辛夷、何首乌、旋覆花、款冬花、千金子、茜草等。

6. 浙药类 浙药产区的道地药材主要有著名的"浙八味"（杭白术、杭白芍、杭菊花、杭麦冬、浙玄参、浙贝母、温郁金、延胡索），此外还有天台乌药、山茱萸、温厚朴、杭白芷、女贞子、乌梢蛇、白前、前胡、桑叶等。

7. 关药类 关药产区的道地药材主要有著名的东北三宝（人参、五味子、鹿茸），以及关黄柏、关龙胆、关防风、辽细辛、辽藁本、刺五加、升麻、桔梗、蛤蟆油、西洋参等。其中人参占全国产量的99％，是我国传统的出口中药品种之一；辽细辛气味浓烈、辛香，畅销国内外；蛤蟆油野生蕴藏量占全国产量的99％。

8. 北药类 北药产区的道地药材主要有山西的潞党参、浑源的北黄芪、五灵脂；山东东阿的阿胶、莱阳的北沙参、济南的济银花；河北易县的知母（西陵知母）、酸枣仁、连翘，内蒙古中部的麻黄、甘草，此外还有北板蓝根、北柴胡、北葶苈子、黄芩、小茴香、远志等。

9. 西药类 西药产区的道地药材主要有著名的西北四大药材（西大黄、岷归、黄芪、西党参），以及陕西的秦艽、秦皮、西茵陈、西天麻、党参；甘肃的岷归、大黄、党参、羌活；宁夏的枸杞子、银柴胡，青海的川贝母、冬虫夏草、大黄、羌活、大青盐、硼砂，新疆的阿魏、紫草、伊贝母、甘草、大黄、肉苁蓉、马鹿茸、雪莲花、红花等；内蒙古西南部的黄芪、甘草、麻黄，其中内蒙古南部是黄芪商品药材重要基地，年收购量占全国的80%以上；甘草年收购量占全国的90%；麻黄年收购量占全国第二位。

10. 南药类　南药产区的道地药材主要有安徽铜陵的凤丹皮；亳州的亳菊、亳白芷、亳芍、亳桑白皮；滁州的滁菊花；黄山歙县的贡菊；宣城的宣木瓜；霍山的石斛等；江苏的苏薄荷、苏枳壳；茅山的茅苍术、太子参、蟾酥等；福建的建泽泻、建曲、建乌梅、建青黛、蕲蛇；江西清江的江枳壳；宜春的江香薷；丰城的鸡血藤；泰和的乌鸡，湖北大别山的茯苓；应城的石膏；板桥党参；江汉平原的龟甲、鳖甲；鄂西的味连和厚朴，湖南平江白术；沅江的枳壳；邵东的湘玉竹；湘乡的木瓜；零陵薄荷、零陵香、湘红莲等；台湾地区的樟脑、槟榔、胡椒等。

目标测试

答案解析

一、多选题

1. "四大怀药"包括
    A. 牛膝　　　　　　　　B. 地黄　　　　　　　　C. 山药
    D. 菊花　　　　　　　　E. 麦冬

2. 以下属于川药的有
    A. 川牛膝　　　　　　　B. 川贝母　　　　　　　C. 黄连
    D. 川芎　　　　　　　　E. 冬虫夏草

3. 关药产区的道地药材主要有著名的东北三宝，分别是
    A. 人参　　　　　　　　B. 五味子　　　　　　　C. 鹿茸
    D. 川芎　　　　　　　　E. 冬虫夏草

4. 以下主产于贵州的道地药材是
    A. 天麻　　　　　　　　B. 阿胶　　　　　　　　C. 朱砂
    D. 山药　　　　　　　　E. 泽泻

5. 以下主产于浙江的道地药材是
    A. 人参　　　　　　　　B. 乌梅　　　　　　　　C. 白芍
    D. 山药　　　　　　　　E. 泽泻

6. 以下属于怀药产区的道地药材是
    A. 牛膝　　　　　　　　B. 乌梅　　　　　　　　C. 白芍
    D. 山药　　　　　　　　E. 泽泻

7. 以下属于西药产区的道地药材是
    A. 人参　　　　　　　　B. 黄芪　　　　　　　　C. 白芍
    D. 党参　　　　　　　　E. 泽泻

8. 以下属于北药产区的道地药材是
    A. 阿胶　　　　　　　　B. 乌梅　　　　　　　　C. 白芍
    D. 山药　　　　　　　　E. 北沙参

二、名词解释题

道地药材

三、简答题

浙药产区的道地药材主要有著名的"浙八味"，浙八味药材有哪些？

书网融合……

思政导航　　　　　本章小结　　　　　微课　　　　　　题库

第八章　中药商品的鉴定

学习目标

知识目标

1. **掌握**　中药材与饮片商品鉴定的主要内容和方法。
2. **熟悉**　中药提取物与中成药商品鉴定的主要内容和方法。
3. **了解**　中药商品鉴定的现代技术与方法。

能力目标　通过本章的学习，能够说出中药商品鉴定的主要内容和方法，能够根据中药商品特点选择合适的鉴定方法，能够综合运用各种鉴定方法鉴定中药商品的品种和质量。

为保证中药商品符合临床使用的要求，促进药品的流通和经济发展，提高人类的健康水平，必须对中药的安全性、有效性和稳定性以及商品流通中使用的规格与等级等进行科学地鉴定，以确定其是否符合规定的药用和商品标准。中药商品鉴定是中药商品学的重要任务之一。

中药商品鉴定的工作是十分复杂的，即使是符合药品标准的中药，因市场上分为不同规格等级，商品质量仍然有差异。一种中药商品可能来源于多种动植物，这种现象被称为"多来源现象"。不同来源的中药，所含的药效成分含量甚至类型不同，其质量和疗效也会有差异。例如黄连来源于毛茛科黄连、三角叶黄连和云连的干燥根茎，商品分为3种规格，分别称为味连、雅连和云连，味连的质量较佳，而雅连和云连的质量次之。不同等级的商品，其质量亦不相同。在中药商品鉴定工作中，首先应依据国家或地方有关药品标准进行品种鉴定和质量鉴定，其次依据相关中药材商品规格等级标准进行规格等级鉴别。

中药商品鉴定依据的药品标准主要包括《中国药典》，各省、自治区、直辖市颁布的中药材标准和中药饮片炮制规范等；依据的中药材商品规格等级标准目前主要有《七十六种药材商品规格标准》和中华中医药学会颁布的《中药材商品规格等级》。《中国药典》为国家药品标准，是中药商品鉴定依据的法定药品标准，其收载的中药材和饮片、植物油脂和提取物以及中成药标准包括以下项目。

1. 药材及饮片　名称（中文名、汉语拼音、中药拉丁名）、基原（原动植物科名、动植物学名、药用部位或矿物类、族、矿物名或岩石名，矿物的主要成分，采收及产地加工）、性状、鉴别（显微鉴别和理化鉴别）、检查、浸出物、含量测定、炮制、性味与归经、功能与主治、用法与用量、注意、贮藏。

2. 植物油脂及提取物　名称（中文名、汉语拼音名、英文名）、来源、制法、性状、鉴别、检查、特征图谱、含量测定、贮藏、制剂等。

3. 中成药　名称（中文名、汉语拼音名）、处方、制法、性状、鉴别、检查、浸出物测定、含量测定、功能与主治、用法与用量、注意、规格、贮藏等。对于保密方剂，处方和制法只简单介绍，不列入专栏。

第一节　中药材与饮片的鉴定

中药材与饮片的鉴定内容主要包括来源、产地与采制、商品特征、规格等级、鉴别与检查、质量要求等项目。常用的鉴定方法有来源鉴定、性状鉴定、显微鉴定、理化鉴定和生物鉴定。

一、来源鉴定

来源鉴定是中药材与饮片鉴别的关键信息，中药材与饮片的各种鉴别方法都是建立在来源（原植物、原动物、原矿物及药用部位）鉴定的基础之上，来源鉴定是其他鉴定方法的基础。

来源鉴定属于形态学鉴定的范畴，即依据动、植物形态和分类学知识确定中药材与饮片商品来源的原植物或原动物，确定学名及药用部位；或应用矿物的形态和分类学基本知识，确定矿物类药材商品的来源和主要成分。来源于植物、动物、矿物的中药材与饮片商品均可采用此法进行鉴别，其鉴定步骤主要包括形态观察和描述、核对文献、核对标本等。

二、性状鉴定

（一）描述方法

性状鉴定即通过眼观、手摸、鼻闻、口尝等十分简便的鉴定方法，来鉴别药材商品的外观特征，是目前对中药材与饮片商品进行鉴定最常用的方法。对中药材与饮片商品性状特征的描述，主要采用生物形态学术语和传统的经验鉴别知识相结合的方法进行。

（二）主要内容

中药材与饮片商品性状特征描述的内容包括形状、大小、色泽、表面特征、质地、断面特征、气、味等方面。

1. 形状 指中药材与饮片的外形，一般比较固定。药材的形状与药用部位有关，如根类药材有圆柱形、圆锥形、纺锤形等；皮类药材有卷筒状、板片状等；种子类药材有圆球形、扁圆形等。一些经验鉴别术语用于药材商品的形状描述，具有生动形象、好记易懂等特点，如防风根头部分描述为"蚯蚓头"，党参根头部分称为"狮子盘头"，海马的外形概括为"马头、蛇尾、瓦楞身"等。有些药材的外部形态特征是其商品规格或等级分类的重要依据。

2. 大小 指中药材与饮片的长短、粗细、厚薄。药材的大小一般有一定的变化幅度，应观察较多样品，才能得到比较准确的大小数值。

3. 色泽 指中药材与饮片的颜色和光泽。颜色因物体表面对光的吸收而产生，光泽因物体表面对光的反射而产生。色泽是药材的固有属性之一，也是判断药材质量的重要指标之一。如丹参色红、黄连色黄。如果药材的色泽发生了变化，也就意味着药材的质量可能发生了变化。

4. 表面 指中药材与饮片的表面特征，如表面是光滑还是粗糙，有无皱纹、鳞叶、皮孔或毛茸等。种子植物的根茎有的具膜质鳞叶，蕨类植物的根茎常带有叶柄残基和鳞片，叶表面有脉纹和毛茸等，是药材商品鉴别的重要特征。

5. 质地 指中药材与饮片的软硬、坚韧、疏松、致密、油性、黏性或粉性等特征。药材商品因加工方法不同，质地也不一样。在鉴别中，用于描述药材商品质地的术语很多，如质轻而松、断面多裂隙，谓之"松泡"，如南沙参；富含淀粉，折断时有粉尘散落，谓之"粉性"，如山药；质地柔软，含油而润泽，谓之"油润"，如当归；质地坚硬，断面半透明状或有光泽，谓之"角质"，如郁金等。

6. 断面 指中药材折断面或饮片切断面的特征，以及中药材折断时所观察到的现象。中药材折断时可观察其折断的难易程度，有无粉尘散落，断面是否平坦，是否显纤维性、颗粒性或裂片状，是否可以层层剥离等。切断面可观察皮部与木部的比例、维管束和射线的形状、有无内皮层或形成层环、有无分泌组织、有无"起霜"现象、有无橡胶丝等。对于切断面特征的描述，经验鉴别也有很多术语，如

"菊花心""车轮纹""朱砂点"等。

7. 气   指对中药材与饮片的嗅感。有些药材商品有特殊的香气或臭气，如阿魏具强烈的蒜样臭气，檀香、麝香有特异芳香气，白鲜皮有羊膻气等，这是由于这些药材含有挥发性成分的缘故，也是药材商品的重要鉴别特征之一。检查"气"时，可直接嗅闻，对气味不明显的药材，可在折断、破碎、搓揉或用热水浸泡时进行。

8. 味   指对中药材与饮片的味感。药材商品的味感是由其所含的化学成分决定的，每种药材的味感是比较固定的，是衡量药材商品品质的标准之一，如乌梅、木瓜均以味酸者为好；黄连、黄柏以味苦者为好；甘草、党参以味甜者为好等。如味感改变，就要考虑中药商品的品种或质量是否有问题。检查味感时，可取少量有代表性的药材在口中咀嚼约1分钟，使舌面的各部位都接触到药液，或用开水浸泡后检查浸出物的味感。有毒的药材如川乌、草乌、半夏、白附子等需鉴定味感时，取样要少，尝后应立即吐出、漱口、洗手，以免中毒。

通过观察中药材和饮片商品性状特征，能较为直观、快速地鉴别大部分常用药材商品的品质，但部分药材商品的品质难以单纯凭性状特征进行鉴定，必须结合其他方法进行鉴别。药材商品性状特征所提供的信息可以有效地、正确地指导对中药商品的进一步鉴别。

三、显微鉴定

显微鉴定主要是利用显微镜或显微技术观察中药商品的组织构造、细胞形态、内含物特征或细胞壁性质等进行鉴别的一种方法。显微鉴别按照鉴定目的的不同可分为定性鉴别和定量鉴别两种方法，定性鉴别用于品种鉴别，定量鉴别多用于纯度检查；按照显微观察使用制片方法的不同可分为组织鉴别和粉末鉴别，其中粉末鉴别应用广泛。显微鉴别主要用于性状特征相似，但组织构造、细胞形态、内含物不同的药材商品鉴别，也适用于粉末状药材商品或以中药粉末直接入药的中成药的鉴别。同时，也可应用显微化学的方法，确定中药中某些化学成分在组织中的分布，对指导药材商品的采收加工和生产具有重要意义。

显微鉴别时应根据观察的对象和目的，制备不同的显微制片，如横切片、纵切片、表面片、解离组织片、粉末片等，并使用各种组织、细胞或后含物检查的透化剂、染色剂、显色剂，达到对中药的有效鉴定。一些药材的显微特征具有专属性，是中药商品显微鉴定的重要依据，如大黄的大型簇晶、甘草的晶鞘纤维、黄连的黄色石细胞、人参的树脂道、牛膝的异常构造、川贝母的淀粉粒、麻黄的气孔、金银花的花粉粒等。

随着科学技术的发展，扫描电子显微镜技术也逐渐应用到中药商品的鉴定中，使显微鉴定的水平进一步提高。粉末显微鉴别是目前药材商品检验的常规方法之一。

四、理化鉴定

理化鉴定主要是利用某些物理的、化学的或仪器分析方法对中药进行真、伪、优、劣鉴定。历史上一些经验的"水试"和"火试"鉴别法也常作为理化鉴定方法。

（一）经验鉴别

1. 水试   利用某些药材在水中或遇水产生的各种特殊现象来鉴别药材，如沉浮、溶解、变色、透明度改变、有无黏性、有无荧光、有无膨胀和旋光现象等。如红花加水浸泡后，水液染成金黄色，药材不变色；秦皮水浸泡，水浸液在日光下显碧蓝色荧光；苏木投热水中，水显鲜艳的桃红色；葶苈子、车前子加水浸泡，则种子变黏滑、体积膨胀等。这些现象常与药材商品中所含有的化学成分或其组织构造有关。

2. 火试　利用某些药材用火烧后，产生的特殊气味、颜色、烟雾、闪光和响声等现象，鉴别药材的真伪，甚至优劣。如麝香少许用火烧时，香气浓烈、油点似珠、无臭气、灰烬白色；海金沙易燃，燃烧发出爆鸣声且有闪光，而松花粉及蒲黄无此现象。

（二）物理常数测定

物理常数包括相对密度、旋光度、折光率、硬度、黏稠度、沸点、凝固点、熔点、透明度、弹性以及延展性等。物理常数的测定对挥发油、油脂、树脂、液体（如蜂蜜）、加工品（如阿胶）、矿物等类药材商品的真伪和纯度鉴定，具有重要意义。如蜂蜜的相对密度在 1.349 以上；冰片（合成龙脑）的熔点为 205~210℃；肉桂油的折光率为 1.602~1.614；云母石属透明矿物，雄黄属半透明矿物；滑石的硬度为 1，自然铜的硬度为 6~7。

（三）一般理化鉴别

1. 化学反应鉴别　利用药材商品中的某些化学成分能与某些特定试剂作用，产生不同的颜色反应或沉淀反应来鉴别药材。如生物碱与碘化铋钾反应生成棕红色或橙红色沉淀；蒽醌类与碱液反应显红色；黄酮类与盐酸镁粉反应显红色；香豆素和内酯类的异羟肟酸铁反应显紫红色；皂苷类的 Liebermann - Burchard 反应有一系列颜色变化；鞣质与三氯化铁反应显蓝绿色或蓝黑色等。有些化学反应具有专属性，如天麻的乙醇提取液加硝酸汞试液，加热，溶液显玫瑰红色，并产生黄色沉淀；苍术的乙醚提取物加对二甲氨基苯甲醛的 10% 硫酸溶液，显玫瑰红色，再于 100℃烘烤，显绿色。

化学反应鉴别一般在试管或滤纸片上进行，也有直接在药材、饮片、粉末上进行，如苦参、山豆根药材表面滴加碱试液显橙红色，逐渐变为血红色；马钱子的胚乳薄片滴加 1% 钒酸铵硫酸溶液显紫色，滴加发烟硝酸显橙红色。化学反应鉴别还可在载玻片上进行，将药材粉末、切片或浸出液置于载玻片上，滴加某些化学试液，在显微镜下观察发生的反应现象，或确定药材有效成分在组织构造中的分布，后者称"显微化学定位试验"。如黄连粉末滴加 30% 硝酸，显微镜下可见黄色针状小檗碱硝酸盐结晶析出；丁香切片滴加 3% 氢氧化钠的氯化钠饱和溶液，油室内有针状丁香酚钠结晶析出；北柴胡横切片加 1 滴无水乙醇 - 浓硫酸（1∶1）试液，在显微镜下可见木栓层、栓内层和皮层显黄绿色至蓝绿色，提示其有效成分柴胡皂苷分布于以上部位。

2. 泡沫指数和溶血指数的测定　利用皂苷的水溶液振摇后能产生持久性的泡沫和溶解红细胞的性质，可测定含皂苷类成分药材商品的泡沫指数或溶血指数，作为鉴别指标。如《中国药典》中用泡沫反应鉴别猪牙皂。

3. 微量升华　利用药材商品中所含的某些化学成分在加热时能升华的性质获得微量升华物，在显微镜下观察其结晶形状、颜色及化学反应进行鉴别。如大黄粉末的升华物呈黄色针状、片状或羽毛状结晶，遇碱液呈红色；牡丹皮粉末的升华物呈柱状、针状或羽毛状结晶，遇三氯化铁醇溶液则结晶溶解成暗紫色。少数中成药制剂也能使用微量升华法进行鉴别，如万应锭（9 味药）中的胡黄连、小儿化毒散（12 味药）中的冰片即可采用微量升华法鉴别。

4. 荧光分析　是利用药材商品中所含的某些化学成分，在紫外光或常光下能产生一定颜色荧光的性质进行鉴别。样品应置紫外光灯下约 10cm 处观察。进行荧光分析时，可直接取药材断面、饮片、粉末或浸出物在紫外光灯下进行观察。如黄连折断面在紫外光下显金黄色荧光，木质部尤为明显；秦皮的水浸出液在自然光下显碧蓝色荧光。有些药材本身不产生荧光，但用酸、碱或其他化学方法处理后，可使某些成分在紫外光下产生荧光，例如芦荟水溶液与硼砂共热，即起反应显黄绿色荧光。

（四）色谱法

色谱法是中药化学成分分离和鉴别的重要方法之一，由于现代色谱技术具有分离和分析两种功能，非常适合成分复杂的中药商品的真实性鉴定和质量评价，既可作定性鉴别，又可作定量分析。根据分离方法分为纸色谱法、薄层色谱法、柱色谱法、气相色谱法、高效液相色谱法、电泳色谱法等。

1. 薄层色谱法　是以适宜的吸附剂或载体涂布于玻璃板、塑料或铝基薄片上形成均匀薄层，将样品与适宜的对照物（对照品或对照药材）经处理、在同板点样、展开后，根据所得的色谱图进行分析对比，并可用薄层扫描仪进行扫描，用于鉴别、检查或含量测定。薄层色谱法几乎适用于所有中药的鉴定，具有快速、简便、灵敏的特点，是目前中药定性鉴别中使用最多的色谱法之一。

2010 年版《中国药典》中始收载了薄层－生物自显影技术的鉴别方法，是将薄层色谱分离与生物活性测定相结合的鉴别方法。该方法利用薄层板将中药提取物在薄层板上展开后，浸以或接触具有生物活性检测功能的显色剂或培养基，鉴别具有生物活性的化学成分斑点，从而达到鉴别药材商品的目的。薄层－生物自显影技术是一种快速将薄层分离与生物活性检测相结合的方法，可用于具有抗菌、抑制胆碱酯酶、抗氧化等活性的药材商品鉴别。如《中国药典》中地黄与熟地黄即利用薄层－生物自显影技术进行鉴别，检测其中具有清除 2, 2－二苯基－1－苦肼基（DPPH）自由基活性的成分。

2. 气相色谱法　是以气体为流动相，把气化的样品载入色谱柱，使样品的各组分在气固两相之间反复分配，因分配系数的不同而得到分离，依次进入检测器产生信号得到气相色谱图，根据组分的出峰时间、组分的量与检测响应值（峰面积）成正比的关系，以进行定性和定量分析的方法。

气相色谱法适合于中药商品所含的挥发性成分及杂质或通过衍生化后能够气化的成分及杂质的定性、定量分析，可用于中药的鉴别、杂质检查、水分测定、农药残留量测定和有效成分含量测定；对于多组分的混合物，既可分离，又能提供定量数据，具有灵敏度高、分离效率高等优点；使用气相色谱－质谱－计算机联用技术，能解析绝大多数挥发性成分。如《中国药典》中关于阳春砂、绿壳砂和海南砂的挥发油气相色谱分析，表明 3 种来源砂仁所含主要成分种类相同，但含量不同，其他色谱峰亦有明显区别，可以鉴别 3 种砂仁。

3. 高效液相色谱法　是用高压输液泵将具有不同极性的单一溶剂或不同比例的混合溶剂、缓冲液等流动相泵入装有固定相的色谱柱中，再经进样阀注入供试品，由流动相带入柱内使各成分被分离后，依次进入检测器，从而得到色谱信号的方法。

由于高效液相色谱法具有分离效能高、分析速度快、灵敏度和准确度高、重现性好、专属强等特点，并且不受样品挥发性的约束，对低挥发性、热稳定性差、高分子化合物和离子型化合物均较适合，较气相色谱适用范围广、流动相选择性大，因此高效液相色谱法现已成为中药商品含量测定方法的首选和主流。如氨基酸、蛋白质、核酸、生物碱、甾体、黄酮、类脂、维生素以及无机盐等都可利用高效液相色谱法进行分离和分析，沉香的鉴别即采用高效液相色谱法。

4. 电泳色谱法　是利用中药含有蛋白质、氨基酸等带电荷的成分，在同一电场作用下，由于各成分所带电荷性质、数目及分子质量不同，因而泳动的方向和速率不同，在同一时间内，各成分移动距离不同，出现谱带的数目和染色深浅不同而达到分离鉴定的目的。较适用于来源于动物类、果实种子类等富含蛋白质与氨基酸的药材商品鉴别，如《中国药典》中收载的蛇类药材及其伪品的鉴别。

高效毛细管电泳则结合了色谱和电泳两种分离机制，在毛细管两端施加直流高压电场，组分在管中根据其所带电荷、分子质量以及与柱内填充物的作用，产生不同的迁移速度，从而对各组分进行分离。与传统电泳相比，毛细管电泳具有高效、微量和可自动化的优点，在中药鉴定、生物分析和生命科学领域有极为广阔的应用前景。

（五）光谱法

光谱法是通过测定被测物质在特定波长处或一定波长范围内的吸光度或发光强度，对该物质进行定性和定量分析的方法。主要包括紫外－可见光谱法、红外光谱法、原子吸收光谱法、荧光光谱法和核磁共振光谱法，其中前两者在中药的鉴定中应用较广泛。

1. 紫外 – 可见光谱法　对主成分或有效成分在 200~760nm 处有最大吸收波长的中药商品，常可选用此法。此法不仅能测定有色物质，对有共轭双键等结构的无色物质也能测定。有些物质本身在该波长范围内并没有吸收，但在一定条件下加入显色剂或经过处理使其显色后，亦可用此法测定。显色时由于影响呈色深浅的因素较多，所以测定时需用标准品或对照品同时比较。本法具有灵敏、简便、准确，既可作定性分析又可作含量测定等优点，适用于大多数成分的含量测定，如总黄酮、总生物碱、总皂苷等的含量测定。

2. 红外光谱法　是以红外光区电磁波连续光谱作为辐射源照射样品，记录样品吸收曲线的一种物理光学分析方法。红外光谱法是鉴别化合物和确定物质结构的常用手段之一。在药物分析中，以红外光谱具有"指纹"特性作为药物鉴定的依据，是各国药典共同采用的方法，但通常仅限于化学药等单组分、单纯化合物的鉴定。由于中药材、中药饮片和中成药是许多成分的混合物体系，它们的红外光谱是组成它们的所有化合物的红外光谱的叠加。只要药材中所含的化学成分不同或各成分含量的比例不同，就可导致红外光谱的差异，凭借红外光谱图的这些差异特征，如峰位、峰强度和峰（或谱带）形状特征，可以鉴别中药商品的真伪优劣，甚至可以鉴别不同产地、不同生境的药材，栽培品与野生品等。进行红外光谱分析时，矿物类药材可粉碎后直接压片，植、动物类药材可粉碎后压片，也有采用提取物进行压片，试验结果表明不同品种均具有较高的特征性和可重复性，可以用于中药商品及其伪品的鉴别，如对麝香、牛黄、血竭、熊胆及其伪品的红外光谱鉴别。

（六）其他理化鉴定法

几乎一切可用于分析物质成分的方法都被尝试用于中药商品鉴定。如串联质谱法（MS/MS），不需要对中药提取分离，可直接用于粉末中药商品的鉴定。基于色谱法、色谱 – 光谱联用法的指纹图谱能够同时记录和分析多种化学成分，而非某一个或某几个化学成分，因此能够综合地、宏观地评价中药商品质量，在中药商品鉴定中的应用越来越多。X 射线衍射分析法，主要适用于矿物和含晶体类中药商品的鉴定。此外，计算机图像分析法、化学计量学方法和模式识别法等数据分析方法在中药商品鉴定中的应用，推动了中药商品质量评价模式的创新和发展。

五、生物鉴定

生物鉴定法是利用中药或其所含的有效组分对生物体的作用强度，以及用生命信息物质特异性遗传标记特征和基因表达差异等鉴定中药商品的真伪优劣，前者称为生物效应鉴定，后者称为分子生物学鉴定。

1. 生物效应鉴定　又称生物活性鉴定，是以中药商品的生物效应为基础，以生物统计为工具，运用特定的实验设计，测定中药商品生物活性（药效、活力或毒力）的一种方法，从而达到评价中药商品质量的目的。生物效应鉴定能够弥补目前中药商品质量标准中所测成分与药效关联不强的不足，与现有方法互为补充。其测定方法包括生物效价测定法和生物活性限制测定法等。

生物效价测定是在严格控制的试验条件下，通过比较供试品和参照物（对照品、对照提取物或化学药品）对生物体或离体器官与组织的特定生物效应（效价），按生物统计学方法计算出供试品相当于参照物的生物效应强度单位。适用于结构复杂或理化鉴定方法不能测定其含量，或者理化鉴定方法不能反映其临床生物活性的中药商品。此法在中药商品质量控制和评价中具有独特的优势，并已在中药商品中应用，如《中国药典》中，水蛭采用了抗凝血酶活性检测方法控制其质量。

2. 分子生物学鉴定　是依据携带遗传信息的大分子（核酸和蛋白）特征，应用分子标记技术鉴定中药。核酸分子鉴定主要集中于 DNA 分子鉴定，其两种主要鉴定方法 DNA 分子标记鉴定和 DNA 条形码鉴定，已广泛应用于中药商品鉴定，并收载于《中国药典》，如川贝母和蛇类药材的鉴别。

六、检查

检查是指采用通用的检测方法对药材商品的有害物质、纯度、水分、灰分、色度、酸败度和膨胀度等进行检测。

1. 有害物质检测 为了保障中药商品的安全性，有害物质检测包括内源性有害物质检查和外源性有害物质检查。内源性有害物质为中药商品中含有的严重危害人体健康的毒性成分，如马兜铃酸、吡咯里西啶生物碱、士的宁等。外源性有害物质主要包括砷盐、重金属及有害元素、残留农药、黄曲霉素和二氧化硫等。

2. 纯度检测

（1）杂质检查 即用手工分离并检测中药商品中常混有的外来物、非药用部位或泥、沙等肉眼可见的杂质的检查方法。国家标准对部分药材和饮片规定了可见杂质的限度，如桃仁（中的核壳等）不得过 1%，草乌（中的残茎等）不得过 5%，金钱草（中的杂草和泥沙等）不得过 8%。有些杂质可分离后检查，如检查蒲黄、海金沙时，将其放入水中，振摇，灰沙类杂质会沉在水底，将其分离后可测定其比例。

（2）灰屑检查 即用 3 号筛筛除药材商品及饮片中的灰屑后计算灰屑的含量。例如菟丝子用此法检出掺有的灰屑。

3. 水分测定 药材和饮片商品中含有一定比例的水分。水分含量过高，药材容易霉烂变质，药效成分易分解，也相对地减少了中药的实际用量；水分含量太低则药材没有光泽，商品性状不好，且容易碎裂。植物类药材的安全含水量一般为 10%～13%，少数可以达到 15%。《中国药典》对大部分药材规定了具体的水分含量限度，如牛黄不得过 9%，红花不得过 13%，阿胶不得过 15%。

《中国药典》规定，测定中药水分的方法有烘干法、甲苯法、减压干燥法和气相色谱法等。①烘干法：在烘箱中于 100～105℃ 干燥至恒重后进行测定，适用于不含或少含挥发性成分的中药。②甲苯法：将甲苯和中药商品一起蒸馏，对蒸馏出的水分进行测定和计算，适用于含挥发性成分的中药。③减压干燥法：将中药商品置于放有新鲜 P_2O_5 的干燥器中，减压至 2.67kPa、持续 30 分钟、室温放置 24 小时进行测定，适用于含有挥发性成分的贵重中药，如麝香。④气相色谱法：用无水乙醇吸收药材商品中的水分，用气相色谱外标法分析测定药材中水分，该方法具有迅速、灵敏度高的优点。

4. 灰分测定 分为总灰分和酸不溶性灰分两种。①将中药商品的粉末先炭化后，经高温（500～600℃）灰化至恒重的残渣重量，称总灰分。它包括中药灰化后由本身含有的草酸钙、碳酸钙等遗留的不挥发性无机盐类（生理灰分），以及中药表面附着的不挥发性无机盐类。各种中药商品在无外来掺杂物时，总灰分应在一定范围以内。当所测灰分数值高于正常范围时，表示有可能在加工或运输储存等环节中有泥沙等其他无机物污染或掺杂，测定灰分的目的是限制中药商品中的泥沙等杂质。②有些中药的总灰分本身差异较大，特别是组织中含较多草酸钙的中药，如大黄等。将总灰分用 10% 盐酸处理后，再经高温（500～600℃）灰化至恒重的残渣重量，得到不溶于盐酸的酸不溶性灰分。使总灰分中的碳酸盐、草酸盐等溶去，而泥沙等硅酸盐类因不溶解而残留，这样就能较精确地反映中药商品的质量。《中国药典》规定了部分中药总灰分的最高限量，如阿胶不得过 1%，阿魏不得过 7% 等。一些中药商品，如金银花、红花、西红花、冬虫夏草等表面有时附有灰沙或其他无机盐类，灰分测定对保证其纯度具有重要意义。

5. 色度检查　中药含有的挥发油类成分，常易在贮藏过程中氧化、聚合而致药材变质，经验鉴别称为"走油"。《中国药典》规定检查白术的色度，就是利用比色鉴定法，检查变质产生的有色杂质的限量，以了解和控制药材走油变质的程度。

6. 酸败度检查　酸败是指油脂或含油脂的种子类药材，在贮藏过程中发生复杂的化学变化，产生游离脂肪酸、过氧化物和低分子醛类、酮类等分解产物，因而出现异臭味的变质现象，影响药材的感官性质和内在质量。酸败度检查通过酸值、羰基值或过氧化值的测定，确定油脂、种子类药材的酸败程度。酸败度限度制定要与种子药材外观性状或经验鉴别结合，以确定上述各值与种子泛油程度有无明显相关性，具明显相关性的才能制定限度。如《中国药典》规定，苦杏仁的过氧化值不得过 0.11，郁李仁的酸值不得过 10.0、羰基值不得过 3.0、过氧化值不得过 0.05。

7. 膨胀度检查　膨胀度是衡量中药商品膨胀性质的指标，指按干燥品计算，每 1g 样品在水或其他规定的溶剂中，在一定的时间与温度条件下膨胀后所占有的体积（ml）。主要用于含黏液质、胶质和半纤维素类的中药，膨胀度与其所含的黏液成正比关系。葶苈子有南葶苈子和北葶苈子之分，外形有时不易区别，但两者膨胀度差异较大，《中国药典》要求北葶苈子膨胀度不低于 12，南葶苈子膨胀度不低于 3，可区别两者。

七、质量要求

目前中药商品主要是通过有效成分的含量测定来进行质量评价，对某些中药商品的质量控制也常进行药用部位检测、浸出物测定及某类化合物总量的测定，如挥发油的测定、总黄酮或总鞣质含量测定等方法。

（一）药用部位检测

药用部位检测是对某些特定药材部位在总药材中所占比例的检测。有的中药商品如穿心莲、薄荷等药用部位为全草，但有效成分主要集中在叶片中，故《中国药典》规定穿心莲和薄荷药材的叶含量不得少于 30%。再如稻芽、谷芽、麦芽分别为稻、粟、大麦发芽的干燥品，但实际生产中很难达到 100% 的发芽率，故《中国药典》规定出芽粒数占总粒数的百分比不得少于 85%。

（二）浸出物测定

中药商品中的成分在水或不同浓度的乙醇等溶剂中，在一定的条件下，其浸出物的含量大致有一定的范围。因此，目前对某些暂时无法建立含量测定项的中药商品，或已有含量测定项的中药商品，为了更全面地控制其质量，可根据已知成分的溶解性质，结合用药习惯、中药质地等，选用适宜溶剂，进行浸出物测定，用以控制中药商品的质量。常选用水或不同浓度的乙醇（或甲醇），少数用乙醚、三氯甲烷等作溶剂，测定方法有冷浸法和热浸法。如《中国药典》中规定了沉香的乙醇浸出物不得少于 15%；降香的乙醇浸出物不得少于 8%；枇杷叶的水溶性浸出物不得少于 10%。

（三）含量测定

含量测定是对中药商品中的某一个或某几个有效成分或指标性成分进行定量分析，从而评价和控制中药商品的内在质量的方法。有效成分或指标性成分明确的中药商品，可进行针对性含量测定；有效成分尚不明确且所含主要化学成分类型明确的中药商品，可进行总成分如总黄酮、总蒽醌等的含量测定；含挥发油的中药商品，可进行挥发油含量测定。含量测定的方法很多，其中高效液相色谱法是最常用的方法。

◈ 第二节　中成药与提取物的鉴定

据初步统计，我国目前经批准生产的中成药商品已超过 9000 种，40 多种剂型，主要剂型为丸剂、散剂、膏剂、丹剂、酒剂、锭剂、搽剂、片剂、糖浆剂、胶囊剂、颗粒剂、注射剂、气雾剂等。根据原料来源，中成药可分为浸提制剂、原药粉末制剂以及浸提与原药粉末混合制剂等类型。

中药提取物是近年来发展较快的一种中药商品类型，《中国药典》2020 年版一部收录的中药提取物和植物油脂 47 种。随着科技水平的不断发展，将有越来越多的中药提取物被应用到临床与保健商品中来。因此，开展中药提取物的鉴别研究势在必行。

中药提取物的鉴别方法与中成药中的浸提制剂的方法类同。

一、定性鉴别

中成药与提取物的定性鉴别是对成方制剂与提取物中全部或部分配伍药材的存在进行检查。中成药的定性鉴别通常应首选处方中的君药、贵重药或毒剧药，所选择的药物数一般不应少于总数的 30%。

1. 性状鉴别　指依据中成药与提取物的形状（剂型）、颜色、气味等进行鉴别。中成药与提取物的性状往往与其内在质量密切相关，不能忽视。

2. 显微鉴别　适用于含原药粉末的制剂。显微鉴别时，一般需根据处方，对配伍药材粉末及各种辅料的显微特征进行分析比较，排除某些类似特征的干扰和影响，选取各原料药在该成方制剂中具有专属性的显微特征作为鉴别依据，该特征尽可能在处方外的中成药中也具有专属性。因此，单一原料药粉末的主要特征在成方制剂中有时并不一定能作为鉴别依据，而某些次要的特征有时则可作为鉴别的重要依据。

显微鉴别的方法与观察药材及饮片粉末的方法相同。制片取样时，如为散剂、胶囊剂，用刀尖或牙签挑取少量粉末；如为蜜丸，可将药丸切开，从切面中央挑取少量制作粉末片；如为水泛丸或片、锭，可刮取全切面取样，或用研钵将整个丸、片、锭研碎取样；如为包衣的丸、丹，可将丸衣和丸心分别制片观察。

3. 理化鉴别　理化鉴别主要是根据中成药与提取物中所含化学成分的理化性质进行鉴别。与中药材和饮片的理化鉴别相同，可进行呈色反应、沉淀反应、微量升华、荧光分析等一般理化鉴别，也可进行色谱法鉴别。在色谱法中，由于薄层色谱操作简便，并能同时对多种化学成分进行分离和鉴别，所以是中成药与中药提取物最常用的理化鉴别方法；高效液相色谱法、气相色谱法也是常采用的方法。

鉴别时常将供试品溶液、对照品或（和）对照药材溶液分别点样于同一块薄层板进行分析，以确定该组分的存在。但是在进行中成药鉴别时，由于中成药所含成分复杂，为避免其他非特征性成分的干扰，在实验设计时，常设阴性对照实验，以保证结果的可信性。

如果被测成分的含量太少，常用溶剂萃取或固相萃取等方法处理样品，以富集被测成分，并去掉部分杂质和干扰成分。

二、检查

根据中药提取物与中成药不同剂型的特点，检查项目不完全相同。一般需进行水分测定（固体制剂或提取物）、灰分测定、有害物质检查、炽灼残渣测定（提取物）、酸值测定（植物油脂）等。对于不同剂型的中成药，有不同的检查内容，如酊剂、酒剂要求测定乙醇量、总固体、相对密度和 pH 等；片剂、胶囊剂要求测定片重差异、崩解度等。

三、浸出物测定

对于有效成分或指标性成分尚不明确的中成药，无法进行含量测定，但浸出物测定能相对控制中成药的质量时，可进行浸出物的测定。另外，如含量测定项所测含量甚少时，应同时建立浸出物测定项。

四、含量测定

保证中药提取物与中成药质量的关键是具有合格、稳定的原料药材和严格的制剂工艺。每批药材投料前，均需检查原料药材的质量，测定原料药材中有效成分或主要成分的含量。

中药提取物的含量测定根据提取物的有效成分或指标性成分进行。中成药的含量测定目前都以其中一种或几种主要药物的有效成分或主成分作为测定指标。通常首选处方药中的君药、贵重药、毒性药制定含量测定的项目，如有困难，则选处方中其他药材的有效成分或指标成分建立含量测定指标。含量测定的方法主要有高效液相法、薄层扫描法和紫外 – 可见分光光度法等。

目标测试

答案解析

一、单选题

1. "菊花心""车轮纹""朱砂点"描述的是中药材或饮片的

　　A. 断面特征　　　　　　B. 表面特征　　　　　　C. 形状特征　　　　　　D. 质地特征

2. 根据《中国药典》规定，需进行色度检查的药材是

　　A. 白头翁　　　　　　　B. 白芷　　　　　　　　C. 白芍　　　　　　　　D. 白术

二、多选题

1.《中国药典》中规定的水分测定方法有

　　A. 烘干法　　　　　　　B. 甲苯法　　　　　　　C. 减压干燥法　　　　　D. 气相色谱法

2. 显微鉴定可观察到中药商品的

　　A. 组织构造　　　　　　B. 细胞形态　　　　　　C. 内含物特征　　　　　D. 细胞壁性质

三、判断题

1. 南葶苈子膨胀度较北葶苈子膨胀度大。

2. 显微鉴定仅适用于所有配伍药材均以原粉入药的中成药。

四、简答题

1. 中药商品质量鉴定常用的方法有哪些？

2. 中药材与饮片商品性状特征描述的内容主要包括哪些方面？

3. 物理常数测定一般适用于哪些中药商品？

4. 中药商品外源性有害物质主要包括哪些？

5. 请列举 3 味可火试鉴别的药材及其火试现象。

6. 请列举3味可水试鉴别的药材及其水试现象。

7. 中药商品的检查项目通常包括哪些?

8. 请解释薄层 – 生物自显影技术。

书网融合……

思政导航　　　　　　本章小结　　　　　　题库

第九章　中药商品的质量标准与质量管理

PPT

学习目标

知识目标

掌握　中药商品质量管理的法规。

熟悉　中药商品质量管理的基本要求。

了解　《中国药典》2020年版中药质量标准的结构。

能力目标　通过本章的学习，能够初步具备查阅、检索中药商品质量相关法规的能力，初步掌握对一些违反法规行为的判断能力。

中药作为一种特殊的商品，其质量的优劣直接关系到人民群众的生命安全和健康，也直接影响着企业的经济效益。因此，必须严格执行中药商品的质量标准，切实加强对其质量的管理。

第一节　中药商品的质量标准

《中华人民共和国药品管理法》（2019年8月26日第十三届全国人民代表大会常务委员会第十二次会议第二次修订）第二十八条规定：药品应当符合国家药品标准。经国务院药品监督管理部门核准的药品质量标准高于国家药品标准的，按照经核准的药品质量标准执行；没有国家药品标准的，应当符合经核准的药品质量标准。

一、我国现行的中药质量标准

（一）国家药品标准

国务院药品监督管理部门颁布的《中华人民共和国药典》和药品标准为国家药品标准。

1.《中华人民共和国药典》　简称《中国药典》，是国家监督管理药品质量的法定技术标准。中华人民共和国成立以来，先后于1953年、1963年、1977年、1985年、1990年、1995年、2000年、2005年、2010年、2015年、2020年颁布了11版药典。现行《中国药典》为2020年版，分为一、二、三、四部。其中一部中药收载2711种，二部化学药收载2712种，三部生物制品收载153种，四部收载通用技术要求361个，其中制剂通则38个、检测方法及其他通则281个、指导原则42个；药用辅料收载335种。《中国药典》主要收载功效确切、副作用较小、质量较稳定的常用药物和制剂，并规定其质量标准、制备要求和检验方法等，作为药品生产、供应、检验和使用的依据，在一定程度上反映了我国药品生产、医疗和科技水平。

2. 部颁、局颁药品标准　由国务院药品监督管理部门颁布的药品标准，称为部颁药品标准，包括中药成方制剂，新药转正标准，中药材第一册（1992年），以及藏药第一册（1995年）、蒙药分册（1998年）、维吾尔药分册（1998年）。由国家市场监督管理总局编撰并颁布的国家药品标准简称为局颁标准，包括国家药品标准、国家中成药标准汇编、新药转正标准。

3. 进口药材标准　《进口药材管理办法》（2019年5月16日国家市场监督管理总局令第9号公布）第七条规定：进口的药材应当符合国家药品标准。中国药典现行版未收载的品种，应当执行进口药材标准；中国药典现行版、进口药材标准均未收载的品种，应当执行其他的国家药品标准。少数民族地区进口当地习用的少数民族药药材，尚无国家药品标准的，应当符合相应的省、自治区药材标准。进口药材标准主要包括：《卫生部进口药材暂行标准》（1975年版）、《卫生部进口药材质量暂行标准》（1977年版）、《卫生部进口药材标准》（1986年版）、原国家食品药品监督管理局颁布的《儿茶等43种进口药材质量标准》（2004年版）。

4. 药材商品规格标准　《七十六种药材商品规格标准》（国药联材字（84）第72号文"附件"）由原国家医药管理局与原卫生部制定，1984年3月施行。该标准对产销量大、流通面广、价值较高、具有统一管理条件的76种药材商品，进行了规格标准划分。每一种药材分别记载其名称、来源、品别、规格、等级，以及各规格等级的性状指标和质量要求，是中药商品流通领域用于判断药材商品规格等级的重要标准。

5. 饮片标准　为进一步规范中药饮片炮制，健全中药饮片标准体系，促进中药饮片质量提升，国家药品监督管理局2022年12月21日颁布了《国家中药饮片炮制规范》。《国家炮制规范》收载的中药饮片品种，其来源、炮制、性状、贮藏项执行《国家炮制规范》相应规定，质量控制的其他要求按照《中国药典》相同品种的相应规定执行。

（二）省、自治区、直辖市药材及饮片标准

各省、自治区、直辖市制订的中药材标准和饮片炮制规范，收载的药材、饮片多为国家药品标准未收载的品种，而为各省、自治区或直辖市的地区性习惯用药，该地区的药品生产、供应、使用、检验和管理部门必须遵照执行，而对其他省区无法定约束力，但可作为参照执行的标准。各省、自治区、直辖市标准中其所载品种和内容若与国家标准有重复或矛盾时，应按国家标准执行。

二、中药商品质量标准及其标准制订原则

药品标准是保障药品质量、维护公众健康的重要技术法规，必须坚持把确保公众用药安全作为药品标准工作的宗旨，坚持安全、有效、质量可控的原则，建立严格的药品质量标准，切实保障药品质量与用药安全，维护公众健康。

药品标准应充分反映和体现现阶段国内外药品质量控制的先进水平和发展趋势，有效支撑药品科学监管，因此在方法上必须科学，在技术上必须先进，在应用上必须实用，在形式上必须规范，以检测药品质量是否达到药用要求并衡量其质量是否稳定均一。质量标准的研究制定以安全有效、质量可控为目标，应注重实用性。

国务院药品监督管理部门组织药典委员会负责国家药品标准的制定和修订工作。对未收录入国家标准的各地习用的药材、饮片则制定相应地区习用中药规范，进行标准化、规范化管理，由各省、自治区、直辖市药品监督管理部门负责。

药材、饮片标准技术要求通常包括：名称、基原、产地、炮制、性状、鉴别、检查、浸出物、含量测定、性味与归经、功能与主治、用法与用量、注意、贮藏等。另外，鼓励针对饮片特点和染色、增重、掺杂使假、易霉烂变质等常见问题加强研究，根据风险管理的需要，参照国家相关补充检验方法或研究增加针对性的检测项目，建立相应的检测方法，必要时列入标准。由于种子种苗、农药化肥等投入品、种植养殖、采收与产地加工等亦会对药材、饮片质量产生影响，为进一步保障药材、饮片质量，近年来部分法规鼓励针对上述环节加强全过程质量控制。

植物油脂、提取物标准技术要求通常包括：来源、制法、性状、鉴别、检查、指纹图谱、含量测定、稳定性、包装与贮藏；不同植物油脂品种的质量标准还可能包含如下项目：溶解性、相对密度、旋光度、折光率、鉴别、颜色、酸值、皂化值、碘值、他种油类、乙醇不溶物、含量测定、特征图谱、加热试验、杂质、水分与挥发物等，或视品种具体情况而设置的特定检查项目。对于流浸膏与浸膏，还需符合药典制剂通则流浸膏剂与浸膏剂项下有关的各项规定。对于有效部位类品种，通常要求有效部位含量应占提取物的 50% 以上，对含量范围或下限进行限定，并采用特征图谱、指纹图谱的方式对其质量进行控制。

中成药标准技术要求通常包括：处方量、制法、性状、鉴别、检查、浸出物、指纹图谱、含量测定。

三、药材商品规格与等级的制定

对于中药材而言，既是饮片的原料，又具有商品的属性。并且由于其来源多样（基原、药用部位多样），质量影响因素多样（种植养殖条件、采收、加工等），容易造成外观品相及品质方面的差异，进而基于在市场交易过程中"按质论价"的原则，逐渐演化成为不同的商品规格等级。

中华人民共和国成立以来，行业主管部门先后制订过多个中药材商品规格等级标准。1959 年卫生部颁布了《三十八种药材商品规格标准》，1964 年卫生部与商务部联合颁布了《五十四种中药材商品规格标准》，1984 年国家医药管理局与卫生部联合颁布了《七十六种药材商品规格标准》。上述规格与等级标准是在统一购销的时代背景下制订的，对于促进优质优价，引导药材种植行业规范发展发挥了重要作用。

《七十六种药材商品规格标准》中药材商品规格标准通常依据产地、采收时间、生长期、加工方法和药用部位的不同来划分。一般包括下列内容：品名、来源（学名）、干鲜品、药用部位、商品特征、品质要求、非药用部位的去留程度等。药材商品的等级是指同种规格或同一品名的药材按加工部位形状、色泽、大小、重量等性质要求，制定出若干标准。每一个标准即为一个等级。通常以质量最优者为一等品，最次者为末等，多按一、二、三、四……的顺序排列，部分药材规格设"特等"或"等外"来分等。统货是对既无规格也无等级的药材通称。

20 世纪 80 年代以来，随着改革开放的不断深入，中药材产业迅速发展；与此同时，药材的生产方式也发生了显著的变化。如部分常用大宗药材也由野生品转向了栽培品为主；部分地区存在无序引种、重产量轻质量、过分的水肥干预的现象。部分栽培药材的形态特征、质量等均发生了较大的改变，导致药材市场中部分药材商品规格、等级出现混乱。

国家相关部门高度重视中药材商品规格标准的制订、修订工作。2012 年 8 月国家发展与改革委员会办公厅发布《国家发展改革委办公厅关于落实中药材价格综合整治政策措施部门分工方案的通知》（发改办价监〔2012〕2308 号），文件第四项第 2 条明确指出"加强中药材质量监管，完善中药材商品规格等级标准"，明确要求"选取常用大宗家种道地的中药材品种，依托《中华人民共和国药典》标准和药企商业流通标准，制订出一套科学合理的商品规格等级标准，使中药材商业流通质量有据可循。"

2013 年，经商务部及国家中医药管理局批准同意，成立了"中药材商品规格等级标准技术研究中心"。2016 年 9 月 18 日，商务部正式颁布了国内贸易行业标准《中药材商品规格等级通则》（SB/T 11173—2016），随后多项中药材的商品规格等级标准先后发布。

第二节 中药商品的质量控制与管理

一、中药商品生产质量控制与管理

1.《中药材生产质量管理规范》（Good Agricultural Practice，GAP） 为贯彻落实《中共中央 国务院关于促进中医药传承创新发展的意见》，推进中药材规范化生产，加强中药材质量控制，促进中药高质量发展，依据《中华人民共和国药品管理法》《中华人民共和国中医药法》，国家药监局、农业农村部、国家林草局、国家中医药局研究制定了《中药材生产质量管理规范》，并于 2022 年 3 月 17 日发布。

为了保障对中药材商品质量的有效控制，《中药材生产质量管理规范》从机构与人员，设施、设备与工具，基地选址，种子种苗或其他繁殖材料，种植与养殖，采收与产地加工，包装、放行与储运，文件管理系统建设，质量控制系统建设，内审制度建设，投诉处理、退货处理和召回制度建设多个环节提出管理要求。《中药材生产质量管理规范》适用于中药材生产企业规范生产中药材的全过程管理，是中药材规范化生产和管理的基本要求。

对于下游产业，鼓励中药饮片生产企业、中成药上市许可持有人等中药生产企业在中药材产地自建、共建符合本规范的中药材生产企业及生产基地，将药品质量管理体系延伸到中药材产地。鼓励中药生产企业优先使用符合本规范要求的中药材。

2.《药品生产质量管理规范》（Good Manufacturing Practice，GMP） 为了规范药品生产质量管理，保障上市药品的安全性、有效性、稳定性，根据《中华人民共和国药品管理法》《中华人民共和国药品管理法实施条例》，制定了《药品生产质量管理规范》。现行版为 2010 年修订版，于 2011 年 1 月 17 日卫生部令第 79 号公布，自 2011 年 3 月 1 日起施行。

中成药生产企业应当建立符合药品质量管理要求的质量目标，将药品注册的有关安全、有效和质量可控的所有要求，系统地贯彻到药品生产、控制及产品放行、贮存、发运的全过程中，确保所生产的药品符合预定用途和注册要求。

中成药生产企业应当配备适当的设施、设备、仪器和经过培训的人员，有效、可靠地完成所有质量控制的相关活动。

中成药生产企业应当有批准的操作规程，用于原辅料、包装材料、中间产品、待包装产品和成品的取样、检查、检验以及产品的稳定性考察，必要时进行环境监测，以确保符合本规范的要求。

中成药生产企业应当根据科学知识及经验对质量风险进行评估，以保证产品质量。

《药品生产质量管理规范（2010 年修订）》从机构与人员，厂房与设施，设备，物料与产品，确认与验证工作，文件管理体系，生产管理制度，质量控制与质量保证体系，委托生产与委托检验体系，产品发运与召回体系，自检体系，多个环节提出管理要求。

2014 年 6 月 27 日，根据《药品生产质量管理规范（2010 年修订）》第三百一十条规定，原国家食品药品监督管理总局发布了中药饮片附录，作为《药品生产质量管理规范（2010 年修订）》配套文件，自 2014 年 7 月 1 日起施行，用于中药饮片生产全过程的控制和管理。

中药饮片由中药材经适当工艺炮制而得，故而应当对中药材质量、炮制工艺严格控制；在炮制、贮存和运输过程中，应当采取措施控制污染，防止变质，避免交叉污染、混淆、差错；生产直接口服中药饮片的，应对生产环境及产品微生物进行控制，以保障中药饮片商品的安全、有效、稳定。

3.《药品生产监督管理办法》 为进一步加强药品生产监督管理，规范药品生产活动，根据《中华人民共和国药品管理法》（以下简称《药品管理法》）《中华人民共和国中医药法》《中华人民共和国疫苗管理法》（以下简称《疫苗管理法》）《中华人民共和国行政许可法》《中华人民共和国药品管理法实施条例》等法律、行政法规，国家市场监督管理总局于 2020 年 1 月 22 日制订并发布了《药品生产监督管理办法》（国家市场监督管理总局令第 28 号），自 2020 年 7 月 1 日起实施。

《药品生产监督管理办法》进一步明确了药品生产质量管理规范相关要求，对药品生产监管工作重新进行了顶层设计，通过进一步落实企业主体责任，强化风险管理措施，保障药品的质量安全。《药品生产监督管理办法》明确了持有人和药品生产企业法定代表人、主要负责人的相关责任，对发生与药品质量有关的重大安全事件，依法报告并开展风险处置，确保风险得到及时控制。持有人应当立即对相关药品及其原料、辅料以及直接接触药品的包装材料和容器、相关生产线等采取封存的控制措施。强调生产过程中开展风险评估、控制、验证、沟通、审核等质量管理活动，对已识别的风险及时采取有效风险控制措施。开展风险获益评估和控制，制定上市后药品风险管理计划，主动开展上市后研究。同时，《药品生产监督管理办法》也进一步明确了监管部门的事权划分，强化了问责处置。

二、中药商品经营质量管理

1.《药品经营质量管理规范》（Good Supply Practice，GSP）　　现行《药品经营质量管理规范》于 2000 年 4 月 30 日原国家药品监督管理局局令第 20 号公布，2012 年 11 月 6 日原卫生部部务会议第一次修订，2015 年 5 月 18 日国家食品药品监督管理总局局务会议第二次修订，根据 2016 年 7 月 13 日国家食品药品监督管理总局令第 28 号《关于修改〈药品经营质量管理规范〉的决定》进行修正，并于 2022 年 11 月 30 日由国家药监局组织制定并发布了《药品经营质量管理规范附录 6：药品零售配送质量管理》，是在采购、储存、销售、运输等环节保障药品质量的专门性法规。

在采购环节，应当建立采购记录。采购记录应当有药品的通用名称、剂型、规格、生产厂商、供货单位、数量、价格、购货日期等内容，采购中药材、中药饮片的应当标明产地。

在验收环节，企业应当按照规定的程序和要求对到货药品逐批进行收货、验收，防止不合格药品入库。中药材验收记录应当包括品名、产地、供货单位、到货数量、验收合格数量等内容。中药饮片验收记录应当包括品名、规格、批号、产地、生产日期、生产厂商、供货单位、到货数量、验收合格数量等内容，实施批准文号管理的中药饮片还应当记录批准文号。

在储存与护养环节，应按包装标示的温度要求储存药品，储存药品相对湿度为 35%～75%；储存药品应当按照要求采取避光、遮光、通风、防潮、防虫、防鼠等措施；药品需按质量状态实行色标管理，合格药品为绿色，不合格药品为红色，待确定药品为黄色；中药材和中药饮片应分库存放；对中药材和中药饮片应当按其特性采取有效方法进行养护并记录，所采取的养护方法不得对药品造成污染。

在销售环节，企业应当做好药品销售记录，保证药品销售流向真实、合法。中药材销售记录应当包括品名、规格、产地、购货单位、销售数量、单价、金额、销售日期等内容；中药饮片销售记录应当包括品名、规格、批号、产地、生产厂商、购货单位、销售数量、单价、金额、销售日期等内容。

在出库环节，要确保出现质量异常的药品不得出库，如发现药品包装出现破损、污染、封口不牢、衬垫不实、封条损坏，包装内有异常响动或者液体渗漏等现象。

在运输环节，企业应严格执行运输操作规程，应当根据药品的包装、质量特性并针对车况、道路、天气等因素，选用适宜的运输工具，采取相应措施防止出现破损、污染等问题；根据药品的温度控制要求，在运输过程中采取必要的保温或者冷藏、冷冻措施。应当严格按照外包装标示的要求搬运、装卸药品。

在零售经营环节，企业应当按照国家有关规定配备具有相应学历、专业技术职称的人员，并建立相应的零售管理制度，营业场所应当具有相应设施或者采取其他有效措施，避免药品受室外环境的影响。经营中药饮片的，应该具备存放饮片和处方调配的设备；经营毒性中药品种和罂粟壳的，有符合安全规定的专用存放设备（不得陈列在外）；储存中药饮片应当设立专用库房。中药饮片柜斗谱的书写应当正名正字；装斗前应当复核，防止错斗、串斗；应当定期清斗，防止饮片生虫、发霉、变质；不同批号的饮片装斗前应当清斗并记录。应当定期对陈列、存放的药品进行检查，重点检查拆零药品和易变质、近效期、摆放时间较长的药品以及中药饮片。发现有质量疑问的药品应当及时撤柜，停止销售，由质量管理人员确认和处理，并保留相关记录。

2. 中药追溯体系的建设　建立中药的追溯体系对于保障中药的质量具有重要意义。

早在 2012 年商务部办公厅、财政部办公厅即发布了《关于开展中药材流通追溯体系建设试点的通知》（商办秩函〔2012〕881 号），2012 年中央财政支持河北保定市、安徽亳州市、四川成都市和广西玉林市开展中药材流通追溯体系建设试点，正式开启了国家中药材追溯体系建设。

2015—2016 年，国务院办公厅印发了《关于加快推进重要产品追溯体系建设的意见》（国办发〔2015〕95 号），原国家食品药品监督管理总局发布了《食品药品监管总局关于推动食品药品生产经营者完善追溯体系的意见》（食药监科〔2016〕122 号），并对《药品经营质量管理规范》进行了修订，上述公文及法规强调以药品生产经营者为责任主体，以"来源可查、去向可追"为目标，建设全过程追溯体系，积极推动中药生产企业使用来源明确的原料。

2017 年商务部联合工业和信息化部、公安部、农业农村部、国家市场监督管理总局、国家安全监督管理总局、原国家食品药品监督管理总局印发《关于推进重要产品信息化追溯体系建设的指导意见》（商秩发〔2017〕53 号），分别从食用农产品、食品、药品、主要农业生产资料、特种设备、危险品、稀土产品和产品进出口等八个方面提出建设任务。随后，国家药监局于 2018 年印发了《国家药监局关于药品信息化追溯体系建设的指导意见》（国药监药管〔2018〕35 号），进一步指出药品上市许可持有人、生产企业、经营企业、使用单位是药品质量安全的责任主体，负有追溯义务，要在药品生产、流通和使用等环节共同建成覆盖全过程的药品追溯系统，确保发生质量安全风险的药品可召回、责任可追究。

2019 年 10 月中共中央、国务院印发《关于促进中医药传承创新发展的意见》，明确指出"以中药饮片监管为抓手，向上下游延伸，落实中药生产企业主体责任，建立多部门协同监管机制，探索建立中药材、中药饮片、中成药生产流通使用全过程追溯体系，用 5 年左右时间，逐步实现中药重点品种来源可查、去向可追、责任可究。"2019 年 12 月 1 日，《中华人民共和国药品管理法》正式施行。第三十九条明确要求，对中药饮片生产、销售实行全过程管理，建立中药饮片追溯体系，保证中药饮片安全、有效、可追溯。当前，已有部分省、市印发了相关实施管理办法、工作方案等，如山西省药品监督管理局印发了《药品信息化追溯体系建设工作方案》（2020 年），贵州省中医药管理局印发了《贵州省中药材质量追溯体系管理办法（试行）》（2020 年），亳州市政府印发了《亳州市中药饮片生产环节信息化追溯体系建设推进工作方案（试行）》（2020 年）。

2023 年 2 月，国务院办公厅印发了《中医药振兴发展重大工程实施方案》，在"中药质量提升及产业促进工程"部分，进一步明确指出要"统一中药材追溯标准与管理办法，依托现有追溯平台，建立覆盖主要中药材品种的全过程追溯体系"。

经过 10 年的探索，中药材、中药饮片、中成药的追溯技术和体系建设均取得了很大的发展，但依法推进中药材追溯体系建设仍然需要进一步深化。通过制订并落实好追溯政策法规，切实调动中药生产企业的积极性，充分发挥云计算、大数据技术的优势，进一步推进中药追溯平台和体系的建设，既是促进我国中药产业高质量发展的需要，更是践行"以人民为中心"发展思想的职责所在。

>>> **知识链接** •--•

　　根据《药品管理法》规定，有下列情形之一的，为假药：药品所含成分与国家药品标准规定的成分不符；以非药品冒充药品或者以他种药品冒充此种药品；变质的药品；药品所标明的适应证或者功能主治超出规定范围。

　　有下列情形之一的，为劣药：药品成分的含量不符合国家药品标准；被污染的药品；未标明或者更改有效期的药品；未注明或者更改产品批号的药品；超过有效期的药品；擅自添加防腐剂、辅料的药品；其他不符合药品标准的药品。

•--•

目标测试

答案解析

一、单选题

1. 我国现行的药典是
　　A. 2005 年版　　　　　　　B. 2015 年版　　　　　　　C. 2020 年版　　　　　　　D. 2010 年版

2. 《中药材生产质量管理规范》的简称是
　　A. GAP　　　　　　　　　B. GSP　　　　　　　　　C. GMP　　　　　　　　　D. GCP

3. 药品经营质量管理规范要求的储存药品的相对湿度为
　　A. 10% 以下　　　　　　　B. 35% ~75%　　　　　　C. 50% ~80%　　　　　　D. 20% ~30%

4. 我国中药质量标准的最高标准为
　　A. 《中华人民共和国药典》　　　　　　　B. 部颁标准
　　C. 地方标准　　　　　　　　　　　　　　D. USP 或 BP

5. 关于中药饮片的最高质量标准应以下哪个为准
　　A. 地方药材质量标准　　　　　　　　　　B. 国家药材质量标准
　　C. 《中华人民共和国药典》　　　　　　　D. GSP

二、多选题

1. 中药鉴定的法定依据有
　　A. 《中华人民共和国药典》　　　　　　　B. 部颁标准
　　C. 企业药品标准　　　　　　　　　　　　D. 《中药志》
　　E. 《中药大辞典》

2. 植物油脂、提取物标准技术要求通常包括
　　A. 来源、制法　　　　B. 性状、鉴别　　　　C. 检查、指纹图谱
　　D. 含量测定、稳定性　　E. 包装与储藏

3. 《药品生产质量管理规范》（2010 年版）对药品生产质量管理的基本要求包括
　　A. 制定生产工艺，系统地回顾并证明其可持续稳定地生产出符合要求的产品
　　B. 具有适当的资质并经培训合格的人员
　　C. 具有正确的原辅料、包装材料和标签
　　D. 生产全过程应当有记录，偏差均经过调查并记录
　　E. 降低药品发运过程中的质量风险

4. 我国药品质量管理规范的名称及其英文缩写，对应正确的有

    A. 《药品生产质量管理规范》：GMP

    B. 《药品生产质量管理规范》：GAP

    C. 《药品经营质量管理规范》：GSP

    D. 《中药材生产质量管理规范（试行)》：GMP

    E. 《中药材生产质量管理规范（试行)》：GAP

5. 中药材质量管理标准有

    A. 《中华人民共和国药典》

    B. 国务院药品监督管理部门颁布的药品标准（部颁标准）

    C. 各省、市、自治区药品监督管理局制定的中药材标准（地方标准）

    D. 《中药材进出口质量标准》

    E. 《七十六种中药材商品规格》

书网融合……

| 思政导航 | 本章小结 | 微课 | 题库 |

第十章 川 药

PPT

学习目标

知识目标

1. **掌握** 川药的含义及其主要道地药材品种；川贝母、川芎、冬虫夏草、白芷、附子、丹参、麝香的道地产地、采制、规格等级、商品特征、鉴别与检查、贮藏方法。

2. **熟悉** 川牛膝、半夏、黄柏、川木香、银耳、羌活、郁金、石菖蒲、独活的道地产地、规格等级、贮藏方法。

3. **了解** 川药产区的自然环境条件；续断、干姜、乌梅、补骨脂、花椒、姜黄、莪术、川射干等的道地产地、规格等级；川药产区药材商品的产销行情。

能力目标 通过本章的学习，具备获取、收集、处理、运用川药市场信息的基本能力。

一、川药概述

（一）川药的含义

凡以四川、重庆为主要产区或集散地的大宗商品药材称为川药。

（二）川药产区的自然环境

四川地处中国西南，位于东经 97°22′ ~ 110°10′，北纬 26°03′ ~ 34°20′。东连湖北，南接云南、贵州，西与西藏交界，北邻陕西、甘肃、青海。宋代置川峡四路，四川之名由此而来。春秋时期，四川为"巴""蜀"之地，简称蜀。

川药产区地形复杂。美丽富饶的四川盆地，为我国著名的四大盆地之一，海拔跨度极大，100 ~ 7000m。西部属青藏高原，山高谷深，地势崎岖，平均海拔为 3000 ~ 4000m。全省主要河流有长江、雅砻江、大渡河、岷江、沱江、嘉陵江、乌江等，水利资源非常丰富。

川药产区气候复杂多样。东部属亚热带湿润东南季风气候，特点为冬暖、春早、夏长、气温高；西南山地属亚热带干湿交替的西南季风气候，特点为冬无严寒，夏无酷暑；四川高原气候寒冷，长冬无夏。全川年降雨量多数地区约 1000mm，西北高原 400 ~ 700mm。由于秦岭大巴山阻挡了寒流，夏季南方热的气流越过大娄山下沉，使四川盆地冬暖夏热，霜日极少，几乎全年皆为动植物的生长期。年均气温 16 ~ 17℃，无霜期长达 300 天左右，积温 5000 ~ 6000℃，风力弱，雾多消散慢，日照少，多在 1400 小时以下。雨季漫长，年降雨量约 1200mm，蒸发量小，湿度极大，旱季极少。

（三）川药产区的主要道地药材

川药产区地形复杂，药材资源极为丰富，如高山的冬虫夏草、川贝母、麝香等；岷江流域的干姜、郁金等；江油的附子，绵阳的麦冬，都江堰和彭州的川芎，遂宁的白芷，中江的丹参、白芍，汉源的花椒，天全、乐山金口河的川牛膝，通江的银耳，重庆石柱的黄连，重庆合川的使君子、补骨脂等。川药产区的道地药材除上述外，还有川乌、川木香、川射干、川木通、天麻、厚朴、杜仲、黄柏、金钱草等。

二、药材品种

干姜 Ganjiang
Zingiberis Rhizoma

【别名】 均姜、川姜、白姜。

【商品来源】 为姜科植物姜 *Zingiber officinale* Rosc. 的干燥根茎。

【商品产地】 主产于四川犍为、沐川，贵州的兴义、兴仁等地，云南罗平、师宗，广西的西林、隆林，山东沂南、苍山、平邑等地。此外，浙江、湖北、广东、陕西也产。以四川、贵州的产量大，品质好。

【采制及商品种类】

干姜 冬季采挖，除去须根及泥沙，晒干或低温干燥。

干姜片 趁鲜切片，晒干或低温干燥。或药材除去杂质，略泡，洗净，润透，切厚片或块，干燥。

炭姜 取干姜块，炒至表面黑色、内部棕褐色。

炮姜 取干姜，用砂烫至鼓起，表面棕褐色。

【商品特征】

干姜 呈扁平块状，具指状分枝，长 3~7cm，厚 1~2cm。表面灰黄色或浅灰棕色，粗糙，具纵皱纹和明显的环节。分枝处常有鳞叶残存，分枝顶端有茎痕或芽。质坚实，断面黄白色或灰白色，粉性或颗粒性，内皮层环纹明显，维管束及黄色油点散在。气香、特异，味辛辣。

干姜片 本品呈不规则纵切片或斜切片，具指状分枝，长 1~6cm，宽 1~2cm，厚 0.2~0.4cm。外皮灰黄色或浅黄棕色，粗糙，具纵皱纹及明显的环节。切面灰黄色或灰白色，略显粉性，可见较多的纵向纤维，有的呈毛状。质坚实，断面纤维性。气香、特异，味辛辣。

炭姜 形如干姜片块，表面焦黑色、内部棕褐色，体轻，质松脆。味微苦，微辣。

炮姜 呈不规则膨胀的块状，具指状分枝。表面棕黑色或棕褐色。质轻泡，断面边缘处显棕黑色，中心棕黄色，细颗粒性，维管束散在。气香、特异，味微辛、辣。

【规格等级】 当前药材市场干姜规格分为干姜和干姜片，干姜片只有统货，干姜分为选货和统货。干姜选货每千克药材 200 个以下，单个重量 4~8g 的 ≥60%；统货每千克药材 200 个以上，单个重量 4~8g 的 <60%。

【化学成分】 主含 6-姜辣素、姜烯、姜醇等挥发油成分。

【鉴别与检查】 取样品加乙酸乙酯，超声处理，滤过，取滤液作为供试品溶液。另取干姜对照药材，同法制成对照药材溶液。6-姜辣素对照品制成乙酸乙酯溶液。用硅胶 G 薄层板，以石油醚（60~90℃）-三氯甲烷-乙酸乙酯（2:1:1）为展开剂，喷以香草醛硫酸试液，在 105℃加热至斑点显色清晰。供试品色谱中，在与对照药材色谱和对照品色谱相应的位置上，显相同颜色的斑点。

干姜、干姜片、姜炭水分不得过 19.0%，炮姜水分不得过 12.0%；干姜、干姜片、姜炭总灰分不得过 6.0%，炮姜总灰分不得过 7.0%。

【质量要求】

1. 外观质量 以质地坚实、色白、粉性强、气香浓、味辛辣者为佳；质松、粉性差者质次。其中以四川产者质量优，尤以犍为产品质量最优，特称为"犍干姜"。

2. 内在质量 ①浸出物含量：干姜、干姜片水溶性浸出物（热）不得少于22.0%；姜炭、炮姜水溶性浸出物（热）不得少于26.0%。②含量测定：干姜药材含挥发油不得少于0.8%；用高效液相色谱法测定，干姜含6-姜辣素不得少于0.60%；姜炭含6-姜辣素不得少于0.050%；炮姜含6-姜辣素不得少于0.30%。

【性味功能主治】 热，辛。温中散寒，回阳通脉，温肺化饮。用于脘腹冷痛，呕吐泄泻，肢冷脉微，寒饮喘咳。

【贮藏养护】 篾席或麻袋装。置阴凉干燥处保存，防蛀。

【用法用量】 干姜、干姜片、姜炭3~10g；炮姜3~9g。

川木香 Chuanmuxiang
Vladimiriae Radix

【商品来源】 为菊科植物川木香 *Vladimiria souliei*（Franch.）Ling 或灰毛川木香 *Vladimiria souliei*（Franch.）Ling var. *cinerea* Ling 的干燥根。

【商品产地】 主产于四川阿坝州的松潘县，甘孜州，雅安的宝兴、芦山，凉山州的西昌等地。此外，西藏亦产。

【采制及商品种类】

川木香 于9~10月采收。挖后去净泥土和根头上的胶状物及须根。粗根可纵向剖开，在晒干或烘干过程中去掉粗皮，晒至全干。但不宜用大火烘烤，否则影响质量。

川木香片 取川木香药材，除去杂质及"油头"，洗净，润透，切厚片，晾干或低温干燥。

煨川木香 取净川木香片，在铁丝匾中，用一层草纸，一层川木香片，间隔平铺数层，置炉火旁或烘干室内，烘煨至川木香中所含的挥发油渗至纸上，取出，放凉。

【商品特征】

川木香 本品呈圆柱形或有纵槽的半圆柱形，稍弯曲，长10~30cm，直径1~3cm。表面黄褐色或棕褐色，具纵皱纹，外皮脱落处可见丝瓜络状细筋脉；根头偶有黑色发黏的胶状物，习称"油头"。体较轻，质硬脆，易折断，断面黄白色或黄色，有深黄色稀疏油点及裂隙，木部宽广，有放射状纹理；有的中心呈枯朽状。气微香，味苦，嚼之黏牙。

川木香片 本品呈类圆形切片，直径1.5~3cm。外皮黄褐色至棕褐色。切面黄白色至黄棕色，有深棕色稀疏油点，木部显菊花心状的放射纹理，有的中心呈枯朽状，周边有一明显的环纹，体较轻，质硬脆。气微香，味苦，嚼之黏牙。

煨川木香 形如川木香片，气微香，味苦，嚼之黏牙。

【规格等级】 商品分铁杆木香（长圆柱形者）和槽子木香（带沟槽者）两种。

【化学成分】 主含川木香内酯、土木香内酯等挥发油成分。

【鉴别与检查】 取样品加乙醚超声处理，滤过，滤液挥干，残渣加甲醇使溶解，作为供试品溶液。取川木香对照药材，同法制成对照药材溶液。用硅胶G薄层板，以甲苯-乙酸乙酯（19∶1）为展开剂，喷以5%香草醛硫酸溶液，加热至斑点显色清晰。供试品色谱中，在与对照药材色谱相应的位置上，显相同颜色的斑点。

水分不得过12.0%，总灰分不得过4.0%。

【质量要求】 均以根条粗壮、均匀，体重质坚、香气浓郁、油性足、无须根者为佳。

【性味功能主治】 温，辛、苦。行气止痛。用于胸胁、脘腹胀痛，肠鸣腹泻，里急后重。

【贮藏养护】 用麻袋或竹篓装。本品易虫蛀、发霉、泛油，应置阴凉干燥处保存。若受潮，可晾晒。

【用法用量】 3~9g。

川贝母 Chuanbeimu
Fritiliariae Cirrhosae Bulbus

【别名】川贝、知贝。

【商品来源】为百合科植物川贝母 *Fritillaria cirrhosa* D. Don、暗紫贝母 *Fritillaria unibracteata* Hsiao et K. C. Hsia、甘肃贝母 *Fritillaria przewalskii* Maxim.、梭砂贝母 *Fritillaria delavayi* Franch.、太白贝母 *Fritillaria taipaiensis* P. Y. Li 或瓦布贝母 *Fritillaria unibracteata* Hsiao et K. C. Hsia var. *wabuensis*（S. Y. Tang et S. C. Yue）Z. D. Liu, S. Wang et S. C. Chen 的干燥鳞茎。按性状不同分别称为"松贝""青贝""炉贝"和"栽培品"。

【商品产地】我国西南、西北地区多有生产：①松贝，主产于四川的松潘、马尔康等阿坝州一带。②青贝，主产于青海玉树，云南德钦，新疆木叠河、缓空，四川西部及甘肃岷县等地。③炉贝，主产于四川康定、青海、云南一带。历史上四川产品多集散在打箭炉，故名炉贝。④太白贝母主要分布在湖北、陕西、甘肃、四川、重庆等地；瓦布贝母主要分布在四川的黑水、茂县、松潘，重庆城口等地。

【采制及商品种类】夏、秋二季或积雪融化后，选晴天采挖，清除泥土，注意避免损伤，不能淘洗，除去须根、粗皮及泥沙，晒干或低温干燥。四川、云南大约在 6～7 月为盛采期；青藏高原则约在 8 月；甘肃省约在 5～6 月。

加工方法各地不一，主要的方法如下。①晒干法：一般将川贝母挖回后，去掉泥土和须根，置烈日下暴晒至干透为止。如遇阴雨天气，可用微火烘干，以防变色、泛油。②撞击法：将挖回的川贝母晒至二至三成干，表面变硬时，放入布袋或竹筐内，加入大量麦麸，再振摇撞击去粗皮，用麦麸吸去撞击时渗出的水分，再晒干。以此法生产的川贝母药材质量较好。

【商品特征】呈圆锥形、扁圆形或卵圆形，大小不一。类白色，外层两枚鳞叶相互抱合，形似怀中抱月，顶端不开口（松贝）；或对合形似观音合掌（青贝）；或错合，形大，表皮有斑纹（炉贝），顶端尖或钝，一般顶端有开口。栽培品呈类扁球形或短圆柱形，颗粒大，表面稍粗糙，有的具浅黄色斑点，鳞叶大小相近，顶部多开裂而较平。质坚实，富粉性，对剖后内有鳞叶和心芽。

【规格等级】商品上分松贝、青贝、炉贝（知贝）和栽培品四种规格。松贝分为一、二等；青贝分为一至四等；炉贝分为一、二等；栽培品为统货。其规格等级标准如下。

1. 松贝　按大小及外形分为两等。

一等：类圆锥形或近球形。鳞叶 2 枚，大瓣紧抱小瓣，未抱合部分呈新月形，顶部闭口，基部平。表面类白色。体结实，质细腻，断面粉白色。味甜微苦。每 50g 在 240 粒以外。

二等：顶端闭合或开口，底部平或近似平。每 50g 240 粒以内。

2. 青贝　按大小及外形分为四等。

一等：呈扁球形或类圆形，外层两个鳞片大小相似，顶部闭口或微开口，底部较平，表面白色，细腻，体结实，断面粉白，味淡微苦；每 50g 190 粒以外；对开瓣不超过 20%。

二等：顶端闭口或开口，每 50g 130 粒以外；对开瓣不超过 25%；花黄贝和花油贝不超过 5%。

三等：每 50g 100 粒以外；对开瓣不超过 30%；黄贝、油贝和碎贝不超过 5%。

四等：顶端闭合或开口较多；表面牙白色或黄白色；大小粒不分；兼有黄贝、油贝、碎贝。

3. 炉贝　炉贝按表面颜色及斑点分为两等。

一等：呈长圆锥形，贝瓣略似马牙，表面白色，体结实，断面粉白色，味苦；大小粒不分；间有油贝、白色破瓣。

二等：表面黄白色或淡棕黄色，有的有棕色斑点。

4. 栽培品　均为统货。

【化学成分】主含甾体生物碱，如贝母辛、西贝母碱、贝母素甲、贝母素乙等。

【鉴别与检查】取样品加浓氨试液，密塞，浸泡，加二氯甲烷超声处理，滤过，滤液蒸干，残渣加甲醇使溶解，作为供试品溶液。贝母辛、贝母素乙对照品制成甲醇溶液。用硅胶 G 薄层板，以乙酸乙酯 - 甲醇 - 浓氨试液 - 水（18：2：1：0.1）为展开剂，依次喷以稀碘化铋钾试液和亚硝酸钠乙醇试液。供试品色谱中，在与对照品色谱相应的位置上，显相同颜色的斑点。

采用聚合酶链式反应 - 限制性内切酶长度多态性方法，供试品凝胶电泳图谱中，在与对照药材凝胶电泳图谱相应的位置上，在 100～250bp 应有两条 DNA 条带，空白对照无条带。

水分不得过 15.0%，总灰分不得过 5.0%。

【质量要求】

1. 外观质量 均以质坚实，色白、粉性足，个完整不碎者为佳。

2. 内在质量 ①浸出物含量：稀乙醇溶性浸出物（热）不得少于 9.0%。②含量测定：用高效液相色谱法测定，含总生物碱以西贝母碱计，不得少于 0.050%。

【性味功能主治】微寒，苦、甘。清热润肺，化痰止咳，散结消痈。用于肺热燥咳，干咳少痰，阴虚劳嗽，痰中带血，瘰疬，乳痈，肺痈。

【贮藏养护】麻袋或塑料袋包装。本品在贮存中易虫蛀、发霉、变色。应防潮，置干燥处保存。

【用法用量】3～10g；研粉冲服，一次 1～2g。

>>> **知识链接** o -

川贝母为国家重点保护的野生植物药材品种。

- o

川牛膝 Chuanniuxi

Cyathulae Radix

【别名】甜牛膝。

【商品来源】为苋科植物川牛膝 *Cyathula officinalis* Kuan 的干燥根。

【商品产地】主产于四川天全、乐山、金口河、宝兴、峨眉，重庆奉节，云南大理、楚雄、昭通、下关、丽江、维西，贵州毕节、盘县等地。近年来，陕西、湖北、湖南、河南也有栽培。

【采制及商品种类】

川牛膝 秋、冬二季采挖。野生以 9～10 月采挖较好，栽培的于 11～12 月采挖。栽培年限以三年为宜，过早质量差，过迟有烂根现象。挖出根后，抖净泥土，切掉芦头，剪去周围的支根及稍大的侧根。然后按大小分别捆把，烘或晒至半干，堆放回润，再进行一次修剪、捆把，至晒干或烘干即可。

川牛膝片 取原药材除去杂质及芦头，洗净，润透，切薄片，干燥。

酒川牛膝 取川牛膝片，加入定量黄酒拌匀，稍闷润，待酒被吸尽后，置锅内，用文火炒干，取出晾晒。

【商品特征】

川牛膝 本品呈近圆柱形，微扭曲，向下略细或有少数分枝，长 30～60cm，直径 0.5～3cm。表面黄棕色或灰褐色，具纵皱纹、支根痕和多数横长的皮孔样突起。质韧，不易折断，断面浅黄色或棕黄色，维管束点状，排列成数轮同心环。气微，味甜。

川牛膝片 圆形或椭圆形薄片。外表皮黄棕色或灰褐色，切面浅黄色至棕黄色。可见多数排列成数轮同心环的黄色点状维管束。气微，味甜。

酒川牛膝 形如川牛膝片，表面棕黑色，微有酒香气，味甜。

【规格等级】商品按大小分成一至三等和统货。其等级标准如下。

一等：呈曲直不一的单一长圆柱形。表面灰黄色或灰褐色，质柔韧。断面棕色或黄白色，有筋脉点。上中部直径1.8cm以上。无芦头、须毛、杂质、虫蛀、霉变。

二等：上中部直径1.0cm以上，余同一等。

三等：上中部直径1.0cm以下，但不小于0.4cm，长短不限。余同一等。

【化学成分】主含杯苋甾酮、5-杯苋甾酮、杯苋甾酮羟基等甾类化合物。另含甜菜碱等。

【鉴别与检查】取样品加甲醇，加热回流，滤过，浓缩滤液，用甲醇-乙酸乙酯于中性氧化铝柱上洗脱，收集洗脱液，蒸干，残渣加甲醇使溶解，作为供试品溶液。取川牛膝对照药材同法制成对照药材溶液，再取杯苋甾酮对照品制成甲醇溶液。用硅胶G薄层板，以三氯甲烷-甲醇（10：1）为展开剂，喷以10%硫酸乙醇溶液，在105℃加热至斑点显色清晰，置紫外光灯（365nm）下检视。供试品色谱中，在与对照药材色谱和对照品色谱相应的位置上，显相同颜色的荧光斑点。

川牛膝水分不得过16.0%，川牛膝片、酒川牛膝水分不得过12.0%。总灰分不得过8.0%。

【质量要求】

1. 外观质量 均以身干、条大柔软、油润、色黄棕者为佳。

2. 内在质量 ①浸出物含量：川牛膝水溶性浸出物（冷）不得少于65.0%；川牛膝片、酒川牛膝水溶性浸出物（冷）不得少于60.0%。②含量测定：用高效液相色谱法测定，含杯苋甾酮不得少于0.030%。

【性味功能主治】平，甘、微苦。逐瘀通经，通利关节，利尿通淋。用于经闭癥瘕，胞衣不下，跌扑损伤，风湿痹痛，足痿筋挛，尿血血淋。

【贮藏养护】用麻袋或编织袋包装。本品易霉蛀、泛油，应贮于阴凉、干燥处。

【用法用量】5～10g。

川芎 Chuanxiong
Chuanxiong Rhizoma

【别名】芎藭、抚芎。

【商品来源】为伞形科植物川芎 *Ligusticum chuanxiong* Hort. 的干燥根茎。

【商品产地】主产地四川都江堰、彭州、什邡、新都、崇州、彭山等进行大量栽种。江西武宁、瑞昌、德安及湖北阳新、崇阳、通山亦产。其他地区如甘肃、云南、贵州、吉林等省区亦产，但产量较小，多自销。

【采制及商品种类】

川芎 平坝栽种者于5～6月（小满前后），当茎部在节盘处显著膨大，并略带紫色时采挖。挖出全株，除去茎苗，去净泥土，晒4～5天再用小火炕干，撞去须根即成。山地栽种者于7～8月采收苓杆时一起采挖。

川芎片 取药材，除去杂质，分开大小，洗净，润透，切厚片，晒干或低温干燥。

【商品特征】川芎 本品为不规则结节状拳形团块，直径2～7cm。表面灰褐色或褐色，粗糙皱缩，有多数平行隆起的轮节，顶端有凹陷的类圆形茎痕，下侧及轮节上有多数小瘤状根痕。质坚实，不易折断，断面黄白色或灰黄色，散有黄棕色的油室，形成层环呈波状。气浓香，味苦、辛，稍有麻舌感，微回甜。

川芎片 呈不规则厚片，外表皮黄褐色，具皱缩纹。切面黄白色或灰黄色，具有明显波状环纹或多角形纹理，散生黄棕色油点。质坚实。气浓香，味苦、辛，微甜。

【规格等级】商品中分川芎（四川产者）和抚芎（又称茶芎，江西、湖北、湖南产者）两种。二者气味稍有不同。川芎优于抚芎。川芎分家川芎和山川芎，家川芎又分为一至三等。其规格等级标准如下。

1. 家川芎 一等：呈结节状，质坚实。表面黄褐色，断面灰白色或黄白色，有特异香气，味苦辛，麻舌。每千克44个以内，单个重量不低于20g。无山川芎、空心、焦枯、杂质、虫蛀、霉变。

二等：每千克70个以内，其余同一等。

三等：每千克70个以上，个大空心的也属此等。无苓珠、苓盘，其余同一等。

2. 山川芎 统货。呈结节状，体枯质瘦。表面褐色，断面灰白色。有特异香气，味苦辛，麻舌。大小不分。

【化学成分】 主含挥发油、生物碱、酚酸类成分。包括藁本内酯、欧当归内酯A、二氢藁本内酯、川芎嗪、阿魏酸等。

【鉴别与检查】 取样品加乙醚加热回流，滤过，滤液挥干，残渣加乙酸乙酯使溶解，作为供试品溶液。取川芎对照药材，同法制成对照药材溶液。再取欧当归内酯A对照品制成乙酸乙酯溶液（置棕色量瓶中）。用硅胶GF$_{254}$薄层板，以正己烷 - 乙酸乙酯（3：1）为展开剂，置紫外光灯（254nm）下检视。供试品色谱中，在与对照药材色谱和对照品色谱相应的位置上，显相同颜色的斑点。

水分不得过12.0%，总灰分不得过6.0%，酸不溶性灰分不得过2.0%。

【质量要求】

1. 外观质量 以个大、肉多、外皮黄褐而内有黄白色菊花心者为优。

2. 内在质量 ①浸出物含量；醇溶性浸出物（热）不得少于12.0%。②含量测定：用高效液相色谱法测定，含阿魏酸不得少于0.10%。

【性味功能主治】 温，辛。活血行气，祛风止痛。用于胸痹心痛，胸胁刺痛，跌扑肿痛，月经不调，经闭痛经，癥瘕腹痛，头痛，风湿痹痛。

【贮藏养护】 用麻袋或编织袋包装。本品极易虫蛀、发霉、泛油。应在原产地日晒或微火炕干，以免受潮生虫。在贮存中，特别是梅雨季节，应经常检查，必须置于阴凉干燥处保存，切忌受潮、受热。

【用法用量】 3～10g。

川明参 Chuanmingshen
Chuanmingshinis Radix

【别名】 明参、土明参。

【商品来源】 为伞形科植物川明参 *Chuanminshen violaceum* Sheh et Shan 的干燥根。

【商品产地】 主产于四川金堂、青白江、苍溪、巴中、简阳、威远、北川、平武，湖北宜昌、当阳等地。

【采制及商品种类】 移栽后第二年的清明前后采挖，除去泥沙及须根，洗净，刮去外皮；或用粗糠搓至色白，在清水中洗净，再置沸水中煮至无白心，取出；浸漂，晒干或烘干。

【商品特征】

川明参 呈长圆柱形或长纺锤形，略扭曲。表面黄白色或淡黄棕色，较光滑。质坚硬，易折断，断面半透明，有角质样光泽，可见2～3个白色断续同心环纹。味淡，嚼之发黏。

川明参片 本品呈圆形或类圆形厚片。外表皮黄白色，切面黄白色或淡棕色，半透明，角质样，木部类白色，有的与皮部分离。气微，味淡。

【规格等级】 商品一般为统货。

【化学成分】 主含7 - 甲基香豆素等香豆素类、黄酮及黄酮苷类、萜类、皂苷类、苯丙素类及氨基酸类、糖类等化学成分。

【鉴别与检查】取样品加乙醇，超声处理，滤过，滤液作为供试品溶液。另取 7 - 甲基香豆素对照品，加乙醇制成对照药材溶液。用硅胶 G 薄层板，以石油醚（60 ~ 90℃）– 乙酸乙酯（4：1）为展开剂，置紫外光灯（365nm）下检视。供试品色谱中，在与对照品色谱相应的位置上，显相同颜色的斑点。

水分不得过 12.0%，总灰分不得过 18.0%，酸不溶性灰分不得过 1.5%。

【质量要求】

1. 外观质量 均以条粗、质地坚实、外皮黄白色、细致光滑、有光泽、断面半透明者为佳。

2. 内在质量 浸出物含量：水溶性浸出物（热）不得少于 10.0%。

【性味功能主治】平、凉，甘、微苦。滋阴补肺，健脾。用于肺热咳嗽，热病伤阴。

【贮藏养护】竹篓或编织袋包装。置阴凉干燥处保存。防受潮发霉和虫蛀。

【用法用量】6 ~ 15g。

>>> **知识链接** o- -

川明参与明党参 *Changium smyrnioides* Wolff. 是同科不同属的药材，西南、华南地区颇为适销，出口量亦大。因其功能与明党参近似，很多地区以川明参作明党参使用。

- -

丹参 Danshen
Salviae Miltiorrhizae Radix et Rhizoma

【别名】血参、赤参、紫丹参。

【商品来源】为唇形科植物丹参 *Salvia miltiorrhiza* Bge. 的干燥根及根茎。

【商品产地】主产于四川中江、平武，河北安国、抚宁、迁西、卢龙、平泉，天津蓟州区，上海崇明，江苏射阳、兴化、高邮、句容，安徽亳州、太和，山东莒县、平邑、沂水、栖霞、莱阳、日照，陕西洛南、商州，河南嵩县、卢氏、洛宁及辽宁、浙江、湖北、甘肃、云南等地。

【采制及商品种类】

丹参 春、秋、冬三季均可采收。以秋冬两季采收者浆汁充足，质量较佳。一般将根挖回后，剪去茎叶和须根，去净泥沙，晒干即可。部分地区将鲜货堆放在阴凉处，经发汗使内部变紫后再晒干。

丹参片 药材除去杂质和残茎，洗净，润透，切厚片，干燥。

酒丹参 丹参片加酒拌匀，润透，文火炒干，取出，放凉。

【商品特征】

丹参 根茎较粗短，根细长，有的分枝，表面红棕色。质脆，断面皮部棕红色，木部灰白色（家种品）或紫褐色（野生品），有黄白色筋脉点。

丹参片 呈类圆形或椭圆形的厚片。外表皮棕红色或暗棕红色，粗糙，具纵皱纹。切面有裂隙或略平整而致密，有的呈角质样，皮部棕红色，木部灰黄色或紫褐色，有黄白色放射状纹理。气微，味微苦涩。

酒丹参 形如丹参片，表面红褐色，略具酒香气。

【规格等级】商品上分为野生与家种两种规格，其规格等级标准如下。

1. 野生 统货。呈圆柱形，条粗短，有分枝，外形扭曲。表面红棕色或红黄色，皮粗糙呈鳞片状，易剥落。质轻脆。断面木部紫褐色，疏松有裂隙，有白色筋脉点，气微，味甘微苦。

2. 家种 一等：呈圆柱形或长条状，偶有分枝。表面紫红色或黄红色，有纵皱纹，皮细而粗壮，质坚实。断面木部灰白色或黄棕色，无纤维。气微，味甘微苦。多为整枝，头尾齐全，主根上中部直径在 1.0cm 以上。

二等：主根上中部直径在 1.0cm 以下，但不低于 0.4cm。有单枝及碎节。余同一等。

出口商品按条粗细大小和品质优劣分等出售。

【化学成分】　主含脂溶性的二萜类成分和水溶性的酚酸成分，还含黄酮类、三萜类、甾醇等其他成分。二萜类成分主要有丹参酮 I、II_A、II_B、V、VI，隐丹参酮，异丹参酮 I、II、II_B，异隐丹参酮，羟基丹参酮 II_A 等；酚酸成分主要有丹参酸 A、B、C，迷迭香酸等。

【鉴别与检查】　取样品加乙醇，超声处理，离心，取上清液作为供试品溶液。另取丹参对照药材，同法制成对照药材溶液。再取丹参酮 II_A 对照品、丹酚酸 B 对照品，加乙醇制成混合溶液，作为对照品溶液。用硅胶 G 薄层板，以三氯甲烷 - 甲苯 - 乙酸乙酯 - 甲醇 - 甲酸（6：4：8：1：4）为展开剂，展开，取出，晾干，再以石油醚（60~90℃）- 乙酸乙酯（4：1）为展开剂，展开，取出，晾干，分别置日光及紫外光灯（365nm）下检视。供试品色谱中，在与对照药材色谱和对照品色谱相应的位置上，显相同颜色的斑点或荧光斑点。

丹参水分不得过 13.0%，酒丹参不得过 10.0%。丹参总灰分不得过 10.0%，酸不溶性灰分不得过 3.0%；丹参片酸不溶性灰分不得过 2.0%。重金属及有害元素：照铅、镉、砷、汞、铜测定法测定，铅不得过 5mg/kg，镉不得过 1mg/kg，砷不得过 2mg/kg，汞不得过 0.2mg/kg，铜不得过 20mg/kg。

【质量要求】

1. 外观质量　均以条粗壮、色紫红、质坚实、无破碎者为佳，外皮脱落、色灰褐者质次。以四川栽培的丹参质量最好。

2. 内在质量　①浸出物含量：丹参水溶性浸出物（冷）不得少于 35.0%，醇溶性浸出物（热）不得少于 15.0%；丹参片、酒丹参醇溶性浸出物（热）不得少于 11.0%。②含量测定：用高效液相色谱法测定，含丹参酮 II_A、隐丹参酮和丹参酮 I 的总量不得少于 0.25%，含丹酚酸 B 不得少于 3.0%。

【性味功能主治】　苦，微寒。活血祛瘀，通经止痛，清心除烦，凉血消痈。用于胸痹心痛，脘腹胁痛，癥瘕积聚，热痹疼痛，心烦不眠，月经不调，痛经经闭，疮疡肿痛。

【贮藏养护】　篾席包装，打成方包。置干燥处保存。本品易受潮发霉，应注意检查翻晒，使之保持干燥。

【用法用量】　10~15g。

>>> **知识链接** ●--

在商品经营中发现同属多种植物的根及根茎在部分地区或民间作丹参入药，石见穿 *Salvia chinensis* Benth.、南丹参 *Salvia bowleyana* Dunn、白花丹参 *Salvia miltiorrhiza* Bunge f. *alba* C. Y. Wu、甘西鼠尾 *Salvia przewalskii* Maxim. 等，应注意鉴别。

--●

白芷 Baizhi
Angelicae Dahuricae Radix

【别名】　杭白芷、香白芷、芳香。

【商品来源】　为伞形科植物白芷 *Angelica dahurica*（Fisch. ex Hoffm.）Benth. et Hook. f. 或杭白芷 *Angelica dahurica*（Fisch. ex Hoffm.）Benth. et Hook. *var. formosana*（Boiss.）Shan et Yuan 的干燥根。

【商品产地】　产于四川遂宁者习称"川白芷"；产于安徽亳州者习称"亳白芷"；产于河南长葛、禹州者习称"禹白芷"；产于河北安国者习称"祁白芷"；产于浙江习称"杭白芷"。此外，山东、重庆大足、南川等地亦产。

【采制及商品种类】

白芷　夏、秋间叶黄时采收，除去地上部分及须根，洗净泥土，晒干或烘干。

白芷片　取药材，除去杂质，大小分开，略浸，润透，切厚片，低温干燥。

【商品特征】

白芷　本品呈长圆锥形，长 10～25cm，直径 1.5～2.5cm。表面灰棕色或黄棕色，根头部钝四棱形或近圆形，具纵皱纹、支根痕及皮孔样的横向突起，有的排列成四纵行。顶端有凹陷的茎痕。质坚实，断面白色或灰白色，粉性，形成层环棕色，近方形或近圆形，皮部散有多数棕色油点。气芳香，味辛、微苦。

白芷片　呈类圆形厚片。外表皮灰棕色或黄棕色。切面白色或灰白色，粉性，形成层环棕色、近方形或近圆形，皮部散有棕色油点。气芳香。

【规格等级】　按商品产地不同分为川白芷、亳白芷、禹白芷、祁白芷、杭白芷，均分为三等。等级标准为：

一等：呈圆锥形。表面灰白色或黄白色，体坚。断面白色或黄白色，具粉性。有香气，味辛微苦。每千克 36 支以内。无空心、黑心、芦头、细条。

二等：每千克 60 支以内，其余同一等。

三等：每千克 60 支以外，顶端直径不得小于 0.7cm。间有白芷尾、黑心、油条，但总数不能超过 20%，无杂质，霉变。其余同一等。

【化学成分】　主含欧前胡素、异欧前胡素、珊瑚菜素等香豆素类成分。另含挥发油。

【鉴别与检查】　取样品加乙醚浸泡，振摇，滤过，滤液挥干，残渣加乙酸乙酯使溶解，作为供试品溶液。取白芷对照药材，同法制成对照药材溶液。再取欧前胡素、异欧前胡素对照品制成乙酸乙酯混合溶液。用硅胶 G 薄层板，以石油醚（30～60℃）－乙醚（3∶2）为展开剂，在 25℃ 以下展开，置紫外光灯（365nm）下检视。供试品色谱中，在与对照药材色谱和对照品色谱相应的位置上，显相同颜色的荧光斑点。

水分不得过 14.0%；白芷总灰分不得过 6.0%，白芷片总灰分不得过 5.0%。

【质量要求】

1. 外观质量　均以条粗壮、体重、质硬、粉性足、香气浓者为佳；条瘦小、体轻泡、粉性小、香气淡薄者次。

2. 内在质量　①浸出物含量：稀乙醇溶性浸出物（热）不得少于 15.0%；②含量测定：用高效液相色谱法测定，含欧前胡素不得少于 0.080%。

【性味功能主治】　温，辛。解表散寒，祛风止痛，宣通鼻窍，燥湿止带，消肿排脓。用于感冒头痛，眉棱骨痛，鼻塞流涕，鼻衄，鼻渊，牙痛带下，疮疡肿痛。

【贮藏养护】　麻袋包装，置干燥通风处。本品为芳香粉性药材，极易虫蛀、发霉、变色，必须保持通风干燥。大批贮存应先对仓库彻底消毒，将潜伏在壁缝里的虫及卵杀死，密封仓库。如量小，经炕或晒，热退后置于密封容器内。

【用法用量】　3～10g。

冬虫夏草 Dongchongxiacao
Cordyceps

【别名】　虫草、藏草、川草。

【商品来源】　为麦角菌科真菌冬虫夏草菌 *Cordyceps sinensis*（Berk.）Sacc. 寄生在蝙蝠蛾科昆虫幼虫上的子座和幼虫尸体的干燥复合体。

【商品产地】主产于四川阿坝州的松潘、理县、壤塘，甘孜州的德格、石渠、白玉、理塘、巴塘、色达、九龙，青海玉树、果洛、同德、同仁，云南香格里拉、德钦、丽江，西藏那曲、昌都等地。此外甘肃、新疆亦产。

【采制及商品种类】夏初子实体出土、孢子未发散时挖取。晒至6~7成干，除去似纤维状附着物及杂质，晒干或低温干燥即成。

【商品特征】本品由虫体及从虫头部长出的真菌子座相连而成。虫体似蚕，长3~5cm，直径0.3~0.8cm；表面深黄色至黄棕色，有环纹20~30个，近头部的环纹较细；头部红棕色；足8对，中部4对较明显；质脆，易折断，断面略平坦，淡黄白色。子座细长圆柱形，长4~7cm，直径约0.3cm；表面深棕色至棕褐色，有细纵皱纹，上部稍膨大；质柔韧，断面类白色。气微腥，味微苦。

【规格等级】商品分散装和扎把分装两种规格，以每千克的条数分为若干个等级。出口商品按大小、品质优劣分等分装出售。

【化学成分】主含粗蛋白、氨基酸、脂肪、虫草酸、腺苷、虫草多糖、虫草素等。

【质量要求】

1. 外观质量　均以条丰满肥大、外形完整无碎节、色泽黄亮、断面黄白色、子座深棕色者为佳。

2. 内在质量　含量测定：用高效液相色谱法测定，含腺苷不得少于0.010%。

【性味功能主治】平，甘。补肾益肺，止血化痰。用于肾虚精亏，阳痿遗精，腰膝酸痛，久咳虚喘，劳嗽咯血。

【贮藏养护】以纸包装，再装于纸箱内。本品易虫蛀、发霉、变色，应密封后，置阴凉干燥处保存。为防虫蛀，在装箱时可同时放入一些牡丹皮碎块或西红花。

【用法用量】3~10g。

>>> **知识链接** o- -

"冬虫夏草名符实，变化生成一气通。一物竟能兼动植，世间物理信难穷。"这是蒲松龄描述冬虫夏草生长的一首诗，不难看出先生对它的崇拜及惊叹。冬虫夏草生长环境恶劣资源稀少，应注意保护性利用。

历史上商品有按产地分炉草（四川打箭炉集散）、灌草（四川都江堰集散）、滇草（滇西北所产），以炉草质量最佳。也有按大小分为虫草王、散虫草、把虫草三等。

- •

半夏 Banxia
Pinelliae Rhizoma

【别名】三步跳、麻芋子。

【商品来源】为天南星科植物半夏 *Pinellia ternate*（Thunb.）Breit. 的干燥块茎。

【商品产地】我国大部分地区有野生。主产于四川南充、武胜、安岳、内江、简阳、昭觉、喜得，重庆大足，贵州金沙、大方，云南文山、砚山、丘北，甘肃西和、清水，山西新绛、山东高密、昌邑，湖北钟祥。以四川南充、武胜等地所产的品质较佳，并有出口。

【采制及商品种类】

半夏　一般夏、秋茎叶倒苗时采挖，挖回后除去外皮和须根，洗净、晒干。或将其放入竹筐内，用扎有稻草的木棒在流水中反复推搓，除去外皮，冲洗干净，晒干。也可将其放入盛清水的缸内，加适量谷糠或玉米心碎块，用木棒反复搅拌，除去外皮，冲洗干净，晒干。

法半夏　取半夏，大小分开，用水浸泡至内无干心，取出；另取甘草适量，加水煎煮二次，合并煎液，倒入用适量水制成的石灰液中，搅匀，加入上述已浸透的半夏，浸泡，每日搅拌 1~2 次，并保持浸液 pH 12 以上，至剖面黄色均匀，口尝微有麻舌感时，取出，洗净，阴干或烘干，即得。

姜半夏　取半夏，大小分开，用水浸泡至内无干心时，取出；另取生姜切片煎汤，加白矾与半夏共煮透，取出，晾干，或晾至半干，干燥；或切薄片，干燥。

清半夏　取半夏，大小分开，用 8% 白矾溶液浸泡至内无干心，口尝微有麻舌感，取出，洗净，切厚片，干燥。

【商品特征】

半夏　呈类球形，有的稍偏斜，直径 0.7~1.6cm。表面白色或浅黄色，顶端有凹陷的茎痕，周围密布麻点状根痕；下面钝圆，较光滑。质坚实，断面洁白，富粉性。气微，味辛辣、麻舌而刺喉。

法半夏　呈类球形或破碎成不规则颗粒状。表面淡黄白色、黄色或棕黄色。质较松脆或硬脆，断面黄色或淡黄色，颗粒者质稍硬脆。气微，味淡略甘、微有麻舌感。

姜半夏　呈片状、不规则颗粒状或类球形。表面棕色至棕褐色。质硬脆，断面淡黄棕色，常具角质样光泽。气微香，味淡、微有麻舌感，嚼之略黏牙。

清半夏　呈椭圆形、类圆形或不规则的片。切面淡灰色至灰白色，可见灰白色点状或短线状维管束迹，有的残留栓皮处下方显淡紫红色斑纹。质脆，易折断，断面略呈粉性或角质样。气微，味微涩、微有麻舌感。

【规格等级】商品半夏一般按大小分为三等或统货。其规格等级标准如下。

一等：干货。呈圆球形或偏斜不等，去净外皮。表面白色或浅黄白色，上端圆平，中心凹陷（茎痕），周围有棕色点状根痕，下端钝圆、光滑。质坚实，断面白色，粉质细腻。气微，味辛、麻舌而刺喉。每千克 800 粒以内。无包壳、杂质、虫蛀、霉变。

二等：每千克 1200 粒以内，余同一等。

三等：每千克 3000 粒以内，余同一等。

统货：干货。略呈椭圆形、圆锥形或半圆形，去净外皮，大小不分。表面类白色或淡黄色，略有皱纹，并有多处隐约可见的细小根痕，上端有突起的叶痕或芽痕，呈黄棕色。质坚实。断面白色，粉性。气味同上。颗粒直径不得小于 0.5cm。无杂质、虫蛀、霉变。

出口商品按颗粒大小、品质优劣分等出售。

【化学成分】含琥珀酸、黑尿酸等有机酸和精氨酸、丙氨酸、缬氨酸和亮氨酸等氨基酸，以及生物碱、蛋白质等。

【鉴别与检查】取样品加甲醇加热回流，滤过，滤液作为供试品溶液。精氨酸、丙氨酸、缬氨酸和亮氨酸对照品制成甲醇混合溶液。用硅胶 G 薄层板，以正丁醇-冰醋酸-水（8∶3∶1）为展开剂，喷以茚三酮试液，在 105℃ 加热至斑点显色清晰。供试品与对照品色谱相应的位置上显相同颜色的斑点。

取样品加乙醇加热回流，滤过，浓缩滤液，作为供试品溶液。另取半夏对照药材，同法制成对照药材溶液。用硅胶 G 薄层板，以石油醚（60~90℃）-乙酸乙酯-丙酮-甲酸（30∶6∶4∶0.5）为展开剂，喷以 10% 硫酸乙醇溶液，在 105℃ 加热至斑点显色清晰。供试品色谱中，在与对照药材色谱相应的位置上，显相同颜色的斑点。

生半夏水分不得过 13.0%；法半夏、姜半夏、清半夏水分不得过 13.0%。生半夏总灰分不得过 4.0%；清半夏总灰分不得过 4.5%；法半夏总灰分不得过 9.0%；姜半夏总灰分不得过 7.5%。白矾限量：姜半夏含白矾以含水硫酸铝钾计不得过 8.5%；清半夏不得过 10.0%。

【质量要求】

1. 外观质量 以粒大、色洁白、粉细、无粗皮、质坚实，无花子、麻子、油子者为佳。

2. 内在质量 ①浸出物含量：生半夏水溶性浸出物（冷）不得少于7.5%；法半夏水溶性浸出物（冷）不得少于5.0%；姜半夏水溶性浸出物（冷）不得少于10.0%；清半夏水溶性浸出物（冷）不得少于7.0%。

【性味功能主治】

半夏 温，辛；有毒。燥湿化痰，降逆止呕，消痞散结。用于湿痰寒痰，咳喘痰多，痰饮眩悸，风痰眩晕，痰厥头痛，呕吐反胃，胸脘痞闷，梅核气；外治痈肿痰核。

法半夏 燥湿化痰。用于痰多咳喘，痰饮眩悸，风痰眩晕，痰厥头痛。

姜半夏 温中化痰，降逆止呕。用于痰饮呕吐，胃脘痞满。

清半夏 燥湿化痰。用于湿痰咳嗽，胃脘痞满，痰涎凝聚，略吐不出。

【贮藏养护】以麻袋或编织袋包装。本品应置干燥通风处保存，防蛀。生半夏有毒，保管中应注意安全。

【用法用量】内服一般炮制后使用，3～9g。外用适量，磨汁涂或研末以酒调敷患处。法半夏、姜半夏、清半夏3～9g。

【注意】不宜与川乌、制川乌、草乌、制草乌、附子同用；生品内服宜慎。

>>> **知识链接** o------------------------------------

1. 生半夏是毒性中药品种，应按医疗用毒性药品管理。

2. 近年来不少地方以水半夏［鞭檐犁头尖 *Typhonium flagelliforme*（Lodd.）Blume 的干燥块茎］、掌叶半夏［虎掌南星 *Pinellia pedatisecta* Schott］充半夏销售，应注意鉴别。

羌活 Qianghuo
Notopterygii Rhizoma et Radix

【别名】川羌活、西羌活。

【商品来源】为伞形科植物羌活 *Notopterygium incisum* Ting ex H. T. Chang 或宽叶羌活 *Notopterygium franchetii* H. de Boiss. 的干燥根茎及根。

【商品产地】以四川为主产区者称川羌，主产于四川松潘、茂县、理县、小金、丹巴、康定、甘孜、德格，云南腾冲等地。以西北为主产区者称西羌，主产于甘肃迭部、卓尼、舟曲、玛曲、天祝、岷县、西和，青海黄南州、果洛州、玉树州等地。

【采制及商品种类】

羌活 春、秋两季采收。挖取地下部分，除去细根及泥土，晒干或低温烘干。

羌活片 取药材，除去杂质，洗净，润透，切厚片，晒干或低温干燥。

【商品特征】

羌活 为圆柱状略弯曲的根茎，长4～13cm，直径0.6～2.5cm，顶端具茎痕。表面棕褐色至黑褐色，外皮脱落处呈黄色。节间缩短，呈紧密隆起的环状，形似蚕，习称"蚕羌"；节间延长，形如竹节状，习称"竹节羌"。节上有多数点状或瘤状突起的根痕及棕色破碎鳞片。体轻，质脆，易折断，断面不平整，有多数裂隙，皮部黄棕色至暗棕色，油润，有棕色油点，木部黄白色，射线明显，髓部黄色至黄棕色。气香，味微苦而辛。

宽叶羌活 为根茎和根。根茎类圆柱形，顶端具茎和叶鞘残基，根类圆锥形，有纵皱纹和皮孔；表面棕褐色，近根茎处有较密的环纹，长8~15cm，直径1~3cm，习称"条羌"。有的根茎粗大，不规则结节状，顶部具数个茎基，根较细，习称"大头羌"。质松脆，易折断，断面略平坦，皮部浅棕色，木部黄白色。气味较淡。

羌活片 呈类圆形、不规则形横切或斜切片，表皮棕褐色至黑褐色，切面外侧棕褐色，木部黄白色。体轻质脆。气香，味微苦而辛。

【规格等级】 商品分为川羌活和西羌活两大类。按性状不同，可分为蚕羌、条羌、竹节羌、疙瘩头和大头羌等。一般认为蚕羌质优；条羌和竹节羌次之；大头羌、疙瘩头最次。其规格等级标准如下。

1. 川羌 一等（蚕羌）：呈圆柱形，全体密被环节，外形似蚕。表面棕黑色，体轻质松脆。断面具棕紫、黄白色相间的纹理。气清香浓郁，味微苦。长3.5cm以上，顶端直径1cm以上。

二等（条羌）：呈长条形，表面棕黑色，多有纵纹。体轻质脆，断面有棕紫、黄白色相间纹理。长短、大小不分，间有破碎。

2. 西羌 一等（蚕羌）：全体似蚕，圆柱形，有紧密环纹。表面棕黑色，体轻质脆，断面有棕色、断面紧密分层，呈棕紫白色相同的纹理，气微，味微苦辛。

二等（大头羌）：呈不规则的团块状，具瘤状突起，无细须根。余同一等。

三等（条羌）：呈长条形，表面暗棕色，多纵纹，香气较淡，间有破碎，无细须根。

出口商品按品质分等出售。

【化学成分】 主含挥发油和香豆精类化合物，包括紫花前胡苷、羌活醇、异欧前胡素、香柑素、β - 罗勒烯、α 及 β - 蒎烯、柠檬烯等。

【鉴别与检查】 取样品加甲醇超声处理，静置，取上清液作为供试品溶液。紫花前胡苷对照品制成甲醇溶液。用3%醋酸钠溶液制备的硅胶 G 薄层板，以三氯甲烷 - 甲醇（8：2）为展开剂，置紫外光灯（365nm）下检视。供试品色谱中，在与对照品色谱相应的位置上，显相同的蓝色荧光斑点。

总灰分不得过8.0%，酸不溶性灰分不得过3.0%。羌活片水分不得过9.0%。

【质量要求】

1. 外观质量 均以条粗长、表面色棕褐、断面菊花纹和朱砂点多，香气浓郁者为佳；体轻松、节间长、表面黑褐色、断面朱砂点少，香气淡者质次。

2. 内在质量 ①浸出物含量：醇溶性浸出物（热）不得少于15.0%。②含量测定：含挥发油不得少于1.4%；用高效液相色谱法测定，含羌活醇和异欧前胡素的总量不得少于0.40%。

【性味功能主治】 温，苦、辛。解表散寒，祛风除湿，止痛。用于风寒感冒，头痛项强，风湿痹痛，肩背酸痛。

【贮藏养护】 篓篓或麻袋包装。本品易虫蛀、发霉和散失香气，应置阴凉干燥处保存。如受潮，可晾晒至干，但不宜暴晒，以免走失香气。

【用法用量】 3~10g。

>>> **知识链接** ◦------------------------------------

羌活属于国家重点保护野生药材品种。

------------------------------------◦

附子 Fuzi
Aconiti Lateralis Radix Praeparata

【别名】 川附子、淡附子、炮附子。

【商品来源】 为毛茛科植物乌头 *Aconitum carmichaelii* Debx. 子根的加工品。

【商品产地】主产于四川江油、安县、平武、青川、布拖，陕西汉中、城固。销全国，并出口。目前全国大部地区已引种栽培。

【采制及商品种类】

泥附子　夏至到小暑间采收。挖取后，除去母根、须根，拌去泥土，称为"泥附子"或"生附子"。一般要及时加工，以免腐烂。按不同的规格要求，采用不同的加工方法。

盐附子　附子挖回后，选取较大的泥附子洗净，浸入盛有食盐和胆巴混合液的缸中，十数日后取出晾晒，晾干水汽又放入缸中浸泡，如此反复晾晒与浸泡交替进行，直至附子表面出现大量盐霜，质地变硬时为止。

黑顺片　选取大的泥附子，洗净后泡入盐水液中，数日后，一同煮沸，捞出以清水漂净，纵切成0.5cm厚的顺片，再浸入稀胆水液中，并加入黄糖和菜油等调色剂，使附片染成茶色。取出蒸至片面出现油样光泽，口尝不麻舌，炕至半干后再晒干即成。

白附片　选择大小均匀的泥附子，加工方法与黑附片略同，剥去外皮，纵切成0.3cm厚的顺片，不加调色剂，晒干。

淡附片　取盐附子，用清水浸漂，每日换水2~3次，至盐分漂尽，与甘草、黑豆加水共煮透心，至切开后口尝无麻舌感时取出，除去甘草、黑豆，切薄片，晒干。

炮附片　取附片，用砂烫至鼓起并微变色。

【商品特征】

盐附子　呈圆锥形，长4~7cm，直径3~5cm。表面灰黑色，被盐霜，顶端有凹陷的芽痕，周围有瘤状突起的支根或支根痕。体重，横切面灰褐色，可见充满盐霜的小空隙和多角形形成层环纹，环纹内侧导管束排列不整齐。气微，味咸而麻，刺舌。

黑顺片　纵切片，上宽下窄。外皮黑褐色，切面暗黄色，油润光泽，半透明，有纵向导管束。质硬而脆，断面角质样。气微，味淡。

白附片　无外皮，黄白色，半透明。

淡附片　纵切片，上宽下窄。外皮褐色，切面褐色，半透明。质脆，断面角质样。气微，味淡，口尝无麻舌感。

炮附片　形如黑顺片或白附片，表面鼓起黄棕色，质松脆，气微、味淡。

【规格等级】目前，附子主要有盐附子、黑顺片、白附片、淡附片、炮附片等商品规格。其规格等级标准如下。

1. 盐附子　一等：呈圆锥形，上部肥圆有芽痕，下部有支根痕，表面黄褐色或黑褐色，附有盐霜。体重，断面黄褐色。味咸而麻，刺舌。每千克16个以内。无空心、腐烂。

二等：每千克24个以内，余同一等。

三等：每千克80个以内，间有小个的扒耳，但直径不小于2.5cm。余同一等。

2. 黑顺片　为二、三等附子不去外皮，纵切成0.2~0.3cm的薄片。边缘黑褐色，片面暗黄色，光滑油润。片张大小不一，厚薄均匀。

3. 白附片　一等：为一等的附子去净外皮，纵切成厚0.2~0.3cm的薄片。片面白色，半透明。片大而均匀。

二等：为二等附子去净外皮，纵切而成厚0.2~0.3cm的薄片，片张较小。余同一等。

三等：为三等附子去净外皮，纵切成厚0.2~0.3cm的薄片。片张小。余同一等。

4. 熟片　统货：干货。为一等附子去皮去尾，横切成厚0.3~0.5cm的圆形厚片。片面冰糖色，油面光泽。呈半透明体。无盐软片、霉变。

5. 挂片 统货：干货。为二、三等附子各50%去皮纵切两瓣。片面冰糖色或褐色，油面光泽。呈半透明状，块瓣均匀。味淡或微带麻辣。每500g 80瓣左右。无白心、盐软瓣、霉变。

6. 黄片 统货：干货。为一、二等附子各50%，去皮去尾，横切成0.3～0.5cm的厚片。片面黄色，厚薄均匀。味淡。无白心、尾片、盐软片、霉变。

出口商品按其大小、品质优劣分等出售。

【化学成分】生附子含剧毒的乌头碱、新乌头碱、次乌头碱等双酯型生物碱，经炮制后生成毒性较小的苯甲酰乌头原碱、苯甲酰新乌头原碱和苯甲酰次乌头原碱等单酯型生物碱，甚至毒性更小的乌头胺、新乌头胺、次乌头胺等胺醇型生物碱。因此，盐附子及附片生物碱成分主要为单酯型和胺醇型生物碱。

【鉴别与检查】取样品加氨试液润湿，加乙醚超声处理，滤过，滤液挥干，残渣加二氯甲烷使溶解，作为供试品溶液。苯甲酰新乌头原碱、苯甲酰乌头原碱、苯甲酰次乌头原碱对照品，加异丙醇－二氯甲烷（1∶1）混合溶液制成混合溶液，作为对照品溶液（单酯型生物碱）。新乌头碱、次乌头碱、乌头碱对照品，加异丙醇－二氯甲烷（1∶1）混合溶液制成混合溶液，作为对照品溶液（双酯型生物碱）。用硅胶G薄层板，以正己烷－乙酸乙酯－甲醇（6.4∶3.6∶1）为展开剂，置氨蒸气饱和的展开缸内展开，喷以稀碘化铋钾试液。供试品色谱中，盐附子在与新乌头碱、次乌头碱和乌头碱对照品色谱相应的位置上，显相同颜色的斑点；黑顺片或白附片与苯甲酰新乌头原碱、苯甲酰乌头原碱、苯甲酰次乌头原碱对照品色谱相应的位置上显相同颜色的斑点。

水分不得过15.0%。双酯型生物碱：用高效液相色谱法测定，以新乌头碱、次乌头碱和乌头碱的总量计，盐附子、黑顺片、白附片、炮附片不得过0.020%，淡附片不得过0.010%。

【质量要求】

1. 外观质量 均以身干、肥大、坚实，无须根，无空心者为佳。盐附子以表面色灰黑，起盐霜者为佳；黑顺片以片大，均匀，表面具油润光泽者为佳；白附片以片大、色白、半透明者为佳。

2. 内在质量 含量测定：用高效液相色谱法测定，含苯甲酰新乌头原碱、苯甲酰乌头原碱和苯甲酰次乌头原碱的总量不得少于0.010%。

【性味功能主治】大热，辛、甘，有毒。回阳救逆，补火助阳，散寒止痛。用于亡阳虚脱，肢冷脉微，心阳不足，胸痹心痛，虚寒吐泻，脘腹冷痛，肾阳虚衰，阳痿宫冷，阴寒水肿，寒湿痹痛。

【贮藏养护】麻袋或木箱装。本品易虫蛀、发霉，应置干燥处保存。为保持附片完好，应防压碎。同时加工干燥时应控制其温度不超过70℃，以免脆裂。盐附子因用盐加工，宜密闭，置阴凉干燥处保存，注意防潮。

【用法用量】3～15g。先煎，久煎。

【注意】孕妇慎用；不宜与半夏、瓜蒌、瓜蒌子、瓜蒌皮、天花粉、川贝母、浙贝母、平贝母、伊贝母、湖北贝母、白蔹、白及同用。

>>> **知识链接** ○--

生附子是毒性中药品种，需按医疗用毒性药品进行特殊管理。

--●

郁金 Yujin
Curcumae Radix

【别名】玉金、黄郁金、黑郁金。

【商品来源】为姜科植物温郁金 *Curcuma wenyujin* Y. H. Chen et C. Ling、姜黄 *Curcuma longa* L.、

广西莪术 *Curcuma kwangsiensis* S. G. Lee et C. F. Liang 或蓬莪术 *Curcuma phaeocaulis* Val. 的干燥块根。前两者分别称为"温郁金""黄丝郁金",其余按性状不同习称"桂郁金"或"绿丝郁金"。

【商品产地】温郁金主产于浙江温江、瑞安;黄丝郁金主产于四川双流和乐山地区;桂郁金主产于广西南宁、柳州、合浦和广东等地;绿丝郁金主产于四川双流、崇州、新津等地。

【采制及商品种类】

郁金 冬季茎叶枯萎后采挖。挖出后,摘取块根,除去根茎及细根。洗净泥土,按大小分别蒸或煮至透心,以无白心为度。取出晒干即可。切勿烘烤,否则内外分层脱离,影响质量。

郁金片 取药材,洗净,润透,切薄片,干燥。

【商品特征】

温郁金 呈长圆形或卵圆形,稍扁,有的微弯曲,两端渐尖,长 3.5 ~ 7cm,直径 1.2 ~ 2.5cm。表面灰褐色或灰棕色,具不规则的纵皱纹,纵纹隆起处色较浅。质坚实,断面灰棕色,角质样;内皮层环明显。气微香,味微苦。

黄丝郁金 呈纺锤形,有的一端细长,长 2.5 ~ 4.5cm,直径 1 ~ 1.5cm。表面棕灰色或灰黄色,具细皱纹。断面橙黄色,外周棕黄色至棕红色。气芳香,味辛辣。

桂郁金 呈长圆锥形或长圆形,长 2 ~ 6.5cm,直径 1 ~ 1.8cm。表面具疏浅纵纹或较粗糙网状皱纹。气微,味微辛苦。

绿丝郁金 呈长椭圆形,较粗壮,长 1.5 ~ 3.5cm,直径 1 ~ 1.2cm。气微,味淡。

郁金片 呈椭圆形或长条形薄片。外表皮灰黄色、灰褐色至灰棕色,具不规则的纵皱纹。切面灰棕色、橙黄色至灰黑色。角质样,内皮层环明显。

【规格等级】商品按商品产地和其断面的色泽不同,分为温郁金、川郁金和桂郁金三类。川郁金中又分为黄丝郁金、绿丝郁金和白丝郁金三种。每一种又分为几个等级或为统货。其规格等级标准如下。

1. 温郁金 一等:呈稍扁的纺锤形,多弯曲,较不饱满。表面灰褐色,具纵直或杂乱的皱纹。质坚实,断面角质状,多呈灰黑色,略有姜辛气,味辛苦。每千克 280 粒以内。

二等:每千克 280 粒以外,直径不小于 0.5cm,间有刀口、破瓣。余同一等。

2. 川郁金黄丝 一等:呈类卵圆形,表面灰黄色或灰棕色。有细皱纹。质坚实,断面角质状,有光泽,外层黄色,内心金黄色。有姜辛气,味辛。每千克 600 粒以内,无残蒂、刀口、破瓣、无杂质、虫蛀、霉变。

二等:每千克 600 粒以外,直径不少于 0.5cm,间有刀口、破瓣。余同一等。

3. 川郁金绿丝、白丝 一等:呈纺锤形、卵圆形或椭圆形。表面灰黄色或灰白色,有较细的皱纹。质坚实而稍松脆,断面角质状,淡黄白色。微有姜气,味辛苦。每千克 600 粒以内,无残蒂。

二等:每千克 600 粒以外,直径不少于 0.5cm,间有刀口、破瓣。余同一等。

4. 桂郁金 统货:呈纺锤形或不规则形,略弯曲。质坚实,表面灰白色,断面黄白色或淡白色,角质发亮。略有姜辛气,味辛苦。大小不分,但直径不小于 0.6cm。

出口商品按其大小、品质优劣分等出售。

【化学成分】主含姜黄烯、姜黄酮等挥发油成分及姜黄素类成分。

【鉴别与检查】取样品加无水乙醇,超声处理,滤过,滤液蒸干,残渣加乙醇使溶解,作为供试品溶液。另取郁金对照药材,同法制成对照药材溶液。用硅胶 G 薄层板,以正己烷 - 乙酸乙酯(17:3)为展开剂,预饱和,喷以 10% 硫酸乙醇溶液,在 105℃加热至斑点显色清晰。分别置日光和紫外光灯(365nm)下检视。供试品色谱中,在与对照药材色谱相应的位置上显相同颜色的主斑点或荧光斑点。

水分不得过 15.0%;总灰分不得过 9.0%。

【质量要求】　均以个大、质坚实、外表皱纹细、断面黄色者为佳。商品上习惯以川郁金中黄丝郁金质量最优。

【性味功能主治】　寒，辛、苦。活血止痛，行气解郁，清心凉血，利胆退黄。用于胸胁刺痛，胸痹心痛，经闭痛经，乳房胀痛，热病神昏，癫痫发狂，血热吐衄，黄疸尿赤。

【贮藏养护】　用麻袋或编织袋装。易虫蛀、发霉，应置干燥处保存。

【用法用量】　3～10g。

厚朴 Houpo
Magnoliae Officinalis Cortex

【别名】　赤朴、烈朴、紫油厚朴。

【商品来源】　为木兰科植物厚朴 *Magnolia officinalis* Rehd. et Wils 或凹叶厚朴 *Magnolia officinalis* Rehd. et Wils. var. *biloba* Rehd. et Wils. 的干燥干皮、根皮及枝皮。

【商品产地】　主产于四川都江堰、彭州、荥经、雅安等，湖北利川、恩施、建始，浙江庆远、景宁、云和、龙泉，福建浦城、松溪，湖南道县、江华等，安徽潜山等地。以四川、湖北的量大质优。此外，江西、广西、甘肃、陕西等地亦产。

【采制及商品种类】

厚朴　4～6月剥取，根皮和枝皮直接阴干；干皮置沸水中微煮后，取出堆放发汗，待内表面变成紫褐色或棕褐色时，再蒸软卷成筒状，晒干或低温炕干即成。

厚朴丝　取药材，刮去粗皮，洗净，润透，切丝，干燥。

姜厚朴　取一定量生姜切片，加水熬汤，另取厚朴丝置姜汤中，以文火煮至姜汁液吸净，取出，干燥。

【商品特征】

干皮　呈卷筒状或双卷筒状，长30～35cm，厚0.2～0.7cm，习称"筒朴"；近根部的干皮一端展开如喇叭口，长13～25cm，厚0.3～0.8cm，习称"靴筒朴"。外表面灰棕色或灰褐色，粗糙，有时呈鳞片状，较易剥落，有明显椭圆形皮孔和纵皱纹，刮去粗皮者显黄棕色。内表面紫棕色或深紫褐色，较平滑，具细密纵纹，划之显油痕。质坚硬，不易折断，断面颗粒性，外层灰棕色，内层紫褐色或棕色，有油性，有的可见多数小亮星。气香，味辛辣、微苦。

根皮（根朴）　呈单筒状或不规则块片；有的弯曲似鸡肠，习称"鸡肠朴"。质硬，较易折断，断面纤维性。

枝皮（枝朴）　呈单筒状，长10～20cm，厚0.1～0.2cm。质脆，易折断，断面纤维性。

厚朴丝　呈弯曲的丝条状或丹、双卷筒状。外表面灰褐色，有时可见椭圆形皮孔或纵皱纹。内表面紫棕色或深紫褐色，较平滑，具细密纵纹，划之显油痕。切面颗粒性，有油性，有的可见小亮星。气香，味辛辣、微苦。

姜厚朴　形如厚朴丝，表面灰褐色，偶见焦斑。略有姜辣气。

【规格等级】　商品按产区分为川朴（四川、湖北、陕西等）、温朴（浙江、福建）、潜山朴（安徽）、湖南朴等。以川朴质优，称"紫油厚朴"。按部位及形状有筒朴、蔸朴（靴朴）、耳朴、根朴等。其规格等级标准如下。

1. 川筒朴　一等：单或双卷筒，两端平齐。表面黄棕色，有细密纵纹，内表面紫棕色，平滑，划之显油痕。断面外侧黄棕色，内侧紫棕色，油润而纤维少。气香，味苦辛。筒长40cm，不超过43cm，重500g以上。

二等：筒长40cm，不超过43cm，重200g以上，余同一等。

三等：筒长 40cm，重不小于 100g，余同一等。

四等：凡不符合以上等级者及其碎片、枝朴，不分长短大小，均属此等。

2. 温筒朴 一等：半筒状或双卷筒状，两端平齐。表面灰棕色或灰褐色，有纵皱纹。内表面深紫色或紫棕色，平滑，质坚硬，断面外侧灰褐色，内侧紫棕色，颗粒状。气香，味苦辛，筒长 40cm，重800g 以上。

二等：筒长 40cm，重 500g 以上，余同一等。

三等：筒长 40cm，重 200g 以上，余同一等。

四等：凡不符合以上等级的，以及碎片、枝朴，不分长短大小，均属此等。

3. 蔸朴（靴朴） 一等：为靠近根部的干皮和根皮，呈靴筒形。大小不一。表面粗糙，灰棕色或灰褐色，内表面深紫色，下端喇叭状，纤维性不明显。气香，味苦辛。块长 70cm 以上，重 2000g 以上。

二等：块长 70cm 以上，重 2000g 以下，余同一等。

三等：块长 70cm 以上，重 500g 以上，余同一等。

4. 耳朴 统货。为靠近根部的干皮。呈块片状或多呈耳状半筒形，大小不一。表面灰棕色或灰褐色，内表面淡紫色，断面紫棕色，油润，纤维少。气香，味苦辛。

5. 根朴 一等：呈长条卷筒形，表面土黄色或灰褐色，内表面深紫色。质韧，断面油润。气香，味苦辛。条长 70cm，重 400g 以上。

二等：长短不分，单条重 400g 以下。余同一等。

出口商品按品质优劣分等出售。

【化学成分】 主含厚朴酚、和厚朴酚等木脂素类化合物。尚含木兰箭毒碱、氧化黄心树宁碱等。

【鉴别与检查】 取样品加甲醇，密塞，振摇，滤过，取滤液作为供试品溶液。厚朴酚对照品、和厚朴酚对照品制成甲醇混合溶液。用硅胶 G 薄层板，以甲苯－甲醇（17：1）为展开剂，喷以 1% 香草醛硫酸溶液，在 100℃加热至斑点显色清晰。供试品色谱中，在与对照品色谱相应的位置上，显相同颜色的斑点。

药材水分不得过 15.0%，饮片水分不得过 10.0%。药材总灰分不得过 7.0%，酸不溶性灰分不得过3.0%；饮片总灰分不得过 5.0%。

【质量要求】

1. 外观质量 均以皮厚肉细，内表面色紫褐，油性足，断面有小亮星，香气浓者为佳。习以四川、湖北产者质量优。

2. 内在质量 含量测定：用高效液相色谱法测定，药材含厚朴酚与和厚朴酚的总量不得少于2.0%；饮片含厚朴酚与和厚朴酚的总量不得少于 1.6%。

【性味功能主治】 温，苦、辛。燥湿化痰，下气除满。用于湿滞伤中，脘痞吐泻，食积气滞，腹胀便秘，痰饮喘咳。

【贮藏养护】 打捆、编织袋或麻袋装。本品易失油润干枯，散失香气，应置阴凉、避风、干燥处贮存。注意防潮、防热和避光。

【用法用量】 3～10g。

>>> **知识链接** ○--

厚朴属于国家重点保护的野生植物药材品种。始载于《神农本草经》，列为中品。陶弘景谓："厚朴出建平、益都。极厚、肉紫色为好，壳白而薄者为佳。"《证类本草》绘有商州厚朴和归州厚朴之图，前者为厚朴，后者属木莲属植物。

姜黄 Jianghuang
Curcumae Longae Rhizoma

【别名】黄姜。

【商品来源】为姜科植物姜黄 *Curcuma longa* L. 的干燥根茎。

【商品产地】主产于四川犍为、沐川、崇州及双流，福建的武平、龙岩，广东佛山、花县、番禺，江西的铅山等地。此外，广西、湖北、陕西、台湾、云南等地亦产。

【采制及商品种类】

姜黄　秋冬两季采收，以冬至前后采收质量较好。挖出根茎后，洗净泥土，煮或蒸至透心，晒至八九成干，置竹笼或撞筐内撞去外皮及毛须，晒干即成。

姜黄片　取药材，除去杂质，略泡，洗净，润透，切厚片，干燥。

【商品特征】

姜黄　呈纺锤形或圆柱形，略弯曲，有的具指状分枝。表面棕黄色，有环节。质坚实，断面深黄棕色，气香，味辛微苦。嚼之唾液被染成黄色。

姜黄片　不规则或类圆形的厚片。切面棕黄色至金黄色，角质样，内皮层环纹明显，维管束呈点状散在。气香特异，味苦、辛。

【规格等级】当前药材市场姜黄规格按照产地进行划分，主要分为川姜黄、云南姜黄及进口姜黄。

川姜黄　选货：干货。不规则卵圆形、纺锤形、圆柱形，常弯曲，多具短叉状分枝，多稍压扁平状。表面深黄色或金黄色，粗糙，有皱缩纹理或明显环节，具有圆形分枝痕及须根痕。断面棕黄色或棕红色，角质样，有蜡样光泽，内皮层环明显，维管束呈点状散在。质坚实，不易折断。气香特异；味苦、辛。母姜黄重量占比 <5%，无杂质。

统货：5%≤母姜黄重量占比≤25%，杂质 <3%。余同选货。

其他产区姜黄　统货：干货。不规则卵圆形、纺锤形或圆柱形，有的弯曲，短叉状分枝较少，饱满。表面棕黄色至淡棕色，粗糙或光滑，有皱缩纹理和明显环节，具有圆形分枝痕及须根痕。断面棕黄色，角质样，有蜡样光泽，内皮层环纹明显。气微香，味苦、辛。

【化学成分】主含姜黄素、去甲氧基姜黄素等姜黄素类及挥发油类成分。

【鉴别与检查】取样品加无水乙醇振摇，放置，滤过，滤液蒸干，残渣加无水乙醇使溶解，作为供试品溶液。另取姜黄对照药材，同法制成对照药材溶液。再取姜黄素对照品，加无水乙醇制成对照品溶液。用硅胶 G 薄层板，以三氯甲烷 – 甲醇 – 甲酸（96∶4∶0.7）为展开剂，分别置日光和紫外光灯（365nm）下检视。供试品色谱中，在与对照药材色谱和对照品色谱相应的位置上，分别显相同颜色的斑点或荧光斑点。

姜黄水分不得过 16.0%，姜黄片水分不得过 13.0%。总灰分不得过 7.0%。

【质量要求】

1. 外观质量　均以色黄，干燥、无杂质者为佳。习以四川、广东产者为佳。

2. 内在质量　①浸出物含量：稀乙醇溶性浸出物（热）不得少于 12.0%。②含量测定：姜黄含挥发油不得少于 7.0%，姜黄片不得少于 5.0%；用高效液相色谱法测定，姜黄含姜黄素不得少于 1.0%，姜黄片不得少于 0.90%。

【性味功能主治】温，辛、苦。破血行气，通经止痛。用于胸胁刺痛，胸痹心痛，痛经经闭，癥瘕，风湿肩臂疼痛，跌扑肿痛。

【贮藏养护】以麻袋装。置阴凉干燥处保存。

【用法用量】3～10g。

莪术 Ezhu
Curcumae Rhizoma

【别名】 文术。

【商品来源】 为姜科植物蓬莪术 *Curcuma phaeocaulis* Val.、广西莪术 *Curcuma kwangsiensis* S. G. Lee et C. F. Liang 或温郁金 *Curcuma wenyujin* Y. H. Chen et C. Ling 的干燥根茎。商品依次称蓬莪术、桂莪术（毛莪术）和温莪术。

【商品产地】 蓬莪术主产于四川双流、新津、崇州，福建建阳、安乐等地；温莪术主产于浙江瑞安、温州等地；桂莪术主产于广西上思、贵县、横县、大新、邕宁等地。

【采制及商品种类】

莪术　秋、冬两季采收。以冬至前后采者质量较佳。挖出后除去茎叶、泥土，取根茎煮或蒸透心为度，取出晒干，放入筐内撞去毛须，筛去杂质即可。

莪术片　取药材，除去杂质，略泡，洗净，蒸软，切厚片，干燥。

醋莪术　取净莪术，加米醋与适量水浸没，煮至透心，取出，稍凉，切厚片，干燥。

【商品特征】

蓬莪术　呈卵圆形、长卵形、圆锥形或长纺锤形，顶端多钝尖，基部钝圆。表面灰黄色至灰棕色，上部环节突起，有的可见刀削痕。体重，质坚实，断面灰褐色至蓝褐色，蜡样，常附有灰棕色粉末，皮层与中柱易分离，内皮层环纹棕褐色。气微香，味微苦而辛。

桂莪术　环节稍突起，断面黄棕色至棕色，常附有淡黄色粉末，内皮层环纹黄白色。

温莪术　断面黄棕色至棕褐色，常附有淡黄色至黄棕色粉末。气香或微香。

莪术片　呈类圆形或椭圆形的厚片。外表皮灰黄色或灰棕色，有时可见环节或须根痕。切面黄绿色、黄棕色或棕褐色，内皮层环纹明显，散在"筋脉"小点。气微香，味微苦而辛。

醋莪术　形如莪术片，色泽加深，角质样，微有醋香气。

【规格等级】 商品上按来源和产地不同分为蓬莪术、桂莪术和温莪术三种。习以产于广西贵县的质量最佳，除内销外，还供出口。

蓬莪术　干货，表面灰黄色至灰棕色，上部环节突起，有的圆形微凹的须根痕或残留的须根，体重，质坚实，断面灰褐色至蓝褐色，蜡样，常附有灰棕色粉末，皮层与中柱易分离，内皮层环纹棕褐色。气香或微香。

桂莪术　干货，环节稍突起，断面黄棕色至棕色，常附有淡黄色粉末，内皮层环纹黄白色。

温莪术　干货，断面黄棕色至棕褐色，常附有淡黄色至黄棕色粉末。气香或微香。

【化学成分】 主含挥发油及姜黄素类成分，包括莪术酮、吉马酮等。

【鉴别与检查】 取样品置具塞离心管中，加石油醚（30~60℃），超声处理，滤过，滤液挥干，残渣加无水乙醇使溶解，作为供试品溶液。吉马酮对照品制成无水乙醇溶液。用硅胶 G 薄层板，以石油醚（30~60℃）－丙酮－乙酸乙酯（94：5：1）为展开剂，喷以 1% 香草醛硫酸溶液，在 105℃加热至斑点显色清晰。供试品色谱中，在与对照品色谱相应的位置上，显相同颜色的斑点。

水分不得过 14.0%。总灰分不得过 7.0%，酸不溶性灰分不得过 2.0%。用分光光度法测定，在 242nm 波长处有最大吸收，吸光度不得低于 0.45。

【质量要求】

1. 外观质量　均以个大，质坚实，断面淡绿色者为优。

2. 内在质量　①浸出物含量：稀乙醇溶性浸出物（热）不得少于 7.0%。②含量测定：莪术含挥发油不得少于 1.5% ；莪术片、醋莪术含挥发油不得少于 1.0% 。

【性味功能主治】温，辛、苦。行气破血，消积止痛。用于癥瘕痞块，瘀血经闭，胸痹心痛，食积胀痛。

【贮藏养护】用编织袋或麻袋装。置干燥处保存。本品易虫蛀、发霉。为防虫，入夏前晾晒。

【用法用量】6~9g。

黄连 Huanglian
Coptidis Rhizoma

【别名】川连、味连、鸡爪连、雅连、云连。

【商品来源】为毛茛科植物黄连 *Coptis chinensis* Franch. 、三角叶黄连 *Coptis deltoidea* C. Y. Cheng et Hsiao 或云连 *Coptis teeta* Wall. 的干燥根茎。商品依次称为"味连""雅连"和"云连"。

【商品产地】

味连　主产于重庆石柱、南川，湖北来凤、恩施、建始、利川、宣恩等地者名"南岸连"，产量较大；主产于重庆城口、巫山、巫溪，湖北房县、巴东、竹溪等地者习称"北岸连"，产量不如南岸连，但质量好。目前，四川峨眉、洪雅、彭州也大量种植。陕西、湖南、贵州、甘肃亦产。

雅连　主产于四川峨眉、洪雅、乐山、雷波等地。

云连　主产于云南德钦、维西、腾冲、碧江等地。

【采制及商品种类】

味连　栽培 5~6 年后即可采收。一般在 10~11 月下雪前采挖。挖起根茎后，除去地上部分及泥土，然后用烘干法干燥。注意烘时温度应慢慢升高，每隔半小时翻动一次，烘至最小根茎干脆时即可取出，按大小分档，再分别烘，每隔 3~5 分钟应翻动一次，温度比初烘时高一些，但也需缓缓升高，防止烘焦。取出前几分钟，可增加温度，并不断翻动。然后取出撞去须根及灰渣，即得。

雅连　同味连。

云连　秋季采挖根茎，除去茎叶及泥土，晒干或烘干后，撞去须根，筛去灰渣，用水喷，使其表面湿润，晒干即得。

黄连片　取黄连，润透后切薄片，晾干或用时捣碎。

酒黄连　取黄连片，用黄酒拌匀，润透后置锅内，以文火炒干。

姜黄连　取黄连片，用姜汁拌匀，润透后置锅内，以文火炒干。

萸黄连　取吴茱萸加适量水煎煮，煎液与黄连片拌匀，润透后置锅内，以文火炒干。

【商品特征】

味连　多集聚成簇，常弯曲，形如鸡爪，单枝根茎长 3~6cm，直径 0.3~0.8cm。表面灰黄色或黄褐色，粗糙，有不规则结节状隆起、须根及须根残基，有的节间表面平滑如茎秆，习称"过桥"。上部多残留褐色鳞叶，顶端常留有残余的茎或叶柄。质硬，断面不整齐，皮部橙红色或暗棕色，木部鲜黄色或橙黄色，呈放射状排列，髓部有的中空。气微，味极苦。

雅连　多为单枝，略呈圆柱形，微弯曲，长 4~8cm，直径 0.5~1cm。"过桥"较长。顶端有少许残茎。

云连　弯曲呈钩状，多为单枝，较细小。

黄连片　呈不规则的薄片，外表面灰黄色或黄褐色，粗糙，有细小的须根。切面鲜黄色或红黄色，具放射状纹理。气微，味极苦。

酒黄连　形如黄连片，色泽加深，略有酒香气。

姜黄连　形如黄连片，表面黄棕色，有姜的辛辣味。

萸黄连 形如黄连片，表面棕黄色，有吴茱萸的辛辣香气。

【规格等级】 商品因产地和来源不同，分为味连（鸡爪连）、雅连、云连三类。其规格等级标准如下。

1. 味连 一等：多聚成鸡爪形，少有单枝，表面黄褐色，间有过桥，但长不超 2cm。体肥壮坚实，易折断，断面金黄色或黄色。味极苦。无短于 1.5cm 的碎节、残茎。

二等：条较一等瘦小，有过桥，但长不超过 2cm，间有碎节、碎渣、焦枯，余同一等。

2. 雅连 一等：单枝，圆柱形，略弯曲，粗壮，过桥少，长不超过 2.5cm，质坚硬，表面黄褐色，断面金黄色，味极苦。

二等：条较一等瘦小，过桥较多，间有碎节、毛须、焦枯。余同一等。

3. 云连 一等：单枝，圆柱形，微弯曲，顶端有褐绿色鳞片、残叶。条粗壮，质坚实，直径在 0.3cm 以上。表面黄棕色，断面金黄色，味极苦。

二等：条较瘦小，间有过桥。表面金黄色。直径在 0.3cm 以下。余同一等。

本品出口时按其品质优劣分等出售。

【化学成分】 主含小檗碱、黄连碱、表小檗碱、巴马汀、药根碱等多种生物碱。此外，尚含阿魏酸、绿原酸等多种酚性成分。

【鉴别与检查】 取样品加甲醇超声处理，滤过，取滤液作为供试品溶液。取黄连对照药材，同法制成对照药材溶液。再取盐酸小檗碱对照品制成甲醇溶液。用硅胶 G 薄层板，以环己烷 - 乙酸乙酯 - 异丙醇 - 甲醇 - 水 - 三乙胺（3 : 3.5 : 1 : 1.5 : 0.5 : 1）为展开剂，置用浓氨试液预饱和展开缸内展开，置紫外光灯（365nm）下检视。供试品色谱中，在与对照药材色谱相应的位置上，显 4 个以上相同颜色的荧光斑点；在与对照品色谱相应的位置上，显相同颜色的荧光斑点。

水分不得过 14.0%，总灰分不得过 5.0%。

【质量要求】

1. 外观质量 味连和雅连以身干、粗壮、连珠形，无残茎毛须，体重质坚，断面色红黄者为佳；云连以身干、条细坚实，曲节多，须根少，色黄绿者为佳。

2. 内在质量 ①浸出物含量：稀乙醇溶性浸出物（热）不得少于 15.0%。②含量测定：用高效液相色谱法测定，以盐酸小檗碱计，味连含小檗碱不得少于 5.5%，表小檗碱不得少于 0.80%，黄连碱不得少于 1.6%，巴马汀不得少于 1.5%。雅连含小檗碱不得少于 4.5%。云连含小檗碱不得少于 7.0%。饮片含小檗碱不得少于 5.0%，含小檗碱、黄连碱和巴马汀的总量不得少于 3.3%。

【性味功能主治】 寒、苦。清热燥湿，泻火解毒。用于湿热痞满，呕吐吞酸，泻痢，黄疸，高热神昏，心火亢盛，心烦不寐，心悸不宁，血热吐衄，目赤，牙痛，消渴，痈肿疔疮；外治湿疹，湿疮，耳道流脓。酒黄连善清上焦火热，用于目赤，口疮。姜黄连清胃和胃止呕，用于寒热互结，湿热中阻，痞满呕吐。萸黄连疏肝和胃止呕，用于肝胃不和，呕吐吞酸。

【贮藏养护】 以篾篓或麻袋包装，置干燥通风处保存。本品不易虫蛀，但易发霉，故贮存时应保持干燥。

【用法用量】 2～5g，外用适量。

>>> **知识链接** ○- -

黄连属于国家重点保护的野生植物药材品种。始载于《神农本草经》，列为上品。《名医别录》记载："黄连生巫阳川谷及蜀都太山之阳。"《本草纲目》载："汉末李当之本草，惟取蜀郡黄肥而坚者为善……以雅州、眉州者为良。"

黄柏 Huangbo
Phellodendri Chinensis Cortex

【别名】川黄柏。

【商品来源】为芸香科植物黄皮树 *Phellodendron chinense* Schneid. 的干燥树皮。

【商品产地】主产于四川荥经、洪雅、绵阳、通江、南江、都江堰、茂县、南充，贵州毕节、遵义、安顺、兴义，陕西凤县、洋县、洛南、安康、紫阳，湖北竹溪、崇阳，云南昭通、腾冲等地。以四川、贵州的产量大。

【采制及商品种类】

黄柏　立夏到夏至采收。用利刀将 10 年左右树龄的树横向割分若干段，再纵向割裂，将皮剥下。南方将树皮晒至半干，压平后刮净粗皮显黄色为度，再用竹刷刷去皮削，晒干。

黄柏丝　取药材，除去杂质，喷淋清水，润透，切丝，干燥。

盐黄柏　取黄柏丝，用盐水拌匀，润透，置锅内，文火炒干，取出放凉。

黄柏炭　取黄柏丝，置锅内，武火加热，炒至表面焦黑色，内部焦褐色，喷淋清水灭尽火星，取出，放凉。

【商品特征】

黄柏　呈板块状或浅槽状，外表面黄褐色或黄棕色，内表面暗黄色或淡棕色，质较硬，断面纤维性，呈裂片状分层。味极苦，嚼之发黏。

黄柏丝　呈丝条状。外表面黄褐色或黄棕色。内表面暗黄色或淡棕色，具纵棱纹。切面纤维性，呈裂片状分层，深黄色。味极苦。

盐黄柏　形如黄柏丝，表面深黄色，偶有焦斑。味极苦，微咸。

黄柏炭　形如黄柏丝，表面焦黑色，内部深褐色或棕黑色。体轻，质脆，易折断。味苦涩。

【规格等级】商品黄柏分为两个等级，其规格等级标准如下。

一等：呈平块状，去净粗皮，表面黄褐色或黄棕色，内表面暗黄色或淡棕色，体轻，质较硬，断面鲜黄色，味极苦。长 40cm 以上，宽 15cm 以上，无枝皮、粗栓皮、杂质、虫蛀、霉变。

二等：树皮呈卷筒状或板片状，长宽大小不分，厚度不得低于 0.2cm，间有枝皮，余同一等。

【化学成分】以原小檗碱型、阿朴啡型、单萜吲哚型、喹啉型等生物碱为主，如盐酸黄檗碱。还有柠檬苦素、酚酸类、萜类、木脂素类、甾醇及其苷类等。

【鉴别与检查】取样品加 1% 醋酸甲醇溶液，60℃ 超声处理，滤过，滤液浓缩，作为供试品溶液。另取黄柏对照药材，加 1% 醋酸甲醇，同法制成对照药材溶液。盐酸黄柏碱对照品制成甲醇溶液。用硅胶 G 薄层板，以三氯甲烷 – 甲醇 – 水（30∶15∶4）的下层溶液为展开剂，置氨蒸气饱和的展开缸内，喷以稀碘化铋钾试液。供试品色谱中，在与对照药材色谱和对照品色谱相应的位置上，显相同颜色的斑点。

水分不得过 12.0%；总灰分不得过 8.0%。

【质量要求】

1. 外观质量　以色鲜黄，粗皮去净，皮厚，皮张均匀，纹细，体洁者为佳。以四川、贵州黄柏质量最佳。

2. 内在质量　①浸出物含量：稀乙醇溶性浸出物（冷）不得少于 14.0%。②含量测定：用高效液相色谱法测定，含小檗碱以盐酸小檗碱计，不得少于 3.0%；含黄柏碱以盐酸黄柏碱计，不得少于 0.34%。

【性味功能主治】寒，苦。清热燥湿，泻火除蒸，解毒疗疮。用于湿热泻痢，黄疸尿赤，带下阴痒，热淋涩痛，脚气痿躄，骨蒸劳热，盗汗，遗精，疮疡肿毒，湿疹湿疮。盐黄柏滋阴降火，用于阴虚火旺，盗汗骨蒸。黄柏炭苦寒之性大减，在清湿热之中并有收涩之性，以治崩漏、痔疮出血为主。

【贮藏养护】打捆，以篾席包装。本品易虫蛀、发霉、变色，应置干燥通风处，避光保存。

【用法用量】3～12g。外用适量。

>>> 知识链接 •--

　　黄柏属于国家重点保护的野生植物药材品种。始载于《神农本草经》，列为中品。《名医别录》释名黄檗。《嘉祐本草》载："按《蜀本草》图经云：黄檗树高数丈。叶似吴茱萸，亦如紫椿，经冬不凋。皮外白，里深黄色……皮紧，厚二三分，鲜黄者上。二月、五月采皮，日干"。苏颂谓："处处有之，以蜀中出者肉厚色深为佳。"

--•

麝香 Shexiang

Moschus

【别名】寸香、元寸。

【商品来源】为鹿科动物林麝 *Moschus berezovskii* Flerov、马麝 *Moschus sifanicus* Przewalski 或原麝 *Moschus moschiferus* Linnaeus 成熟雄体香囊中的干燥分泌物。

【商品产地】麝是一种分布于温带及亚寒带的高山动物，大多生长在海拔 1000～4500m 的高原地带，商品按产地不同，分为川麝香、西麝香和口麝香。

川麝香　主产于四川都江堰、阿坝州的松潘、茂县、汶川、理县、凉山州西昌地区，贵州东北部，云南横断山脉、丽江地区、中甸、维西、腾冲、大理、贡山及西藏等地。

西麝香　主产于陕西秦岭山脉如汉中、安康、石泉等地，甘肃祁连山、夏河、文县、武都、两当、武威、酒泉、永昌，青海大通、湟源等地。

口麝香　主产于内蒙古及东北兴安岭等地。

此外，安徽大别山、霍山山区，河南伏牛山，山西阳城、晋城，湖北、湖南等地亦产。同时四川都江堰、马尔康、理县，陕西镇坪、安徽佛子岭等地有养殖。

【采制及商品种类】

野麝　多在冬季至次春猎取，猎获后，割取香囊，阴干，习称"毛壳麝香"；剖开香囊，除去囊壳，习称"麝香仁"。

家养麝　采用"活体取香"法取香，取出后去除杂质，阴干或置干燥器内密闭干燥。

【商品特征】

毛壳麝香　为扁圆形或类椭圆形的囊状体，直径 3～7cm，厚 2～4cm。开口面的皮革质，棕褐色，略平，密生白色或灰棕色短毛。另一面为棕褐色略带紫色的皮膜，微皱缩，偶显肌肉纤维，略有弹性，内层皮膜呈棕色，内含颗粒状、粉末状的麝香仁和少量细毛及脱落的内层皮膜（习称"银皮"）。

麝香仁　野生者质软，油润，疏松；其中不规则圆球形或颗粒状者习称"当门子"，表面多呈紫黑色，油润光亮，微有麻纹，断面深棕色或黄棕色；粉末状者多呈棕褐色或黄棕色，并有少量脱落的内层皮膜和细毛。养殖者呈颗粒状、短条形或不规则的团块；表面不平，紫黑色或深棕色，显油性，微有光泽，并有少量毛和脱落的内层皮膜。气香浓烈而特异，味微辣、微苦带咸。

【规格等级】分毛壳麝香和麝香仁（净香、散香）。麝香仁分颗粒状和粉末状。呈颗粒状者表面光滑、油润，黑褐色；粉末状者棕黄、紫红或棕褐色，间有银皮（内层皮膜，呈小块的薄膜状）和短毛。

【化学成分】含大环酮（如麝香酮）、蛋白质和多肽、生物碱（如麝香吡啶）、甾体化合物（如雄性酮及表雄酮）等。其中麝香酮具有强烈香气，为麝香的主要活性成分。

【鉴别与检查】①取毛壳麝香，用特制槽针从囊孔插入，转动槽针，提取麝香仁，立即检视，槽内的麝香仁应有"冒槽"现象。麝香仁油润，颗粒疏松，无锐角，香气浓烈。不应有纤维等异物或异常气味。②取麝香仁粉末少量，置手掌中，加水润湿，用手搓之能成团，再用手指轻揉即散，不应黏手、染手、顶指或结块。③火试：取麝香仁少量，撒于炽热的坩埚中灼烧，初则迸裂，随即融化膨胀起泡似珠，香气浓烈四溢，应无毛、肉焦臭，无火焰或火星出现。灰化后，残渣呈白色或灰白色。④麝香仁粉末棕褐色或黄棕色。为无数无定形颗粒状物集成的半透明或透明团块，淡黄色或淡棕色；团块中包埋或散在有方形、柱状、八面体或不规则形的晶体；并可见圆形油滴，偶见毛和内皮层膜组织。

不得检出动、植物组织、矿物和其他掺伪物。不得有霉变。干燥失重不得过35.0%。总灰分不得过6.5%。

【质量要求】

1. 外观质量 以颗粒色紫黑、粉末色棕褐、质柔、油润、香气浓烈者为佳。

2. 内在质量 含量测定：用气相色谱法测定，含麝香酮不得少于2.0%。

【性味功能主治】温，辛。开窍醒神，活血通经，消肿止痛。用于热病神昏，中风痰厥，气郁暴厥，中恶昏迷，经闭，癥瘕，难产死胎，胸痹心痛，心腹暴痛，跌扑伤痛，痹痛麻木，痈肿瘰疬，咽喉肿痛。

【贮藏养护】毛壳麝香可置小铁盒内。净香仁置小口瓷瓶盛装，以蜡密封，布包裹。本品易发霉和散失香气，应置阴凉干燥处，密闭、防潮、避光、防蛀保存。毛壳麝香置当归中保存较好。有条件最好冷藏。

【用法用量】0.03~0.1g，多入丸散用。外用适量。

【注意】孕妇禁用。

>>> 知识链接 •- -

麝香属国家重点保护的野生动物药材品种。始载于《神农本草经》，列为上品。《名医别录》载："麝生中台山及益州、雍州山中。春分取香，生者亦良。"陶弘景谓："麝形似獐而小，黑色，常食柏叶，又啖蛇。其香正在阴茎前皮内，别有膜袋裹之。"《本草纲目》曰："麝之香气远射，故谓之麝……麝居山，獐居泽，以此为别。"《雷公炮炙论》云："凡使麝香，用当门子尤妙。"

目标测试

答案解析

一、单选题

1. 川白芷的道地产区为

    A. 四川都江堰   B. 四川中江   C. 四川遂宁

    D. 四川松潘   E. 四川江油

2. 松贝一等品是每50g在

    A. 240粒以外   B. 220粒以外   C. 200粒以外

    D. 190粒以外   E. 180粒以外

二、多选题

1. 郁金商品包括

    A. 温郁金　　　　　　　B. 黄丝郁金　　　　　　C. 桂郁金

    D. 绿丝郁金　　　　　　E. 郁金片

2. 附子的炮制品有

    A. 盐附子　　　　　　　B. 黑顺片　　　　　　　C. 白附子

    D. 炮附片　　　　　　　E. 淡附片

3. 半夏炮制品为

    A. 半夏　　　　　　　　B. 姜半夏　　　　　　　C. 法半夏

    D. 清半夏　　　　　　　E. 水半夏

4. 麝香描述正确的是

    A. 毛壳麝香内含脱落的内层皮膜（银皮）　　　　B. 颗粒状麝香仁习称当门子

    C. 毛壳麝香检视有冒槽现象　　　　　　　　　　D. 干燥失重不得过30%

    E. 麝香酮含量不得低于2.0%

5. 羌活按照性状的不同可分为

    A. 蚕羌　　　　　　　　B. 条羌　　　　　　　　C. 大头羌

    D. 竹节羌　　　　　　　E. 疙瘩羌

三、名词解释题

1. 奶芎

2. 化苗

四、简答题

川药产区有哪些道地药材？其道地产地分别在哪里？

书网融合……

思政导航　　　　　　本章小结　　　　　　微课　　　　　　题库

第十一章　广　药

学习目标

知识目标

1. 掌握　广药的含义及其主要道地药材品种；肉桂、砂仁、金钱白花蛇、蛤蚧的道地产地、采制、规格等级、商品特征、鉴别与检查、贮藏方法。

2. 熟悉　巴戟天、地龙、陈皮、广藿香、化橘红、青蒿、珍珠、穿心莲、益智、佛手、鸡血藤、槟榔、海马的道地产地、规格等级、贮藏方法。

3. 了解　广药产区的自然环境条件；肉豆蔻的道地产地、规格等级；基本广药产区药材商品的产销行情。

能力目标　通过本章的学习，具备获取、收集、处理、运用广药产区市场信息的基本能力。

一、广药概述

(一) 广药的含义

凡以广东、广西及海南岛为主要产区或集散地的大宗商品药材均称为广药。

(二) 广药产区的自然环境

本地区位于东经 104°29′~119°59′，北纬 3°28′~26°23′。北邻贵州、湖南、江西，东连福建，南临南海，西与云南、越南接壤。其自然环境条件及水、热资源丰富，土壤为强酸性，植被覆盖良好，适宜于热带、亚热带药用动植物的生长。

桂南地区，东边有六万大山，西有十万大山，海拔 1000m，年平均温度 22℃，≥10℃的年积温达7500℃，年降水量 1800~3000mm，全年几乎无霜。这种气候环境对鸡血藤、肉桂等药材的生长极为有利。

珠江流域，属于亚热带湿润季风气候。年平均温度在 20~25℃，全年积温在 6000℃左右，年降雨量 1500~2000mm，相对湿度 80%。此地区的气候条件主要适宜于广藿香、砂仁、化橘红等的栽培。

海南岛，地处热带，因中部有海拔 1000m 以上的高山，把岛分为南北两种不同的气候，降雨量甚大。要求湿、热、少风的槟榔等药用植物主要栽培于海南岛南部。

(三) 广药产区的主要道地药材

本地区水热资源丰富，为广药生长提供必备的环境条件。适于植物的培育、动物的养殖。主要的道地药材有：阳春的砂仁，石牌、高要的广藿香，德庆的巴戟天，玉林的肉桂，新会的广陈皮，海南的槟榔，合浦的珍珠，百色的金钱白花蛇，化州的化橘红，龙津、大新的蛤蚧等，在国内外都很著名。

二、药材品种

广藿香 Guanghuoxiang
Pogostemonis Herba

【别名】枝香、藿香、海藿香。

【商品来源】为唇形科植物广藿香 *Pogostemon cablin*（Blanco）Benth. 的干燥地上部分。

【商品产地】主产于广东高要、石牌、湛江、肇庆、徐闻、吴川、海康、电白、廉江，海南万宁、屯昌、琼山、琼海。

【采制及商品种类】

广藿香 于5~6月间，枝繁叶茂时采收，除去根，暴晒两天，堆起，用草席覆盖两天，摊开再晒，反复晒至全干。根据产地不同，广藿香分为石牌香、高要香、海南香。

广藿香段 取原药材除去残根和杂质，先抖下叶，筛净另放；茎洗净，润透，切段，晒干，再与叶混匀。

【商品特征】

石牌香 老茎多呈圆形，茎节较密；嫩茎略呈方形密被毛茸。断面白色，髓心较小，叶面灰黄色，叶背灰绿色。气纯香、味微苦而凉。

高要香 枝干较细，茎节较密；嫩茎方形，密被毛茸。断面白色，髓心较大。叶片灰绿色。气清香，味微苦而凉。

海南香 枝干粗大，近方形，茎节密；嫩茎方形，具稀疏毛茸。断面白色髓心大，叶片灰绿色，较厚。气香浓，叶微苦而凉。

广藿香段 呈不规则的段，茎略呈方柱形，表面灰褐色、灰黄色或带红棕色，被柔毛。切面有白色髓。叶两面均被灰白色绒毛，基部楔形或钝圆，边缘具大小不规则的钝齿，叶柄细，被绒毛。气香特异，味微苦。

【规格等级】根据产地分为石牌香、高要香、海南香三种规格，一般不分等级。

石牌香 统货。干货。除净根，枝叶相连。散叶不超过10%。无死香、杂质、虫蛀、霉变。

高要香 统货。干货。全草除净根，枝叶相连。散叶不超过15%。无枯死、杂质、虫蛀霉变。

海南香 统货。干货。全草除净根，枝叶相连。散叶不超过20%。无枯死、杂质、虫蛀、霉变。

【化学成分】主含挥发油，如百秋李醇、广藿香酮、桂皮醛等；还含生物碱，如广藿香吡啶、表愈创吡啶等。

【鉴别与检查】取样品，照挥发油测定法测定，分取挥发油，加乙酸乙酯稀释作为供试品溶液。另取百秋李醇对照品，加乙酸乙酯制成每1ml含2mg的溶液，作为对照品溶液。用硅胶G薄层板，以石油醚（30~60℃）–乙酸乙酯–冰醋酸（95：5：0.2）为展开剂，喷以5%三氯化铁乙醇溶液。供试品色谱中显一黄色斑点，加热至斑点显色清晰，在与对照品色谱相应的位置上，显相同的紫蓝色斑点。

杂质不得过2%。水分不得过14.0%，总灰分不得过11.0%，醇不溶性灰分不得过4.0%。叶不得少于20%。

【质量要求】

1. 外观质量 以茎枝粗壮、色青绿、叶多，香气浓者为佳。

2. 内在质量 ①浸出物含量：醇溶性浸出物（冷）不得少于2.5%。②含量测定：照气相色谱法测定，含百香李醇不得少于0.10%。

【性味功能主治】辛，微温。芳香化浊，和中止呕，发表解暑。用于湿浊中阻，脘痞呕吐，暑湿表证，湿温初起，发热倦怠，胸闷不舒，寒湿闭暑，腹痛吐泻，鼻渊头痛。

【贮藏养护】用麻袋包装。本品易散失气味，受潮易霉变，应置阴凉干燥处保存。应防光照和风吹，以免散失香气。贮藏期不宜过久。

【用法用量】3~10g。

化橘红 Huajuhong

Citri Grandis Exocarpium

【别名】 橘红、化红。

【商品来源】 为芸香科植物化州柚 *Citrus grandis* 'Tomentosa' 或柚 *Citrus grandis* （L.） Osbeck 的未成熟或近成熟的干燥外层果皮。前者习称化橘红、毛橘红，后者习称光橘红（光七爪、光五爪）。

【商品产地】 毛橘红主产于广东化州、廉江、海康，广西柳州、桂林等地。光橘红主产于全国产柚地区。以广东化州产者质优。

【采制及商品种类】 夏季果实未成熟时采收，置沸水中略烫后，将果皮割成 5 或 7 瓣，除去果瓤或部分中果皮，压制成形，干燥。

毛橘红 为化州柚的未成熟或近成熟的干燥外层果皮。

光七爪、光五爪 为柚的未成熟或近成熟的干燥外层果皮。

【商品特征】

毛橘红 呈对折的七角或展平的五角星状，单片呈柳叶形。外表面黄绿色，密布茸毛，有皱纹及小油室；内表面黄白色或淡黄棕色，有脉络纹。质脆，易折断。气芳香，味苦、微辛。

光七爪、光五爪 外表面黄绿色至黄棕色，无毛。

【规格等级】 商品根据来源分为毛橘红和光橘红，再根据果皮分瓣情况分为七爪和五爪。毛七爪再根据其果皮外层颜色和被毛情况分为两等。

正毛七爪 果皮外层色绿、毛多，质佳。

副毛七爪 果皮外层色黄、毛少，质次。

光橘红 均为统货，一般不分等级，根据表面颜色不同分为"光青"及"光黄"；或根据切割瓣数，分为"光七爪"和"光五爪"。

【化学成分】 主含黄酮类，如柚皮苷、新橙皮苷、枸橘苷等；还含挥发油、香豆素、蛋白质、脂肪、胡萝卜素、维生素等。

【鉴别与检查】 取样品加甲醇超声处理，离心，取上清液作为供试品溶液。另取柚皮苷对照品，加甲醇制成对照品溶液。用高效硅胶 G 薄层板，以乙酸乙酯 – 丙酮 – 冰醋酸 – 水（8∶4∶0.3∶1）为展开剂，展开，取出，晾干，喷以 5% 三氯化铝乙醇溶液，在 105℃ 加热，置紫外灯光（365nm）下检视。供试品色谱中，在与对照品色谱相应的位置上，显相同颜色的荧光斑点。

水分不得过 11.0%，总灰分不得过 5.0%。

【质量要求】

1. 外观质量 以皮薄均匀，气味浓者为佳。

2. 内在质量 含量测定：照高效液相色谱法测定，含柚皮苷不得少于 3.5%。

【性味功能主治】 辛、苦，温。理气宽中，燥湿化痰。用于咳嗽痰多，食积伤酒，呕恶痞闷。

【贮藏养护】 用麻袋包装。本品受潮易虫蛀，置阴凉干燥处保存。防蛀。

【用法用量】 3～6g。

巴戟天 Bajitian

Morindae Officinalis Radix

【别名】 广巴戟、巴戟。

【商品来源】 为茜草科植物巴戟天 *Morinda officinalis* How 的干燥根。

【商品产地】 主产于广东德庆、郁南、高要、禄步，广西百色、平乐、贺县、苍梧，福建平和、永安等地。以广东德庆、郁南所产巴戟天质量最优。

【采制及商品种类】

巴戟天　全年均可采挖，洗净，除去须根，晒至六七成干，轻轻捶扁，晒干。

巴戟天肉　取净巴戟天，照蒸法蒸透，趁热除去木心，切断，干燥。

盐巴戟天　取净巴戟天，照盐蒸法蒸透，趁热除去木心，切断，干燥。

制巴戟天　取甘草，捣碎，加水煎汤，去渣，加入净巴戟天拌匀，照煮法煮透，趁热除去木心，切断，干燥。

【商品特征】

巴戟天　形似鸡肠，稍扁，结节状，木心相连。气微，味甘而微涩。

巴戟天肉　呈扁圆柱形短段或不规则块。表面灰黄色或暗灰色，具纵纹和横裂纹。切面皮部厚，紫色或淡紫色，中空。气微，味甘而微涩。

盐巴戟天　呈扁圆柱形短段或不规则块。表面灰黄色或暗灰色，具纵纹和横裂纹。切面皮部厚，紫色或淡紫色，中空。气微，味甘、咸而微涩。

制巴戟天　呈扁圆柱形短段或不规则块。表面灰黄色或暗灰色，具纵纹和横裂纹。切面皮部厚，紫色或淡紫色，中空。气微，味甘而微涩。

【规格等级】商品一般为统货。

【化学成分】主含糖类，如耐斯糖、葡萄糖、巴戟素七聚糖等；还含蒽醌类、18 种氨基酸、挥发性成分、有机烯醚萜及其苷类、甾体化合物等。

【鉴别与检查】取样品加乙醇加热回流，放冷，滤过，滤液浓缩作为供试品溶液。另取巴戟天对照药材，同法制成对照药材溶液。用硅胶 GF_{254} 薄层板，以甲苯 – 乙酸乙酯 – 甲酸（8∶2∶0.1）为展开剂，展开，取出，晾干，置紫外光灯（254nm）下检视。供试品色谱中，在与对照药材色谱相应位置上，显相同颜色的斑点。

水分不得过 15.0%，总灰分不得过 6.0%。

【质量要求】

1. 外观质量　以条大粗壮，呈结节状，肉厚色紫者为佳。

2. 内在质量　①浸出物含量：水溶性浸出物（冷）不得少于 50.0%。②含量测定：用高效液相色谱法测定，含耐斯糖不得少于 2.0%。

【性味功能主治】甘、辛，微温。补肾阳，强筋骨，祛风湿。用于阳痿遗精，宫冷不孕，月经不调，少腹冷痛，风湿痹痛，筋骨萎软。

【贮藏养护】用麻袋包装。本品易虫蛀、发霉、泛油，应置阴凉干燥通风处保存。入夏应防霉变、虫蛀、泛油，可晾晒干燥，也可用药物熏，但不能用硫磺熏。

【用法用量】3～10g。

地龙 Dilong
Pheretima

【别名】蚯蚓、曲蟮、广地龙。

【商品来源】为钜蚓科动物参环毛蚓 *Pheretima aspergillum*（E. Perrier）、通俗环毛蚓 *Pheretima vulgaris* Chen、威廉环毛蚓 *Pheretima guillelmi*（Michaelsen）或栉盲环毛蚓 *Pheretima pectinifera* Michaelsen 的干燥体。前一种习称"广地龙"，后三种习称"沪地龙"。

【商品产地】广地龙主产于广东湛江、茂名、阳江、江门，广西玉林、钦州、百色、梧州、北海及福建等地，以广东所产为最好；沪地龙主产于上海奉贤、南汇、松江等地以及江苏。

【采制及商品种类】

广地龙 春季至秋季捕捉，及时剖开腹部，除去内脏及泥沙，洗净，晒干或低温干燥。

沪地龙 夏季捕捉，及时剖开腹部，除去内脏及泥沙，洗净，晒干或低温干燥。

【商品特征】

广地龙 呈长条状薄片，弯曲，边缘略卷，长 15～20cm，宽 1～2cm。全体具环节，背部棕褐色至紫灰色，腹部浅黄棕色；第 14～16 环节为生殖带，习称"白颈"，较光亮。体前端稍尖，尾端钝圆，刚毛圈粗糙而硬，色稍浅。雄生殖孔在第 18 环节腹侧刚毛圈一小孔突上，外缘有数环绕的浅皮褶，内侧刚毛圈隆起，前面两边有横排（一排或两排）小乳突，每边 10～20 个不等。受精囊孔 2 对，位于 7/8～8/9 环节间一椭圆形突起上，约占节周 5/11。体轻，略呈革质，不易折断。气腥，味微咸。

沪地龙 长 8～15cm，宽 0.5～1.5cm。全体具环节，背部棕褐色至黄褐色，腹部浅黄棕色；第 14～16 环节为生殖带，较光亮。第 18 环节有一对雄生殖孔。通俗环毛蚓的雄交配腔能全部翻出，呈花菜状或阴茎状；威廉环毛蚓的雄交配腔孔呈纵向裂缝状；栉盲环毛蚓的雄生殖孔内侧有 1 或多个小乳突。受精囊孔 3 对，在 6/7～8/9 环节间。

【规格等级】 商品分广地龙和沪地龙，一般不分等级。

【化学成分】 主含氨基酸，如赖氨酸、亮氨酸、缬氨酸等；还含蛋白质和酶、脂肪酸类、蚯蚓素、蚯蚓毒素、次黄嘌呤、蚯蚓解热碱等。

【鉴别与检查】

取样品加水加热至沸，放冷，离心，取上清液作为供试品溶液。以赖氨酸、亮氨酸、缬氨酸对照品作对照，用硅胶 G 薄层板，以正丁醇－冰醋酸－水（4：1：1）为展开剂，展开，喷以茚三酮试液，在 105℃加热至斑点显色清晰。供试品色谱中，在与对照品色谱相应的位置上，显相同颜色的斑点。

取本品粉末加三氯甲烷超声处理，作为供试品溶液。以地龙对照药材作对照，用硅胶 G 薄层板，以甲苯－丙酮（9：1）为展开剂，展开，置紫外光灯（365nm）下检视。供试品色谱中，在与对照药材色谱相应的位置上，显相同颜色的荧光斑点。

杂质不得过 6%。水分不得过 12.0%，总灰分不得过 10.0%，酸不溶性灰分不得过 5.0%。含重金属不得过 30mg/kg。每 1000g 含黄曲霉毒素 B_1 不得过 5μg，黄曲霉毒素 G_2、黄曲霉毒素 G_1、黄曲霉毒素 B_2 和黄曲霉毒素 B_1 的总量不得过 10μg。

【质量要求】

1. 外观质量 以条大肥满，肉厚者为佳，以广东产者为优。

2. 内在质量 浸出物含量：水溶性浸出物（热）不得少于 16.0%。

【性味功能主治】 寒，咸。清热定惊，通络，平喘，利尿。用于高热神昏，惊痫抽搐，关节痹痛，肢体麻木，半身不遂，肺热喘咳，水肿尿少。

【贮藏养护】 用硬纸箱包装。本品易虫蛀、发霉，应密封，置干燥通风处保存。少量药材可与花椒同放用以防蛀。

【用法用量】 5～10g。

肉豆蔻 Roudoukou

Myristicae Semen

【别名】 玉蔻、玉果。

【商品来源】 为肉豆蔻科植物肉豆蔻 *Myristica fragrans* Houtt. 的干燥种仁。

【商品产地】 原产于马来西亚、印度尼西亚、斯里兰卡、西印度群岛等地，我国广东湛江、海南万宁、福建厦门、广西、台湾现有栽培。

【采制及商品种类】

肉豆蔻 春或秋采收成熟果实，将肉质果实纵剖开，剥去假种皮，再敲脱壳状种皮，将种仁用石灰乳浸一天，取出后再暖火焙干，也有不浸石灰乳直接在60℃以下干燥。

麸煨肉豆蔻 取净肉豆蔻，加入麸皮，麸煨温度150~160℃，约15分钟，至麸皮呈焦黄色，肉豆蔻呈棕褐色，表面有裂隙时取出，筛去麸皮，放凉。用时捣碎。

【商品特征】

肉豆蔻 呈卵圆形或椭圆形，长2~3cm，直径1.5~2.5cm。表面灰棕色或灰黄色，有时外被白粉（石灰粉末）。全体有浅色纵行沟纹和不规则网状沟纹。种脐位于宽端，呈浅色圆形突起，合点呈暗凹陷。种脊呈纵沟状，连接两端。质坚，断面显棕黄色相杂的大理石花纹，宽端可见干燥皱缩的胚，富油性。气香浓烈，味辛。

麸煨肉豆蔻 形如肉豆蔻，表面为棕褐色，有裂隙。气香，味辛。

【规格等级】 商品一般不分规格等级，为统货。或按照形状、大小及重量分两等。

【化学成分】 主含挥发油，油中主要成分为去氢二异丁香酚、α-蒎烯、d-莰烯等；还含齐墩果酸、脂肪油、多种双芳丙烷类化合物等。

【鉴别与检查】 取样品加石油醚（60~90℃）超声处理作为供试品溶液。另取肉豆蔻对照药材，同法制成对照药材溶液。用硅胶G预制薄层板，以石油醚（60~90℃）-乙酸乙酯（9∶1）为展开剂，喷以5%香草醛硫酸溶液，在105℃加热至斑点显色清晰。供试品色谱中，在与对照药材色谱相应位置上，显相同颜色的斑点。

水分不得过10.0%。

【质量要求】

1. 外观质量 以个大体重、坚实、表面光滑、油性足、破开后香气强烈者为佳。

2. 内在质量 含量测定：①照挥发油测定法测定，肉豆蔻含挥发油不得少于6.0%（ml/g）；麸煨肉豆蔻含挥发油不得少于4.0%（ml/g）。②照高效液相色谱法测定，肉豆蔻和麸煨肉豆蔻含去氢二异丁香酚不得少于0.080%。

【性味功能主治】 辛，温。温中行气，涩肠止泻。用于脾胃虚寒，久泻不止，脘腹胀痛，食少呕吐。

【贮藏养护】 用麻袋或纸箱包装。本品易虫蛀，应置阴凉干燥通风处保存，防蛀。

【用法用量】 3~10g。

肉桂 Rougui
Cinnamomi Cortex

【别名】 桂皮、玉桂、牡桂。

【商品来源】 为樟科植物肉桂 *Cinnamomum cassia* Presl 的干燥树皮。

【商品产地】 主产于广西桂平、容县、平南、大瑶山、上思、宁明、贵县，广东广兴、德庆、信宜、钦县、防城等地。国外主产于越南，印度、老挝、印度尼西亚亦产。以我国广西产量最大。

【采制及商品种类】

桂通 为剥取栽培5~6年后幼树的干皮和粗枝皮，或老树枝皮，不经压制，自然卷曲成筒状，长30cm，直径2~3cm。

企边桂 为剥取10年生以上的干皮，将两端削成斜面，突出桂心，夹在木制的凹凸板之间，压成两侧向内卷曲的浅槽状。长40cm，宽6~10cm。

板桂 剥取老树最下部近地面的干皮，夹在木制的桂夹内，晒至九成干，经纵横堆叠，加压，约一个月完全干燥，成为扁平板状。

桂碎 是桂皮加工过程中的碎块，多供香料用。

桂心　即刮去外皮者。

【商品特征】形状因加工规格不一。呈槽状或卷筒状，长 30~40cm，宽或直径 3~10cm，厚 0.2~0.8cm。外表面灰棕色，稍粗糙，有不规则的细皱纹和横向突起的皮孔，有的可见灰白色的斑纹；内表面红棕色，略平坦，有细纵纹，划之显油痕。质硬而脆，易折断，断面不平坦，外层棕色而较粗糙，内层红棕色而油润，两层间有 1 条黄棕色的线纹。气香浓烈，味甜、辣。

【规格等级】商品上按照加工方法分为企边桂、桂通、板桂、桂心等规格。

企边桂　呈两侧向内卷曲的浅槽状，两端成斜面而露出桂心，外表面灰棕色，有细皱纹及横向突起的皮孔，内表面红棕色，较平滑，划之有油痕，质硬脆，断面外侧呈棕色较粗糙，内侧红棕色而油润，中间有一条黄棕色的线纹，长约 40cm，宽 6~10cm。

桂通　双卷筒或单卷筒，长 30cm，直径 2~3cm。

板桂　呈扁平的板状，表面略粗糙，有的可见灰白色地衣斑。

桂碎　为加工桂皮过程中的碎块，大小不等。

桂心　为刮去外皮者，表面红棕色。

【化学成分】主含挥发油，油中主要成分为桂皮醛、醋酸桂皮酯、桂皮酸等；还含鞣质类及黏液质等。

【鉴别与检查】取样品加乙醇冷浸作为供试品溶液。另取桂皮醛对照品，加乙醇制成对照品溶液。用硅胶 G 薄层板，以石油醚（60~90℃）－乙酸乙酯（17:3）为展开剂，展开，喷以二硝基苯肼乙醇试液。供试品色谱中，在与对照品色谱相应的位置上，显相同颜色的斑点。

水分不得过 15.0%。总灰分不得过 5.0%。

【质量要求】

1. 外观质量　以大小整齐，外形美观，皮细而质坚实，质厚而沉重，断面紫红色，油性足，香气浓厚，辛辣味大，嚼之无渣者为佳。

2. 内在质量　含量测定：①照挥发油测定法测定，含挥发油不得少于 1.2%（ml/g）。②照高效液相色谱法测定，含桂皮醛不得少于 1.5%。

【性味功能主治】辛、甘，大热。补火助阳，引火归原，散寒止痛，温经通脉。用于阳痿宫冷，腰膝冷痛，肾虚作喘，虚阳上浮，眩晕目赤，心腹冷痛，虚寒吐泻，寒疝腹痛，痛经经闭。

【贮藏养护】用麻袋包装。本品易失油润、干枯，应密封置阴凉处保存。

【用法用量】1~5g。

【注意】有出血倾向者及孕妇慎用；不宜与赤石脂同用。

>>> **知识链接** •－－－－－－－－－－－－－－－－－－－－－－－－－－－－－－－－－－－－－－

1. 黄瑶桂原系广西大瑶山区所产野桂加工而成，或为屯县家桂加工而成，主销福建、浙江等省。

2. 进口桂分为清化桂、企边桂、桂楠、夹桂、筒桂五个规格，以清化桂质量最优。①清化桂：系越南清化野生，皮质细薄，有青白色大型花斑（地衣斑），饱含紫油，经久不干，肉腻滑如玉，故称"清化玉桂"，为桂类佳品。其加工方法多将平板状之皮两边挖拢，名为"企边"；横撑竹片如梯子状，两头用刀扦去外皮，露出桂心长 1cm 左右，称"扦口"，全体长 30~45cm，宽 4~7cm，每条重 60~120g。②企边桂：产越南中圻、会安，多系家种，形状与清化桂相似，质量稍次。皮厚体重，表面较平坦，皮孔圆而小，内面及断面发乌，油足，香气浓。③桂楠：企边桂别下的次桂，皮纹粗，多残破，油性稍次。④夹桂：体重皮厚，一般为"大板桂"。以上四种属"平板桂"，统称玉桂。⑤筒桂：又称"安桂"。用枝皮卷成筒状，长 30~40cm，用篾扎成圆把，每把重 400~450g，以品质分"三品桂"（12 支、16 支、20 支各 6 把合装 1 箱）、"30 枝油桂""30 枝把桂"等。

佛手 Foshou

Citri Sarcodactylis Fructus

【别名】广佛手、佛手柑、金佛手。

【商品来源】为芸香科植物佛手 *Citrus medica* L. var. *sarcodactylis* Swingle 的干燥成熟果实。

【商品产地】主产于广东高要、四会、郁南、禄步，广西玉林、凌乐、灌阳，四川合江、沐川、犍为，重庆江津。

【采制及商品种类】佛手　秋季果实尚未变黄或变黄时采收，纵切成片，晒干或低温干燥。

【商品特征】类椭圆形或卵圆形的薄片，常皱缩或卷曲，长 6~10cm，宽 3~7cm，厚 0.2~0.4cm。顶端稍宽，常有 3~5 个手指状的裂瓣，基部略窄，有的可见果梗痕。外皮黄绿色或橙黄色，有皱纹和油点。果肉浅黄白色或浅黄色，散有凹凸不平的线状或点状维管束。质硬而脆，受潮后柔韧。气香，味微甜后苦。

【规格等级】商品根据产地分为广佛手和川佛手。

广佛手　分为佛手片和等外佛手片。

佛手片：纵刨薄片，有指状分裂，边缘黄绿色或黄橙色，全片白色或淡黄白色，无霉点或黑斑点，质柔润，气香，味微苦，片厚不超过 2mm，无虫蛀、霉变。

等外佛手片：基本与佛手片相同，表面灰白色或棕黄色，带有轻微风霉或黑斑，气香，味微苦。

川佛手　不分等级，为统货。

【化学成分】主含黄酮类，如橙皮苷等；还含挥发油，油中主要成分为柠檬烯和松油烯；尚含二萜类、香豆素、有机酸及多糖等。

【鉴别与检查】取样品加无水乙醇超声处理，作为供试品溶液。另取佛手对照药材，同法制成对照药材溶液。用硅胶 G 薄层板，以环己烷–乙酸乙酯（3∶1）为展开剂，展开，取出，晾干，置紫外光灯（365nm）下检视。供试品色谱中，在与对照药材色谱相应位置上，显相同颜色的荧光斑点。

水分不得过 15.0%。

【质量要求】

1. 外观质量　以片大、身干，外皮黄绿色，果肉黄白色，香气浓者为佳。

2. 内在质量　①浸出物含量：醇溶性浸出物（热）不得少于 10.0%。②含量测定：照高效液相色谱法测定，含橙皮苷不得少于 0.030%。

【性味功能主治】辛、苦、酸，温。疏肝理气，和胃止痛，燥湿化痰。用于肝胃气滞，胸胁胀痛，胃脘痞满，食少呕吐，咳嗽痰多。

【贮藏养护】用麻袋或编织袋包装。置阴凉干燥处保存，注意防霉防蛀。

【用法用量】3~10g。

沉香 Chenxiang

Aquilariae Lignum Resinatum

【别名】沉香木。

【商品来源】为瑞香科植物白木香 *Aquilaria sinensis*（Lour.）Gilg 含有树脂的木材。

【商品产地】主产于海南岛，广东万宁、崖县、茂名、陵水，广西陆川、博白等地。我国台湾有栽培。

【采制及商品种类】全年均可采收，割取含树脂的木材，除去不含树脂的部分，阴干。

【商品特征】呈不规则块、片状或盔帽状，有的为小碎块。表面凹凸不平，有刀痕，偶有孔洞，可见黑褐色树脂与黄白色木部相间的斑纹，孔洞及凹窝表面多呈朽木状。质较坚实，断面刺状。气芳香，味苦。

【规格等级】 按品质及表面树脂部分（俗称油格）所占比例分为 4 等。

一等品：身重结实，油色黑润，油格占整块 80% 以上。

二等品：有色黑润或棕黑色，油格占整块 60% 以上。

三等品：油格占整块 40% 以上。

四等品：质疏松轻浮，油格占整块 25% 以上。

【化学成分】 主含挥发油，油中主要成分为白木香酸及白木香醛等；还含树脂、萜类及癸烯异构物。

【鉴别与检查】 ①取醇溶性浸出物，进行微量升华，得黄褐色油状物，香气浓郁；于油状物上加盐酸与香草醛少量，再滴加乙醇，渐显樱红色，放置后颜色加深。②取样品加乙醚超声处理，滤过，滤液蒸干，残渣加三氯甲烷使溶解，作为供试品溶液。另取沉香对照药材，同法制成对照药材溶液。用硅胶 G 薄层板，以三氯甲烷 – 乙醚（10∶1）为展开剂，展开，取出，晾干，置紫外光灯（365nm）下检视。供试品色谱中，在与对照药材色谱相应位置上，显相同颜色的荧光斑点。

【质量要求】

1. 外观质量　以体重、色棕黑油润、燃之有油渗出、香气浓烈者为佳。

2. 内在质量　①浸出物含量：醇溶性浸出物（热）不得少于 10.0%。②含量测定：照高效液相色谱法测定，含沉香四醇不得少于 0.10%。③特征图谱：供试品特征图谱中应呈现 6 个特征峰，并应与对照药材参照物色谱峰中的 6 个特征峰相对应，其中峰 1 应与对照品参照物峰保留时间相一致。

【性味功能主治】 辛、苦，微温。行气止痛，温中止呕，纳气平喘。用于胸腹胀闷疼痛，胃寒呕吐呃逆，肾虚气逆喘急。

【贮藏养护】 用木箱包装。本品易失油润干枯、走散香气，应密封，置阴凉干燥处保存。切忌日晒、见光和受潮。

【用法用量】 1 ~ 5g，后下。

>>> 知识链接

进口沉香（Aquilariae lignum Resinatum）为瑞香科植物沉香 *Aquilariae agallocha* Roxb. 含有树脂的心材。主产于印度尼西亚、马来西亚、柬埔寨及越南等国。药材呈不规则棒状或片状；表面有刀削痕，黄棕色或灰黑色，密布断续棕黑色的细纵纹（系含树脂部分），有时可见黑棕色树脂斑痕；质坚硬而重，能沉水或半沉水；香气较浓，味苦；燃之有浓烟，香气浓烈。进口沉香一般分为绿油迦南香、紫油迦南香、黑油迦南香、青丝迦南香。均以油性足、体重、香气浓郁者为佳。

陈皮 Chenpi
Citri Reticulatae Pericarpium

【别名】 橘皮。

【商品来源】 为芸香科植物橘 *Citrus reticulata* Blanco 及其栽培变种的干燥成熟果皮。

【商品产地】 广陈皮主产于广东新会、四会、江门等地。陈皮主产于重庆江津、綦江、四川简阳等地，产量较大。商品以广东新会等地所产者质量最佳，但产量小。

【采制及商品种类】

陈皮　9 ~ 11 月果实成熟，剥取果皮，阴干或通风干燥，根据产地不同分为广陈皮和陈皮。

陈皮丝　取陈皮净药材，除去杂质，喷淋水，润透，切丝，干燥。

【商品特征】

广陈皮　三瓣相连（三花），翻卷，外表棕红，内色白，对光视之油室大，靠表层。气香，味辛、苦。

陈皮　不规则块片，不翻卷，外皮橙红，内色黄白，对光照视之，油室大小不均，靠内侧。气香，味辛、苦。

陈皮丝　呈不规则条状或丝状。外表面橙红色或红棕色，有细皱纹和凹下的点状油室。内表面浅黄白色，粗糙，附黄白色或黄棕色筋络状维管束。气香，味辛、苦。

【规格等级】商品上广陈皮分为三等，陈皮分为两等。

1. 广陈皮

一等：干货。剖成三至四瓣。裂瓣多向外反卷。表面橙红色或棕紫色，显皱缩，有无数大而凹入的油室。内表面白色、略呈海绵状，质柔。片张较厚。断面不齐。气清香浓郁、味微辛。无杂质、虫蛀、霉变、病斑。

二等：干货。剖成三至四瓣和不规则片张，裂瓣多向外反卷。表面橙红色或红棕色，有无数大而凹入的油室。内表面白色、较光洁。质较柔。皮张较薄。断面不齐。气清香、味微苦辛。无杂质、虫蛀、霉变、病斑。

三等：干货。剖成三至四瓣。裂片多向外反卷。皮薄而片小。表面红色或带有青色，有无数凹入的油室。内表面类白色。质坚而脆。有香气、味微辛，不甚苦。无杂质、虫蛀、霉变。

2. 陈皮

一等：干货。呈不规格片状，片张较大。表面橙红色或红黄色，有无数凹入的油点（鬃眼）。对光照视清晰。内表面白黄色。质稍硬而脆。易折断。气香、味辛苦。无杂质、虫蛀、霉变、病斑。

二等：干货。呈不规格片状，片张较小，间有破块。表面黄褐色或黄红色。暗绿色。内表面类白色或灰黄色，较松泡。质硬而脆。易折断。气香、味微苦。无杂质、虫蛀、霉变、病斑。

【化学成分】主含黄酮类，如橙皮苷、橘皮素、新橙皮苷等；还含挥发油，油中主要成分有右旋柠檬烯、柠檬醛、β-月桂烯等；尚含辛弗林、β-谷甾醇、肌醇等。

【鉴别与检查】取样品加甲醇加热回流作为供试品溶液。另取橙皮苷对照品，加甲醇制成饱和溶液，作为对照品溶液。用0.5%氢氧化钠溶液制备的硅胶G薄层板，以乙酸乙酯-甲醇-水（100：17：13）为展开剂，展开，取出，晾干，再以甲苯-乙酸乙酯-甲酸-水（20：10：1：1）的上层溶液为展开剂，展开，取出，晾干，喷以三氯化铝试液，置紫外光灯（365nm）下检视，供试品色谱中，在与对照品色谱相应的位置上，显相同颜色荧光斑点。

取样品加甲醇加热回流作为供试品溶液。另取2-甲氨基苯甲酸甲酯对照品，加甲醇制成对照品溶液。再取广陈皮对照提取物，加甲醇制成每1ml含15mg的溶液，作为对照提取物溶液。吸取上述三种溶液各2μl，分别点于同一硅胶G薄层板上，以甲苯-乙酸乙酯-甲醇-水（10：4：2：0.5）10℃以下放置的上层溶液为展开剂，展至约5cm，取出，晾干，再以环己烷为展开剂，展至约8cm，取出，晾干，置紫外光灯（365nm）下检视。供试品色谱中，在与对照提取物色谱和对照品色谱相应的位置上，显相同颜色的荧光斑点。

水分不得过13.0%。黄曲霉毒素：照黄曲霉毒素测定法检测，本品每1000g含黄曲霉毒素B_1不得过5μg，含黄曲霉毒素G_2、黄曲霉毒素G_1、黄曲霉毒素B_2和黄曲霉毒素B_1总量不得过10μg。

【质量要求】

1. 外观质量　以瓣大，大小整齐，外皮色深红，内表面白色，肉厚油性大，香气浓郁者为佳。

2. 内在质量　含量测定：照高效液相色谱法测定，陈皮含橙皮苷不得少于3.5%，陈皮丝含橙皮苷不得少于 2.5%。广陈皮含橙皮苷不得少于 2.0%；含川陈皮素和橘皮素的总量，不得少于 0.42%；广陈皮丝含橙皮苷不得少于 1.75%；含川陈皮素和橘皮素的总量，不得少于 0.40%。

【性味功能主治】苦、辛，温。理气健脾，燥湿化痰。用于脘腹胀满，食少吐泻，咳嗽痰多。

【贮藏养护】用麻袋包装。本品受潮易虫蛀、发霉，受热易走失香味。应防潮、防热，置阴凉干燥处保存。如发现包内发热，应摊晾，忌暴晒，以免有损香气。

【用法用量】3 ~ 10g。

鸡血藤 Jixueteng
Spatholobi Caulis

【商品来源】为豆科植物密花豆 *Spatholobus suberectus* Dunn 的干燥藤茎。

【商品产地】主产于广西平乐、临桂，云南禄功、武定等地。此外，福建、广东、江西亦产。国外主产于越南、缅甸等东南亚国家。

【采制及商品种类】秋、冬二季采收，除去枝叶，切片，晒干。

【商品特征】椭圆形、长矩圆形或不规则的斜切片，厚 0.3 ~ 1cm，栓皮灰棕色，有的可见灰白色斑，栓皮脱落处显红棕色。质坚硬。韧皮部有红棕色至黑棕色树脂状分泌物，与红棕色或棕色的木部相间排列，切面呈数个同心性椭圆形环或偏心性半圆形环；髓部偏向一侧。气微，味涩。

【规格等级】当前药材市场的鸡血藤药材以进口野生为主，根据片形大小及完整程度，分为"统货""大片""中片""小片"。国产野生、国产栽培鸡血藤药材供应量较低，商品一般为统货。

统货：批次内鸡血藤药材片形大小不均一。

大片：片形大小均匀，片长轴直径多在 10cm 以上、片短轴直径多在 5cm 以上。

中片：片形大小均匀，片长轴直径多在 6 ~ 10cm，片短轴直径在 3.5 ~ 5cm。

小片：片形大小均匀，片长轴直径在 6cm 以下，片短轴直径在 3.5cm 以下。

【化学成分】主含多种异黄酮，如芒柄花素、芒柄花苷、查尔酮等；还含鞣质类、拟雌内酯类、三萜类及甾醇类等。

【鉴别与检查】取样品加乙醇超声处理，滤过，滤液蒸干，残渣加水使溶解，用乙酸乙酯提取，挥干，残渣加甲醇溶解，作为供试品溶液。另取鸡血藤对照药材，同法制成对照药材溶液。用硅胶 GF_{254} 薄层板，以二氯甲烷 – 丙酮 – 甲醇 – 甲酸（8∶1.2∶0.3∶0.5）为展开剂，展开，取出，晾干，置紫外光灯（254nm）下检视。供试品色谱中，在与对照药材色谱相应的位置上，显相同颜色的斑点；喷以 5% 香草醛硫酸溶液，在 105℃ 加热至斑点显色清晰。在与对照药材色谱相应的位置上，显相同颜色的斑点。

水分不得过 13.0%，总灰分不得过 4.0%。

【质量要求】

1. 外观质量　以条粗如竹竿，略有纵棱、质硬，色棕红、刀切处具红黑色汁痕者为佳。

2. 内在质量　浸出物含量：醇溶性浸出物（热）不得少于 8.0%。

【性味功能主治】苦、甘，温。活血补血，调经止痛，舒筋活络。用于月经不调，痛经，经闭，风湿痹痛，麻木瘫痪，血虚萎黄。

【贮藏养护】用竹篓或麻袋包装。本品应置阴凉干燥通风处保存。

【用法用量】9 ~ 15g。

青蒿 Qinghao

Artemisiae Annuae Herba

【别名】香蒿、黄花蒿。

【商品来源】为菊科植物黄花蒿 *Artemisia annua* L. 的干燥地上部分。

【商品产地】在我国分布较广，以广西、重庆、四川为道地产区。目前重庆市酉阳县为全国最大的青蒿产区。

【采制及商品种类】夏季开花前，割取地上部分，或立秋后割取花枝部分，晒干或阴干。

【商品特征】茎呈圆柱形，上部多分枝，长 30～80cm，直径 0.2～0.6cm；表面黄绿色或棕黄色，具纵棱线；质略硬，易折断，断面中部有髓。叶互生，暗绿色或棕绿色，卷缩易碎，完整者展平后为三回羽状深裂，裂片和小裂片矩圆形或长椭圆形，两面被短毛。气香特异，味微苦。

【规格等级】商品一般为统货。

【化学成分】主含萜类成分，如青蒿素、青蒿内酯、青蒿醇等；还含挥发油，油中成分有莰烯、异青蒿酮等；尚含黄酮类、香豆素类、黄花蒿双环氧化物、本都山蒿环氧化物等。

【鉴别与检查】取样品加石油醚（60～90℃）加热回流，滤过，滤液蒸干，残渣加正己烷使溶解，用20%乙腈溶液振摇提取3次，合并乙腈液，蒸干，残渣加乙醇使溶解，作为供试品溶液。另取青蒿素对照品，加乙醇制成对照品溶液。用硅胶 G 薄层板，以石油醚（60～90℃）–乙醚（4∶5）为展开剂，展开，取出，晾干，喷以 2% 香草醛的 10% 硫酸乙醇溶液，在 105℃ 加热至斑点显色清晰，置紫外光灯（365nm）下检视。供试品色谱中，在与对照品色谱相应位置上，显相同颜色的荧光斑点。

水分不得过 14.0%，总灰分不得过 8.0%。

【质量要求】

1. 外观质量 以身干、色青绿、未开花、香气浓郁者为佳。

2. 内在质量 浸出物含量：醇溶性浸出物（冷）不得少于 1.9%。

【性味功能主治】苦、辛，寒。清虚热，除骨蒸，解暑热，截疟，退黄。用于温邪伤阴，夜热早凉，阴虚发热，骨蒸劳热，暑邪发热，疟疾寒热，湿热黄疸。

【贮藏养护】用麻袋或塑料袋包装。本品应置阴凉干燥处保存。防热、防潮、防气味散失。

【用法用量】6～12g，后下。

金钱白花蛇 Jinqianbaihuashe

Bungarus Parvus

【别名】白花蛇、小白花蛇。

【商品来源】为眼镜蛇科动物银环蛇 *Bungarus multicinctus* Blyth 的幼蛇干燥体。

【商品产地】主产于广西百色、田东、都安、龙津，广东汕头地区的揭阳、普宁，福建漳州、南靖、平和，江西余江、临川，湖南花垣、泸溪等地。浙江、四川、贵州、云南、安徽、湖北、海南、台湾也有分布。现广东、广西、福建、江西、河南、湖南等地均有家养。以广东、广西产者著名。

【采制及商品种类】夏、秋两季捕捉后，吊起拔去毒牙，剖腹去内脏，洗净，放入乙醇中浸三天，以头为中心盘成圆形，尾含于口中，用竹签横穿固定，晒干或烘干。

【商品特征】幼蛇盘成饼状，如古钱大，黑体白环，白环背部只有一鳞宽，向腹部增宽，肛下尾鳞单行，背鳞呈六角形。气微腥，味微咸。

【规格等级】商品按盘径大小分为大条、中条、小条三种规格。以小条者为优。

【化学成分】主含蛋白质、脂肪、鸟嘌呤核苷。头部毒腺含三磷酸腺苷酶等酶类、蛇毒及神经生长因子等。

【鉴别与检查】聚合酶链式反应法　供试品凝胶电泳图谱中，在与对照药材凝胶电泳图谱相应的位置上，在 500～750bp 之间应有单一 DNA 条带，空白对照无条带。

【质量要求】

1. 外观质量　以身干，花纹明亮，鳞片有光泽，头尾俱全，肉黄白色、小条、不蛀，不霉，不泛油，不臭者为佳。

2. 内在质量　浸出物含量：醇溶性浸出物（热）不得少于 15.0% 。

【性味功能主治】甘、咸，温；有毒。祛风，通络，止痉。用于风湿麻痹，麻木拘挛，中风口眼㖞斜，半身不遂，抽搐痉挛，破伤风，麻风，疥癣。

【贮藏养护】本品置石灰缸内，宜在 30℃ 以下保存，与花椒同放以防虫蛀。

【用法用量】2～5g。研粉吞服 1～1.5g。

>>> **知识链接** o--

银环蛇为《国家重点保护野生药材物种名录》《国家保护的有益的或者有重要经济、科学研究价值的陆生野生动物名录》品种。

--●

珍珠 Zhenzhu

Margarita

【商品来源】为珍珠贝科动物马氏珍珠贝 *Pteria martensii*（Dunker）、蚌科动物三角帆蚌 *Hyriopsis cumingii*（Lea）或褶纹冠蚌 *Cristaria plicata*（Leach）等双壳类动物受刺激而形成的珍珠。

【商品产地】海水珍珠（海珠）主产于广西合浦，广东湛江，海南、浙江、上海等沿海地区，广东是全国最大的海水珍珠产地。国外主产于印度、日本、澳大利亚、泰国、印度、墨西哥等地。淡水珍珠（湖珠）主产于浙江诸暨、鄞县、金华、湖州，江苏武进、吴县，上海嘉定、南汇，湖南益阳、常德，安徽芜湖、宣城，江西万年等地，浙江诸暨是全国最大的淡水珍珠养殖地。

【采制及商品种类】

天然珍珠　全年可采，以 12 月为多。从水域中捞起珠蚌，剖取珍珠，洗净即可。养殖珍珠在接种养殖一年以上即可采收，但以养殖两年采收的珍珠质量较佳。采收季节以秋末为好。珍珠养殖过程中，将贝类外套膜上皮组织和珠核移植入贝体内育成有核珍珠，如单纯植入外套膜小片则形成无核珍珠。目前市售药用珍珠多为养殖的淡水无核珍珠。

珍珠粉　取净珍珠，碾细，照水飞法制成最细粉。

【商品特征】珍珠呈类球形、长圆形、卵圆形或棒形，直径 1.5～8mm。表面类白色、浅粉红色、浅黄绿色或浅蓝色，半透明，光滑或微有凹凸，具特有的彩色光泽。质坚硬，破碎面显层纹。气微，味淡。

【规格等级】药用珍珠分为淡水养殖的无核珍珠和海水养殖的无核珍珠，以前者为主，多为统货。

【化学成分】主含碳酸钙，壳角蛋白，少量的卟啉、色素及无机元素镁、锰、铜、铝、铀、锌等。

【鉴别与检查】①取样品加稀盐酸，即产生大量气泡，滤过，滤液显钙盐反应。②取本品，置紫外光灯（365nm）下观察，显浅蓝紫色或亮黄绿色荧光，通常环周部分较明亮。

酸不溶性灰分不得过 4.0%；铅不得过 5mg/kg，镉不得过 0.3mg/kg，砷不得过 2mg/kg，汞不得过 0.2mg/kg，铜不得过 20mg/kg。

【质量要求】外观质量　以纯净、质坚，有彩光，破面有层纹者为佳。

【性味功能主治】甘、咸，寒。安神定惊，明目消翳，解毒生肌，润肤祛斑。用于惊悸失眠，惊风癫痫，目赤翳障，疮疡不敛，皮肤色斑。

【贮藏养护】用软纸包好，置玻璃瓶或瓷瓶内，或以绸布包好，置木盒或铁盒内密闭保存。

【用法用量】0.1~0.3g，多入丸散用。外用适量。

>>> 知识链接 ◦---

海水珍珠与淡水珍珠的氨基酸含量以及微量元素含量不同，利用 X 射线透射系统除了可以区分有核珍珠与无核珍珠，还可设定元素指标，区分海水珍珠与淡水珍珠。

砂仁 Sharen
Amomi Fructus

【别名】砂壳、连壳砂、砂果、广砂。

【商品来源】为姜科植物阳春砂 *Amomun villosum* Lour.、绿壳砂 *Amomun villosum* Lour. var. *xanthioides* T. L. Wu et Senjen 或海南砂 *Amomun longiligulare* T. L. Wu 的干燥成熟果实。

【商品产地】阳春砂主产于广东省，以阳春、阳江出产者最为有名，广西、云南、福建等地也产；绿壳砂主产于云南南部临沧、文山、景洪等地；海南砂主产于海南。习惯认为产于广东阳春的阳春砂品质最优，目前云南为全国最大的阳春砂产区。

【采制及商品种类】

砂仁 8~9月果实成熟时采收，将果穗放于筛中或竹席上用微火烘至半干时，趁热喷冷水 1 次，令其骤然收缩，使果皮和种子紧密结合，保存时不易发霉。也可将果实直接晒干而成。

净砂 为砂仁除去果皮的种子团。

【商品特征】

阳春砂、绿壳砂 为椭圆形或卵圆形，有不明显的三棱，长 1.5~2cm，直径 1~1.5cm。表面棕褐色，密生刺状突起。果皮薄而软，顶端有花被残基，基部常有果梗。种子集结成团，具三钝棱，中有白色隔膜，将种子团分为 3 瓣，每瓣有种子 5~26 粒。种子为不规则多面体，直径 2~3mm；表面棕红色或暗褐色，有细皱纹，外被淡棕色膜质假种皮；质硬，胚乳灰白色。气芳香而浓烈，味辛凉、微苦。

海南砂 为长椭圆形或卵圆形，有明显的三棱，长 1.5~2cm，直径 0.8~1.2cm。表面被片状、分枝状的软刺，基部具果梗痕。果皮厚而硬。种子团较小，气味稍淡。

净砂 种子团呈钝三棱状的椭圆形或卵形，分成三瓣。每瓣约有种子十数粒，子粒饱满，表面灰褐色，破开后，内部灰白色。味辛凉微辣。

砂壳 为砂仁剥下的果皮。呈瓢形或压缩成片状。表面红棕色、棕褐色或绿褐色，有许多短柔刺；内表面光洁，色泽较淡。气微、味淡。

【规格等级】按基原和产地将砂仁药材分为"春砂仁""其他产区阳春砂""绿壳砂""海南砂"四个规格。因加工不同，市场还有净砂、砂壳。其规格等级标准为：

1. 春砂仁 统货，干货。呈卵圆形、卵形、近球形或椭圆形，有不明显的三棱。表面棕褐色或黑褐色，密生刺状突起。果皮薄而软，与种子团紧贴无缝隙。具果柄，一般不超过1cm。种子成团，有细皱纹，籽粒大多饱满均一。气芳香而浓烈，味辛凉，微苦。炸裂果数≤10%。

2. 其他产区阳春砂 统货，干货。呈卵圆形、卵形或椭圆形，有不明显的三棱。表面棕褐色、紫褐色或浅褐色，密生刺状突起。果皮薄厚均有。具果柄，一般不超过1cm。种子成团，有细皱纹。气芳香而浓烈，味辛凉，微苦。分三个等级。

一等：果皮与种子团紧贴无缝隙。种子团大小和颜色较均匀。种子表面棕红色或棕褐色，无瘪瘦果，籽粒饱满。每 100g 果实数≤170 粒。炸裂果数≤5%。

二等：果皮与种子团之间多少有缝隙。种子表面棕红色或红棕色，有少量瘪瘦果。每 100g 果实数 170~330 粒。炸裂果数≤10%。

三等：果皮与种子团之间多少有缝隙。种子表面棕红色至红棕色、橙红色或橙黄色，瘪瘦果较多（占 25% 以内）。每 100g 果实数≥330 粒。炸裂果数≤15%。

3. 绿壳砂 统货，干货。呈卵形、卵圆形或椭圆形，有不明显的三棱。表面黄棕色或浅褐色，密生刺状突起。体质轻泡。种子团卵圆形或椭圆形，具三钝棱，中有白色隔膜将种子团分成 3 瓣；种子表面灰棕色或红棕色。气芳香，味辛凉、微苦。气味较阳春砂淡。炸裂果数≤15%。

4. 海南砂 统货；干货。呈长椭圆形或卵圆形，有明显的三棱。表面棕褐色，被片状、分枝的小柔刺。果皮较厚而硬。种子团较小，卵圆形、椭圆形或圆球形；种子表面红棕色或深棕色。气味较淡。炸裂果数≤15%。

5. 净砂

一等：干货。种子团完整。每 50g 150 粒以内。无糖子、果壳、杂质、霉变。

二等：干货。形状气味与一等相同，唯种子团较小而瘪瘦。每 50g 150 粒以外，间有糖子。无果壳、杂质、霉变。

6. 砂壳 统货。干货。气微、味淡、无杂质、霉变。

【化学成分】主含挥发油，油中主要有乙酸龙脑酯、龙脑、芳樟醇等；还含皂苷及锌、铁、锰、铜等。

【鉴别与检查】取样品挥发油，加乙醇制成供试品溶液。另取乙酸龙脑酯对照品，加乙醇制成对照品溶液。用硅胶 G 薄层板，以环己烷 - 乙酸乙酯（22:1）为展开剂，展开，取出，晾干，喷以 5% 香草醛硫酸溶液，加热至斑点显色清晰。供试品色谱中，在与对照品色谱相应的位置上，显相同的紫红色斑点。

水分不得过 15.0%。

【质量要求】

1. 外观质量 以个大、坚实、仁饱满、香气浓者为佳。

2. 内在质量 含量测定：照挥发油测定法测定，阳春砂、绿壳砂种子团含挥发油不得少于 3.0%（ml/g）；海南砂种子团含挥发油不得少于 1.0%（ml/g）。照气相色谱法测定，含乙酸龙脑酯不得少于 0.90%。

【性味功能主治】辛，温。化湿开胃，温脾止泻，理气安胎。用于湿浊中阻，脘痞不饥，脾胃虚寒，呕吐泄泻，妊娠恶阻，胎动不安。

【贮藏养护】用纸箱包装。本品易泛油，走失香气，应密闭，置阴凉干燥处保存。忌暴晒和受热，以免泛油、散粒和走失香气。

【用法用量】3~6g，后下。

穿心莲 Chuanxinlian
Andrographis Herba

【别名】一见喜、苦胆草、四方莲。

【商品来源】为爵床科植物穿心莲 *Andrographis paniculata*（Burm. f.）Ness 的干燥地上部分。

【商品产地】主产于广东饶平、澄海、潮州、河源、吴川，广西，福建等地。云南、四川、江西、江苏、湖南等省亦有栽培。

【采制及商品种类】

穿心莲 秋初茎叶茂盛时采收，割取地上部分晒干、捆把。

穿心莲段 取穿心莲，除去杂质，洗净，切段，干燥。

【商品特征】

穿心莲 茎呈方柱形，多分枝，长 50 ~ 70cm，节稍膨大；质脆，易折断。单叶对生，叶柄短或近无柄；叶片皱缩、易碎，完整者展平后呈披针形或卵状披针形，长 3 ~ 12cm，宽 2 ~ 5cm，先端渐尖，基部楔形下延，全缘或波状；上表面绿色，下表面灰绿色，两面光滑。气微，味极苦。

穿心莲段 呈不规则段，茎方柱形，节稍膨大。切面不平坦，具类白色髓。叶片多皱缩或破碎，完整者展平后呈披针形或卵状披针形，先端渐尖，基部楔形下延，全缘或波状；上表面绿色，下表面灰绿色，两面光滑。气微，味极苦。

【规格等级】商品一般为统货。

【化学成分】主含二萜内酯类成分，如穿心莲内酯、脱水穿心莲内酯、穿心莲酮等；还含二萜内酯苷、黄酮类、β – 谷甾醇及缩合性鞣质等。

【鉴别与检查】取样品加 40% 甲醇超声处理作为供试品溶液。取穿心莲对照药材，同法制成对照药材溶液。另取穿心莲内酯对照品，加甲醇溶解制成对照品溶液。用硅胶 G 薄层板，以三氯甲烷 – 甲苯 – 甲醇（8 : 1 : 1）为展开剂，展开，取出，晾干，喷以 10% 硫酸乙醇溶液，在 105℃ 加热至斑点显色清晰，置紫外光灯（365nm）下检视。供试品色谱中，在与对照药材色谱和对照品色谱相应的位置上，显相同颜色的荧光斑点。

穿心莲叶不得少于 30%。穿心莲段叶不得少于 25%。

【质量要求】

1. 外观质量 以身干、无杂质、色绿、味极苦者为佳。

2. 内在质量 ①浸出物含量：醇溶性浸出物（热）不得少于 8.0%。②含量测定：照高效液相色谱法测定，含穿心莲内酯、新穿心莲内酯、14 – 去氧穿心莲内酯和脱水穿心莲内酯的总量，穿心莲不得少于 1.5%，穿心莲段不得少于 1.2%。

【性味功能主治】苦，寒。清热解毒，凉血，消肿。用于感冒发热，咽喉肿痛，口舌生疮，顿咳劳嗽，泄泻痢疾，热淋涩痛，痈肿疮疡，蛇虫咬伤。

【贮藏养护】用麻袋包装。本品应置阴凉干燥通风处保存。

【用法用量】6 ~ 9g。外用适量。

益智 Yizhi
Alpiniae Oxyphyllae Fructus

【别名】益智仁、智仁。

【商品来源】为姜科植物益智 Alpinia oxyphylla Miq. 的干燥成熟果实。

【商品产地】海南省各县均产，主产于屯昌、澄迈、儋州、保亭、琼中等地。此外，广东、广西、福建亦产。

【采制及商品种类】

益智 夏、秋间果实由绿转红时采收，晒干或低温干燥。

益智仁 取益智，除去杂质及外壳。用时捣碎。

盐益智仁 取益智仁，加盐水拌匀，稍闷，待盐水吸尽后置炒制容器内，用文火加热，炒干至颜色加深，取出，晾干。用时捣碎。

【商品特征】

益智　呈椭圆形，两端略尖，长 1.2 ~ 2cm，直径 1 ~ 1.3cm。表面棕色或灰棕色，有 13 ~ 20 条纵向凹凸不平的突起棱线，顶端有花被残基，基部常残存果梗。果皮薄而稍韧，与种子紧贴。种子团分三瓣，每瓣有种子 6 ~ 11 粒。种子呈不规则的扁圆形，略有钝棱，直径约 3mm，表面灰褐色或灰黄色，外被淡棕色膜质的假种皮；质硬，胚乳白色。有特异香气，味辛、微苦。

益智仁　多散成不规则碎块或单粒种子，种子呈不规则扁圆形，略有钝棱，直径约 3mm；表面灰黄色至灰褐色，具细皱纹；外被淡棕色膜质的假种皮；质硬，胚乳白色。有特异香气，味辛、微苦。

盐益智仁　多散成不规则碎块或单粒种子，种子呈不规则扁圆形，表面棕褐色或黑褐色，质硬，胚乳白色。有特异香气。味辛、微咸、苦。

【规格等级】商品规格有选货和统货。

选货：干货。表面棕色，饱满均匀，无瘪子，长度 1.5 ~ 2cm，直径 1.2 ~ 1.3cm。无杂质、虫蛀、霉变。

统货：干货。表面棕色或灰棕色，饱满不一，含有瘪子，大小不等，长度 1.2 ~ 2cm，直径 1 ~ 1.2cm。无杂质、虫蛀、霉变。

【化学成分】主含挥发油，油中主要成分为桉油精、姜烯、姜醇等倍半萜类。

【鉴别与检查】取样品加无水乙醇超声，滤过，滤液作为供试品溶液。另取益智对照药材，同法制成对照药材溶液。用硅胶 G 薄层板，以石油醚（60 ~ 90℃）－丙酮（5∶2）为展开剂，展开，取出，晾干，喷以 5% 香草醛硫酸溶液，在 105℃ 加热至斑点显色清晰，分别置日光和紫外光灯（365nm）下检视。供试品色谱中，在与对照药材色谱相应位置上，显相同颜色的斑点或荧光斑点。

益智仁、盐益智仁水分不得过 13.0%。总灰分不得过 8.5%；酸不溶性灰分不得过 1.5%。

【质量要求】

1. 外观质量　以粒大、饱满、气味浓者为佳。

2. 内在质量　含量测定：照挥发油测定法测定，种子含挥发油不得少于 1.0%（ml/g）。

【性味功能主治】辛，温。暖肾固精缩尿，温脾止泻摄唾。用于肾虚遗尿，小便频数，遗精白浊，脾寒泄泻，腹中冷痛，口多唾涎。

【贮藏养护】用麻袋包装。本品易发霉、走油，应置阴凉干燥通风处保存，应防热。

【用法用量】3 ~ 10g。

海马 Haima
Hippocampus

【别名】水马、马头鱼。

【商品来源】为海龙科动物线纹海马 *Hippocampus kelloggi* Jordan et Snyder、刺海马 *Hippocampus histrix* Kaup、大海马 *Hippocampus kuda* Bleeker、三斑海马 *Hippocampus trimaculatus* Leach 或小海马（海蛆）*Hippocampus japonicus* Kaup 的干燥体。

【商品产地】主产于广东沿海的阳江、潮汕一带，海南陵水、昌江，福建厦门、福鼎，山东烟台、青岛等地，此外辽宁、福建等沿海地区亦产。国外主产于新加坡、菲律宾、马来西亚、印度尼西亚、澳大利亚、日本等国。目前在海南、福建、山东、广东等地有养殖。

【采制及商品种类】夏秋二季捕捞，捕获后洗净，晒干；或除去外部皮膜及内脏后，晒干，选择大小相似者用红线缠扎成对。

【商品特征】马头、蛇尾、瓦楞身。

线纹海马　体长约 30cm，表面黄白色。体轻，骨质，坚硬。气微腥，味微咸。

刺海马　体长 15 ~ 20cm。头部及体上环节间的棘细而尖。

大海马　体长 20～30cm。黑褐色。

三斑海马　体侧背部第 1、4、7 节的短棘基部各有 1 黑斑。

小海马（海蛆）　体形小，长 7～10cm。黑褐色。节纹和短棘均较细小。

【规格等级】海马根据大小分成三等。

一等（大条）：体弯曲、头尾齐全，体长 16～30cm，黄白色。

二等（中条）：头尾齐全，体长 8～15cm，黄白色。

三等（小条）：头尾齐全，体长 8cm 以下者，黄白色或暗褐色。

【化学成分】主含蛋白质和酶，如乙酰胆碱酯酶、胆碱酯酶和蛋白酶等；还含脂肪、虾青素、γ－胡萝卜素、蝲蛄素、黑色素、多种氨基酸等。

【质量要求】外观质量　以体大、坚实、头尾齐全、色白、尾卷曲者为佳。

【性味功能主治】甘、咸，温。温肾壮阳，散结消肿。用于阳痿，遗尿，肾虚作喘，癥瘕积聚，跌扑损伤；外治痈肿疔疮。

【贮藏养护】用纸包好，放入木箱或纸箱内保存。本品易虫蛀、变色，应置阴凉干燥处保存。包装内可放花椒以防虫。

【用法用量】3～9g。外用适量，研末敷患处。

>>> 知识链接 ○－－－－－－－－－－－－－－－－－－－－－－－－－－－－－－－－

海马属所有种（野外种群）均为《国家重点保护野生动物名录》品种。

－－－－－－－－－－－－－－－－－－－－－－－－－－－－－－－－－－－●

蛤蚧 Gejie
Gecko

【别名】大壁虎、蚧蛇、合蛇、天龙、对蛤蚧。

【商品来源】为壁虎科动物蛤蚧 *Gekko gecko* Linnaeus 的干燥体。

【商品产地】主产于广西龙津、大新、崇左、百色、容县、宜山，广东怀集、云浮，以及云南、贵州、福建、台湾等地，以广西产量最大，并有养殖。国外主产于泰国、印度尼西亚、柬埔寨、越南等地。我国主要以灰斑蛤蚧为主，周边国家多以红斑蛤蚧为主。

【采制及商品种类】

蛤蚧　全年均可捕捉，除去内脏，拭净，取竹片将四肢、腹部撑开，用线把尾部固定在竹片上，低温干燥，一般将两支合成一对。

蛤蚧块　取净蛤蚧，除去竹片、鳞片及头足，切成小块。

酒蛤蚧　取蛤蚧块，用黄酒浸润后，烘干。

【商品特征】

蛤蚧　扁片状，竹片撑开。头颈部及躯干部长 9～18cm，头颈部约占 1/3，腹背部宽 6～11cm，尾长 6～12cm。头略呈扁三角状，两眼多凹陷成窟窿，口内有细齿，生于颚的边缘，无异型大齿。吻部半圆形，吻鳞不切鼻孔，与鼻鳞相连，上鼻鳞左右各 1 片，上唇鳞 12～14 对，下唇鳞（包括颏鳞）21 片。腹背部呈椭圆形，腹薄。背部呈灰黑色或银灰色，有黄白色、灰绿色或橙红色斑点散在或密集成不显著的斑纹，脊椎骨和两侧肋骨突起。四足均具 5 趾；趾间仅具蹼迹，足趾底有吸盘。尾细而坚实，微现骨节，与背部颜色相同，有 6～7 个明显的银灰色环带，有的再生尾较原生尾短，且银灰色环带不明显。全身密被圆形或多角形微有光泽的细鳞。气腥、味微咸。

蛤蚧块　呈不规则片状小块。表面灰黑色或银灰色，有棕黄色斑点及鳞片脱落的痕迹。切面黄白色或灰黄色。脊椎骨和肋骨突起。气腥、味微咸。

酒蛤蚧　形如蛤蚧块，微有酒香气，味微咸。

【规格等级】 商品多以对为单位，原应以雌雄为对捆在一起，现多以一只长尾、一只短尾搭配销售。其规格分为断尾、全尾两种。均为特装、5 对装、10 对装、20 对装、30 对装。

特装：全尾，长 9.5cm 以上。

5 对装：全尾，长 8.5～9.49cm。

10 对装：全尾，长 8.0～8.49cm。

20 对装：全尾，长 7.5～7.9cm。

30 对装：全尾，长 7.0～7.49cm。

【化学成分】 主含肌肽、磷脂酸、蛋白质及多种氨基酸，氨基酸中以甘氨酸为主；还含多种脂肪酸及钙、磷、镁、锌等多种无机元素。另据报道，蛤蚧尾所含氨基酸和锌的量均比躯干部高。

【鉴别与检查】 取样品加 70% 乙醇超声处理，滤过，滤液作为供试品溶液。另取蛤蚧对照药材，同法制成对照药材溶液。用硅胶 G 薄层板，以正丁醇－冰醋酸－水（3∶1∶1）为展开剂，展开，取出，晾干，喷以茚三酮试液，在 105℃加热至斑点显色清晰。供试品色谱中，在与对照药材色谱相应位置上，显相同颜色的斑点。

【质量要求】

1. 外观质量　以体大肥壮、尾全不碎者为佳。

2. 内在质量　浸出物含量：醇溶性浸出物（冷）不得少于 8.0%。

【性味功能主治】 咸，平。补肺益肾，纳气定喘，助阳益精。用于肺肾不足，虚喘气促，劳嗽咯血，阳痿，遗精。

【贮藏养护】 本品易虫蛀、发霉、泛油，应密封，置阴凉干燥通风处保存。为防虫，可放适量花椒，少量药材可放于石灰缸内。

【用法用量】 3～6g，多入丸散或酒剂。

【附注】 出口规格要求：木箱装，每箱 50 对，按规格要求分等出售。

>>> **知识链接** o------------------------------

蛤蚧为《国家重点保护野生药材物种名录》《国家重点保护野生动物名录》品种。

槟榔 Binglang
Arecae Semen

【别名】 槟榔子、槟榔玉、大白、大腹子。

【商品来源】 为棕榈科植物槟榔 *Areca catechu* L. 的干燥成熟种子。

【商品产地】 主产于海南东部的琼海、万宁、陵水，西部的东方、儋州，中部的屯昌、白沙、琼中等地；云南元江、河口、金平，广东、福建、广西、台湾南部亦有栽培。原产于印度尼西亚、马来西亚等地，印度、缅甸、菲律宾、越南等地均有栽培。海南是我国槟榔的最大生产地。

【采制及商品种类】

槟榔　春末至秋初采收成熟果实，用水煮后，干燥，除去果皮，取出种子，干燥。

槟榔片　取槟榔，除去杂质，浸泡，润透，切薄片，阴干。

炒槟榔　取槟榔片，置炒制容器内，用文火加热，炒至微黄色，取出晾凉，筛去碎屑。

【商品特征】

槟榔　呈扁圆形或圆锥形，高 1.5～3.5cm，底部直径 1.5～3cm。表面淡黄棕色或淡红棕色，具稍凹下的网状沟纹，底部中心有圆形凹陷的珠孔，其旁有一明显瘢痕状种脐。质坚硬，不易破碎，断面可见棕色种皮与白色胚乳相间的大理石样花纹。气微，味涩、微苦。

槟榔片　呈类圆形薄片。切面可见棕色种皮与白色胚乳相间的大理石样花纹，气微，味涩、微苦。

炒槟榔 形如槟榔片，表面微黄色，可见大理石样花纹。

【规格等级】槟榔分两个等级。

一等：干货。每千克 160 个以内。无枯心、破碎、杂质、虫蛀、霉变。

二等：干货。每千克 160 个以外，间有破碎、枯心、不超过 5%，轻度虫蛀不超过 3%。无杂质、霉变。

【化学成分】主含 6 种与鞣质结合而存在的生物碱，以槟榔碱含量最多，其次是槟榔次碱、去甲基槟榔碱、去甲基槟榔次碱及异去甲基槟榔次碱等；还含鞣质、脂肪油、一种红色素槟榔红及多种氨基酸。

【鉴别与检查】取样品加乙醚，再加碳酸盐缓冲液，放置，时时振摇，加热回流，分取乙醚液，挥干，残渣加甲醇使溶解，置具塞离心管中，静置，离心，取上清液作为供试品溶液。另取槟榔对照药材，同法制成对照药材溶液。再取氢溴酸槟榔碱对照品，加甲醇制成对照品溶液。用硅胶 G 薄层板，以环己烷 – 乙酸乙酯 – 浓氨溶液（7.5：7.5：0.2）为展开剂，置氨蒸气预饱和的展开缸内，展开，取出，晾干，置碘蒸气中熏至斑点清晰。供试品色谱中，在与对照药材色谱和对照品色谱相应的位置上，显相同颜色的斑点。

水分不得过 10.0%。黄曲霉毒素检查：本品每 1000g 含黄曲霉毒素 B_1 不得过 $5\mu g$，含黄曲霉毒素 G_2、黄曲霉毒素 G_1、黄曲霉毒素 B_2 和黄曲霉毒素 B_1 总量不得过 $10\mu g$。

【质量要求】

1. 外观质量 以个大、体重、质坚、无破裂者为佳。

2. 内在质量 含量测定：照高效液相色谱法测定，含槟榔碱不得少于 0.20%。

【性味功能主治】苦、辛，温。杀虫，消积，行气，利水，截疟。用于绦虫病、蛔虫病、姜片虫病，虫积腹痛，积滞泻痢，里急后重，水肿脚气，疟疾。

【贮藏养护】本品易虫蛀、破碎。应防潮、防蛀，置干燥通风处保存。

【用法用量】3 ~ 10g。驱绦虫、姜片虫 30 ~ 60g。

>>> **知识链接** ◦---

1. 海南虽然是槟榔的主产区，但目前绝大部分槟榔为食品加工原料（椰干，以 11 ~ 12 月采收的青果加工而成），药用槟榔（榔玉）加工相对较少，药材市场上的槟榔多产自国外。药材市场除了槟榔个子货，还有对开货出售，有助于判断内部是否生霉变质。

2. 焦槟榔：为槟榔的炮制加工品。取槟榔片，置炒制容器内，用中火加热，炒至焦黄色，取出晾凉，筛去碎屑。焦槟榔呈类圆形薄片，表面焦黄色，可见大理石样花纹。质脆，易碎。气微，味涩、微苦。水分不得过 9.0%。总灰分不得过 2.5%。照高效液相色谱法测定，含槟榔碱不得少于 0.10%。味苦、辛，性温。消食导滞。用于食积不消，泻痢后重。用量：3 ~ 10g。

目标测试

答案解析

一、单选题

1. 广藿香特定药用部位检测时检测的部位是

 A. 根   B. 茎叶   C. 叶片

 D. 花蕾   E. 果实

2. 砂仁药材中质量最优的是
  A. 阳春砂   B. 进口缩砂   C. 绿壳砂
  D. 海南砂   E. 砂壳

3. 珍珠的道地产地是
  A. 广西合浦   B. 广西百色   C. 广西南宁
  D. 广东东莞   E. 广东廉江

4. 国产沉香的来源为
  A. 瑞香科植物白木香含有树脂的木材   B. 瑞香科植物白木香含有树脂的心材
  C. 瑞香科植物沉香含有树脂的心材   D. 瑞香科植物沉香含有树脂的木材
  E. 瑞香科植物沉香的木材

5. 青蒿的来源为
  A. 菊科植物青蒿的干燥地上部分   B. 菊科植物黄花蒿的干燥地上部分
  C. 菊科植物艾蒿的干燥地上部分   D. 伞形科植物青蒿的干燥地上部分
  E. 伞形科植物黄花蒿的干燥地上部分

二、多选题

1. 以下各组中药均为广药的一组商品中药是
  A. 槟榔、砂仁、金钱白花蛇、陈皮   B. 槟榔、砂仁、桔梗、益智
  C. 穿心莲、砂仁、青蒿、大黄   D. 槟榔、砂仁、青蒿、三七
  E. 肉桂、化橘红、蛤蚧、穿心莲

2. 外观质量要求描述准确的中药商品包括
  A. 青蒿以身干、色青绿、未开花、香气浓郁者为佳
  B. 槟榔以个大、体重、质坚、无破裂者为佳
  C. 珍珠以纯净、质坚，有彩光，破面有层纹者为佳
  D. 砂仁以个大、坚实、仁饱满、香气浓者为佳
  E. 蛤蚧以体大肥壮、尾全不碎者为佳

三、判断题

1. 药材市场上的槟榔多产自海南。
2. 广藿香的道地产地为广州石牌。
3. 金钱白花蛇以大条者为优。

四、简答题

国产蛤蚧与进口蛤蚧的主要区别点是什么？

书网融合……

第十二章 云 药

PPT

知识目标

1. 掌握 云药的含义及其主要道地药材品种；三七、木香、茯苓、重楼的道地产地、采制、规格等级、商品特征、鉴别与检查、贮藏方法。

2. 熟悉 余甘子、萝芙木、琥珀、黄精、香橼的道地产地、规格等级、贮藏方法。

3. 了解 云药产区的自然环境条件；儿茶、木蝴蝶、竹黄、竹节参、苏木、草果、荜茇、珠子参、雷丸等的道地产地、规格等级；云药产区药材商品的产销行情。

能力目标 通过本章的学习，具备获取、收集、处理、运用云药产区市场信息的基本能力。

一、云药概述

（一）云药的含义

凡以云南及西藏南部为主要产区或集散地的大宗商品药材称为云药。

（二）云药产区的自然环境

云南地处我国南部边疆，跨云贵高原西南部，位于东经 97°31′ ~ 106°11′，北纬 21°8′ ~ 29°15′。北邻四川、西藏，东连贵州、广西，南接越南、老挝，西与缅甸交界。云南位于云岭以南，故名云南，古为滇国地，故简称滇。全省海拔相差很大，最高点为滇藏交界的德钦县怒山山脉梅里雪山主峰卡瓦博格峰，海拔 6740m；最低是在与越南交界的河口县境内南溪河与红河的交汇的中越界河处，海拔仅 76.4m。高低相差达 6000 多米。云南气候类型丰富多样，有北热带、南亚热带、中亚热带、北亚热带、南温带、中温带和高原气候区共 7 个气候类型。因此，有"一山分四季，十里不同天"的"立体气候"特点。年平均气温 4 ~ 24℃之间，多数地区平均 15℃，平均积温 3000 ~ 7000℃。全省降水的地域分布差异大，年平均降雨量为 600 ~ 2300mm。地理及气候条件十分复杂，主要包括滇南和滇北两大区。藏南谷地位于雅鲁藏布江及其支流流经的地区，其中有世界上最大的峡谷 – 雅鲁藏布大峡谷，温和多雨，年均气温 8℃，最低零下 16℃，最高的 7 月为 16℃以上，5 ~ 9 月为雨季。

（三）云药产区的主要道地药材

滇西北为横断山区，适宜云茯苓、云木香等生长。雪线以上地区亦盛产冬虫夏草、红景天等药材。在不同海拔高度和环境，还有多种道地药材生长。滇南由于哀牢山、云贵高原山地和青藏高原阻挡了北来的冷空气，冻害不易发生，又无台风影响，是我国少有的静风区，出产诃子、槟榔、儿茶等，砂仁也已在此种植成功并大面积推广。最南端的勐腊县，适宜胡椒、肉桂等的栽培。处于滇南、滇北之间的文山、思茅地区以盛产三七闻名于世。藏南谷地是藏药的主要产地，主要道地药材有冬虫夏草、川贝母、灵芝、重楼、雪莲花等。

二、药材品种

三七 Sanqi
Notoginseng Radix et Rhizoma

【别名】 田七、金不换、汉三七、滇七。

【商品来源】 为五加科植物三七 *Panax notoginseng*（Burk.）F. H. Chen 的干燥根和根茎。

【商品产地】 主产于云南文山、砚山、广南、马关、西畴、邱北、富宁，广西靖西、睦边、百色等地。

【采制及商品种类】 种植三年以后即可采收，秋季开花前挖取。除去茎叶、杂质，剪下芦头、侧根及须根，暴晒至半干，反复揉搓，直至全干，放入麻袋内撞至表面光滑即得。

按采收时间不同分为春三七、冬三七两种规格，每种规格下又按个头大小分成十一档。

春三七　开花前采挖的根及根茎。质地饱满，质较好。

冬三七　种子成熟后采挖的根及根茎。质地较松泡，质较次。

剪口　剪下的芦头（羊肠头）及糊七（内部未烤焦的）。不分春、冬七。

筋条　从主根上剪下的较粗支根。不分春、冬七。

绒根　细小支根及须根。

三七粉　取三七药材，洗净，干燥，碾成细粉。

【商品特征】

春三七　有瘤头，身短，铜皮，铁心，体重质坚，击碎后皮部与木部常分离，先苦后甜。

冬三七　主根与春三七类似。唯表面灰黄色，有皱纹或抽沟（拉槽）。断面黄绿色。不饱满，体稍轻。

剪口　不规则皱缩小块或条状，表面灰黄色或暗棕色。有数个明显的茎痕和环纹，断面中心灰白色，边缘灰色。

筋条　为圆柱形，上粗下细。表面灰黄色，断面灰绿色或黄绿色。

绒根　细小圆柱形，弯曲，常缠绕成团。

三七粉　为灰白色或黄色粉末。气微，味微苦而后甜。

【规格等级】 按采收时间不同分为春三七、冬三七两个规格，再按每 kg 头数分等。

春三七　分为一至十三等，等级标准如下。

一等：呈圆锥形或圆柱形。表面灰黄色或黄褐色。质坚实、体重。断面灰褐色。味苦微甜。每千克在 40 头以内。长不超过 6cm。

二等：每千克在 60 头以内。其余同一等。

三等：每千克在 80 头以内，长不超过 5cm。其余同一等。

四等：每千克在 120 头以内，长不超过 4cm。其余同一等。

五等：每千克在 160 头以内，长不超过 3cm。其余同一等。

六等：每千克在 240 头以内，长不超过 2.5cm。其余同一等。

七等：每千克在 320 头以内，长不超过 2cm。其余同一等。

八等：每千克在 400 头以内，其余同七等。

九等（大二外）：每千克 500 头以内，长不超过 1.5cm。其余同一等。

十等（小二外）：每千克在 600 头以内，其余同九等。

十一等（无数头）：每千克在 900 头以内，其余同十等。

十二等（筋条）：间有从主根上剪下的细支根（筋条）。不分春、冬七。每千克在900~1200头以内，支根上端直径不低于0.8cm，下端直径不低于0.5cm。其余同十一等。

十三等（剪口）：不分春、冬七。主要是三七的芦头（羊肠头）及糊七（内部未烤焦的）。

此外，三七细小的支根及须根，商品上称绒根。

冬三七　各等头数与春三七相同。

【化学成分】含多种皂苷，主要为达玛脂烷型皂苷，有人参皂苷 Rb_1、Rb_2、Rc、Rd、Re、Rg_1、Rg_2、Rh_1 及 R_1、R_2、R_3、R_4、R_6、Fa、K。另含田七氨酸、三七黄酮 B 及槲皮素等成分。尚含挥发油、微量元素及氨基酸。

【鉴别与检查】取样品加水搅匀，再加以水饱和的正丁醇，放置使分层，取正丁醇层，置蒸发皿中，蒸干，残渣加甲醇制成供试品溶液。人参皂苷 Rb_1 对照品、人参皂苷 Re 对照品、人参皂苷 Rg_1 对照品和三七皂苷 R_1 对照品制成甲醇混合溶液。用硅胶 G 薄层板，以三氯甲烷 – 乙酸乙酯 – 甲醇 – 水（15：40：22：10）10℃以下放置的下层溶液为展开剂，喷以硫酸溶液（1→10），于105℃加热至斑点显色清晰。供试品色谱中，在与对照品色谱相应的位置上，显相同颜色的斑点；置紫外光灯（365nm）下检视，显相同的荧光斑点。

水分不得过14.0%。总灰分不得过6.0%；酸不溶性灰分不得过3.0%。

重金属及有害元素：铅不得过5mg/kg；镉不得过1mg/kg；砷不得过2mg/kg；汞不得过0.2mg/kg；铜不得过20mg/kg。

【质量要求】

1. 外观质量　均以个大、体重、质坚、表面光滑、断面灰绿色或黄绿色者为佳。

2. 内在质量　①浸出物含量：甲醇浸出物（热）不得少于16.0%。②含量测定：用高效液相色谱法测定，人参皂苷 Rg_1、人参皂苷 Rb_1 及三七皂苷 R_1 的总量不得少于5.0%。

【性味功能主治】甘、微苦，温。散瘀止血，消肿定痛。用于咯血，吐血，衄血，便血，崩漏，外伤出血，胸腹刺痛，跌扑肿痛。

【贮藏养护】用硬纸盒或木箱包装，内衬防潮纸。置于阴凉干燥处密封保存。在贮存过程中应注意检查，如发现受潮应及时晾晒；若发霉可晾晒后撞刷去之；为防蛀，少量药材可与冰片同贮。

【用法用量】3~9g，研粉吞服1~3g。外用适量。

木香 Muxiang

Aucklandiae Radix

【别名】云木香、广木香、南木香。

【商品来源】为菊科植物木香 *Aucklandia lappa* Decne. 的干燥根。

【商品产地】木香过去由印度、缅甸等地经广州进口，故称"广木香"。现主产于云南，故称"云木香"，以丽江地区和迪庆州产量大，销全国并出口。此外，四川、湖北、湖南、广东、广西、陕西、甘肃、西藏等省区亦有产。

【采制及商品种类】

木香　一般于霜降前采挖种植2~3年的根，除去茎叶、须根及泥土。根切成6~12cm长的短条，粗大者剖为2~4块，晒干或阴干。猛火烘易出油而影响质量。

木香片　除去杂质，洗净，闷透，切厚片，干燥。

煨木香　取未干燥的木香片，在铁丝匾中，用一层草纸，一层木香片，间隔平铺数层，置炉火旁或烘干室内，烘煨至木香中所含的挥发油渗至纸上，取出。

【商品特征】

木香 为短节状或枯骨形，灰棕色，表面可见菱形网纹，体重质坚，断面菊花心，油性大、香气浓，味苦辛。

木香片 为类圆形厚片。表面显灰褐色或棕黄色，中部有明显菊花心状的放射纹理，间有暗褐色或灰褐色环纹，褐色油点（油室）散在，周边外皮显黄棕色至灰褐色，有纵皱纹。质坚。有特异香气，味苦。

煨木香 如木香片。气微香，味微苦。

【规格等级】 按大小分为一、二等，其规格等级标准如下。

一等：干货，呈圆柱形或半圆柱形。表面棕黄色或灰棕色，体实，断面黄棕色或黄绿色，具油性。气香浓，味苦而辣。根条均匀，长 8 ~ 12cm，最细的一端直径在 2cm 以上。不空、不泡、不朽。无芦头、根尾、焦枯、油条、杂质、虫蛀、霉变。

二等：干货，呈不规则的条状或块状。表面棕黄色或灰棕色，体实，断面黄棕色或黄绿色。具油性。气香浓，味苦而辣。长 3 ~ 10cm，最细的一端直径在 0.8cm 以上。间有根头根尾、碎节、破块。无须根、枯焦、杂质、虫蛀、霉变。

【化学成分】 含挥发油，油中主要成分为去氢木香内酯、木香烃内酯、木香内酯、二氢木香内酯、α－木香酸、α－木香醇等。尚含 α－及 β－环木香烯内酯、豆甾醇、白桦脂醇、棕榈酸、天台乌药酸、亚油酸等。另含木香碱、菊糖和氨基酸约 20 种。

【鉴别与检查】 取样品加甲醇，超声处理，滤液作为供试品溶液。去氢木香内酯、木香烃内酯对照品分别制成甲醇溶液。用硅胶 G 薄层板，以环己烷－甲酸乙酯－甲酸（15∶5∶1）的上层溶液为展开剂，喷以 1% 香草醛硫酸溶液，加热至斑点显色清晰。供试品色谱中，在与对照品色谱相应的位置上，显相同颜色的斑点。

木香片水分不得过 14.0%。木香总灰分不得过 4.0%；煨木香总灰分不得过 4.5%。

【质量要求】

1. 外观质量 均以根粗壮均匀，体重坚实，香气浓郁，油性足，无须根者为佳。

2. 内在质量 ①浸出物含量：木香片的乙醇浸出物（热）不得少于 12.0%。②含量测定：用高效液相色谱法测定，木香含木香烃内酯和去氢木香内酯的总量不得少于 1.8%；木香片含木香烃内酯和去氢木香内酯的总量不得少于 1.5%。

【性味功能主治】 辛、苦，温。行气止痛，健脾消食。用于胸胁、脘腹胀痛，泻痢后重，食积不消，不思饮食。煨木香实肠止泻，用于泄泻腹痛。

【贮藏养护】 用麻袋、编织袋或竹篓装，内衬笋壳包装；或用纸包好放木箱内密封。本品易虫蛀、发霉、泛油，应置阴凉干燥处保存，防潮，防霉及香气散失。若受潮，应立即晾晒。因本品含挥发油成分，原药材不宜切片保存。

【用法用量】 3 ~ 6g。调剂时捣碎，另包，后下。

>>> 知识链接 •---

土木香为菊科植物土木香 *Inula helenium* L. 的干燥根。商品又称祁木香。主产于河北、新疆、甘肃、四川等省区。呈圆柱形或长圆锥形。表面深棕色，有纵皱纹及不明显的横生皮孔。不易折断。断面形成层环状颜色较深，并有散在的深褐色分泌管。气微香，味微苦而灼辣。健脾和胃，行气止痛。土木香也曾在各地代木香使用，但质量不及木香。

余甘子 Yuganzi

Phyllanthi Fructus

【别名】滇橄榄、橄榄、庵摩勒、油甘子。

【商品来源】为大戟科植物余甘子 *Phyllanthus emblica* L. 的干燥成熟果实。

【商品产地】云南大部分地区有产，福建莆田、惠安、安溪、南安，广东普宁、潮阳，广西西南和西北部，贵州贞丰、罗甸、普安、六枝，四川攀枝花、凉山州等亦产。

【采制及商品种类】冬季至次春果实成熟时采收，除去杂质，干燥即得。

【商品特征】扁球形，表面棕褐色至墨绿色，具不明显的6棱，味酸涩，回味甜。

【规格等级】商品一般为统货。

【化学成分】主含多种有机酸类及酸酯。还含挥发油，油中主要成分有 β – 波旁烯、二十四醇、二十四烷、丁香油酚 β – 丁香烯；尚含蛋白质、维生素 B_1、维生素 B_2、维生素 C 及微量元素 K、Zn、Mn 等。

【鉴别与检查】取样品加乙醇超声处理，滤液蒸干，残渣加水使溶解，加乙酸乙酯振摇提取，滤液蒸干，残渣加甲醇制成供试品溶液。取余甘子对照药材同法制成对照药材溶液。用硅胶 G 薄层板，以三氯甲烷 – 乙酸乙酯 – 甲醇 – 甲酸（9：9：3：0.2）为展开剂，喷以 10% 硫酸乙醇溶液，热风吹至斑点显色清晰，置紫外光灯（365nm）下检视。供试品色谱中，在与对照药材色谱相应的位置上，显相同颜色的荧光斑点。

水分不得过 13.0%。总灰分不得过 5.0%。

【质量要求】

1. 外观质量　以个大、肉厚、回甜味浓者为佳。

2. 内在质量　①浸出物含量：水溶性浸出物（冷）不得少于 30.0%。②含量测定：用高效液相色谱法测定，没食子酸不得少于 1.2%。

【性味功能主治】甘、酸、涩，凉。清热凉血，消食健胃，生津止咳。用于血热血瘀，消化不良，腹胀，咳嗽，喉痛，口干。

【贮藏养护】竹篓或麻袋、编织袋装。置阴凉干燥处。

【用法用量】3～9g，多入丸散服。

茯苓 Fuling

Poria

【别名】云苓、云茯苓。

【商品来源】为多孔菌科真菌茯苓 *Poria cocos*（Schw.）Wolf 的干燥菌核。

【商品产地】野生品主产于云南丽江、维西、香格里拉、福贡、云龙、剑川、腾冲、禄劝、武定、富民、宣威等地；家种品主产于云南普洱、楚雄、昆明和曲靖，维西、丽江亦有种植。安徽金寨、霍山、岳西、太湖，湖北罗田、英山、麻城，河南新县、固始，四川西昌、攀枝花等地亦有种植。野生者以云南出产者质量最优，称"云苓"。栽培者以湖北、安徽产量大。

【采制及商品种类】野生茯苓常在 7 月至次年 3 月到松林中采挖。人工栽培茯苓于接种后第二年 7～9 月采挖。

茯苓个　鲜茯苓去净泥沙，堆置"发汗"，摊晾，再"发汗"3～4 次，阴干。

茯苓片　鲜茯苓削去或茯苓个稍蒸后趁热扒取外皮后切片。

茯苓块　鲜茯苓削去或茯苓个稍蒸后趁热扒取外皮后切成方形或长方形块者。

茯神　茯苓中有松根者。

赤茯苓　切去茯苓皮后显淡红色者。

白茯苓　切去赤茯苓后的白色部分。

【商品特征】

茯苓个　球形、块状或片状，表面棕褐色，粗糙。体重、质坚。岔口白色糊状，嚼之黏牙。味淡。

茯苓片　呈不规则厚片，厚薄不一。白色、淡红色或淡棕色。

茯苓块　呈立方块状或方块状厚片，大小不一。白色、淡红色或淡棕色。

茯神　多为不规则片状，外表面棕褐色或黑褐色，内表面白色或淡棕色。

赤茯苓　块状或片状，棕红色或淡红色。

白茯苓　块状或片状，白色。

【规格等级】按药用部位和加工形状，将茯苓药材分为九种规格，其中茯苓个和白苓片分为一、二等；白苓块、赤苓块、茯神块、骰方、白碎苓、赤碎苓和茯神木均为统货。其规格等级标准如下。

茯苓个　一等：呈不规则圆球形或块状。表面黑褐色或棕褐色。体坚实、皮细。断面白色。味淡。大小圆扁不分。无杂质、霉变。

二等：呈不规则圆球形或块状。表面黑褐色或棕色。体轻泡、皮粗、质松。断面白色至黄赤色。味淡。间有皮沙、水锈、破伤。无杂质、霉变。

白苓片　一等：为茯苓去净外皮，切成薄片。白色或灰白色。质细。厚度每厘米 7 片，片面长宽不得小于 3cm。无杂质、霉变。

二等：为茯苓去净外皮，切成薄片。白色或灰白色。质细。厚度每厘米 5 片，片面长宽不得小于 3cm。无杂质、霉变。

白苓块　统货：为茯苓去净外皮切成扁平方块。白色或灰白色。厚度 0.4 ~ 0.6cm，长度 4 ~ 5cm，边缘苓块，可不成方形。间有 1.5cm 以上的碎块。无杂质、霉变。

赤苓块　统货：为茯苓去净外皮切成扁平方块。赤黄色。厚度 0.4 ~ 0.6cm，长度 4 ~ 5cm，边缘苓块，可不成方形。间有 1.5cm 以上的碎块。无杂质、霉变。

茯神块　统货：为茯苓去净外皮切成扁平方形块。色泽不分，每块含有松木心。厚度 0.4 ~ 0.6cm，长宽 4 ~ 5cm。木心直径不超过 1.5cm。边缘苓块，可不成方形。间有 1.5cm 以上的碎块，无杂质、霉变。

骰方　统货：干货。为茯苓去净外皮切成立方形块。白色。质坚实。长、宽、厚在 1cm 以内，均匀整齐。间有不规则的碎块，但不超过 10%。无粉末、杂质、霉变。

白碎苓　统货：干货。为加工茯苓时的白色或灰白色的大小碎块或碎屑，均属此等。无粉末、杂质、虫蛀、霉变。

赤碎苓　统货：干货。为加工茯苓时的赤黄色大小碎块或碎屑。无粉末、杂质、虫蛀、霉变。

茯神木　统货：干货。为茯苓中间生长的松木，多为弯曲不直的松根，似朽木状。色泽不分，体轻。每根周围须带有三分之二的茯苓肉。木杆直径最大不超过 2.5cm。无杂质、霉变。

【化学成分】菌核含 β – 茯苓聚糖，含量可达 75%。还含茯苓酸、齿孔酸、块苓酸、松苓酸等，以及麦角甾醇、胆碱、腺嘌呤、卵磷脂、蛋白质、氨基酸、β – 茯苓聚糖分解酶、蛋白酶等。茯苓聚糖无抗肿瘤活性，但经切断枝链，成为 β –（1→3）葡萄糖聚糖（称茯苓次聚糖），具有抗肿瘤活性。

【鉴别与检查】取样品加乙醚超声处理，滤液蒸干，加甲醇制成供试品溶液。茯苓对照药材同法制成甲醇溶液。用硅胶 G 薄层板，以甲苯 – 乙酸乙酯 – 甲酸（20：5：0.5）为展开剂。喷以 2% 香草醛硫酸溶液 – 乙醇（4：1）混合液。在 105℃加热至斑点显色清晰。供试品色谱中，在与对照药材色谱相应的位置上，显相同颜色的主斑点。

茯苓个、茯苓块及茯苓片水分不得过 18.0%。茯苓个、茯苓块及茯苓片总灰分不得过 2.0%。

【质量要求】

1. 外观质量　茯苓个以体重、坚实、外皮棕褐、无裂隙、断面色白细腻，嚼之黏性强者为佳；茯苓块以块状不碎，色洁白者为佳。

2. 内在质量　浸出物含量　茯苓个、茯苓块及茯苓片稀乙醇浸出物（热）不得少于 2.5%。

【性味功能主治】　甘、淡，平。利水渗湿，健脾，宁心。用于水肿尿少，痰饮眩悸，脾虚食少，便溏泄泻，心神不安，惊悸失眠。

【贮藏养护】　茯苓个一般用麻袋或编织袋装。茯苓块用纸箱装；茯神块用纸箱内衬防潮纸包装。本品易虫蛀、发霉、变色，应密闭，置于阴凉干燥处保存。不宜暴晒，以免变色和起裂纹，为防虫蛀可用药物熏蒸或以气调养护。

【用法用量】　茯苓个、茯苓块及茯苓片 10~15g。

>>> **知识链接** ◦ -

现行版《中国药典》已将茯苓皮作为单一药材单列，茯苓皮为加工"茯苓片""茯苓块"时，收集削下的外皮，阴干。呈长条形或不规则块片，大小不一。外表面棕褐色至黑褐色，有疣状突起，内面淡棕色并常带有白色或淡红色的皮下部分。质较松软，略具弹性。气微、味淡，嚼之黏牙。具有利水消肿的功效。用于水肿，小便不利。

- ◦

重楼 Chonglou
Paridis Rhizoma

【别名】　蚤休、草河车、七叶一枝花。

【商品来源】　为百合科植物云南重楼 *Paris polyphylla* Smith var. *yunnanensis*（Franch.）Hand. – Mazz. 或七叶一枝花 *Paris polyphylla* Smith var. *chinensis*（Franch.）Hara 的干燥根茎。

【商品产地】　黄河以南大部分省区有产，主产于云南、四川、贵州、甘肃、湖南、湖北、广西、陕西、江西等省。部分进口商品来自印度、缅甸、老挝、越南、尼泊尔。

【采制及商品种类】

重楼　秋季茎叶刚枯萎时采挖根茎。去掉残茎及泥土，晒干，搓去须根后，再晒干。

重楼片　取根茎洗净，润透，切片，晒干。

【商品特征】

重楼　呈结节状扁圆柱形，黄褐色，上有半月形凹窝，下有须根痕。体重、质坚。断面白色粉性。味微苦辛。

重楼片　呈近圆形、椭圆形或不规则片状。外表淡黄棕色至黄褐色，可见斜向环纹。切面白色、黄白色或浅棕色，粉性或偶角质性。气微，味微苦、辛。

【规格等级】　商品一般为统货。

【化学成分】　含甾体皂苷，主要为薯蓣皂苷和偏诺皂苷，还含有皂草苷 A~D、蚤休皂苷 A 和 B、七叶一枝花皂苷 G~H 等。另含蜕皮激素、甾酮、多糖、黄酮苷及氨基酸等。

【鉴别与检查】　取样品加乙醇加热回流，滤液作为供试品溶液。取重楼对照药材同法制成乙醇溶液。用硅胶 G 薄层板，以三氯甲烷 – 甲醇 – 水（15∶5∶1）为展开剂，喷以 10% 硫酸乙醇溶液，在 105℃加热至斑点显色清晰。分别置日光和紫外光灯（365nm）下检视。供试品色谱中，在与对照药材色谱及对照品色谱相应的位置上，显相同颜色的斑点或荧光斑点。

水分不得过 12.0%。总灰分不得过 6.0%；酸不溶性灰分不得过 3.0%。

【质量要求】

1. 外观质量 以药材干、根茎粗大，质坚实，断面色白、粉性足者为佳。

2. 内在质量 含量测定：用高效液相色谱法测定，含重楼皂苷 Ⅰ、重楼皂苷 Ⅱ 和重楼皂苷 Ⅶ 的总量不得少于 0.60%。

【性味功能主治】 微寒，苦；有小毒。清热解毒，消肿止痛，凉肝定惊。用于疔疮痈肿，咽喉肿痛，毒蛇咬伤，跌扑伤痛，惊风抽搐。

【贮藏养护】 竹篓装或麻袋装。置阴凉干燥处保存，防蛀，防霉。

【用法用量】 3~9g。外用适量，研末调敷。

>>> 知识链接 ◦---

重楼为国家重点保护的野生植物药材品种。近年来栽培重楼在全国各地逐渐开展，并逐渐形成规模。

---◦

萝芙木 Luofumu
Rauvolfiae Verlicillatae Radix

【别名】 山辣椒、鱼胆木、山胡椒、萝芙藤、假辣椒。

【商品来源】 为夹竹桃科植物萝芙木 *Rauvolfia verticillata*（Lour.）Baill. 或云南萝芙木 *Rauvolfia yunnanensis* Tsiang 的干燥根。

【商品产地】 主产于云南、广西等地。

【采制及商品种类】

萝芙木 野生品全年可采，除去枝叶，切段晒干。栽培品定植 2~3 年便可采挖，以 10 月份采收的生物碱含量较高。先在离地面 10cm 左右砍断茎秆，清除枝叶，将根挖出，洗净，干燥。

萝芙木片 粗根，洗净，润透，切 1cm 厚的片，干燥。

萝芙木段 细根砍成短节，晒干。

【商品特征】

萝芙木 呈圆锥形，多有支根。外表面灰棕色至灰黄色。栓皮极易脱落。质坚硬，断面皮部淡棕色，木部占极大部分，黄白色，具明显的年轮和细密的放射状纹理。气微，皮部极苦，木部微苦。

萝芙木片 不规则薄片，外表面灰棕色至灰黄色。切面皮部淡棕色，木部黄白色。

萝芙木段 类圆柱形，外表面灰棕色至灰黄色。

【规格等级】 商品一般为统货。

【化学成分】 含生物碱类成分，如萝芙碱 B、山德维辛碱、罗尼生、7-羟基-吲哚酮等。还含邪蒿素、花椒树皮素甲、丁香脂素、胡萝卜苷、利血平、育亨宾、阿马里新、哈尔满。

【鉴别与检查】 取样品加混合溶剂（乙醚-三氯甲烷-95% 乙醇-水），振摇后置室温浸泡过夜，滤过，滤液浓缩至干，残渣加三氯甲烷溶解制成供试品溶液。取利血平对照品制成三氯甲烷溶液。用纤维素薄层板，先在 15% 甲酰胺丙酮溶液中浸过，取出。挥去丙酮后点样，以石油醚（90~120℃）-四氯化碳-甲酸胶（12:8:0.5）充分振摇后的上层液，加无水乙醇 0.5ml 为展开剂，在浓氨水饱和下展开。置紫外光分析灯（365nm）下检视。供试品色谱中，在与对照品色谱相应的位置上，显相同颜色的荧光斑点。

【质量要求】 外观质量 以质坚、皮部味极苦者为佳。

【性味功能主治】 凉，苦、微辛。清热，降压，宁神，活血止痛，解毒消肿。用于咽喉肿痛，高血压，头痛，眩晕，失眠，高热不退；外用治跌打损伤，毒蛇咬伤。

【贮藏养护】置阴凉干燥处，防潮。

【用法用量】10～30g。外用适量，捣敷。

琥珀 Hupo
Succinum

【别名】煤珀、云珀、血珀、血琥珀、红琥珀、光珀。

【商品来源】为古代松科松属植物的树脂埋藏地下经年久凝结而转成的碳氢化合物。

【商品产地】琥珀主产于云南、广西、河南、福建、贵州等；煤珀主产于辽宁抚顺等地。

【采制及商品种类】商品分琥珀和煤珀两种。

琥珀 从地层中挖出后，除去砂石、泥土等。

煤珀 从煤中选出后，除去煤屑。

【商品特征】

琥珀 呈不规则块状、多角形块状或粗颗粒状。表面光滑或凹凸不平，血红色、淡黄色至淡棕色或深棕色，常相间排列；条痕白色。透明至半透明。有光泽。形似枫香脂，质松脆，捻之即成粉末。气微，味淡，嚼之易碎无砂粒感。

煤珀 呈不规则多角形块状或颗粒状，少数呈滴乳状，大小不一。表面淡黄色、淡棕色或黑褐色。有光泽，质坚硬，捻不易碎。断面有玻璃样光泽。有煤油气，味淡，嚼之易碎无砂石感。

【规格等级】分琥珀和煤珀两种规格，一般不分等级。

【化学成分】主含二松香醇酸的聚酯化合物、树脂、挥发油。树脂的主要成分为琥珀松香酸、琥珀脂醇、龙脑、琥珀松香醇。还含有钠、锶、硅、铁、钨、镁、铝、钴等元素。

【鉴别与检查】①经验鉴别：琥珀以水煮不溶而变软；研末不黏手为真。②火试：琥珀燃之易熔，有爆裂声，稍冒黑烟，刚熄灭时冒白烟，微有松香气。煤珀燃之易熔，冒黑烟，刚熄灭时冒白烟，略带煤油臭气。③取琥珀或煤珀粉末1g，加石油醚10ml振摇，超声处理20分钟，过滤，滤液加1%醋酸铜溶液10ml，振摇，静置，石油醚层不显蓝绿色（与松香区别）。

【质量要求】

1. 外观质量 琥珀以块整齐、色红黄、明亮、质松脆、断面光亮者为佳。煤珀以块整齐、色黄棕、半透明、质轻脆、断面有玻璃光泽、粉末不黏手者为佳。

2. 内在质量 参照醇溶性浸出物测定法项下的热浸法进行测定，用乙醇作溶剂：琥珀不得少于45.0%；煤珀不得少于4.0%。

【性味功能主治】平，甘。镇惊安神，散瘀止血，利水通淋，去翳明目。用于惊悸失眠，惊风癫痫，血淋血尿，血滞经闭，产后瘀滞腹痛，癥瘕积聚，目生障翳，痈肿疮毒。

【贮藏养护】纸包好后置于木箱。粉末者用瓶装。置阴凉干燥处，防尘、防压。

【用法用量】入丸、散或冲服，1～3g。外用研末点撒。

黄精 Huangjing
Polygonati Rhizoma

【别名】垂珠、兔竹、龙衔、老虎姜。

【商品来源】为百合科植物滇黄精 *Polygonatum kingianum* Coll. et Hemsl. 、黄精 *Polygonatum sibiricum* Red. 或多花黄精 *Polygonatum cyrtonema* Hua 的干燥根茎。按形状不同，习称"大黄精""鸡头黄精""姜形黄精"。

【商品产地】

大黄精 主产于贵州罗甸、兴义、贞丰、关岭，云南曲靖、大姚，广西靖西、德保、隆林、乐业等地。

鸡头黄精 主产于河北遵化、迁安、承德，内蒙古武川、卓资、凉城、包头。此外，东北、河南、山东、山西、陕西等省亦产。

姜形黄精 主产于贵州遵义、毕节、安顺，湖南安化、沅陵、黔阳，四川内江，重庆江津，湖北黄冈、孝感，安徽黄山、池州、六安，浙江瑞安、平阳等地，以贵州、湖南产量大而质优。

【采制及商品种类】

黄精 春、秋两季采收，以秋末采挖者质佳。除去地上部分及须根，洗净，置沸水中略烫或蒸至透心，即捞出晒至半干后，反复搓揉并暴晒，晒至柔软并透亮时，再晒干即成。

黄精片 取净黄精，除去杂质，洗净，略润，切厚片，干燥。

酒黄精 取净黄精，照酒炖法或酒蒸法炖透或蒸透，稍晾，切厚片，干燥。

【商品特征】

大黄精 形大，肉质肥厚，结节块状或连珠块状。表面淡黄色至黄棕色，具环节，有皱纹及根痕，结节上茎痕呈圆盘状。质硬而韧，不易折断，断面角质，淡黄色至黄棕色。气微，味甜，嚼之有黏性

鸡头黄精 鸡头状圆锥形，表面黄白色至黄棕色，半透明。有圆形疤痕和波状环节。味甜，嚼之发黏。

姜形黄精 结节块状，外形似姜，表面疣状突起明显，常数个块状结节相连。表面灰黄色或黄褐色，粗糙，结节上有突出的圆盘状茎痕。

黄精片 呈不规则厚片。外表皮淡黄色至棕黄色。切面略呈角质样，淡黄色至黄棕色，可见多数淡黄色筋脉点。质稍硬而韧。气微，味甜，嚼之有黏性。

酒黄精 呈不规则厚片。表面棕褐色至黑色，有光泽，中心棕色至浅褐色，可见筋脉小点。质较柔软，味甜，微有酒香气。

【规格等级】 商品因性状不同分大黄精、鸡头黄精和姜形黄精。一般不分等级。

【化学成分】 含多糖类，如黄精多糖 A、B、C，黄精低聚糖 A、B、C 等。还含甾体皂苷类，如黄精皂苷 A、B 等。另含有黄酮、生物碱及蒽醌类化合物。

【鉴别与检查】 取样品加 70% 乙醇加热回流，抽滤，滤液蒸干，残渣加水溶解，加正丁醇提取 2 次，合并正丁醇液，蒸干，残渣加甲醇溶解制成供试品溶液。另取黄精对照药材同法制成甲醇溶液。用硅胶 G 薄层板，以石油醚（60～90℃）－乙酸乙酯－甲酸（5∶2∶0.1）为展开剂，展开，喷以 5% 香草醛硫酸溶液，在 105℃ 加热至斑点显色清晰。供试品色谱中，在与对照药材色谱相应的位置上，显相同颜色的斑点。

黄精水分不得过 18.0%，黄精片和酒黄精不得过 15.0%。总灰分不得过 4.0%。

重金属及有害元素铅不得过 5mg/kg；镉不得过 1mg/kg；砷不得过 2mg/kg；汞不得过 0.2mg/kg；铜不得过 20mg/kg。

【质量要求】

1. 外观质量 黄精个以块大、色黄、饱满，断面角质、半透明、味甜者为佳；以姜形黄精质量优。熟黄精以色黑、块大、油性大者为优。

2. 内在质量 ①浸出物含量：稀乙醇浸出物（热浸法）不得少于 45.0%。②含量测定：用紫外－可见分光光度法测定，黄精及黄精片含黄精多糖以无水葡萄糖计，不得少于 7.0%，酒黄精不得少于 4.0%。

【性味功能主治】 平，甘。补气养阴，健脾，润肺，益肾。用于脾胃气虚，体倦乏力，胃阴不足，口干食少，肺虚燥咳，劳嗽咯血，精血不足，腰膝酸软，须发早白，内热消渴。酒黄精：补肾益血，润肺生津。用于肾虚精亏，头晕目眩等。

【贮藏养护】 用麻袋或塑料编织袋内衬聚乙烯薄膜的复合包装袋包装，置干燥通风处保存。本品易

虫蛀、发霉。须经常检查，进行晾晒，防霉，防蛀。

【用法用量】9~15g。

>>> **知识链接** o -

　　我国有黄精属植物31种，全国各地有分布。除上述3种现行版《中国药典》收载正品来源外，还有同属多种植物根茎在不同地区作黄精使用，应注意鉴别。

- -

目标测试

答案解析

一、多选题

1. 以下为云药产区自然条件的有
   A. 海拔相差大　　　　　B. 地理条件复杂　　　　C. 雨水充足
   D. 气候条件复杂　　　　E. 常年干旱

2. 以下为著名云药商品的有
   A. 三七　　　　　　　　B. 百合　　　　　　　　C. 茯苓
   D. 黄连　　　　　　　　E. 琥珀

3. 以下是三七药材商品规格或等级的有
   A. 春三七　　　　　　　B. 冬三七　　　　　　　C. 剪口
   D. 筋条　　　　　　　　E. 中条

4. 以下为统货的药材商品有
   A. 重楼　　　　　　　　B. 茯苓　　　　　　　　C. 三七
   D. 萝芙木　　　　　　　E. 余甘子

5. 按基原及性状划分商品规格的药材商品有
   A. 黄精　　　　　　　　B. 三七　　　　　　　　C. 半夏
   D. 黄连　　　　　　　　E. 余甘子

二、名词解释题

1. 云药
2. 剪口

三、简答题

1. 木香药材商品的包装贮藏要求有哪些？
2. 茯苓药材商品规格的主要划分依据和主要商品规格有哪些？
3. 黄精药材商品的外观质量要求包括什么？

- -

书网融合……

思政导航　　　　　　　本章小结　　　　　　　题库

第十三章　贵　药

PPT

学习目标

知识目标

1. 掌握　贵药的含义及其主要道地药材品种；天麻、石斛、朱砂、杜仲、吴茱萸的道地产地、采制、规格等级、商品特征、鉴别与检查、贮藏方法。

2. 熟悉　通草、天冬、天南星、五倍子、白及、猪苓的道地产地、规格等级、贮藏方法。

3. 了解　贵药产区的自然环境条件；山慈菇、冰片、雄黄等的道地产地、规格等级；贵药产区药材商品的产销行情。

能力目标　通过本章的学习，具备获取、收集、处理、运用贵药产区市场信息的基本能力。

一、贵药概述

（一）贵药的含义

凡以贵州为主要产区或集散地的大宗商品药材称为贵药。

（二）贵药产区的自然环境

贵州位于我国的西南部，地处云贵高原东南部，位于东经 103°36′~109°35′，北纬 24°37′~29°13′。北邻四川、重庆，东连湖南，西接云南，南与广西交界。

贵州地貌属于西部高原山地，境内地势西高东低，由中部向北、东、南三面倾斜，平均海拔在1100m 左右。贵州高原山地居多，素有"八山一水一分田"之说。全省地貌可概括分为高原山地、丘陵和盆地三种基本类型，其中 92.5% 的面积为山地和丘陵。北部有大娄山，主峰仙人山海拔 1795m，为贵州高原的北界；东北部有武陵山，主峰梵净山高 2572m，为乌江和沅江的分水岭。西部与云南交界处有蒙山，属此山脉的赫章县珠市乡韭菜坪海拔 2900m，为贵州境内最高点；而黔东南州黎平县地坪乡水口河出省界处，海拔为 137m，为境内最低处；中部有苗岭横亘，为长江水系和珠江水系的分水岭。贵州岩溶地貌发育非常典型，喀斯特（出露）面积 109084km²，境内岩溶分布广泛，构成峰丛、洼地、溶丘、槽谷等特殊的岩溶生态系统。

贵州气候温暖湿润，属亚热带湿润季风气候区，年均气温 15℃左右，夏季最热月（七月）平均气温 22~25℃；冬季最冷月（一月）平均气温 3~6℃。水资源十分丰富，省内 80% 以上的地区年均降水量为 1000~1400mm，总的分布趋势是南部多于北部，东部多于西部。寒暖气流在此相遇，不易消散，形成连绵小雨，为我国阴雨天气最多的地区。年平均日照在 1200~1700 小时，日照率达 25%~40%。由于贵州纬度较低，海拔较高，有明显的高原性季风特点。具有冬无严寒，夏无酷暑，雨量充沛，春秋天气多变等特点。

（三）贵药产区的主要道地药材

贵州道地药材的产区主要有黔西北高原山地、黔东北武陵山脉一带、黔西南河谷丘陵地区、黔北大娄山山地及河谷地区、雷公山及茂兰自然保护区、贵阳市及安顺地区等，尤以苗岭、梵净山、大娄山区为多。主要道地药材有天冬、天麻、天南星、五倍子、石斛、白及、朱砂、杜仲、吴茱萸、通草、黄精、猪苓、冰片（艾片）、雄黄、黄柏、何首乌、山慈菇、山银花、淫羊藿、射干、金果榄等。

二、药材品种

天冬 Tiandong
Asparagi Radix

【别名】明天冬、天门冬。

【商品来源】为百合科植物天冬 *Asparagus cochinchinensis*（Lour.）Merr. 的干燥块根。

【商品产地】全国大部分地区均产。主产于贵州仁怀、湄潭、赤水、望谟、瓮安，重庆酉阳、彭水、涪陵，四川古蔺、泸州、乐山，广西百色、罗城，浙江平阳、景宁，云南巍山、宾川，湖南东安、祁阳。以贵州产量最大，品质佳，为道地药材。

【采制及商品种类】

天冬　秋、冬二季采挖，洗净，除去茎基和须根，置沸水中煮或蒸至透心，趁热除去外皮，洗净，干燥。

天冬片　除去杂质，迅速洗净，切薄片，干燥。

【商品特征】

天冬　呈长纺锤形，略弯曲。表面黄白色至淡黄棕色，半透明，光滑或具深浅不等的纵皱纹，偶有残存的灰棕色外皮。质硬或柔润，有黏性，断面角质样，中柱黄白色。气微，味甜、微苦。

天冬片　呈类圆形或不规则形的片。外表面黄白色至淡黄棕色，半透明，光滑或具深浅不等的纵皱纹，偶有残存的灰棕色外皮。质硬或柔润，有黏性。切面角质样，中柱黄白色。气微，味甜、微苦。

【规格等级】商品上分大天冬、小天冬两种规格。有分别分为一、二等及统货。其规格等级标准如下。

大天冬　一等：呈长纺锤形，略弯曲。表面黄白色至淡黄棕色，半透明，具较深的纵皱纹，偶有残存的灰棕色外皮。质硬或柔润，有黏性，断面角质样，皮部宽，中柱不明显。气微，味甜、微苦。长10cm 以上，直径 1.1cm 以上。

二等：长 5cm 以上，直径 0.9cm 以上。其余同一等。

统货：长度 5~18cm，直径 0.9~2.0cm。长短不一，大小不分。其余同一等。

小天冬　一等：呈细纺锤形或长椭圆形，比较平直，表面黄白色至淡黄棕色，半透明，光滑或具较浅的纵皱纹，偶有残存的灰棕色外皮。质硬或柔润，有黏性，断面角质样，中柱明显，呈黄白色。气微，味甜、微苦。长4cm 以上，直径 0.7cm 以上。

二等：长 4cm 以上，直径 0.5~0.7cm。其余同一等。

统货：长度 4~10cm，直径 0.5~0.9cm。长短不一，大小不分。其余同一等。

【化学成分】主含甾体皂苷（天冬呋甾醇寡糖苷 Asp－Ⅳ、Ⅴ、Ⅴ、Ⅵ）、甲基原薯蓣皂苷等。另含有多种氨基酸及天冬多糖 A、B、C、D 等。

【鉴别与检查】取样品加甲醇，超声，滤过，取滤液回收溶剂至干，残渣加水溶解，通过已处理好的 C_{18} 固相萃取柱，依次用水、10% 甲醇、甲醇洗脱，收集甲醇洗脱液蒸干，残渣加甲醇使溶解，作为供试品溶液。天冬对照药材同法制成对照药材溶液。用硅胶 G 薄层板，以三氯甲烷－甲醇－水（13:7:2）为展开剂，喷以 10% 硫酸乙醇试液。供试品色谱中，在与对照品色谱相应的位置上，显相同颜色的斑点。

水分不得过16.0%；总灰分不得过5.0%；二氧化硫残留量不得过400mg/kg。

【质量要求】

1. **外观质量** 以身干、条粗壮、色黄白、半透明、无外皮残留者为佳。

2. **内在质量** 浸出物含量：稀乙醇溶性浸出物（热）不得少于80.0%。

【性味功能主治】寒，甘、苦。养阴润燥，清肺生津。用于肺燥干咳，顿咳痰黏，腰膝酸痛，骨蒸潮热，内热消渴，热病津伤，咽干口渴，肠燥便秘。

【贮藏养护】麻袋或编织袋包装。本品富含糖分，夏季受热极易发生变色（红棕色至黑色）、粘连、发霉、生虫及走油。药材变软后附尘土不易除去，应置通风干燥处，防霉，防蛀。

【用法用量】6~12g。

>>> 知识链接

天冬为国家重点保护的野生植物药材品种。尚有同属多种植物的块根在部分地区或民间作天门冬入药，如多刺天门冬 *Asparagus myriacanthus* Wang et S. C. Chen、滇南天门冬 *Asparagus subscandens* Wang et S. C. Chen、羊齿天门冬 *Asparagus longiflorus* Franch、短梗天门冬 *Asparagus lycopodineus* Wall. ex Baker 等，称"土天冬""小天冬"等，大多味苦不甜，经营中要注意鉴别。四川省地方标准中收载的小天冬为同属植物密齿天门冬 *Asparagus meioclados* Levl. 的干燥块根。

天麻 Tianma

Gastrodiae Rhizoma

【别名】明天麻、赤箭、定风草。

【商品来源】为兰科植物天麻 *Gastrodia elata* Bl. 的干燥块茎。

【商品产地】主产于贵州大方、威宁、赫章、毕节、贵阳、遵义、正安、湄潭、务川、德江、桐梓，四川宜宾、乐山、凉山、雅安、通江、广元、南江、平武，重庆万州，云南昭通、彝良、镇雄，陕西汉中、宁强、勉县、南郑、城固，湖北恩施、利川，安徽岳西、金寨、霍山，河南商城、西峡等地。在浙江丽水、甘肃文县、天水、西藏林芝、湖南怀化、吉林抚松和长白山、北京怀柔等地区也有少量引种栽培。

【采制及商品种类】

天麻 立冬后至次年清明前采挖，立即洗净，蒸透，敞开低温干燥。

天麻片 洗净，润透或蒸软，切薄片，干燥。

冬麻 冬末或春初采挖者，此时天麻花茎未抽薹出土进行采收加工的天麻，习称"冬麻"，体重饱满，质优。

春麻 春季或夏季采挖者，即天麻花茎已抽薹出土进行采收加工的天麻，习称"春麻"，皮多皱缩、体轻质次。

红天麻 兰科植物天麻原变型红天麻 *Gastrodia elata* Bl. f. *elata* 的干燥块茎。主要产于长江及黄河流域海拔500~1500m的山区，遍及西南至东北大部地区。目前我国大部分地区栽培者多为此变型。

乌天麻 兰科植物天麻乌天麻变型 *Gastrodia elata* Bl. f. *glauca* S. Chow 的干燥块茎。主要产于贵州西部、云南东北部至西北部的1500m以上高海拔地区。在云南栽培的天麻多为此变型。

【商品特征】

天麻 呈长纺锤形，略弯曲。表面黄白色至淡黄棕色，半透明，光滑或具深浅不等的纵皱纹，偶有残存的灰棕色外皮。质硬或柔润，有黏性，断面角质样，中柱黄白色。气微，味甜、微苦。

天麻片 呈不规则的薄片。外表皮淡黄色至黄棕色，有时可见点状排成的横环纹。切面黄白色至淡棕色。角质样，半透明。气微，味甘。

冬麻 长扁圆形或椭圆形，顶端有的具"鹦哥嘴"或"红小辫"，底端有"肚脐眼"，体表有点状环纹。质坚实沉重，断面角质样，色明亮。

春麻 长扁圆形或椭圆形，顶端具残留茎基，质轻泡，断面色晦暗，空心。

红天麻 块茎较大，粗壮，长圆柱形或哑铃形。

乌天麻 块茎短粗，呈椭圆形至卵状椭圆形，节较密。

【规格等级】 按形态大小将家种或野生天麻均分 4 个等级。现药材市场上多按采收时间先分为冬麻和春麻，再按大小分为 4 个等级。其等级标准如下。

一等：干货。呈长椭圆形。扁缩弯曲，去净粗栓皮，表面黄白色，有横环纹，顶端有残留茎基或红黄色的枯芽。末端有圆盘状的凹脐形瘢痕。质坚实、半透明。断面角质，牙白色。味甘微辛。每千克 26 支以内，无空心、杂质、虫蛀、霉变。

二等：每千克 46 支以内，余同一等。

三等：断面牙白色或棕黄色稍有空心。每千克 90 支以内，大小均匀。余同二等。

四等：每千克 90 支以外。凡不符合一、二、三等的碎块、空心及未去皮者均属此等。

【化学成分】 主含对羟基苯甲醇 – β – D – 葡萄吡喃糠苷（天麻素），另含赤箭苷、对羟苄基甲醚、4 – (4′ – 羟苄氧基) 苄基甲醚、双 (4 – 羟苄基) 醚，以及对羟基苯甲醛、对羟基苯甲醇（天麻苷元）、派立辛、β – 谷甾醇、柠檬酸及其单甲酯、棕榈醇、琥珀酸、胡萝卜苷等。

【鉴别与检查】 取样品加甲醇，超声，滤过，蒸干，残渣加甲醇使溶解，作为供试品溶液。天麻对照药材同法制成对照药材溶液，天麻素对照品制成甲醇溶液。用硅胶 G 薄层板，以二氯甲烷 – 乙酸乙酯 – 甲醇 – 水（2∶4∶2.5∶1）为展开剂，喷以对羟基苯甲醛溶液，在 120℃ 加热至斑点显色清晰，置日光下检视。供试品色谱中，在与对照药材色谱和对照品色谱相应的位置上，显相同颜色的斑点。

采用高效液相色谱法测定特征图谱，以十八烷基硅烷键合硅胶为填充剂；以乙腈 – 0.1% 磷酸溶液为流动相，进行梯度洗脱；流速为 0.8ml/min；柱温为 30℃；检测波长为 220nm。测定得到色谱图供试品色谱中应呈现特征峰，并应与对照药材参照物色谱中的特征峰相对应，其中两峰应与天麻素对照品和对羟基苯甲醇对照品参照物峰保留时间相一致。

水分不得过 15.0%，总灰分不得过 4.5%，二氧化硫残留量不得过 400mg/kg。

【质量要求】

1. 外观质量 以个大、色黄白、质坚实体重、断面半透明、有光泽、无空心者为佳。

2. 内在质量 ①浸出物含量：稀乙醇溶性浸出物（热）不得少于 15.0%。②含量测定：用高效液相色谱法测定，含天麻素和对羟基苯甲醇的总量不得少于 0.25%。

【性味功能主治】 甘、平。息风止痉，平抑肝阳，祛风通络。用于小儿惊风，癫痫抽搐，破伤风，头痛眩晕，手足不遂，肢体麻木，风湿痹痛。

【贮藏养护】 可用塑料编织袋内衬聚乙烯薄膜的复合包装袋，或瓦楞纸箱内衬防潮纸包装。本品易虫蛀、发霉，应置干燥、通风处保存，注意避光，防潮，防霉及防虫蛀，不宜久贮。在夏季应经常检查并翻晒。

【用法用量】 3～10g。

>>> 知识链接

1. 2018 年中华中医药学会团体标准根据不同基原，将天麻药材分为"乌天麻"和"红天麻"两大类规格；根据不同采收时期，又细分为"冬麻"和"春麻"两种规格。根据每千克的个数，将"冬麻"

分为一等至四等四个等级，"春麻"为统货。现商品多为栽培品，个头大幅提升。

2. 红天麻主产于湖北夷陵区、罗田、英山、巴东、恩施，安徽金寨、岳西、霍山，陕西汉中，甘肃文县，河南商城、西峡、南阳，四川广元，贵州大方、德江，云南丽江等地，其中湖北恩施地区咸丰、鹤峰、巴东所产旧称"什路天麻"，陕西汉中、甘肃文县、河南南阳等西北地区所产旧称"西天麻或汉中天麻"。乌天麻主产于贵州毕节，云南昭通和迪庆，四川宜宾、泸州等地区，旧时统称为"川天麻"。

天南星 Tiannanxing
Arisaematis Rhizoma

【别名】南星、白南星、山苞米。

【商品来源】为天南星科植物天南星 *Arisaema erubescens*（Wall.）Schott、异叶天南星 *Arisaema heterophyllum* Bl. 或东北天南星 *Arisaema amurense* Maxim. 的干燥块茎。

【商品产地】我国大部分地区有产。主产于贵州毕节、金沙、大方、遵义、正安、道真、务川、德江，四川雅安、汉源、荥经、夹江、洪雅及凉山州，云南昭通、大关、彝良、绥江、永善，陕西石泉、宁陕、镇安、洛南、丹凤、汉阳、安康，甘肃天水、西和、武都，湖北咸宁、通城、通山、罗田、恩施、宜昌，河南长葛、登封、临汝、卢氏、辉县、济源、修武，安徽黄山；浙江天台、武义等地。

【采制及商品种类】

天南星 秋、冬二季茎叶枯萎时采挖，除去须根及外皮，干燥。

天南星片 除去杂质，洗净，切薄片，干燥。

制天南星 用水浸泡天南星，每日换水 2~3 次，如起白沫时，换水加白矾泡一日后，再换水，至切开口尝微有麻舌感时取出。将生姜片、白矾置锅内加适量水煮沸后，倒入天南星共煮至无干心时取出，除去姜片，晾四至六成干时，切薄片，干燥。

【商品特征】

天南星 呈扁球形，表面类白色或淡棕色，较光滑，顶端有凹陷的茎痕，周围有麻点状根痕，有的块茎周边有小扁球状侧芽。质坚硬，不易破碎，断面不平坦，白色，粉性。气微辛，味麻辣。

天南星片 呈不规则的薄片。外表皮淡黄色至黄棕色，有时可见点状排成的横环纹。切面黄白色至淡棕色。角质样，半透明。气微，味甘。

制天南星 呈类圆形或不规则形的薄片。黄色或淡棕色，质脆易碎，断面角质状。气微，味涩，微麻。

【规格等级】根据直径大小，将天南星分为选货和统货，其中选货分为 2 个等级。其规格等级标准如下。

一等：干品。呈扁球形，表面乳白色或淡棕色，较光滑，有的皱缩，顶端有凹陷的茎痕，周围有麻点状根痕，有的块茎周边有小扁球状侧芽。质坚硬，不易破碎，断面不平坦，色白，粉性，有的可见筋脉，气微辛，味麻辣。直径 4.5cm 以上，无虫蛀，霉变。

二等：直径 4.5cm 以内，无虫蛀，霉变。其余同一等。

统货：干品。呈扁球形，表面乳白色或淡棕色，较光滑，有的皱缩，顶端有凹陷的茎痕，周围有麻点状根痕，有的块茎周边有小扁球状侧芽。质坚硬，不易破碎，断面不平坦，色白，粉性，有的可见筋脉，气微辛，味麻辣。

【化学成分】含生物碱，如胡芦巴碱、秋水仙碱、水苏碱及胆碱等；还含黄酮类，有芹菜素、夏佛托苷、异夏佛托苷等。尚含多种氨基酸、脂肪酸、甾醇类、原儿茶醛、微量元素等。

【鉴别与检查】取样品加 60% 乙醇超声处理，滤液水浴挥干。加于 AB-8 大孔树脂柱上，以水洗脱，弃去水液，再以 60% 乙醇洗脱，洗脱液蒸干，残渣加乙醇溶解，离心，取上清液作为供试品溶液。天南星对照药材同法制成乙醇溶液。用硅胶 G 薄层板，以乙醇-吡啶-浓氨试液-水（8：3：3：2）为展开剂，喷以 5% 氢氧化钾甲醇溶液，分别置日光和紫外灯（365nm）下检视。供试品色谱中，在与对照药材色谱相应的位置上，显相同颜色的斑点。

制天南星：取样品加乙醇加热回流，滤液蒸干，残渣加乙醚超声处理，蒸干，加甲醇溶解，作为供试品溶液。另取对照药材，同法制成对照药材溶液。用硅胶 G 薄层板，以环己烷-乙醚-丙酮-冰醋酸（40：10：5：0.5）为展开剂，喷以 10% 硫酸乙醇溶液，在 105℃ 加热至斑点显色清晰。供试品色谱中，在与对照药材色谱相应的位置上，显相同颜色的主斑点。

天南星水分不得过 15.0%，总灰分不得过 5.0%。制天南星水分不得过 12.0%，总灰分不得过 4.0%；白矾以含水硫酸铝钾计不得过 12.0%。

【质量要求】

1. 外观质量 生天南星以个大、色白、坚实、粉性足者为佳；制天南星以片形完整、色浅、麻舌感不强为佳。

2. 内在质量 ①浸出物含量：稀乙醇溶性浸出物（热）不得少于 9.0%。②含量测定：用紫外-可见分光光度法测定，含总黄酮以芹菜素计，不得少于 0.050%。

【性味功能主治】温，苦、辛；有毒。散结消肿。外用治痈肿，蛇虫咬伤。

制天南星：降低了毒性，增强了燥湿化痰，祛风止痛，散结消肿的功效。用于顽痰咳嗽，风痰眩晕，中风痰壅，口眼㖞斜，半身不遂，癫痫、惊风、破伤风；外用治痈肿，蛇虫咬伤。

【贮藏养护】置通风干燥处，防霉、防蛀。

【用法用量】外用生品适量，研末以醋或酒调敷患处。孕妇慎用；生品内服宜慎。

>>> 知识链接 •————————————————————————————————————•

除上述 3 种正品外，还有天南星属 20 多种植物的块茎分别在全国各地作天南星习用品入药。另有犁头尖属 *Typhonium*、魔芋属 *Amorphophallus*、半夏属 *Pinellia* 等植物地下茎混入天南星中药用，应注意鉴别。

五倍子 Wubeizi
Galla Chinensis

【别名】棓子、百药煎、百虫仓、文蛤。

【商品来源】为漆树科植物盐肤木 *Rhus chinensis* Mill. 、青麸杨 *Rhus potaninii* Maxim. 或红麸杨 *Rhus punjabensis* Stew. var. *sinica*（Diels）Rehd. et Wils. 叶上的虫瘿，主要由五倍子蚜 *Melaphis chinensis*（Bell）Baker 寄生而形成。

【商品产地】角倍主产于贵州遵义、毕节、四川、云南、湖北、湖南等地，陕西、河南、浙江亦产。肚倍主产于贵州遵义、毕节、四川、云南、湖南、陕西、河南，以四川产量最大。盐肤木结的角倍产量占五倍子总产量的 90%，红麸杨结的肚倍占肚倍的 90%，皆销全国并出口。

【采制及商品种类】

五倍子 秋季采摘，置沸水中略煮或蒸至表面呈灰色，杀死蚜虫，取出，干燥。按外形不同，分为"肚倍"和"角倍"。

五倍子片 敲开，除去杂质。

【商品特征】

肚倍 呈长圆形或纺锤形囊状。表面灰褐色或灰棕色，微有柔毛。质硬而脆，易破碎，断面角质样，有光泽，壁厚 0.2 ~ 0.3cm，内壁平滑，有黑褐色死蚜虫及灰色粉状排泄物。气特异，味涩。

角倍 呈菱形，具不规则的角状分枝，柔毛较明显，壁较薄。

五倍子片 呈不规则碎片状。表面灰褐色或灰棕色，微有柔毛，内壁光滑。质硬而脆，断面角质样，有光泽。气特异，味涩。

【规格等级】 根据长、直径、单个重量、每 500g 个数和破碎率，将五倍子角倍、肚倍规格分为"选货"和"统货"两个等级。其规格等级标准如下。

肚倍 选货：干货。呈长圆形或纺锤形囊状，表面灰褐色或灰棕色，微有柔毛。质硬而脆，易破碎，断面角质样，有光泽，壁厚 0.2 ~ 0.3cm，内壁平滑，有黑褐色死蚜虫及灰色粉状排泄物。气特异，味涩。长 4.5cm 以上，直径 2.5 ~ 4cm，单个重量 > 4.5g，大小较均匀一致。每 500g < 95 个。破碎率 < 10%。

统货：长 2.5 ~ 9cm，直径 1.5 ~ 4cm，大小差异较大。每 500g ≥ 95 个。破碎率 < 20%。其余同选货。

角倍 选货：干货。呈菱形，具不规则的钝角状分枝，表面灰褐色或灰棕色，柔毛较明显。质硬而脆，易破碎，断面角质样，有光泽，壁厚 0.2 ~ 0.3cm，内壁平滑，有黑褐色死蚜虫及灰色粉状排泄物。气特异，味涩。长 5cm 以上，直径 2.5 ~ 4cm，单个重量大于 4g，大小较均匀一致。每 500g < 115 个。破碎率 < 15%。

统货：长 2.5 ~ 9cm，直径 1.5 ~ 4cm，大小差异较大。每 500g ≥ 115 个。破碎率 < 25%。其余同选货。

【化学成分】 含五倍子鞣质（习称五倍子鞣酸）50% ~ 78%。另含没食子酸 2% ~ 4%、脂肪、树脂及蜡质等。

【鉴别与检查】 取样品加甲醇超声处理，滤液作为供试品溶液。五倍子对照药材同法制成甲醇溶液；没食子酸对照品制成甲醇溶液。用硅胶 GF_{254} 薄层板，以三氯甲烷 – 甲酸乙酯 – 甲酸（5:5:1）为展开剂，置紫外光灯（254nm）下检视。供试品色谱中，在与对照药材色谱和对照品色谱相应的位置上，显相同颜色的斑点。

水分不得过 12.0%，总灰分不得过 3.5%。

【质量要求】

1. 外观质量 个大、完整、壁厚、色灰褐者为佳。一般以内壁布满蚜虫者为优。肚倍质优；角倍质次。

2. 内在质量 ①用鞣质含量测定法，含鞣质不得少于 50.0%。②含量测定：用高效液相色谱法测定，含鞣质以没食子酸计，不得少于 50.0%。

【性味功能主治】 寒，酸、涩。敛肺降火，涩肠止泻，敛汗，止血，收湿敛疮。用于肺虚久咳，肺热痰嗽，久泻久痢，自汗盗汗，消渴，便血痔血，外伤出血，痈肿疮毒，皮肤湿烂。

【贮藏养护】 置通风干燥处，防压。

【用法用量】 3 ~ 6g，外用适量。

>>> **知识链接** o -

五倍子产生必备三个要素：盐肤木类植物（寄主）、五倍子蚜虫类昆虫和提灯藓属植物（越冬寄主）。提灯藓属中仅有 3 种植物可以作为五倍子蚜虫的越冬寄主，它们分别是分布于贵州、湖北、湖南、浙江的皱叶提灯藓 *Mnium maximoviczii* Lindl.，分布于贵州、湖北、湖南、浙江、广西的尖叶提灯藓 *Mnium cuspidatum* Hedw.，以及分布于湖北、湖南、浙江的圆叶提灯藓 *Mnium vesicatum* Besch.。

石斛 Shihu

Dendrobii Caulis

【别名】黄草、枫斗。

【商品来源】本品为兰科植物金钗石斛 *Dendrobium nobile* Lindl.、霍山石斛 *Dendrobium huoshanense* C. Z. Tang et S. J. Cheng、鼓槌石斛 *Dendrobium chrysotoxum* Lindl. 或流苏石斛 *Dendrobium fimbriatum* Hook. 的栽培品及其同属植物近似种的新鲜或干燥茎。

【商品产地】主产于贵州罗甸、兴仁、安顺、都匀，广西靖西、凌乐、田林、睦边，广东，四川凉山、甘孜、雅安、双流、金堂，安徽霍山，云南砚山、巍山、师宗等地。

【采制及商品种类】全年均可采收，鲜用者除去根和泥沙；干用者采收后，除去杂质，用开水略烫或烘软，再边搓边烘晒，至叶鞘搓净，干燥。霍山石斛 11 月至翌年 3 月采收，除去叶，根须及泥沙等杂质，洗净，鲜用，或加热除去叶鞘制成干条；或边加热边扭成螺旋状或弹簧状，干燥，称霍山石斛枫斗。

【商品特征】

鲜石斛 呈圆柱形或扁圆柱形，长约 30cm，直径 0.4~1.2cm。表面黄绿色，光滑或有纵纹，节明显，色较深，节上有膜质叶鞘。肉质多汁，易折断。气微，味微苦而回甜，嚼之有黏性。

金钗石斛 呈扁圆柱形，长 20~40cm，直径 0.4~0.6cm，节间长 2.5~3cm。表面金黄色或黄中带绿色，有深纵沟。质硬而脆，断面较平坦而疏松。气微，味苦。

霍山石斛 干条呈直条状或不规则弯曲形，长 2~8cm，直径 1~4mm。表面淡黄绿色至黄绿色，偶有黄褐色斑块，有细纵纹，节明显，节上有的可见残留的灰白色膜质叶鞘；一端可见茎基部残留的短须根或须根痕，另一端为茎尖，较细。质硬而脆，易折断，断面平坦，灰黄色至灰绿色，略角质状。气微，味淡，嚼之有黏性。鲜品稍肥大。肉质，易折断，断面淡黄绿色至深绿色。气微，味淡，嚼之有黏性且少有渣。枫斗呈螺旋形或弹簧状，通常为 2~5 个旋纹，茎拉直后性状同干条。

鼓槌石斛 呈粗纺锤形，中部直径 1~3cm，具 3~7 节。表面光滑，金黄色，有明显凸起的棱。质轻而松脆，断面海绵状。气微，味淡，嚼之有黏性。

流苏石斛 呈长圆柱形，长 20~150cm，直径 0.4~1.2cm，节明显，节间长 2~6cm。表面黄色至暗黄色，有深纵槽。质疏松，断面平坦或呈纤维性。味淡或微苦，嚼之有黏性。

【规格等级】全国各地石斛商品因植物品种及加工方式不同，规格十分复杂且不统一。多为统装。商品分鲜石斛和干石斛。

鲜石斛分金钗型（茎扁，仅来源于植物金钗石斛）和黄草型（茎圆，石斛属其他植物）。干石斛商品可按茎的粗细大致分为大黄草、中黄草及小黄草；又分为细黄草广西统装（片），云、贵统装（片）；粗黄草统装（片）；石斛统装（干、圆、扁形或片）；金钗统装、次统装等规格。

【化学成分】含倍半萜生物碱，如石斛碱、石斛酮碱、6－羟基石斛碱、石斛醚碱等。鲜茎含挥发油，主要成分为柏泪醇（约为 50.46%）。另含黏液质及多糖等。鼓槌石斛尚含毛兰素，具有抗肿瘤作用。流苏石斛含石斛酚。

【鉴别与检查】金钗石斛：取样品加甲醇超声处理，滤液作为供试品溶液。石斛碱对照品制成甲醇溶液。用硅胶 G 薄层板，以石油醚（60~90℃）－丙酮（7：3）为展开剂，喷以碘化铋钾试液。供试品色谱中，在与对照品色谱相应的位置上，显相同颜色的斑点。

霍山石斛：取样品加无水甲醇超声处理，滤过挥干加水溶解，分别用石油醚（60~90℃）、乙酸乙酯、水饱和正丁醇洗涤，蒸干加无水甲醇，作为供试品溶液。另取霍山石斛对照药材，同法制成对照药材溶液。再取夏佛塔苷对照品，加甲醇制成对照品溶液。用聚酰胺薄膜板，以乙醇－丁酮－乙酰丙酮－

水（4：4：1：17）为展开剂，喷以5%三氯化铝乙醇溶液，在105℃加热，置紫外光灯（365nm）下检视。供试品色谱中，在与对照药材色谱和对照品色谱相应的位置上，显相同颜色的荧光斑点。

鼓槌石斛：取样品加甲醇超声处理，续滤液蒸干，残渣加甲醇制成供试品溶液。毛兰素对照品制成甲醇溶液。用高效硅胶G薄层板，以石油醚（60~90℃）–乙酸乙酯（3：2）为展开剂，喷以10%硫酸乙醇溶液，在105℃加热至斑点显色清晰。供试品色谱中，在与对照品色谱相应的位置上，显相同颜色的斑点。

流苏石斛：取样品加甲醇超声处理，滤液蒸干，残渣加甲醇制成供试品溶液。石斛酚对照品制成甲醇溶液。薄层板、展开剂、显色剂均与鼓槌石斛薄层展开相同。供试品色谱中，在与对照品色谱相应的位置上，显相同颜色的斑点。

霍山石斛：采用聚合酶链式反应–限制性内切酶长度多态性方法，供试品凝胶电泳图谱中，在与对照药材凝胶电泳图谱相应的位置上，在100~200bp应有单一DNA条带，空白对照无条带。

霍山石斛：采用高效液相色谱法测定特征图谱，以十八烷基硅烷键合硅胶为填充剂；以乙腈–甲醇–0.01%乙酸铵溶液为流动相，进行梯度洗脱；流速为0.8ml/min；柱温为40℃；检测波长为340nm。测定得到色谱图供试品色谱中应呈现5个特征峰，并应与对照药材参照物色谱峰中的5个特征峰保留时间相对应，其中峰1应与对照品参照物峰保留时间相一致。

干石斛水分不得过12.0%，总灰分不得过5.0%。霍山石斛总灰分不得过7.0%。

【质量要求】

1. 外观质量　鲜石斛以色青绿、肥满多汁、嚼之发黏者为佳；干石斛以色金黄、质柔者为优。习惯上认为主产于广西靖西的金钗石斛质量最优。

2. 内在质量　①霍山石斛浸出物含量：乙醇溶性浸出物（热）不得少于8.0%。②含量测定：用气相色谱法测定，金钗石斛含石斛碱不得少于0.40%；用紫外–可见分光光度法测定，霍山石斛含多糖以无水葡萄糖计不得少于17.0%；用高效液相色谱法测定，鼓槌石斛含毛兰素不得少于0.03%。

【性味功能主治】　微寒，甘。益胃生津，滋阴清热。用于热病津伤，口干烦渴，胃阴不足，食少干呕，病后虚热不退，阴虚火旺，骨蒸劳热，目暗不明，筋骨痿软。

【贮藏养护】　干品置通风干燥处，防潮；鲜品置阴凉潮湿处，防冻。

【用法用量】　6~12g；鲜品15~30g。

>>> **知识链接** ●--

石斛药材商品来源复杂，其原植物约有21种。近年来其野生资源被严重破坏，药材供应量已经日益稀少，现各地已有栽培药材上市。

现行版《中国药典》中铁皮石斛 *Dendrobium officinale* Kimura et Migo 已经单列。药材产地加工成螺旋状或弹簧状，习称"铁皮枫斗"或"耳环石斛"。切段干燥，习称"铁皮石斛"。

近年来市场上还出现兰科石仙桃属植物云南石仙桃 *Pholidota yunnanensis* Rolfe、石仙桃 *Pholidota chinensis* Lindl.、细叶石仙桃 *Pholidota cantonensis* Rolfe. 和兰科金石斛属植物戟叶金石斛 *Ephemerantha lonchophylla*（Hook. f.）P. F. Hunt et Summerhouse. 等混入石斛药材中使用的情况，应注意鉴别。

--●

白及 Baiji

Bletillae Rhizoma

【别名】　白芨、连及草、地螺丝、石荸荠、冻疮药。

【商品来源】　为兰科植物白及 *Bletilla striata*（Thunb.）Reichb. f. 的干燥块茎。

【商品产地】 主产于贵州安龙、兴义、普安、晴隆、安顺、都匀，四川内江、温江、绵阳，湖南大康、桑植，湖北咸宁、鹤峰、始康，安徽池州、徽州，河南灵宝、栾川，浙江临海、淳安，陕西渭南等地及云南、江西、甘肃、江苏、广西等省区。以贵州产量最多，质量亦好，销全国及出口。

【采制及商品种类】

白及个 夏、秋二季（8～10月）采挖，野生白及多在秋末冬初采挖。挖取块茎，除去茎叶及须根，洗净泥沙，立即置沸水中煮或蒸至无白心，晒至半干，除去外皮，晒干。

白及片 块茎洗净，趁鲜纵切成片，直接晒干，或润透，切薄片，晒干。

白及粉 将白及个或白及片粉碎，过筛，晒干。

【商品特征】

白及个 呈菱角状或不规则扁圆形，长1.5～5cm。上有圆状疤痕，周围有同心环纹。表面黄白色，略透明，质坚韧，嚼之发黏。

白及片 呈不规则薄片。外表皮灰白色或黄白色。切面类白色。角质样，半透明。维管束散生，小点状。质脆，气微，味苦，嚼之有黏性。

白及粉 黄白色细粉，100～120目。

【规格等级】

白及 商品一般为统货。要求个体饱满，色白、半透明。等外白及：个体瘦瘦，粒小或带皮。

白及片 统装。半透明，无焦、枯片。

【化学成分】 含白及甘露聚糖。另含具有抗菌活性的4,7-二羟基-1-对羟苄基-2-甲氧基-9,10-二氢菲等。

【鉴别与检查】 取样品加70%乙醇超声处理，滤液蒸干。残渣加水溶解，用乙醚振摇提取2次。挥至1ml，作为供试品溶液。白及对照药材同法制成乙醇溶液。用硅胶G薄层板，以环己烷-甲酸乙酯-甲醇（6：2.5：3）为展开剂，喷以10%硫酸乙醇溶液，在105℃加热数分钟，放置30～60分钟，供试品色谱中，在与对照药材色谱相应的位置上，显相同颜色的斑点；置紫外灯（365nm）下检视，供试品色谱中，在与对照药材色谱相应的位置上，显相同的棕红色荧光斑点。

水分不得过15.0%，总灰分不得过5.0%，二氧化硫残留量不得过400mg/kg。

【质量要求】

1. 外观质量 以个大、饱满、色白、明亮、质坚、胶质重者为佳。

2. 内在质量 含量测定：用高效液相色谱法测定，含1,4-二［4-（葡萄糖氧）苄基］-2-异丁基苹果酸酯（$C_{34}H_{46}O_{17}$）不得少于2.0%。

【性味功能主治】 微寒。苦、甘、涩。收敛止血，消肿生肌。用于咯血，吐血，外伤出血，疮疡肿毒，皮肤皲裂。

【贮藏养护】 置通风干燥处保存，注意防潮、防霉变、防虫蛀。

【用法用量】 6～15g。研末吞服3～6g。外用适量。不宜与川乌、制川乌、草乌、制草乌、附子同用。

>>> **知识链接** •--

白及属植物共有6种，我国产4种。除白及 *Bletilla striata*（Thunb.）Reichb. f. 外，其余3种包括黄花白及 *Bletilla ochracea* Schltr. 、小白及 *Bletilla formosana*（Havata）Schltr 、华白及 *Bletilla sinensis*（Rolfe）Schitr. 的块茎也在各地入药使用，均称"小白及"，性状与正品白及相似，但较瘦小，外皮皱缩，棕黄色或黄色。

《中药材商品规格等级（226种）》（中华中医药学会团体标准）将白及分为"选货"和"统货"两

个规格。根据每千克所含个数，将白及选货规格分为"一等"和"二等"两个等级。

白及属植物块茎含丰富胶质黏液，在高级陶瓷、橡胶制品中使用白及粉作黏合剂的现象很普遍。

朱砂 Zhusha
Cinnabaris

【别名】辰砂、丹砂、赤砂、神砂。

【商品来源】为硫化物类矿物辰砂族辰砂。

【商品产地】主产于贵州省铜仁市万山特区和湖南新晃及凤凰。重庆的秀山、酉阳和广西的南丹、灵川、平果也有产。以万山特区所产朱砂色红鲜艳、品位高、质量好、产量大，为著名产地。

【采制及商品种类】

朱砂　全年可开采，但冬季生产较少。挖出矿石后，选取纯净者，用磁铁吸尽含铁杂质，再用水淘去杂石和泥沙。

朱砂粉　取朱砂，用磁铁吸去铁屑，或照水飞法水飞，晾干或40℃以下干燥。

【商品特征】

朱砂　为粒状或块状集合体，呈颗粒状或片块状。鲜红色或暗红色，条痕红色至褐红色，具金刚光泽。体重，质脆。片状者易破碎；粉末状者有闪烁的光泽。气微，味淡。

朱砂粉　鲜红色或暗红色的极细粉末。体轻，以手指撮之无粒状物。气微，味淡。

【规格等级】药用多为朱砂粉，一般为统货。

【化学成分】主含硫化汞。

【鉴别与检查】①取本品粉末，用盐酸湿润后，在光洁的铜片上摩擦，铜片表面显银白色光泽，加热烘烤后，银白色即消失。②取本品粉末 2g，加盐酸 – 硝酸（3∶1）的混合溶液 2ml 使溶解，蒸干，加水 2ml 使溶解，滤过，滤液显汞盐与硫酸盐的鉴别反应。③铁检查：取本品 1g，加稀盐酸 20ml，加热煮沸 10 分钟，放冷，滤过，滤液置于 250ml 量瓶中，加氢氧化钠试液中和后，加水至刻度。取 10ml，照铁盐检查法检查，如显颜色，与标准铁溶液 4ml 制成的对照液比较，不得更深（0.1%）。

【质量要求】

1. 外观质量　各种商品均以色鲜红、光泽透明、体重质脆、无杂质者为佳。

2. 内在质量　含量测定：用滴定法测定，朱砂含硫化汞不得少于 96.0%；朱砂粉含硫化汞不得少于 98.0%。

【性味功能主治】微寒，甘，有毒。清心镇惊。安神，明目，解毒。用于心悸易惊，失眠多梦，癫痫发狂，小儿惊风，视物昏花，口疮，喉痹，疮疡肿毒。

【贮藏养护】用硬纸盒装，或用纸包后封装于木箱内。置干燥处保存，注意防尘、防潮。朱砂粉用瓷器盛装，密闭保存。本品在高热情况下，易分解产生游离汞，有大毒，忌加热炮制。

【用法用量】0.1 ~ 0.5g，多入丸散服，不宜入煎剂。外用适量。

>>> 知识链接

朱砂过去以湖南辰州（今湖南沅陵）为集散地，行销全国，故称"辰砂"。目前商品上称为"辰砂"的，系指人工合成品，又称"平口砂""灵砂"，以水银、硫黄为原料，经加热升华而成。全体暗红色，断面呈纤维柱状，具宝石样或金属光泽，质松脆，易破碎，习称"马牙柱"。含硫化汞（HgS）99.0% 以上。多作外用药或颜料、防腐剂等。

"银朱"为细粒、疏散的土状深红色粉末，是与人工朱砂同原料、同方法、在同一罐中制成，仅是结晶的部位不同。本品质重，具强光泽，吸湿易结块，捻之极细面染指。

朱砂过去多按形状、色泽、质地分为分为朱宝砂（洋尖砂）、豆瓣砂（个砂）、镜面砂（片砂）。朱宝砂呈细小颗粒或粉末状，色红明亮，有闪烁的光泽，触之不染手者。镜面砂呈不规则板片状、斜方形或长条形，大小厚薄不一，边缘不整齐，色红而鲜艳，光亮如镜面而微透明，质较松脆者。豆瓣砂块状较大，方圆形或多角形，颜色发暗或呈灰褐色，质重而坚，不易碎者。

朱砂含硫化汞，有毒性，不可大量服用，也不可少量久服。近年来其临床使用量已经大大降低，其销售量也只降不升。

杜仲 Duzhong
Eucommiae Cortex

【别名】丝棉皮、扯丝皮。

【商品来源】为杜仲科植物杜仲 *Eucommia ulmoides* Oliv. 的干燥树皮。

【商品产地】主产于贵州遵义、正安、湄潭、贵阳、息烽、惠水、紫云、安顺、毕节、赤水、习水、仁怀、印江，四川广元、青川、平武、绵阳、温江、彭州、都江堰、达州、万州，陕西镇坪、安康、西乡、宁强、凤翔、旬阳、汉中、安康，湖南慈利、桑植、常德、吉首，湖北襄阳、宜昌、恩施、十堰，河南嵩县、栾川、洛宁、卢氏、南阳，云南水善、镇雄。此外，江西、甘肃等省亦产。产贵州者质最佳。

【采收及商品种类】

杜仲 春季清明至夏至采收，以年久皮厚者为佳。选取生长 10 年以上的植株，剥取树皮，刮去粗皮，堆置"发汗"至内皮呈紫褐色，晒干。

杜仲块 刮去残留粗皮，洗净，切块，干燥。

杜仲丝 刮去残留粗皮，洗净，切丝，干燥。

盐杜仲 取杜仲块或丝，照盐炙法炒至断丝，表面焦黑色。

【商品特征】

杜仲 呈板片状或两边稍向内卷，外表面粗糙，内表面紫褐色，质脆，易折断，断面有细密、银白色、富弹性的橡胶丝相连，一般可拉至 1cm 左右或以上才断。

杜仲块 呈小方块状。外表面淡棕色或灰褐色，有明显的皱纹。内表面暗紫色，光滑。断面有细密、银白色、富弹性的橡胶丝相连。气微，味稍苦。

杜仲丝 呈丝状。其余同杜仲块。

盐杜仲 形如杜仲块或丝。表面显褐色，内表面褐色，折断时橡校丝弹性差，味微咸。

【规格等级】以宽度和厚度为确定等级的主要标准，长度只做参考。商品分特等、一等、二等、三等四个等级，等级标准如下。

特等：呈平板状，两端平齐，去净粗皮。表面呈灰褐色，内表面紫褐色。质脆。折断处有银白色胶丝相连，味微苦。整张长 70~80cm，宽 50cm 以上，厚 7mm 以上。碎块不超过 10%。无卷形、杂质、霉变。

一等：整张长 40cm 以上，宽 40cm 以上，厚 5mm 以上。碎块不超过 10%，余同特等。

二等：呈板片状或卷筒状，内表皮青紫色。整张长 40cm 以上，宽 30cm 以上，厚 3mm 以上。碎片不超过 10%，余同一等。

三等：凡不符合特等及一、二等标准，厚度最薄不得小于 2mm，包括枝皮、根皮、碎块，均属此等。

【化学成分】含木脂素类，如松酯醇二葡萄糖苷、杜仲素 A、松脂素等；环烯醚萜苷类，如桃叶珊瑚苷、京尼平苷、杜仲苷等；甾醇类，如β-谷甾醇等；三萜类，如白桦脂醇等；树脂；鞣质类；橡胶类，如杜仲胶，为一种硬质橡胶，其含量因树龄和皮片厚度不同而异。

【鉴别与检查】 水分不得过13.0%，总灰分不得过10.0%。

【质量要求】

1. 外观质量 以皮厚、块大、去净粗皮、内表面暗紫色，断面银白色橡胶丝多者为佳。

2. 内在质量 ①浸出物含量：乙醇（70%）浸出物不得少于11.0%。②含量测定：用高效液相色谱法测定，松脂醇二葡萄糖苷不得少于0.10%。

【性味功能主治】 温，甘。补肝肾，强筋骨，安胎。用于肝肾不足，腰膝酸痛，筋骨无力，头晕目眩，妊娠漏血，胎动不安。

【贮藏养护】 打捆，一般为压缩打包件，每件50kg。本品易发霉，应置干燥通风处保存。

【用法用量】 6～10g。

>>> **知识链接** ◦- -

《中药材商品规格等级（226种）》（中华中医药学会团体标准）将杜仲药材商品分为"选货"和"统货"两个规格。根据杜仲商品的厚度、形状等指标，将杜仲选货规格分为"一等"和"二等"两个等级。

市场上有以夹竹桃科植物杜仲藤 *Parabarum huaiting* Chun et Tsiang、毛杜仲藤 *Parabarium hainanense* Tsiang、紫花络石 *Trachelospermum axillare* Hook. f. 和卫矛科植物白杜 *Euonymus maacki* Rupr 的树皮在不同地方混作杜仲药材使用的情况，应注意鉴别。

- ●

吴茱萸 Wuzhuyu
Euodiae Fructus

【别名】 吴芋、吴萸、吴于、米辣子、气辣子。

【商品来源】 为芸香科植物吴茱萸 *Euodia rutaecarpa*（Juss.）Benth、石虎 *Euodia. rutaecarpa*（Juss.）Benth. var. *officinalis*（Dode）Huang 及疏毛吴茱萸 *Erodia rutaecarpa*（Juss.）Benth. var. *Bodinleri*（Dode）Huang 的干燥未成熟果实。前者称为"大粒吴萸"（大花吴萸），后两者称为"小粒吴萸"（小花吴萸）。

【商品产地】 吴茱萸药材主产于贵州、广西、湖南、云南、四川、广东、重庆、浙江等省区。以贵州、广西产量较大。其中，疏毛吴茱萸主产于贵州铜仁、松桃、印江、玉屏、思南、岑巩、石阡、沿河、德江、凤冈、务川、镇远、施秉、遵义、习水、湄潭、安顺。疏毛吴茱萸为吴茱萸药材的主流商品。产量最大，使用最广，并出口。吴茱萸主产于广西龙州、百色，销全国，并出口。石虎主产于湖南常德、新晃、保靖、永顺、监利、凤凰、沅江、湘阴、芷江，销全国。

【采制及商品种类】

吴茱萸 9～11月萸果实呈绿色或微黄绿色且尚未开裂时采收，将果枝剪下，晒干或低温干燥，除去枝、叶、果梗等杂质。

制吴茱萸 取甘草捣碎，加适量水，煎汤，去渣，加入净吴茱萸，闷润吸尽后，炒至微干，取出，晒干。

【商品特征】 呈细小五角状扁球形或圆球形，表面绿黑色，基部果梗上密被毛茸。气芳香浓郁，味辛辣而苦。

大粒吴萸 呈五棱扁球形，颗粒较大，顶端具5瓣，多裂口。表面黑褐色。气芳香浓郁。

小粒吴萸 呈圆球形，颗粒略细，多闭口。表面绿色或灰绿色。香气较淡。

制吴茱萸 形如吴茱萸，表面棕褐色至暗褐色。

【规格等级】吴茱萸按形状及大小分为大粒、小粒两种规格，均为统货。

大粒统货：呈五棱扁球形。表面黑褐色，粗糙，有瘤状突出成凹陷的油点。顶端具5瓣，多裂口，气芳香浓郁，味辛辣。无枝梗、杂质、霉变。

小粒统货：果实呈圆球形，裂瓣不明显，多闭口，饱满。表面绿色或灰绿色。香气较淡，味辛辣。无枝梗、杂质、霉变。

【化学成分】含生物碱，如吴茱萸碱（吴茱萸胺）、吴茱萸次碱、羟基吴茱萸碱等。还含挥发油，油中主要成分为吴茱萸烯，为油的香气成分。尚含柠檬苦素、吴茱萸苦素等。

【鉴别与检查】取样品加乙醇，静置，超声处理，滤液作为供试品溶液。吴茱萸次碱、吴茱萸碱分别制成乙醇溶液。用硅胶G薄层板，以石油醚（60～90℃）－甲酸乙酯－三乙胺（7∶3∶0.1）为展开剂，置紫外灯（365nm）下检视。供试品色谱中，在与对照品色谱相应的位置上，显相同颜色的荧光斑点。

杂质不得过7%，水分不得过15.0%，总灰分不得过10.0%。

【质量要求】

1. 外观质量 均以粒小、饱满、色碧绿、开口少、香气浓、无枝梗者为佳。

2. 内在质量 ①浸出物含量：稀乙醇浸出物（热）不得少于30.0%。②含量测定：用高效液相色谱法测定，吴茱萸碱和吴茱萸次碱的总量不得少于0.15%，柠檬苦素不得少于0.20%。

【性味功能主治】热，辛、苦，有小毒。散寒止痛，降逆止呕，助阳止泻。用于厥阴头痛，寒疝腹痛，寒湿脚气，经行腹痛，脘腹胀痛，呕吐吞酸，五更泄泻。制吴茱萸：毒性和燥性有所降低，多用于头痛、脘腥冷痛、痛经、虚寒久泻、脚气水肿等。

【贮藏养护】用塑料编织袋内衬聚乙烯薄膜的复合包装袋，或瓦楞纸箱内衬防潮纸包装。本品易泛油，散失气味，宜置阴凉干燥处保存，注意防热，防生霉变味。本品不易虫蛀，与其他药材同贮可起到防蛀作用。

【用法用量】2～5g。外用适量。

>>> **知识链接** ◦--

《中药材商品规格等级（226种）》（中华中医药学会团体标准）将吴茱萸药材分为"中花""小花"两个规格。"中花"吴茱萸根据颜色和含杂率划分"一等""二等"。

吴茱萸野生资源量小，呈零星分布。现商品吴茱萸多为栽培品。另有少果吴萸 *Euodia nutaecarpd* (Juss) Benth. F. Meionocarpa (Hand－Mazz) Huang、臭辣树 *Euodia fargesi* Dode、华南吴萸 *Euodia austrosinensis* Hand.－Mazz.、巴氏吴萸 *Euodia baberi* Rohd. et Wils.、香椒子 *Zanthoxylum schinifolium* Sieb . et Zuce. 的果实在各地分别掺入吴茱萸中冒充使用，应注意鉴别。

通草 Tongcao

Medulla Tetrapanacis

【别名】通脱木、大通草、通花。

【商品来源】为五加科植物通脱木 *Tetrapanax papyriferus* (Hook.) K. Koch. 的干燥茎髓。

【商品产地】主产于贵州铜仁、镇远、贵定、都匀、兴义，四川达州、阿坝、兴文，广西河池、南丹、天峨、凤山、乐业，云南永平、漾鼻、云龙、昭通、思茅、普洱、保山、腾冲，陕西旬阳、安康、兰田，湖南湘西、常德、黔阳、衡阳，湖北恩施、襄阳、宜昌，河南南阳、洛阳，台湾新竹等地。

【采制及商品种类】

通草棍　秋季割取茎，削去细小枝及叶，切成60cm长的段，趁鲜用细木棍顶出茎髓，整理后直接晒干。

片通　将通草棍用特制的利刀切成薄片。

丝通　将小的通草棍切成丝条。

【商品特征】

通草棍（通花）　呈圆柱形，色洁白，有光泽，具纵棱，体轻质松泡，有弹性，纵剖面隔膜呈梯状排列。

片通（方通）　多呈方形薄片，白色或黄白色，半透明、有光泽，状如白纸。

丝通　呈细条形，状如白色纸条。余者同片通。

【规格等级】 因加工方法不同，商品上分为通草棍、片通、丝通等规格，其标准如下。

通草棍　呈圆柱形，长短不等，直径0.3~2.5cm。色洁白、体轻泡，有弹性。

片通　呈方形薄片0.6~8cm²，厚约0.1cm，微透明，平滑而洁白，形似纸质而软。

丝通　呈不整齐的细长片状。微透明，平滑、色洁白，形似白纸细条。

【化学成分】 含肌醇。另含多聚戊糖、多聚甲基戊糖，以及阿拉伯糖、果糖、乳糖、果胶、半乳糖醛酸等。

【鉴别与检查】 水分不得过16.0%，总灰分不得过8.0%。

【质量要求】 外观质量　以条粗、色白洁、有弹性者为佳。

【性味功能主治】 微寒，甘、淡。清热利尿，通气下乳。用于湿热淋证，水肿尿少，乳汁不下。

【贮藏养护】 打捆，以草席包装。本品受潮易变色，应置干燥通风处保存。

【用法用量】 3~5g。

猪苓 Zhuling
Polyporus

【别名】 野猪粪。

【商品来源】 为多孔菌科真菌猪苓 *Polyporus umbellatus*（Pers.）Fries 的干燥菌核。

【商品产地】 主产于贵州遵义、习水、德江、印江、赫章、威宁，四川都江堰、北川、旺苍，陕西凤、周至、宝鸡、太白、沔县、洋县、石泉、镇安、商县，云南维西、香格里拉、丽江、大理、凤庆，河南嵩县、栾川、卢氏，山西阳曲、文水、交城、霍汾、沁县、宁武，河北赞皇、平山、武安、涉县、兴隆、丰宁、青龙。此外，内蒙古、吉林、青海、宁夏等地有产。以陕西、云南产量大。

【采制及商品种类】

猪苓　野生猪苓南方全年可采挖，但以秋后、春初采挖为宜；北方以夏、秋两季为多。猪苓在土中分层生长，以深土的为优。除去泥沙，干燥。栽培猪苓春、秋季下种。经1~2年可采挖。

猪苓片　取菌核，除去杂质，浸泡，洗净，润透，切厚片，干燥。加工时要少泡多润。

【商品特征】

猪苓　呈不规则条块状，表面灰黑色或棕黑色，有瘤状突起。断面类白色或黄白色。体轻，入水不沉。

猪屎苓　个大，多呈类圆形或扁块状，离层少，分枝少或无分枝。

鸡屎苓　个小，呈条形，离层多，分枝多。

猪苓片　类圆形或不规则的厚片。外表皮黑色或棕黑色，皱缩。切面类白色或黄白色，略呈颗粒状。气微，味淡。

【规格等级】根据大小分为"猪屎苓"和"鸡屎苓"两个规格。根据每千克所含的个数划分等级，将猪屎苓选货分为一等至三等。其等级标准如下。

猪屎苓 每千克所含的个数分为"选货"和"统货"。其中"选货"又分为三等。

一等：多呈类圆形或扁块状，少有条形，离层少，分枝少或无分枝，长 5～25cm，直径 2～6cm，表面黑色，灰黑色或棕黑色，皱缩或有瘤状突起，形如猪屎，体轻，质硬，断面类白色或黄白色，略呈颗粒状，气微，味淡。每千克 160 个以内。

二等：每千克 160～340 个以内，余同一等。

三等：每千克 340 个以外，余同一等。

统货：多呈类圆形或扁块状，少有条形，离层少，分枝少或无分枝，长 5～25cm，直径 2～6cm，表面黑色，灰黑色或棕黑色，皱缩或有瘤状突起，大小不等，形如猪屎，体轻，质硬，断面类白色或黄白色，略呈颗粒状，气微，味淡。

鸡屎苓 呈条形，离层多，分枝多。长 3～9cm。表面黑色、灰黑色或棕黑色，皱缩或有瘤状突起。形如鸡屎。体轻，质硬，断面类白色或黄白色，略呈颗粒状。气微，味淡。

【化学成分】含猪苓多糖 I（0.12%～0.61%）、粗蛋白（约7.8%）、麦角甾醇、α-羟基二十四碳酸、维生素 H 猪苓酮 A～G 等。

【鉴别与检查】取样品加甲醇超声处理，滤液作为供试品溶液。麦角甾醇对照品制成甲醇溶液。用硅胶 G 薄层板，以石油醚（60～90℃）-乙酸乙酯（3∶1）为展开剂，喷以 2% 香草醛硫酸溶液，在 105℃加热至斑点显色清晰。供试品色谱中，在与对照品色谱相应的位置上，显相同颜色的斑点。

水分不得过 14.0%，总灰分不得过 12.0%，酸不溶性灰分不得过 5.0%。

【质量要求】

1. 外观质量 以个大、外皮乌黑光润，断面色白，体重坚实者为佳。

2. 内在质量 含量测定：用高效液相色谱法测定，含麦角甾醇不得少于 0.070%。

【性味功能主治】平，甘、淡。利水渗湿。用于小便不利，水肿，泄泻，淋浊，带下。

【贮藏养护】用麻袋、编织袋包装。本品受潮易虫蛀，置通风干燥处保存。入夏前可用药物熏杀。

【用法用量】6～12g。

目标测试

答案解析

一、多选题

1. 以下是贵药产区药材商品的是
   A. 天冬
   B. 天麻
   C. 天南星
   D. 猪苓
   E. 通草

2. 五倍子药材商品规格有
   A. 角倍
   B. 肚倍
   C. 元宝贝
   D. 大倍
   E. 小倍

3. 天麻的商品规格的有
   A. 冬麻
   B. 春麻
   C. 红天麻
   D. 乌天麻
   E. 金天麻

4. 天冬的商品规格有

    A. 大天冬   B. 小天冬   C. 野生天冬

    D. 家种天冬   E. 中天冬

5. 石斛药材的商品规格的有

    A. 鲜石斛   B. 干石斛   C. 大黄草

    D. 中黄草   E. 小黄草

二、名词解释题

1. 冬麻

2. 通草棍

三、简答题

1. 请列举至少 5 个贵药产区主要道地药材。

2. 杜仲药材商品的外观质量要求有哪些?

3. 简述天冬药材商品包装贮藏要求。

书网融合……

      思政导航   本章小结   题库

第十四章 怀 药

学习目标

知识目标

1. 掌握 怀药的含义及其主要道地药材品种；怀牛膝、怀地黄、怀山药、怀菊花的道地产地、采制、规格等级、商品特征、鉴别与检查、贮藏方法。

2. 熟悉 白附子、辛夷、山茱萸的道地产地、规格等级、贮藏方法。

3. 了解 怀药产区的自然环境条件；何首乌的道地产地、规格等级；怀药产区药材商品的产销行情。

能力目标 通过本章学习，具备获取、收集、处理、运用怀药市场信息的基本能力。

一、怀药概述

（一）怀药的含义

凡以古怀庆境内或以现河南省为主要产区或集散地的大宗商品药材均称为怀药。

怀药原指怀庆境内所产的道地药材，怀庆之地以"怀"相称逾3000余年，历经了"河内""怀孟""怀州"等地名的更迁，并有郡、州、路、府设置之所变，其辖境时大时小，明清时期称怀庆府，辖河内（今沁阳市）、孟县（今孟州市）、温县（今温县）、武陟（今武陟县）、修武（今修武县）、济源（今济源市）等地。怀药以怀地黄、怀牛膝、怀山药、怀菊花为代表，被称为"四大怀药"。公元前734年，卫桓公将怀山药视为珍贵的物品进贡给周王室；公元前718年以后，怀山药成为历代王（皇）室贡品，岁岁征收。公元前608年，鲁宣公开始向周定王进贡怀地黄，此后怀地黄也被列入贡品。隋唐以后，宋、元、明、清各代又将怀牛膝、怀菊花列入贡品。

1914年，在美国举办的万国商品博览会上，"四大怀药"作为国药展出，受到各国医药学家和药商的赞誉与称道。在香港以"铁球牌"商标行销，并被定为免检商品。外国医药学家和药商，出于对"怀药"药效的钦敬，誉之为"华药"。

（二）怀药产区的自然环境

河南省位于我国中东部，地处黄河中下游，位于东经110°22′~116°38′，北纬31°23′~36°22′之间。北邻山西，东连山东、安徽，南接湖北，西与陕西交界。北、西、南三面有太行山、伏牛山、桐柏山、大别山四大山脉环绕，东部是广阔的黄淮海冲积平原，大部分地处暖温带，南部跨亚热带，属北亚热带向暖温带过渡的大陆性季风气候。境内有黄河、淮河、卫河、汉水四大水系，大小河道1500多条。河南地理环境优越，气候多样，为众多药材生长提供了适宜的地理生态环境。古怀庆府位于河南省西北部，北依太行，南濒黄河，地处太行山以南和黄河以北的夹角地带。气候温暖，水源充沛，土壤腐殖质含量高，以肥沃著称。自古以来就是北方地区自然环境优越之地，有"小江南"的美称。

（三）怀药产区的主要道地药材

1. 豫北太行山区、豫东北黄河平原 位于河南北部，包括焦作、济源、新乡、鹤壁、安阳等地区。主要分布的植物类道地药材有怀地黄、怀牛膝、怀山药、怀菊花、酸枣仁、柴胡、金银花、丹参、黄芩、冬凌草、红花、瓜蒌、天花粉等，动物类药材主要有全蝎等。

2. 豫西南伏牛山区、南阳盆地　位于河南西南部，包括三门峡、灵宝、洛阳、平顶山及南阳地区。主要分布的道地药材有山茱萸、辛夷、杜仲、连翘、旋覆花、黄芩、千金子、栀子、射干、柴胡、桔梗等。

3. 豫中东部黄淮平原　位于河南中东部，包括郑州、许昌、漯河、开封、商丘、周口、驻马店等地区。主要分布的道地药材有金银花、禹白芷、禹南星、禹漏芦、千金子、禹白附、白花蛇舌草、茜草等。

4. 豫南大别山、桐柏山区　位于河南的南部，包括信阳全部、南阳东南部地区。主要分布的道地药材有猫爪草、银杏、桔梗、栀子等。

二、药材品种

山药 Shanyao
Dioscoreae Rhizoma

【别名】薯蓣、铁棍山药、山薯蓣、淮山药、光条、毛条。

【商品来源】为薯蓣科植物薯蓣 *Dioscorea opposita* Thunb. 的干燥根茎。

【商品产地】主产于河南；湖南、湖北、山西、云南、河北、陕西、江苏、浙江、江西、贵州、四川等地亦产。以河南博爱、沁阳、武陟、温县等地（古怀庆所属）所产质量最佳，习称"怀山药""铁棍山药"，为著名的"四大怀药"之一。

【采制及商品种类】

毛山药　冬季茎叶枯萎后采挖植物，切去根头，洗净，除去外皮和须根，干燥。

光山药　选择肥大顺直的毛山药，置清水中，浸至无干心，闷透，切齐两端，用木板搓成圆柱状，晒干，打光。

山药片　新鲜山药除去外皮，趁鲜切厚片，干燥。亦可取毛山药或光山药。除去杂质，分开大小个，泡润至透，切厚片，干燥。

麸炒山药　将炒制容器加热，至撒入麸皮即刻烟起，随即投入净山药片，迅速翻动，炒至表面呈黄色或深黄色时，取出，筛去麸皮，放凉。

土炒山药　先将土粉置锅内，用中火加热至灵活状态，再投入净山药片拌炒，至表面均匀挂土粉时，取出，筛去土粉，放凉。

【商品特征】

毛山药　略呈圆柱状，弯曲而稍扁。表面黄白色或淡黄色，有纵沟、纵皱纹及须根痕，偶有浅棕色外皮残留。体重，质坚实，粉性。气微，味淡、微酸，嚼之发黏。

光山药　呈圆柱状，两端平齐，粗细均匀。表面光滑，白色或黄白色。

山药片　呈类圆形的厚片，皱缩不平，切面白色或黄白色，质坚脆，易折断，气微，味淡、微酸。富粉性。

麸炒山药　形如山药片，表面黄白色或微黄色，偶见焦斑，略有焦香气。

土炒山药　形如山药片，表面土红色，粘有土粉，略具焦香气。

【规格等级】本品按加工方法将山药分为光山药和毛山药两种规格。光山药分为四个等级，毛山药分为三个等级。其等级标准如下。

光山药　按大小及外形分为 4 等。

一等：呈圆柱形，条均挺直，光滑圆润，两头平齐。内外均匀为白色。质坚实，粉性足。味淡。长

15cm 以上，直径 2.3cm 以上。无裂痕、空心、炸头、杂质、虫蛀、霉变。

二等：长 13cm 以上，直径 1.7cm 以上。其余同一等。

三等：长 10cm 以上，直径 1cm 以上。其余同一等。

四等：直径 0.8cm 以上，长短不分，间有碎块。无杂质、虫蛀、霉变。其余同一等。

毛山药 按大小及外形分为 3 等。

一等：呈长条形，弯曲稍扁，有顺皱纹或抽沟，去净外皮。内外均为白色或黄白色，有粉性。味淡。长 15cm 以上，中部围粗 10cm 以上。无破裂、空心、黄筋、杂质、虫蛀、霉变。

二等：长 10cm 以上，中部围粗 6cm 以上。其余同一等。

三等：长 10cm 以上，中部围粗 3cm 以上。间有碎块。无杂质、虫蛀、霉变。其余同一等。

注：毛山药长条形稍扁、两头粗细不一，故按中部围粗划分等级。光山药加工搓圆品，条杆粗细均匀，故仍按直径大小分等。

【化学成分】 主含薯蓣皂苷元、皂苷，另含多种甾醇、山药多糖、3,4-二羟基苯乙胺、植酸、尿囊素、多种氨基酸等。

【鉴别与检查】 取样品加乙醇提取，蒸干，乙醇溶解作为供试品溶液。取山药对照药材同法制成对照药材溶液。用硅胶 G 薄层板，以乙酸乙酯-甲醇-浓氨试液（9∶1∶0.5）为展开剂，喷以 10% 硫酸乙醇溶液，置紫外光灯（365nm）下检视。供试品色谱中，在与对照药材色谱相应的位置上，显相同颜色的荧光斑点。

毛山药、光山药、麸炒山药水分不得过 16.0%，山药片水分不得过 12.0%；毛山药、光山药、麸炒山药总灰分不得过 4.0%，山药片总灰分不得过 5.0%；二氧化硫残留量毛山药、光山药、麸炒山药不得过 400mg/kg，山药片不得过 10mg/kg。

【质量要求】

1. 外观质量 以条粗、质坚实、粉性足、色洁白者为佳。

2. 内在质量 浸出物测定：水溶性浸出物（冷）毛山药、光山药不得少于 7.0%，山药片不得少于 10.0%，麸炒山药不得少于 4.0%。

【性味功能主治】 平，甘。补脾养胃，生津益肺，补肾涩精。用于脾虚食少，久泻不止，肺虚喘咳，肾虚遗精，带下，尿频，虚热消渴。

【贮藏养护】 用纸箱包装，箱内用牛皮纸铺垫，密封。本品由于含有多量的黏液和淀粉，易受潮变软发黏发霉，置通风干燥处，防蛀。

【用法用量】 15~30g。

>>> 知识链接 •--

山药为年需求量近 10 万吨的传统大宗药材，河南焦作为道地产区，年种植面积 3.5 万亩以上。我国山药年需求量达到 9 万~9.5 万吨（折干品），山药作为蔬菜鲜品食用量占总量的 70%~80%，只有 20%~30% 加工成干品光条或毛条。

--•

牛膝 Niuxi

Achyranthis Bidentatae Radix

【别名】 怀牛膝、对节草。

【商品来源】 为苋科植物牛膝 *Achyranthis bidentata* Bl. 的干燥根。

【商品产地】 主产于河南武陟、沁阳、温县、博爱等地（古怀庆所属），质量最佳，习称"怀牛膝"，为著名的"四大怀药"之一。河北、山西、山东、江苏及辽宁等省也有生产。

【采制及商品种类】

牛膝 冬季茎叶枯萎时采挖，除去须根和泥沙，捆成小把，晒至干皱后，将顶端切齐，晒干。

牛膝段 药材除去杂质，洗净，润透，除去残留芦头，切段，干燥。

酒牛膝 取净牛膝段，加入适量黄酒拌匀，闷透，置炒制容器内，文火炒干，取出，放凉。

盐牛膝 取净牛膝段，加入适量食盐水拌匀，闷透，置炒制容器内，文火炒干，取出，放凉。

【商品特征】

牛膝 呈细长圆柱形，挺直或稍弯曲。表面灰黄色或淡棕色，有微扭曲的细纵皱纹、排列稀疏的侧根痕和横长皮孔样的突起。质硬脆，易折断，受潮后变软。断面平坦，淡棕色，略呈角质样而油润，中心维管束木质部较大，黄白色，其外周散有多数黄白点状维管束，断续排列成 2 ~ 4 轮。气微，味微甜而稍苦涩。

牛膝段 呈圆柱形的段。外表皮灰黄色或淡棕色，有微细的纵皱纹及横长皮孔。质硬脆，易折断，受潮变软。切面平坦，淡棕色或棕色，略具角质样而油润，中心维管束木部较大，黄白色，其外围散有多数黄白色点状维管束，断续排列成 2 ~ 4 轮。气微，味微甜而稍苦涩。

酒牛膝 形如牛膝段，表面色略深，偶见焦斑，微有酒香气。

盐牛膝 形同牛膝段，表面色略深，带黄斑，略带咸味。

【规格等级】本品按大小分成三等。其等级标准如下。

一等（头肥）：呈长条圆柱形。内外黄白色或浅棕色。味淡微甜。中部直径 0.6cm 以上。长 50cm 以上。根条均匀。无冻条、油条、破条、杂质、虫蛀、霉变。

二等（二肥）：中部直径 0.4cm 以上，长 35cm 以上。其余同一等。

三等（平条）：中部直径 0.4cm 以下，但不小于 0.2cm，长短不分，间有冻条、油条、破条。无杂质、虫蛀、霉变。其余同一等。

【化学成分】含有 30 余种三萜皂苷类化合物，苷元均为齐墩果烷型五环三萜。另含有甾酮类化合物，包括牛膝甾酮、β - 蜕皮甾酮、旌节花甾酮 D、红苋甾酮。

【鉴别与检查】取样品加甲醇加热回流滤过，蒸干，加水溶解后加在 D101 型大孔吸附树脂柱上，依次用水、20% 乙醇、80% 乙醇洗脱，取最后一次洗脱液蒸干，加 80% 甲醇溶解作为供试品溶液。取牛膝对照药材同法制成对照药材溶液。β - 蜕皮甾酮对照品、人参皂苷 Ro 对照品制成甲醇溶液。用硅胶 G 薄层板，以三氯甲烷 - 甲醇 - 水 - 甲酸（7 : 3 : 0.5 : 0.05）为展开剂，喷以 5% 香草醛硫酸溶液。供试品色谱中，在与对照药材色谱和对照品色谱相应的位置上，显相同颜色的斑点。

牛膝及其饮片水分不得过 15.0%，总灰分不得过 9.0%，二氧化硫残留量不得过 400mg/kg。

【质量要求】

1. 外观质量 以根长、肉肥、皮细、黄白、味甘者为佳。

2. 内在质量 ①浸出物测定：醇溶性浸出物（热）牛膝不得少于 6.5%；牛膝段不得少于 5.0%；酒牛膝不得少于 4.0%。②含量测定：照高效液相色谱法测定，β - 蜕皮甾酮不得少于 0.030%。

【性味功能主治】平，苦、甘、酸。逐瘀通经，补肝肾，强筋骨，利尿通淋，引血下行。用于经闭，痛经，腰膝酸痛，筋骨无力，淋证，水肿，头痛，眩晕，牙痛，口疮，吐血，衄血。

【贮藏养护】多装纸箱，内衬防潮纸，固封。酒牛膝、盐牛膝密闭。本品高温易走油变黑，宜置阴凉干燥处，防潮。

【用法用量】5 ~ 12g。

【注意】孕妇慎用。

>>> 知识链接 o -

　　随着时代变迁，中药材产区也有一定变化，为保障广大消费者用药需求，怀牛膝产区逐步外延。目前形成三大牛膝产区为内蒙古赤峰牛营子镇，河北安国市周边，河南武陟大虹桥、大封镇和温县赵堡镇。

白附子 Baifuzi
Typhonii Rhizoma

【别名】 生白附子、禹白附、制白附子。

【商品来源】 为天南星科植物独角莲 *Typhonium giganteum* Engl. 的干燥块茎。

【商品产地】 主产于河南禹州、长葛等，陕西、四川、湖北、甘肃、山西等地亦产。以河南产量最大，品质亦佳。

【采制及商品种类】

白附子 秋季采挖，除去须根和残茎，撞去或用竹刀刮去粗皮，晒干。

生白附子 取白附子，除去杂质。

制白附子 取净白附子，大小个分开，浸泡，每日换水 2～3 次，数日后如起黏沫，换水后加白矾，泡 1 日后换水，至口尝微有麻舌感为度，取出。将生姜片、白矾粉置锅内加适量水，煮沸后，倒入白附子共煮至无白心，捞出，除去生姜片，晾至六七成干，切厚片，干燥。

【商品特征】

白附子、生白附子 呈椭圆形或卵圆形。表面白色至黄白色，略粗糙，有环纹及须根痕，顶端有茎痕或芽痕。质坚硬，断面白色，粉性。气微，味淡，麻辣刺舌。

制白附子 为类圆形或椭圆形厚片，外表皮淡棕色，切面黄色，角质。味淡，微有麻舌感。

【规格等级】 商品一般为统货。

【化学成分】 主含皂苷、生物碱、氨基酸、脂肪酸等成分。

【鉴别与检查】 取样品加三氯甲烷－甲醇（3∶1）混合溶液加热回流滤过，蒸干，加丙酮溶解作为供试品溶液。取白附子对照药材同法制成对照药材溶液。β－谷甾醇对照品制成丙酮溶液。用硅胶 GF$_{254}$ 薄层板，以三氯甲烷－丙酮（25∶1）为展开剂，喷以 10% 硫酸乙醇溶液，分别于日光和紫外光灯（365nm）下检视，供试品色谱中，在与对照药材色谱和对照品色谱相应位置上，显相同颜色的斑点或荧光斑点。

　　白附子和生白附子水分不得过 15.0%，制白附子水分不得过 13.0%；总灰分均不得过 4.0%。

【质量要求】

1. 外观质量 以个大、质坚实、色白、粉性足者为佳。

2. 内在质量 浸出物测定：白附子和生白附子醇（70% 乙醇）溶性浸出物（热）不得少于 7.0%，制白附子醇（稀乙醇）溶性浸出物（热）不得少于 15.0%。

【性味功能主治】 温，辛。有毒。祛风痰，定惊搐，解毒散结，止痛。用于中风痰壅，口眼㖞斜，语言謇涩，惊风癫痫，破伤风，痰厥头痛，偏正头痛，瘰疬痰核，毒蛇咬伤。

【贮藏养护】 贮于干燥缸内。本品易霉变，置通风干燥处。防潮、防霉、防蛀。

【用法用量】 3～6g。一般炮制后用，外用生品适量捣烂，熬膏或研末以酒调敷患处。有毒。孕妇慎用；生品内服宜慎。

地黄 Dihuang

Rehmanniae Radix

【别名】 怀地黄、生地黄、生地、干地黄、熟地黄、熟地。

【商品来源】 为玄参科植物地黄 *Rehmannia glutinosa* Libosch. 的新鲜或干燥块根。

【商品产地】 主产于河南焦作地区的温县、武陟、博爱、沁阳、孟州，山东菏泽、成武，河北安国、定州，山西临汾、运城、长治，陕西蒲城、渭南，安徽亳州、阜阳等地亦产。以河南焦作产量大，质量优，习称"怀地黄"，为著名的"四大怀药"之一。

【采制及商品种类】

鲜地黄 秋季采挖，除去芦头、须根及泥沙。

生地黄 鲜地黄缓缓烘焙至八成干，即得生地黄。

生地黄片 生地黄除去杂质，洗净，闷润，切厚片，干燥。

生地黄炭 取生地黄片武火炒至发泡鼓起，外表焦黑色，内显焦褐色，喷水少许灭尽火星，取出，凉透。

熟地黄 炮制方法有酒炖和蒸制两种。

酒炖：取生地黄，用黄酒拌匀，置蒸制容器内，密闭，隔水或用蒸汽加热炖至酒吸尽，取出，晾晒至外皮黏液稍干时，切厚片或块，干燥。

蒸制：取净生地黄，大小分档，加清水或液体辅料拌匀、润透，置蒸制容器内，用蒸汽加热蒸至黑润，取出，晒至八成干时，切厚片或块，干燥。

熟地黄炭 取熟地黄片置锅内，文火炒至干燥，炒动有响声，再用武火炒至表面焦黑色，取出，晾凉。

【商品特征】

鲜地黄 呈纺锤状或条状。外皮薄表面浅红黄色，具弯曲的纵皱纹、芽痕、横长皮孔样突起及不规则瘢痕。肉质易断，断面皮部淡黄白色，可见橘红色油点，木部黄白色，导管呈放射状排列。气微，味微甜、微苦。

生地黄 多呈不规则的团块状或长圆形。表面棕黑色或棕灰色，具不规则的横曲纹。体重，质较软而韧，不易折断，断面棕黑色或乌黑色，有光泽，具黏性。气微，味微甜。

生地黄片 为类圆形或不规则的厚片。外表皮棕黑色或棕灰色，具不规则的横曲纹。切面棕黑色或乌黑色，有光泽，具黏性。气微，味微甜。

生地黄炭 为不规则块片，表面焦黑色，质轻松鼓胀，外皮焦脆，中心部呈棕黑色并有蜂窝状间隙。有焦苦味。

熟地黄 为不规则的块片或碎块，表面乌黑色，有光泽，黏性大。质柔软而带韧性，断面乌黑色，有光泽。气微，味甜。

熟地黄炭 为不规则块片，表面焦黑色而光亮，质脆，味甜，微苦涩。

【规格等级】 生地黄按千克支头数分为五等，熟地黄为统货。生地黄等级标准如下。

一等：呈纺锤形或条形圆根。体重质柔润。表面灰白色或灰褐色。断面黑褐色或黄褐色，具有油性。味微甜。每千克16支以内。无芦头、老母、生心、焦枯、杂质、虫蛀、霉变。

二等：每千克32支以内。其余同一等。

三等：每千克60支以内。其余同一等。

四等：每千克100支以内。其余同一等。

五等：油性少，支根瘦小。每千克100支以外，最小货直径1cm以上。其余同一等。

【化学成分】 主含梓醇、二氢梓醇、乙酰梓醇、益母草苷、桃叶珊瑚苷、单蜜力特苷、蜜力特苷等环烯醚萜苷类化合物，其中以梓醇含量最高。苯乙醇苷类化合物有毛蕊花糖苷等。多糖类成分主要有水苏糖、棉子糖、甘露三糖、毛蕊花糖、半乳糖及地黄多糖 a、b 等。腺苷、麦角甾苷也是地黄主要有效成分。另外还含有多种微量元素、氨基酸。

【鉴别与检查】 生地黄鉴别：①取样品加甲醇加热回流滤过，浓缩后作为供试品溶液。梓醇对照品制成甲醇溶液。用硅胶 G 薄层板，以三氯甲烷 – 甲醇 – 水（14：6：1）为展开剂，喷以茴香醛试液。供试品色谱中，在与对照品色谱相应的位置上，显相同颜色的斑点。②取样品加80% 甲醇超声处理后滤过，蒸干，加水饱和的正丁醇振摇提取4次，合并正丁醇液，蒸干，加甲醇溶解作为供试品溶液。毛蕊花糖苷对照品制成甲醇溶液。用硅胶 G 薄层板，以乙酸乙酯 – 甲醇 – 甲酸（16：0.5：2）为展开剂，用0.1% 的2,2 – 二苯基 – 1 – 苦肼基无水乙醇溶液浸板。供试品色谱中，在与对照品色谱相应的位置上，显相同颜色的斑点。

熟地黄鉴别：同生地黄鉴别①。生地黄、生地黄片及熟地黄水分不得过 15.0%，总灰分不得过8.0%，酸不溶性灰分不得过 3.0%。

【质量要求】

1. 外观质量 鲜地黄以粗壮、色红黄者为佳。生地黄以块大、体重、断面乌黑者为佳。熟地黄以块根肥大，软润、内外乌黑有光泽者为佳。

2. 内在质量 ①浸出物测定：生地黄、生地黄片及熟地黄水溶液浸出物（冷）不得少于65.0%。②含量测定：照高效液相色谱法测定，生地黄及生地黄片含梓醇不得少于0.20%，含地黄苷 D 不得少于0.10%；熟地黄含地黄苷 D 不得少于0.050%。

【性味功能主治】

鲜地黄 寒。甘、苦。清热生津，凉血，止血。用于热病伤阴，舌绛烦渴，温毒发斑，吐血，衄血，咽喉肿痛。

生地黄 寒，甘。清热凉血、养阴生津。用于热入营血，温毒发斑，吐血衄血，热病伤阴，舌绛烦渴，津伤便秘，阴虚发热，骨蒸劳热，内热消渴。

熟地黄 微温，甘。补血滋阴，益精填髓。用于血虚萎黄，心悸怔忡，月经不调，崩漏下血，肝肾阴虚，腰膝酸软，骨蒸潮热，盗汗遗精，内热消渴，眩晕，耳鸣，须发早白。

【贮藏养护】 鲜地黄一般采用竹筐、蒲包或荆条筐包装，易腐烂，不宜久藏，埋在沙土中。生地黄多用篓装或麻袋装，置于干燥通风处，谨防潮湿，防霉，防蛀。熟地黄可装入内衬防潮油纸的纸箱内密封，置通风干燥处。饮片应入瓮内密闭。

【用法用量】 鲜地黄：12～30g；生地黄：10～15g；熟地黄：9～15g。

>>> **知识链接** o -

地黄已有1000 余年的栽培历史，广泛用于临床配方，并作为多种中成药的主要原料，也大量用于保健品中。地黄传统产区为河南焦作，后来逐渐辐射至山西、河北、山东、陕西等地。

- •

辛夷 Xinyi
Magnoliae Flos

【别名】 木笔花、望春花、木兰、白玉兰、二月花。

【商品来源】 为木兰科植物望春花 *Magnolia biondii* Pamp. 、玉兰 *Magnolia denudata* Desr. 或武当玉兰 *Magnolia sprengeri* Pamp. 的干燥花蕾。

【商品产地】

望春花　分布于河南西部、陕西南部、甘肃、湖北西部及四川等地。

玉兰　分布于安徽、浙江、江西、湖南、广东等地。

武当玉兰　分布于陕西、甘肃、河南、湖北、四川等地。

【采制及商品种类】望春花、玉兰及武当玉兰冬末春初花未开放时采收，除去枝梗，阴干。

【商品特征】

望春花　呈长卵形，似毛笔头。基部常具短梗。苞片 2~3 层，每层 2 片，外表面密被灰白色或灰绿色茸毛，内表面类棕色，无毛。花被片 9，棕色，外轮花被片 3，条形，呈萼片状，内两轮花被片 6，每轮 3，轮状排列。雄蕊和雌蕊多数，螺旋状排列。体轻，质脆。气芳香，味辛凉而稍苦。

玉兰　大小同望春花，基部枝梗较粗壮，皮孔浅棕色。苞片外表面密被灰白色或灰绿色茸毛。花被片 9，内外轮同型。

武当玉兰　体型稍大。基部枝梗粗壮，皮孔红棕色。苞片外表面密被淡黄色或淡黄绿色茸毛，有的最外层苞片茸毛已脱落而呈黑褐色。花被片 10~12（15），内外轮无显著差异。

【规格等级】商品按产地分有会春花（产于河南）、安春花（产于安徽）、杜春花（产于浙江）等规格，按大小分为一、二等级。习惯认为产于河南的会春花质最佳。

【化学成分】主含挥发油及木脂素类等。挥发油中主要成分为桉油精、丁香酚、芳樟醇、樟脑、α-松油醇、金合欢醇等。木脂素类主要为木兰脂素。

【鉴别与检查】取样品加三氯甲烷密塞超声处理后滤过，蒸干，加三氯甲烷溶解作为供试品溶液。木兰脂素对照品制成甲醇溶液。用硅胶 H 薄层板，以三氯甲烷-乙醚（5:1）为展开剂，喷以 10% 硫酸乙醇溶液，在 90℃加热至斑点显色清晰。供试品色谱中，在与对照品色谱相应的位置上，显相同的紫红色斑点。

水分不得过 18.0%。

【质量要求】

1. 外观质量　以完整、内瓣紧密、无枝梗、香气浓者为佳。

2. 内在质量　含量测定：照挥发油测定法测定，挥发油不得少于 1.0%（ml/g）。照高效液相色谱法测定，含木兰脂素不得少于 0.40%。

【性味功能主治】温，辛。散风寒，通鼻窍。用于风寒头痛，鼻塞流涕，鼻鼽，鼻渊。

【贮藏养护】可用聚乙烯薄膜袋包装，袋中放石灰包或干燥木屑、谷壳等扎紧后，置阴凉干燥处，注意防潮、避光，避免发霉变质。

【用法用量】3~10g，包煎。外用适量。

山茱萸 Shanzhuyu

Corni Fructus

【别名】枣皮、山萸肉、酒萸肉、蒸萸肉。

【商品来源】为山茱萸科植物山茱萸 *Cornus officinalis* Sieb. et Zucc. 的干燥成熟果肉。

【商品产地】主产于河南西峡、内乡、嵩县、济源、巩义，浙江临安、淳安、昌化；陕西汉中地区也产。河南山茱萸产量最大，品质佳。产于浙江者习称"杭萸肉""淳萸肉"，品质亦佳。

【采制及商品种类】

山茱萸　秋末冬初果皮变红时采收果实，用文火烘或置沸水中略烫后，及时除去果核，干燥。除去杂质和残留果核。

酒萸肉　取净山萸肉，加入适量黄酒，置适宜容器内，密闭，隔水或用蒸汽加热炖至酒吸尽。或加入适量黄酒拌匀。润透，置适宜的蒸制容器内，蒸至酒被吸尽。取出，晾凉，干燥。

蒸萸肉 取净山萸肉，置笼屉或适宜的蒸器内，先用武火，待"圆汽"改用文火蒸至外皮呈紫黑色，熄火后闷过夜，取出，干燥。

【商品特征】

山茱萸 呈不规则的片状或囊状，长 1 ~ 1.5cm，宽 0.5 ~ 1cm。表面紫红色至紫黑色，皱缩，有光泽。顶端有的有圆形宿萼痕，基部有果梗痕。质柔软。气微，味酸、涩、微苦。

酒萸肉 形如山茱萸，表面紫黑色或黑色，质滋润柔软。微有酒香气。

蒸萸肉 形如山茱萸，表面紫黑色，质滋润柔软。

【规格等级】 商品一般为统货。

【化学成分】 主含山茱萸苷、獐牙菜苷、马钱苷、莫诺苷、脱水莫诺苷等环烯醚萜类化合物，熊果酸、齐墩果酸等三萜类化合物，山茱萸鞣质、楝木鞣质等鞣质类化合物，另外还含有挥发油。

【鉴别与检查】 山茱萸、酒萸肉：①取样品加乙酸乙酯超声处理后滤过，蒸干，加无水乙醇溶解作为供试品溶液。熊果酸对照品制成无水乙醇溶液。用硅胶 G 薄层板，以甲苯 - 乙酸乙酯 - 甲酸（20∶4∶0.5）为展开剂，喷以 10%硫酸乙醇溶液。供试品色谱中，在与对照品色谱相应的位置上，显相同的紫红色斑点；置紫外光灯（365nm）下检视，显相同的橙黄色荧光斑点。②取样品加无水乙醇超声处理后作为供试品溶液。马钱苷对照品制成无水乙醇溶液。用硅胶 G 薄层板，以乙酸乙酯 - 乙醇 - 冰醋酸（50∶10∶1）为展开剂，喷以 5%香草醛硫酸溶液。供试品色谱中，在与对照品色谱相应的位置上，显相同的紫红色斑点。

山茱萸杂质（果核、果梗）不得过 3%；水分不得过 16.0%；总灰分不得过 6.0%。

【质量要求】

1. 外观质量 以肉厚、柔软、色紫红者为佳。

2. 内在质量 ①浸出物测定：山茱萸、酒萸肉水溶性浸出物（冷）不得少于 50.0%。②含量测定：照高效液相色谱法测定，山茱萸含莫诺苷和马钱苷的总量不得少于 1.2%；酒萸肉含莫诺苷和马钱苷的总量不得少于 0.70%。

【性味功能主治】 微温，酸、涩。补益肝肾，收涩固脱。用于眩晕耳鸣，腰膝酸痛，阳痿遗精，遗尿尿频，崩漏带下，大汗虚脱，内热消渴。

【贮藏养护】 以纸箱或麻袋内衬防潮纸或塑料薄膜包装，置干燥处，防霉，防蛀。酒萸肉、蒸萸肉应密闭。

【用法用量】 6 ~ 12g。

>>> **知识链接** o- -

山茱萸生长周期长，产量受天气影响明显，又是多种中成药的原料药，长期以来市场上价格波动较大。

- -

何首乌 Heshouwu
Polygoni Multiflori Radix

【别名】 首乌、生首乌、制首乌。

【商品来源】 为蓼科植物何首乌 *Polygonum multiflorum* Thunb. 的干燥块根。

【商品产地】 主产于河南嵩县、卢氏县和广东德庆县，还产于湖北、广西、贵州、四川、江苏等省。以河南、广东所产为道地。

【采制及商品种类】

何首乌 秋、冬二季叶枯萎时采挖，削去两端，洗净，个大的切成块，干燥。

何首乌片 取何首乌除去杂质，洗净，稍浸，润透，切厚片或块，干燥。

制何首乌 取何首乌片或块，加入黑豆汁拌匀，置非铁质的适宜容器内，炖至汁液吸尽；亦可清蒸或黑豆汁拌匀后蒸，蒸至内外均呈棕褐色，或晒至半干，切片，干燥。

【商品特征】

何首乌 呈团块状或不规则纺锤形。表面红棕色或红褐色，皱缩不平，有横长皮孔样突起及细根痕。体重，质坚实，断面浅黄棕色或浅红棕色，显粉性，皮部具云锦状花纹，中央木部较大，有的呈木心。气微，味微苦而甘涩。

何首乌片 呈不规则的厚片或块。外表皮红棕色或红褐色，皱缩不平，有浅沟，并有横长皮孔样突起及细根痕。切面浅黄棕色或浅红棕色，显粉性；横切面有的皮部可见云锦状花纹，中央木部较大，有的呈木心。气微，味微苦而甘涩。

制何首乌 呈不规则皱缩状的块片，厚约1cm，表面黑褐色或棕褐色，凹凸不平。质坚硬，断面角质样，棕褐色或黑色。气微，味微甘而苦涩。

【规格等级】 商品因加工不同分为生首乌和制首乌。按大小分首乌王（每个200g以上）、提首乌（每个100g以上）和统首乌（统货）。

【化学成分】 主含2,3,5,4'-四羟基二苯乙烯-2-O-β-D-葡萄糖苷（即二苯乙烯苷）等二苯乙烯类化合物，大黄素、大黄酚、大黄素甲醚、大黄酸、芦荟大黄素等蒽醌类化合物，另含有较丰富的磷脂类成分，如卵磷脂、肌醇磷脂、乙醇胺磷脂、磷脂酸、心磷脂等。

【鉴别与检查】 取样品加乙醇加热回流滤过，滤液浓缩后作为供试品溶液。取何首乌对照药材同法制成对照药材溶液。用以羧甲基纤维素钠为黏合剂的硅胶 H 薄层板，以三氯甲烷-甲醇（7:3）、三氯甲烷-甲醇（20:1）为展开剂依次展开，紫外光灯（365nm）下检视。供试品色谱中，在与对照药材色谱相应的位置上，显相同颜色的荧光斑点。

何首乌及何首乌片含水分不得过 10.0%，制何首乌含水分不得过 12.0%；何首乌及何首乌片总灰分不得过 5.0%，制何首乌总灰分不得过 9.0%。

【质量要求】

1. 外观质量 以个大、质坚实而重、红褐色、断面显云锦状花纹、粉性足者为佳。

2. 内在质量 ①浸出物测定：制何首乌含醇溶性浸出物（热）不得少于5.0%。②含量测定：照高效液相色谱法测定，何首乌含2,3,5,4'-四羟基二苯乙烯-2-O-β-D-葡萄糖苷不得少于1.0%，含结合蒽醌以大黄素和大黄素甲醚的总量计，不得少于0.10%。何首乌片含2,3,5,4'-四羟基二苯乙烯-2-O-β-D-葡萄糖苷不得少于1.0%，含结合蒽醌以大黄素和大黄素甲醚的总量计不得少于0.05%。制何首乌含2,3,5,4'-四羟基二苯乙烯-2-O-β-D-葡萄糖苷不得少于0.70%，含游离蒽醌以大黄素和大黄素甲醚的总量计，不得少于0.10%。

【性味功能主治】

何首乌 微温，苦、甘、涩。解毒，消痈，截疟，润肠通便。用于疮痈，瘰疬，风疹瘙痒，久疟体虚，肠燥便秘。

制何首乌 微温，苦、甘、涩。补肝肾，益精血，乌须发，强筋骨，化浊降脂。用于血虚萎黄，眩晕耳鸣，须发早白，腰膝酸软，肢体麻木，崩漏带下，高脂血症。

【贮藏养护】 一般用麻袋包装，置于干燥处，防霉，防蛀。制何首乌含水量较高，可密闭贮存于木箱或缸、坛中，既防失水干燥，又防湿气侵入。

【用法用量】何首乌 3~6g；制何首乌 6~12g。

菊花 Juhua
Chrysanthemi Flos

【别名】甘菊花、白菊花、黄甘菊、药菊、怀菊花、滁菊、亳菊、杭菊、贡菊。

【商品来源】为菊科植物菊 *Chrysanthemum morifolium* Ramat. 的干燥头状花序。

【商品产地】

怀菊 主产于河南沁阳、武陟、博爱等地，为"四大怀药"之一。

亳菊 主产于安徽亳州、涡阳及河南商丘。

滁菊 主产于安徽全椒、滁州。

贡菊 也称为徽菊，主产于安徽歙县、浙江德清。

杭菊 生产于浙江桐乡、嘉兴者多系白菊，称为白茶菊；生产于海宁者多系黄菊，称黄甘菊。

【采制及商品种类】9~11 月花盛开时，选择晴天露水干后或午后，分批采收。采收的鲜花忌堆放，摊薄，及时干燥。各地加工分晒（烘、炕）法和蒸法两类。晒（烘）菊心黄边缘花白，朵大体轻易散瓣，香气淡；蒸菊全花皆黄色，卷成团，不易散瓣，香气浓，味微苦。

怀菊 先摘取花枝，阴干后再剪取花头，或直接剪下花头，阴干，即得。

亳菊 将花枝摘下，防日晒雨淋，倒挂 1~2 月后再剪取花头。

滁菊 剪下花头后，晒至半干，筛成球形，再晒干，即得。

贡菊 将新鲜花头烘干，即得。

杭菊 摘取花头后，上蒸笼 3~5 分钟后再取出晒干。

【商品特征】

怀菊 呈不规则的球状或扁状球，直径 1.5~2.5cm，瓣多紧密。多数为舌状花，舌状花类白色或黄色，不规则扭曲，内卷，边缘皱缩，有时可见腺点，管状花大多隐藏。质松且柔软。气香，味微苦。

亳菊 呈倒圆锥形或圆筒形，有时稍压扁呈扇形，直径 1.5~3cm，离散。总苞碟状；总苞片 3~4 层，卵形或椭圆形，草质，黄绿色或褐绿色，外面被柔毛，边缘膜质。花托半球形，无托片或托毛。舌状花数层，雌性，位于外围，类白色，劲直，上举，纵向折缩，散生金黄色腺点；管状花多数，两性，位于中央，为舌状花所隐藏，黄色，顶端 5 齿裂。瘦果不发育，无冠毛。体轻，质柔润，干时松脆。气清香，味甘、微苦。

滁菊 呈不规则球状或扁球状，直径 1.5~2.5cm。舌状花类白色，不规则扭曲，内卷，边缘皱缩，有时可见淡褐色腺点；管状花大多隐藏。

贡菊 呈扁球形或不规则球形，直径 1.5~2.5cm。舌状花白色或类白色，斜升，上部反折，边缘稍内卷而皱缩，通常无腺点；管状花少，外露。

杭菊 呈碟形或扁球形，直径 2.5~4cm，常数个相连成片。舌状花类白色或黄色，平展或微折叠，彼此粘连，通常无腺点；管状花多数，外露。

【规格等级】本品的产地较多，花形各异，按照花形不同结合传统名称制订其规格等级标准。其规格等级标准如下。

怀菊 按大小及外形分为 2 等。

一等：呈圆盘或扁扇形，朵大，瓣长、肥厚。花黄白色，间有浅红或棕红色。质松而柔。气芳香，味微苦。无散朵、枝叶、杂质、虫蛀、霉变。

二等：呈圆盘或扁扇形。朵较瘦小，色泽较暗。味微苦。间有散朵。无杂质、虫蛀、霉变。

亳菊 按大小及外形分为 3 等。

一等：呈圆盘或扁扇形。花朵大、瓣密、肥厚、不露心，花瓣长宽、白色，近基部微带红色。体轻，质柔软。气清香，味甘微苦。无散朵、枝叶、杂质、虫蛀、霉变。

二等：呈圆盘或扁扇形。花朵中个，色微黄，近基部微带红色。气芳香，味甘微苦。无散朵、枝叶、杂质、虫蛀、霉变。

三等：呈圆盘或扁扇形。花朵小，色黄或暗。间有散朵。叶梗不超过5%，无杂质、虫蛀、霉变。

滁菊 按大小及外形分为3等。

一等：呈绒球状或圆形（多为头花），朵大色粉白，花心较大，黄色。质柔。气芳香，味甘微苦。朵均匀，不散瓣。无枝叶、杂质、虫蛀、霉变。

二等：呈绒球状圆形（即二水花）。色粉白。朵均匀，不散瓣。无枝叶、杂质、虫蛀、霉变。

三等：呈绒球状，朵小，色次（即尾花）。间有散瓣、并条，无杂质、虫蛀、变质。

贡菊 按大小及外形分为3等。

一等：花头较小，圆形，花瓣密、白色。花蒂绿色，花心小，淡黄色，均匀不散朵，体轻、质柔软。气芳香，味甘微苦。无枝叶、杂质、虫蛀、霉变。

二等：花头较小，圆形色白，花心淡黄色，朵欠均匀。其余同一等。

三等：花头小，圆形白色，花心淡黄色，朵不均匀。间有散瓣。其余同一等。

杭菊 按大小及外形分为2等。

一等：蒸花呈压缩状。朵大肥厚，玉白色。花心较大，黄色。气清香，味甘微苦。无霜打花、潽汤花、生花、枝叶、杂质，虫蛀、霉变。

二等：花朵厚，较小，玉白色，心黄色。其余同一等。

【化学成分】主含木犀草素、芹菜素、刺槐素等黄酮类化合物，绿原酸和咖啡酚基奎宁酸等有机酸类化合物，另外还含有挥发油，油中主要成分为樟脑、龙脑、α-侧柏酮、β-蒎烯、1,8-桉叶醚、对聚花伞素、马鞭草烯酮、马鞭草醇、金合欢醇、金合欢烯等。

【鉴别与检查】取样品加石油醚（30～60℃）超声处理后滤过，药渣挥干，加稀盐酸与乙酸乙酯超声处理滤过，蒸干，加甲醇溶解作为供试品溶液。取菊花对照药材同法制成对照药材溶液。绿原酸对照品制成乙醇溶液。用聚酰胺薄膜，以甲苯-乙酸乙酯-甲酸-冰醋酸-水（1:15:1:1:2）上层溶液为展开剂，紫外光灯（365nm）下检视。供试品色谱中，在与对照药材色谱和对照品色谱相应位置上，显相同颜色的荧光斑点。

水分不得过15.0%。

【质量要求】

1. 外观质量 以花朵完整、颜色新鲜、气清香、少梗叶者为佳。

2. 内在质量 含量测定：照高效液相色谱法测定，含绿原酸不得少于0.20%，含木犀草苷不得少于0.080%，含3,5-O-二咖啡酰基奎宁酸不得少于0.70%。

【性味功能主治】微寒，甘、苦。散风清热，平肝明目，清热解毒。用于风热感冒，头痛眩晕，目赤肿痛，眼目昏花，疮痈肿毒。一般疏散风热多用黄菊花，平肝、清肝明目宜用白菊花。

【贮藏养护】易虫蛀、发霉、变色、散味，宜密闭置阴凉干燥处，可用纸箱包装，内衬防潮纸，近年来有用聚乙烯薄膜袋密封，防霉防蛀，滁菊及杭菊封袋后最易受潮发霉，宜及时采用石灰干燥法保存。菊花贮藏过程中，发现虫蛀可用密封充氮降氧防治。

【用法用量】5～10g。

目标测试

答案解析

一、单选题

1. 牛膝药材商品等级可划分为
   A. 头把、二把、三把　　　　　　　　　　B. 头肥、二肥、平条
   C. 头肥、二肥、三肥　　　　　　　　　　D. 一品、二品、三品

2. 下列选项中除哪一项外，在牛膝头肥商品中均不应产生
   A. 冻条　　　　　B. 油条　　　　　C. 破条　　　　　D. 白条

3. 生地黄商品等级划分依据为
   A. 按每千克支头数分为五个等级　　　　　B. 按500g支头数分为四个等级
   C. 按每个药材的重量分为五个等级　　　　D. 按每药材的直径和长度分为四个等级

4. 辛夷商品等级划分依据为
   A. 按每千克支头数分为两个等级　　　　　B. 按500g支头数分为两个等级
   C. 按药材的重量分为两个等级　　　　　　D. 按药材的大小分为两个等级

5. 生地黄商品二等品的划分依据为每千克
   A. 16支以内　　　B. 32支以内　　　C. 60支以内　　　D. 100支以内

6. 何首乌药材商品等级划分依据为
   A. 按每千克支头数分为首乌王、提首乌和统首乌
   B. 按药材的大小分为一等品、二等品和三等品
   C. 按药材的直径和长度分为两个等级
   D. 按药材的大小分为首乌王、提首乌和统首乌

二、多选题

1. 山茱萸药材的主产地为
   A. 河南西峡　　　B. 浙江临安　　　C. 云南普洱
   D. 河北巨鹿　　　E. 广东德庆

2. 辛夷药材按产地不同可分为
   A. 产于河南的会春花　　B. 产于安徽的安春花　　C. 产于浙江的杜春花
   D. 产于辽宁的辽春花　　E. 产于云南的云春花

3. 山药的商品规格有
   A. 毛山药　　　B. 光山药　　　C. 山药片
   D. 硫熏山药　　E. 山药段

4. 菊花的商品规格有
   A. 亳菊　　　B. 杭菊　　　C. 怀菊
   D. 滁菊　　　E. 贡菊

书网融合……

思政导航　　　　本章小结　　　　题库

第十五章　浙　药

学习目标

知识目标

1. 掌握　浙药的含义及其主要道地药材品种；乌药、玄参、白术、白芍、浙贝母、延胡索的产地、采制、规格等级、商品性状特征、质量要求、贮藏方法。

2. 熟悉　桑叶、海螵蛸、麦冬的道地产地、规格等级、质量要求、贮藏方法。

3. 了解　浙药产区的自然环境；传统"浙八味"和新"浙八味"的品种；浙药产区药材商品的产销行情；乌药、玄参、白术、白芍、延胡索、麦冬、浙贝母、桑叶、海螵蛸的性味功能主治。

能力目标　通过本章的学习，能够熟练地处理并运用有关浙药的市场信息。能够发扬传统、尊重经典，体会到其中蕴含的思政元素，并能在已有的资源基础之上更好地做到守正创新。

一、浙药概述

（一）浙药的含义

凡以浙江为主要产区或集散地的大宗商品药材称为浙药。

（二）浙药产区的自然环境

浙江位于我国东部沿海，处于欧亚大陆与西北太平洋的过渡地带，东面临海，北与江苏、上海接壤，西与皖南、赣东相接，南与闽北毗连。以丘陵山地为主，有"七山一水二分地"之说。地势西南高，东北低，自西南向东北倾斜，呈梯级下降。浙江地处亚热带季风气候区。气候温和湿润，光照充足，雨量充沛。年平均气温15～18℃，无霜期东南沿海达270天。全省年平均降雨量在1105～2047mm，年平均日照时数1575～2012小时。植被资源在3000种以上，中药材种植面积达68万亩，预计到2025年，全省中药材种植总面积可达100万亩。

（三）浙药产区的主要道地药材

浙江自然环境优越，中药植物种类繁多。主产的浙贝母、麦冬、玄参、白术、白芍、菊花、延胡索与温郁金，以"浙八味"著称。早在汉代著名医学家张仲景的《伤寒杂病论》中就有58处运用浙药。宋代（公元960～1276）以前，该省已有药用植物栽培的文献记载，至明、清时期，栽培面积与品种均有所增长。北宋政和年间（1116年）瑞安飞云江两岸种有攻蓬（郁金），明代著名药学家李时珍在《本草纲目》引宋代的《图经本草》说："白术生杭、越"。由于浙药质量好、应用范围广及疗效佳而为历代医家所推崇。

浙江北部地区，包括宁绍平原、北部太湖流域，尤其是鄞州、磐安、嵊州、杭州、金华、东阳等地是白术、白芍、浙贝母等"浙八味"的著名产区。如磐安主栽品种有白术、延胡索、玄参、杭白芍、浙贝母等；东阳以延胡索、杭白芍为主；桐乡以杭白菊为主；慈溪以麦冬为主；瑞安、永嘉以温郁金为主；鄞州以浙贝母为主。

浙江南部及沿海地区，主要有丽水、温州和台州，主要的道地药材有温郁金、乌梅、温厚朴、栀子、蕲蛇等。

栽培药材以东北部地区较多，主要集中于金衢盆地 、杭嘉湖平原和浙东低山丘陵，产量较大的有金华、嘉兴和东阳。大宗商品药材有浙贝母、白术、延胡索、杭菊、杭麦冬、白芍、玄参、温郁金、温厚朴、山茱萸、前胡、蜈蚣、蕲蛇及海螵蛸等。

野生药材主要蕴藏于天目山、雁荡山和四明山地区，蕴藏量较大的有杭州、丽水和绍兴。

>>> **知识链接** ◦

近年，浙江省八部门联合发文促进中药产业高质量发展，打造中药材名产地、推进道地药材生产、良种繁育等基地建设升级，大力发展高附加值的特色中药材，公布了新"浙八味"中药材培育品种名单，即乌药、前胡、铁皮石斛、覆盆子、西红花、衢枳壳、三叶青、灵芝。

二、药材品种

乌药 Wuyao

Linderae Radix

【**别名**】乌药个、乌药片、天台乌、台乌、矮樟、香桂樟。

【**商品来源**】为樟科植物乌药 *Lindera aggregata*（Sims）Kosterm 的干燥块根。

【**商品产地**】主产于浙江金华地区，湖南邵东、涟源、邵阳等地。此外，安徽、广东、广西、湖北、江西、陕西、四川、云南、福建等地亦产。习惯以浙江天台所产者品质最佳，故称"天台乌药"或"台乌药"。

【**采制及商品种类**】

乌药　全年均可采挖，除去细根，洗净，趁鲜切片，晒干，或直接晒干。

乌药片　取未切片的乌药，除去细根，大小分开，浸透，切薄片，干燥。

【**商品特征**】

乌药　多呈纺锤状，略弯曲，有的中部收缩成连珠状，长 6～15cm，直径 1～3cm。表面黄棕色或黄褐色，有纵皱纹及稀疏的细根痕。质坚硬。切片厚 0.2～2mm，切面黄白色或淡黄棕色，射线放射状，可见年轮环纹，中心颜色较深。气香，味微苦、辛，有清凉感。

乌药片　呈类圆形的薄片。外表皮黄棕色或黄褐色。切面黄白色或淡黄棕色，射线放射状，可见年轮环纹。质脆。气香，味微苦、辛，有清凉感。

【**规格等级**】本品分为乌药个与乌药片两种规格，均为统货。

【**化学成分**】主含新木姜子碱、波尔定碱、去甲异波尔定、牛心果碱等生物碱类化合物，新乌药内酯、乌药醚内酯、羟基香樟内酯等呋喃倍半萜及其内酯化合物，还含有挥发油。

【**鉴别与检查**】取样品加石油醚并放置 30 分钟，超声处理，滤过，滤液挥干，残渣加乙酸乙酯溶解，作为供试品溶液。再取乌药醚内酯对照品，用乙酸乙酯溶解，作为对照品溶液。用硅胶 H 薄层板，以甲苯－乙酸乙酯（15∶1）为展开剂，喷以 1% 香草醛硫酸溶液。供试品色谱中，在与对照品色谱相应的位置上，显相同颜色的斑点。

水分不得过 11.0%，总灰分不得过 4.0%，酸不溶性灰分不得过 2.0%。

【**质量要求**】

1. 外观质量　以个大、肥壮、质嫩、折断面香气浓郁者为佳。质老，不呈纺锤状者不可入药。切片以色红微白、无黑色斑点者为佳。

2. 内在质量　①浸出物测定：用70%乙醇作溶剂，醇溶性浸出物（热）不得少于12.0%。②含量测定：照高效液相色谱法测定，含乌药醚内酯不得少于0.030%，去甲异波尔定不得少于0.40%。

【性味功能主治】辛，温。归肺、脾、肾、膀胱经。行气止痛，温肾散寒。用于寒凝气滞，胸腹胀痛，气逆喘急，膀胱虚冷，遗尿尿频，疝气疼痛，经寒腹痛。

【贮藏养护】置阴凉干燥处，防蛀。

【用法用量】6～10g。

玄参 Xuanshen
Scrophulariae Radix

【别名】元参、角参、乌元参、黑参。

【商品来源】为玄参科植物玄参 *Scrophularia ningpoensis* Hemsl. 的干燥根。

【商品产地】主产于浙江东阳、杭州、磐安、临安、临海等地，为浙江著名的道地药材"浙八味"之一。

【采制及商品种类】

玄参　冬季茎叶枯萎时采挖，除去根茎、幼芽、须根及泥沙，晒或烘至半干，堆放3～6天，反复数次至干燥。

玄参片　取玄参，除去残留根茎和杂质，洗净，润透，切薄片，干燥；或微泡，蒸透，稍晾，切薄片，干燥。

【商品特征】

玄参　呈类圆柱形，中间略粗或上粗下细，有的微弯曲，长6～20cm，直径1～3cm。表面灰黄色或灰褐色，有不规则的纵沟、横长皮孔样突起和稀疏的横裂纹和须根痕。质坚实，不易折断，断面黑色，微有光泽。气特异似焦糖，味甘、微苦。

玄参片　呈类圆形或椭圆形的薄片。外表皮灰黄色或灰褐色。切面黑色，微有光泽，有的具裂隙。气特异似焦糖，味甘、微苦。

【规格等级】玄参药材分为选货和统货；选货根据每千克所含的支数划分为三个等级。选货呈类纺锤形或长条形。表面灰黄色或灰褐色，有纵纹及抽沟。质坚实。断面黑色，微有光泽。气特异似焦糖，味甘、微苦。其规格等级标准如下。

一等：每千克36支以内，支头均匀，无空泡。

二等：每千克72支以内，无空泡。

三等：每千克72支以外，个头最小在5g以上，间有破块。

统货呈类纺锤形或长条形。表面灰黄色或灰褐色，有纵纹及抽沟。质坚实。断面黑色，微有光泽。气特异似焦糖，味甘、微苦。

【化学成分】主含哈巴俄苷、哈巴苷、玄参苷、桃叶珊瑚苷、京尼平苷等环烯醚萜苷类化合物，苯丙素苷、安格洛苷C、毛蕊花糖苷等苯丙素苷类化合物，另外还含有挥发油和有机酸等。

【鉴别与检查】取样品加甲醇，浸泡，超声处理，滤过，滤液蒸干，残渣加水溶解，用水饱和的正丁醇振摇提取，合并正丁醇液，蒸干，残渣加甲醇溶解，作为供试品溶液。再取哈巴俄苷对照品，加甲醇，作为对照品溶液。用硅胶G薄层板，以三氯甲烷－甲醇－水（12∶4∶1）的下层溶液为展开剂，喷以5%香草醛硫酸溶液，热风吹至斑点显色清晰。供试品色谱中，在与对照品色谱相应的位置上，显相同颜色的斑点。

水分不得过16.0%，总灰分不得过5.0%，酸不溶性灰分不得过2.0%。

【质量要求】

1. 外观质量　以枝条肥大、皮细、质坚、芦头修净、肉色乌黑者为佳。枝条小、皮粗糙、带芦头者质次。

2. 内在质量　①浸出物测定：水溶性浸出物（热）不得少于60.0%。②含量测定：照高效液相色谱法测定，含哈巴苷和哈巴俄苷的总量不得少于0.45%。

【性味功能主治】　甘、苦、咸，微寒。归肺、胃、肾经。清热凉血，滋阴降火，解毒散结。用于热入营血，温毒发斑，热病伤阴，舌绛烦渴，津伤便秘，骨蒸劳嗽，目赤，咽痛，白喉，瘰疬，痈肿疮毒。

【贮藏养护】　易吸潮，易生虫发霉。常采用竹筐、竹篓或箱包装，置干燥处，防霉，防蛀。

【用法用量】　9～15g。

【注意】　不宜与藜芦同用。

>>> **知识链接** o--

历代对于玄参的规格等级划分强调产地质量，以浙玄参为道地药材，并在此基础上结合性状，如枝条的粗细、质量的大小、断面的颜色等进行评价。

--•

白术 Baizhu

Atractylodis Macrocephalae Rhizoma

【别名】　于术、浙白术。

【商品来源】　为菊科植物白术 *Atractylodes macrocephala* Koidz. 的干燥根茎。

【商品产地】　主产于浙江新昌、嵊州、磐安、东阳、天台、安徽亳州、湖南平江、河北安国、四川宝兴、天全；江西、陕西、重庆、河南、湖北等地亦产。产于浙江者，习称"浙白术"，为浙江著名的道地药材"浙八味"之一。野生品以浙江于潜产者质量最佳，习称"于术"，目前已极为少见。

【采制及商品种类】

白术　冬季下部叶枯黄、上部叶变脆时采挖，除去泥沙，烘干或晒干，再除去须根。

白术片　取白术，除去杂质，洗净，润透，切厚片，干燥。

麸炒白术　将蜜炙麸皮撒入热锅内，待冒烟时加入白术片，炒至黄棕色、逸出焦香气，取出，筛去蜜炙麸皮。

土炒白术　先将土置锅中，用中火加热，炒至土呈灵活状态时，投入白术片，炒至白术表面均匀挂上土粉时，取出，筛去土粉，放凉。

【商品特征】

白术　本品为不规则的肥厚团块，长3～13cm，直径1.5～7cm。表面灰黄色或灰棕色，有瘤状突起及断续的纵皱和沟纹，并有须根痕，顶端有残留茎基和芽痕。质坚硬不易折断，断面不平坦，黄白色至淡棕色，有棕黄色的点状油室散在；烘干者断面角质样，色较深或有裂隙。气清香，味甘、微辛，嚼之略带黏性。

白术质量鉴别中，常见经验鉴别如下："云头"处瘤状突起过多，占术体30%以上者为"花子"或"花术"。术体较细瘦，分叉在两叉以上为"武子"。生晒术外表透油，烘术手捏感觉软，多为已泛油，故名"油术"或"油个"。用手掂之，感觉较轻，敲击则声音空洞者则多为内部虚泡，名为"枯术"或"空泡术"。

白术片　呈不规则的厚片。外表皮灰黄色或灰棕色。切面黄白色至淡棕色，散生棕黄色的点状油室，木部具放射状纹理；烘干者切面角质样，色较深或有裂隙。气清香，味甘、微辛，嚼之略带黏性。

麸炒白术 形如白术片，表面黄棕色，偶见焦斑。略有焦香气。

土炒白术 形如白术片，表面杏黄土色，附有细土末，有土香气。

【规格等级】浙江磐安、新昌、嵊州、东阳等地所产栽培品称为"浙白术"，其特点为术形较为丰满，"术腿"粗短，"云头"膨大。湖南尤以平江所产最为著名，故名为"平江术"，其形较为瘦长（尤其术腿较长）。安徽所产白术，名为"徽术"或"种术"，其特点为瘤状凹凸较多。本品按大小分为四个等级，其规格等级标准如下。

一等：呈不规则团块，体形完整。表面灰棕色或黄褐色。断面黄白色或灰白色。味甘、微苦。每千克 40 只以内。无焦枯、油个、虚泡、杂质、虫蛀、霉变。

二等：每千克 100 只以内。其余同一等。

三等：每千克 200 只以内。其余同一等。

四等：体形不计，但须全体是肉（包括武子、花子）。每千克 200 只以外、间有程度不严重的碎块、油个、焦枯、虚泡。无杂质、霉变。

注：凡符合一、二、三等重量的花子、武子、长枝，顺降一级。

【化学成分】主含白术内酯Ⅰ、Ⅱ、Ⅲ等倍半萜内酯类化合物，挥发油中主要成分为苍术酮、桉叶醇、茅术醇等，另外还含有由半乳糖、鼠李糖等组成的 PSAM－1 多糖和由木糖等组成的 PSAM－2 多糖等成分。

【鉴别与检查】取样品加正己烷，超声处理，滤过，取滤液作为供试品溶液。另取白术对照药材，同法制成对照药材溶液。用硅胶 G 薄层板，以石油醚（60～90℃）－乙酸乙酯（50∶1）为展开剂，喷以 5% 香草醛硫酸溶液，加热至斑点显色清晰。供试品色谱中，在与对照药材色谱相应的位置上，显相同颜色的斑点，并应显有一桃红色主斑点（苍术酮）。

白术、白术片、麸炒白术水分不得过 15.0%，总灰分不得过 5.0%，二氧化硫残留量不得过 400mg/kg。

【质量要求】

1. 外观质量 以个大、体重（俗称"如意头"），表面灰黄色、断面黄白色、有黄色放射纹理、质坚实、无空心、香气浓，甜味浓而辣味少者为佳。

2. 内在质量 照醇溶性浸出物测定法（《中国药典》通则 2201）项下的热浸法测定，用 60% 乙醇作溶剂，不得少于 35.0%。

【性味功能主治】苦、甘，温。归脾、胃经。健脾益气，燥湿利水，止汗，安胎。用于脾虚食少，腹胀泄泻，痰饮眩悸，水肿，自汗，胎动不安。

【贮藏养护】多用麻袋和竹篓包装或方竹篓外套麻袋包装，最好内衬防潮纸等。置阴凉干燥处，防蛀。避光。饮片须晒干、放冷后装入坛内闷紧，梅雨季节宜入石灰缸存放。

【用法用量】6～12g。

白芍 Baishao
Paeoniae Radix Alba

【别名】杭白芍、白芍药。

【商品来源】为毛茛科植物芍药 *Paeonia lactiflora* Pall. 的干燥根。

【商品产地】主产于浙江东阳、磐安，四川中江、渠县，安徽亳州、涡阳。产于浙江者称"杭白芍"，为浙江著名的道地药材"浙八味"之一；产于四川者称"川白芍"；产于安徽者称"亳白芍"。

【采制及商品种类】

白芍 夏、秋二季采挖，洗净，除去头尾和细根，置沸水中煮后除去外皮或去皮后再煮，晒干。

白芍片 取白芍洗净，润透，切薄片，干燥。

炒白芍 取净白芍片，置炒制容器内文火加热炒至微黄色，取出，放凉。

酒白芍 取净白芍片，加黄酒拌匀，闷透，置炒制容器内，用文火炒至微黄色，取出，放凉。

醋白芍 取净白芍片，加入米醋拌匀，稍闷润，待醋被吸尽后，置炒制容器内，用文火炒干，取出，放凉。

土炒白芍 取灶心土（伏龙肝）细粉，置炒制容器内，用中火炒至土呈灵活状态，加入白芍片，炒至表面挂土色，微显焦黄色时，取出，筛去土粉，摊开放凉。

【商品特征】

白芍 呈圆柱形，平直或稍弯曲，两端平截，长 5～18cm，直径 1～2.5cm。表面类白色或淡棕红色，光洁或有纵皱纹及细根痕，偶有残存的棕褐色外皮。质坚实，不易折断，断面较平坦，类白色或微带棕红色，形成层环明显，射线放射状。气微，味微苦、酸。

白芍片 呈类圆形的薄片。表面淡棕红色或类白色。切面微带棕红色或类白色，形成层环明显，可见稍隆起的筋脉纹呈放射状排列。气微，味微苦、酸。

炒白芍 形如白芍片，表面微黄色或淡棕黄色，有的可见焦斑。气微香。

酒白芍 形如白芍片，表面微黄色或淡棕黄色，有的可见焦斑。微有酒香气。

醋白芍 形如白芍片，表面微黄色，微有醋气。

土炒白芍 形如白芍片，表面土黄色，微有焦土气。

【规格等级】本品按产地分为杭白芍和白芍两个规格，其中杭白芍分为七个等级，白芍（包括川白芍、亳白芍）分为四个等级。其规格等级标准如下。

杭白芍 一等：呈圆柱形，条直，两端切平。表面棕红色或微黄色。质坚体重。断面黄色。味微苦酸。长 8cm 以上，中部直径 2.2cm 以上。无枯芍、芦头、栓皮、空心、杂质、虫蛀、霉变。

二等：长 8cm 以上，中部直径 1.8cm 以上。其余同一等。

三等：长 8cm 以上，中部直径 1.5cm 以上。其余同一等。

四等：长 7cm 以上，中部直径 1.2cm 以上。其余同一等。

五等：断面白色。长 7cm 以上，中部直径 0.9cm 以上，其余同一等。

六等：呈圆柱形，表面棕红色或微黄色。质坚体重。断面白色。味微苦酸。长短不分。中部直径 0.8cm 以上。无枯芍、芦头、栓皮、杂质、虫蛀、霉变。

七等：直径 0.5cm 以上。其余同六等。

白芍 一等：呈圆柱形，直或稍弯，去净栓皮，两端整齐。表面类白色或淡红色。质坚实体重。断面类白色或白色。味微苦酸。长 8cm 以上，中部直径 1.7cm 以上。无芦头、花麻点、破皮、裂口、夹生、杂质、虫蛀、霉变。

二等：长 6cm 以上，中部直径 1.3cm 以上。间有花麻点；其余同一等。

三等：呈圆柱形，直或稍弯，去净栓皮，两端整齐。表面类白色或白色。味微苦酸。长 4cm 以上，中部直径 0.8cm 以上。间有花麻点；其余同一等。

四等：呈圆柱形，直或稍弯，去净栓皮，两端整齐，表面类白色或淡红棕色。断面类白色或白色。味微苦酸。长短粗细不分，兼有夹生、破皮、花麻点、头尾、碎节或未去净皮。无枯芍、芦头、杂质、虫蛀、霉变。

【化学成分】主含芍药苷、氧化芍药苷、苯甲酰芍药苷、苯甲酰羟基芍药苷、芍药苷元酮、羟基芍药苷等单萜及其苷类化合物，另含有甾醇、鞣质、多糖、挥发油等。

【鉴别与检查】取样品加乙醇振摇，滤过，滤液蒸干，残渣加乙醇溶解，作为供试品溶液。另取芍药苷对照品，加乙醇，作为对照品溶液。用硅胶 G 薄层板，以三氯甲烷－乙酸乙酯－甲醇－甲酸（40：5：10：0.2）为展开剂，喷以 5% 香草醛硫酸溶液，加热至斑点显色清晰。供试品色谱中，在与对照品色谱相应的位置上，显相同颜色的斑点。

白芍、白芍片、酒白芍水分不得过 14.0%；炒白芍水分不得过 10.0%。总灰分均不得过 4.0%。白芍中含铅不得过 5mg/kg；镉不得过 1mg/kg；砷不得过 2mg/kg；汞不得过 0.2mg/kg；铜不得过 20mg/kg。二氧化硫残留量均不得过 400mg/kg。

【质量要求】

1. 外观质量 以根粗、坚实、粉性、无白心或裂缝者为佳。

2. 内在质量 ①浸出物测定：水溶性浸出物（热）白芍、白芍片及炒白芍不得少于 22.0%；酒白芍不得少于 20.5%。②含量测定：高效液相色谱法测定，白芍含芍药苷不得少 1.6%。白芍片及炒白芍、酒白芍含芍药苷不得少于 1.2%。

【性味功能主治】苦、酸，微寒。归肝、脾经。养血调经，敛阴止汗，柔肝止痛，平抑肝阳。用于血虚萎黄，月经不调，自汗，盗汗，胁痛，腹痛，四肢挛痛，头痛眩晕。

【贮藏养护】一般用细篾篓、竹篓、条筐或麻袋包装。一等杭芍过去多用木箱装，内衬防潮纸、棕片或笋壳，置阴凉干燥处，防蛀。饮片可置瓮内，盖严存放。

【用法用量】6～15g。

【注意】不宜与藜芦同用。

>>> 知识链接 o- -

白芍在魏晋以前并没有提及，其与赤芍统称为芍药。芍药一名，最早载于《诗经·郑风·溱洧》："溱与洧，方涣涣兮......维士与女，伊其相谑，赠之以芍药。"可知在溱洧之地，男女以芍药互赠表情谊。

《中药材商品规格等级标准汇编》将白芍按产地分为杭白芍、亳白芍、川白芍三个规格，并分为选货和统货两个规格，其中亳白芍药材选货又分为三个等级。

- •

延胡索 Yanhusuo
Corydalis Rhizoma

【别名】元胡、玄胡、玄胡索、元胡索。

【商品来源】为罂粟科植物延胡索 *Corydalis yanhusuo* W. T. Wang 的干燥块茎。

【商品产地】主产于浙江东阳、磐安、永康、缙云等地，江苏南通地区，陕西城固地区；河南、江苏、安徽、湖北等地也有分布。产于浙江者，习称"浙元胡"，为浙江著名的道地药材"浙八味"之一。

【采制及商品种类】

延胡索 夏初茎叶枯萎时采挖，除去须根，洗净，置沸水中煮或蒸至恰无白心时，取出，晒干。

延胡索片 取延胡索，除去杂质，洗净，干燥，切厚片或用时捣碎。

醋延胡索 取净延胡索，加醋拌匀，闷透，置炒制容器内，用文火炒干，或加醋煮至醋吸尽，切厚片或用时捣碎。

酒延胡索 取净延胡索片或碎块，加入定量的黄酒拌匀，闷润至酒被吸尽后，置炒制容器内，用文火加热，炒干，取出晾凉。筛去碎屑。

【商品特征】

延胡索 呈不规则的扁球形，直径 0.5～1.5cm。表面黄色或黄褐色，有不规则网状皱纹。顶端有略凹陷的茎痕，底部常有疙瘩状突起。质硬而脆，断面黄色，角质样，有蜡样光泽。气微，味苦。

延胡索片 呈不规则的圆形厚片。外表皮黄色或黄褐色，有不规则细皱纹。切面或断面黄色，角质样，具蜡样光泽。气微，味苦。

醋延胡索 形如延胡索片，表面和切面黄褐色，质较硬。微具醋香气。

酒延胡索 形如延胡索片，表面深黄色或黄褐色，光泽不明显，质较硬。气微，味苦，略具酒气。

【规格等级】延胡索药材商品分为选货和统货两个规格。选货根据每 50g 所含的粒数或直径大小分为两个等级。其规格等级标准如下。

一等：呈不规则的扁球形，表面深黄色，多皱缩。质硬而脆。断面黄褐色，有蜡样光泽，味苦微辛。每 50g 45 粒以内。

二等：每 50g 45 粒以外，其余同一等。

统货大小不分。

【化学成分】主含延胡索甲素、延胡索乙素、延胡索丁素、去氢延胡索甲素、黄连碱等生物碱类化合物。

【鉴别与检查】取样品加甲醇，超声处理，滤过，滤液蒸干，残渣加水溶解，加浓氨试液调至碱性，用乙醚振摇提取，合并乙醚液，蒸干，残渣加甲醇使溶解，作为供试品溶液。再取延胡索乙素对照品，加甲醇，作为对照品溶液。用硅胶 G 薄层板，以甲苯－丙酮（9：2）为展开剂，置碘缸中约 3 分钟后取出，挥尽板上吸附的碘后，置紫外光灯（365nm）下检视。供试品色谱中，在与对照品色谱相应的位置上，显相同颜色的荧光斑点。

延胡索、延胡索片、醋延胡索水分不得过 15.0%，总灰分不得过 4.0%。

【质量要求】

1. 外观质量 以个大、饱满、质坚实、断面色黄者为佳。

2. 内在质量 ①浸出物测定：延胡索、延胡索片、醋延胡索醇溶性浸出物（热）不得少于 13.0%。②含量测定：用高效液相色谱法测定，延胡索含延胡索乙素不得少于 0.050%，延胡索片及醋延胡索含延胡索乙素均不得少于 0.040%。

【性味功能主治】辛、苦，温。归肝、脾经。活血，行气，止痛。用于胸胁、脘腹疼痛，胸痹心痛，经闭痛经，产后瘀阻，跌扑肿痛。

【贮藏养护】用竹篓或双层麻袋包装。本品易虫蛀，但较少生霉。置干燥处，防蛀。

【用法用量】3～10g；研末吞服，一次 1.5～3g。

>>> 知识链接 •--

民国《中国实业志》记载："东阳元胡产量居全国首位，产地以东阳为中心……过去四交界地区，年产量 1000 担左右，属于东阳政区内有五六百担。"

--•

麦冬 Maidong
Ophiopogonis Radix

【别名】麦门冬、杭麦冬、浙麦冬、沿阶草。

【商品来源】为百合科植物麦冬 *Ophiopogon japonicus*（L. f）Ker–Gawl. 的干燥块根。

【商品产地】主产于浙江省慈溪、余姚、杭州等地，习称"浙麦冬"或"杭麦冬"，为浙江著名的道地药材"浙八味"之一；主产于四川绵阳地区三台县者，称为"川麦冬"。

【采制及商品种类】

浙麦冬　于栽培后第三年小满至夏至采挖。洗净，反复暴晒、堆置，至七八成干，除去须根，干燥。

川麦冬　于栽培第二年清明至谷雨采挖，剪取块根，洗净，反复暴晒、堆置，至七八成干，除去须根，干燥。

麦冬片　取麦冬，除去杂质，洗净，润透，轧扁，干燥。

朱麦冬　取去心麦冬，置盆内喷水少许，微润，加朱砂细粉，撒布均匀，并随时翻动，至麦冬外面匀被朱砂为度，取出，晾干。

【商品特征】

浙麦冬　本品呈纺锤形，两端略尖，长1.5～3cm，直径0.3～0.6cm。表面淡黄色或灰黄色，有细纵纹。质柔韧，断面黄白色，半透明，中柱细小。气微香，味甘、微苦。

川麦冬　形状与杭麦冬相似而较短粗。表面乳白色，有光泽。质较坚硬；香气较小；味较淡，少黏性。

麦冬片　形如轧扁的纺锤形块片。表面淡黄色或灰黄色，有细纵纹。质柔韧，断面黄白色，半透明，中柱细小。气微香，味甘、微苦。

朱麦冬　形如麦冬。表面被朱砂细粉，呈淡红色。

【规格等级】本品按产地分为浙麦冬、川麦冬两个规格，各分为三等。其规格等级标准如下。

浙麦冬　一等：呈纺锤形半透明体。表面黄白色。质柔韧。断面牙白色，有木质心。味微甜，嚼之有黏性。每50g 150只以内。无须根、油粒、烂头、枯子、杂质、霉变。

二等：每50g 280只以内。其余同一等。

三等：每50g 280只以外，最小不低于麦粒大。油粒、烂头不超过10%。无须根、杂质、霉变。其余同一等。

川麦冬　一等：呈纺锤形半透明体。表面淡白色，木质心细软。味微甜，嚼之少黏性。每50g 190粒以内，无须根、乌花、油粒、杂质、霉变。

二等：每50g 300粒以内。其余同一等。

三等：每50g 300粒以外，最小不低于麦粒大。间有乌花、油粒不超过10%，无须根、杂质、霉变。其余同一等。

【化学成分】主含麦冬皂苷A、B、B′、C、C′、D、D′等甾体皂苷类化合物，麦冬黄酮A、B，甲基麦冬黄酮A、B，二氢麦冬黄酮A、B，甲基二氢麦冬黄酮等高异黄酮类化合物，另含多糖、氨基酸等。

【鉴别与检查】取样品加三氯甲烷－甲醇（7∶3）混合溶液，浸泡，超声处理，放冷，滤过，滤液蒸干，残渣加三氯甲烷溶解，作为供试品溶液。另取麦冬对照药材，同法制成对照药材溶液。用硅胶GF_{254}薄层板，以甲苯－甲醇－冰醋酸（80∶5∶0.1）为展开剂，置紫外光灯（254nm）下检视。供试品色谱中，在与对照药材色谱相应的位置上，显相同颜色的斑点。

麦冬、麦冬片水分不得过18.0%，总灰分不得过5.0%。

【质量要求】

1. 外观质量　以表面淡黄白色、肥大、质柔、气香、味甜、嚼之发黏者为佳。瘦小、色棕黄、嚼之黏性小者为次。

2. 内在质量　①浸出物测定：麦冬、麦冬片水溶性浸出物（冷）不得少于60.0%。②含量测定：照高效液相色谱法测定，麦冬、麦冬片含麦冬总皂苷以鲁斯可皂苷元计，不得少于0.12%。

【性味功能主治】甘、微苦，微寒。归心、肺、胃经。养阴生津，润肺清心。用于肺燥干咳，阴虚痨嗽，喉痹咽痛，津伤口渴，内热消渴，心烦失眠，肠燥便秘。

【贮藏养护】用纸箱盛装，箱内衬防潮纸，盛满，压紧，密闭。本品含糖分，易虫蛀，宜密封。置阴凉干燥处，防潮。

【用法用量】6～12g。

浙贝母 Zhebeimu
Fritillariae Thunbergii Bulbus

【别名】大贝、浙贝、象贝、元宝贝、珠贝。

【商品来源】为百合科植物浙贝母 *Fritillaria thunbergii* Miq. 的干燥鳞茎。

【商品产地】主产于浙江鄞州、磐安、东阳、缙云等，为浙江著名的道地药材"浙八味"之一；江苏主产地有南通、苏州、泰州等；安徽广德、宁国，湖北板桥等地也产。

【采制及商品种类】

大贝　初夏植株枯萎时采挖，洗净。取大者（直径2.5cm以上者），分成两瓣，除去心芽。撞擦除去外皮，拌以煅过的贝壳粉，吸去擦出的浆汁，干燥。

珠贝　初夏植株枯萎时采挖，洗净。取小者（直径在2.5cm以下者），不去心芽。同上加工。

浙贝片　取鳞茎，大小分开，洗净，除去芯芽，趁鲜切成厚片，洗净，干燥。

【商品特征】

大贝　为鳞茎外层的单瓣鳞叶，略呈新月形，高1～2cm，直径2～3.5cm。外表面类白色至淡黄色，内表面白色或淡棕色，被有白色粉末。质硬而脆，易折断，断面白色至黄白色，富粉性。气微，味微苦。

珠贝　为完整的鳞茎，呈扁圆形，高1～1.5cm，直径1～2.5cm。表面黄棕色至黄褐色，有不规则的皱纹；或表面类白色至淡黄色，较光滑或被有白色粉末。质硬，不易折断，断面淡黄色或类白色，略带角质状或粉性；外层鳞叶2瓣，肥厚，略似肾形，互相抱合，内有小鳞叶2～3枚和干缩的残茎。

浙贝片　为椭圆形或类圆形片，大小不一，长1.5～3.5cm，宽1～2cm，厚0.2～0.4cm。外皮黄褐色或灰褐色，略皱缩；或淡黄色，较光滑。切面微鼓起，灰白色；或平坦，粉白色。质脆，易折断，断面粉白色，富粉性。

【规格等级】本品分大贝和珠贝两种规格。

【化学成分】主含生物碱和皂苷，生物碱类成分有贝母素甲、贝母素乙、浙贝母酮、贝母辛、贝母新碱、贝母芬碱、异浙贝母碱等。

【鉴别与检查】取样品加浓氨试液与三氯甲烷，放置过夜，滤过，滤液蒸干，残渣加三氯甲烷溶解，作为供试品溶液。另取贝母素甲对照品、贝母素乙对照品，加三氯甲烷制成混合溶液，作为对照品溶液。用硅胶G薄层板，以乙酸乙酯－甲醇－浓氨试液（17：2：1）为展开剂，喷以稀碘化铋钾试液。供试品色谱中，在与对照品色谱相应的位置上，显相同颜色的斑点。

水分不得过18.0%。总灰分不得过6.0%。

【质量要求】

1. 外观质量　以鳞叶肥厚、质坚实、粉性足、断面色白、不松泡、无僵子者为佳。

2. 内在质量　①浸出物测定：醇溶性浸出物（热）不得少于8.0%。②含量测定：照高效液相色谱法测定，含贝母素甲和贝母素乙的总量，不得少于0.080%。

【性味功能主治】苦，寒。归肺、心经。清热化痰止咳，解毒散结消痈。用于风热咳嗽，痰火咳嗽，肺痈，乳痈，瘰疬，疮毒。

【贮藏养护】易吸潮、虫蛀、霉变。一般用麻袋或木箱包装，置干燥处，防蛀。

【用法用量】5～10g。

【注意】不宜与川乌、制川乌、草乌、制草乌、附子同用。

>>> **知识链接** o--

中华人民共和国成立后，主产自浙江鄞县（现鄞州）的贝母，被列为浙江八味名贵中药材之一，由浙江省医药局定名为"浙贝母"。

当前药材市场主要以珠贝和浙贝片划分，大贝罕见。规格主要按照大小进行划分，个头越大，等级越高。其规格等级标准为：特级：直径≥3.0cm，均匀度≥90%；一级：直径2.5～3.0cm，均匀度75%～90%；二级：直径2.0～2.5cm，均匀度60%～75%。统货：直径≤2.0cm，均匀度≤60%。

桑叶 Sangye
Mori Folium

【别名】冬桑叶、霜桑叶。

【商品来源】为桑科植物桑 *Morus alba* L. 的干燥叶。

【商品产地】我国各地大都有野生或栽培，以栽培为主。以南方养蚕区产量较大，如浙江、安徽、江苏、四川、湖南等地。主产于浙江湖州、嘉兴；江苏苏州、无锡、丹阳、镇江等地。

【采制及商品种类】

桑叶　初霜后采收，除去杂质，晒干。

桑叶碎片　取桑叶，除去杂质，搓碎，去柄，筛去灰屑。

蜜桑叶　取炼蜜，加适量开水稀释，淋入净桑叶碎片内拌匀，闷润，置炒制容器内，用文火加热，炒至表面深黄色、不黏手为度，取出晾凉。

【商品特征】

桑叶　多皱缩、破碎。完整者有柄，叶片展平后呈卵形或宽卵形，长8～15cm，宽7～13cm。先端渐尖，基部截形、圆形或心形，边缘有锯齿或钝锯齿，有的不规则分裂。上表面黄绿色或浅黄棕色，有的有小疣状突起；下表面颜色稍浅，叶脉突出，小脉网状，脉上被疏毛，脉基具簇毛。质脆。气微，味淡、微苦涩。

桑叶碎片　为碎片状。余同桑叶。

蜜桑叶　形同桑叶碎片，表面暗黄色，微有光泽，略带黏性，味甜。

【规格等级】药材商品一般为统货。

【化学成分】主含黄酮类化合物如桑苷、异槲皮苷等；甾体类化合物如牛膝甾酮、羟基促脱皮甾酮、油菜甾醇等；香豆素类伞形花内酯、东莨菪素等。此外，尚含多种氨基酸、有机酸、维生素等。

【鉴别与检查】取样品加石油醚，加热回流，弃去石油醚液，药渣挥干，加乙醇，超声处理，滤过，滤液蒸干，残渣加热水置水浴上搅拌溶解，滤过，滤液蒸干，残渣加甲醇溶解，作为供试品溶液。另取桑叶对照药材，同法制成对照药材溶液。用硅胶G薄层板，以甲苯－乙酸乙酯－甲酸（5∶2∶1）的上层溶液为展开剂，置紫外光灯（365nm）下检视。供试品色谱中，在与对照药材色谱相应的位置上，显相同颜色的荧光斑点。

桑叶水分不得过15.0%，总灰分不得过13.0%，酸不溶性灰分不得过4.5%。

【质量要求】

1. **外观质量**　以叶大、色黄绿者为佳。

2. 内在质量 ①浸出物测定：照醇溶性浸出物测定法（《中国药典》通则2201）项下的热浸法测定，用无水乙醇作溶剂，不得少于5.0%。②含量测定：照高效液相色谱法测定，桑叶含芦丁不得少于0.10%。

【性味功能主治】 甘、苦，寒。归肺、肝经。疏散风热，清肺润燥，清肝明目。用于风热感冒，肺热燥咳，头晕头痛，目赤昏花。

【贮藏养护】 用竹篓或席包装，外加绳捆，置干燥处。吸湿后易发霉，颜色变黑，重者腐烂，因此不可受潮或雨淋。

【用法用量】 5~10g。

>>> **知识链接** o--

清代张志聪《本草崇原》记载："桑处处有之，而江浙独盛。"

---●

海螵蛸 Haipiaoxiao

Sepiae Endoconcha

【别名】 乌贼骨、墨鱼骨。

【商品来源】 为乌贼科动物无针乌贼 *Sepiella maindroni* de Rochebrune 或金乌贼 *Sepia esculenta* Hoyle 的干燥内壳。

【商品产地】 无针乌贼主产于浙江、江苏和广东等地。金乌贼主产于辽宁、山东等地。

【采制及商品种类】

海螵蛸 收集乌贼鱼的骨状内壳，洗净，干燥。根据来源可分为"无针乌贼"和"金乌贼"。

海螵蛸块 取海螵蛸，除去杂质，洗净，干燥，砸成小块。

炒海螵蛸 取海螵蛸块，置炒制容器内，用文火加热，炒至表面微黄色，取出，晾凉。

【商品特征】

海螵蛸 ①无针乌贼：呈扁长椭圆形，中间厚，边缘薄，长9~14cm，宽2.5~3.5cm，厚约1.3cm。背面有瓷白色脊状隆起，两侧略显微红色，有不甚明显的细小疣点；腹面白色，自尾端到中部有细密波状横层纹；角质缘半透明，尾部较宽平，无骨针。体轻，质松，易折断，断面粉质，显疏松层纹。气微腥，味微咸。②金乌贼：长13~23cm，宽约6.5cm。背面疣点明显，略呈层状排列；腹面的细密波状横层纹占全体大部分，中间有纵向浅槽；尾部角质缘渐宽，向腹面翘起，末端有1骨针，多已断落。

海螵蛸块 多为不规则形或类方形小块，类白色或微黄色，气微腥，味微咸。

炒海螵蛸 形同海螵蛸块，表面微黄色，略有焦斑。

【规格等级】 按来源分为无针乌贼和金乌贼2种规格，一般不分等级，均为统货。

【化学成分】 主含碳酸钙，另外含有甲壳质、磷酸钙、氯化钠及镁盐等。

【鉴别与检查】 取样品粉末，滴加稀盐酸，产生气泡。

重金属及有害元素测定，铅不得过5mg/kg；镉不得过5mg/kg；砷不得过10mg/kg；汞不得过0.2mg/kg；铜不得过20mg/kg。

【质量要求】

1. 外观质量 以块大、色白、完整、洁净、无杂质者为佳。

2. 内在质量 滴定法测定，海螵蛸、海螵蛸块含碳酸钙不得少于86.0%。

【性味功能主治】 咸、涩，温。归脾、肾经。收敛止血，涩精止带，制酸止痛，收湿敛疮。用于吐血衄血，崩漏便血，遗精滑精，赤白带下，胃痛吞酸；外治损伤出血，湿疹湿疮，溃疡不敛。

【贮藏养护】干燥海螵蛸质松易断，用竹篓或草袋装，置凉爽干燥处。在贮藏养护时应防潮、防压、防震、遮光。忌用熏蒸，否则易变色，且影响疗效。

【用法用量】5～10g。外用适量，研末敷患处。

目标测试

答案解析

一、单选题

1. 浙江主产的药材有
    A. 川贝母　　　　　　　B. 白术　　　　　　　C. 黄连　　　　　　　D. 细辛
2. 属于传统"浙八味"的药物是
    A. 西红花　　　　　　　B. 薄荷　　　　　　　C. 玄参　　　　　　　D. 藿香
3. 麦冬的商品来源为
    A. 植物全体　　　　　　B. 新鲜根茎　　　　　C. 干燥块茎　　　　　D. 干燥块根
4. 延胡索的规格等级划分标准有
    A. 有效成分含量　　　　B. 直径大小　　　　　C. 外层鳞叶数量　　　D. 断面颜色

二、多选题

1. 素有"浙八味"之称的药物有
    A. 浙贝母　　　　　　　B. 海螵蛸　　　　　　C. 白芍　　　　　　　D. 温郁金
2. 桑叶的商品特征有
    A. 多皱缩、破碎　　　　　　　　　　　　B. 叶片展平后呈卵形或宽卵形
    C. 先端渐尖　　　　　　　　　　　　　　D. 边缘有锯齿或钝锯齿
3. 海螵蛸的贮藏养护应注意
    A. 无特殊要求　　　　　B. 无需防潮　　　　　C. 忌用熏蒸　　　　　D. 防压防震

三、简答题

1. 简述"浙药"的含义。
2. 浙江道地药材有哪些？传统"浙八味"和新"浙八味"分别包含哪些中药？
3. 简述乌药、玄参、白术、白芍、浙贝母、延胡索的规格等级、商品性状特征、质量要求和贮藏方法。

书网融合……

思政导航　　　　　　　本章小结　　　　　　　题库

第十六章 关 药

PPT

学习目标

知识目标

1. 掌握 关药的含义及其主要道地药材品种；人参、五味子、龙胆、西洋参、关黄柏、防风、细辛、鹿茸、哈蟆油的来源、道地产地、采制、商品特征、规格等级、鉴别与检查、贮藏方法。

2. 熟悉 平贝母、桔梗的来源、道地产地、规格等级。

3. 了解 关药产区的自然环境条件；鹿角的来源、道地产地、规格等级。

能力目标 通过本章的学习，能够说出关药产区的主要道地药材，能够重复主要道地药材的来源、采制、商品特征、规格等级、鉴别检查和贮藏注意事项，能够鉴别市场常见关药的商品规格等级，能够收集、处理和运用关药产区的市场信息。

一、关药概述

（一）关药的含义

凡以山海关以北的东北三省和内蒙古东部为主要产区或集散地的大宗商品药材，称为关药。

（二）关药产区的自然环境

本产区位于东经 120°～135°，北纬 40°～55°。北邻俄罗斯、东濒日本海峡，南接河北、朝鲜，西与蒙古国交界。其自然环境特点是大小兴安岭以人字形崛起在北部，东南侧有长白山脉绵延，中南部为大片平原。海拔绝大多数在 2000m 以下，故土壤垂直谱带简单，而水平分布复杂。

本区大部分属于寒温带、温带的湿润和半湿润地区。年均降水量 400～700mm，长白山地区东南部可达 1000mm。区内森林茂密、气候凉爽湿润，分布的中药品种虽然少，但珍稀的药用动、植物种类较多。本区药用植物达 1600 多种，药用动物 300 多种，药用矿物 50 多种。本区的长白山地区大部分为山岭与丘陵，北段为大、小兴安岭，东北角为低陷的三江平原，是北方重要的药材产区，有"世界生物资源金库"之称，仅药用植物有 900 多种。

（三）关药产区的主要道地药材

著名的关药有人参、鹿茸、关防风、关黄柏、辽细辛、关龙胆等。其他还有五味子、赤芍、升麻、北苍术、地榆、辽藁本、哈蟆油等。

二、药材品种

人参 Renshen
Ginseng Radix et Rhizoma

【别名】力参、神草、棒槌。

【商品来源】为五加科植物人参 *Panax ginseng* C. A. Mey. 的干燥根及根茎。

【商品产地】 主产于吉林抚松、集安、靖宇、安图、敦化，辽宁桓仁、宽甸、新宾、清原，黑龙江五常、尚志、宁安、东宁。野生品产量甚少，习称"野山参"或"山参"。多为栽培品，人工栽培者习称"园参"；播种在山林野生状态下自然生长 15 年以上者习称"林下参"或"林下山参"，又称"籽海"；栽培于辽宁省宽甸县石柱村的人参生长年限长，质量较好，称为"石柱参"。将发现的野山参苗移至适宜的地方种植，待长成时再采挖，或将较小的园参苗、林下参苗移至山林中任其自然生长，待接近成熟时采挖，称为"移山参"。

人参栽培品根据其根的形态分为"大马牙""二马牙""长脖""圆膀圆芦"等品种。

【采制及商品种类】

1. 野山参 在 7 月下旬至 9 月间果熟变红易于发现时采挖。挖取时不使支根及须根受伤，保持完整，晒干，称全须生晒参。林下参和移山参加工方法多与野山参相同。

2. 园参 栽种 5 ~ 6 年后，于秋季采挖，洗净，为鲜园参。鲜园参的加工品主要如下。

（1）生晒参 除去支根，晒干或烘干，称"生晒参"；如不除去支根及须根晒干，则称"全须生晒参"。生晒参的支根习称"白直须"，须根习称"白弯须"，两者混合习称"白混须"。

（2）红参 蒸 3 小时左右，取出晒干或烘干，统称"红参"。不除去支根和须根者为"全须红参"，除去支根者为"普通红参"，选取根茎、主根和支根均长（芦长、身长、腿长）的园参除去须根加工而成者为"边条红参"。红参的支根习称"红直须"，须根习称"红弯须"，两者混合习称"红混须"。

（3）白糖参 置沸水中浸烫 3 ~ 7 分钟，取出，用竹针将参体扎刺小孔，再浸于浓蔗糖液中 2 ~ 3 次，每次 10 ~ 12 小时，取出干燥，称"白糖参"或"糖参"。糖参的支根和须根习称"糖参须"。

（4）活性参 用真空冷冻干燥法加工的人参，称"活性参"，可防止有效成分总皂苷的损失，提高产品质量。活性参多芦、体、须完整。野山参与林下参也常加工成"活性野山参""活性林下参"。

（5）饮片 生晒参或红参润透，切薄片，干燥，前者为"人参片"，后者为"红参片"。

【商品特征】

1. 药材

（1）野山参 根茎细长，上部扭曲，茎痕密生，下部常无芦碗而光滑，不定根较粗。主根与根茎等长或较短，呈人字形、菱形或圆柱形。表面灰黄色，具纵纹，上端有紧密而深陷的环状横纹（习称"铁线纹"）。多具 2 条主要支根，形似人体。须根稀疏，长约为主根的 1 ~ 2 倍，柔韧不易折断，有明显的疣状突起（习称"珍珠疙瘩"）。质地轻泡，俗称"海绵体"。气香浓厚，味甘微苦，口嚼之有清香感。

山参的性状较为特殊，鉴别时注意其根茎（芦头）、不定根（艼）、主根（体）、支根（腿）、须根（须）和表面横环纹（纹）等部位的特征。

1）芦头 细长而弯曲，习称"雁脖芦"。一般分为 3 段：顶端为第一段，具有新脱落的茎痕，形如马牙，边缘棱较平齐，中心凹陷，习称"马牙芦"；具有近 10 年间脱落茎痕的部分为第二段，芦碗左右交错重叠而生，排列紧密，边缘有明显的棱脊，习称"堆花芦"；具有远年茎痕的部分为第三段，不再显芦碗，有的具隐约可见的节痕，呈圆柱形，习称"圆芦"或"灯草心"。有的野山参第三段芦头细长如线，至上端变粗呈"堆花芦"形式，习称"线芦"。

2）艼 按形状一般分为枣核艼、蒜瓣艼、顺体艼 3 种。枣核艼：体短粗，两端尖细，有的形如大枣之核，山参艼的形态多为此种。蒜瓣艼：体似蒜瓣形，一头钝圆，另一头尖细。顺体艼：体上部稍粗，向下渐细而长。

3）体 有横灵体、顺笨体 2 种。横灵体：习称"武形"，体粗短，多呈短横体或菱角形，状似疙瘩，亦称"疙瘩灵体"或"疙瘩体"。顺笨体：也叫"顺体"或"笨体"，习称"文形"，多呈纺锤形或圆柱形。

腿 一般为 1~2 条,最多 3 条。腿短,上粗下细,分档处多呈八字形,两腿斜叉而不并拢,习称"短鸡腿"。

纹 紧密的环纹,纹深而细,皱纹略显得向上兜皱,纹紧密,沟色较深,习称"螺旋纹""黑兜纹"或"铁线纹"。环纹延伸到参体的中部或下部,这种纹叫"一纹到底"。

皮 呈淡黄白色,结实光润,皮质老,细而不粗糙,习称"皮细如绵"或"细结皮",光泽显著,习称"锦缎皮"。

须 疏生而不散乱,犹如鞭子的皮条一般柔韧,故有"皮条须"之称。须的表面生长着疣状突起(小疙瘩),呈长圆形、方圆形,习称"珍珠须"或"珍珠尾"。

(2)林下参 根茎细长,少数粗短,中上部具稀疏或密集而深陷的茎痕。不定根较细,多下垂。主根与根茎等长或较短,呈圆柱形、菱角形或人字形。表面灰黄色,具纵皱纹,上部或中上部有横环纹,支根多为 2~3 条,须根少而细长,清晰不乱,有较明显的疣状突起,习称"珍珠点"。

(3)移山参 芦头常骤然变细或变粗,不呈对花芦,常出现线芦或竹节芦(芦碗清晰、间距大且不紧密、形如竹节的芦头),有的芦头因移栽而出现扭转现象,称"转芦"。芋多为顺体芋,但生长年久者也有的为枣核芋。芋有时出现下粗上细的形状(即掐脖子芋),其略向斜旁伸出,上翘者多,有时芋体超过主体。参体以顺笨体为多见。腿较顺长,1~3 条或多条。皮质略泡而嫩,粗糙,不光润。有稀疏不紧密的横纹,常一纹到底。参须细嫩而短,下端分枝较多,珍珠疙瘩稀疏而小。

(4)园参类 根茎上部有一面或二面生有芦碗,上生 1 至数条不定根。主根身长,上部有断续的粗横纹。支根 2~6 条,末端多分枝。须根形似扫帚,短而脆,易折断,珍珠点小而极少。

1)生晒参 根茎(芦头)多拘挛而弯曲,具不定根(芋)和稀疏的凹窝状茎痕(芦碗)。主根纺锤形或圆柱形。表面灰黄色,上部或全体有疏浅断续的粗横纹及纵皱纹,下部有侧根 2~3 条,有多数细长的须根,须根上偶有不明显的细小疣状突起。质较硬,断面淡黄白色,显粉性,有棕黄色环纹,皮部有黄棕色的油点及放射状裂隙。气特异,味微苦、甘。

2)普通红参 根茎具茎痕及 1~2 条不定根。主根纺锤形、圆柱形或扁方柱形。表面红棕色,半透明,偶有不透明的暗黄褐色斑块,习称"黄马褂",具纵沟、皱纹及细根痕;上部具断续的不明显环纹,下部支根 2~3 条,扭曲交叉。质硬脆,断面平坦,角质样。气微香而特异,味甘、微苦。

3)边条红参 芦头黄色略柴质,芦碗稍大而凹陷。主根长圆柱形。具有"3 长"特点,即身长体圆、芦长有碗、腿长,多 2~3 分枝。

4)白糖参 表面淡黄白色,主根上端有多数断续的环纹,全体可见加工时针刺的点状针痕。下部有 2~3 个以上的支根。断面白色,有菊花心。气微香,味甘、微苦,嚼之无渣感。

5)白参须 分为直须、弯须、混须 3 种。直须上端直径约 0.3cm,中、下端渐细,长短不一,最长可达 20cm。弯须则弯曲而细乱。

6)红参须 同白参须,但呈红棕色。

2. 饮片

(1)生晒参片 为圆形或类圆形薄片。外表面灰黄色。切面淡黄白色或类白色,显粉性,形成层环纹棕黄色,皮部有黄棕色树脂道小点和放射状裂隙,木部淡黄色,显菊花纹。体轻,质脆。香气特异,味甘、微苦。

(2)红参片 为圆形或长椭圆形斜片,外表面红棕色,半透明。切面平坦,红棕色或棕色,环纹和树脂道小点不明显,角质样。质硬而脆。气微香特异,味甘、微苦。

(3)白糖参片 为横切片或斜切片,外皮松泡,白色,质嫩而薄,断面黄白色。气微香,味甘,嚼之能溶化。

【规格等级】 商品分野山参、林下参、移山参和园参等类。

1. 野山参 根据性状特征和单支重量分为一至八等。

一等：主根粗短呈横灵体，支根八字分开，五形全美。有圆芦。芦中间丰满，形似枣核。皮紧细。主根上部纹紧密而深。须根清疏而长，质坚韧，有明显的珍珠疙瘩。表面牙白色或黄白色，断面白色。味甘、微苦。每支重 100g 以上，芦帽不超过主根重量的 25%。无瘢痕、杂质、虫蛀、霉变。

二等：每支重 55g 以上。余同一等。

三等：每支重 32.5g 以上。余同一等。

四等：每支重 20g 以上。余同一等。

五等：每支重 12.5g 以上，芦帽不超过主根重量的 40%。余同一等。

六等：根部呈横灵体、顺体、畸形体（笨体）。有圆芦。有芦或无芦，形似枣核。每支重 6.5g 以上，芦帽不大。无杂质、虫蛀、霉变。余同一等。

七等：须根清疏而长，有明显的珍珠疙瘩。每支重 4g 以上。余同六等。

八等：每支重 2g 以上。间有芦须不全的残次品。余同七等。

芦变山参、籽种山参、趴货参、池底参、移山参，一般按山参八或九等收购。

2. 林下参 因野山参极少见，为国家二级保护野生药材物种，目前常以林下参做野山参用，但其规格等级标准与传统野山参不同。在中华中医药学会团体标准《中药材商品规格等级—人参》（T/CACM 1021.2—2018）中，林下参依据单支重量分为八级：单支重量≥15g 者为特级品，单支重量＜1.3g 者为七级品；在各级下又依据性状分为一至三等，具体分等标准如下。

特等：芦：三节芦，芦碗紧密，芦头较长，个别二节芦或三节芦以上。芦：枣核芦，芦重不超过主体 50%，不抽沟，色正有光泽。体：灵体、疙瘩体，色正有光泽，黄褐色或淡黄白色，腿分档自然，不抽沟，无疤痕，不泡体。纹：主体上部环纹细而深，紧皮细纹。须：细而长，疏而不乱，有珍珠点，主须完整，芦须下伸。

一等：芦：二节芦或三节芦，芦碗较大、紧密，个别三节芦以上。芦：枣核芦、蒜瓣芦、毛毛芦或顺长芦，芦重不超过主体 50%，不抽沟，色正有光泽。体：顺体、过梁体，色正有光泽，黄褐色或淡黄白色，腿分档自然，不抽沟，不泡体。纹：主体上部环纹明显。须：细而长，疏而不乱，主须完整，芦须下伸。

二等：芦：二节芦、缩脖芦，芦碗较粗大、排列扭曲，有残缺、疤痕、红皮。芦：大或无芦，有残缺、瘢痕、红皮。体：顺体、笨体、横体，黄褐色或淡黄白色，皮较松，抽沟，体小、芦变，有瘢痕、红皮。纹：主体上部的环纹不全，断纹或纹较少。须：细而长，有伤残及红皮。

3. 移山参 与林下参类似，结合单支重量和性状特征分为七级，在各级下又依据性状分为一至三等。单支重量≥25g 者为一级品，单支重量＜2.5g 者为七级品。分等标准如下。

一等：芦：长，二节芦或三节芦，芦碗较大。芦：重量不超过主体 50%，无瘢痕、红皮。体：灵体、疙瘩体，淡黄白色，有光泽，腿分档自然，不抽沟，无瘢痕、红皮。纹：明显。须：长。

二等：芦：二节芦或竹节芦，芦碗较大。芦：重量不超过主体 50%，无红皮。体：顺体、过梁体或笨体，有光泽，不抽沟，无瘢痕、红皮。纹：环纹粗而浅，或断纹、跑纹。须：较长，不清疏。

三等：芦：二节芦、竹节芦或缩脖芦，芦碗较小。芦：大，有伤残、红皮。体：芦变或无芦，有伤残、红皮。纹：残缺不全。须：较短，不清疏。

4. 园参 商品根据加工方法以及大小的不同，分为边条鲜参、普通鲜参、全须生晒参、生晒参、边条红参、普通红参、白糖参、白参须、红参须等规格。各规格再分为不同的等级。

（1）边条鲜参

一等：鲜货。根呈长圆柱形，芦长、身长、腿长，有 2～3 个分枝。芦须齐全，浆足，丰满。体长不短于 20cm，每支重 125g 以上，芋帽不超过 15%。不烂，无瘢痕、水锈、泥土、杂质。

二等：体长不短于 18.3cm，每支重 85g 以上。余同一等。

三等：体长不短于 16.7cm，每支重 60g 以上。余同一等。

四等：体长不短于 15.0cm，每支重 45g 以上。余同一等。

五等：体长不短于 13.3cm，每支重 35g 以上。余同一等。

六等：体长不短于 13.3cm，每支重 25g 以上。余同一等。

七等：芦须齐全。浆足，丰满。每支重 12.5g 以上。

八等：凡不符合以上规格和缺须少芦、破断根条者。每支重 5g 以上。

（2）普通鲜参

特等：鲜货。根呈圆柱形，有分枝，须芦齐全，浆足。每支重 100～150g。不烂，无瘢痕、水锈、泥土、杂质。

一等：每支重 62.5g 以上。余同特等。

二等：每支重 41.5g 以上。余同特等。

三等：每支重 31.5g 以上。余同特等。

四等：每支重 25g 以上。余同特等。

五等：每支重 12.5g 以上。余同特等。

六等：每支重 5.0g 以上，不符合以上规格和缺须少芦折断者。

（3）全须生晒参

一等：根呈圆柱形，有分枝。体轻，有抽沟，有芋帽，芦须全。表面黄白色或较深，断面黄白色。气香，味苦。每支重 10g 以上，绑尾或不绑尾。无破疤、杂质、虫蛀、霉变。

二等：每支重 7.5g 以上。余同一等。

三等：每支重 5g 以上。余同一等。

四等：大小支不分，绑尾或不绑尾。芦须不全，间有折断。余同一等。

（4）生晒参

一等：根呈圆柱形，体轻，有抽沟，去净芋须。表面黄白色，断面黄白色。气香，味苦。每 500g 60 支以内。无破疤、杂质、虫蛀、霉变。

二等：每 500g 80 支以内。余同一等。

三等：每 500g 100 支以内。余同一等。

四等：体轻，有抽沟、死皮。每 500g 130 支以内。余同一等。

五等：每 500g 130 支以外。余同四等。

（5）边条红参

1）16 支边条红参

一等：根呈长圆柱形，芦长、身长、腿长，体长 18.3cm 以上，有 2～3 个分枝。表面棕红或淡棕色，有光泽。上部色较浅，有皮有肉。质坚实，断面角质样。气香，味苦。每 500g 16 支以内，每支重 31.3g 以上。无中尾、黄皮、破疤、虫蛀、霉变、杂质。

二等：稍有黄皮、抽沟、干疤。余同一等。

三等：色泽较差。有黄皮、抽沟、破疤，腿红。余同一等。

2）25 支边条红参

一等：体长 16.7cm 以上，每 500g 25 支以内，每支重 20g 以上。余同 16 支边条红参。

二等：稍有黄皮、抽沟、干疤。余同一等。

三等：色泽较差。有黄皮、抽沟、破疤，腿红。余同一等。

3）35 枝条边红参

一等：体长 15.0cm 以上，每 500g 35 支以内，每支重 14.3g 以上。余同 16 支边条红参。

二等：稍有黄皮、抽沟、干疤。余同一等。

三等：色泽较差。有黄皮、抽沟、破疤，腿红。余同一等。

4）45 支边条红参

一等：体长 11.7cm 以上，每 500g 45 支以内，支头均匀。余同 16 支边条红参。

二等：稍有黄皮、抽沟、干疤。余同一等。

三等：色泽较差。有黄皮、抽沟、破疤，腿红。余同一等。

5）55 支边条红参

一等：体长 11.7cm 以上，每 500g 55 支以内，支头均匀。余同 16 支边条红参。

二等：稍有黄皮、抽沟、干疤。余同一等。

三等：色泽较差。有黄皮、抽沟、破疤，腿红。余同一等。

6）80 支边条红参

一等：体长 11.7cm 以上，不要求具 2~3 个分枝。每 500g 80 支以内，支头均匀。余同 16 支边条红参。

二等：稍有黄皮、抽沟、干疤。余同一等。

三等：色泽较差。有黄皮、抽沟、破疤，腿红。余同一等。

7）小货边条红参

一等：个头较小，不符合以上各规格体长和重量要求，支头均匀。不要求质地坚实。余同 80 支边条红参。

二等：有黄皮，但不超过身长的 1/2。稍有抽沟、干疤。余同一等。

三等：色泽较差。有黄皮、抽沟、破疤，腿红。余同一等。

（6）普通红参

1）20 支普通红参

一等：根呈圆柱形。表面棕红或淡棕色，有光泽。质坚实，断面角质样。气香，味苦。每 500g 20 支以内，每支重 25g 以上。无细腿、破疤、黄皮、虫蛀。

二等：稍有干疤、黄皮、抽沟。余同一等。

三等：色泽较差。有黄皮、干疤、抽沟，腿红。余同一等。

2）32 支普通红参

一等：每 500g 32 支以内，每支重 15.6g 以上。余同 20 支普通红参。

二等：稍有黄皮、干疤、抽沟，腿红。余同一等。

三等：色泽较差。有黄皮、干疤、抽沟，腿红。余同一等。

3）48 支普通红参

一等：每 500g 48 支以内，支头均匀。余同 20 支普通红参。

二等：稍有黄皮、干疤、抽沟。余同一等。

三等：色泽较差。有黄皮、干疤、抽沟，腿红。余同一等。

4）64 支普通红参

一等：每500g 64 支以内，支头均匀。余同 20 支普通红参。

二等：有黄皮、干疤、抽沟。无细腿、虫蛀。余同一等。

三等：色泽较差。有黄皮、干疤、抽沟，腿红。余同一等。

5）80 支普通红参

一等：每500g 80 支以内，支头均匀。余同 20 支普通红参。

二等：稍有黄皮、干疤、抽沟。余同一等。

三等：色泽较差。有黄皮、干疤、抽沟，腿红。余同一等。

6）小货普通红参

一等：个头较小，不符合以上各规格重量要求，支头均匀。余同 20 支普通红参。

二等：稍有黄皮、干疤、抽沟。余同一等。

三等：色泽较差。有黄皮、干疤、抽沟，腿红。余同一等。

（7）白糖参

一等：根呈圆柱形，芦须齐全，体充实，枝条均匀。表面和断面均为白色。味甜，微苦。不返糖，无浮糖、碎芦、杂质、虫蛀、霉变。

二等：大小不分，表面黄白色，断面白色。余同一等。

（8）白参须

1）白直须

一等：根须呈长条状，有光泽。表面、断面均呈黄白色。气香，味苦。长 13.3cm 以上，条大小均匀，无水锈、破皮、杂质、虫蛀、霉变。

二等：长 13.3cm 以下，最短不低于 8.3cm。余同一等。

2）白弯须　统货。根须呈条形弯曲状，粗细不均。黄白色。气香，味苦。无碎末、杂质、虫蛀、霉变。

3）白混须　统货。根须呈长条形或弯曲状。黄白色。气香，味苦。长短不分，其中直须占 50% 以上。无碎末、杂质、虫蛀、霉变。

（9）红参须　仅性状特征与白参须不同，等级划分标准同白参须。

【化学成分】主含皂苷类成分，根含总皂苷约 4%，须根中含量较主根高。主要皂苷成分有人参皂苷 R_0、Ra、Rb_1、Rb_2、Rb_3、Rg_1、Rc、Rd、Re 等，以及丙二酰基人参皂苷 Rb_1、Rb_2、Rc、Rd 等。人参中皂苷多为三萜皂苷，包括达玛烷型四环三萜皂苷以及齐墩果烷型五环三萜皂苷和少数 Octilol 型四环三萜皂苷，原人参二醇和原人参三醇型皂苷均属于达玛烷型四环三萜皂苷。人参中还含挥发油约 0.12%，油中主要成分有 β-榄香烯、人参炔醇及人参环氧炔醇等。人参多糖包括水溶性多糖 38.7%，碱溶性多糖 7.8%~10%，仍含 20% 人参果胶。此外，尚含多种低分子肽，多种氨基酸、单糖、双糖、三聚糖、有机酸、B 族维生素、维生素 C、β-谷甾醇等。

【鉴别与检查】取样品加三氯甲烷，加热回流，弃去三氯甲烷液，药渣挥干溶剂，加水拌匀湿润后，加水饱和的正丁醇，超声处理，吸取上清液，加氨试液，摇匀，放置分层，取上层液蒸干，残渣加甲醇使溶解，作为供试品溶液。另取人参对照药材，同法制成对照药材溶液。再取人参皂苷 Rb_1、Re 及 Rg_1 对照品，加甲醇制成溶液，作为对照品溶液。用硅胶 G 薄层板，以三氯甲烷-醋酸乙酯-甲醇-水（15：40：22：10）10℃ 以下放置的下层溶液为展开剂，喷以 10% 硫酸乙醇溶液，在 105℃ 加热至斑点显色清晰，分别置日光及紫外光灯（365nm）下检视。供试品色谱中，在与对照药材色谱和对照品色谱相应的位置上，显相同颜色的斑点。

水分不得过 12.0%，总灰分不得过 5.0%，重金属及有害元素：铅不得过 5mg/kg，镉不得过 1mg/kg，砷不得过 2mg/kg，汞不得过 0.2mg/kg，铜不得过 20mg/kg；有机氯类农药残留量：照气相色谱法测定，五氯硝基苯不得过 0.1mg/kg，六氯苯不得过 0.1mg/kg，七氯（七氯与环氧七氯之和）不得过 0.05mg/kg，氯丹（顺式氯丹、反式氯丹、氧化氯丹之和）不得过 0.1mg/kg。

【质量要求】

1. 外观质量　林下参以三节芦、枣核艼、横灵体、皮紧细、铁线纹、皮条须、味甘者为佳；生晒参以根大饱满、表面色黄白、皮细纹深、质硬、气味浓者为佳；红参以身长、芦长、腿长、色棕红、皮细光泽、半透明、无黄皮者为佳。

2. 内在质量　含量测定：照高效液相色谱法测定，生晒参含人参皂苷 Rg_1 和人参皂苷 Re 的总量不得少于 0.30%，人参皂苷 Rb_1 不得少于 0.20%；人参片含人参皂苷 Rg_1 和人参皂苷 Re 的总量不得少于 0.27%，人参皂苷 Rb_1 不得少于 0.18%；红参含人参皂苷 Rg_1 和人参皂苷 Re 的总量不得少于 0.25%，人参皂苷 Rb_1 不得少于 0.20%；红参片含人参皂苷 Rg_1 和人参皂苷 Re 的总量不得少于 0.22%，人参皂苷 Rb_1 不得少于 0.18%。

【性味功能主治】　温，甘、微苦。大补元气，复脉固脱，补脾益肺，生津养血，安神益智。用于体虚欲脱、肢冷脉微、气不摄血、崩漏下血、脾虚食少、肺虚喘咳、津伤口渴、内热消渴、气血亏虚、久病虚羸、惊悸失眠、阳痿宫冷等。

【贮藏养护】　人参为名贵药材，一般用较精制的容器包装并密封，置干燥处贮存。人参类药物由于含有较多的淀粉、糖类和挥发油等，在贮存期间易出现受潮、发霉、变色、虫蛀等变质现象。人参贮存应注意防潮、防霉。

【用法用量】　3~9g，另煎兑入汤剂服。山参若研粉吞服，一次 2g，1 日 2 次。不宜与藜芦同用。

>>> 知识链接 •--

1. 其他规格人参　人参根据生长过程和栽培管理条件的不同又有艼变山参、池底参和趴货参；根据加工方法不同又有白干参、皮尾参和大力参等。

（1）艼变山参　山参在生长的过程中，主根因某种原因遭到破坏或烂掉，其不定根继续生长，成为无主根者，称为"艼变山参"。其参形特异。芦头大，多数偏斜。由多条艼组成，无主根。艼多为顺体，大艼上可生有横纹，其纹粗浅不连续。只有 1 条参腿（艼之尾部）。皮嫩而有光泽。须根有少量珍珠疙瘩。

（2）池底参和趴货参　在种植园参的参园，因将参挖走，遗留下的人参种子或园参稔，其在原参畦中、在自然条件下生长多年，称"池底参"；人工将人参种子播到池畦中，在人工管理时只做锄草、施肥，不做倒茬，任其自然生长，在 20 年左右挖出加工，称"趴货参"。池底参和趴货参芦头基部为圆芦，圆芦以上为"马牙芦"，而芦碗沿着芦头旋转生长，芦碗较大，芦碗边有芦棱。艼粗大，齐头。虽然有的上部稍细，但不像枣核尖端之形，如同顺体，形成一头粗一头细。艼常为 3~5 条，生 2 条者多对生，呈"掐脖子艼"，艼大于并重于参体。参体多为顺体，腿粗细不一，2~3 条或更多，有"八"字分裆的体形。皮黄白色，粗糙而疏松。横纹浅或断续，无螺旋纹，有的一纹到底，也有半环纹者，状似园参。参须较嫩，易折断，蓬乱不清疏，珍珠疙瘩少而小。

（3）白干参　是无分枝的鲜参，刮去外皮干燥者。形似生晒参，栓皮已刮去，表面淡黄色或类白色，环纹不明显，质较坚实，断面白色，显菊花心。味甘、微苦。

（4）皮尾参　是生长年份不足的鲜参，晒干或烘干，其根条短小、皮较厚。不定根呈长条圆柱形，上端有茎痕而无芦，下部不带须根。表面土黄色，常有褐色环纹及纵向抽皱。质较轻泡，断面白色，显菊花心。味甘、微苦。

（5）大力参　集安产人参，除去须根，烫制、干燥，又称"烫参"。形似红参。

2. 进口人参　主要是朝鲜人参，为人参栽培品（大马牙、二马牙）。参体粗壮顺长，芦粗短且多为双芦，习称"双马蹄芦"。

（1）朝鲜红参　又称"高丽参""别直参"。呈圆柱形或方圆柱形，粗细不一。芦短粗，直径几乎和主根同。主根顺长，多单支。棕红色，半透明。气香浓郁，味甘、微苦。余同国产品。以皮细质坚、无破皮、无瘢痕者为优，皮粗、皮黄者次之，有疤、有破皮者更次一等，内心空泡者最次。优者称天字，最次者称翁字，中等者称地字、人字。又按每500g或600g的支数，划分为10支、15支、20支、30支、40支、50支、60支、70支、80支、小支等。

（2）朝鲜白参　直接干燥品。呈圆锥形或圆柱形，粗细不一。芦头较朝鲜红参略细，直径稍细于主根。主根略粗短有分支。全体白色，具不规则纵抽皱，体轻泡。气香浓郁，味微甜、苦。

五味子 Wuweizi
Schisandrae Chinensis Fructus

【别名】北五味子、山五味子、辽五味子。

【商品来源】为木兰科植物五味子 *Schisandra chinensis*（Turcz.）Baill. 的干燥成熟果实。习称"北五味子"。

【商品产地】主产于吉林桦甸、蛟河、抚松、柳河、临江、延边、通化，辽宁本溪、凤城、桓仁、新宾、宽甸，黑龙江阿城、宁安、虎林等地。

【采制及商品种类】

五味子　在8月下旬至10月上旬，果实成熟呈紫红色时，将果实摘下，随熟随收，晒干或烘干，拣出果梗等杂质。

醋五味子　取净五味子，加入米醋，拌匀，置适宜容器内，密闭，隔水加热至表面黑色，取出干燥。

酒五味子　取净五味子，加入黄酒，拌匀，置适宜容器内，密闭，隔水加热至表面紫黑色或黑褐色，取出干燥。

蜜五味子　取炼蜜用适量开水稀释后，加入净五味子，拌匀，闷透，置锅内，用文火炒至不黏手为度，取出放凉。

【商品特征】

五味子　果实呈不规则的圆球形或扁球形。表面紫红色或暗红色，有的呈黑红色或出现"白霜"。皱缩，显油润。果肉柔软。种子1～2粒，呈肾形，表面棕黄色，有光泽；种皮薄而脆，较易破碎；种仁呈钩状，黄白色，半透明，富油性。果肉气弱，味酸；种子破碎后有香气，味辛、微苦。

醋五味子　表面乌黑色，质柔润或显油润，稍有光泽。微具醋气。

酒五味子　表面紫黑色或黑褐色，质柔润或显油润。微具酒气。

蜜五味子　色泽较生品颜色加深，略显光泽，味酸、甜。

【规格等级】五味子按照果实表面颜色和干瘪粒数的多少分为一至二等，其等级标准如下。

一等：呈不规则球形或椭圆形。表面紫红色或红褐色，皱缩，肉厚，质柔润。果肉味酸，种子有香气。干瘪粒不超过2%，无枝梗、杂质、虫蛀、霉变。

二等：表面黑红、暗红或淡红色，皱缩，肉较薄。干瘪粒不超过20%。余同一等。

【化学成分】果实含挥发油0.89%，油中含倍半萜烯、β_2-没药烯、β-花柏烯及α-衣兰烯。含木脂素约5%，为本品的有效成分。主要木脂素有五味子甲素、五味子醇甲、五味子醇乙及五味子素A、B、C、D、E、F、G、H、J、N、O等。含有机酸约9.11%，主要为柠檬酸、苹果酸、酒石酸等。种子含脂肪油约33%。此外尚含柠檬醛、叶绿素、甾醇、维生素C、维生素E、树脂、鞣质及少量糖类。

【鉴别与检查】取样品加三氯甲院，加热回流，滤过，滤液蒸干，残渣加三氯甲烷使溶解，作为供试品溶液。另取五味子对照药材，同法制成对照药材溶液。再取五味子甲素对照品，加三氯甲烷制成溶液，作为对照品溶液。吸取上述三种溶液，分别点于同一硅胶 GF$_{254}$ 薄层板上，以石油醚（30～60℃）－甲酸乙酯 - 甲酸（15：5：1）的上层溶液为展开剂，置紫外光灯（254nm）下检视。供试品色谱中，在与对照药材色谱和对照品色谱相应的位置上，显相同颜色的斑点。

杂质不得过1%。水分不得过16.0%，总灰分不得过7.0%。

【质量要求】

1. 外观质量　以粒大、紫红、肉厚、柔润光泽、气味浓者为佳。

2. 内在质量　①浸出物含量：用乙醇作溶剂，醋五味子醇溶性浸出物（热）不得少于28.0%。②含量测定：照高效液相色谱法测定，五味子和醋五味子含五味子醇甲不得少于0.40%。

【性味功能主治】　温，酸、甘。收敛固涩，益气生津，补肾宁心。用于久咳虚喘、梦遗滑精、遗尿尿频、久泻不止、自汗盗汗、津伤口渴、内热消渴、心悸失眠等。

【贮藏养护】　多以麻袋包装或席包。不易生虫，但由于含有油质及水分，在冬季往往不易干透，及至夏季容易发热，变色与霉烂，故必须贮存于干燥，通风、凉爽处。少量五味子宜置瓮内密封存放。

【用法用量】　2～6g。

>>> 知识链接

南五味子 Schisandrae Sphenantherae Fructus 为木兰科植物华中五味子 *Schisandra sphenanthera* Rehd. et Wils. 的干燥成熟果实。主产于河南、陕西、甘肃。本品呈球形或扁球形，直径4～6mm，表面棕色至暗棕色，无光泽，果肉干瘪、皱缩，常紧贴于种子上，种皮薄而脆。主要含五味子酯甲、五味子甲素等木脂素类成分。含五味子酯甲不得少于0.20%。功效同北五味子。

龙胆 Longdan
Gentianae Radix et Rhizoma

【别名】　龙胆草、胆草、苦胆草、关龙胆。

【商品来源】　为龙胆科植物龙胆 *Gentiana scabra* Bge. 、三花龙胆 *Gentiana triflora* Pall. 、条叶龙胆 *Gentiana manshurica* Kitag. 或坚龙胆 *Gentiana rigescens* Franch. 的干燥根及根茎。前三种习称"龙胆"，后一种习称"坚龙胆"。

【商品产地】　龙胆主产于黑龙江杜尔伯特、齐齐哈尔、穆棱、富裕、东宁、泰来、伊春，吉林长白、永吉、蛟河、磐石、桦甸、珲春、临江，辽宁清原、新宾、宽甸、桓仁、西丰，内蒙古东部等地。药材又称"关龙胆"，其产量大，质量优。坚龙胆主产于云南、四川、贵州等省，药材又称"滇龙胆"或"川龙胆"。

【采制及商品种类】

龙胆、坚龙胆　春、秋两季采挖，除去地上部分，洗净泥土，晒干。秋季采者质量较好。

龙胆段、坚龙胆段　取原药材，除去杂质及残茎，洗净，闷润至透，切段，干燥。

酒龙胆　取龙胆段，喷淋黄酒拌匀，稍闷后，置锅内，用文火加热，炒干，取出放凉。

【商品特征】

龙胆　根茎呈不规则块状。根茎上端有茎痕或残留茎基，周围和下端着生多数细长的根。根细长圆柱形，略扭曲。根茎灰棕色或深棕色，根淡黄色或黄棕色。根上部有显著的横皱纹，下部有纵皱纹及支根痕。质脆，易折断。断面略平坦，皮部黄白色或淡黄棕色，木部色较浅，有 5～8 个点状木质部束环列，习称"筋脉点"。气微，味极苦。

坚龙胆 根茎上根较稀疏，根表面无横皱纹，外皮膜质，易脱落，木部黄白色，不呈点状环列，易与皮部分离。

龙胆段 为不规则形的段。根茎呈不规则块片，表面暗灰棕色或深棕色。根圆柱形，表面淡黄色至黄棕色，有的有横皱纹，具纵皱纹。切面皮部黄白色至棕黄色，木部色较浅。气微，味甚苦。

坚龙胆段 为不规则形的段。根表面无横皱纹，膜质外皮已脱落，表面黄棕色或深棕色。切面皮部黄棕色，木部色较浅。

酒龙胆 形如龙胆段，色泽加深，微有酒气。

【规格等级】 商品上分关龙胆和坚龙胆两种规格，一般不分等级。

【化学成分】 龙胆、三花龙胆、条叶龙胆及坚龙胆均含有龙胆苦苷、当药苦苷及当药苷。龙胆中还含有苦龙胆酯苷、四乙酰龙胆苦苷、三叶龙胆苷、龙胆山酮和龙胆三糖、龙胆碱等。

【鉴别与检查】 取样品加甲醇热回流，滤过，滤液作为供试品溶液。另取龙胆苦苷对照品，加甲醇制成溶液，作为对照品溶液。用硅胶 GF$_{254}$ 薄层板，以乙酸乙酯 – 甲醇 – 水（10：2：1）为展开剂，置紫外光灯（254nm）下检视。供试品色谱中，在与对照品色谱相应的位置上，显相同颜色的斑点。

水分不得过 9.0%；总灰分不得过 7.0%，酸不溶性灰分不得过 3.0%。

【质量要求】

1. 外观质量 均以条粗大饱满、顺直、根上部有环纹、不带茎枝、黄色、质柔软、味极苦者为佳。

2. 内在质量 ①浸出物含量：水溶性浸出物（热）不得少于 36.0%。②含量测定：照高效液相色谱法测定，龙胆含龙胆苦苷不得少于 3.0%，坚龙胆含龙胆苦苷不得少于 1.5%；龙胆饮片含龙胆苦苷不得少于 2.0%，坚龙胆饮片含龙胆苦苷不得少于 1.0%。

【性味功能主治】 寒，苦。清热燥湿，泻肝胆火。用于湿热黄疸、阴肿阴痒、带下、湿疹瘙痒、肝火目赤、耳鸣耳聋、胁痛口苦、强中、惊风抽搐等。

【贮藏养护】 多以麻袋包装，置于干燥处，防潮，防霉。

【用法用量】 3～6g。

西洋参 Xiyangshen
Panacis Quinquefolii Radix

【别名】 花旗参。

【商品来源】 为五加科植物西洋参 *Panax quinquefolium* L. 的干燥根。

【商品产地】 原产于加拿大南部和美国北部，野生者称"野参"，栽培者称"种参"，以栽培品为主。我国吉林、辽宁、黑龙江、山东等地引种栽培。

【采制及商品种类】

1. 西洋参 美国、加拿大栽培西洋参，秋季采挖 3～5 年生的参根，洗净，晒干或烘干，以 4 年生者为多。我国引种初期，5～7 年采收，6 年生者为多；现多 3～4 年采收。参根干燥后经修剪分档形成不同规格等级的药材，去掉根茎和须根者为原丛（原枝、原尾）西洋参，只保留主根者根据性状分为圆粒西洋参、短粒西洋参和西洋参枝，去掉的芦头、支根和须根分别为西洋参芦、西洋参节和西洋参须。

2. 西洋参片 取原药材，清水泡至五六成，捞出，润透，切薄片，干燥。

【商品特征】

1. 药材 主根呈纺锤形、圆柱形或圆锥形。表面浅黄褐色或黄白色，可见横向环纹和线性皮孔状突起，并有细密浅纵皱纹和须根痕。主根中下部有 1 至数条侧根，多已折断。有的上端有根茎（芦头），环节明显，茎痕（芦碗）圆形或半圆形，具不定根（艼）或已折断。体重，质坚实，不易折断，断面平坦，浅黄白色，略显粉性，皮部有黄棕色点状树脂道，形成层环纹棕黄色，木部略呈放射状纹理。气微而特异，味微苦、甘。

（1）进口"野参"　主根呈短圆柱形或短圆锥形，横纹细密而清晰。断面平坦，有细微菊花状纹理。气特异，味苦兼甘，口感持久。

（2）进口"种参"　主根呈长圆锥形，横纹少而疏，须根痕较多，支根少或无。

（3）国产西洋参　性状因产地不同而有较大差异，横纹少而疏，纵纹深陷，断面不平坦，无菊花状纹理，气微，味苦重而甘淡，久嚼稍黏舌。

2. 饮片　呈长圆形或类圆形薄片。外表面浅黄褐色。切面淡黄白至黄白色，皮部有黄棕色点状树脂道，近形成层环处较多而明显，形成层环纹棕黄色，木部略呈放射状纹理。气微而特异，味微苦、甘。

【规格等级】商品根据产地不同分为进口西洋参和国产西洋参。根据加工方法和性状特征不同分为原丛西洋参（原枝、原尾西洋参）、圆粒西洋参（圆短枝西洋参）、短粒西洋参（短枝西洋参）和西洋参枝（长枝西洋参）：圆粒者主根长度与直径较接近，短粒者主根长度明显大于直径，西洋参枝则主根更为细长，多用于切制西洋参片。根据药用部位不同分为西洋参芦、西洋参节和西洋参须等。各规格再结合单支重量和性状特征分为小规格和等级。

【化学成分】主含人参皂苷类成分，分离得到人参皂苷 R_0、Rb_1、Rb_2、R_c、R_d、R_e、R_{g1} 及拟人参皂苷 F_{11} 等。

【鉴别与检查】取样品加甲醇，加热回流，滤过，滤液蒸干，残渣加水使溶解，加水饱和的正丁醇振摇提取 2 次，合并正丁醇提取液，用水洗涤 2 次，分取正丁醇液，蒸干，残渣加甲醇使溶解，作为供试品溶液。另取西洋参对照药材，同法制成对照药材溶液。再取拟人参皂苷 F_{11} 及人参皂苷 Rb_1、R_e、R_{g1} 对照品，加甲醇制成溶液，作为对照品溶液。用硅胶 G 薄层板，以三氯甲烷 – 乙酸乙酯 – 甲醇 – 水（15∶40∶22∶10）5～10℃放置的下层溶液为展开剂，喷以 10% 硫酸乙醇溶液，在 105℃ 加热至斑点显色清晰，分别置日光及紫外光灯（365nm）下检视。供试品色谱中，在与对照药材色谱和对照品色谱相应的位置上，显相同颜色的斑点。

取人参对照药材，按上述对照药材溶液的制备方法制成人参对照药材溶液。取人参对照药材溶液和上述西洋参供试品溶液，用硅胶 G 薄层板，以三氯甲烷 – 甲醇 – 水（13∶7∶2）5～10℃放置的下层溶液为展开剂，喷以 10% 硫酸乙醇溶液，在 105℃ 加热至斑点显色清晰，分别置日光及紫外光灯（365nm）下检视。供试品色谱中，不得显与对照药材色谱完全一致的斑点。

水分不得过 13.0%，总灰分不得过 5.0%，重金属及有害元素：铅不得过 5mg/kg，镉不得过 1mg/kg，砷不得过 2mg/kg，汞不得过 0.2mg/kg，铜不得过 20mg/kg；有机氯类农药残留量：照气相色谱法测定，五氯硝基苯不得过 0.1mg/kg，六氯苯不得过 0.1mg/kg，七氯（七氯与环氧七氯之和）不得过 0.05mg/kg，氯丹（顺式氯丹、反式氯丹、氧化氯丹之和）不得过 0.1mg/kg。

【质量要求】

1. 外观质量　以条粗、完整、皮细、横纹多、质地坚实者为佳。

2. 内在质量　①浸出物含量：用 70% 乙醇作溶剂，醇溶性浸出物（热）药材中不得少于 30.0%，饮片中不得少于 25.0%。②含量测定：照高效液相色谱法测定，含人参皂苷 R_{g1}、R_e 和 Rb_1 不得少于 2.0%。

【性味功能主治】凉，甘、微苦。补气养阴，清热生津。用于气虚阴亏、虚热烦倦、咳喘痰血、内热消渴、口燥咽干等。

【贮藏养护】 本品为贵重中药，应分类贮存。可用木盒或纸盒装，同时放少量细辛，或置于石灰缸内保存。易虫蛀、发霉，应贮藏于阴凉、通风干燥处，密闭，防蛀。

【用法用量】 3~6g，另煎兑入汤剂服。不宜与藜芦同用。

平贝母 Pingbeimu
Fritillariae Ussuriensis Bulbus

【别名】 坪贝、平贝。

【商品来源】 为百合科植物平贝母 *Fritillaria ussuriensis* Maxim. 的干燥鳞茎。

【商品产地】 主产于东北，以吉林省的通化、长白、延边、吉林等市及辽宁的丹东，黑龙江的牡丹江地区为多，主要为栽培。

【采制及商品种类】 **平贝母** 春季采挖，除去外皮、须根及泥沙，晒干或低温干燥。

【商品特征】 呈扁圆形，表面黄白至浅棕色，外层鳞叶2瓣，肥厚，大小相近，抱合，顶端略平或微凹入，常稍开裂；中央鳞片小。质坚实而脆，断面粉性。气微，味苦。

【规格等级】 商品一般为统货。

【化学成分】 主含生物碱、西贝素、贝母辛、平贝碱甲、平贝碱乙、西贝素苷等，还含皂苷、核苷类化合物等。

【鉴别与检查】 取样品加浓氨试液、三氯甲烷，超声处理，滤过，滤液蒸干，残渣加甲醇使溶解，作供试品溶液。另取平贝母对照药材，同法制成对照药材溶液。用硅胶G薄层板，以乙酸乙酯–甲醇–浓氨试液–水（10:1:0.5:0.05）为展开剂，依次喷以稀碘化铋钾试液和亚硝酸钠乙醇试液。供试品色谱中，在与对照药材色谱相应的位置上，显相同颜色的斑点。

水分不得过15.0%，总灰分不得过4.0%。

【质量要求】

1. 外观质量 以质坚实、粉性足、色白者为佳。

2. 内在质量 ①浸出物含量：用50%乙醇作溶剂，醇溶性浸出物（热）不得少于8.0%。②含量测定：照紫外–可见分光光度法测定，含总生物碱以贝母素乙计，不得少于0.050%。

【性味功能主治】 微寒，苦、甘。清热润肺，化痰止咳。用于肺热燥咳、干咳少痰、阴虚劳嗽、咳痰带血等。

【贮藏养护】 本品多以麻袋包装，易虫蛀，密闭贮藏。

【用法用量】 3~9g。

关黄柏 Guanhuangbo
Phellodendri Amurensis Cortex

【别名】 黄柏、黄檗。

【商品来源】 为芸香科植物黄檗 *Phellodendron amurense* Rupr. 除去栓皮的干燥树皮。

【商品产地】 关黄柏主产于辽宁营口、丹东、鞍山，吉林延吉、通化、吉林市，河北张家口、承德等地。以辽宁产量最大。

【采制及商品种类】

关黄柏 3~6月间采收，选10~15年的树，剥取树皮，晒至半干，压平，刮尽粗皮至显黄色，不可伤入内皮，刷净晒干。

关黄柏丝 取原药材，拣净杂质，洗净，润透，切丝，干燥，为"关黄柏丝"。

盐关黄柏　取关黄柏丝，用盐水拌匀，润透，置锅内，用文火炒干，取出放凉，为"盐关黄柏"。

酒关黄柏　取关黄柏丝，用黄酒拌匀，润透，置锅内，用文火炒干，取出放凉，为"酒关黄柏"。

关黄柏炭　取关黄柏丝，置锅内，用武火加热，炒至表面焦黑色，内部焦褐色，喷淋清水灭尽火星，取出放凉，为"关黄柏炭"。

【商品特征】

关黄柏　呈板片状或浅槽状。外表面黄绿色或淡棕黄色，较平坦，有不规则的纵裂纹，皮孔痕小而少见，偶有灰白色的粗皮残留；内表面黄色或黄棕色。体轻，质较硬。断面鲜黄色或黄绿色，纤维性，有的呈裂片状分层。气微，味甚苦，嚼之有黏性，可使唾液染成黄色。

关黄柏丝　呈丝状，外表面黄绿色或淡棕黄色，较平坦；内表面黄色或黄棕色。体轻，质较硬，切面鲜黄色或黄绿色，有的呈片状分层。

盐关黄柏　形如黄柏丝，深黄色，偶有焦斑，略具咸味。

酒关黄柏　形如黄柏丝，深黄色，偶有焦斑，略具酒气。

关黄柏炭　形如黄柏丝，表面焦黑色，断面焦褐色，质轻而脆，味微苦、涩。

【规格等级】　商品一般为统货。

【化学成分】　主含小檗碱 0.6%～2.5%，及少量药根碱、木兰碱、黄柏碱、掌叶防己碱、蝙蝠葛碱、白栝楼碱等生物碱。另含黄柏内酯、黄柏酮、黄柏酮酸、白鲜交酯、青荧光酸及菜油甾醇、β-谷甾醇、7-脱氢豆甾醇、黏液质等，其黏液质为植物甾醇与亚油酸结合而成的酯类，含量为 7%～8%。

【鉴别与检查】　取样品加乙酸乙酯，超声处理，滤过，滤液浓缩作供试品溶液。另取关黄柏对照药材，同法制成对照药材溶液。再取黄柏酮对照品，加乙酸乙酯制成溶液作对照品溶液。用硅胶 G 薄层板，以石油醚（60～90℃）–乙酸乙酯（1∶1）为展开剂，喷以 10% 硫酸乙醇溶液，在 105℃ 加热至斑点显色清晰。供试品色谱中，在与对照药材色谱和对照品色谱相应的位置上，显相同颜色的斑点。

关黄柏水分不得过 11.0%，总灰分不得过 9.0%；盐关黄柏水分不得过 10.0%，总灰分不得过 14.0%。

【质量要求】

1. 外观质量　无粗皮及死树的松泡皮。均以皮厚、断面色黄绿、无栓皮者为佳。

2. 内在质量　①浸出物含量：用 60% 乙醇作溶剂，醇溶性浸出物（热）不得少于 17.0%。②含量测定：用高效液相色谱法测定，关黄柏含盐酸小檗碱不得少于 0.60%，盐酸巴马汀不得少于 0.30%。

【性味功能主治】　寒，苦。清热燥湿，泻火除蒸，解毒疗疮，用于湿热泻痢、黄疸尿赤、带下阴痒、热淋涩痛、脚气痿躄、骨蒸劳热、盗汗、遗精、疮疡肿毒、湿疹湿疮等。

【贮藏养护】　用席、麻袋或竹笼、木箱包装，贮干燥容器内，置通风干燥处，密闭，防霉、防蛀。应注意防潮，受潮后易发热、生霉，若雨淋水湿，颜色变黑，则影响疗效。

应贮存于通风干燥处。皮质较脆，容易折断，搬运时应避免挤压或重摔。

【用法用量】　3～12g，外用适量。

防风 Fangfeng
Saposhnikoviae Radix

【别名】　关防风、东防风、西防风。

【商品来源】　为伞形科植物防风 *Saposhnikovia divaricata*（Turcz.）Schischk. 的干燥根。

【商品产地】　主产于黑龙江安达、泰康、肇州，吉林省洮安、镇赉，辽宁省铁岭，内蒙古东部。药材习称"关防风"。其中以黑龙江产量大、品质好。

【采制及商品种类】

防风 春、秋二季植株未抽苔前采挖根，栽培品种植 2~3 年后采挖。已抽苔的根老质硬，称为"公防风"，不能药用。挖取后，除去茎基、须根及泥沙，晒至八九成干，捆成小把，再晒干。

防风片 取原药材，拣净杂质，洗净，清水润透，切厚片，干燥，为"防风片"。

【商品特征】

防风 呈长圆锥形或长圆柱形，顶端钝尖，下部渐细，有的略弯曲。表面灰棕色或棕褐色。根头部有明显密集的环纹，习称"蚯蚓头"，有的环纹上残存棕褐色毛状叶基（习称"扫帚头"），下有纵皱纹、多数横长皮孔样突起及点状的细根痕。体轻、质松，易折断。断面不平坦，皮部棕黄色至棕色，有裂隙，木部黄色。有特异香气，味微甜。栽培品"蚯蚓头"不明显，残存叶基粗长或无，体实。

防风片 为圆形或椭圆形的厚片。外表灰棕色或棕褐色，有纵皱纹，有的可见横长皮孔样突起、密集的环纹或残存的毛状叶基。切面皮部棕黄色至棕色，野生防风具多数放射状裂隙，木部黄色，具放射状纹理。野生防风的上述切面特征习称"凤眼圈"。

【规格等级】 商品上分野生防风和栽培防风两个规格。野生防风和栽培防风下分为选货和统货，各选货又分为一至二等。其规格等级标准如下。

野生防风 一等：主根粗大，长圆柱形至圆锥形，单枝，略弯曲，有的具"扫帚头"。表皮黑褐色至灰褐色，粗糙，具"蚯蚓头"。体轻，松泡，易折断，断面不平坦，有"凤眼圈"。气略香，味微甘。芦头下直径 0.6~2.0cm，长度 15.0~30.0cm。无杂质、虫蛀、霉变。

二等：芦头下直径 0.3~0.6cm，长度 8.0~15.0cm。余同一等。

栽培防风 一等：主根粗大，长圆柱形，单枝或多分枝，略弯曲，有的具"扫帚头"。表皮灰黄色至黄白色，紧致，有多而深的纵皱纹，横向突起皮孔较小而密，"蚯蚓头"不明显。体坚实，质硬脆，易折断，无"凤眼圈"。气略香，味微甘。芦头下直径 0.8~2.0cm，长度 20.0~30.0cm。

二等：芦头下直径 0.5~0.8cm，长度 15.0~20.0cm。余同一等。

【化学成分】 含挥发油、色原酮等。尚含多种香豆素类、多糖类成分等。

【鉴别与检查】 取样品加丙酮超声处理，滤过，滤液蒸干，残渣加乙醇使溶解，作为供试品溶液。另取防风对照药材，同法制成对照药材溶液。再取升麻素苷和 5-O-甲基维斯阿米醇苷对照品，加乙醇制成混合溶液，作为对照品溶液。用硅胶 GF_{254} 薄层板，以三氯甲烷-甲醇（4∶1）为展开剂，置紫外光灯（254nm）下检视。供试品色谱中，在与对照药材色谱和对照品色谱相应的位置上，显相同颜色的斑点。

水分不得过 10.0%，总灰分不得过 6.5%，酸不溶性灰分不得过 1.5%。

【质量要求】

1. 外观质量 以条粗长、单枝顺直，根头部环纹紧密（蚯蚓头明显），断面皮部色浅棕，木部浅黄色，质松软者为佳。

2. 内在质量 ①浸出物含量：用乙醇作溶剂，醇溶性浸出物（热）不得少于 13.0%。②含量测定：照高效液相色谱法测定，含升麻素苷和 5-O-甲基维斯阿米醇苷的总量不得少于 0.24%。

【性味功能主治】 微温，辛、甘。祛风解表，胜湿止痛，止痉。用于感冒头痛、风湿痹痛、风疹瘙痒、破伤风等。

【贮藏养护】 本品质柔肉厚，滋润有油分，易遭虫蛀、霉变，需置干燥处贮存，严防受潮，忌日光照晒，严防鼠害。切制成的饮片可晒干，待冷透后密封，置干燥处保存。在贮存过程中也应注意检查，如发现生霉、虫蛀应立即复晒，此时因已切成薄片，一般不宜多晒而宜晾干，因久晒后会变色（由淡黄色变成白色）和减少油润，有损品质。

【用法用量】5～10g。

>>> **知识链接** o--

　　根据对全国23个省市商品防风的原植物调查，除使用正品防风外，还用伞形科多种植物的根，品种较混乱。主要有：①云防风类，竹叶西风芹 *Seseli mairei* Wolff 等。②水防风类，宽萼岩防风 *Libanotis laticalycina* Shan et Sheh（主产于河南、湖北）、华山前胡 *Peucedanum ledebourielloides* K. T. Fu.（主产于陕西、湖北）。③川防风类，竹节前胡 *Peucedanum dielsianum* Fedde ex Wolff、华中前胡 *P. medicum* Dunn.。④西北防风类，葛缕子 *Carum carvi* L.（主产于青海、甘肃、宁夏等）。

　　在河南、安徽部分地区栽培的防风药材性状变异很大。药材直径2～4cm，明显粗大，根头无"蚯蚓头"，质地较野生品软而稍重，较难折断，断面平坦，无明显裂隙，皮部浅黄色。其淀粉含量高，挥发油含量低，气味较淡。

　　仿野生种植的防风栽培年限较长，药材性状接近野生防风，可按照野生防风标准划分。

　　目前市场存在大量采用根截断扦插育苗方式栽培的防风，其性状多不符合《中国药典》要求。

--•

细辛 Xixin

Asari Radix et Rhizoma

【别名】北细辛、辽细辛。

【商品来源】为马兜铃科植物北细辛 *Asarum heterotropoides* Fr. Schmidt var. *mandshuricum*（Maxim.）Kitag.、汉城细辛 *Asarum sieboldii* Miq. var. *seoulense* Nakai 或华细辛 *Asarum sieboldii* Miq. 的干燥根和根茎。前两种习称"辽细辛"。

【商品产地】北细辛主产于辽宁本溪、凤城、宽甸、桓仁，吉林延边、通化，黑龙江尚志、五常。汉城细辛主产于辽宁、吉林，有少量栽培，产量较少。华细辛主产于陕西、河南、山东、浙江等省。以辽宁产者最著名，商品上习称"辽细辛"。

【采制及商品种类】

　　细辛　6～7月间采挖，除净地上部分和泥土，置阴凉通风处阴干，不宜日晒及水洗，以免挥发性成分降低而影响疗效。

　　细辛段　取药材，除去杂质，喷淋清水，稍润，切段，阴干。

　　蜜细辛　取炼蜜，用适量开水稀释后加入净细辛段，拌匀，闷透，用文火加热，炒至不黏手为度，取出放凉。

【商品特征】

　　北细辛　常卷曲成团。根茎横生呈不规则圆柱状，具短分枝，长1～10cm，直径0.2～0.4cm；表面灰棕色，粗糙，有环形的节，节间长0.2～0.3cm，分枝顶端有碗状的茎痕。根细长，密生节上，长10～20cm，直径0.1cm；表面灰黄色，平滑或具纵皱纹；有须根和须根痕；质脆，易折断，断面平坦，黄白色或白色。气辛香，味辛辣、麻舌。栽培品的根茎多分枝，须根较少。

　　汉城细辛　根茎直径0.1～0.5cm，节间长0.1～1cm。

　　华细辛　根茎长5～20cm，直径0.1～0.2cm，节间长0.2～1cm。气味较弱。

　　细辛段　呈不规则的段。根茎呈不规则圆柱形，表面灰棕色，粗糙，有时可见环节。根细，表面灰黄色，平滑或具纵皱纹。切面黄白色或白色。

　　蜜细辛　形如细辛，色加深，味辣、微甜。

【规格等级】商品按照产地分为辽细辛和华细辛两种规格，辽细辛又分野生和栽培两种规格。一般不分等级。

【化学成分】含挥发油（2.0%～4.5%），油中主要成分为甲基丁香酚、细辛醚、黄樟醚等。另含细辛脂素、去甲乌药碱、芝麻脂素等。

【鉴别与检查】取样品加甲醇，超声处理，滤过，滤液蒸干，残渣加甲醇使溶解，作供试品溶液。另取细辛对照药材，同法制成对照药材溶液。再取细辛脂素对照品，加甲醇制成溶液，作对照品溶液。用硅胶 G 薄层板，以石油醚（60～90℃）－乙酸乙酯（3∶1）为展开剂，喷以 1% 香草醛硫酸溶液，热风吹至斑点显色清晰。供试品色谱中，在与对照药材色谱和对照品色谱相应的位置上，显相同颜色的斑点。

药材水分不得过 10.0%。药材总灰分不得过 12.0%，饮片总灰分不得过 8.0%；药材酸不溶性灰分不得过 5.0%。用高效液相色谱法测定，药材和饮片含马兜铃酸 I 不得过 0.001%。

【质量要求】

1. 外观质量 均以根灰黄、干燥、味辛辣而麻舌者为佳。

2. 内在质量 ①浸出物含量：用乙醇作溶剂，醇溶性浸出物（热）不得少于 9.0%。②含量测定：照挥发油测定法测定，含挥发油不得少于 2.0%（ml/g）。照高效液相色谱法测定，含细辛脂素不得少于 0.050%。

【性味功能主治】温，辛。解表散寒，祛风止痛，通窍，温肺化饮。用于风寒感冒、头痛、牙痛、鼻塞流涕、鼻鼽、鼻渊、风湿痹痛、痰饮喘咳等。

【贮藏养护】因本品含有挥发油，容易挥散走失，影响品质。在贮存时多以麻袋或苇席包装，置阴凉干燥处。包件堆垛不可重叠过高，以免破坏其根茎、造成损失。细辛干后一般不易变质。但如遇雨季，极易受潮，发霉。因此，在贮存养护时，应避免日晒和久经风吹。如有潮霉现象，可进行摊晾。

【用法用量】1～3g，散剂每次服 0.5～1g。外用适量。不宜与藜芦同用。

>>> **知识链接** •－－－

目前尚有同属植物 24 种 3 个变种在有些省份亦作细辛或土细辛使用。常见的有单叶细辛 *Asarum himalaicum* Hook. f. et Thoms. ex Klotzsch.（四川、陕西、宁夏）、杜衡 *A. forbesii* Maxim.（湖南、湖北、安徽、浙江）或祁阳细辛 *A. magnifcum* Tsiang ex C. S. Yang（浙江、广东、安徽）等。原植物主要从花柱离生或合生，柱头顶生或侧生，花柱顶端分裂或不分裂；花被筒内侧平滑或有纹理；叶片形状与被毛情况；有无辛辣味等特征进行区别。

－－•

桔梗 Jiegeng

Platycodonis Radix

【别名】苦桔梗、北桔梗、南桔梗。

【商品来源】为桔梗科植物桔梗 *Platycodon grandiflorum*（Jacq.）A. DC. 的干燥根。

【商品产地】野生品全国大部分地区均产，以东北、华北产量大，习称"北桔梗"，华东地区产质量较好，习称"南桔梗"。栽培品主产于安徽、内蒙古、河南、山东和山西等地。现市售多为栽培品。

【采制及商品种类】

桔梗 栽培 2～3 年后，春、秋两季采挖，去净泥土、须根，趁鲜刮去外皮或不去外皮，晒干。

桔梗片 取药材，润透，切厚片，干燥。

【商品特征】

桔梗 圆柱形或略呈纺锤形，下部渐细，有的有分枝，略扭曲。表面淡黄白色至黄色，不去外皮者表面黄棕色至灰棕色，具不规则扭曲纵向皱沟，并有横长的皮孔样斑痕及支根痕，上部有横纹。有的顶端有较短的根茎（芦头）或不明显，其上有数个半月形的茎痕。质脆，断面不平坦，有裂隙，形成层环棕色，皮部黄白色，木部淡黄色。气微，味微甜后苦。栽培桔梗无芦头，也没有明显的半月形茎痕。

桔梗片 椭圆形或不规则厚片。外皮多已除去或偶有残留。切面有放射状纹理及裂隙；皮部黄白色，较窄；形成层环纹明显，棕色；木部宽，淡黄色。气微，味微甜后苦。

【规格等级】 南桔梗按照根的长度和直径分一至三等，北桔梗不分等级。其规格等级标准如下。

南桔梗 一等：呈顺直的长条形，去净粗皮及细梢。表面白色，体坚实。断面皮部白色，木部淡黄色，味微甜苦辛。上部直径1.4cm，长14cm以上。无杂质、虫蛀、霉变。

二等：上部直径1cm，长12cm以上。余同一等。

三等：上部直径不低于0.5cm，长度不低于7cm。余同一等。

北桔梗 呈纺锤形或圆柱形，多细长弯曲，有分枝。去净粗皮。表面白色或淡黄白色。体松泡。断面皮部白色，木部淡黄白色。味甘。大小长短不分，上部直径不低于0.5cm。无杂质、虫蛀、霉变。

【化学成分】 主含多种皂苷。此外还含α-菠菜甾醇、α-菠菜甾醇-β-D-葡萄糖苷及白桦脂醇等植物甾醇类。并含有菊糖、多糖、14种氨基酸和22种微量元素，其中一些氨基酸与微量元素为人体必需的营养成分，总氨基酸含量约为4.97%。

【鉴别与检查】 取样品加7%硫酸乙醇-水（1∶3）混合液，加热回流，放冷，用三氯甲烷振摇提取2次，合并三氯甲烷液，加水洗涤2次，弃去洗液，三氯甲烷液用无水硫酸钠脱水，滤过，滤液回收溶剂至干，残渣加甲醇使溶解，作为供试品溶液。另取桔梗对照药材，同法制成对照药材溶液。用硅胶G薄层板，以三氯甲烷-乙醚（2∶1）为展开剂，喷以10%硫酸乙醇溶液，在105℃加热至斑点显色清晰。供试品色谱中，在与对照药材色谱相应的位置上，显相同颜色的斑点。

药材水分不得过15.0%，总灰分不得过6.0%；饮片水分不得过12.0%，总灰分不得过5.0%。

【质量要求】

1. 外观质量 以根肥大、色白、质坚实、味苦者为佳。

2. 内在质量 ①浸出物含量：用乙醇作溶剂，醇溶性浸出物（热）不得少于17.0%。②含量测定：照高效液相色谱法测定，含桔梗皂苷D不得少于0.10%。

【性味功能主治】 平，苦、辛。宣肺，利咽，祛痰，排脓。用于咳嗽痰多，胸闷不畅，咽痛音哑，肺痈吐脓等。

【贮藏养护】 一般以竹篓、芦席包装，本品因易虫蛀，需贮于干燥通风处。

【用法用量】 3～10g。

>>> **知识链接** •---

桔梗的变种白花桔梗 *Platycodon grandiflorum*（*Jacq.*）*A. DC. var. album Hort.* 的根在有的地区被当作桔梗用，性状上根长平均值与桔梗无差异，根粗、侧根数、单根重平均值低于桔梗，但差异并不明显，味较淡。两者总皂苷的薄层色谱相同，从白花桔梗中得到桔梗皂苷元、远志酸，但皂苷含量较桔梗低；两者均含有多种氨基酸，但桔梗总氨基酸含量高于白花桔梗。

鹿茸 Lurong
Cervi Cornu Pantotrichum

【别名】 马鹿茸、青毛茸、花鹿茸、黄毛茸。

【商品来源】 为鹿科动物梅花鹿 *Cervus nippon* Temminck 或马鹿 *Cervus elaphus* Linnaeus 的雄鹿未骨化

密生茸毛的幼角。前者习称"花鹿茸",后者习称"马鹿茸"。

【商品产地】花鹿茸主产于吉林、辽宁、河北等地。马鹿茸主产于黑龙江、吉林、内蒙古、新疆、青海、云南、四川、甘肃等地,其中东北产者称"东马鹿茸",品质较优;西北产者称"西马鹿茸",品质较次。现多为饲养。

【采制及商品种类】一般分锯茸和砍茸2种方法,以锯茸为主。

1. 锯茸 雄鹿第一次长出的圆柱形幼角,锯下称"初生茸"或"初角茸",不做鹿茸使用。锯茸一般从3~4岁的鹿开始锯取,多于5月末至8月下旬采收。二杠茸每年可采收两次,第一次多在清明前后,称为"头茬茸",采后50~60天锯第二次,称为"二茬茸";"三岔茸"只收一次,在6月下旬至7月下旬。鹿茸的生长存在个体差异,每头雄鹿的采茸时间根据鹿的种类及茸的生长情况而定。花鹿茸一般采收"二杠"和"三岔"茸,马鹿茸一般采收"单门""莲花""三岔"和"四岔"茸。

锯下的鹿茸用钉将锯口的茸皮扎紧,可加工成排血茸和带血茸。排血茸需经过洗茸、抽去血液、置沸水中反复煮炸和干燥等工序,干燥方法有风干、烘干和真空冷冻干燥等。带血茸锯取后将锯口向上立放,迅速封闭锯口,再进行洗茸、煮炸和干燥等工序处理,可将茸血中的色素及干物质保留在茸体内,市场上锯血茸一般为马鹿茸,其产品多供应出口。

2. 砍茸 砍头采收带脑骨和皮的鹿茸称"砍茸",通常在需要被淘汰的鹿身上进行。

砍茸加工方法与锯茸基本相似,由于砍茸重量较大,并且连带部分头骨和头皮,加工操作要细致。此外可采用微波远红外线烘干和冷冻干燥法等新工艺进行加工。

3. 鹿茸片及鹿茸粉 取原药材,燎去茸毛,刮净,以布带缠绕茸体,自锯口面小孔不断灌入热白酒至满,浸润至透或稍蒸,横切薄片,压平,干燥后制得鹿茸片。取原药材,燎去茸毛,刮净,劈成碎块,研成细粉后制得鹿茸粉。

【商品特征】

1. 药材

(1) 花鹿茸

1)锯茸 呈圆柱状分枝,具1个侧枝者习称"二杠"茸,主枝习称"大挺",长17~20cm,锯口直径4~5cm,离锯口约1cm处分出侧枝,习称"门桩"或"眉枝",长9~15cm,直径较大挺略细。外皮红棕色或棕色,多光润,表面密生红黄色或棕黄色细茸毛(又被称为"黄毛茸"),上端较密,下端较疏;分岔间具1条灰黑色筋脉,皮茸紧贴,习称"扈口封口线"。锯口黄白色,外围无骨质,中部密布细孔。具2个侧枝者,习称"三岔"茸,大挺长23~33cm,直径较二杠茸细,略呈弓形,微扁,枝端略尖,下部多有纵棱筋及突起疙瘩,习称"起筋"或"骨钉",皮红黄色,茸毛较稀而粗。体轻,气微腥,味微咸。

二茬茸与头茬茸相似,但主枝长而不圆或下粗上细,下部有纵棱筋。皮灰黄色,茸毛较粗糙,锯口外围多已骨化。体较重。无腥气。

2)砍茸 为带脑骨的茸,茸形与锯茸同,二茸相距约7cm,脑骨前端平齐,后端有1对弧形骨分列两旁,习称"虎牙"。外附脑皮,皮上密生毛。

(2) 马鹿茸 较花鹿茸粗大,茸毛灰色(又被称为"青毛茸")。分枝较多,具有1个侧枝者习称"单门",2个侧枝者习称"莲花",3个侧枝者习称"三岔",4个侧枝者习称"四岔"或更多。其中以莲花和三岔为主。

1)东马鹿茸 单门的大挺长25~27cm,直径约3cm。外皮灰黑色,茸毛灰褐色或灰黄色,锯口面外皮较厚,灰黑色,中部密布蜂窝状细孔,质嫩;莲花的大挺长可达33cm,下部有棱筋,锯口面蜂窝状小孔稍大;三岔皮色深,质较老;四岔茸毛粗而稀,大挺下部具棱筋及疙瘩,分枝顶端多无毛,习称

"捻头"。

2）西马鹿茸 多为带血茸，大挺更长，可至1m，直径达7~8cm。大挺多不圆，顶端圆扁不一。表面有棱，多抽缩干瘪，分枝较长且弯曲，茸毛粗长，灰色或黑灰色。锯口色较深，常见骨质。气腥臭，味咸。

3）砍茸 一般较梅花鹿砍茸大，也有因需淘汰而未等茸生长充分就砍杀的，此时加工的茸形小，头皮及毛为淡褐棕色至褐灰色。

2. 饮片

（1）花鹿茸片 尖部切片习称"嘴片"或"蜡片"，为圆形薄片，表面浅棕色或浅黄白色，半透明，微显光泽；外皮无骨质，周边粗糙，红棕色或棕色；质坚韧。上部的切片习称"粉片"，切面黄白色或粉白色，中间有极小的蜂窝状细孔。中部的切片习称"血片"或"砂片"，切面红棕色，中间有蜂窝状细孔。下部的切片习称"老角片"或"骨片"，为圆形或类圆形厚片，表面粉白色或浅白色，中间有蜂窝状细孔，外皮无骨质或略具骨质，周边粗糙，红棕色或棕色，质坚脆。气微腥，味微咸。

（2）马鹿茸片 蜡片为圆形薄片，表面灰黑色，中央米黄色，半透明，微显光泽，外皮较厚，无骨质，周边灰黑色，质坚韧。粉片、血片为圆形或类圆形厚片，表面灰黑色，中央米黄色或红棕色，有细蜂窝状小孔，外皮较厚，无骨质或略具骨质，周边灰黑色，质坚脆。骨片中间蜂窝状小孔少，边缘骨质厚。气微腥，味微咸。

（3）鹿茸粉 淡黄棕色或黄棕色细粉。气微腥，味微咸。

【规格等级】根据来源分为梅花鹿茸和马鹿茸两大类，花鹿茸根据采收年限分为二杠锯茸和三岔锯茸两种主要规格，马鹿茸根据加工方法分为锯茸（排血茸）和锯血茸（带血茸）两种主要规格。其规格等级标准如下。

1. 梅花鹿茸

（1）二杠锯茸 一等：体呈圆柱形，具有八字分岔一个，大挺、门桩相称，短粗嫩状，顶头钝圆。皮毛红棕或棕黄色。锯口黄白色，有蜂窝状细孔，无骨化圈。每支重85g以上。不拧嘴，不抽沟，不破皮、悬皮、乌皮，不存折，不臭，无虫蛀。

二等：每支重65g以上。存折不超过1处，虎口以下稍显棱纹。余同一等。

三等：每支重45g以上。枝干较瘦。兼有悬皮、乌皮、破皮不露茸，存折不超过2处，虎口以下有棱纹。余同一等。

四等：不符合一、二、三等者均属此等。兼有独角、怪角。

（2）三岔锯茸 一等：体呈圆柱形，具分岔2个。挺圆，茸质松嫩，嘴头饱满。皮毛红棕色或棕黄色。每支重250g以上。不乌皮（黑皮茸除外），不抽沟，不拧嘴，不破皮、悬皮，不存折，不怪角。下部稍有纵棱筋，骨豆不超过茸长的30%。不臭、无虫蛀。

二等：每支重200g以上。存折不超过1处。突起纵棱长不超过2cm，骨豆不超过茸长的40%。余同一等。

三等：每支重150g以上。条杆稍瘦，茸质嫩。稍有破皮不露茸，纵棱筋、骨豆较多。余同二等。

四等：体畸形或怪角，顶端不窜尖，皮毛红乌暗。不符合一、二、三等者均属此等。

2. 马鹿茸

（1）锯茸 一等：体呈枝岔，类圆柱形。皮毛灰黑色或灰黄色。枝干粗壮，嘴头饱满。皮毛灰黑或灰黄色。质嫩的莲花、三岔茸、人字茸等。无骨豆，不拧嘴，不偏头，不破皮，不发头，不骨折。不臭，无虫蛀。每支重275~450g。

二等：质嫩的四岔茸、不足275g重的三岔茸、人字茸均可列为此等。四岔茸嘴头不超过13cm，骨豆不超过主干长度的 50%，破皮长度不超过 3.3cm。余同一等品。

三等：嫩五岔茸和老三岔茸。骨豆不超过主干长度的 60%，破皮长度不超过 4cm，不窜尖。余同一等。

四等：体呈枝岔，圆柱形或畸形。老五岔茸、老毛杠茸和嫩再生茸。破皮长度不超过 4cm。余同一等。

五等：体呈枝岔，圆柱形或畸形。皮毛灰黑或灰黄色。茸皮不全的老五岔茸、老毛杠茸、老再生茸。

（2）锯血茸　一等：肥嫩上冲的莲花、三岔茸。主枝及嘴头无折伤，茸头饱满，不空、不瘪。茸内充分含血，分布均匀。不偏头，不抽沟，不破皮，不畸形，不骨化。不臭，无虫蛀。每支重不低于 500g。

二等：不足一等的莲花、三岔茸及肥嫩的四岔茸、人字茸。茸头不空、不瘪。茸内充分含血，分布均匀。不破皮，不畸形，不骨化。不臭，无虫蛀。每支重 300g 以上。

三等：不足一、二等的莲花，三岔茸，四岔茸，及肥嫩的畸形茸。茸内充分含血。不折断，不骨化。不臭，无虫蛀。每支重不低于 250g。

【化学成分】含脑素、雌酮、雌二醇、硫酸软骨素 A、神经鞘磷脂等多糖类物质、氨基酸、甾体类、尿嘧啶、尿素、尿嘧啶核苷、烟酸、肌酐、次黄嘌呤、脂肪酸、精脒、精胺、腐胺、溶血磷脂酰胆碱、神经节苷脂、多种前列腺素及多种无机元素等。

【鉴别与检查】取样品加 70% 乙醇，超声处理，滤过，滤液作为供试品溶液。另取鹿茸对照药材，同法制成对照药材溶液。再取甘氨酸对照品，加 70% 乙醇制成溶液，作为对照品溶液。用硅胶 G 薄层板，以正丁醇 – 冰醋酸 – 水（3∶1∶1）为展开剂，喷以 2% 茚三酮丙酮溶液，在 105℃ 加热至斑点显色清晰。供试品色谱中，在与对照药材和对照品色谱相应的位置上，显相同颜色的斑点。

【质量要求】外观质量　花鹿茸一般以茸粗壮、主枝圆、顶端丰满、质嫩、毛细、皮色红棕、有油润光泽者为佳。马鹿茸以饱满、体轻、毛色灰褐、下部无棱线者为佳。

【性味功能主治】温，甘、咸。壮肾阳，益精血，强筋骨，调冲任，托疮毒。用于肾阳不足、精血亏虚、阳痿滑精、宫冷不孕、羸瘦、神疲、畏寒、眩晕、耳鸣、耳聋、腰脊冷痛、筋骨痿软、崩漏带下、阴疽不敛等。

【贮藏养护】可用木箱、铁箱或陶器装，外用木器套框，先将茸用纸包好，箱内铺软草，用纸塞紧，勿使动摇，以免损伤。箱内可放樟脑、花椒或冰片，然后将箱封固严密，或箱内放入白酒密封贮存。本品最易虫蛀、变色，受热则茸皮裂纹或崩口，遇潮则茸皮变黑并生白斑，密封后置阴凉干燥处保存。

【用法用量】1~2g，研末冲服。

>>> **知识链接** ⊶ -

1. 鹿角 Cervi Cornu　为鹿科动物梅花鹿或马鹿已骨化的角或锯茸后翌年春季脱落的角基。分别称"马鹿角""梅花鹿角""鹿角脱盘"。多于春季自然脱落时拾取，除去泥沙，风干。称为退角或解角、脱角。

（1）马鹿角　呈分枝状，通常分成 4~6 枝。主枝弯曲，基部盘状，上具不规则瘤状突起，习称"珍珠盘"，周边常有稀疏细小的孔洞。侧枝多向一面伸展，第一枝与珍珠盘相距较近，与主干几成直角或钝角伸出，第二枝靠近第一枝伸出，习称"坐地分枝"；第二枝与第三枝相距较远。表面灰褐色或灰黄色，有光泽，角尖平滑，中、下部常具疣状突起，习称"骨钉"，并具长短不等的断续纵棱，习称"苦瓜棱"。质坚硬，断面外圈骨质，灰白色或微带淡褐色，中部多呈灰褐色或青灰色，具蜂窝状孔气微，味微咸。

（2）梅花鹿角　较马鹿角小，通常分成 3 ~ 4 枝。侧枝多向两旁伸展，第一枝与珍珠盘相距较近，第二枝与第一枝相距较远，主枝末端分成两小枝。表面黄棕色或灰棕色，枝端灰白色。

（3）鹿角脱盘　呈盔状或扁盔状，表面灰褐色或灰黄色，有光泽。底面平，蜂窝状，多呈黄白色或黄棕色。珍珠盘周边常有稀疏细小的孔洞。上面略平或呈不规则的半球形。质坚硬，断面外圈骨质，灰白色。

商品一般为统货。

2. 鹿茸的常见混淆品　目前市场上销售的鹿茸混淆品主要如下。

（1）驼鹿茸　为鹿科动物驼鹿 *Alces alces* Linnaeus 的幼角。驼鹿茸较粗大，分枝较粗壮，长 15 ~ 30cm，直径约 4cm，后叉扁宽，直径 6cm，皮灰黑色，毛长较粗硬，摸有粗糙感。

（2）驯鹿茸　为鹿科动物驯鹿 *Rangifer tarandus* Linnaeus 的幼角。茸体分枝上多分叉，单枝长约 20cm，直径约 2cm，皮灰黑色，毛灰棕色，质密较长而软，断面外皮棕色或灰黑色，中央淡棕红色。

（3）狍茸　为鹿科动物狍 *Capreolus capreolus* L. 的幼角。多为带头盖骨的双茸，通常分 3 叉，分叉达 20cm 以上，角干部用手触之有纵棱筋和明显的瘤状突起。

3. 鹿茸的鉴别术语　商品规格等级标准中主要鉴别术语及其解释如下。

拧嘴：指鹿茸大挺初分枝岔时，顶端嘴头扭曲不正者。

抽沟：鹿茸大挺不饱满，抽缩成沟形者。

悬皮：虎口处皮茸分离，用手敲击有空洞感。花鹿茸一、二等中有破皮、悬皮等不合规定者，均酌情降等。

乌皮：花鹿茸因受加工影响，部分皮变成乌黑色。

存折：鹿茸内部已折断，而表皮未开裂，但有痕迹。一等花鹿茸门桩存折者降为二等；大挺存折者降为三等。

独挺：即未分岔的独角鹿茸，多为二年幼鹿的"初生茸"。

怪角：是指一切违背本种鹿茸的固有形态、呈现不规则形状的鹿茸。

窜尖：鹿茸渐老时，大挺顶端破皮窜出瘦小的角。

哈蟆油 Hamayou
Ranae Oviductus

【别名】田鸡油、哈士蟆油、林蛙油。

【商品来源】为蛙科动物中国林蛙 *Rana temporaria chensinensis* David 雌蛙的干燥输卵管。

【商品产地】主产于吉林抚松、桦甸、盖平、磐石、敦化、延吉、安图，辽宁清源、新宾、本溪、抚顺、宽甸、临江、凤城，黑龙江尚志、五常等地。

【采制及商品种类】9 ~ 10 月霜降前捕捉，选肥大雌蛙，用绳从口部穿起，悬挂风干，阴天及夜晚收入室内，避免受潮。干燥后，用热水略浸润，立即捞起，放袋中闷一夜，次日剖开腹皮，将输卵管轻轻取出，除净卵子及内脏，置通风阴凉处干燥。现多为半人工养殖。

【商品特征】呈不规则块状，弯曲而重叠。表面黄白色，呈脂肪样光泽，偶有带灰白色薄膜状干皮。摸之有滑腻感，在温水中浸泡体积可膨胀。气腥，味微甘，嚼之有黏滑感。

【规格等级】商品一般分为一至四等。其等级标准如下。

一等：黄白色，块大整齐，有光泽，不带皮膜，无血筋及卵子等其他杂物，干而不潮。

二等：色黄不黑，皮膜及其他杂物不超过 1%。

三等：外表颜色较深，筋皮、卵子及其他杂物不超过5%。

四等：凡不符合一、二、三等者，但杂物不得超过10%。

【化学成分】主含雌酮、17β–雌二醇、17β–羟甾醇脱氢酶、胆固醇、维生素A及少量类胡萝卜素、氨基酸等。

【鉴别与检查】取样品粉末，加三氯甲烷，加热回流提取3次，合并提取液，挥干，残渣加水使溶解，摇匀，放置12小时，作为供试品溶液。另取1–甲基海因对照品，加水制成溶液，作为对照品溶液。照高效液相色谱法测定，以十八烷基硅烷键合硅胶为填充剂，以水为流动相，检测波长215nm。供试品色谱中应呈现与对照品色谱峰保留时间相同的色谱峰。

按膨胀度测定法测定，膨胀度不得低于55。

【质量要求】外观质量 以块大、肥厚、干燥、黄白色、有光泽、无皮膜、无血筋者为佳。

【性味功能主治】平，甘、咸。补肾益精，养阴润肺。用于病后体弱、神疲乏力、心悸失眠、盗汗、痨嗽咯血等。

【贮藏养护】本品易虫蛀、发霉、泛油，多以麻袋包装，置阴凉干燥处，密闭。

【用法用量】5～15g。用水浸泡，炖服，或作丸剂服。

目标测试

答案解析

一、单选题

1. 下列哪种药材商品主根横环纹细密清晰
   A. 进口野生西洋参　　　B. 进口栽培西洋参　　　C. 国产西洋参　　　D. 园参

2. 南桔梗分等的主要依据为
   A. 长度与直径　　　B. 重量　　　C. 颜色　　　D. 气味

3. 哈蟆油主产于
   A. 华北　　　B. 西北　　　C. 东北　　　D. 华南

4. 圆球形或扁球形，表面紫红色或暗红色，有的呈黑红色或出现"白霜"的药材商品是
   A. 山茱萸　　　B. 五味子　　　C. 枸杞子　　　D. 吴茱萸

5. 五味子中含有的主要有效成分是
   A. 香豆素　　　B. 木脂素　　　C. 木质素　　　D. 花青素

6. 平贝母的主产地是
   A. 东北地区　　　B. 浙江　　　C. 湖北　　　D. 四川

7. 呈扁圆形，外层鳞叶2瓣，大小相近，抱合，顶端开口略平或微凹入的贝母类药材是
   A. 川贝母　　　B. 浙贝母　　　C. 平贝母　　　D. 伊贝母

8. 关黄柏的原植物来源于
   A. 木兰科　　　B. 芸香科　　　C. 蔷薇科　　　D. 鼠李科

9. 防风的原植物来源于
   A. 菊科　　　B. 桔梗科　　　C. 伞形科　　　D. 唇形科

10. 细辛需进行马兜铃酸I限量检查，要求其含量不得超过
    A. 0.001%　　　B. 0.002%　　　C. 0.005%　　　D. 0.01%

二、多选题

1. 下列属于栽培人参的是
    A. 林下参　　　　　B. 园参　　　　　C. 石柱参　　　　　D. 山参

2. 关药产区的道地药材有
    A. 人参　　　　　　B. 党参　　　　　C. 鹿茸　　　　　　D. 五味子

3. 边条红参的特点是
    A. 身长体圆　　　　B. 芦长有碗　　　C. 腿长多2～3分枝　D. 芋长形如枣核

4. 人参鉴别检查、含量测定的指标性成分有
    A. 人参皂苷 Rb_1　B. 人参皂苷 Rg_1　C. 人参皂苷 Re　　　D. 人参皂苷 Rd

5. 西洋参在我国主要栽培于
    A. 辽宁　　　　　　B. 吉林　　　　　C. 黑龙江　　　　　D. 山东

6. 栽培桔梗主产于
    A. 安徽　　　　　　B. 内蒙古　　　　C. 河南　　　　　　D. 山东

7. 哈蟆油分等的主要依据为
    A. 颜色　　　　　　B. 重量　　　　　C. 杂质比例　　　　D. 气味

8. 下列干燥后根头部有横环纹的龙胆原植物是
    A. 龙胆　　　　　　B. 三花龙胆　　　C. 条叶龙胆　　　　D. 坚龙胆

9. 下列药材商品的横断面有5～8个黄白色"筋脉点"的是
    A. 龙胆　　　　　　B. 三花龙胆　　　C. 条叶龙胆　　　　D. 坚龙胆

10. 下列关黄柏的叙述正确的是
    A. 呈板片状或浅槽状
    B. 采收加工时去粗皮，因此外表面较平坦，皮孔痕小而少见
    C. 断面纤维性，有的呈裂片状分层
    D. 嚼之有黏性，可使唾液染成黄色

11. 关黄柏含量测定的指标性成分是
    A. 盐酸小檗碱　　　B. 盐酸巴马汀　　C. 黄柏碱　　　　　D. 黄柏内酯

12. 防风分等的主要依据为
    A. 重量　　　　　　B. 颜色　　　　　C. 长度　　　　　　D. 芦下直径

13. 细辛的内在质量评价的指标性成分有
    A. 细辛脂素　　　　B. 挥发油　　　　C. 芝麻脂素　　　　D. 黄樟醚

三、名词解释

1. 三节芦

2. 横灵体

3. 顺笨体

4. 皮条须

5. 大挺

6. 门桩

7. 捻头

8. 蚯蚓头

9. 扫帚头

10. 凤眼圈

四、判断题

1. 西洋参检查项中包括是否含有人参的检查，要求不应检出与人参对照药材相同斑点。

2. 南桔梗味较苦，质量较好。

3. 坚龙胆中龙胆苦苷含量较高，通常认为坚龙胆质量较好。

4. 栽培防风多较野生防风质地松泡。

五、简答题

1. 根据采收加工方法的不同，人参可分为哪些商品种类？

2. 请简述不同人参商品种类划分等级的依据。

3. 根据采收加工方法的不同，西洋参药材可分为哪些商品种类？

4. 根据商品来源、产地和采收加工方法的不同，鹿茸药材可分为哪些商品种类？

5. 根据鹿茸商品特征中侧枝数目的不同，鹿茸药材可分为哪些商品规格？

6. 根据切片部位不同，鹿茸饮片可分为哪些商品规格？

7. 龙胆药材商品根据来源和产地可分为哪些规格？

8. 请简述五味子分等的主要依据和标准。

9. 请简述五味子与南五味子在来源和商品特征方面的主要区别。

10. 根据商品来源和产地，细辛可分为哪些规格？

书网融合······

思政导航 本章小结 题库

第十七章 北 药

学习目标

知识目标

1. 掌握 北药的含义及其主要道地药材品种；大青叶、瓜蒌、金银花、阿胶、苦杏仁、党参、黄芪、麻黄、全蝎的道地产地、采制、规格等级、商品特征、鉴别与检查、贮藏方法。

2. 熟悉 北沙参、连翘、肉苁蓉、赤芍、板蓝根、黄芩的道地产地、规格等级、贮藏方法。

3. 了解 北药产区的自然环境条件；山楂、远志、知母、柴胡等的道地产地、规格等级；北药产区药材商品的产销行情。

能力目标 通过本章的学习，具备获取、收集、处理、运用北药市场信息的基本能力。

一、北药概述

（一）北药的含义

凡以河北、北京、天津、山东、山西、内蒙古中部地区为主要产区或集散地的大宗商品药材称为北药。

（二）北药产区的自然环境

该地区位于东经110°～120°，北纬35°～42°之间，自然地理环境极为复杂，从地貌上看，大致可分为山东半岛、华北平原、燕山－太行山。山东半岛春季升温急剧，3～6月温度激升而水量匮乏，云量少，日照强，风力大，天气干。年平均气温12～14℃，积温4000～5000℃，年降雨量500～600mm，但夏季多雨秋凉早。北京地区，年平均气温11.8℃，年降雨量630～640mm，无霜期150天左右，为典型的温带大陆性气候。其土壤为土地棕色森林土、褐土、山地褐土、草甸褐土等多种，该地区植被破坏严重，盖度很低，药用动物、植物主要分布在海拔1200m以下。内蒙古中部海拔多在1300m以下，亦为温带大陆性季风气候，气温低，降水量少，年平均气温3～8℃，积温3000℃左右，年降水量200～400mm，多风，年蒸发量大于1200mm，干旱严重。日照充足，总辐射120～150kcal/cm^2。土壤种类多样，多为黑土、褐土、栗盖土。

（三）北药产区的主要道地药材

1. 药用植物资源种类及其分布 本区分布的药用植物种类多，不同种类在不同的地貌条件下分布不同。依据地貌特点和资源分布情况，该区域可以划分为以下几个分区。

（1）黄淮海辽平原北部的平原地区 出产有祁菊花、祁紫菀、祁木香、祁漏芦、地黄、紫苏等大宗药材。

（2）燕山山麓平原 出产有丹参、板蓝根、北沙参、白芷、桔梗、党参、白芍、白术、黄芪、紫菀、槐米等药材。

（3）黄淮海辽平原的水域 出产有蒲黄、三棱、泽泻、灯心草、芦根等。

（4）滨海平原　出产有北沙参、麻黄、白茅根等药材。

（5）山东半岛丘陵区　济银花、北沙参、瓜蒌是著名的地产药材，另外，还出产酸枣仁、黄芩、银杏、紫草、草乌、苍术、藁本、穿山龙、卷柏、石韦、远志、丹参、黄芩等。

（6）冀北山地及丘陵区　出产远志、苍术、黄精、葛根、地榆、知母、防风、徐长卿、丹参、桔梗、黄芩、藁本、升麻、玉竹等药材。

（7）太行山地　地产药材有酸枣仁、知母、柴胡、地榆、仙鹤草、茜草、远志、穿山龙、黄柏、黄精、玉竹、苍术、黄芩、山楂、草乌、独活等，著名的道地药材西陵知母主产于该区的河北省易县。

（8）黄土高原的晋东山区　出产台党参、潞党参、猪苓、连翘、款冬花、小茴香等药材，还出产黄芪、麻黄、秦艽、苍术、黄芩、赤芍、远志、香加皮、甘草、黄柏、酸枣仁、知母、柴胡、黄精等。

（9）晋陕高原　出产有甘草、麻黄、柴胡、枸杞子、银柴胡、远志、黄芪等药材

（10）汾渭平原　出产连翘、远志、柴胡、防风、红花、山药、丹参、玄参、地黄、山药、沙苑子、瓜蒌等大宗药材，还盛产黄芩、酸枣仁、白术、板蓝根等。

2. 药用动物资源种类及其分布　黄淮海辽平原分布的动物药除了著名的山东阿胶、牛黄以外，还盛产全蝎、蟾酥、土鳖虫、蜈蚣、桑螵蛸、五灵脂、刺猬皮等。在渤海、黄海分布的动物药有石决明、牡蛎、鱼脑石、海螵蛸、瓦楞子、海狗肾、海马、海龙等。在黄土高原的晋东山区分布的动物药有五灵脂、鹿茸、麝香、土鳖虫等。在晋陕高原分布的动物药有鹿茸、麝香等。

3. 药用矿物资源种类及其分布　在黄淮辽平原分布的矿物药有代赭石、滑石、浮石、石膏、芒硝等。黄土高原生产的动物药有石膏、滑石、芒硝、白矾、龙骨等。

二、药材品种

大青叶 Daqingye
Isatidis Folium

【别名】　菘蓝叶、板蓝叶、大青。

【商品来源】　为十字花科植物菘蓝 *Isatis indigotica* Fort. 的干燥叶。

【商品产地】　主产于河北安国，江苏南通、常州，安徽阜阳、六安，四川、河南等地亦产。大多为栽培品。

【采制及商品种类】

大青叶　一般每年可采 2~3 次，第 1 次在 5 月中旬，采收及时施肥，第 2 次在 6 月下旬，如施肥管理得当，8 月份可采收第 3 次。北方地区一般在夏、秋二季分 2 次采收，除去杂质，晒干。

大青叶饮片　取大青叶，除去杂质，抢水洗，切碎，干燥。

【商品特征】

大青叶　多皱缩弯曲，有的破碎。完整叶片展平后呈长椭圆形至长圆状倒披针形，长 5~20cm，宽 2~6cm；上表皮暗灰绿色，有的可见色较深稍突起的小点；先端钝，全缘或微波状，基部狭窄下延至叶柄呈翼状；叶柄长 4~10cm，淡棕黄色。质脆。气微，味微酸、苦、涩。

大青叶饮片　为不规则的碎段。叶片暗灰色，叶上表面有的可见色较深稍突起的小点；叶柄碎片淡棕黄色。质脆。气微，味微酸、苦、涩。

【规格等级】　一般为统货。

【化学成分】　主含靛玉红、靛蓝、菘蓝苷。另含色胺酮、黑芥子苷等。

【鉴别与检查】　①粉末进行微量升华，可得蓝色或紫红色细小针状、片状或簇状结构。②取本品粉末，加三氯甲烷，加热回流，作为供试品溶液。另取靛蓝对照品、靛玉红对照品，加三氯甲烷制成混合

对照品溶液。用硅胶 G 薄层板，以环己烷 – 三氯甲烷 – 丙酮（5：4：2）为展开剂，展开，在与对照品色谱相应的位置上，分别显相同的蓝色斑点和浅紫红色斑点。

大青叶水分不得过 13.0%，大青叶饮片水分不得过 10.0%。

【质量要求】

1. 外观质量　以叶大、无柄、色暗灰绿色者为佳。

2. 内在质量　①浸出物含量：醇溶性浸出物（热），不得少于 16.0%。②含量测定：用高效液相色谱法测定，含靛玉红不得少于 0.020%。

【性味功能主治】　苦，寒。清热解毒，凉血消斑。用于温病高热，神昏，发斑发疹，痄腮，喉痹，丹毒，痈肿。

【贮藏养护】　水压打包或用编织袋装。本品受潮易生霉，应贮于通风干燥处。

【用法用量】　9～15g。

>>> **知识链接** ● - ●

商品"大青叶"还来源于以下三种。①蓼大青：蓼科植物蓼蓝 *polygonum tinctorium* Ait 的干燥叶。《中国药典》作为蓼大青叶收载。主产于河北安国、山东、辽宁、山西等地。叶多皱缩、破碎，蓝绿色或黑蓝色。完整者展平后呈椭圆形或卵圆形，长 3～8cm，宽 2～5cm，先端钝，基部渐狭，全缘。叶柄扁平，偶带膜质托叶鞘。全草也含靛苷、靛玉红、靛蓝、色胺酮等成分。用高效液相色谱法测定，本品含靛蓝不得少于 0.50%。②马蓝叶：爵床科植物马蓝 *Baphicacanthus cusia*（Nees.）Bremek 的干燥叶。主产于福建、江西、广东、广西、四川等地，商品为马蓝叶。叶绿黑色至黑色，卵形至椭圆状矩圆形，长 7～20cm，宽 3～5cm，边缘浅锯齿，稀近全缘。叶含靛苷。其根入药，为"南板蓝根"。③马大青：马鞭草科植物路边青 *Clerodendrom cyrtophyllum* Turcz. 的干燥叶。商品为马大青。广东、浙江、福建等省使用。叶棕黄色，卵形或椭圆形，长 5～12cm，宽 3～6cm，全缘或微有锯齿；含山大青苷（5 – 羟基 – 3,6,3′ – 三甲氧基黄酮 –4′ – O – 半乳糖苷）、正十三醇、β – 谷甾醇。

● - ●

山楂 Shanzha
Crataegi Fructus

【别名】　山里红。

【商品来源】　为蔷薇科植物山里红 *Crataegus pinnatifida* Bge. var. *major* N. E. Br. 或山楂 *Crataegus pinnatifida* Bge. 的干燥成熟果实。习称"北山楂"。

【商品产地】　主产于山东临朐、沂水，河北唐山、保定，河南南林、辉县等地。销全国大部地区。

【采制及商品种类】

山楂　秋季果实成熟时采收，晒干，或横切 4～5 片后晒干。

生山楂　将原药除去杂质和脱落的核。

炒山楂　取生山楂炒至颜色变深，取出放凉。

焦山楂　取净山楂，照清炒法炒至表面焦褐色，内部黄褐色。

山楂炭　取生山楂炒至外表焦黑色，内部焦褐色，略喷清水，灭尽火星，取出凉透。

【商品特征】

山里红　果实类球形，表面深红色或紫红色，具皱纹，有光泽，满布细小灰白色斑点顶端有凹窝，边缘有宿存花萼，基部有细果柄或柄痕；果核（种子）5 枚，弓形，淡红棕色。气微清香，味微酸、甜。

山楂　果实球形，表面棕红色，有小斑点，顶端有宿存花萼，基部有细长果柄。质坚硬。气清香，味微酸。

生山楂　为圆形片，皱缩不平。外皮红色，具皱纹，有灰白色小斑点。果肉深黄色至浅棕色。中部横切片具5粒浅黄色果核，但核多脱落而中空。有的片上可见短而细的果梗或花萼残迹。气微清香，味酸、微甜。

炒山楂　形同山楂生品，果肉黄褐色，偶见焦斑。气清香，味酸、微甜。

焦山楂　形同山楂生品，表面焦褐色，内部黄褐色，具焦香气。气清香，味酸、微涩。

山楂炭　形同山楂生品，表面焦黑色，内部焦褐色，质较轻，焦香气较弱。

【规格等级】　商品一般为统货。

【化学成分】　主含表儿茶素、槲皮素、金丝桃苷、绿原酸、山楂酸、枸橼酸、苦杏仁苷、齐墩果酸、熊果酸、苹果酸等。

【鉴别与检查】　取样品加乙酸乙酯，超声处理，作为供试品溶液。熊果酸对照品制成甲醇溶液，用硅胶G薄层板上，以甲苯－乙酸乙酯－甲酸（20∶4∶0.5）为展开剂，喷以硫酸乙醇溶液（3→10），在80℃加热至斑点显色清晰。供试品色谱中，在与对照品色谱相应的位置上，显相同的紫红色斑点；置紫外光灯（365nm）下检视，显相同的橙黄色荧光斑点。

水分不得过12.0%。总灰分不得过3.0%。铅不得过5mg/kg；镉不得过1mg/kg；砷不得过2mg/kg；汞不得过0.2mg/kg；铜不得过20mg/kg。

【质量要求】

1. 外观质量　以片大、皮红、肉厚、核小者为佳。

2. 内在质量　①浸出物含量：醇溶性浸出物（热）不得少于21.0%。②含量测定：用滴定法测定，有机酸含量以枸橼酸计，不得少于5.0%。炒山楂、焦山楂饮片含有机酸以枸橼酸计，不得少于4.0%。

【性味功能主治】　酸、甘、微温。归脾、胃、肝经。消食健胃，行气散瘀，化浊降脂。用于肉食积滞，胃脘胀满，泻痢腹痛，瘀血经闭，产后瘀阻，心腹刺痛，胸痹心痛，疝气疼痛，高脂血症。

【贮藏养护】　麻袋包装。本品易虫蛀、发霉、变色，置干燥处，防蛀防潮。

【用法用量】　9~12g。

>>> 知识链接 o--

山楂叶收载于现行版《中国药典》。具有活血化瘀，理气通脉，化浊降脂的功效。用于气滞血瘀，胸痹心痛，胸闷憋气，心悸健忘，眩晕耳鸣，高脂血症。

北沙参 Beishashen
Glehniae Radix

【别名】　莱阳参、海沙参、辽沙参、银条参、北条参、野香菜根。

【商品来源】　为伞形科植物珊瑚菜 *Glehnia littoralis* Fr. Schmidt ex Miq. 的干燥根。

【商品产地】　主产于山东莱阳、烟台、文登、海阳，内蒙古赤峰牛家营子镇，河北、江苏连云港等地。以山东莱阳产质量佳，特称"莱阳沙参"，为著名道地药材。销全国并有出口。

【采制及商品种类】

北沙参　栽培2年后采收，夏、秋二季采挖，除去地上部分及须根，洗净，放沸水中烫片刻，取出，除去外皮，晒干或烘干。也有不去外皮直接晒干的。

北沙参片　取原药材，除去杂质及残茎，洗净，稍润，切段片，晒干，为"北沙参片"。

蜜炙北沙参   取净北沙参段，加炼蜜拌匀至锅内，用文火炒至黄色不黏手时，取出，放凉。

米炒北沙参   将米放至锅内，加热至冒烟时，倒入净北沙参段，拌炒至焦黄色时，取出，去米。

【商品特征】

北沙参   呈细长圆柱形，偶有分枝。表面淡黄白色，略粗糙，偶有残存外皮，不去外皮的表面黄棕色。全体有细纵皱纹和纵沟，并有棕黄色点状细根痕；顶端常留有黄棕色根茎残基；上端稍细，中部略粗，下部渐细。质脆，易折断，断面皮部浅黄白色，木部黄色。气特异，味微甘。

北沙参片   圆柱形段片或长椭圆形斜切厚片。表面淡黄白色，略粗糙或较光洁，具纵皱及黄色点状支根痕。切面皮部浅黄白色，木部黄色，角质。质脆，气特异。味微甘。

米炒北沙参   形同北沙参段片，黄色，偶见炒后斑点，微有米炒香气。

蜜炙北沙参   形同北沙参段片，深黄，具蜜炙光泽，味甜。

【规格等级】   商品依据条长、中上部直径分三个等级，其等级标准如下。

一等：干货。呈细长条圆柱形，去净栓皮。表面黄白色，质坚而脆。断面皮部淡黄白色，有黄色木质心。微有香气，味微甘。条长34cm以上，上中部直径0.3~0.6cm。无芦头、细尾须、油条、虫蛀、霉变。

二等：条长23cm以上，上中部直径0.3~0.6cm，余同一等。

三等：条长22cm以上，粗细不分，间有破碎，余同二等。

【化学成分】   主含欧前胡素、佛手柑内酯、伞形花子油酸、棕榈酸、亚油酸、异伞形花子油酸等。

【质量要求】**外观质量**   以根条细长均匀、质坚实而脆、表皮细洁、内色黄白、味甜者为佳。

【性味与归经】   甘、微苦，微寒。归肺、胃经。养阴清肺，益胃生津。用于肺热燥咳，劳嗽痰血，胃阴不足，热病津伤，咽干口渴。

【贮藏养护】   置通风干燥处，防蛀。

【用法用量】   5~12g。

瓜蒌 Gualou
Trichosanthis Fructus

【别名】   全瓜蒌、糖瓜蒌、栝楼。

【商品来源】   葫芦科植物栝楼 *Trichosanthes kirilowii* Maxim. 或双边栝楼 *Trichosanthes rosthornii* Harms 的干燥成熟果实。

【商品产地】   栝楼主产于山东长清、山西、河北、浙江、江苏等地，销全国，以山东质量最佳。双边栝楼主产于四川、江西、湖北等地，主销四川、云南、广东、湖北等地。

【采制及商品种类】

全瓜蒌   秋末冬初果实开始有白粉并变淡黄色时采收，悬挂通风处阴干。

瓜蒌皮   如将果实纵剖为二，取出瓜瓤和种子，将果皮晒干。

全瓜蒌丝   除去果梗，压扁，切丝或切块。

瓜蒌皮丝   洗净，稍晾，切丝，晒干。

蜜瓜蒌   取炼蜜用适量开水稀释后，加入瓜蒌丝拌匀，闷透，置锅中，用文火加热炒至不黏手为度。取出放凉。

【商品特征】

全瓜蒌   呈类球形或宽椭圆形。表面橙红色或橙黄色，皱缩或较光滑，顶端有圆形的花柱残基，基部略尖，具残存的果梗。轻重不一。质脆，易破开，内表面黄白色，有红黄色丝络，果瓤橙黄色，黏稠，与多数种子黏结成团。具焦糖气，味微酸、甜。

瓜蒌皮 常切成 2 至数瓣，边缘向内卷曲。外表面橙红色或橙黄色，皱缩，有的残存果梗；内表面黄白色。质较脆，易折断。具焦糖气，味淡、微酸。

瓜蒌皮丝 呈丝片状，外皮橙黄或红黄色，皱缩，有光泽，内表面黄白色，附有瓤膜残痕。质松脆，切面多分层。微有焦糖气，味微酸甜。

蜜瓜蒌皮 形如瓜蒌皮丝片，蜜炙后色棕黄，有光泽，具蜜香味。

【规格等级】商品一般为统货。

【化学成分】果实含皂苷、有机酸及其盐类、树脂、脂肪油、色素、糖类。还含有精氨酸、赖氨酸、丙氨盐、缬氨酸、异亮氨酸、亮氨酸、甘氨酸及类生物碱物质等物质。果皮含棕榈酸、木蜡酸、蜡酸、蒙坦尼酸、蜂蜜酸等。

【鉴别与检查】取样品加甲醇，超声处理，滤过，滤液挥干，残渣加水使溶解，用水饱和的正丁醇振摇提取 4 次，合并正丁醇液，蒸干，残渣加甲醇使溶解，作为供试品溶液。另取瓜蒌对照药材同法制成对照药材溶液。用同一硅胶 G 薄层板，以乙酸乙酯 – 甲醇 – 甲酸 – 水（12：1：0.1：0.1）为展开剂，喷 10% 硫酸乙醇溶液，在 105℃加热至斑点显色清晰。分别置日光和紫外光灯（365nm）下检视。供试品色谱中，在与对照药材色谱相应的位置上，显相同颜色的斑点或荧光斑点。

水分不得过 16.0%，总灰分不得过 7.0%。

【质量要求】

1. 外观质量 瓜蒌以完整、皱缩、皮厚、糖性足者为佳；瓜蒌皮以外表面色橙红、内表面色黄白、皮厚者为佳。

2. 内在质量 浸出物含量：水溶性浸出物（热）不得少于 31.0%。

【性味功能主治】甘、微苦，寒。归肺、胃、大肠经。清热涤痰，宽胸散结，润燥滑肠。用于肺热咳嗽，痰浊黄稠，胸痹心痛，结胸痞满，乳痈，肺痈，肠痈，大便秘结。

瓜蒌皮：甘，寒。归肺、胃经。清热化痰，利气宽胸。用于痰热咳嗽，胸闷胁痛。

【贮藏养护】置阴凉干燥处，防霉，防蛀。

【用法用量】9～15g。

>>> 知识链接 ●--

瓜蒌始载于《神农本草经》，原名栝楼，列为中品。是我国传统的常用中药。李时珍在《本草纲目》中述，"栝楼古方全用，后世乃分子瓤各用。"现代，北方地区仍习用全瓜蒌，南方地区瓜蒌皮、瓜蒌子分用。

瓜蒌子为葫芦科植物栝楼 *Trichosanthes kirilowii* Maxim. 或双边栝楼 *Trichosanthes rosthornii* Harms 的干燥成熟种子。具有润肺化痰、滑肠通便的作用，用于燥咳痰黏、肠燥便秘。天花粉为此二种植物的干燥根。具有清热泻火、生津止渴、消肿排脓的作用。用于热病烦渴、肺热燥咳、内热消渴、疮疡肿毒。二者均为现行版《中国药典》收载品种。

金银花 Jinyinhua
Lonicerae Japonicae Flos

【别名】银花、忍冬花、双花、二花、双宝花。

【商品来源】为忍冬科植物忍冬 *Lonicera japonica* Thunb. 的干燥花蕾或带初开的花。

【商品产地】主产于河南新密、封丘、登封、巩义，山东平邑、蒙阴、费县、苍山、沂水等地，多为栽培品。产于河南新密、封丘等地的称为"密银花或南银花"，产于山东平邑、费县等地的称为"东银花或济银花"。此外，河北巨鹿现也已成为金银花的重要产区。

【采制及商品种类】

金银花 夏初花开放前采收。河南于花蕾呈棒状，青绿色时采摘，采摘后多烘干；山东于花蕾呈棒状，绿白色时采摘，采摘后多晒干。

炒金银花 取净金银花置锅内，用文火拌炒至黄色为度，取出，摊开晾凉。

蜜银花 取炼蜜加适量开水稀释，加入净金银花拌匀，闷透，用文火炒至不黏手，有蜜糖焦香气时取出，放凉。

金银花炭 取金银花药材，除去杂质，筛去灰屑。取净金银花以中火炒至表面焦褐色，喷淋清水少许，灭尽火星，取出，摊晾。

【商品特征】

密银花 花蕾呈长棒状，上粗下细，略弯曲。表面黄白色或绿白色，密生短茸毛及腺毛。开放者花冠筒状，先端二唇形。质稍柔，气清香，味微苦。

东银花 外观性状近似密银花，但花稍短。表面黄色或浅黄色，密生短茸毛及腺毛。香气比密银花稍淡。

金银花炭 表面焦褐色。质轻脆，易碎。

蜜银花 表面黄色。有蜜糖焦香气。

炒金银花 表面黄色，质轻脆，易碎。

【规格等级】 按产地、来源将金银花分为密银花、济银花两个规格。密银花、济银花按开放花的数目、色泽、杂质含量等再分为一至四等。其等级标准如下。

密银花 一等：干货。花蕾呈棒状，上粗下细，略弯曲。表面绿白，质硬，握之有顶手感。气清香，味甘微苦。无开放花朵，破裂花蕾及黄条不超过5%。

二等：开放花朵不超过5%，黑头、破裂花蕾及黄条不超过10%，余同一等。

三等：表面白色或黄白色，花冠厚质硬，开放花朵、黑条不超过30%，余同二等。

四等：花蕾或开放花朵兼有，色泽不分，枝叶不超过3%。

东银花 一等：干货。花蕾呈棒状、肥壮。上粗下细，略弯曲。表面黄白色、青色。气清香，味甘微苦。开放花朵不超过5%。无嫩蕾、黑头、枝叶、杂质、虫蛀、霉变。

二等：开放花朵不超过15%，黑头不超过3%，余同一等。

三等：花蕾瘦小，开放花朵不超过25%，黑头不超过15%，枝叶不超过1%。余同二等。

四等：干货，花蕾或开放的花朵兼有，色泽不分，枝叶不超过3%，余同三等。

【化学成分】 主含黄酮类，为木犀草素及木犀草素–7–葡萄糖苷。并含肌醇、绿原酸、异绿原酸、皂苷及挥发油。油中主含双花醇、芳樟醇等。

【鉴别与检查】 取样品加甲醇，作为供试品溶液。绿原酸对照品制成甲醇溶液，用硅胶 H 薄层板，以乙酸丁酯–甲酸–水（7:2.5:2.5）的上层溶液为展开剂，置紫外光灯（365nm）下检视。供试品色谱中，在与对照品色谱相应的位置上，显相同颜色的荧光斑点。

水分不得过12.0%，灰分不得过10.0%，酸不溶性灰分不得过3.0%。铅不得过5mg/kg；镉不得过1mg/kg；砷不得过2mg/kg；汞不得过0.2mg/kg；铜不得过20mg/kg。

【质量要求】

1. 外观质量 以花蕾多、肥壮、色青绿微白、气清香者为佳。

2. 内在质量 ①含量测定：用高效液相色谱法测定，含绿原酸不得少于1.5%，含酚酸类以绿原酸、3,5–二–O–咖啡酰奎宁酸和4,5–二–O–咖啡酰奎宁酸的总量计，不得少于3.8%。用高效液相色谱法测定，含木犀草苷不得少于 0.050%。②特征图谱：高效液相色谱法测定，供试品特征图谱中应呈现 7 个特征峰。与参照物峰相应的峰为 S 峰，计算各特征峰与 S 峰的相对保留时间，应在规定值的 ±10% 之内，保留时间规定值为：0.91（峰 1）、1.00 ［峰 2（S）］、1.17（峰 3）、1.38（峰 4）、2.43（峰 5）、2.81（峰 6）、2.93（峰 7）。

【性味功能主治】甘，寒。归肺、心、胃经。清热解毒，疏散风热。用于痈肿疔疮，喉痹，丹毒，热毒血痢，风热感冒，温病发热。

【贮藏养护】置阴凉干燥处，防潮，防蛀。

【用法用量】6 ~ 15g。

>>> 知识链接 o--

山银花为忍冬科植物灰毡毛忍冬 *Lonicera macranthoides* Hand. – Mazz、红腺忍冬 *L. hypoglauca* Miq.、华南忍冬 *L. confusa* DC. 或黄褐毛忍冬 *L. fulvotomentosa* Hsu et S. C. Cheng 的干燥花蕾或带初开的花。

商品特征如下。①灰毡毛忍冬：呈棒状而稍弯曲，长 3 ~ 4.5cm，上部直径约 2mm，下部直径约 1mm。表面绿棕色至黄白色；总花梗集结成簇，开放者花冠裂片不及全长之半；质稍硬，手捏之稍有弹性；气清香，味微苦甘。②红腺忍冬：长 2.5 ~ 4.5cm，直径 0.8 ~ 2mm；表面黄白至黄棕色，无毛或疏被毛，萼筒无毛，先端 5 裂，裂片长三角形，被毛，开放者花冠下唇反转，花柱无毛。③华南忍冬：长 1.6 ~ 3.5cm，直径 0.5 ~ 2mm。萼筒和花冠密被灰白色毛。④黄褐毛忍冬：长 1 ~ 3.4cm，直径 1.5 ~ 2mm。花冠表面淡黄棕色或黄棕色，密被黄色茸毛。

山银花在商品上分两个等级。一等：干货。花蕾呈棒状，上粗下细，略弯曲，花蕾长瘦。表面黄白色或青白色。气清香，味淡微苦。开放花朵不超过 20%。无梗叶、杂质、虫蛀、霉变。二等：干货。花蕾或开放的花朵兼有。色泽不分。枝叶不超过 10%。无杂质、虫蛀、霉变。

--●

连翘 Lianqiao
Forsythiae Fructus

【别名】连壳、黄连翘（老翘）、青连翘（青翘）、黄花瓣、落翘、空翘。

【商品来源】木犀科植物连翘 *Forsythia suspensa*（Thunb.）Vahl 的干燥果实。

【商品产地】主产于山西晋城、安泽，河南灵宝、洛宁，陕西渭南、韩城，山东淄博、莱芜等地，湖北、河北、甘肃也产。以山西、河南产量最大。

【采制及商品种类】

青翘　秋季果实初熟尚带绿色时采收，除去杂质，蒸熟，晒干，习称"青翘"。

老翘　果实熟透时采收，晒干，除去杂质，习称"老翘"。

【商品特征】

青翘　呈长卵形至卵形，稍扁。表面有不规则的纵皱纹和多数突起的小斑点，两面各有 1 条明显的纵沟。顶端锐尖，基部有小果梗或已脱落。青翘多不开裂，表面绿褐色，突起的灰白色小斑点较少；质硬；种子多数，黄绿色，细长，一侧有翅。

老翘　自顶端开裂或裂成两瓣，表面黄棕色或红棕色，内表面多为浅黄棕色，平滑，具一纵隔；质脆；种子棕色，多已脱落。气微香，味苦。

【规格等级】商品分青翘、老翘两种规格，一般不分等级。

【化学成分】主含白桦脂酸罗汉松脂苷、松脂素、连翘苷、牛蒡子苷、连翘醇苷 C 及 D、芦丁、熊果酸、齐墩果酸、咖啡酸、连翘酯苷、连翘脂素等。

【鉴别与检查】取样品加石油醚（30～60℃），密塞，超声处理，滤过，残渣加甲醇，超声处理，作为供试品溶液。另取连翘对照药材同法制成对照药材溶液。用硅胶 G 薄层板，以环己烷－甲酸乙酯－甲酸（15∶10∶0.25）为展开剂，喷以 10%硫酸乙醇溶液，在 105℃加热至斑点显色清晰，分别置日光及紫外光灯（365nm）下检视。供试品色谱中，在与对照药材色谱相应的位置上，日光下显相同颜色的斑点，紫外光下显相同颜色的荧光斑点。

青翘杂质不得过 3%，老翘杂质不得过 9%。水分不得过 10.0%。总灰分不得过 4.0%。

【质量要求】

1. 外观质量　青翘以色较绿、不开裂者为佳。老翘以色黄棕、瓣大、壳厚者为佳。

2. 内在质量　①浸出物含量：青翘 65%乙醇浸出物（冷）不得少于 30.0%；老翘 65%乙醇浸出物（冷）不得少于 16.0%。②照挥发油测定法测定，青翘含挥发油不得少于 2.0%（ml/g）。③含量测定：用高效液相色谱法测定，含连翘苷不得少于 0.15%；用高效液相色谱法测定。青翘含连翘酯苷 A 不得少于 3.5%；老翘含连翘酯苷 A 不得少于 0.25%。

【性味功能主治】苦，微寒。归肺、心、小肠经。清热解毒，消肿散结，疏散风热。用于痈疽，瘰疬，乳痈，丹毒，风热感冒，温病初起，温热入营，高热烦渴，神昏发斑，热淋涩痛。

【贮藏养护】置干燥处。

【用法用量】6～15g。

>>> **知识链接** o -

连翘始载于《神农本草经》，列为下品，为我国传统的清热解毒常用药材。产销量大，并有一定数量出口。商品来源主要靠野生，晋、陕、豫黄河地区的黄土沟谷为主产区。连翘和连翘心都有抑菌作用，现在有厂家以连翘提取物生产牙膏等日用品。

- ▶

肉苁蓉 Roucongrong
Cistanches Herba

【别名】苁蓉、大芸、甜苁蓉、咸苁蓉、淡大芸、梭梭大蓉。

【商品来源】为列当科植物肉苁蓉 *Cistanche deserticola* Y. C. Ma 或管花肉苁蓉 *Cistanche tubulosa* (Schrenk) Wight 的干燥带鳞叶的肉质茎。

【商品产地】主产于内蒙古的阿拉善旗、额济纳旗、阿拉善右旗、乌拉特后旗，新疆的福海、富蕴、哈巴河、吉木萨尔、奇台、阜康、木垒、呼图壁、玛纳斯、察布查尔、乌苏、沙湾、精河、霍城、博乐，甘肃的金塔、高台；宁夏的石嘴山、盐池等地。青海、陕西也有少量分布。以内蒙古、甘肃产品质量优，新疆产量大。销全国，并出口。

【采制及商品种类】

甜苁蓉　春、秋季均可采收。于 3～5 月采挖后，置沙土中半埋半露晒干，为甜苁蓉，质量好。现主要用甜苁蓉。

咸苁蓉　于秋季采收者因水分多，须移入盐水中腌 1～2 年后晒干，为咸苁蓉，质较次，入药时须洗去其盐分。

苁蓉片　除去杂质，洗净，润透，切厚片，干燥。

酒苁蓉　取苁蓉片，置适宜的容器内，加入黄酒拌匀、密闭，隔水加热炖透，至表面显黑色时取出，干燥，筛去灰屑。

【商品特征】

肉苁蓉　呈扁圆柱形，稍弯曲。表面棕褐色或灰棕色，密被覆瓦状排列的肉质鳞叶，通常鳞叶先端已断。体重，质硬，微有柔性，不易折断，断面棕褐色，有淡棕色点状维管束，排列成波状环纹。气微，味甜、微苦。

管花肉苁蓉　呈类纺锤形、扁纺锤形或扁柱形，稍弯曲。表面棕褐色至黑褐色。断面颗粒状，灰棕色至灰褐色，散生点状维管束。

肉苁蓉片　呈不规则形的厚片。表面棕褐色或灰棕色。有的可见肉质鳞叶。切面有淡棕色或棕黄色点状维管束，排列成波状环纹。气微，味甜、微苦。

管花肉苁蓉片　切面散生点状维管束。

酒苁蓉　形如肉苁蓉片。表面黑棕色，切面点状维管束，排列成波状环纹。质柔润。略有酒香气，味甜，微苦。

酒管花苁蓉　切面散生点状维管束，有酒香气。

【规格等级】商品上分甜苁蓉和咸苁蓉两种规格，均不分等级。

甜苁蓉　统货：干货。呈圆柱形略扁，微弯曲。表面赤褐或暗褐色。有多数鳞片覆瓦状排列。体重，质坚硬或柔韧。断面棕褐色，有淡棕色斑点组成的波状环纹。气微，味微甜。枯心不超过10%。去净芦头、无干梢、杂质、虫蛀、霉变。

咸苁蓉　统货：干货。呈圆柱形或扁长条形，表面黑褐色，有多数鳞片呈覆瓦排列，附有盐霜。质柔软。断面黑色或墨绿色，有光泽。味咸。枯心不超过10%。无干梢、杂质、霉变。

【化学成分】主含多种环烯醚萜类化合物，有肉苁蓉素，肉苁蓉氯素及肉苁蓉苷A、B、C、D、E、F、G，并含D-甘露糖，β-谷甾醇，琥珀酸，β-谷甾醇葡萄糖苷。

【鉴别与检查】取样品加甲醇，超声处理，作为供试品溶液。松果菊苷与毛蕊花糖苷对照品制成甲醇溶液，用聚酰胺薄层板，以甲醇-醋酸-水（2∶1∶7）为展开剂，置紫外光灯（365nm）下检视。供试品色谱中，在与对照品色谱相应的位置上，显相同颜色的荧光斑点。

水分不得过10.0%。总灰分不得过8.0%。

【质量要求】

1. 外观质量　甜苁蓉以条粗壮、色棕褐、鳞片密、不空心、质柔润者为佳。盐苁蓉以条粗大、鳞片细、色黑、质软、断面光泽、可见点状维管束者为佳。

2. 内在质量　①浸出物含量：肉苁蓉稀乙醇浸出物（冷）不得少于35.0%；管花肉苁蓉稀乙醇浸出物（冷）不得少于25.0%。②含量测定：用高效液相色谱法测定，肉苁蓉含松果菊苷和毛蕊花糖苷的总量不得少于0.30%；管花肉苁蓉含松果菊苷和毛蕊花糖苷的总量不得少于1.5%。

【性味功能主治】甘、咸，温。归肾、大肠经。补肾阳，益精血，润肠通便。用于肾阳不足，精血亏虚，阳痿不孕，腰膝酸软，筋骨无力，肠燥便秘。

【贮藏养护】置通风干燥处，防蛀。

【用法用量】6～10g。

远志 Yuanzhi
Polygalae Radix

【别名】远志筒、小草根。

【商品来源】为远志科植物远志 *Polygala tenuifolia* Willd 或卵叶远志 *Polygala sibirica* L. 的干燥根。

【商品产地】主产于山西阳高、闻喜、榆次，河南巩义、嵩县、卢氏，河北唐县、完县、涞源，陕西韩城、大荔、华阴，内蒙古、吉林，辽宁，山东，安徽等地亦产。山西、陕西产品销全国，并出口。

【采制与商品种类】

远志 春、秋季挖根（栽培的第3~4年采收），除去泥土，晒至皮部稍皱缩时，用手揉搓抽去木心，晒干，称"远志筒"；或将皮部剖开除去木部，称"远志肉"；也有不去木部，称"远志棍"。

生远志 将原药除去杂质与木质心，抢水洗净，干燥，过长者折断，筛去灰屑。

制远志 取生远志在甘草汤中浸渍，用文火煮至汤吸尽，取出（如有余汤应在略干时拌入），干燥。

蜜远志 取生远志加炼蜜水拌匀，闷润，用文火炒至不黏手为度，取出放凉。

朱远志 取制远志用水喷潮，撒入朱砂细粉拌匀（不宜在铜质器皿中拌制），晾干。

【商品特征】

远志 呈圆柱形，略弯曲。表面灰黄色至灰棕色，有较密并深陷的横皱纹、纵皱纹及裂纹，老根的横皱纹较密更深陷，略呈结节状。质硬而脆，易折断，断面皮部棕黄色，木部黄白色，皮部易与木部剥离。气微，味苦、微辛，嚼之有刺喉感。

远志筒 根抽去木心后呈圆筒长管状，形如鹅毛管，故称鹅管志筒。多弯曲。表面灰黄色至灰棕色，粗糙，有结节状横皱纹。质脆，易折断，断面平坦，黄白色。微有青草气，味苦微辛，有刺喉感。

远志肉 皮部剖开，肉薄，无木心，卷筒状或破碎皮肉。

远志段 呈圆柱形的段。外表皮灰黄色至灰棕色，有横皱纹。切面棕黄色，中空。气微，味苦、微辛，嚼之有刺喉感。

蜜炙远志 表面深黄色至棕黄色，具蜜糖气，味甜、微苦，嚼之微有刺喉感。

制远志 形同远志饮片，味略甜，嚼之无刺喉感。

朱远志 形同远志饮片，外被淡红色朱砂细粉。

【规格等级】 依据加工方法不同分远志筒和远志肉两种规格。志筒依据长度、中部直径分为两个等级，志肉一般为统货。其规格等级标准如下。

远志筒 一等：干货。呈筒状，中空。表面浅棕色或灰黄色，全体有较深的横皱纹，皮细肉厚。质脆易断。断面黄白色。气特殊，味苦微辛。长7cm，中部直径0.5cm以上。无木心、杂质、虫蛀、霉变。

二等：干货。长5cm，中部直径0.3cm以上。余同一等。

远志肉 统货。干货。多为破裂断碎的肉质根皮。表面棕黄色或灰黄色，全体有横皱纹，皮粗细厚薄不等。质脆易断。断面黄白色。气特殊，味苦微辛。无芦茎、木心、须根、杂质、虫蛀、霉变。

【化学成分】 含远志皂苷A~G，远志碱，远志醇，N-乙酰基-d-葡萄糖胺，桂皮酸，氧杂蒽酮，远志酮等。

【鉴别与检查】 取样品加70%甲醇，超声处理，滤过，滤液蒸干，残渣加甲醇使溶解，作为供试品溶液。取远志𠮷酮Ⅲ对照品制成甲醇溶液，用硅胶G薄层板，以三氯甲烷-甲醇-水（7:3:1）的下层溶液为展开剂，置紫外光灯（365nm）下检视。供试品色谱中，在与对照品色谱相应的位置上，显相同颜色的荧光斑点。

取样品加70%甲醇，超声处理，滤过，滤液置圆底烧瓶中，蒸干，残渣加10%氢氧化钠溶液，加热回流，放冷，用盐酸调节pH为4~5，用水饱和的正丁醇振摇提取，合并正丁醇液，回收溶剂至干，残渣加甲醇适量使溶解，作为供试品溶液。细叶远志皂苷对照品制成甲醇溶液，用同一硅胶G薄层板，以三氯甲烷-甲醇-水（6:3:0.5）为展开剂喷以10%硫酸乙醇溶液，在105℃加热至斑点显色清晰。供试品色谱中，在与对照品色谱相应的位置上，显相同颜色的斑点。

水分不得过12.0%；总灰分不得过6.0%。黄曲霉毒素测定：本品每1000g含黄曲霉毒素B_1不得过5μg；黄曲霉毒素G_2、G_1和B_1、B_2总量不得过10μg。

【质量要求】

1. 外观质量 以筒粗、肉厚、皮细、质软、无木心者为佳。

2. 内在质量 ①浸出物含量：70%乙醇浸出物（热）不得少于30.0%。②含量测定：用高效液相色谱法测定，药材及饮片含细叶远志皂苷不得少于2.0%。用高效液相色谱法测定，药材及远志段含远志叫酮Ⅲ不得少于0.15%，含3，6'–二芥子酰基蔗糖不得少于0.50%；制远志含远志叫酮Ⅲ不得少于0.10%，含3，6'–二芥子酰基蔗糖不得少于0.30%，含细叶远志皂苷不得少于2.0%。

【性味功能主治】 苦、辛，温。归心、肾、肺经。安神益智，交通心肾，祛痰，消肿。用于心肾不交引起的失眠多梦，健忘惊悸，神志恍惚，咳痰不爽，疮疡肿毒，乳房肿痛。

【贮藏养护】 置通风干燥处。

【用法用量】 3～10g。

赤芍 Chishao
Paconiae Radix Rubra

【别名】 赤芍药。

【商品来源】 为毛茛科植物芍药 *Paeonia lactiflora* Pall. 或川赤芍 *Paeonia veitchii* Lynch 的干燥根。

【商品产地】 芍药主产于内蒙古锡林郭勒盟多伦、昭乌达盟、通辽市及东北地区等，河北、陕西、山西等省亦产。川赤芍主产于四川甘孜州、凉山州、阿坝州等地。

【采制及商品种类】

赤芍 春、秋二季采收。以秋季产者皮部宽、干后粉性足质优。将根挖出后，除去根茎、须根及泥土，理直，晾晒至半干，扎成小捆，反复晾晒至足干。

赤芍片 取原药材，除去杂质，分开大小，洗净，润透，切薄片，干燥。

炒赤芍 取赤芍片置锅内，用文火加热，炒至颜色加深，偶有焦斑，取出放凉。

【商品特征】

赤芍 本品呈圆柱形，稍弯曲。表面棕褐色，粗糙，有纵沟和皱纹，并有须根痕和横长的皮孔样突起，有的外皮易脱落。质硬而脆，易折断，断面粉白色或粉红色，皮部窄，木部放射状纹理明显，有的有裂隙。气微香，味微苦、酸涩。

赤芍片 除去杂质，分开大小，洗净，润透，切厚片，干燥。

炒赤芍 本品形如赤芍片，表面色泽加深，偶见炒后焦斑。

【规格等级】 依据长度、中部直径分为1～2等。其等级标准如下。

一等：干货。呈圆柱形，稍弯曲，外表有纵沟或皱纹，皮较粗糙。表面暗棕色或紫褐色。体轻质脆。断面粉白色或粉红色，中间有放射状纹理，粉性足。气特异，味微苦酸。长16cm以上，两端粗细较匀。中部直径1.2cm以上。无疙瘩头、空心、须根、杂质、虫蛀、霉变。

二等：长15.9cm以下，中部直径0.5cm以上，余同一等。

【化学成分】 芍药根主含芍药苷，含微量芍药内酯苷、羟基芍药苷、苯甲酰芍药苷、赤芍精（*d*–儿茶素）、赤芍甲素、赤芍乙素等。还含苯甲酸、鞣质。川赤芍根含芍药苷1.86%～6%。

【鉴别检查】 取样品加乙醇，振摇，滤过，滤液蒸干，残渣加乙醇使溶解，作为供试品溶液。芍药苷对照品制成乙醇溶液，用硅胶G薄层板，以三氯甲烷–乙酸乙酯–甲醇–甲酸（40：5：10：0.2）为展开剂，喷以5%香草醛硫酸溶液，加热至斑点显色清晰。供试品色谱中，在与对照品色谱相应的位置上，显相同的蓝紫色斑点。

【质量要求】

1. 外观质量 以根粗长、外皮易脱落、断面色白、粉性强者为佳。

2. 内在质量 含量测定：用高效液相色谱法测定，药材含芍药苷不得少于1.8%；饮片含芍药苷不得少于1.5%。

【性味功能主治】 苦，微寒。归肝经。清热凉血，散瘀止痛。用于热入营血，温毒发斑，吐血衄血，目赤肿痛，肝郁胁痛，经闭痛经，癥瘕腹痛，跌扑损伤，痈肿疮疡。

【贮藏养护】 置通风干燥处。

【用法用量】 6～12g。

阿胶 Ejiao
Asini Corii Colla

【商品来源】 为马科动物驴 *Equus asinus* L. 的干燥皮或鲜皮经煎煮、浓缩制成的固体胶。

【商品产地】 主产于山东、浙江。以山东的东阿县产品最为著名，为道地药材。

【采制及商品种类】

阿胶　驴皮全年均可采集，熬胶时多避开暑湿季节，每年10月至次年5月为生产季节。将驴皮漂泡，去毛，切成小块，再漂泡洗净，分次水煎，滤过，合并滤液，用文火浓缩（或加适量黄酒、冰糖、豆油）至稠膏状，冷凝，切块，阴干。

阿胶珠　取阿胶，烘软，切成1cm左右的丁，照烫法用蛤粉烫至成珠，内无溏心时，取出，筛去蛤粉，放凉。

【商品特征】

阿胶　本品呈长方形块、方形块或丁状。棕色至黑褐色，有光泽。质硬而脆，断面光亮，碎片对光照视呈棕色半透明状。气微，味微甘。

阿胶珠　呈类圆珠状。表面灰白色或灰褐色。质脆易碎，断面中空呈蜂窝状，棕黑色，具角质样光泽。气微香，味微甘。

【规格等级】 商品一般为统货。

【化学成分】 主要由胶原（collagen）及其水解产物组成，总含氮量16.43%～16.54%、蛋白水解产物含甘氨酸（15.2%）、脯氨酸（10%）、精氨酸（7%）、丝氨酸（6%）、赖氨酸（3%）、组氨酸（2%）等19种氨基酸。尚含钙、硫、钾、钠、锰、铁、铜、铝、锌、铬、硅等多种元素。

【鉴别与检查】 取样品，加1%碳酸氢铵溶液制成供试品溶液。另取阿胶对照药材，同法制成对照药材溶液。采用高效液相色谱－质谱法测定，选择质荷比（m/z）539.8（双电荷）→612.4 和 m/z 539.8（双电荷）→923.8 作为检测离子对。以质荷比（m/z）539.8（双电荷）→612.4 和 m/z 539.8（双电荷）→923.8 离子对提取的供试品离子流色谱中，应同时呈现与对照药材色谱保留时间一致的色谱峰。

阿胶水分不得过15.0%，饮片水分不得过10.0%。饮片总灰分不得过4.0%。药材、饮片水不溶物均不得过2.0%。铅不得过5mg/kg；镉不得过0.3mg/kg；砷不得过2mg/kg，汞不得过0.2mg/kg，铜不得过20mg/kg。

【质量要求】

1. 外观质量 以色乌黑、断面光亮、质脆味甘、无腥气者为佳。

2. 内在质量 含量测定：用高效液相色谱法测定，药材及饮片含L－羟脯氨酸不得少于8.0%，甘氨酸不得少于18.0%，丙氨酸不得少于7.0%，L－脯氨酸不得少于10.0%。用高效液相色谱－质谱法测定，含特征多肽以驴源多肽 A_1 和驴源多肽 A_2 的总量计应不得少于0.15%。

【性味功能主治】甘，平。归肺、肝、肾经。补血滋阴，润燥，止血。用于血虚萎黄，眩晕心悸，肌痿无力，心烦不眠，虚风内动，肺燥咳嗽，劳嗽咯血，吐血尿血，便血崩漏，妊娠胎漏。

【贮藏养护】密闭。

【用法用量】3～9g。烊化兑服。

板蓝根 Banlangen
Isatidis Radix

【别名】北板蓝根、菘蓝根、大蓝根、菘青根、靛蓝根、大青根。

【商品来源】为十字花科植物菘蓝 *Isatis indigotica* Fort. 的干燥根。

【商品产地】主产于河北安国、定州，江苏南通、如皋，安徽太和、亳州。

【采制及商品种类】

板蓝根　秋季采挖根部，除去茎叶，抖净泥土，用手顺直，晾晒至七八成干，再次抖净表面泥土，扎成小捆，反复晾晒至干燥。

板蓝根片　除去杂质，洗净，润透，切厚片，干燥。

【商品特征】

板蓝根　呈圆柱形，稍扭曲。表面淡灰黄色或淡棕黄色，有纵皱纹、横长皮孔样突起及支根痕。根头略膨大，可见暗绿色或暗棕色轮状排列的叶柄残基和密集的疣状突起。体实，质略软，断面皮部黄白色，木部黄色。气微，味微甜后苦涩。

板蓝根片　本品呈圆形的厚片。外表皮淡灰黄色至淡棕黄色，有纵皱纹。切面皮部黄白色，木部黄色。气微，味微甜后苦涩。

【规格等级】商品分为1～2等，其等级标准如下。

一等：干货。根呈圆柱形，头部略大，中间凹陷，边有柄痕。偶有分枝。质实而脆，表面灰黄或淡棕色，有纵皱纹。断面外部黄白色，中心黄色。气微，味微甜后苦，长17cm以上，芦下2cm处直径1cm以上。无苗茎、须根、杂质、虫蛀、霉变。

二等：芦下2cm处直径0.5cm以上，余同一等。

【化学成分】主含芥子苷、靛蓝、靛玉红、蔗糖、棕榈酸、β-谷甾醇、γ-谷甾醇、腺苷及精氨酸等多种氨基酸。

【鉴别与检查】①取样品加稀乙醇，超声处理，作为供试品溶液。另取板蓝根对照药材同法制成对照药材溶液。精氨酸对照品制成稀乙醇溶液，用硅胶G薄层板，以正丁醇–冰醋酸–水（19：5：5）为展开剂，喷以茚三酮试液，在105℃加热至斑点显色清晰。供试品色谱中，在与对照药材色谱和对照品色谱相应的位置上，显相同颜色的斑点。②取样品加80%甲醇，超声处理，作为供试品溶液。另取板蓝根对照药材同法制成对照药材溶液。再取（R,S）–告依春对照品制成甲醇溶液，用硅胶GF$_{254}$薄层板上，以石油醚（60～90℃）–乙酸乙酯（1：1）为展开剂，置紫外光灯（254nm）下检视。供试品色谱中，在与对照药材色谱和对照品色谱相应的位置上，显相同颜色的斑点。

水分不得过15.0%，总灰分不得过9.0%，酸不溶性灰分不得过2.0%。

【质量要求】

1. **外观质量**　以根粗长、表面色灰黄、断面皮部黄白、粉性足者为佳。

2. **内在质量**　①浸出物含量：45%乙醇浸出物（热）不得少于25.0%；②含量测定：用高效液相色谱法测定，板蓝根含（R,S）–告依春不得少于0.020%，板蓝根片含（R,S）–告依春不得少于0.030%。

【性味功能主治】苦，寒。归心、胃经。清热解毒，凉血利咽。用于温疫时毒，发热咽痛，温毒发斑，疹腮，烂喉丹痧，大头瘟疫，丹毒，痈肿。

【贮藏养护】 置干燥处，防霉，防蛀。

【用法用量】 9～15g。

苦杏仁 Kuxingren
Armeniacae Semen Amarum

【别名】 杏仁、北杏仁。

【商品来源】 为蔷薇科植物山杏 *Prunus armeniaca* L. var. *ansu* Maxim. 、西伯利亚杏 *Prunus sibirica* L. 、东北杏 *Prunus mandshurica*（Maxim.）Koehne 或杏 *Prnus armeniaca* L. 的干燥成熟种子。夏季采收成熟果实，除去果肉和核壳，取出种子，晒干。

【商品产地】 主产于我国北方省区，以内蒙古的东部、吉林、辽宁、河北、山西、陕西等地区产量最大。

【采制及商品种类】

苦杏仁　夏季果实成熟后采收，由于气候与品种的不同也有推迟到秋季采收者。采收后除去果肉，击破果核，取出种子，晒干即得。不可火烤，否则出油，并使成分破坏而失效。或收集果核，置干燥通风处，使其自然干燥，经过伏天后，核仁水分自然蒸发一部分，然后去碎核壳，拣取其仁，使其阴干，这种加工方法较好。

生苦杏仁　取原药材，除去杂质、残留的硬壳及霉烂者，筛去灰屑。

燀苦杏仁　取净苦杏仁，置沸水锅中略烫，至外皮微胀时，捞出，用凉水稍浸，搓去种皮，晒干后簸净，取仁。

炒苦杏仁　取燀苦杏仁置锅内，用文火加热，炒至表面微黄色，取出放凉。

【商品特征】

苦杏仁　本品呈扁心形，表面黄棕色至深棕色，一端尖，另端钝圆，肥厚，左右不对称，尖端一侧有短线形种脐，圆端合点处向上具多数深棕色的脉纹。种皮薄，子叶2，乳白色，富油性。气微，味苦。

燀苦杏仁　多分离为单瓣，呈扁心形，无种皮，表面乳白色，有特殊香气。味苦。

苦杏仁　呈扁心形，表面微黄色至黄棕色，略带焦斑，有香气。

苦杏仁霜　为白色松散粉末，微具油腻气，味苦。

【规格等级】 商品多为统货。

【化学成分】 苦杏仁苷、苦杏仁酶、$\triangle^{24}$-胆固醇，雌性酮、α-雌二醇、脂肪油（杏仁油）、蛋白质、氨基酸以及β-紫罗兰酮等挥发性成分。苦杏仁苷经水解后产生氢氰酸（约0.2%）、苯甲醛及葡萄糖。

【鉴别与检查】 取样品置索氏提取器中，加二氯甲烷，加热回流，弃去二氯甲烷液，药渣挥干，加甲醇，加热回流，放冷，滤过，滤液作为供试品溶液。苦杏仁苷对照品制成甲醇溶液，用硅胶 G 薄层板，以三氯甲烷-乙酸乙酯-甲醇-水（15:40:22:10）5～10℃放置12小时的下层溶液为展开剂，立即用0.8%磷钼酸的15%硫酸乙醇溶液浸板，在105℃加热至斑点显色清晰。供试品色谱中，在与对照品色谱相应的位置上，显相同颜色的斑点。

过氧化值不得过0.11。药材、生饮片、燀苦杏仁水分不得过7.0%，炒苦杏仁水分不得过6.0%。

【质量要求】

1. 外观质量　以颗粒均匀、饱满、整齐不碎者为佳。

2. 内在质量　含量测定：用高效液相色谱法测定，药材苦杏仁苷不得少于3.0%，燀苦杏仁含苦杏仁苷不得少于 2.4%，炒苦杏仁含苦杏仁苷不得少于 2.4%。

【性味功能主治】苦，微温；有小毒。归肺、大肠经。降气止咳平喘，润肠通便。用于咳嗽气喘，胸满痰多，肠燥便秘。

【贮藏养护】置阴凉干燥处，防蛀。

【用法用量】5~10g，生品入煎剂后下。

知母 Zhimu
Anemarrhenae Rhizoma

【别名】毛知母、知母肉、京知母、肥知母、蒜瓣子草、羊胡子根。

【商品来源】为百合科植物知母 *Anemarrhena asphodeloides* Bge 的干燥根茎。

【商品产地】主产于河北，山西、河南、甘肃、陕西、内蒙古、黑龙江、吉林、辽宁等地亦产。河北省易县产的质量最好。销华东、华南地区，并出口。

【采制及商品种类】

知母 春、秋季采挖，以秋季采收质量好。挖取根茎，剪去地上部分及须根，除去泥土，晒干，称"毛知母"；鲜时剥去或刮去外皮晒干者，称"知母肉"（光知母）。

知母片 将知母除去杂质与绒毛，快洗，润透，切薄片，干燥，筛去毛屑。

盐知母 取知母片，加盐水拌匀，吸尽，闷润，用文火炒至微焦。取出放凉。

【商品特征】

知母 呈长条状，微弯曲，略扁，偶有分枝，一端有浅黄色的茎叶残痕。表面黄棕色至棕色，上面有一凹沟，具紧密排列的环状节，节上密生黄棕色的残存叶基，由两侧向根茎上方生长；下面隆起而略皱缩，并有凹陷或突起的点状根痕。质硬，易折断，断面黄白色。气微，味微甜、略苦，嚼之带黏性。

知母片 呈不规则类圆形的厚片。外表皮黄棕色或棕色，可见少量残存的黄棕色叶基纤维和凹陷或突起的点状根痕。切面黄白色至黄色。气微，味微甜、略苦，嚼之带黏性。

盐知母 形如知母片，色黄或微带焦斑。味微咸。

【规格等级】商品依据加工方法分为毛知母和知母肉两种规格，一般不分等级。

毛知母 统货。干货。呈扁圆形，略弯曲，偶有分枝；体表上面有一凹沟具环状节。节上密生黄棕色或棕色毛；下面有须根痕；一端有浅黄色叶痕（俗称金包头）。质坚实而柔润。断面黄白色。略显颗粒状。气特异，味微甘略苦。长 6cm 以上，无杂质、虫蛀、霉变。

知母肉 统货。干货。呈扁圆条形，去净外皮。表面黄白色或棕黄色。质坚。断面淡黄色，颗粒状。气特异。味微甘略苦。长短不分，宽 0.5cm 以上。无烂头、杂质、虫蛀、霉变。

出口商品 分三个等级：大知母（盖王），长 12cm 以上，直径 1.5cm 以上；中知母（顶王），长 9~12m；小知母，长 6~9cm。

【化学成分】根茎含多种皂苷，如知母皂苷 AⅠ、AⅡ、AⅢ等，并含黄酮类成分芒果苷、异芒果苷等。

【鉴别检查】①取样品加稀乙醇，超声处理，取上清液作为供试品溶液。芒果苷对照品制成稀乙醇溶液，用聚酰胺薄膜，以乙醇-水（1:1）为展开剂，置紫外光灯（365nm）下检视。供试品色谱中，在与对照品色谱相应的位置上，显相同颜色的荧光斑点。②取样品加 30% 丙酮，超声处理，取上清液作为供试品溶液。取样品制成 30% 丙酮溶液，知母皂苷 BⅡ对照品制成 30% 丙酮溶液，用硅胶 G 薄层板，以正丁醇-冰醋酸-水（4:1:5）的上层溶液为展开剂，喷以香草醛硫酸试液，在 105℃ 加热至斑点显色清晰。供试品色谱中，在与对照品色谱相应的位置上，显相同颜色的斑点。

水分不得过 12.0%。总灰分不得过 9.0%；酸不溶性灰分不得过 4.0%。

【质量要求】

1. 外观质量　毛知母以根条肥大、毛色金黄、质坚而柔润、断面黄白色、味苦而发黏者为佳。知母肉以根条肥大、质柔肉细、内外色黄白、嚼之发黏者为佳。

2. 内在质量　含量测定：用高效液相色谱法测定，知母含芒果苷不得少于 0.70%，知母皂苷 BⅡ 不得少于 3.0%。知母片含芒果苷不得少于 0.50%、含知母皂苷 BⅡ 不得少于 3.0%。盐知母含芒果苷不得少于 0.4%，含知母皂 BⅡ 不得少于 2.0%。

【性味功能主治】　苦、甘，寒。归肺、胃、肾经。清热泻火，滋阴润燥。用于外感热病，高热烦渴，肺热燥咳，骨蒸潮热，内热消渴，肠燥便秘。

【贮藏养护】　置阴凉干燥处，防蛀。

【用法用量】　6～12g，生品入煎剂后下。

党参 Dangshen
Codonopsis Radix

【别名】　东党、西党、潞党、条党。

【商品来源】　为桔梗科植物党参 *Codonopsis pilosula*（Franch.）Nannf.、素花党参 *Codonopsis pilosula* Nannf. var. *modesta*（Nannf.）L. T. Shen 或川党参 *Codonopsis tangshen* Oliv 的干燥根。

【商品产地】　党参又称潞党参或白条党、白皮党，主产于山西的长治（古称潞州）、平顺、壶关、潞城、长子等地，有栽培或野生。现在栽培最多、产量最大的是甘肃的定西、陇西、通渭、渭源、武山、临洮。此外，甘肃的文县、武都、天水；陕西的凤县、两党、徽县、汉中、南郑、镇巴；内蒙古的武川、凉城、固阳、和林格尔；河南的济源、辉县、林县；宁夏的泾源、隆德、西吉；河北的尚义、阜平；云南的安宁、玉溪、宣威；贵州的威宁；四川的阿坝；重庆的万州、巫山；辽宁的宽甸、凤城、本溪；吉林的抚松、通化、和龙、汪清；黑龙江的伊春、尚志、宁安、穆棱、五常等有野生或栽培及引种。其中，东北地区所产又称东党或辽党，山西五台山区野生品称台党。

素花党参又称西党、纹党、文元党、晶党，主产于甘肃的文县、武都、舟曲、两当；四川的九寨沟、平武、松潘、青川；陕西的凤县等地。甘肃的文县、四川的九寨沟为著名产地。

川党参又称条党、单枝党、板桥党，主产于湖北的恩施、建始、巴东、利川、鹤峰、宣恩；重庆的巫溪、城口、巫山、奉节、南川、石柱、黔江；陕西的平利、岚皋等地。湖北的恩施、重庆的巫溪为著名产地。

【采制及商品种类】

党参　秋末采挖栽培生长 3 年以上的党参，去净泥土与残茎，按粗细分级，晒至半干，揉搓使皮部与木部紧贴，反复搓晒 3～4 次，最后晒干。

党参片　将原药除去杂质，按大小分档，洗净，如质硬者中途淋水，润透，除去芦头，切成厚约15mm 的厚片，干燥。

米党参　取大米置锅内加热，倒入党参片用文火炒至大米呈老黄色，取出，筛去大米，放凉。

蜜党参　取党参片与炼蜜水拌匀吸尽、闷透，用文火炒至黄棕色并不黏手为度，取出放凉。

【商品特征】

党参　呈长圆柱形，稍弯曲。表面黄棕色至灰棕色，根头部有多数疣状突起的茎痕及芽（习称"狮子盘头"），每个茎痕的顶端呈凹下的圆点状；根头下有致密的环状横纹，向下渐稀疏，有的达全长的一半，栽培品环状横纹少或无；全体有纵皱纹和散在的横长皮孔样突起，支根断落处常有黑褐色胶状物。质稍硬或略带韧性，断面稍平坦，有裂隙或放射状纹理，皮部淡黄白色至淡棕色，木部淡黄色。有特殊香气，味微甜。

素花党参（西党参） 表面黄白色至灰黄色，根头下致密的环状横纹常达全长的一半以上。断面裂隙较多，皮部灰白色至淡棕色。

川党参 表面灰黄色至黄棕色，有明显不规则的纵沟。质较软而结实，断面裂隙较少，皮部黄白色。

党参片 呈类圆形的厚片。外表皮灰黄色至黄棕色，有时可见根头部有多处疣状突起的茎痕和芽。切面皮部淡黄色至淡棕色，木部淡黄色，有裂隙或放射状纹理。有特殊香气，味微甜。

米党参 形同党参片，表面深黄色。

蜜党参 形同党参片，表面黄棕色，显光泽，味甜。

【规格等级】依据产地和来源分为潞党、西党、东党、条党（川党）、白党等规格，西党、潞党、条党分为3个等级，东党、白党分为2等。其等级标准如下。

潞党 一等：呈圆柱形，芦头较小。表面黄褐色或灰黄色。质柔韧，断面黄白色，糖质多，味甜。芦下直径1cm以上。无油条、杂质、虫蛀、霉变。

二等：芦下直径0.8cm以上，余同一等。

三等：芦下直径0.4cm以上，油条不超过10%，余同一等。

西党 一等：干货。呈圆锥形，头大尾小，上端多横纹。外皮粗松，表面米黄色或灰褐色。断面黄白色，有放射状纹理。糖质多，味甜。芦下直径1.5cm以上。无油条、杂质、虫蛀、霉变。

二等：芦下直径1cm以上，余同一等。

三等：芦下直径0.6cm以上，油条不超过15%，余同二等。

条党 一等：干货。呈圆锥形，头上茎痕较少而小，条较长，上端有横纹或无，下端有纵皱纹。表面糙米色。断面白色或黄白色，有放射状纹理。有糖质，味甜。芦下直径1.2cm以上，无油条、杂质、虫蛀、霉变。

二等：芦下直径0.8cm以上，余同一等。

三等：芦下直径0.5cm以上，油条不超过10%，余同二等。

东党 一等：干货。呈圆锥形，芦头较大，芦下有横纹。体较松，质硬。表面土黄色或灰黄色，粗糙。断面黄白色，中心淡黄色，显裂隙，味甜。长20cm以上，芦下直径1cm以上。无毛须、杂质、虫蛀、霉变。

二等：长20cm以下，芦下直径0.5cm以上，余同一等。

白党 一等：干货。呈圆锥形，具芦头。表面黄褐色或灰褐色。体较硬。断面黄白色，糖质少，味微甜。芦下直径1cm以上。无杂质、虫蛀、霉变。

二等：芦下直径0.5cm以上。间有油条、短节，余同一等。

【化学成分】党参根含三萜类化合物codonopilate A～C、蒲公英萜醇、α－菠甾醇及其葡萄糖苷、菠甾酮。另含苍术内酯Ⅲ、苍术内酯Ⅱ、丁香醛、丁香苷、党参苷Ⅰ、党参内酯和党参酸。此外，尚含少量挥发油。另含微量生物碱、维生素B_2和大量菊糖。川党参（四川栽培品）的根中分离得党参苷Ⅰ、Ⅱ、Ⅲ、Ⅳ。

【鉴别与检查】取样品加甲醇，超声处理，滤液蒸干，残渣加水使溶解，通过D101型大孔吸附树脂柱，用水洗脱，弃去水液，再用50%乙醇洗脱，收集洗脱液，蒸干，残渣加甲醇使溶解，作为供试品溶液。党参炔苷对照品制成甲醇溶液，用高效硅胶G薄层板，以正丁醇－冰醋酸－水（7∶1∶0.5）为展开剂，喷以10%硫酸乙醇溶液，在100℃加热至斑点显色清晰，分别置日光和紫外光灯（365nm）下检视。供试品色谱中，在与对照品色谱相应的位置上，显相同颜色的斑点或荧光斑点。

党参、党参片水分不得过16.0%，米炒党参水分不得过10.0%。总灰分不得过5.0%。二氧化硫残留量不得过 400mg/kg。

【质量要求】

1. 外观质量　以根条粗长、质地柔润、气味浓甜、嚼之无渣者为佳。

2. 内在质量　浸出物含：45% 乙醇浸出物（热）含量不得少于 55.0%。

【性味功能主治】　甘，平。归脾、肺经。健脾益肺，养血生津。用于脾肺气虚，食少倦怠，咳嗽虚喘，气血不足，面色萎黄，心悸气短，津伤口渴，内热消渴。

【贮藏养护】　置通风干燥处，防蛀。

【用法用量】　9～30g。

柴胡 Chaihu
Bupleuri Radix

【别名】　北柴胡、硬柴胡、津柴胡、南柴胡、软柴胡。

【商品来源】　为伞形科植物柴胡 *Bupleurum chinense* DC. 或狭叶柴胡 *Bupleurum scorzonerifolium* Willd. 的干燥根。按性状不同，分别习称"北柴胡"和"南柴胡"。

【商品产地】　北柴胡主产于东北及河南、河北、陕西；内蒙古、山西、甘肃亦产。南柴胡主产于东北、陕西、内蒙古、河北、江苏、安徽等地。

【采制及商品种类】

柴胡　春、秋季采挖根部，晒干。

柴胡片　将原药除去杂质、残茎及须根，洗净，润透，切成约 4mm 厚片，干燥，筛去灰屑。

醋柴胡　取柴胡片加米醋拌匀，吸尽，闷润，用文火炒干。

酒柴胡　取柴胡片加黄酒拌匀，吸尽，闷润，用文火炒干。

鳖血柴胡　先将鳖血与黄酒混合，滤过，再与柴胡片拌匀，吸尽，闷润，晒干或低温烘干。

清炒柴胡　取柴胡片，用文火炒至微焦，取出，摊凉，筛去灰屑。

【商品特征】

北柴胡　呈圆柱形或长圆锥形。根头膨大，顶端残留 3～15 个茎基或短纤维状叶基，下部分枝。表面黑褐色或浅棕色，具纵皱纹、支根痕及皮孔。质硬而韧，不易折断，断面显纤维性，皮部浅棕色，木部黄白色。气微香，味微苦。

南柴胡　根较细，圆锥形，顶端有多数细毛状枯叶纤维，下部多不分枝或少分枝。表面红棕色或黑棕色，靠近根头处多具细密环纹。质稍软，易折断，断面略平坦，不显纤维性。具败油气。

北柴胡片　呈不规则厚片。外表皮黑褐色或浅棕色，具纵皱纹和支根痕。切面淡黄白色，纤维性。质硬。气微香，味微苦。

南柴胡片　呈类圆形或不规则片。外表皮红棕色或黑褐色。有时可见根头处具细密环纹或有细毛状枯叶纤维。切面黄白色，平坦。具败油气。

醋柴胡　形同北柴胡片或南柴胡片，色泽加深，具醋香气。

鳖血柴胡　形同北柴胡片或南柴胡片，色泽加深，具血腥气。

【规格等级】　柴胡按来源和产地分北柴胡和南柴胡两种规格，均为统货。

【化学成分】　含挥发油、皂苷、植物甾醇、香豆酸、脂肪酸等，此外，尚含多糖及无机元素等。

【鉴别与检查】　取北柴胡样品加甲醇，超声处理，滤过，滤液浓缩，作为供试品溶液。另取北柴胡对照药材同法制成对照药材溶液。柴胡皂苷 a 及柴胡皂苷 d 对照品制成甲醇溶液，用硅胶 G 薄层板，以乙酸乙酯－乙醇－水（8：2：1）为展开剂，喷以 2% 对二甲氨基苯甲醛的 40% 硫酸溶液，在 60℃ 加热至斑点显色清晰，分别置日光和紫外光灯（365nm）下检视。供试品色谱中，在与对照药材色谱和对照品色谱相应的位置上，显相同颜色的斑点或荧光斑点。

水分不得过10.0%，总灰分不得过8.0%，酸不溶性灰分不得过3.0%。

【质量要求】

1. 外观质量 以身干、条粗长、整齐、无残留茎、叶及须根者质佳。

2. 内在质量 ①浸出物含量：乙醇浸出物含量（热）不得少于11.0%；②含量测定：用高效液相色谱法测定，北柴胡、北柴胡片、醋北柴胡片中柴胡皂苷 a 和柴胡皂苷 d 的总量不得少于0.30%。

【性味功能主治】 辛、苦，微寒。归肝、胆、肺经。疏散退热，疏肝解郁，升举阳气。用于感冒发热，寒热往来，胸胁胀痛，月经不调，子宫脱垂，脱肛。

【贮藏养护】 置通风干燥处，防蛀。

【用法用量】 3～10g。

>>> **知识链接** ○--

大叶柴胡 *Bupleurum longiradiatum* Turcz 的干燥根茎，分布于东北地区和河南、陕西、甘肃、安徽、江西、湖南等省。表面密生环节，有毒，不可当柴胡使用。

窄竹叶柴胡 *B. marginatum* Wall. ex DC. var. *stenophyllum*（Wolff）Shan et Y. Li 的根茎，商品名藏柴胡，不能做柴胡用。

--●

黄芩 Huangqin

Scutellariae Radix

【商品来源】 为唇形科植物黄芩 *Scutellaria baicalensis* Georgi 的干燥根。

【商品产地】 野生品：主产于河北承德、围场、隆化、丰宁，山西汾阳、五台、左市及内蒙古等地；山东沂蒙山区，河南，东北等地亦产。栽培品：主产于山东临朐、胶南，河北安国，山西，河南，甘肃等多个地区。

【采制及商品种类】

野生品 春、秋二季采挖根，除去茎苗及泥土，晒至半干时，撞去或剥去皮，再晒至足干。

栽培品 播种后2～3年的秋季地上部分枯萎时采收，采挖时勿刨断；挖出的根，去掉残茎，摊开晒到六成干时，撞去外皮，捆成小把，再晒至足干。

黄芩片 除去杂质，沸水中煮10分钟，取出，闷透，切薄片，干燥；或蒸半小时，取出，切薄片，干燥。

酒黄芩 取黄芩片用黄酒拌匀，闷润至透，置锅内，用文火加热，炒至深黄色时，取出放凉。

黄芩炭 取黄芩片置锅内，用武火加热，炒至黑褐色时，喷淋清水少许，灭尽火星，取出凉透。

【商品特征】

黄芩 呈圆锥形，扭曲。表面棕黄色或深黄色，有稀疏的疣状细根痕，上部较粗糙，有扭曲的纵皱纹或不规则的网纹，下部有顺纹和细皱纹。质硬而脆，易折断，断面黄色，中心红棕色；老根中心呈枯朽状或中空，暗棕色或棕黑色。气微，味苦。

栽培品 较细长，多有分枝。表面浅黄棕色，外皮紧贴，纵皱纹较细腻。断面黄色或浅黄色，略呈角质样。味微苦。

黄芩片 呈长条形、类圆形或不规则形薄片。外表面黄棕色至棕褐色，切面黄棕色或黄绿色，具放射状纹理，中间红棕色或呈棕黑色桂朽状。周边棕黄色或深黄色，具纵向皱纹或不规则网纹与疣状根痕。

酒黄芩　形如黄芩片，外表棕褐色，切面黄棕色，略带焦斑，中心部分有的呈棕色。略有酒气。

黄芩炭　形如黄芩片，表面黑褐色，断面中心棕黄色。

【规格等级】商品分条芩和枯碎芩两种规格，其中条芩按条长、中部直径分两个等级，枯碎芩为统货，其规格等级标准如下。

条芩　一等：干货。呈圆锥形，上部皮较粗糙，有明显的网纹及扭曲的纵皱。下部皮细有顺纹或皱纹。表面黄色或黄棕色。质坚脆。断面深黄色，上端中央有黄绿色或棕褐色的枯心。气微、味苦。条长10cm以上，中部直径1cm以上。去净粗皮。无杂质、虫蛀、霉变。

二等：条长4cm以上，中部直径1cm以下，但不小于0.4cm，余同一等。

枯碎芩　统货，干货。

【化学成分】主含黄芩苷、黄芩素、7-甲氧基黄芩素、汉黄芩苷、汉黄芩素、千层纸素A、葡萄糖醛酸苷、黄芩新素Ⅰ、黄芩新素Ⅱ；尚含查耳酮、黄酮醇等。

【鉴别检查】取样品加乙酸乙酯-甲醇（3∶1）的混合溶液，加热回流，放冷，滤过，滤液蒸干，残渣加甲醇使溶解，取上清液作为供试品溶液。另取黄芩对照药材同法制成对照药材溶液。黄芩苷、黄芩素及汉黄芩素对照品制成甲醇溶液，用聚酰胺薄膜，以甲苯-乙酸乙酯-甲醇-甲酸（10∶3∶1∶2）为展开剂，置紫外光灯（365nm）下检视。供试品色谱中，在与对照药材色谱相应的位置上，显相同颜色的斑点；在与对照品色谱相应的位置上，显三个相同的暗色斑点。

水分不得过12.0%。总灰分不得过6.0%。

【质量要求】

1. 外观质量　以条粗长、质坚实、断面色黄、内心充实者为佳。

2. 内在质量　①浸出物含量：稀乙醇浸出物含量（热）测定不得少于40.0%；②含量测定：用高效液相色谱法测定，黄芩中黄芩苷含量不得少于9.0%，黄芩片及酒黄芩中黄芩苷含量不得少于8.0%。

【性味功能主治】苦，寒。归肺、胆、脾、大肠、小肠经。清热燥湿，泻火解毒，止血，安胎。用于湿温、暑湿，胸闷呕恶，湿热痞满，泻痢，黄疸，肺热咳嗽，高热烦渴，血热吐衄，痈肿疮毒，胎动不安。

【贮藏养护】置通风干燥处，防潮。

【用法用量】3～10g。

>>> **知识链接** ○- -

　　黄芩是中医临床常用的大宗中药之一，至今已有2000余年的药用历史。20世纪60年代以前，黄芩全部来源于野生资源，随着需求量的不断增加，野生资源不断减少；20世纪60年代起，开始人工栽培研究。目前黄芩商品野生与栽培均有，属基本能够满足市场需求的品种。黄芩号称"中药抗生素"，广泛用于临床及多种中成药的原料，又是提取黄芩苷的原材料和大宗出口商品。本品易受潮变色，发霉，应贮藏于干燥、通风处，防潮。

- ●

黄芪 Huangqi

Astragali Radix

【商品来源】为豆科植物蒙古黄芪 *Astragalus membranaceus*（Fisch.）Bge. var. *mongholicus*（Bge.）Hsiao 或膜荚黄芪 *Astragalus membranaceus*（Fisch.）Bge. 的干燥根。

【商品产地】蒙古黄芪主产于山西浑源、繁峙、应县，内蒙古武川、武东、固阳、集宁，河北沽源、张北等地。栽培或野生，以栽培品质量为佳，产于山西绵山者为道地药材，习称"西黄芪"或

"绵芪"；产于内蒙古的习称"蒙芪"。膜荚黄芪主产于黑龙江牡丹江、齐齐哈尔，吉林延边、浑江、通化，辽宁铁岭、阜新、北票，内蒙古、山西等地，习称"北芪""关芪"。现北方许多省区有栽培。

【采制及商品种类】

蒙古黄芪（原生芪） 野生品于秋后采挖，栽培品于播种 4~5 年后秋季茎叶枯萎后春季萌芽前采挖。采挖后除去须根、泥土，晒干即可。山西产多为栽培品，内蒙古武川多为野生品。

膜荚黄芪 野生品：春、秋二季采挖，以秋季采挖者质较佳。东北地区雪期较长，多于 4~5 月间入山采挖。挖取后，除净泥土及须根，晒至六七成干，分别大小，理直，扎成小捆，再晒干。

栽培品：河北安国、山东等地于播种当年的秋季，当茎叶枯萎时采收，将地上部分割去，在畦的一边挖深沟，将根依次挖出，除净泥土，剪掉芦头，晒至七八成干时，剪去支根及须根，分大小扎成小捆，堆积 1~2 天，再晒至足干。

黄芪片 取原药材，除去杂质，洗净、润透，切厚片，干燥。

蜜黄芪片 取炼蜜加适量开水稀释后，加入黄芪片拌匀，稍闷，置锅内，用文火加热，炒至深黄色，不黏手为度，取出放凉。

【商品特征】

蒙古黄芪 野生品长圆柱形，单枝，芦头稍扁略岔开，常有茎残基，中央枯空较深，老根达 15cm 以上。表面灰黄色或黄白色。质较柔软而韧，断面纤维性，略显疏松，皮部松软，淡黄白色，木部黄色，菊花心明显。气香，味微甜而有较浓的生豆腥味。

栽培品 根细长圆柱形，分枝少。质较绵软。断面皮部和木部均较紧密。

膜荚黄芪 根长圆柱形，少有分枝，平直或略扭曲，芦头及幼根除去，芦头切口正圆形，中央有枯杇，呈黑褐色的洞，习称"空头"。表面灰褐色，有细纵纹、皮孔及须根痕。质坚实，体重，断面纤维性并有粉性，皮部稍松，淡黄白色，木部紧密，黄色，菊花心明显，习称"皮松肉紧"。气香，味甜，嚼之有豆腥味。

黄芪片 呈类圆形或椭圆形厚片。切面黄白色，皮部显裂隙，木部黄色，有棕色环纹及放射状纹理。周边灰黄色或浅棕褐色，有纵褶皱，质坚略韧。有豆腥味。

炙黄芪 形如黄芪片。切面金黄色。质较脆。略带黏性，味甜。

【规格等级】 商品黄芪按条长、中上部直径分特等至三等。其等级标准如下。

特等：圆柱形的单条，斩去疙瘩头或喇叭头，顶端无空心。表面灰白色或淡褐色，质硬而韧，断面外层白色，中间淡黄色或黄色，有粉性，味甘，有生豆气。无须根、老皮。长 70cm 以上，上中部直径约 2cm 以上，末端粗不小于 0.6cm。

一等：长 50cm 以上，上中部直径 1.5cm 以上，末端粗不小于 0.5cm，其余同特等。

二等：长 40cm 以上，上中部直径 1cm 以上，末端粗不小于 0.4cm，间有老皮。其余同一等。

三等：不分长短，上中部直径 0.7cm 以上，末端粗不小于 0.3cm，间有破短节子，其余同二等。

【化学成分】 根含多糖、氨基酸、皂苷、黄酮类及酚性物质。近年来从膜荚黄芪中分离出十几种三萜皂苷，其中黄芪甲苷的含量目前常作为质量控制指标之一。

【鉴别检查】 取样品加甲醇，加热回流，滤过，滤液加于中性氧化铝柱上，用 40% 甲醇洗脱，收集洗脱液，蒸干，残渣用正丁醇振摇提取处理，正丁醇液蒸干，残渣加甲醇使溶解，作为供试品溶液。黄芪甲苷对照品制成甲醇溶液，用硅胶 G 薄层板，以三氯甲烷 - 甲醇 - 水（13∶7∶2）的下层溶液为展开剂，喷以 10% 硫酸乙醇溶液，在 105℃ 加热至斑点显色清晰。供试品色谱中，在与对照品色谱相应的位置上，日光下显相同的棕褐色斑点；紫外光灯（365nm）下显相同的橙黄色荧光斑点。

取样品加乙醇，加热回流，滤过，滤液蒸干，残渣加 0.3% 氢氧化钠溶液使溶解，滤过，滤液用稀盐酸调节 pH 至 5～6，用乙酸乙酯振摇提取，分取乙酸乙酯液，用铺有适量无水硫酸钠的滤纸滤过，滤液蒸干。残渣加乙酸乙酯使溶解，作为供试品溶液。另取黄芪对照药材同法制成对照药材溶液。用硅胶 G 薄层板，以三氯甲烷－甲醇（10：1）为展开剂，置氨蒸气中熏后，置紫外光灯（365nm）下检视。供试品色谱中，在与对照药材色谱相应的位置上，显相同颜色的荧光主斑点。

水分不得过 10.0%。总灰分不得过 5.0%。重金属及有害元素：照铅、镉、砷、汞、铜测定法测定，铅不得过 5mg/kg；镉不得过 1mg/kg；砷不得过 2mg/kg；汞不得过 0.2mg/kg；铜不得过 20mg/kg。照农药残留量测定法测定，五氯硝基苯不得过 0.1mg/kg。

【质量要求】

1. 外观质量　以单枝粗长、质坚而绵、断面色黄白、粉性足、味甜、豆腥味浓者为佳。

2. 内在质量　①浸出物含量：水溶性浸出物（冷）含量不得少于 17.0%；②含量测定：用高效液相色谱法测定，药材及饮片含黄芪甲苷不得少于 0.080%。用高效液相色谱法测定，药材及饮片含毛蕊异黄酮葡萄糖苷不得少于 0.020%。

【性味功能主治】　甘，微温。归肺、脾经。补气升阳，固表止汗，利水消肿，生津养血，行滞通痹，拔毒排脓，敛疮生肌。用于气虚乏力，食少便溏，中气下陷，久泻脱肛，便血崩漏，表虚自汗，气虚水肿，内热消渴，血虚萎黄，半身不遂，痹痛麻木，痈疽难溃，久溃不敛。

【贮藏养护】　本品富含淀粉，易虫蛀、吸潮发霉，应贮藏于阴凉、干燥、通风处，防潮，防蛀。饮片密封，或真空包装。

【用法用量】　9～30g。

>>> **知识链接** o -

黄芪为最常用的大宗中药材之一，已有 2000 余年的药用历史，素有"补气固表之圣药"之称。黄芪野生资源已近枯竭，各地栽培黄芪发展较快，山西浑源栽培黄芪已有 400 余年的历史。目前，黄芪商品主流以家种为主，少量来自野生，属可以满足市场需求的品种。黄芪广泛用于临床配方、补益药膳和中成药投料，又是传统大宗出口商品，远销世界各国。

- •

麻黄 Mahuang

Ephedrae Herba

【商品来源】　为麻黄科植物草麻黄 *Ephedra sinica* Stapf、中麻黄 *Ephedra intermedia* Schrenk et C. A. Mey. 或木贼麻黄 *Ephedra equisetina* Bge. 的干燥草质茎。

【商品产地】　主产于山西大同、浑源、山阴，河北蔚县、怀安、围场，内蒙古，以及辽宁、山西、甘肃、陕西、宁夏、新疆等地；销全国各地并出口。习惯以山西产者质量最佳。

【采制及商品种类】

麻黄　秋季割取草质茎，去净杂质，晾干，或晾至六成干时，再晒至足干即可。切忌受霜打，以免影响疗效。

麻黄段　取原药材，除去木质茎、残根及杂质，切段。

蜜麻黄　取麻黄段，照蜜炙法炒至不黏手。

麻黄绒　取麻黄段，碾成绒，筛去细粉。

蜜麻黄绒　取麻黄绒，照蜜炙法炒至深黄色不黏手。

【商品特征】

草麻黄　呈细长圆柱形，少分枝，直径 1～2mm，有的带少量棕色木质茎。表面淡绿色至黄绿色，有细纵脊线，触之微有粗糙感。节明显，节间长 2 ~ 6cm。节上有膜质鳞叶，长 3 ~ 4mm；裂片 2（稀3），锐三角形，先端灰白色，反曲，基部联合成筒状，红棕色。体轻，质脆，易折断，断面略呈纤维性，周边绿黄色，髓部红棕色，近圆形。气微香，味涩、微苦。

中麻黄 多分枝，直径 1.5 ~ 3mm，有粗糙感。节间长 2 ~ 6cm，膜质鳞叶长 2 ~ 3mm；裂片 3（稀2），先端锐尖。断面髓部呈三角状圆形。

木贼麻黄 多分枝，直径 1 ~ 1.5mm，无粗糙感。节间长 1.5 ~ 3cm。膜质鳞叶长 1 ~ 2mm；裂片 2（稀3），上部为短三角形，灰白色，先端多不反曲，基部棕红色至棕黑色。

麻黄段 呈圆柱形的段，长 1 ~ 2cm。表面淡黄绿色至黄绿色，粗糙，有细纵脊线，节上有细小鳞叶。切面中心显红黄色。气微香，味涩、微苦。

蜜麻黄 形如麻黄段。表面深黄色，微有光泽，略具黏性。有蜜香气，味甜。

麻黄绒 呈松软绒状，黄绿色。

蜜麻黄绒 呈松软黏结的纤维状，深黄色。微甜。

【规格等级】 商品按来源分草麻黄、中麻黄、木贼麻黄三种规格，均为统货。

【化学成分】 主含生物碱：麻黄碱，占总生物碱的 40% ~ 90%，为主要有效成分；其次是伪麻黄碱，少量的 L – N – 甲基麻黄碱，D – N – 甲基伪麻黄碱等。还含挥发性的苄甲胺、儿茶酚及少量挥发油。尚含 2,3,5,6 – 四甲基吡嗪，1 – α – 萜品烯醇等平喘有效成分。

【鉴别检查】 ①药材纵剖面置紫外光灯下观察，边缘显亮白色荧光，中心显亮棕色荧光。②取样品加浓氨试液，再加三氯甲烷，加热回流，滤过，滤液蒸干，残渣加甲醇充分振摇，滤过，取滤液作为供试品溶液。盐酸麻黄碱对照品制成甲醇溶液。用硅胶 G 薄层板上，以三氯甲烷 – 甲醇 – 浓氨试液（20：5：0.5）为展开剂，展开，取出，晾干，喷以茚三酮试液，在 105℃加热至斑点显色清晰。供试品色谱中，在与对照品色谱相应的位置上，显相同的红色斑点。

杂质不得过 5%。水分不得过 9.0%。总灰分不得过 10.0%。

【质量要求】

1. 外观质量 以色淡绿或黄绿、内心色红棕、手拉不脱节、味苦涩者为佳。色变枯黄、脱节者不可供药用。

2. 内在质量 含量测定：用高效液相色谱法测定，药材及饮片中盐酸麻黄碱和盐酸伪麻黄碱的总量不得少于 0.80%。

【性味功能主治】 辛、微苦，温。归肺、膀胱经。发汗散寒，宣肺平喘，利水消肿。用于风寒感冒，胸闷喘咳，风水浮肿。蜜麻黄润肺止咳。多用于表证已解，气喘咳嗽。

【贮藏养护】 置通风干燥处。防潮。

【用法用量】 2 ~ 10g。

>>> **知识链接** o------------------------------------

麻黄根为麻黄科植物草麻黄 *Ephedra sinica* Stapf 或中麻黄 *Ephedra intermedia* Schrenk et C. A. Mey. 的干燥根和根茎。本品甘、涩，平。归心、肺经。具有固表止汗的功效，用于自汗，盗汗。

--●

全蝎 Quanxie

Scorpio

【别名】 全虫、蝎子、问荆蝎。

【商品来源】 为钳蝎科动物东亚钳蝎 *Buthus martensii* Karsch 的干燥体。

【商品产地】　主产于河南南阳、鹿邑、禹州，山东蒙阴、益都。以河南南阳地区和湖北老河口产品质佳，山东产量最大。

【采制及商品种类】　春末至秋初捕捉，除去泥沙，置沸水或沸盐水中，煮至全身僵硬，捞出，置通风处，阴干。

【商品特征】　头胸部与前腹部呈扁平长椭圆形，后腹部呈尾状，皱缩弯曲，完整者体长约6cm。头胸部呈绿褐色，前面有1对短小的螯肢和1对较长大的钳状脚须，形似蟹螯，背面覆有梯形背甲，腹面有足4对，均为7节，末端各具2爪钩；前腹部由7节组成，第7节色深，背甲上有5条隆脊线。背面绿褐色，后腹部棕黄色，分6节，节上均有纵沟，末节有锐钩状毒刺，毒刺下方无距。气微腥，味咸。

【规格等级】　商品一般为统货。

【化学成分】　主要含蝎毒素，软脂酸，硬脂酸，胆固醇，卵磷脂，三甲胺，甜碱等。

【检查】　水分不得过20.0%，总灰分不得过17.0%，酸不溶性灰分不得过3.0%。

黄曲霉毒素测定：本品每1000g含黄曲霉毒素B_1不得过5μg，黄曲霉毒素G_1、G_2、B_1、B_2的总量不得过10μg。

【质量要求】

1. 外观质量　以身干、色鲜、完整、绿褐色、腹中无杂质者为佳。

2. 内在质量　浸出物含量：乙醇浸出物（热）含量不得少于18.0%。

【性味功能主治】　辛，平；有毒。归肝经。息风镇痉，通络止痛，攻毒散结。用于肝风内动，痉挛抽搐，小儿惊风，中风口㖞，半身不遂，破伤风，风湿顽痹，偏正头痛，疮疡，瘰疬。

【贮藏养护】　置干燥处，防蛀。

【用法用量】　3~6g。

目标测试

答案解析

一、单选题

1. 金银花的来源为
   A. 忍冬科植物忍冬的干燥花蕾或带初开的花
   B. 忍冬科植物灰毡毛忍冬的干燥花蕾或带初开的花
   C. 忍冬科植物红腺忍冬的干燥花蕾或带初开的花
   D. 忍冬科植物黄褐毛忍冬的干燥花蕾或带初开的花
   E. 忍冬科植物华南忍冬的干燥花蕾或带初开的花

2. 阿胶的道地产地为
   A. 山东平邑　　　B. 山东平阴　　　C. 山东东阿
   D. 浙江天台　　　E. 江苏太仓

3. 苦杏仁的形状为
   A. 长卵形　　　B. 扁心形　　　C. 棒状
   D. 类圆形　　　E. 肾性

二、多选题

1. 金银花的道地产地为
   A. 河南封丘　　　B. 山东平邑　　　C. 河北巨鹿

    D. 宁夏中宁　　　　　E. 陕西商洛

2. 连翘按采收时间不同，分为哪两种规格

    A. 青翘　　　　　　　B. 老翘　　　　　　　C. 秋翘

    D. 夏翘　　　　　　　E. 春翘

3. 麻黄按来源分为哪三种规格

    A. 蜜炙麻黄　　　　　B. 草麻黄　　　　　　C. 中麻黄

    D. 草质麻黄　　　　　E. 木贼麻黄

4. 以下关于药材的描述，正确的为

    A. 管花肉苁蓉肉质茎断面点状维管束散生

    B. 肉苁蓉肉质茎断面点状维管束排列成波状环纹

    C. 麻黄质量以味苦麻、色黄者质量为佳

    D. 板蓝根断面有金井玉栏

    E. 黄芪味微甜，嚼之有豆腥味

三、名词解释题

1. 绵芪

2. 济银花

四、简答题

1. 党参的商品规格和等级如何划分？

2. 山东的主要道地药材有哪些？

书网融合……

      思政导航　　　　　　　本章小结　　　　　　　题库

第十八章　西　药

PPT

学习目标

知识目标

1. 掌握　西药的含义及其主要道地药材品种；大黄、牛黄、当归、甘草、枸杞子、羚羊角、秦艽、银柴胡的道地产地、采制、规格等级、商品特征、鉴别与检查、贮藏方法。

2. 熟悉　伊贝母、茵陈、阿魏、紫草的道地产地、规格等级、贮藏方法。

3. 了解　西药产区的自然环境条件；地骨皮、款冬花、秦皮、淫羊藿等的道地产地、规格等级；西药产区药材商品的产销行情。

能力目标　通过本章的学习，具有能够获取、收集、处理、运用西药市场信息的能力。具有对主要西药进行采制、规格等级划分研究、商品鉴定、贮藏养护的能力。

一、西药概述

（一）西药的含义

凡以西安以西广大地区为主要产区或集散地的大宗商品药材均称为西药。

（二）西药产区的自然环境

西药产区主要包括陕西、新疆、青海、甘肃、宁夏、内蒙古西部。本地区位于东经 74°～111°15′，北纬 31°41′～48°。北邻俄罗斯、蒙古国，东连河南、山西，南接西藏、四川，西与阿富汗、巴基斯坦、印度交界。春秋战国时大部分地区为秦国治地，古称为秦地，西药亦称为秦药（如秦皮、秦归、秦艽等）。西药的地理范围广泛，地形、气候复杂。本区海拔高，山脉纵横，多高山峻岭，地势复杂，但高原占绝大部分，沙漠及戈壁也有较大面积，大部分地区冬季干燥寒冷，而夏季凉爽。本区日照时间长，干旱少雨，气温日差较大。海拔 155～8000m 以上，为面积最大的中药材产区。

新疆维吾尔自治区北部为阿尔泰山，南部为昆仑山，天山横贯中部，形成南部的塔里木盆地和北部的准噶尔盆地，俗称"三山夹两盆"。山脉融雪形成众多河流，盆地边缘和河流流域有绿洲分布。属典型的温带大陆性干旱气候，远离海洋，深居内陆，四周有高山阻隔，海洋气流不易到达，形成明显的温带大陆性气候。气温温差较大，日照时间充足（年日照时间达 2500～3500 小时），降水量少，气候干燥。年平均降水量为 150mm 左右。新疆这种地形、土壤、气候相互关系的多样性和复杂性而盛产甘草、紫草、阿魏、肉苁蓉、麻黄、马鹿茸等多种药材。雅鲁藏布江以及塔里木河等都发源于此，水力资源丰富。高原紫外线较强，年平均辐射值每平方米在 5000～8000J 之间。

陕甘宁区有"八百里秦川"、秦岭和六盘山－贺兰山等不同自然生态环境。渭河沿岸地势平坦，土壤肥沃，气候温和，是栽培西药（秦药）的良好基地。秦岭南坡的汉中盆地和陇南山区为西药（秦药）的传统产地。年平均气温 12～15℃，气候垂直变化大，海拔 2000～2500m 处温凉阴湿，适宜当归、党参的生长。汉中、安康、商南等地柑橘、樟等亚热带药用植物亦能生长良好。秦岭主峰太白山，海拔 3676m，适宜于太白贝母等药材的生长。秦岭北坡，年平均气温 7～12℃，适宜于秦皮、秦艽的生长。

六盘山区，年平均气温5℃以上，年降雨量为550～660mm。银川一般黄灌区气候干而土壤不旱，地势高而不寒，水源多而能排，是宁夏枸杞、银柴胡等药材的传统生产基地。内蒙古自治区有内蒙古高原，西部的阿拉善高原年降水量少于50mm，额济纳旗为37mm。

（三）西药产区的主要道地药材

本区主产的道地药材有大黄、当归、甘草、党参、牛黄、羚羊角、阿魏、枸杞子、银柴胡、紫草、秦皮、秦艽、地骨皮、款冬花、沙苑子、甘遂等。

二、药材品种

大黄 Dahuang

Rhei Radix et Rhizoma

【别名】西大黄、雅黄、南大黄、川军、生军、锦纹大黄、马蹄黄。

【商品来源】为蓼科植物掌叶大黄 *Rheum palmatum* L.、唐古特大黄 *Rheum tanguticum* Maxim. et Balf. 和药用大黄 *Rheum officinale* Baill. 的干燥根及根茎。

【商品产地】掌叶大黄主产于甘肃礼县、宕昌、岷县、文县、临夏、武威，青海同仁、同德、贵德，西藏昌都、那曲及南木林，四川阿坝州与甘孜州，云南西北部，陕西陇县、凤翔也产。唐古特大黄主产于青海与甘肃祁连山北麓，西藏东北部及四川西北部，称西大黄、北大黄。药用大黄主产于四川北部、东部及南部盆地边缘，河南西部，湖北西部，陕西南部，贵州北部、西部及云南西北部等地，又称南大黄、马蹄大黄、雅大黄。

【采制及商品种类】4～5月未发芽前或9～11月植株枯萎时采挖根及根茎。栽培品通常于栽培三年以上采挖。除去泥土、顶芽及细根，用竹刀或瓷片（忌用铁器）刮去粗皮，晒干、阴干或烘干，再进行加工。取块大者于竹笼中撞光，加工成卵圆形，习称"蛋吉"；将蛋吉纵切成瓣为半圆形块，称为"蛋片吉"。取较大块于竹笼中撞光，横切成段，按大小分等，分别称为"中吉""苏吉""小吉"。主根尾部及支根撞去外皮，称"水根"。

西大黄 来源为掌叶大黄及唐古特大黄的根及根茎，主产于青海、甘肃、西藏，习称"西大黄"。

南大黄 来源为药用大黄的根及根茎，主产于四川东部、湖北、云南、贵州等，习称"南大黄"。

雅大黄 来源为掌叶大黄及唐古特大黄的根及根茎，主产于四川甘孜、阿坝、凉山州、青海等，习称"雅大黄"。

大黄片 取原药材，浸泡或喷水闷润使软，切厚片或小方块。

酒大黄 大黄片加酒拌匀，闷透，文火炒干，取出，放凉。

熟大黄 大黄片块加黄酒拌匀，置罐内封严，炖或蒸至内外黑色。

醋大黄 大黄片用米醋拌匀，闷润至透，文火炒干，取出。

大黄炭 大黄片置热锅内炒至表面焦黑色，内部焦褐色，取出，晾干。

清宁片 取药材煮透，加黄酒再煮成泥状，晒干，粉碎，过筛；再与黄酒、炼蜜混合成团，煮透，揉匀，搓条，50～55℃干燥至七成干时，于容器内闷约10天，至内外一致，切厚片，晾干。

【商品特征】

西大黄 根茎圆柱形、圆锥形或不规则块片状。除去外皮者黄棕色至红棕色，有类白色网状纹理，习称"锦纹"；带外皮者棕褐色，有横皱纹及纵沟。质坚实，断面淡红棕色或黄棕色，颗粒性，习称"高粱碴"；根茎髓部宽广，有星点环列或散在，根无星点。根具有放射性纹理，形成层环明显，无星点。气清香，味苦而微涩，嚼之黏牙，有砂粒感，唾液被染成黄色。

　　南大黄　类圆柱形似马蹄。表面黄褐色或黄棕色。质较疏松，易折断，断面黄褐色，多孔隙。髓部星点较大，散在。

　　雅大黄　商品特征同南大黄。

　　大黄片　为类圆形或不规则形厚片，切面黄棕色或黄褐色，颗粒性；根茎髓部较大，星点环列或散在；根木质部发达，具明显放射状纹理，射线红色，无星点。周边黄棕色至红棕色，具类白色网纹或残存红棕色至黑棕色栓皮。质轻脆，易折断。有清香气，味苦而微涩，嚼之黏牙，有砂粒感。

　　酒大黄　形如大黄片，表面深褐色，偶有焦斑。略有酒香。

　　熟大黄　形如大黄片，表面黑褐色。有特异香气，味微苦。

　　醋大黄　形如大黄片，表面深棕色至棕褐色，偶有焦斑。略有醋香。

　　大黄炭　形如大黄片，表面焦黑色，断面焦褐色。质轻脆，易折断。无臭，味微苦。

　　清宁片　圆形厚片，表面黑色，质细坚硬。具特异香气。

　　【规格等级】　按来源及加工形态将大黄分为西大黄、雅黄和南大黄三个品别；西大黄依据色泽、大小、重量、切制形态等分四个规格六个等级；雅黄分三个等级，南大黄分两个等级。

　　1. 西大黄（西宁大黄）

　　（1）**蛋片吉**　干货。分三等。

　　一等：无粗皮，纵切成瓣。表面黄棕色，体重质坚，断面淡红棕或黄棕色，具放射状纹理及明显环纹，红肉白筋。髓部有星点环列或散在。无虫蛀、霉变、杂质。每千克8个以内，糠心者不超过15%。

　　二等：每千克12个以内，其余同一等。

　　三等：每千克18个以内，其余同一等。

　　（2）**苏吉**　干货。分三等。

　　一等：无粗皮，横切成段，不规则圆柱形。表面黄棕色，体重质坚，断面淡红棕色或黄棕色，具放射状纹理及明显环纹，红肉白筋，髓部有星点环列或散在。无虫蛀、霉变、杂质。每千克20个以内，糠心者不超过15%。

　　二等：每千克30个以内。其余同一等。

　　三等：每千克40个以内，其余同二等。

　　（3）**水根**　统货。干货。为掌叶大黄或唐古特大黄的主根尾部及支根的加工品，呈长条状。表面棕色或黄褐色，间有未去净的栓皮。长短不限，间有闷茬，小头直径不小于1.3cm。气清香，味苦微涩。无虫蛀、霉变、杂质。

　　（4）**原大黄**　统货。干货。无粗皮，纵切或横切成瓣、段、块片，大小不分。表面黄褐色，断面具放射状纹理及明显环纹。髓部有星点或散在颗粒，中部直径在2cm以上，糠心者不超过15%。气清香，味苦微涩。无虫蛀、霉变、杂质。

　　2. 雅大黄（马蹄大黄）　干货。分三等。

　　一等：切成不规则块状，似马蹄形，无粗皮。表面黄色或黄褐色，体重质坚，断面黄色或棕褐色，无枯糠、焦糊、杂质、虫蛀、霉变。气微香，味苦。每只重150～250g。

　　二等：较一等轻，断面黄褐色，每只重100～200g，其余同一等。

　　三等：未去粗皮，体轻泡。大小不分，间有直径3.5cm以上的根黄。其余同二等。

　　3. 南大黄（南川大黄）　干货。分二等。

　　一等：横切成段，无粗皮。表面黄褐色，体坚实。断面黄色或黄绿色，长7cm以上，直径5cm以上。气微香，味苦涩。无枯糠、糊黑、水根、虫蛀、霉变。

　　二等：横切成段，较一等轻泡，大小不分，间有水根，最小头直径不低于1.2cm。其余同一等。

4. 大黄出口品 以内茬红度所占比例多少而定，有九成、八成、七成、六成四种，出口有片子、吉子、糠心、粗渣等，其中以片子为最佳，中吉次之，均分红度。小吉、糠心、粗渣无红度之分。

【化学成分】主含蒽醌类衍生物。游离蒽醌类有大黄酸、大黄素、大黄酚、芦荟大黄素、大黄素甲醚。结合性蒽醌系双蒽酮苷类，为大黄的泻下成分：番泻苷 A、B、C、D、E、F。

【鉴别与检查】①薄层色谱：取样品，加甲醇浸泡，滤液蒸干，残渣加水使溶解，再加盐酸，加热回流后，立即冷却，用乙醚振摇提取，合并乙醚液蒸干，残渣加三氯甲烷使溶解，作为供试品溶液。另取大黄对照药材，同法制成对照药材溶液。再取大黄酸对照品，加甲醇制成对照品溶液。用硅胶 H 薄层板，以石油醚（30～60℃）–甲酸乙酯–甲酸（15∶5∶1）的上层溶液为展开剂，置紫外光灯（365nm）下检视。供试品色谱中，在与对照药材色谱相应的位置上，显相同的五个橙黄色荧光主斑点；在与对照品色谱相应的位置上，显相同的橙黄色荧光斑点，置氨蒸气中熏后，斑点变为红色。②土大黄苷：取本品甲醇超声提取液与土大黄苷对照品甲醇溶液（临用新制），用聚酰胺薄膜，以甲苯–甲酸乙酯–丙酮–甲醇–甲酸（30∶5∶5∶20∶0.1）为展开剂，置紫外光灯（365nm）下检视，供试品色谱中，在与对照品色谱相应的位置上，不得显相同的亮蓝色荧光斑点。③微量升华：取本品粉末少许，进行微量升华，可见菱状针晶或羽状结晶。

水分不得过 15.0%，大黄片、酒大黄、熟大黄不得过 13.0%。总灰分不得过 10.0%。

【质量要求】

1. 外观质量 以个大、色黄棕、体重、质坚实、锦纹星点明显、气清香、味苦而不涩、嚼之发黏、无糠心者为佳。

2. 内在质量 ①浸出物含量：水溶性浸出物（热）不得少于 25.0%。②含量测定：用高效液相色谱法测定，药材含总蒽醌以芦荟大黄素、大黄酸、大黄素、大黄酚、大黄素甲醚的总量计，不得少于 1.5%，大黄片、酒大黄、熟大黄同药材，大黄炭含总蒽醌不得少于 0.90%。药材含游离蒽醌以芦荟大黄素、大黄酸、大黄素、大黄酚、大黄素甲醚的总量计，不得少于 0.20%，大黄片、酒大黄、熟大黄、大黄炭分别不得少于 0.35%、0.50%、0.50%、0.50%。

【性味功能主治】苦，寒。泻下攻积，清热泻火、凉血解毒，逐瘀通经、利湿退黄。用于实热积滞便秘，血热吐衄，目赤咽肿，痈肿疔疮，肠痈腹痛，瘀血经闭，产后瘀阻，跌打损伤，湿热痢疾，黄疸尿赤，淋证，水肿；外治烧烫伤。酒大黄善清上焦血分热毒，用于目赤咽肿、齿龈肿痛。熟大黄泻下力缓、泻火解毒，用于火毒疮疡。大黄炭凉血化瘀止血，用于血热有瘀出血症。

【贮藏养护】药材用竹筐、竹篓或麻袋包装。优质品或出口品用木箱包装。贮于通风干燥避光处，防蛀。饮片不宜多晒或久晒，通常使用小包装；生大黄片也可贮于石灰缸内，制大黄片应密封，以防受潮。

【用法用量】3～30g。

>>> **知识链接** o- -

1. 常见大黄混淆品及伪品

（1）藏边大黄 为蓼科植物藏边大黄的根及根茎。表面多红棕或灰褐色，断面新折者多呈淡蓝至灰蓝紫色。香气弱，味苦微涩。为地区习用品。

（2）河套大黄 为蓼科植物河套大黄的根及根茎。表面黄褐色，横断面淡黄红色。系大黄伪品。

（3）华北大黄 为蓼科植物华北大黄的根及根茎。表面黄褐色，有皱纹，质轻，横断面有细密的红棕色射线，无星点，气微香，味苦。系大黄伪品。

以上几种大黄的荧光均显亮紫色或蓝紫色。

2. 大黄的历史商品规格

（1）西宁型大黄　来源为唐古特大黄和掌叶大黄。根据产地不同，又分西宁大黄、河州大黄、凉州大黄、岷县大黄。

（2）铨水型大黄　来源为掌叶大黄。根据产地不同，又分铨水大黄、除州大黄、文县大黄、清水大黄、庄浪大黄。

（3）马蹄形大黄　来源为药用大黄。根据产地不同，又有雅黄和南大黄之分。

牛黄 Niuhuang
Bovis Calculus

【别名】天然牛黄、丑宝。

【商品来源】为牛科动物牛 *Bos taurus domesticus* Gmelin 的干燥胆结石。

【商品产地】全国各地屠宰场均有采收，新疆乌鲁木齐、伊犁，西藏昌都，青海，内蒙古包头、呼和浩特，北京，河北，天津，河南洛阳、南阳，广西百色，甘肃岷县、卓尼，陕西西安、宝鸡，江苏南京，上海等地，以西北、华北、东北等地产量较大，销往全国，亦从印度、加拿大、阿根廷和乌拉圭等国进口。现已进行人工牛黄培植。

【采制及商品种类】全年均可收集。宰牛时注意检查胆囊、胆管及肝管，如有结石，立即取出，除净附着的薄膜，用灯心草或棉花等包裹，外用毛边纸或纱布包好，置阴凉处，至半干时用线扎好，以防裂开，阴干。胆囊结石习称"蛋黄"或"胆黄"，肝管及胆管结石习称"管黄"。

西牛黄　产于新疆、甘肃、青海、西藏等西北各地。

东牛黄　产于吉林、辽宁、黑龙江、内蒙古东部等地。

京牛黄　产于北京、内蒙古包头及呼和浩特等地。

广牛黄　产于广西（百色、宜山）、广东产。

苏牛黄　产于江苏南京、浙江、上海等地。

印度牛黄　产于印度。

金山牛黄　产于加拿大，阿根廷和乌拉圭等国。

【商品特征】

蛋黄　多呈卵形、类球形、三角形或四方形，大小不一，直径0.6~3cm（有的可达4.5cm），少数呈管状或碎片。表面黄红色至棕黄色，有的表面挂有一层黑色光亮的薄膜，习称"乌金衣"，有的粗糙，具疣状突起，有的具龟裂纹。体轻，质酥脆，易分层剥落，断面金黄色，可见细密的同心层纹，有的夹有白心。气清香，味苦而后甘，有清凉感，嚼之易碎，不黏牙。

管黄　呈管状，表面不平或有横曲纹，或为破碎小片。表面红棕色或棕褐色，有裂纹及小突起，断面有较少的层纹，有时中空，色较深。

牛黄粉　为棕黄色或红棕色细粉。气清香，味微苦而后微甜，入口芳香清凉，嚼之不黏牙，可慢慢溶化。

【规格等级】按产地不同分京牛黄、东牛黄、西牛黄、金山牛黄、印度牛黄。按形状不同又分胆黄和管黄2种规格。以胆黄质量为佳。其等级标准如下。

一等：胆黄呈卵形、类球形或三角形，大小块不分，间有碎块，表面、断面金黄色。

二等：呈管状或胆汁渗入的各种黄块，表面黄褐色或棕褐色，断面棕褐色，余同一等。

【化学成分】主含胆色素（胆红素及其钙盐）、胆酸（去氧胆酸、鹅去氧胆酸等及其钙盐）、胆固醇类、脂肪酸、磷脂酰胆碱、黏蛋白、肽类、多种氨基酸等。

【鉴别与检查】①染甲法：取本品粉末少量，加清水调和，涂于指甲上，能将指甲染成黄色，习称"挂甲"。②取本品少许，用水合氯醛试液装片，不加热，置显微镜下观察：不规则团块由多数黄棕色或棕红色小颗粒集成，稍放置，色素迅速溶解，并显鲜明金黄色，久置后变绿色。③薄层色谱：取样品加三氯甲烷，超声，滤液蒸干，残渣加乙醇溶解，为供试品溶液。另取胆酸对照品、去氧胆酸对照品，加乙醇制成混合溶液，作为对照品溶液。用硅胶 G 薄层板，以异辛烷 – 乙酸乙酯 – 冰醋酸（15∶7∶5）为展开剂，喷以 10% 硫酸乙醇溶液，在 105℃加热至斑点显色清晰，置紫外光灯（365nm）下检视。供试品色谱中，在与对照品色谱相应的位置上，显相同颜色的荧光斑点。取样品加三氯甲烷 – 冰醋酸（4∶1）混合溶液，超声，为供试品溶液。另取胆红素对照品，加三氯甲烷 – 冰醋酸（4∶1）混合溶液制成对照品溶液。用硅胶 G 薄层板，以环己烷 – 乙酸乙酯 – 甲醇 – 冰醋酸（10∶3∶0.1∶0.1）为展开剂。供试品色谱中，在与对照品色谱相应的位置上，显相同颜色的斑点。④游离胆红素：取本品粉末 10mg，精密称定，置具塞锥形瓶中，加二氯甲烷冰浴中超声，取续滤液。胆红素对照品适量制成二氯甲烷溶液。高效液相色谱法（避光）测定，供试品色谱中，在与对照品色谱保留时间相对应的位置上出现的色谱峰面积应小于对照品色谱峰面积或不出现色谱法。

水分不得过 9.0%，总灰分不得过 10.0%。

【质量要求】

1. 外观质量　以胆黄完整、表面金黄色或棕黄色、有光泽、质地松脆、断面棕黄色或金黄色、有自然形成层、气清香、味苦后甘者为佳。

2. 内在质量　含量测定：用薄层色谱法进行扫描测定，含胆酸不得少于 4.0%。用高效液相色谱法（避光操作），含胆红素不得少于 25.0%。

【性味功能主治】甘，凉。清心，化痰，开窍，凉肝，息风，解毒。用于热病神昏，中风痰迷，惊痫抽搐，癫痫发狂，咽喉肿痛，口舌生疮，痈肿疔疮。

【贮藏养护】用纸包装。遮光，密闭，置阴凉干燥处，防潮，防压。

【用法用量】0.15 ～ 0.35g，多入丸散用。外用适量，研末敷患处。

【注意】孕妇及月经期、哺乳期慎用。

>>> 知识链接 ●------------------------------

2012 年 12 月《国家食品药品监督管理局关于加强含牛黄等药材中成药品种监督管理的通知》（国食药监注〔2012〕355 号）明确为加强含牛黄等药材中成药品种监督管理，严格处方投料生产，现将有关事项通知如下：

（1）对于国家药品标准处方中含牛黄的临床急重病症用药品种（见附件）及其他剂型或规格，可以将处方中的牛黄固定以培植牛黄或体外培育牛黄等量替代投料使用，但不得使用人工牛黄替代。

（2）凡本通知附件所列品种及其他剂型或规格的现行药品标准中处方项下为人工牛黄的，相关生产企业应按修订药品标准的程序和要求于 2013 年 12 月 31 日前提出补充申请，并由国家药典委员会审定。自原国家食品药品监督管理局批准之日起，相关生产企业不得继续使用人工牛黄投料生产。

目前除了天然牛黄药用外，还有以下几种牛黄入药。①吃胆：牛黄由于宰杀牛后未检查，牛黄在胆囊内时间过长，胆汁渗入牛黄内而成。药材多呈暗红棕色或黑色；质较硬，不松脆；断面似胶状，显黑色或墨绿色，同心性层纹不明显或隐约可见；无香气，味苦。一般认为质量较次。②人工牛黄：又称合成牛黄，系自牛或猪等的胆汁中提取成分，参照天然牛黄的已知成分配制而成：胆红素 0.7%、羊胆酸 12.5%、猪胆酸 15%、胆甾醇 2%、无机盐 5%，淀粉加至 100%。本品为黄色疏松粉末状，气微清香而略腥，味苦，微甜，入口无清凉感；亦能"挂甲"。具有清热解毒、化痰定惊的功效。③体外培育牛黄：以牛科动物牛的新鲜胆汁作母液，加入去氧胆酸、胆酸、复合胆红素钙等制成。本品呈球形或类球形。表面光滑，呈黄红色至棕黄色。体轻，质松脆，断面有同心层纹。气香，味苦而后甘，有清凉感，嚼之易碎，不黏牙。功能主治与天然牛黄基本相同。

甘草 Gancao
Glycyrrhizae Radix et Rhizoma

【别名】甜草根、红甘草、粉甘草、粉草。

【商品来源】为豆科植物甘草 *Glycyrrhiza uralensis* Fisch. 、胀果甘草 *Glycyrrhiza inflata* Bat. 或光果甘草 *Glycyrrhiza glabra* L. 的干燥根及根茎。

【商品产地】甘草主产于内蒙古，甘肃酒泉、民勤、庆阳，新疆，吉林白城；以内蒙伊盟的杭锦旗一带、巴盟的橙口、甘肃及宁夏的阿拉善旗一带所产品质最佳。光果甘草主产于新疆。胀果甘草主产于新疆、甘肃酒泉。

【采制及商品种类】春、秋二季采挖，除去须根及茎基，切成适当的段，晒干。亦有刮去外皮，切成段晒干者，习称"粉甘草"。

西草　主产于内蒙古西部及甘肃、陕西、宁夏、青海、新疆等地者，习称"西草"。

东草　产于内蒙古东部及东北三省、河北、山西等地者，习称"东草"。

新疆草　产于新疆来源为胀果甘草，习称"新疆草"。

洋甘草　产于新疆或欧洲来源为光果甘草，习称"洋甘草"或"欧甘草"。

甘草片　除去杂质，洗净，润透，切厚片，干燥。

炙甘草　取甘草片，照蜜炙法炒至黄色至深黄色，不黏手时取出，晾凉。

【商品特征】

甘草　根呈圆柱形，长 25～100cm，直径 0.6～3.5cm。外皮松紧不一。表面红棕色或灰棕色，具显著的纵皱纹、沟纹、皮孔及稀疏的细根痕。质坚实，断面略显纤维性，黄白色，粉性，形成层环明显，射线放射状，有的有裂隙。根茎呈圆柱形，表面有芽痕，断面中部有髓。气微，味甜而特殊。

胀果甘草　根和根茎木质粗壮，有的分枝，外皮粗糙，多灰棕色或灰褐色。质坚硬，木质纤维多，粉性小。根茎不定芽多而粗大。

光果甘草　根和根茎质地较坚实，有的分枝，外皮不粗糙，多灰棕色，皮孔细而不明显。

栽培甘草　外皮紧，粉性小。

甘草片　本品呈类圆形或椭圆形切片。外表皮红棕色或灰棕色。形成层环明显，射线放射状，有的有裂隙。气微，味甜而特殊。

炙甘草　本品呈类圆形或椭圆形切片。外表皮红棕色或灰棕色，微有光泽。切面黄色至深黄色，形成层环明显，射线放射状。略有黏性。具焦香气，味甜。

【规格等级】商品甘草分西草和东草两个品别。新疆草中优质的按西草论等级。

1. 西草

（1）大草　统货，干货。呈圆柱形。表面红棕色、棕黄色或灰棕色，皮细紧，有纵纹。斩去头尾，切口整齐。质坚实、体重。断面黄白色，粉性足。味甜。长 25～50cm，顶端直径 2.5～4cm，黑心草不超过总重量的 5%。无须根、杂质、虫蛀、霉变。

（2）条草　一等：干货。呈圆硅形，单枝顺直。表面红棕色、棕黄色或灰棕色，皮细紧，有纵纹，斩去头尾，切口整齐。质坚实、体重。断面黄白色，粉性足。味甜。长 25～50cm，顶端直径 1.5cm 以上。间有黑心。无须根、杂质、虫蛀、霉变。

二等：干货。长 25～50cm，顶端直径 1cm 以上，余同一等。

三等：长 25～50cm，顶端直径 0.7cm 以上。余同一等。

（3）毛草 统货。干货。呈圆柱形弯曲的小草，去净残茎，不分长短。表面红棕色、棕黄色或灰棕色。断面黄白色，味甜。顶端直径 0.5cm 以上。无须根、杂质、虫蛀、霉变。

（4）草节 一等：干货。呈圆柱形，单枝条。表面红棕色、棕黄色或灰棕色，皮细，有纵纹。质坚实、体重。断面黄白色，粉性足。味甜。长 6cm 以上，顶端直径 1.5cm 以上。无须根、疙瘩头、杂质、虫蛀、霉变。

二等：顶端直径 0.7cm 以上，余同一等。

（5）疙瘩头 统货。干货。系加工条草砍下之根头，呈疙瘩头状。去净残茎及须根。表面黄白色。味甜。大小长短不分，间有黑心。无杂质、虫蛀、霉变。

2. 东草

（1）条草 一等：干货。呈圆柱形，上粗下细。表面紫红色或灰褐色，皮粗糙。不斩头尾。质松体轻。断面黄白色，有粉性。味甜。长 60cm 以上。芦下 3cm 处直径 1.5cm 以上。间有 5% 的 20cm 以上的草头。无杂质、虫蛀、霉变。

二等：干货。呈圆柱形，上粗下细。表面紫红色或灰褐色，皮粗糙。不斩头尾。质松体轻。断面黄白色，有粉性。味甜。长 50cm 以上，芦下 3cm 处直径 1cm 以上，间有 5% 的 20cm 以上的草头。无杂质、虫蛀、霉变。余同一等。

三等：干货。呈圆柱形，间有弯曲有分叉细根。长 40cm 以上，芦下 3cm 处直径 0.5cm 以上。无细小须子，余同一等。

（2）毛草 统货。干货。呈圆柱形弯曲的小草。去净残茎，间有疙瘩头。表面紫红色或灰褐色。质松体轻。断面黄白色。味甜。不分长短，芦下直径 0.5cm 以上。无杂质、虫蛀、霉变。

【化学成分】主含三萜类化合物甘草甜素（甘草酸），系甘草酸的钾、钙盐，为甘草的甜味成分。黄酮类化合物如甘草苷、甘草苷元、异甘草苷、异甘草苷元、芒柄花黄素等。

【鉴别与检查】取样品加乙醚加热回流，弃去醚液，药渣加甲醇加热回流，滤液蒸干，残渣加水使溶解，用正丁醇提取，合并正丁醇液，用水洗涤，正丁醇液蒸干，残渣加甲醇溶解，作为供试品溶液。另取甘草对照药材，同法制成对照药材溶液。再取甘草酸单铵盐对照品，加甲醇制成对照品溶液。用 1% 氢氧化钠溶液制备的硅胶 G 薄层，以乙酸乙酯－甲酸－冰醋酸－水（15∶1∶1∶2）为展开剂，喷以 10% 硫酸乙醇溶液，在 105℃ 加热至斑点显色清晰，置紫外光灯（365nm）下检视。供试品色谱中，在与对照药材色谱相应的位置上，显相同颜色的荧光斑点；在与对照品色谱相应的位置上，显相同的橙黄色荧光斑点。

水分不得过 12.0%，炙甘草不得过 10.0%；总灰分不得过 7.0%，炙甘草不得过 5.0%；酸不溶性灰分不得过 2.0%。

重金属及有害元素：用原子吸收分光光度法或电感耦合等离子体质谱法，铅不得过 5mg/kg；镉不得过 1mg/kg；砷不得过 2mg/kg；汞不得过 0.2mg/kg；铜不得过 20mg/kg。其他有机氯类农药残留量用农药残留量测定法，五氯硝基苯不得过 0.1mg/kg。

【质量要求】

1. 外观质量 以外皮紧、色红棕、质坚实、体重、断面黄白色、粉性足、味甜者为佳。

2. 内在质量 含量测定：用高效液相色谱法测定，含甘草苷不得少于 0.50%；甘草及甘草片中甘草酸不得少于 2.0%，炙甘草含甘草酸不得少于 1.0%。

【性味功能主治】甘，平。补脾益气，清热解毒，祛痰止咳，缓急止痛，调和诸药。用于脾胃虚弱，倦怠乏力，心悸气短，咳嗽痰多，脘腹、四肢挛急疼痛，痈肿疮毒，缓解药物毒性、烈性。炙甘草具有补脾和胃，益气复脉的功能，用于脾胃虚弱，倦怠乏力，心动悸，脉结代。

【贮藏养护】用麻袋或纸箱包装。贮存于清洁、阴凉、通风干燥处，防蛀。

【用法用量】2～10g。

【注意】不宜与甘遂、京大戟、红大戟、芫花、海藻同用。

>>> **知识链接** ◦━━━━━━━━━━━━━━━━━━━━━━━━━━━━━━━━━━━━━━

甘草为国家重点保护的野生植物药材品种。

1. 新疆草　外皮棕褐色，大部挂白霜（习称"碱皮"）；体质松紧不一，断面黄色，粉性差。味甜而带苦。①新疆条草：分3等及统货。标准要求同西草，唯表面灰棕色，多粗糙。体轻，质松脆。断面黄色，纤维性强，粉性小。味甜微苦。②新疆原料草：根条粗细长短不一。表面灰棕色或灰褐色，粗糙。体轻，质松脆。断面黄色，纤维性强，粉性小。

2. 出口品　根据商家的要求，常保持一部分历史规格，按产区不同有下列几种。

（1）梁外草　主产于内蒙古伊克昭盟黄河以南的杭锦旗。条粗均匀，口面光洁，大头中心髓部凹陷，习称"胡椒眼"；外皮枣红，皮细紧质嫩，体沉重坚实（有骨气），内色鹅黄，粉性足。为内蒙草中最优商品。

（2）王爷地草　主产于内蒙古巴彦淖尔盟的乌拉特前旗、杭锦后旗以及阿拉善旗等地。单枝独干，条粗均匀，两端直径相近。表面深枣红色，皮细，粉性足。体质较柔韧。为内蒙草中的中上品。

（3）西镇草、上河川草、边草、西北草　西镇草主产于内蒙古伊盟的鄂托克旗及宁夏回族自治区的陶乐、平罗。上河川草主产于伊盟达拉善旗。边草主产于山西靖边、定边等地。西北草主产于甘肃民勤、庆阳、张掖、玉门等地。共同特征：表面红褐色、棕红色或黑褐色。断面老黄，体质松，易剥落，骨气差，粉性小，口面显裂纹。

（4）下河川草　主产于内蒙古包头附近的土默特旗、托克托和林格尔等地。表面灰褐色，根条两端粗细不匀，皮松易剥落，粉性很小。质次。

（5）东北草　来源于甘草。主产于内蒙古东部、辽宁的昭乌达蒙、吉林的哲盟以及黑龙江的呼盟。根条细长带芦头。表面紫红色或暗红色，皮松易破。质松，断面老黄，纤维多，粉性小。味特甜，为标准东草。

（6）野生甘草　为甘草 *Glycyrrhiza uralensis* Fisch、胀果甘草 *Glycyrrhiza inflata* Bat 及光果甘草 *Glycyrrhiza glabra* L 的根和根茎，商品主要为根茎。

（7）栽培甘草　为甘草 *Glycyrrhiza uralensis* Fisch 的根和根茎，指人工栽培的甘草药材，商品主要为根。

- ●

当归 Danggui
Angelicae Sinensis Radix

【别名】岷归、秦归、云归、西当归。

【商品来源】为伞形科植物当归 *Angelica sinensis*（Oliv.）Diels 的干燥根。

【商品产地】主要栽培于甘肃岷县、渭源、漳县等地；云南、四川、陕西、湖北等亦产。以岷县产量最大，质量亦佳。

【采制及商品种类】种苗移栽后当年秋后采挖，除去茎叶、须根及泥土，放置，待水分稍蒸发后根变软时，捆成小把，上棚，以烟火慢慢熏干，称为"岷归"。现产地多以晒干为主。

全归　为完整的当归，略呈圆柱形，下部有支根3～5条或更多，长15～25cm。表面黄棕色至棕褐色。

归头 为当归的根头和主根，呈长圆形或拳状，刮去外皮，表面黄白色。

归身 为当归的主根，略呈圆柱形，下部有 3~5 条较短的支根，表面黄棕色至棕褐色。

归尾 为当归的支根，上粗下细，多扭曲，有少数须根痕。

全归片（佛手片） 当归润透后，用机械压扁，手工镑成的厚片。

箱归 将全归按一定的等级分等后，用规定规格的纸箱包装。

酒当归 取净当归片，黄酒拌匀润透，炒干。

【商品特征】

全归 本品略呈圆柱形，下部有支根 3~5 条或更多，长 15~25cm。表面浅棕色至棕褐色，具纵皱纹和横长皮孔样突起。根头（归头）直径 1.5~4cm，具环纹，上端圆钝，或具数个明显突出的根茎痕，有紫色或黄绿色的茎和叶鞘的残基；主根（归身）表面凹凸不平；支根（归尾）直径 0.3~1cm，上粗下细，多扭曲，有少数须根痕。质柔韧，断面黄白色或淡黄棕色，皮部厚，有裂隙和多数棕色点状分泌腔，木部色较淡，形成层环黄棕色。有浓郁的香气，味甘、辛、微苦。有浓郁的香气。柴性大、干枯无油或断面呈绿褐色者不可供药用。

酒当归 本品呈类圆形、椭圆形或不规则薄片。切面深黄色或浅棕黄色，木部色较浅，皮部色较深，多有裂隙，可见点状棕色分泌腔，形成层环浅棕色。质松脆或稍柔韧，略有焦斑。香气浓郁，并略有酒香气，味甘、辛、微苦。

【规格等级】 按加工方法分为全归、归头两个品别，市场商品还有归身、归尾、全归片、箱归等。

全归 一等：干货。主根圆柱形，下部有多条支根，根梢不细于 0.2cm。表面棕色或棕褐色。断面黄白或淡黄色，具油性。每千克 30 支以下。气芳香，味甘、辛、微苦。无须根、杂质、虫蛀、霉变。

二等：每千克 30~50 支，余同一等。

三等：每千克 50 支以上，余同一等。

统货：干货。主根圆柱形，下部有多条支根，不分大小，根梢不细于 0.2cm。表面棕色或棕褐色。断面黄白或淡黄色，具油性。大小不分。气芳香，味甘、辛、微苦。无须根、杂质、虫蛀、霉变。

归头 一等：干货。纯主根，呈长圆形或拳状。直径 1.5~4cm，表面棕黄或黄褐色。刮去外皮，表面黄白色。断面黄白或淡黄色，具油性。每千克 40 支以下。气芳香，味甘、辛、微苦。无油个、枯干、杂质、虫蛀、霉变。

二等：每千克 40~60 支，余同一等。

三等：每千克 60 支以上。余同一等。

归身 为当归的主根，略呈圆柱形，下部有 3~5 条较粗短的支根，表面黄棕色至棕褐色。

归尾 为加工归头时去掉的支根，直径 0.3~1cm，上粗下细，多扭曲，有少数须根痕。

全归片（佛手片） 厚片状，上部较宽，下端由窄片构成，表面棕褐色或黄白色，质地油润，味甘、辛、微苦。

【化学成分】 主含挥发油（藁本内酯、正丁烯基酞内酯）、水溶性成分（阿魏酸）及微量元素等。

【鉴别与检查】 取样品加乙醚，超声，滤液蒸干，残渣加乙醇使溶解，作为供试品溶液。另取当归对照药材，同法制成对照药材溶液。用硅胶 G 薄层板，以正己烷 - 乙酸乙酯（4：1）为展开剂，置紫外光灯（365nm）下检视。供试品色谱中，在与对照药材色谱相应的位置上，显相同颜色的荧光斑点。

取样品加 1% 碳酸氢钠溶液，超声，离心，取上清液用稀盐酸调 pH，用乙醚振摇提取合并乙醚液，挥干，残渣加甲醇使溶解，作为供试品溶液。另取阿魏酸对照品、藁本内酯对照品，加甲醇制成对照品溶液。用硅胶 G 薄层板上，以环己烷 - 二氯甲烷 - 乙酸乙酯 - 甲酸（4：1：1：0.1）为展开剂，置紫外光灯（365nm）下检视。供试品色谱中，在与对照品色谱相应的位置上，显相同颜色的荧光斑点。

水分不得过 15.0%，酒当归不得过 10.0%；总灰分不得过 7.0%，酸不溶性灰分不得过 2.0%。

重金属及有害元素：用原子吸收分光光度法或电感耦合等离子体质谱法，铅不得过 5mg/kg；镉不得过 1mg/kg；砷不得过 2mg/kg；汞不得过 0.2mg/kg；铜不得过 20mg/kg。

【质量要求】

1. 外观质量 以主根粗长、油润、外皮色棕褐、断面色黄白、气浓郁，味甘、辛、微苦者为佳。

2. 内在质量 ①浸出物含量：醇溶性浸出物（热）不得少于 45.0%，酒当归不得少于 50.0%，用 70% 乙醇作溶剂。②含量测定：用挥发油测定法（《中国药典》乙法）测定，含挥发油不得少于 0.4%（ml/g）。用高效液相色谱法测定，含阿魏酸不得少于 0.050%。

【性味功能主治】 甘、辛，温。补血活血，调经止痛，润肠通便。用于血虚萎黄，眩晕心悸，月经不调，经闭痛经，虚寒腹痛，风湿痹痛，跌扑损伤，痈疽疮疡，肠燥便秘。酒当归活血通经。用于经闭痛经，风湿痹痛，跌扑损伤。

【贮藏养护】 用麻袋或纸箱包装。置阴凉干燥处，防潮，防蛀。

【用法用量】 6～12g。

>>> 知识链接 ○- -

为了解决国产当归在原产地之外不易栽培生产的问题，1957 年寻找代用品时从保加利亚引种欧当归至我国，欧当归为同科植物欧当归 *Levisticum officinale* Koch. 的干燥根。2009～2010 年在甘肃岷县有少量栽培，华北等地亦曾误种栽培。主根较长，顶端常有数个根茎痕。现为当归、独活等药材的主要伪品。

- ●

伊贝母 Yibeimu

Fritillariae Pallidiflorae Bulbus

【别名】 伊贝、生贝。

【商品来源】 为百合科植物新疆贝母 *Fritillaria walujewii* Regel 或伊犁贝母 *Fritillaria pallidiflora* Schrenk 的干燥鳞茎。

【商品产地】 新疆贝母主产于新疆伊奇台、尼勒克、新源、呼图壁、阜康等地；伊犁贝母主产于新疆伊宁、绥定、霍城一带及天山地区，内蒙古、河北等地有引种。

【采制及商品种类】 5～7 月积雪融化后花蕾期采挖，此时质量较好。鳞茎挖出后晾干，除去须根和外皮，筛净即可。在干燥过程中不宜用手摸，否则发黄。商品有野生伊贝母和栽培伊贝母两种商品。

【商品特征】

新疆贝母 呈扁球形。表面类白色，光滑。外层鳞叶 2 瓣，月牙形，肥厚，大小相近而紧靠。顶端平展而开裂，基部圆钝，内有较大的鳞片和残茎、心芽各 1 枚。质硬而脆，断面白色，富粉性。气微，味微苦。

伊犁贝母 呈圆锥形，较大。表面稍粗糙，淡黄白色。外层鳞叶两瓣，心脏形，肥大，一片较大或近等大，抱合。顶端稍尖，少有开裂，基部微凹陷。

【规格等级】 目前市场上分为野生和栽培两种规格。野生伊贝母均为统货，栽培伊贝母按大小分两等。

一等（小统）：呈扁球形或圆锥形，每 50g 在 190 粒以外。

二等（大统）：形同小统，每 50g 在 130 粒以外。

【化学成分】 主含西贝母碱苷和西贝母碱。

【鉴别与检查】 取样品，加浓氨试液与三氯甲烷，放置过夜，滤液蒸干，残渣加三氯甲烷溶解，作为供试品溶液。另取伊贝母对照药材，同法制成对照药材溶液，再取西贝母碱对照品，加三氯甲烷制成对照品溶液。用2%氢氧化钠溶液制备的硅胶G薄层板，以三氯甲烷－乙酸乙酯－甲醇－水（8∶8∶3∶2）10℃以下放置的下层溶液为展开剂，依次喷以稀碘化铋钾试液和亚硝酸钠试液。供试品色谱中，在与对照药材色谱相应的位置上，显相同颜色的斑点；在与对照品色谱相应的位置上，显相同的棕色斑点。

水分不得过15.0%，总灰分不得过4.5%。

【质量要求】

1. 外观质量 均以质坚实，粉性足，味苦者为佳。

2. 内在质量 ①浸出物含量：醇溶性浸出物（冷浸法）不得少于9.0%，用70%乙醇作溶剂。②含量测定：用高效液相色谱法测定，含西贝母碱苷和西贝母碱的总量不得少于0.070%。

【性味功能主治】 苦、甘，微寒。清热润肺，化痰止咳。用于肺热燥咳，干咳少痰，阴虚劳嗽，咳痰带血。

【贮藏养护】 用麻袋或纸箱包装。伊贝母易变色走油，易生虫易霉变，置通风干燥处，防蛀。

【注意】 不宜与川乌、制川乌、草乌、制草乌、附子（生附子、盐附子、黑顺片、白附片、黄附片）、乌头叶同用。

【用法用量】 3～9g。

>>> **知识链接** o- -

伊贝母为临床中药配伍"十八反"中反乌头。

- •

阿魏 Awei

Ferulae Resina

【别名】 熏渠、哈昔泥、臭阿魏、细叶阿魏。

【商品来源】 为伞形科植物新疆阿魏 *Ferula sinkiangensis* K. M. Shen 或阜康阿魏 *Ferula fukanensis* K. M. Shen 的树脂。

【商品产地】 主产于新疆伊犁、阜康、西泉等地。进口阿魏主产于伊朗、阿富汗、印度等国。

【采制及商品种类】 ①割取法：于5～6月植物抽茎后至初花期，由茎上部往下割取，每次待树脂流尽后再割下一刀，一般割3～5次，将收集物放入容器中，置通风干燥处阴干。②榨取法：于春季挖出根部，洗去泥沙，切碎，压取汁液，置容器中，放通风干燥处阴干。商品分为五彩阿魏、含沙阿魏、块状阿魏。

【商品特征】 呈不规则的块状和脂膏状。颜色深浅不一，表面蜡黄色至棕黄色。块状者体轻，质地似蜡，断面稍有孔隙；新鲜切面颜色较浅，放置后色渐深。脂膏状者黏稠，灰白色。具强烈而持久的蒜样特异臭气，味辛辣，嚼之有灼烧感。

【规格等级】 有五彩阿魏、含沙阿魏、块状阿魏三种规格，商品一般不分等级。

【化学成分】 主含挥发油，油中主要成分为萜烯及多种二硫化物，其中的仲丁基丙烯基二硫化物是阿魏产生蒜样特殊臭气的物质，另含阿魏酸、树脂及树胶等。

【鉴别与检查】 ①取本品粉末0.2g，置25ml量瓶中，加无水乙醇，超声，加无水乙醇稀释至刻度，摇匀，取滤液0.2ml，置50ml量瓶中，加无水乙醇至刻度。照紫外－可见分光光度法测定。在323nm

的波长处应有最大吸收。②取样品，加稀盐酸，超声，取上清液用乙醚振摇提取，乙醚液，挥干，残渣加无水乙醇，作为供试品溶液。另取阿魏酸对照品，加乙醇–5%冰醋酸（1：4）的混合溶液，制成对照品溶液。在硅胶G薄层板上，以环己烷–二氯甲烷–冰醋酸（8：8：1）为展开剂，喷以1%三氯化铁乙醇溶液–1%铁氰化钾溶液（1：1）混合溶液（临用配制）。供试品色谱中，在与对照品色谱相应的位置上，显相同颜色的斑点。

水分不得过8.0%，总灰分不得过5.0%。

【质量要求】

1. 外观质量　以块状、蒜气强烈、断面乳白或稍带微红色、无杂质者为佳。

2. 内在质量　①浸出物含量：醇溶性浸出物（热）不得少于20.0%，用乙醇作溶剂。②含量测定：用挥发油测定法测定，含挥发油不得少于10.0%（ml/g）。

【性味功能主治】　苦、辛，温。消积，化癥，散痞，杀虫。用于肉食积滞，瘀血癥瘕，腹中痞块，虫积腹痛。

【贮藏养护】　密闭，置阴凉干燥处。

【用法用量】　1～1.5g，多入丸散和外用膏药。

【注意】　孕妇禁用。

茵陈 Yinchen
Artemisiae Scopariae Herba

【别名】　茵陈蒿、白蒿、绒蒿、绵茵陈。

【商品来源】　为菊科植物滨蒿 *Artemisia scoparia* Waldst. et Kit. 或茵陈蒿 *Artemisia capillaris* Thunb. 的干燥地上部分。

【商品产地】　滨蒿主产于东北地区及河北、山东等省。茵陈蒿主产于陕西三原、铜川，安徽滁州、安庆，湖北黄冈、孝感，江苏江宁、句容，浙江浦江、南溪，河北安国，天津等，以陕西产者（名西茵陈）质量最佳。以安徽、湖北、江苏产量最大。

【采制及商品种类】　春季幼苗高6～10cm时采收或秋季花蕾长成至花初开时采割，除去杂质和老茎，晒干。春季采收的习称"绵茵陈"，秋季采割的称"花茵陈"。

【商品特征】

绵茵陈　多卷曲成团状，灰白色或灰绿色，全体密被白色茸毛，绵软如绒。茎细小，除去表面白色茸毛后可见明显纵纹；质脆，易折断。叶具柄；完整者展平后叶片呈1～3回羽状分裂；小裂片卵形或稍呈倒披针形、条形，先端锐尖。气清香，味微苦。

花茵陈　茎呈圆柱形，多分枝；表面淡紫色或紫色，有纵条纹，被短柔毛；体轻，质脆，断面类白色。叶密集，或多脱落；下部叶完整者二至三回羽状深裂，裂片条形或细条形，两面密被白色柔毛；茎生叶完整者一至二回羽状全裂，基部抱茎，裂片细丝状。头状花序可见，有短梗；总苞片3～4层，卵形，苞片3裂；外层雌花6～10个，内层两性花2～10个。瘦果长圆形，黄棕色。气芳香，味微苦。

【规格等级】　有绵茵陈、花茵陈两种规格。商品一般不分等级。

【化学成分】　主含蒿属香豆素（6，7–二甲氧基香豆素）、挥发油、原绿酸、滨蒿内酯、对羟基苯乙酮及少量水杨酸、壬二酸等。

【鉴别与检查】

绵茵陈　取样品加50%甲醇，超声，离心，取上清液作为供试品溶液。另取绿原酸对照品，加甲醇制成对照品溶液。用硅胶G薄层板，以醋酸丁酯–甲酸–水（7：2.5：2.5）的上层溶液为展开剂，置紫外光灯（365nm）下检视。供试品色谱中，在与对照品色谱相应的位置上，显相同颜色的荧光斑点。

花茵陈 取样品加甲醇，超声，滤液蒸干，残渣加甲醇使溶解，作为供试品溶液。另取滨蒿内酯对照品，加甲醇制成对照品溶液。在硅胶 G 薄层板上，以石油醚（60~90℃）－乙酸乙酯－丙酮（6∶3∶0.5）为展开剂，置紫外光灯（365nm）下检视。供试品色谱中，在与对照品色谱相应的位置上，显相同颜色的荧光斑点。

水分不得过 12.0%。

【质量要求】

1. 外观质量 以质嫩、绵软、色灰白、香气浓者为佳。

2. 内在质量 ①浸出物含量：绵茵陈水溶性浸出物（热）不得少于 25.0%。②含量测定：用高效液相色谱法测定，绵茵陈含绿原酸不得少于 0.50%，花茵陈含滨蒿内酯不得少于 0.20%。

【性味功能主治】 苦、辛，微寒。清利湿热，利胆退黄。用于黄疸尿少，湿温暑湿，湿疮瘙痒。

【贮藏养护】 用麻袋或编织袋包装。置阴凉干燥处，防潮。

【用法用量】 6~15g。外用适量，煎汤熏洗。

枸杞子 Gouqizi
Lycii Fructus

【别名】 枸杞、枸杞果、宁夏枸杞、地骨子、血杞子。

【商品来源】 为茄科植物宁夏枸杞 *Lycium barbarum* L. 的干燥成熟果实。

【商品产地】 主产于宁夏中宁和中卫，近年来青海、甘肃景泰、新疆、内蒙古、陕西、河北、山西等地亦有引种，以宁夏的中宁和中卫县枸杞子量大质优。商品以栽培为主。

【采制及商品种类】 夏、秋二季果实呈红色时采收，忌在有晨露和雨水未干时采摘。①晒干法：将鲜果摊在果栈上，厚度 2~3cm，放阴凉通风处，晾至皮皱后，再晒至外皮干硬，果肉柔软，除去果梗。晾晒时，不宜用手翻动，以免变黑。②烘干法：将摊有鲜果的果栈逐层叠架，推入烘房内，梯度升温使逐渐干燥，一般 3~4 天即可干燥。除去果柄和宿萼。

西枸杞 系指宁夏、甘肃、内蒙古、新疆等地的产品，具有粒大、糖质足、肉厚、籽少、味甜的特点。

血枸杞 系指河北、山西等地的产品，具有颗粒均匀，皮薄、籽多、糖质较少、色泽鲜红、味甜微酸的特点，各地产品可按相符标准分等，不受地区限制。

【商品特征】 本品呈类纺锤形或椭圆形。表面红色或暗红色，顶端有小突起状的花柱痕，基部有白色的果梗痕。果皮柔韧，皱缩；果肉肉质，柔润。种子类肾形，扁而翘，表面浅黄色或棕黄色。气微，味甜。

【规格等级】 按产地分为西枸杞和血枸杞两种规格，各规格下分等级。其规格等级标准如下。

西枸杞 按每 50g 的粒数划分为 5 个等级。

一等：果实椭圆形或长卵形，色泽鲜红或红色、暗红色，质柔软，多糖质，滋润，味甜。每 50g 370 粒以内。大小均匀，无油粒、破粒、杂质、虫蛀、霉变。

二等：每 50g 580 粒以内。其余同一等。

三等：每 50g 900 粒以内。果实暗红或橙红色，糖质较少，其余同一等。

四等：每 50g 1120 粒以内。果实暗红或橙红色，糖质少，无油粒。其余同一等。

五等：每 50g 1120 粒以外。大小不分，破粒，油粒不超过 30%。余同四等。

血枸杞 按每 50g 的粒数划分等级。

一等：果实类纺锤形，鲜红或深红色。每 50g 600 粒以内。无油粒、黑果、破粒、杂质、虫蛀、霉变。

二等：每 50g 800 粒以内。油果不过 10%。其余同一等。

三等：每 50g 800 粒以外。紫红色或淡红色，含有少量油果。其余同一等。

目前市场上有以具体产地分宁夏枸杞、新疆枸杞、内蒙枸杞、河北枸杞等。

出口商品　分特级（贡果面）、甲级（贡果面）、乙级（贡果）、丙级（超王级）4 个规格。

【化学成分】　主含甜菜碱、枸杞多糖、胡萝卜素、烟酸、维生素 B_1、维生素 B_2、维生素 C、硫胺素、抗坏血酸、玉蜀黍黄素等。

【鉴别与检查】　取样品加水煮沸，滤液用乙酸乙酯振摇提取，分取乙酸乙酯液，浓缩作为供试品溶液。另取枸杞子对照药材，同法制成对照药材溶液。用硅胶 G 薄层板，以乙酸乙酯 – 三氯甲烷 – 甲酸（3∶2∶1）为展开剂。置紫外光灯（365nm）下检视。供试品色谱中，在与对照药材色谱相应的位置上，显相同颜色的荧光斑点。

水分不得过 13.0%（温度为 80℃），总灰分不得过 5.0%。

重金属及有害元素：用原子吸收分光光度法或电感耦合等离子体质谱法，铅不得过 5mg/kg；镉不得过 1mg/kg；砷不得过 2mg/kg；汞不得过 0.2mg/kg；铜不得过 20mg/kg。

【质量要求】

1. 外观质量　以粒大、肉厚、籽小、色红、质柔、味甜者为佳。

2. 内在质量　①浸出物含量：水溶性浸出物（热）不得少于 55.0%。②含量测定：用紫外 – 可见分光光度法测定，含枸杞多糖以葡萄糖计，不得少于 1.8%。用高效液相色谱法，含甜菜碱不得少于 0.50%。

【性味功能主治】　甘，平。滋补肝肾，益精明目。用于虚劳精亏，腰膝酸痛，眩晕耳鸣，阳痿遗精，内热消渴，血虚萎黄，目昏不明。

【贮藏养护】　用内衬防潮纸或塑料薄膜的纸箱、木箱或铁箱包装，贮于阴凉干燥处。易虫蛀，受潮发霉、泛糖、变色。贮藏期间，发现受潮时，要及时晾晒干燥。

【用法用量】　6～12g。

>>> 知识链接 •--

枸杞 *Lycium chinensis* Mill. 的果实民间亦供药用，习称土枸杞子。较宁夏枸杞略瘦小，具不规则的皱纹，暗淡无光泽，多为野生，质量较次。

--•

秦艽 Qinjiao
Gentianae macrophyllae Radix

【别名】　秦艽、大艽、西大艽、麻花艽、小秦艽

【商品来源】　为龙胆科植物秦艽 *Gentiana macrophylla* Pall.、麻花秦艽 *Gentiana straminea* Maxim.、粗茎秦艽 *Gentiana crassicaulis* Duthie ex Burk. 或小秦艽 *Gentiana dahurica* Fisch. 的干燥根。前三种按性状不同分别习称"秦艽"和"麻花艽"，后一种习称"小秦艽"。

【商品产地】　秦艽主产于甘肃漳县、甘南、山西、陕西、青海、河北。以甘肃产量最大，质量最好。粗茎秦艽主产于甘肃、青海、四川、贵州、云南等省区。麻花秦艽主产于甘肃甘南、青海、四川、西藏等地。小秦艽主产于甘肃、陕西、河北、山西、内蒙古、新疆等省区。

【采制及商品种类】　春、秋二季采挖，除去泥沙；秦艽和麻花艽晒软，堆置"发汗"至表面呈红黄色或灰黄色时，摊开晒干，或不经"发汗"直接晒干；小秦艽趁鲜时搓去黑皮，晒干。

【商品特征】

秦艽　呈类圆柱形，上粗下细，扭曲不直。表面黄棕色或灰黄色，有纵向或扭曲的纵皱纹，顶端有残存茎基及纤维状叶鞘。质硬而脆，易折断，断面略显油性，皮部黄色或棕黄色，木部黄色。气特异，味苦、微涩。

麻花艽　呈类圆锥形，多由数个小根纠聚而膨大。表面棕褐色，粗糙，有裂隙呈网状孔纹。质松脆，易折断，断面多呈枯朽状。

小秦艽　呈类圆锥形或类圆柱形。表面棕黄色。主根通常 1 个，残存的茎基有纤维状叶鞘，下部多分枝。断面黄白色。

【规格等级】按来源和性状不同分为秦艽（大秦艽）、麻花艽、小秦艽 3 个规格，再分成不同的等级或统货。

大秦艽　一等：干货。呈圆锥形或圆柱形，有纵向皱纹，主根粗大似鸡腿、萝卜、牛尾状。表面灰黄色或棕色。质坚而脆。断面棕红色或棕黄色，中心土黄色。气特殊，味苦涩。芦下直径 1.2cm 以上。无芦头、须根、杂质、虫蛀、霉变。

二等：干货。表面灰黄色或黄棕色。芦下直径 1.2cm 以下，最小不低于 0.6cm。余同一等。

麻花艽　统货。干货。常由数个小根聚集交错结缠绕呈辫状或麻花状。全体有显著的向左扭曲的纵皱纹。表面棕褐色或黄褐色、粗糙，有裂隙显网状纹，体轻而疏松。断面常有腐朽的空心，气特殊，味苦涩，大小有分，但芦下直径不低于 0.3cm。无芦头、须根、杂质、虫蛀、霉变。

小秦艽　一等：干货。呈圆锥形或圆柱形。常有数个分枝纠合在一起，扭曲，有纵向皱纹。表面黄色或黄白色。体轻疏松。断面黄白色或黄棕色。气特殊、味苦。条长 20cm 以上。芦下直径 1cm 以上。无残茎、杂质、虫蛀、霉变。

二等：表面黄色或黄白色。长短大小不分，但芦下最小直径不低于 0.3cm。余同一等。

【化学成分】主含生物碱（秦艽甲素、秦艽乙素和秦艽丙素）、龙胆苦苷、栎瘿酸、马钱苷酸等。

【鉴别与检查】取样品，加甲醇，超声，取滤液作为供试品溶液。另取龙胆苦苷对照品，加甲醇制成对照品溶液。用硅胶 GF$_{254}$ 薄层板，以乙酸乙酯－甲醇－水（10：2：1）为展开剂，置紫外光灯（254nm）下检视。供试品色谱中，在与对照品色谱相应的位置上，显相同颜色的斑点。

同上法制成供试品溶液。取栎瘿酸对照品，加三氯甲烷制成对照品溶液。硅胶 G 薄层板，以三氯甲烷－甲醇－甲酸（50：1：0.5）为展开剂，喷以 10% 硫酸乙醇溶液，在 105℃加热至斑点显色清晰。供试品色谱中，在与对照品色谱相应的位置上，显相同颜色的斑点。

水分不得过 9.0%，总灰分不得过 8.0%，酸不溶性灰分不得过 3.0%。

【质量要求】

1. 外观质量　以长大、质实、色黄白、气味浓厚者为佳。

2. 内在质量　①浸出物含量：醇溶性浸出物（热）不得少于 24.0%，饮片不得少于 20.0%，用乙醇作溶剂。②含量测定：用高效液相色谱法测定，含龙胆苦苷和马钱苷酸的总量不得少于 2.5%。

【性味功能主治】辛、苦，平。祛风湿，清湿热，止痹痛，退虚热。用于风湿痹痛，中风半身不遂，筋脉拘挛，骨节酸痛，湿热黄疸，骨蒸潮热，小儿疳积发热。

【贮藏养护】用麻袋或编织袋包装。置通风干燥处。

【用法用量】3～10g。

>>> 知识链接 ○--------------------------------------

秦艽为国家重点保护的野生植物药材品种。

秦皮 Qinpi
Fraxini Cortex

【别名】蜡树皮、秦白皮。

【商品来源】为木犀科植物苦枥白蜡树 *Fraxinus rhynchophylla* Hance、白蜡树 *Fraxinus chinensis* Roxb.、尖叶白蜡树 *Fraxinus szaboana* Lingelsh. 或宿柱白蜡树 *Fraxinus stylosa* Lingelsh. 的干燥枝皮或干皮。

【商品产地】尖叶白蜡树、宿柱白蜡树主产陕西渭南、山西、甘肃等地。苦枥白蜡树主产于辽宁绥中、海城、盖平、本溪，黑龙江，吉林。白蜡树主产于四川峨眉、陕西、甘肃、河北等地。

【采制及商品种类】

秦皮　春季或秋季整枝时，剥下干皮或枝皮，晒干。

秦皮片　除去杂质，洗净，润透，切丝，干燥。

【商品特征】

枝皮　呈卷筒状或槽状。外表面灰白色、灰棕色至黑棕色或相间呈斑状，平坦或稍粗糙，并有灰白色圆点状皮孔及细斜皱纹，有的具分枝痕。内表面黄白色或棕色，平滑。质硬而脆，断面纤维性，黄白色，显层状。加热水浸泡，浸出液在日光下可见碧蓝色荧光。气微，味苦。

干皮　为长条状块片。外表面灰棕色，具龟裂状沟纹及红棕色圆形或横长的皮孔。质坚硬，断面纤维性较强。

秦皮片　本品为长短不一的丝条状。外表面灰白色、灰棕色或黑棕色。内表面黄白色或棕色，平滑。切面纤维性。质硬。气微，味苦。

【规格等级】商品分干皮、枝皮。一般不分等级。

【化学成分】主含秦皮乙素（七叶树素，在碱液中显蓝色荧光）及秦皮甲素（七叶树苷，在 pH > 5.8 的水液中呈蓝色荧光）、鞣质、丁香苷、宿柱白蜡苷、甘露醇及生物碱。

【鉴别与检查】取样品加甲醇回流，取滤液作为供试品溶液。另取秦皮甲素对照品、秦皮乙素对照品及秦皮素对照品，加甲醇制成的混合溶液，作为对照品溶液。用硅胶 G 薄层板或 GF$_{254}$ 薄层板，以三氯甲烷 – 甲醇 – 甲酸（6：1：0.5）为展开剂，硅胶 GF$_{254}$ 板置紫外光灯（254nm）下检视；硅胶 G 板置紫外光灯（365nm）下检视。供试品色谱中，在与对照品色谱相应的位置上，显相同颜色的斑点或荧光斑点；硅胶 GF$_{254}$ 板喷以三氯化铁试液 – 铁氰化钾试液（1：1）的混合溶液，斑点变为蓝色。

水分不得过 7.0%，总灰分不得过 8.0%，秦皮片不得过 6.0%。

【质量要求】

1. 外观质量　以条长、外皮薄且光滑者为佳。

2. 内在质量　①浸出物含量：醇溶性浸出物（热）秦皮不得少于 8.0%，秦皮片不得少于 10.0%，用乙醇作溶剂。②含量测定：用高效液相色谱法测定，含秦皮甲素和秦皮乙素的总量，秦皮不得少于 1.0%，饮片不得少于 0.80%。

【性味功能主治】苦、涩，寒。清热燥湿，收涩止痢，止带，明目。用于湿热泻痢，赤白带下，目赤肿痛，目生翳膜。

【贮藏养护】用麻袋或编织袋包装。置通风干燥处。

【用法用量】6 ~ 12g。外用适量，煎洗患处。

银柴胡 Yinchaihu

Stellariae Radix

【别名】 牛肚根（陕西）、白根子（甘肃）。

【商品来源】 为石竹科植物银柴胡 *Stellaria dichotoma* L. var. *lanceolata* Bge. 的干燥根。

【商品产地】 主产于宁夏银川、陕西延安、甘肃天水及内蒙古、山东等省区。

【采制及商品种类】

银柴胡 春、夏间植株萌发或秋后茎叶枯萎时采挖；栽培品于种植后第三年 9 月中旬或第四年 4 月中旬采挖，除去残茎、须根及泥沙，晒干。

银柴胡片 除去杂质，洗净，润透，切厚片，干燥。

【商品特征】 本品呈类圆柱形，偶有分枝。表面浅棕黄色至浅棕色，有扭曲的纵皱纹和支根痕，多具孔穴状或盘状凹陷，习称"砂眼"，从砂眼处折断可见棕色裂隙中有细砂散出。根头部略膨大，有密集的呈疣状突起的芽苞、茎及根茎的残基，习称"珍珠盘"。质硬而脆，易折断，断面不平坦，较疏松，有裂隙，皮部甚薄，木部有黄、白色相间的放射状纹理。气微，味甘。

栽培品 有分枝，下部多扭曲。表面浅棕黄色或浅黄棕色，纵皱纹细腻明显，细支根痕多呈点状凹陷。几无砂眼。根头部有多处疣状突起。折断面质地较紧密，几无裂隙，略显粉性，木部放射状纹理不甚明显。味微甜。

【规格等级】 有选货、统货两种规格，选货一般分两等。

选货 一等：根呈类圆柱形，偶有分枝。根头部"珍珠盘"明显。气微，味微甜。表面浅棕黄色，条形顺直，直径不小于 0.8cm，杂质不得超过 0.5%。

二等：表面浅棕黄色至浅棕色，条形较顺，直径 0.6～0.8cm，杂质不超过 1%。余同一等。

统货 表面浅棕黄色至浅棕色，不分条形，直径 0.5～2.5cm，杂质不超过 3%。

【化学成分】 主含甾醇类（α－菠菜甾醇和豆甾－7－烯醇）、肽类化合物、黄酮类成分等。

【鉴别与检查】 ①取本品粉末 1g，加无水乙醇 10ml，浸渍 15 分钟，滤过。取滤液 2ml，置紫外光灯（365nm）下观察，显亮蓝微紫色的荧光。②取本品粉末 0.1g，加甲醇 25ml，超声处理 10 分钟，滤过，滤液置 50ml 量瓶中，加甲醇至刻度。用紫外－可见分光光度法测定，在 270nm 波长处有最大吸收。

酸不溶性灰分不得过 5.0%。

【质量要求】

1. 外观质量 以条粗长均匀，皮细质坚实，外皮灰黄色，有菊花心者为佳。

2. 内在质量 浸出物含量：用甲醇作溶剂，醇溶性浸出物（冷）不得少于 20.0%。

【性味功能主治】 甘，微寒。清虚热，除疳热。用于阴虚发热，骨蒸劳热，小儿疳热。

【贮藏养护】 用麻袋或编织袋包装。置通风干燥处，防蛀。

【用法用量】 3～10g。

羚羊角 Lingyangjiao

Saigae Tataricae Cornu

【别名】 高鼻羚羊角、羚角、羚羊角尖、白羚羊角。

【商品来源】 为牛科动物赛加羚羊 *Saiga tatarica* Linnaeus 的角。猎取后锯取其角，晒干。

【商品产地】 主产于新疆天山北麓伊犁、博罗培拉河流，中俄交界处一带，甘肃，青海，西藏北部，内蒙古自治区的大兴安岭一带。此外，也产于俄罗斯西伯利亚及小亚细亚一带。蒙古国、泰国、越南等国也产。

【采制及商品种类】

羚羊角 全年均可捕捉，捕得后，将角从基部锯下，晒干，即得。以 8～10 月捕捉锯下的角色泽最好。

羚羊角镑片 取羚羊角，置温水中浸泡，捞出，镑片，干燥，为"羚羊角镑片"。

羚羊角镑丝 取羚羊角，置温水中浸泡，捞出，镑丝，干燥，为"羚羊角镑丝"。

羚羊角镑粉 取羚羊角，砸块，粉碎成细粉，为"羚羊角镑丝"。

【商品特征】 本品呈长圆锥形，略呈弓形弯曲。类白色或黄白色，基部稍呈青灰色。嫩枝对光透视有"血丝"或紫黑色斑纹，光润如玉，无裂纹，老枝则有细纵裂纹。除尖端部分外，有 10～16 个隆起环脊，间距约 2cm，用手握之，四指正好嵌入凹处。角的基部横截面圆形，内有坚硬质重的角柱，习称"骨塞"，骨塞长约占全角的 1/2 或 1/3，表面有突起的纵棱与其外面角鞘内的凹沟紧密嵌合，从横断面观，其结合部呈锯齿状。除去"骨塞"后，角的下半段成空洞，全角呈半透明，对光透视，上半段中央有一条隐约可辨的细孔道直通角尖，习称"通天眼"。质坚硬。气微，味淡。

【规格等级】 商品分大枝羚羊角、小枝羚羊角、老角、羚羊角尖、羚羊角镑丝、羚羊角镑片、羚羊角粉等规格。

大枝羚羊角 角长 15～25cm，每支 200～250g 底部直径约 3cm，表面类白色，有光泽，常有 8～18 个环节，质嫩无裂纹，近尖端有血丝，中下段角内有骨塞。

小枝羚羊角 角较短小壮满，长 10～15cm，每支 30～180g，环节约 10 个。

老角（老劈柴、例山货） 系大枝羚羊角年久枯萎或死后遗留于山中的死角，亦有大枝、小枝之分，呈死灰色或黄褐色，多骨塞，质次。

羚羊角尖 为锯片时剩下的尖部，品质最佳。

羚羊角镑片 纵向薄片，多折曲，类白色或黄白色，半透明，表面光滑，纹丝直微波状，有光泽，质坚韧，不易拉断。

羚羊角镑丝 纵向丝状，多折曲，类白色或黄白色，半透明。

羚羊角粉 乳白色细粉，无臭，味淡。

【化学成分】 主含角蛋白（水解后可得多种氨基酸）、卵磷脂、脑磷脂、神经鞘磷脂、磷脂酰丝氨酸及磷脂酰肌醇、磷酸钙。

【鉴别】 本品横切面：可见组织构造多少呈波浪状起伏。角顶部组织波浪起伏最为明显，在峰部往往有束存在，束多呈三角形；角中部稍呈波浪状，束多呈双凸透镜形；角基部波浪形不明显，束呈椭圆形至类圆形。髓腔的大小不一，以角基部的髓腔最大。束的皮层细胞扁梭形，3～5 层。束间距离较宽广，充满着近等径形多边形、长菱形或狭长形的基本角质细胞。皮层细胞或基本角质细胞均显无色透明，其中不含或仅含少量细小浅灰色色素颗粒，细胞中央往往可见一个折光性强的圆粒或线状物。

【质量要求】 以角体丰满、色白、光润、有光泽、内含红色斑纹、无裂纹、质嫩者为佳。

【性味功能主治】 咸，寒。平肝息风，清肝明目，散血解毒。用于肝风内动，惊痫抽搐，妊娠子痫，高热痉厥，癫痫发狂，头痛眩晕，目赤翳障，温毒发斑，痈肿疮毒。

【贮藏养护】 用纸包好，置阴凉干燥处，密闭保存。

【用法用量】 1～3g，宜另煎 2 小时以上；磨汁或研粉服，每次 0.3～0.6g。

≫≫ 知识链接 ○--

羚羊角为国家重点保护的野生动物药材品种。2021 年国家重点保护野生动物名录中高鼻羚羊列为一级保护级别。应加强保护。

由于羚羊角药源紧张，市场上出现一些以其他动物的角冒充羚羊角入药的现象，主要有以下三种。

1. 鹅喉羚羊角　为牛科动物长尾黄羊雄兽的角。角呈长圆锥形而稍侧扁，角尖显著向内弯转；表面黑色，粗糙，多纵裂纹，不透明；尖端表面光滑，向下渐次可见多数纵纹，此部约占全长的1/3，中下部有斜向环脊约8个，其间距约1.5cm；近基的表面，角质较松脆，易于脱落；角的基部横截面类圆形，中央具坚硬的黄白色"骨塞"，其边缘与外周角鞘连接处平滑。

2. 黄羊角　为牛科动物黄羊的角。角呈长圆锥形而稍扁，表面淡棕色，不透明，自基部向上有密集、斜向、弯曲的环脊17~20个，环脊的间距小，约5mm。

3. 藏羚羊角　为牛科动物藏羚羊雄兽的角。角呈长圆锥形而侧扁，较直，微呈S形弯曲；表面深棕色，不透明，上端约1/3部分表面光滑，有微细的纵走纹理，角的下方2/3部分的一侧有较明显隆起的环脊约16个，其间距几相等，约2cm；角的基部横截面扁圆形，长径约5cm，短径约4cm，中央有白色"骨塞"，"骨塞"中央有一圆孔，横截面周围较平滑，不呈齿状。

淫羊藿 Yinyanghuo
Epimedii Folium

【别名】　仙灵脾、羊藿叶、三枝九叶草、刚前。

【商品来源】　为小檗科植物淫羊藿 *Epimedium brevicornu* Maxim.、箭叶淫羊藿 *Epimedium sagittatum*（Sieb. et Zucc.）Maxim.、柔毛淫羊藿 *Epimedium pubescens* Maxim. 或朝鲜淫羊藿 *Epimedium koreanum* Nakai 的干燥叶。

【商品产地】　淫羊藿主产于陕西、山西、甘肃、安徽、河南、广西；箭叶淫羊藿主产于四川、湖北、安徽、浙江、江西、江苏；柔毛淫羊藿主产于四川；朝鲜淫羊藿主产于辽宁、吉林。

【采制及商品种类】　夏、秋季茎叶茂盛时采收叶，晒干或阴干。

小叶淫羊藿　为淫羊藿的叶。

大叶淫羊藿　为朝鲜淫羊藿、箭叶淫羊藿、柔毛淫羊藿的叶。

淫羊藿片　呈丝片状，叶片上表面光滑，下表面具毛茸，边缘有锯齿，气微，味微苦。

炙淫羊藿　形同淫羊藿，表面浅黄色显油亮光泽，微有羊脂油气。

【商品特征】

淫羊藿　三出复叶；小叶片卵圆形，长3~8cm，宽2~6cm；先端微尖，顶生小叶基部心形，两侧小叶较小，偏心形，外侧较大，呈耳状，边缘具黄色刺毛状细锯齿；上表面黄绿色，下表面灰绿色，主脉7~9条，基部有稀疏细长毛，细脉两面突起，网脉明显；小叶柄长1~5cm。叶片近革质。气微，味微苦。

箭叶淫羊藿　三出复叶，小叶片长卵形至卵状披针形，长4~12cm，宽2.5~5cm；先端渐尖，两侧小叶基部明显偏斜，外侧呈箭形。下表面疏被粗短伏毛或近无毛。叶片革质。

柔毛淫羊藿　叶下表面及叶柄密被绒毛状柔毛。

朝鲜淫羊藿　小叶较大，长4~10cm，宽3.5~7cm，先端长尖。叶片较薄。

【规格等级】　有小叶淫羊藿（淫羊藿）、大叶淫羊藿（朝鲜淫羊藿、箭叶淫羊藿、柔毛淫羊藿）两种规格，商品一般不分等级。

【化学成分】　主含淫羊藿苷，淫羊藿次苷Ⅰ、Ⅱ及淫羊藿新苷，宝藿苷Ⅰ，朝藿定A、B、C，挥发油，植物甾醇等。

【鉴别与检查】　取样品加乙醇，温浸，滤液蒸干，残渣加乙醇使溶解，作为供试品溶液。淫羊藿苷溶液作为对照品溶液，用硅胶H薄层板，以乙酸乙酯－丁酮－甲酸－水（10∶1∶1∶1）为展开剂，展开，取出，晾干，置紫外光灯（365nm）下检视。供试品色谱中，在与对照品色谱相应的位置上，显相同的暗红色斑点；喷以三氯化铝试液，再置紫外光灯（365nm）下检视，显相同的橙红色荧光斑点。

杂质不得过3%。淫羊藿水分不得过12.0%，炙淫羊藿水分不得过8.0%。总灰分不得过8.0%。

【质量要求】

1. 外观质量　以色绿、无枝梗、叶整齐、碎叶少者为佳。

2. 内在质量　①浸出物含量：用稀乙醇作溶剂，醇溶性浸出物（冷）不得少于15.0%。②含量测定：用紫外－可见分光光度法测定，含总黄酮以淫羊藿苷计，不得少于5.0%。用高效液相色谱法测定，叶片含朝藿定A、朝藿定B、朝藿定C和淫羊藿苷的总量，朝鲜淫羊藿不得少于0.50%；淫羊藿、柔毛淫羊藿、箭叶淫羊藿均不得少于1.5%。炙淫羊藿含宝藿苷Ⅰ不得少于0.030%；含朝藿定A、朝藿定B、朝藿定C和淫羊藿苷的总量，朝鲜淫羊藿不得少于0.40%，淫羊藿、柔毛淫羊藿、箭叶淫羊藿均不得少于1.2%。

【性味功能主治】　辛、甘，温。补肾阳，强筋骨，祛风湿。用于肾阳虚衰，阳痿遗精，筋骨痿软，风湿痹痛，麻木拘挛。

【贮藏养护】　用麻袋或编织袋包装。置通风干燥处。

【用法用量】　6~10g。

>>> 知识链接 ◦- -

巫山淫羊藿（自《中国药典》2010年版单列）为小檗科淫羊藿属植物巫山淫羊藿 *Epimedium wushanense* T. S. Ying 的干燥叶。夏、秋季茎叶茂盛时采收，晒干或阴干。二回三出复叶；小叶片披针形至狭披针形，长9~23cm，宽1.8~4.5cm，先端渐尖或长渐尖；边缘具刺齿，侧生小叶基部的裂片偏斜，内边裂片小，圆形，外边裂片大，三角形，渐尖。下表面被绵毛或秃净。叶片近革质。气微，味微苦。杂质不得过3%，水分不得过12.0%，总灰分不得过8.0%，浸出物（冷浸法）不得少于15.0%，用高效液相色谱法测定，含朝藿定C不得少于1.0%。

- ◦

紫草 Zicao
Arnebiae Radix

【别名】　紫丹、地血、紫根草。

【商品来源】　为紫草科植物新疆紫草 *Arnebia euchroma*（Royle）Johnst. 或内蒙紫草 *Arnebia guttata* Bunge 的干燥根。

【商品产地】　新疆紫草主产于新疆天山南北坡，西藏北部等地。内蒙紫草主产于内蒙古、新疆、甘肃西部、河北北部等地。有栽培。

【采制及商品种类】　春、秋二季采挖，忌用水洗，除去泥沙，干燥。

新疆紫草　除去杂质，切厚片或段。

内蒙紫草　除去杂质，洗净，润透，切薄片，干燥。

【商品特征】

新疆紫草（软紫草）　呈不规则的长圆柱形，多扭曲。表面紫红色或紫褐色，皮部疏松，呈条形片状，常10余层重叠，易剥落。顶端有的可见分歧的茎残基。体轻，质松软，易折断，断面不整齐，木部较小，黄白色或黄色。气特异，味微苦、涩。

内蒙紫草　呈圆锥形或圆柱形，扭曲。根头部略粗大，顶端有残茎1个或多个，被短硬毛。表面紫红色或暗紫色，皮部略薄。质硬而脆，易折断，断面较整齐，皮部紫红色，木部较小，黄白色。气特异，味涩。

新疆紫草片 为不规则的圆柱形切片或条形片状。紫红色或紫褐色。皮部深紫色。圆柱形切片，木部较小，黄白色或黄色。

内蒙紫草片 为不规则的圆柱形切片或条形片状，有的可见短硬毛，质硬而脆。紫红色或紫褐色。皮部深紫色。圆柱形切片，木部较小，黄白色或黄色。

【规格等级】有软苗、软选和软统三种规格，商品一般不分等级。

软苗 呈不规则的长圆柱形，多扭曲，表面紫红色或紫褐色，皮部疏松，呈条形片状

软选 呈条形片状，紫红色或紫褐色。

软统 呈不规则的长圆柱形有条形片状，表面颜色不一。

【化学成分】主含羟基萘醌色素类如 β,β' - 二甲基丙烯酰阿卡宁、紫草素、左旋紫草素、消旋紫草素、乙酰紫草素、异丁酰紫草素、异戊酰紫草素、去氧紫草素等。

【鉴别与检查】取样品加石油醚（60～90℃），超声，滤液浓缩，作为供试品溶液。另取紫草对照药材，同法制成对照药材溶液。用硅胶 G 薄层板，以环己烷 - 甲苯 - 乙酸乙酯 - 甲酸（5：5：0.5：0.1）为展开剂，供试品色谱中，在与对照药材色谱相应的位置上，显相同的紫红色斑点；再喷以 10% 氢氧化钾甲醇溶液，斑点变为蓝色。

水分不得过 15.0% 。

【质量要求】

1. 外观质量 均以条粗大、色紫、质软、皮厚、木心小者为佳。

2. 内在质量 含量测定：用紫外 - 可见分光光度法测定，含羟基萘醌总色素以左旋紫草素计，不得少于 0.80% 。用高效液相色谱法测定，含 β,β' - 二甲基丙烯酰阿卡宁不得少于 0.30% 。

【性味功能主治】甘、咸，寒。清热凉血，活血解毒，透疹消斑。用于血热毒盛，斑疹紫黑，麻疹不透，疮疡，湿疹，水火烫伤。

【贮藏养护】用麻袋或编织袋包装。置干燥处。

【用法用量】5～10g。外用适量，熬膏或用植物油浸泡涂擦。

>>> **知识链接** ○---

根据《名医别录》《植物名实图考》等本草记载，紫草自古使用品种比较混乱。以下均为非正品。

1. 滇紫草 为同科植物滇紫草 Onosma paniculatum Bur. et Fr. 的根。主产于四川、云南、贵州等省。根呈圆柱形，外皮暗红紫色；质坚硬，不易折断，断面木部黄白色；气微，味微酸。

2. 西藏紫草为同科植物长花滇紫草 Onosma hookeri Clarke var. Longiflorum Duthie ex Stapf. 的根。主产于西藏。外皮紫褐色，易剥落。

3. 硬紫草 为同科植物紫草 *Lithospermum erythrorhizon* Sieb. et Zucc. 的根。主产于黑龙江、辽宁、吉林、河北等省。呈圆锥形，扭曲，时有分枝。表面紫红色或紫黑色，粗糙有纵纹，皮部薄，易剥离。质硬而脆，易折断。断面皮部深紫色，木部灰黄色，较大。微有香气，味微苦、涩。

---●

地骨皮 Digupi

Lycii Cortex

【别名】枸杞根、狗奶子根、狗地芽、苦杞、甜菜芽、枸杞根皮。

【商品来源】为茄科植物枸杞 *Lycium chinense* Mill. 或宁夏枸杞 *Lycium barbarum* L. 的干燥根皮。

【商品产地】枸杞主产于山西、河南、河北、甘肃、陕西、浙江、江苏等省，多为野生。宁夏枸杞主产于宁夏、甘肃等省区。

【采制及商品种类】 春初或秋后采挖根部，洗净剥取根皮，晒干。以春季清明前采，浆水足，皮厚，色黄，质量较佳。

【商品特征】 药材呈筒状或槽状或不规则卷片，厚1~3mm。外表面灰黄色至棕黄色，粗糙，有不规则纵皱纹或裂纹，易成鳞片状剥落。内表面黄白色至灰黄色，较平坦，有细纵纹。体轻，质脆，易折断。断面不平坦，外层黄棕色，内层灰白色。气微，味微甘而后苦。

【规格等级】 均为统货，不分等级。

【化学成分】 主含桂皮酸、甜菜碱、谷甾醇、枸杞酰胺及维生素 B_1 等。

【鉴别与检查】 取样品粉末，加甲醇，超声，滤液蒸干，残渣加甲醇使溶解，作为供试品溶液。另取地骨皮对照药材，同法制成对照药材溶液。照薄层色谱法，吸取上述两种溶液各5μl，分别点于同一硅胶 G 薄层板上，以甲苯－丙酮－甲酸（10∶1∶0.1）为展开剂，展开，取出，晾干，置紫外光灯（365nm）下检视。供试品色谱中，在与对照药材色谱相应的位置上，显相同颜色的荧光斑点。

水分不得过11.0%，总灰分不得过11.0%，酸不溶性灰分不得过3.0%。

【质量要求】 外观质量 以块大、肉厚、无木心者为佳。

【性味功能主治】 甘，寒。用于阴虚潮热，骨蒸盗汗，肺热咳嗽，咯血，衄血，内热消渴。

【贮藏养护】 置干燥处。

【用法用量】 9~15g。

款冬花 Kuandonghua
Farfarae Flos

【别名】 冬花。

【商品来源】 为菊科植物款冬 *Tussilago farfara* L. 的干燥花蕾。

【商品产地】 主产于甘肃、河南、山西、陕西等省。以甘肃天水、平凉、陇南、定西产量较大。

【采制及商品种类】 12月为盛产期，在花蕾尚未出土时，挖出花蕾，放通风处阴干，待半干时筛去泥沙，去净花梗，再晾至全干。避免水洗、日晒和受冻，以免变黑。

款冬花 呈不规则圆棒状。单生或2~3个基部花序连在一起，外表面呈紫红色或淡红色。体轻，气清香，味微苦而辛，嚼之呈棉絮状。

蜜款冬花 形如款冬花，表面棕黄色或棕褐色，稍带黏性。具蜜香气，味微甜。

【商品特征】 呈不规则圆棒状。单生或2~3个基部花序连在一起，习称"连三朵"，长1~2.5cm，直径0.5~1cm。上端较粗，下端渐细或带有短梗，外面被有多数鱼鳞状苞片。苞片外表面紫红色或淡红色，内表面密被白色絮状茸毛。体轻，撕开后可见白色茸毛。气香，味微苦而辛。

【规格等级】 分为选货和统货两种规格，选货一般分两等。

选货 一等：干货。呈长圆形，单生或2~3个基部连生，苞片呈鱼鳞状，花蕾肥大，个头均匀，色泽鲜艳。表面紫红或粉红色，体轻，撕开可见絮状毛茸。气微香，味微苦而辛。花蕾较大。黑头不超过3%，总花梗长度不超过0.5cm。无开头、枝干、杂质、虫蛀、霉变。

二等：干货。呈长圆形，苞片呈鱼鳞状，个头瘦小，不均匀，表面紫褐色或暗紫色，间有绿白色。气微香，味微苦而辛。开头、黑头不超过3%，总花梗长度不超过1cm，其余同一等。

统货 干货。呈长圆棒状。单生或2~3个基部连生，大小不等。上端较粗，下端渐细或带有短梗，外面被有多数鱼鳞状苞片。苞片外表面紫红色或淡红色，内表面密被白色絮状茸毛。体轻，撕开后可见白色茸毛。气香，味微苦而辛。无枝干、杂质、虫蛀、霉变。

【化学成分】 花蕾主含款冬二醇、山金车二醇（以上二者为异构体）、降香醇、蒲公英黄色素、千里光碱、金丝桃苷等。此外，尚含三萜皂苷、挥发油、鞣质及黏液质等。

【鉴别与检查】取样品粉末，加乙醇，超声，滤液蒸干，残渣加乙酸乙酯使溶解，作为供试品溶液。另取款冬花对照药材，同法制成对照药材溶液。另取款冬酮对照品，乙酸乙酯制成对照品溶液。照薄层色谱法，吸取上述三种溶液，分别点于同一硅胶 G 薄层板上，以石油醚（60～90℃）－丙酮（6∶1）为展开剂，展开，取出，晾干，喷以 10% 硫酸乙醇溶液，105℃ 加热至斑点显色清晰，置紫外光灯（365nm）下检视。供试品色谱中，在与对照药材和对照品色谱相应的位置上，显相同颜色的斑点。

【质量要求】

1. 外观质量　以蕾大、肥壮、色紫红鲜艳、花梗短而少者为佳。木质老梗及已开花者不可供药用。

2. 内在质量　①浸出物含量：醇溶性浸出物（热浸法）不得少于 20.0%，蜜款冬花不得少于 22.0%。②含量测定：用高效液相色谱法测定，含款冬酮（$C_{23}H_{34}O_5$）不得少于 0.070%。

【性味功能主治】辛、微苦，温。润肺下气，止咳化痰。用于新旧咳嗽，喘咳痰多，劳嗽咯血。

【贮藏养护】置干燥处，防潮、防虫。

【用法用量】5～10g。

目标测试

答案解析

一、单选题

1. "锦纹"属于下列哪种药材的商品鉴别特征
    A. 秦艽　　　　　　　B. 甘草　　　　　　　C. 牛膝
    D. 大黄　　　　　　　E. 何首乌

2. 大黄药材断面星点分布于
    A. 根皮层　　　　　　B. 根茎皮层　　　　　C. 根茎髓部
    D. 根韧皮部　　　　　E. 根茎韧皮部

3. 当归一般栽培至第几年秋后采挖
    A. 第1年　　　　　　B. 第2年　　　　　　C. 第3年
    D. 第4年　　　　　　E. 第5年

4. 按每多少克粒数划分枸杞子等级
    A. 10g　　　　　　　B. 50g　　　　　　　C. 100g
    D. 500g　　　　　　E. 1000g

5. 当归的道地产区是
    A. 陕西汉中　　　　　B. 甘肃陇西　　　　　C. 甘肃张掖
    D. 云南大理　　　　　E. 甘肃岷县

二、多选题

1. 大黄的商品来源是
    A. 掌叶大黄　　　　　B. 唐古特大黄　　　　C. 藏边大黄
    D. 华北大黄　　　　　E. 药用大黄

2. 当归的功能包括
    A. 补血活血　　　　　B. 调经止痛　　　　　C. 祛痰止咳
    D. 润肠通便　　　　　E. 调和诸药

3. 羚羊角的商品包括

    A. 羚羊角   B. 羚羊角镑片   C. 羚羊角镑丝

    D. 羚羊角镑粉   E. 羚羊角浓缩粉

三、简答题

1. 野生唐古特大黄、掌叶大黄、药用大黄资源严重减少，如何开展可持续利用？

2. 甘草的商品规格等级是如何划分的？

书网融合……

思政导航   本章小结   题库

第十九章　南　药

PPT1　　PPT2　　PPT3

学习目标

知识目标

1. 掌握　南药的含义及其主要道地药材品种；葛根、天花粉、苍术、泽泻、牡丹皮、木瓜、枳壳、栀子、薄荷、青黛、蟾酥、蕲蛇的道地产地、采制、规格等级、商品特征、鉴别与检查、贮藏方法。

2. 熟悉　太子参、百部、车前子、芡实的道地产地规格等级、商品特征、贮藏方法。

3. 了解　南药产区的自然环境条件；莲子、百合、艾叶、香薷、龟甲、鳖甲的道地产地、规格等级；南药产区药材商品的产销行情。

能力目标　通过本章的学习，具备获取、收集、处理、运用南药产区市场信息的能力。

一、南药概述

（一）南药的含义

凡以长江以南、南岭以北大部分地区为主要产区或集散地的大宗商品药材称为南药。

（二）南药产区的自然环境

本区包括华东、华中的广大亚热带东部地区，湖南、湖北、江苏、安徽、福建、江西、台湾等省区，位于我国三大阶梯中的最低一级，以低山丘陵为主，平均海拔 500m 左右，部分低山可达 800～1000m，长江中下游平原海拔在 50m 以下。本地区气候温暖而湿润，冬温夏热，四季分明。年均降水量在 800～1600mm，由东南沿海向西北递减。

（三）南药产区的主要道地药材

本区的长江中下游平原地区包括江汉平原、洞庭湖平原、鄱阳湖平原、苏皖沿江平原、长江三角洲和里下河平原，湖泊星罗棋布，水生植物丰富，有莲、芡实、菖蒲等。丘陵地区的野生药用植物有丹参、玄参、牛膝、百部、海金沙、何首乌等。本区主要是冲积平原的耕作区，气候适宜、土质好，适用于多种药材的栽培。主要道地药材有安徽铜陵牡丹皮、宣城木瓜；江苏的苏薄荷、茅苍术、太子参、蟾酥等；福建的建泽泻、蕲蛇；江西新干、樟树的江枳壳，宜春香薷，丰城鸡血藤，泰和乌骨鸡；江汉平原的龟甲、鳖甲；湖南平江白术、沅江枳壳、邵东湘玉竹等。

二、药材品种

太子参 Taizishen

Pseudostellariae Radix

【别名】孩儿参。

【商品来源】为石竹科植物孩儿参 *Pseudostellaria heterophylla*（Miq.）Pax ex Pax et Hoffm. 的干燥

块根。

【商品产地】主要栽培于福建柘荣、福鼎、霞浦，贵州施秉，安徽宣城、巢湖，江苏南京、泰兴，江西九江、武宁、分宜等地。

【采制及商品种类】夏季地上茎叶大部分枯萎时采挖，洗净，除去须根，置沸水中略烫后晒干或直接晒干。

【商品特征】呈细长纺锤形或细长条形，稍弯曲。表面灰黄色至黄棕色，较光滑，微有纵皱纹，凹陷处有须根痕。顶端有茎痕。质硬而脆，断面平坦，淡黄白色，角质样；或类白色，有粉性。气微，味微甘。

【规格等级】商品一般为统货。

【化学成分】主含皂苷，多种氨基酸（以精氨酸、谷氨酸、天冬氨酸含量最高），太子参环肽 A 和 B，尚含有果糖、淀粉等。

【鉴别与检查】取本品粉末，加甲醇温浸后的滤液作为供试品溶液。另取太子参对照药材，同法制成对照药材溶液。用硅胶 G 薄层板，以正丁醇－冰醋酸－水（4：1：1）为展开剂，喷以 0.2% 茚三酮乙醇溶液，在 105℃ 加热至斑点显色清晰。在与对照药材色谱相应的位置上，显相同颜色的斑点。

水分不得过 14.0%，总灰分不得过 4.0%。

【质量要求】

1. 外观质量　以身干、条粗肥、色黄白、无须根者为佳。

2. 内在质量　浸出物含量：含水溶性浸出物（冷浸法）不得少于 25.0%。

【性味功能主治】甘、微苦，平。益气健脾，生津润肺。用于脾虚体倦，食欲不振，病后虚弱，气阴不足，自汗口渴，肺燥干咳。

【贮藏养护】用密封塑料袋装。本品易吸潮、虫蛀，应贮于通风干燥处。

【用法用量】9～30g。

百部 Baibu
Stemonae Radix

【别名】百部根、百条根。

【商品来源】为百部科植物直立百部 Stemona sessilifolia（Miq.）Miq.、蔓生百部 Stemona japonica.（Bl.）Miq. 或对叶百部 Stemona tuberosa Lour.. 的干燥块根。

【商品产地】直立百部主产于安徽滁县、江苏、湖北、浙江、山东。蔓生百部主产于浙江。对叶百部主产于湖北、广东、福建、四川。

【采制及商品种类】

百部　每年 2～3 月新芽出土前或 8～9 月植株将枯萎时采挖，除去茎叶及须根，洗净，置沸水中烫，待水再沸时立即捞出，晒干；烫过久会使中心变黑，影响质量。或洗净后，置容器内蒸至无白心，晒干。

百部片　取百部，除去杂质，洗净，润透，切厚片，干燥。

蜜百部　取百部片，加入适量开水稀释的炼蜜，拌匀，闷透，置锅内，文火加热，炒至不黏手为度，取出放凉。

【商品特征】

直立百部　呈纺锤形，上端较细长，皱缩弯曲。表面黄白色或淡棕黄色，有不规则深纵沟，间或有横皱纹。质脆，易折断，断面平坦，角质样，淡黄棕色或黄白色，皮部较宽，中柱扁缩。气微，味甘、苦。

　　蔓生百部　两端稍狭细，表面多不规则皱褶及皱纹。

　　对叶百部　呈长纺锤形或长条形。表面浅黄棕色至灰棕色，具浅纵皱纹或不规则纵槽。质坚实，断面黄白色至暗棕色，中柱较大，髓部类白色。

　　百部片　呈不规则厚片或不规则的条形斜片；外表面灰白色、棕黄色，有深纵皱纹。切面灰白色、淡棕黄色或黄白色，角质样；皮部较厚，中柱扁缩。质韧软。气微，味甘、苦。

　　蜜百部　形同百部片，表面棕黄色或褐棕色，略带焦斑，稍有黏性。味甜。

　　【规格等级】商品根据不同基原和性状分为"大百部""小百部"两个规格，来源项下前两者习称"小百部"，后者习称"大百部"，一般为统货。

　　【化学成分】直立百部含直立百部碱、霍多林碱、原百部碱等。蔓生百部含百部碱、蔓生百部碱、原百部碱等。对叶百部含对叶百部碱、氧化对叶百部碱、次对叶百部碱等。

　　【鉴别与检查】取本品粉末加70%乙醇，加热回流，滤过，滤液蒸干，残留物加浓氨试液调节 pH 至10～11，再加三氯甲烷振摇提取，分取三氯甲烷层，蒸干，残渣加1%盐酸溶液使溶解，滤过。滤液分为两份：一份滴加碘化铋钾试液，生成橙红色沉淀；另一份滴加硅钨酸试液，生成乳白色沉淀（检查生物碱反应）。

　　百部片、蜜百部水分均不得过12.0%。

　　【质量要求】

　　1. 外观质量　以根粗壮、质坚实、色黄白者为佳。

　　2. 内在质量　百部水溶性浸出物（热）不得少于50.0%。

　　【性味功能主治】甘、苦，微温。润肺下气止咳，杀虫灭虱。用于新久咳嗽，肺痨咳嗽，顿咳；外用于头虱，体虱，蛲虫病，阴痒。蜜百部润肺止咳。用于阴虚劳嗽。

　　【贮藏养护】用密封塑料袋装。本品易吸潮霉变，应贮于干燥通风处。

　　【用法用量】3～9g。外用适量，水煎或酒浸。

<h2 style="text-align:center">芡实 Qianshi
Euryales Semen</h2>

　　【别名】鸡头米、刀芡实、苏芡。

　　【商品来源】为睡莲科植物芡 *Euryale ferox* Salisb. 的干燥成熟种仁。

　　【商品产地】主产于山东济宁，江苏高淳、宝应，安徽明光，湖南常德，湖北荆州、孝感、黄冈，江西余干、鄱阳等地，四川华阳、简阳、金堂等地。

　　【采制及商品种类】

　　芡实　秋末冬初采收成熟果实，除去果皮，取出种子，洗净，再除去硬壳（外种皮），晒干。

　　麸炒芡实　取净芡实，加入炒热的麸皮中，炒至微黄色。

　　【商品特征】呈类球形，多为破粒，完整者直径5～8mm。表面有棕红色或红褐色内种皮，一端黄白色，约占全体1/3，有凹点状的种脐痕，除去内种皮显白色。质较硬，断面白色，粉性。气微，味淡。

　　【规格等级】商品一般为统货。

　　【化学成分】主含淀粉，另含有蛋白质、脂肪、核黄素、抗坏血酸以及微量元素。

　　【鉴别与检查】取本品粉末，加二氯甲烷，超声处理，滤过，滤液蒸干，残渣加乙酸乙酯使溶解，作为供试品溶液。另取芡实对照药材，同法制成对照药材溶液。用硅胶 G 薄层板，以正己烷－丙酮（5∶1）为展开剂，展开，取出，晾干，喷以10%硫酸乙醇溶液，在105℃加热至斑点显色清晰。供试品色谱中，在与对照药材色谱相应的位置上，显相同颜色的斑点。

水分芡实不得过 14.0%，麸炒芡实不得过 10.0%；总灰分均不得过 1.0%。

【质量要求】

1. 外观质量　以粒完整、饱满、断面色白、粉性足、无碎末者为佳。

2. 内在质量　浸出物含量：水溶性浸出物（热浸法）均不得少于 8.0%。

【性味功能主治】　甘、涩，平。益肾固精，补脾止泻，除湿止带。用于遗精滑精，遗尿尿频，脾虚久泻，白浊，带下。

【贮藏养护】　用密封塑料袋装。本品易吸潮霉变，应贮于干燥通风处。

【用法用量】　9～15g。

<h2 style="text-align:center">泽泻 Zexie</h2>
Alismatis Rhizoma

【别名】　闽泽泻、建泽泻、川泽泻。

【商品来源】　为泽泻科植物东方泽泻 *Alisma orientale*（Sam.）Juzep. 或泽泻 *Alisma plantago - aquatica* Linn. 的干燥块茎。

【商品产地】　主产于福建建瓯、浦城、泉州、漳州，四川彭山、眉山、乐山五通桥区，江西广昌、石城，广西贵港、博白等地。多为栽培。

【采制及商品种类】

泽泻　冬季茎叶开始枯萎时采挖，洗净，烘焙 5～6 天，随时翻动，至内心发软或相碰时发出响声，除去须根和粗皮，即可。

泽泻片　取泽泻，除去杂质，稍浸，润透，切厚片，干燥。

盐泽泻　取泽泻片，用盐水拌匀，闷透，文火加热，炒干，取出，放凉。

【商品特征】

泽泻　呈类球形、椭圆形或卵圆形。表面黄白色或淡黄棕色，有不规则的横向环状浅沟纹和多数细小突起的须根痕，底部有的有瘤状芽痕。质坚实，断面黄白色，粉性，有多数细孔。气微，味微苦。

泽泻片　为圆形或椭圆形厚片。外表面黄白色或淡黄棕色，可见细小突起的须根痕。切面黄白色至淡黄色，粉性，有多数细孔。气微，味微苦。

盐泽泻　形如泽泻片，表面淡黄棕或黄褐色，偶见焦斑。味微咸。

【规格等级】　按产地分建泽泻、川泽泻。其规格等级标准如下。

建泽泻　特等：多呈椭圆状，每千克 25 个以内，无双花、焦枯。

一等：呈椭圆形，撞净外皮及须根，表面黄白色，有细小突起的须根痕，断面浅黄白色，细腻有粉性，每千克 32 个以内，无双花、焦枯。

二等：呈椭圆形或卵圆形，表面灰白色，每千克 56 个以内，余同一等。

三等：类球形，表面黄白色，断面浅黄白色或灰白色，每千克 56 个以外，最小直径不小于 2.5cm，间有双花、轻微焦枯，但不超过 10%，余同二等。

川泽泻　一等：呈卵圆形，去净粗皮及须根，底部有瘤状小疙瘩，表面灰黄色，断面黄白色，每千克 50 个以内，无焦枯、碎块。

二等：每千克 50 个以外，最小直径不小于 2cm，间有焦枯、碎块，但不超过 10%，余同一等。

出口产品　因产地不同分为：①福建产品按个头大小分为 8～50 头。②四川产品按个头分为 1～2 个等级。

【化学成分】　主含四环三萜酮醇类衍生物：泽泻醇 A、B、C 及 23 - 乙醇泽泻醇 B 等，含少量挥发油、生物碱、微量元素。

【鉴别与检查】取本品粉末，加70%乙醇，超声处理，滤过，滤液蒸至无醇味，通过大孔吸附树脂柱，收集洗脱液，蒸干，残渣加甲醇溶解，作为供试品溶液。另取泽泻对照药材，同法制成对照药材溶液。再取23－乙酰泽泻醇B对照品和23－乙酰泽泻醇C对照品，加甲醇制成对照品溶液。用硅胶GF254薄层板上，以二氯甲烷－甲醇（15∶1）为展开剂，展开，取出，晾干，喷以2%香草醛硫酸溶液－乙醇（1∶9）混合溶液，在105℃加热至斑点显色清晰，分别置日光和紫外光灯（365nm）下检视。供试品色谱中，在与对照药材和对照品色谱相应位置上，分别显相同颜色的斑点或荧光斑点。

水分：泽泻不得过14.0%，泽泻片不得过12.0%，盐泽泻不得过13.0%。总灰分：泽泻、泽泻片均不得过5.0%，盐泽泻不得过6.0%。

【质量要求】

1. 外观质量 以个大、色黄白、光滑、粉性足者为佳。

2. 内在质量 ①浸出物含量：醇溶性浸出物（热）泽泻及泽泻片均不得少于10.0%，盐泽泻不得过9.0%。②含量测定：用高效液相色谱法测定，三者含23－乙酰泽泻醇B和23－乙酰泽泻醇C的总量均不得少于0.10%。

【性味功能主治】甘、淡，寒。利水渗湿，泄热，化浊降脂。用于小便不利，水肿胀满，泄泻尿少，痰饮眩晕，热淋涩痛，高脂血症。

【贮藏养护】用密封塑料袋装。本品易返潮、虫蛀，应贮于干燥处。

【用法用量】6～10g。

枳壳 Zhiqiao
Aurantii Fructus

【别名】江枳壳、川枳壳、湘枳壳。

【商品来源】为芸香科植物酸橙 *Citrus aurantium* L. 及其栽培变种的干燥未成熟果实。

【商品产地】主产于江西新干、樟树、新余、抚州，重庆江津、云阳、开州、铜梁，四川安岳、内江，湖南沅江、郴州，江苏苏州，浙江金华，福建闽侯、永泰等地。江西产者称"江枳壳"，四川、重庆产者称"川枳壳"，湖南产者称"湘枳壳"，江苏、浙江产者称"苏枳壳"，福建产者称"建枳壳"。

【采制及商品种类】

枳壳 7～8月果皮尚绿时采收，自中部横切为两半，仰面晒干或用微火烘干即可。

枳壳片 取枳壳，除去杂质，洗净，润透，切薄片，干燥后筛去碎落的瓤核。

麸炒枳壳 取枳壳，投入已炒热的麸皮中，迅速翻动，炒至色变深，取出，筛去麸皮，放凉。

【商品特征】

川枳壳 半球形，外表绿褐色或青绿色，有颗粒状突起，突起的顶端有凹点状油室。切面黄白色，边缘有1～2列油点。质坚实，气清香。素以"青皮、白口、翻盆状"为其鉴别要点。

江枳壳 外皮黑绿色或棕褐色，皮稍粗糙，肉厚瓤小。

湘枳壳 外皮棕褐色，皮粗糙，肉较薄，质较松，香气较淡。

苏枳壳（代代花枳壳） 扁圆形，外皮青黄色或暗绿色，基部常带果柄残基。

枳壳片 呈不规则弧状条形薄片。切面外果皮棕褐色至褐色，中果皮黄白色至黄棕色，近外缘有1～2列点状油室，内侧有的有少量紫褐色瓤囊。

麸炒枳壳 本品形如枳壳片，色较深，偶有焦斑。

【规格等级】商品主要分为江枳壳、川枳壳、湘枳壳、苏枳壳、建枳壳等规格。习惯认为江枳壳、川枳壳质佳。均分为2等或统货。其等级标准如下。

一等：横切对开，呈扁圆形。表面绿褐色或棕褐色，有颗粒状突起。切面黄白色或淡黄色，肉厚，果小，质坚硬。气清香，味苦微酸。直径 3.5cm 以上，肉厚 0.5cm 以上。

二等：直径 2.5cm 以上，肉厚 0.35cm 以上，余同一等。

【化学成分】含黄酮类成分：如柚皮苷、新橙皮苷、橙皮苷。挥发油：油中主成分为右旋柠檬烯约 90%、枸橼醛、右旋芳樟醇等。苦味成分：如苦橙苷、苦橙酸。尚含升压作用的辛弗林和 N - 甲基酪胺。

【鉴别与检查】取本品粉末，加甲醇超声处理，作为供试品溶液。另取柚皮苷对照品、新橙皮苷对照品，加甲醇制成对照品溶液。用硅胶 G 薄层板，以三氯甲烷 - 甲醇 - 水（13∶6∶2）下层溶液为展开剂，喷以 3% 三氯化铝乙醇溶液，在 105℃加热约 5 分钟，置紫外光灯（365nm）下检视。供试品色谱中，在与对照品色谱相应的位置上，显相同颜色的荧光斑点。

水分不得过 12.0%，总灰分不得过 7.0%。

【质量要求】

1. 外观质量　以个大、外皮色青绿、果肉厚而色白、质坚实、气清香者为佳。

2. 内在质量　含量测定：用高效液相色谱法测定，含柚皮苷均不得少于 4.0%，含新橙皮苷均不得少于 3.0%。

【性味功能主治】苦、辛、酸，微寒。理气宽中，行滞消胀。用于胸胁气滞，胀满疼痛，食积不化，痰饮内停，脏器下垂。

【贮藏养护】用密封塑料袋装。本品易虫蛀、发霉、怕热，应贮于阴凉干燥处。

【用法用量】3 ~ 10g。

>>> **知识链接** o--

枳实为酸橙 *Citrus aurantium* L. 及其栽培变种或甜橙 *Citrus sinensis* Osbeck 的干燥幼果。

--•

栀子 Zhizi
Gardeniae Fructus

【别名】黄栀子、山栀子。

【商品来源】为茜草科植物栀子 *Gardenia jasminoides* Ellis 的干燥成熟果实。

【商品产地】主产于湖南平江、浏阳，江西新干、樟树、丰城；福建、湖北、浙江等地亦产。

【采制及商品种类】

栀子　9 ~ 11 月果实成熟呈红黄色时采收，除去果梗及杂质，蒸至上汽或置沸水中略烫，取出，干燥。

炒栀子　取栀子碾碎，置锅内用文火炒至金黄色，取出，放凉。

焦栀子　取净栀子，置锅内用中火炒至表面焦褐色或焦黑色，果皮内表面和种子表面为黄棕色或棕褐色，取出，放凉。

【商品特征】

栀子　呈长卵圆形或椭圆形。表面红黄色或棕红色，具 6 条翅状纵棱，棱间常有 1 条明显的纵脉纹，并有分枝。果皮薄而脆，略有光泽。种子多数，扁卵圆形，集结成团。气微，味微酸而苦。

炒栀子　形如栀子碎块，黄褐色。

焦栀子　形如栀子或为不规则碎块，表面焦褐色或焦黑色。果皮内表面棕色，种子表面黄棕色或棕褐色。气微，味微酸而苦。

【规格等级】一般为统货，按果实成熟、果皮色泽深浅、饱满程度分一、二等。其等级标准如下。

一等：呈长圆形或椭圆形，饱满。表面橙红色、红黄色、淡红色、淡黄色。具有纵棱，顶端有宿存萼片。皮薄革质。略有光泽。破开后种子聚集成团状，紫红色或淡红色、棕黄色。气微，味微酸而苦。

二等：呈长圆形或圆形，较瘦小。表面橙黄色、暗紫色或带青色具有纵棱，顶端有宿存萼片。皮薄革质。破开后，种子聚集成团状，棕红色、红黄色、暗棕色、棕褐色。气微，味微酸而苦。间有怪形果或破碎。

【化学成分】含多种环烯醚萜类：如栀子苷、羟异栀子苷、山栀子苷、栀子新苷等；色素：如番红花素、番红花酸；绿原酸等有机酸。

【鉴别与检查】取本品粉末，加50%甲醇超声处理，作为供试品溶液。另取栀子对照药材，同法制成对照药材溶液。再取栀子苷对照品，加乙醇制成对照品溶液。用硅胶 G 薄层板，以乙酸乙酯－丙酮－甲酸－水（5∶5∶1∶1）为展开剂，展开，取出，晾干。供试品色谱中，在与对照药材色谱相应的位置上，显相同颜色的黄色斑点；再喷以10%硫酸乙醇溶液，在110℃加热至斑点显色清晰。供试品色谱中，在与对照药材色谱和对照品色谱相应的位置上，显相同颜色的斑点。

水分不得过8.5%，总灰分不得过6.0%。重金属及有害元素铅不得过5mg/kg；镉不得过1mg/kg；砷不得过2mg/kg；汞不得过0.2mg/kg；铜不得过20mg/kg。

【质量要求】

1. 外观质量 以个小、完整、皮薄、仁饱满、色红黄者为佳。

2. 内在质量 含量测定：用高效液相色谱法测定，栀子苷栀子不得少于1.8%，炒栀子不得少于1.5%。

【性味功能主治】 苦、寒。泻火除烦，清热利湿，凉血解毒；外用消肿止痛。用于热病心烦，湿热黄疸，淋证涩痛，血热吐衄，目赤肿痛，火毒疮疡；外治扭挫伤痛。焦栀子凉血止血；用于血热吐血，衄血，尿血，崩漏。

【贮藏养护】 用密封塑料袋装。贮于通风干燥处。

【用法用量】 6～10g。外用生品适量，研末调敷。

>>> **知识链接** ○－－－－－－－－－－－－－－－－－－－－－－－－－

同属植物水栀 *Gardenia jasminoides* Ellis f. *longicarpa* Z. W. Xie et Okada 的果实不宜入药。

－－－－－－－－－－－－－－－－－－－－－－－－－－－－－－－－－●

薄荷 Bohe
Menthae Haplocalycis Herba

【别名】 水薄荷。

【商品来源】 为唇形科植物薄荷 *Mentha haplocalyx* Briq. 的干燥地上部分。

【商品产地】 主产于江苏的太仓、南通、海门及浙江、安徽、江西、湖南等地。江苏、安徽所产者称为"苏薄荷"。太仓出产的薄荷质最佳。

【采制及商品种类】

薄荷 夏、秋二季茎叶茂盛或花开至三轮时，选晴天，分次采割，晒干或阴干。

薄荷段 取薄荷，除去老茎和杂质，略喷清水，稍润，切短段，及时低温干燥。

【商品特征】

薄荷 茎呈方柱形，有对生分枝；表面紫棕色或淡绿色，棱角处具茸毛；质脆，断面白色，髓部中空；叶对生，有短柄；叶片皱缩卷曲，完整者展平后呈宽披针形、长椭圆形或卵形。轮伞花序腋生，花萼钟状，先端5齿裂，花冠淡紫色。揉搓后有特殊清凉香气，味辛凉。

薄荷段　呈不规则的段，余同薄荷。

【规格等级】商品按产区分为太仓薄荷、杭薄荷等规格；按采收季节分为"头刀薄荷"和"二刀薄荷"；按生境分野生薄荷、栽培薄荷等规格。一般为统货。

【化学成分】含挥发油，油中主要成分为 1 – 薄荷醇，其次为 1 – 薄荷酮。另含醋酸薄荷脂、茨烯、柠檬烯、异薄荷酮、蒎烯、薄荷烯酮、树脂及少量鞣质、迷迭香酸等。

【鉴别与检查】取本品粉末，加无水乙醇 10ml，超声处理 20 分钟，滤过，取滤液作为供试品溶液。另取薄荷对照药材，同法制成对照药材溶液。再取薄荷脑对照品，加无水乙醇制成每 1ml 含 2mg 的溶液。用硅胶 G 薄层板，以甲苯 – 乙酸乙酯（9：1）为展开剂，喷以 2% 对二甲氨基苯甲醛的 40% 硫酸乙醇溶液，在 80℃加热至斑点显色清晰。在与对照药材色谱和对照品色谱相应的位置上，显相同颜色的斑点。

叶不得少于 30%。薄荷水分不得过 15.0%，薄荷段水分不得过 13.0%。总灰分不得过 11.0%，酸不溶性灰分不得过 3.0%。

【质量要求】

1. 外观质量　头刀薄荷分支较多，茎多紫褐色，较长，品质优；二刀薄荷分枝较少，茎多黄绿色，较短，偶有开花者，质次。一般均以叶多、色深绿、味清凉、香气浓者为佳，一般认为太仓头刀薄荷质最优。

2. 内在质量　含量测定：薄荷含挥发油不得少于 0.80%（ml/g），气相色谱法测含薄荷脑不得少于 0.20%。薄荷段挥发油不得少于 0.40%（ml/g），含薄荷脑不得少于 0.13%。

【性味功能主治】辛，凉。疏散风热，清利头目，利咽，透疹，疏肝行气。用于风热感冒，风温初起，头痛，目赤，喉痹，口疮，风疹，麻疹，胸胁胀闷。

【贮藏养护】一般为压缩打包件，每件 45kg。本品不耐热，应贮于阴凉干燥避光处。

【用法用量】3 ~ 6g，后下。

蕲蛇 Qishe

Agkistrodon

【别名】白花蛇、五步蛇、棋盘蛇。

【商品来源】为蝰科动物五步蛇 *Agkistrodon acutus*（Güenther）的干燥体。

【商品产地】主产于浙江温州、龙泉、丽水，广东，广西等地。江西、湖北、福建、湖南等地亦产。

【采制及商品种类】

蕲蛇　夏、秋二季捕捉，剖开蛇腹，除去内脏，洗净，用竹片撑开腹部，盘成圆盘状，干燥后拆除竹片。

蕲蛇段　取蕲蛇去头、鳞，切成寸断。

蕲蛇肉　蕲蛇去头，用黄酒润透后，除去鳞、骨，干燥。

酒蕲蛇　取蕲蛇段，加黄酒拌匀，闷透，置锅内，用文火炒干。

【商品特征】

蕲蛇　卷呈圆盘状，盘径 17 ~ 34cm，体长可达 2m。头在中间稍向上，呈三角形而扁平，吻端向上，习称"翘鼻头"。上腭有管状毒牙，中空尖锐。背部两侧各有黑褐色与浅棕色组成的"V"形斑纹 17 ~ 25 个，其"V"形的两上端在背中线上相接，习称"方胜纹"，有的左右不相接，呈交错排列。腹部撑开或不撑开，灰白色，鳞片较大，有黑色类圆形的斑点，习称"连珠斑"，腹内壁黄白色，脊椎骨的棘突较高，呈刀片状上突，前后椎体下突基本同形，多为弯刀状，向后倾斜，尖端明显超过椎体后隆面。尾部骤细，末端有三角形深灰色的角质鳞片 1 枚，习称"佛指甲"。气腥，味微咸。

蕲蛇段　呈段状，背部呈黑褐色，表皮光滑，有明显的鳞斑，可见不完整的方胜纹。肉质松散，轻捏易碎。

蕲蛇肉　呈条状或块状，可见深黄色的肉条及黑褐色的皮。肉条质地较硬，皮块质地较脆。有酒香气，味微咸。

酒蕲蛇　段状。棕褐色或黑色，略有酒气。

【规格等级】商品一般为统货。

【化学成分】主含精胺、蛇肉碱、蛋白质、脂肪、氨基酸及多种无机元素。

【鉴别与检查】采用聚合酶链式反应法，在供试品凝胶电泳图谱中，在与对照药材凝胶电泳图相应的位置上，在 200～300bp 应有单一 DNA 条带。

蕲蛇段、蕲蛇肉、酒蕲蛇水分不得过 14.0%，蕲蛇肉总灰分不得过 4.0%。

【质量要求】

1. 外观质量　以头尾齐全、条人、花纹明显、内壁洁净者为佳。

2. 内在质量　浸出物含量：醇溶性浸出物（热）均不得少于 12.0%。

【性味功能主治】甘、咸，温；有毒。祛风，通络，止痉。用于风湿顽痹，麻木拘挛，中风口眼斜，半身不遂，抽搐痉挛，破伤风，麻风，疥癣。

【贮藏养护】用密封塑料袋装。本品易虫蛀、霉变，应密封贮于阴凉干燥处。

【用法用量】3～9g；研末吞服，一次 1～1.5g，一日 2～3 次。

蟾酥 Chansu
Bufonis Venenum

【别名】蟾蜍眉脂、蟾宝。

【商品来源】为蟾蜍科动物中华大蟾蜍 *Bufo bufo gargarizans* Cantor 或黑眶蟾蜍 *Bufo melanostictus* Schneider 的干燥分泌物。

【商品产地】主产于江苏镇江、泰兴、苏州，河北遵化、玉田、蓟县，山东莒南、临沂，四川，湖南，浙江等地也产。

【采制及商品种类】

蟾酥　夏、秋二季捕捉，洗净，用铜镊子挤取耳后腺和皮肤腺的白色浆液，置于瓷器中（忌铁器），干燥。

蟾酥粉　取蟾酥，捣碎，加白酒浸渍，时常搅动至呈稠膏状，干燥，粉碎。

【商品特征】

蟾酥　呈扁圆形团块或片状，棕褐色或红棕色。团块状者质坚，不易折断，断面棕褐色，角质样，微有光泽；片状者质脆，易碎，断面红棕色，半透明。气微腥，味初甜而后有持久的麻辣感，粉末嗅之作嚏。

蟾酥粉　呈棕褐色粉末状，略有酒气。

【规格等级】商品分团酥、片酥和棋子酥等规格，一般均为统货。

团酥（东酥、光东酥）　呈扁圆形、团块状或饼状，直径 4～8cm，厚 4～10mm，重 60～100g。

片酥（片子酥、盘酥）　呈圆形浅盘状或长方形片状，厚约 2mm，重约 1.5g。

棋子酥（北酥）　呈扁圆形，似围棋子状，重约 15g。

【化学成分】主要含华蟾酥毒基约 5%，脂蟾毒配基约 3.4%，蟾毒灵约 1.8%，羟基华蟾毒基，蟾毒配质约 1.5%，远华蟾毒基约 1.4% 等，另含甾醇类及多种氨基酸。

【鉴别与检查】①本品断面沾水，即呈乳白色隆起。②取本品粉末，加乙醇，加热回流，作为供试品溶液。另取蟾酥对照药材，同法制成对照药材溶液。再取脂蟾毒配基对照品、华蟾酥毒基对照品，加乙醇分别制成对照品溶液。用硅胶G薄层板，以环己烷–三氯甲烷–丙酮（4∶3∶3）为展开剂，展开，取出，晾干，喷以10%硫酸乙醇溶液，加热至斑点显色清晰。供试品色谱中，在与对照药材色谱相应的位置上，显相同颜色的斑点；在与对照品色谱相应的位置上，显相同的一个绿色及一个红色斑点。

蟾酥水分不得过13.0%，总灰分不得过5.0%，酸不溶性灰分不得过2.0%。

蟾酥粉水分不得过8.0%。

【质量要求】

1. 外观质量　以红色或紫黑色、半透明、断面光亮如胶（角质状）、有光泽者为佳。

2. 内在质量　含量测定：用高效液相色谱法测定，含华蟾酥毒基和脂蟾毒配基的总量不得少于7.0%。

【性味功能主治】　辛，温；有毒。解毒，止痛，开窍醒神。用于痈疽疔疮，咽喉肿痛，中暑神昏，痧胀腹痛吐泻。

【贮藏养护】　以纸包装，装硬纸盒或小木盒内。本品易发霉、黏结，应密闭贮于干燥处。

【用法用量】　0.015～0.03g，多入丸散用。外用适量。孕妇慎用。

龟甲 Guijia

Testudinis Carapax et Plastrum

【别名】　龟板、下甲。

【商品来源】　为龟科动物乌龟 *Chinemys reevesii*（Gray）的干燥背甲及腹甲。

【商品产地】　主产于江西弋阳，湖北、湖南、江苏、浙江、安徽等地也产。

【采制及商品种类】

龟甲　全年均产，尤以8～12月为多，捕捉后杀死，取其背甲及腹甲，刮净筋肉，称为"血板"；若将用热水烫死，取其背甲与腹甲，去净筋肉晒干，为"烫板"。

醋龟甲　取沙子置锅内炒热，放入生龟甲拌炒至表面微黄，及时取出，去沙子，立即投入醋中淬浸，捞出，干燥。

【商品特征】

龟甲　背甲及腹甲由甲桥相连，背甲稍长于腹甲，与腹甲常分离。背甲呈长椭圆形拱状；外表面棕褐色或黑褐色，脊棱3条。腹甲呈板片状，近长方椭圆形；外表面淡黄棕色至棕黑色，盾片12块，每块常具紫褐色放射状纹理；内表面黄白色至灰白色，有的略带血迹或残肉，除净后可见骨板9块，呈锯齿状嵌接；前段钝圆或平截，后端具三角形缺刻，两侧残存呈翼状向斜上方弯曲的甲桥。质坚硬。气微腥，味微咸。

醋龟甲　呈不规则的块状。质松脆。气微腥，味微咸，微有醋香气。

【规格等级】　商品分为血板、烫板等，一般均为统货。

【化学成分】　主含骨胶原，蛋白质，氨基酸，脂肪，钙盐及多种无机元素。

【鉴别与检查】　取本品粉末，加甲醇超声处理，作为供试品溶液。另取龟甲对照药材，同法制成对照药材溶液。再取胆固醇对照品，加甲醇制成对照品溶液。用硅胶G薄层板，以甲苯–乙酸乙酯–甲醇–甲酸（15∶2∶1∶0.6）为展开剂，展开，喷以硫酸无水乙醇溶液（1→10），在105℃加热至斑点显色清晰。供试品色谱中，在与对照药材色谱和对照品色谱相应的位置上，显相同颜色的斑点。

【质量要求】

1. 外观质量　以块大、完整、洁净、无腐肉者为佳。

2. 内在质量　浸出物含量：水溶性浸出物（热）龟甲不得少于4.5%、醋龟甲不得少于8.0%。

【性味功能主治】咸、甘，微寒。滋阴潜阳，益肾强骨，养血补心，固经止崩。用于阴虚潮热，骨蒸盗汗，头晕目眩，虚风内动，筋骨痿软，心虚健忘，崩漏经多。

【贮藏养护】用编织袋或麻袋装。本品易虫蛀，应贮于干燥处。

【用法用量】9～24g，先煎。

【注】龟甲胶系龟甲经水煎煮、浓缩制成的固体胶。

鳖甲 Biejia

Trionycis Carapax

【别名】甲鱼壳、团鱼壳。

【商品来源】为鳖科动物鳖 *Trionyx sinensis* Wiegmann 的背甲。

【商品产地】主产于湖北、湖南、江苏、安徽、浙江等地，除宁夏、青海、西藏、新疆外，全国各地江河、湖泊均有分布。

【采制及商品种类】

鳖甲　全年均可捕捉，尤以5～8月捕捉较多，捕后砍去鳖头，将鳖体置沸水中烫至背甲上的硬皮脱落时，取出，剥离背甲，除去残肉，晒干。

醋鳖甲　取沙子置锅内，用武火炒热，再放入净鳖甲，拌炒至表面呈淡黄色时，取出，趁热投入醋盆内浸淬，捞出，干燥，用时捣碎。

【商品特征】

鳖甲　呈椭圆形或卵圆形，背面隆起，长10～15cm，宽9～14cm。外表面黑褐色或黑绿色，略有光泽，具细网状皱纹和灰黄色或灰白色斑点，中央有1条纵棱，两侧各有左右对称的横凹纹8条，外皮脱落后，可见锯齿状嵌接缝。内表面类白色，中部有突起的脊椎骨，颈骨向内卷曲，两侧各有肋骨8条，伸出边缘。质坚硬。气微腥，味淡。

醋鳖甲　呈不规则的块状。质松脆。气微腥，味微咸，微有醋香气。

【规格等级】商品一般为统货。

【化学成分】主要含骨胶原（水解可得多种氨基酸），无机盐类（碳酸钙、羟基磷酸钙等），无机元素（锶、铬、锰、硒）等。

【鉴别与检查】鳖甲水分不得过12.0%。

【质量要求】

1. 外观质量　以个大、甲厚、无残肉者为佳。

2. 内在质量　浸出物含量：醇溶性浸出物（热），鳖甲不得少于5.0%。

【性味功能主治】咸，微寒。滋阴潜阳，退热除蒸，软坚散结。用于阴虚发热，骨蒸劳热，阴虚阳亢，头晕目眩，虚风内动，手足瘛疭，经闭，癥瘕，久疟疟母。

【贮藏养护】用编织袋装。本品易虫蛀，应贮于干燥处。

【用法用量】9～24g，先煎。

天花粉 Tianhuafen

Trichosanthis Radix

【别名】花粉、栝蒌根、瓜蒌根。

【商品来源】为葫芦科植物栝楼 *Trichosanthes kirilowii* Maxim. 或双边栝楼 *Trichosanthes rosthornii* Harms 的干燥根。

【商品产地】主产于河南安阳、商丘、新乡、洛阳、南阳，河北安国、安平、定州，安徽亳州、滁县，山东济南长清，江苏南通、泰兴等地。浙江、湖北、湖南、广东、广西、贵州、四川、江西等省亦产。

【采制及商品种类】

天花粉 秋、冬二季采挖，洗净，用刀刮去外皮，切段或纵剖成瓣，直接晒干或烘干。

天花粉片 取天花粉，除去杂质，略泡，润透，切横片或斜片，干燥。

【商品特征】

天花粉 呈不规则圆柱形、纺锤形或瓣块状。表面黄白色或淡黄棕色，有纵皱纹、细根痕及略凹陷的横长皮孔，有的有黄棕色外皮残留。质坚实，断面白色或淡黄色，富粉性，横切面可见黄色木质部，略呈放射状排列，纵切面可见黄色条纹状木质部。气微，味微苦。

天花粉片 为类圆形、半圆形或不规则形的厚片。外表面黄白色或淡棕黄色，切面可见黄色木质部小孔，略呈放射状排列，气微，味微苦。

【规格等级】 天花粉分为三等，其等级标准如下。

一等：呈类圆柱形、纺锤形或纵切两瓣。长 15cm 以上，中部直径 3.5cm 以上。刮去外皮，条均匀，表面白色或黄白色，光洁。质坚实，体重，断面白色，粉性足。味淡微苦，无黄筋、粗皮、抽沟；无糠心、虫蛀、霉变。

二等：长 15cm 以上，中部直径 2.5cm 以上，余同一等。

三等：或有扭曲不直和纵皱纹，少有筋脉。有的表面灰白色，中部直径不小 1cm，余同一等。

【化学成分】 主含多种蛋白质，其中一种蛋白质名"天花粉蛋白"；栝楼多糖 A、B、C、D 等；植物凝集素；瓜氨酸、精氨酸、谷氨酸等。

【鉴别与检查】 取本品粉末，加稀乙醇超声处理 30 分钟，取滤液作为供试品溶液。另取天花粉对照药材，同法制成对照药材溶液。再取瓜氨酸对照品，加稀乙醇制成对照品溶液。用硅胶 G 薄层板，以正丁醇 – 无水乙醇 – 冰醋酸 – 水（8：2：2：3）为展开剂，喷以茚三酮试液，在 105℃加热至斑点显色清晰。在与对照药材色谱和对照品色谱相应的位置上，显相同颜色的斑点。

水分不得过 15.0%。天花粉总灰分不得过 5.0%，天花粉片总灰分不得过 4.0%。

【质量要求】

1. 外观质量 以条均匀（或块大）、色粉白、质坚实、粉性足、味微苦者为佳。

2. 内在质量 浸出物含量：水溶性浸出物（冷），天花粉不得少于 15.0%，天花粉片不得少于 12.0%。

【性味功能主治】 甘、微苦，微寒。清热泻火，生津止渴，消肿排脓。用于热病烦渴，肺热燥咳，内热消渴，疮疡肿毒。

【贮藏养护】 用密封塑料袋装。本品易虫蛀、发霉，应贮于干燥通风处。

【用法用量】 10～15g。孕妇慎用；不宜与川乌、制川乌、草乌、制草乌、附子同用。

木瓜 Mugua

Chaenomelis Fructus

【别名】 宣木瓜、川木瓜、皱皮木瓜。

【商品来源】 为蔷薇科植物贴梗海棠 *Chaenomeles speciosa*（Sweet）Nakai 的干燥近成熟果实。

【商品产地】 主产于安徽宣城、涡阳、六安，湖北恩施、资丘、宜昌、长阳，四川都江堰、彭州、广元、旺苍；陕西、甘肃、浙江、贵州等地亦产。安徽宣城产者称"宣木瓜"，质量好，湖北资丘产者称"资木瓜"，四川产者称"川木瓜"。

【采制及商品种类】

木瓜 夏、秋二季果实绿黄时采收，置沸水中烫至外皮灰白色，对半纵剖，晒干。

木瓜片 取木瓜，洗净，润透或蒸透后切薄片，晒干。

【商品特征】

木瓜 呈长圆形，多纵剖成两半。外表面紫红色或红棕色，有不规则的深皱纹；剖面边缘向内卷曲，果肉红棕色，中心部分凹陷，棕黄色；种子扁长三角形，多脱落。质坚硬。气微清香，味酸。

木瓜片 为类月牙形薄片。外表紫红色或棕红色，有不规则的深皱纹。切面棕红色。气微清香，味酸。

【规格等级】 根据产地分为宣木瓜、川木瓜、资木瓜三种规格，一般不分等级。

【化学成分】 主含苹果酸、酒石酸、枸缘酸等有机酸；齐墩果酸、熊果酸等三萜类化合物；以及皂苷、黄酮类、鞣质、维生素 C 等。

【鉴别与检查】 取本品粉末，加三氯甲烷超声处理，残渣加甲醇－三氯甲烷（1∶3）混合溶液使溶解作为供试品溶液。另取木瓜对照药材，同法制成对照药材溶液。再取熊果酸对照品，加甲醇制成对照品溶液。用硅胶 G 薄层板，以环己烷－乙酸乙酯－丙酮－甲酸（6∶0.5∶1∶0.1）为展开剂，喷以 10% 硫酸乙醇溶液，在 105℃加热至斑点显色清晰，分别置日光和紫外光灯（365nm）下检视。在与对照药材色谱相应的位置上，显相同颜色的斑点和荧光斑点；在与对照品色谱相应的位置上，显相同的紫红色斑点和橙黄色荧光斑点。

水分不得过 15.0%，总灰分不得过 5.0%。酸度 pH 应为 3.0～4.0。

【质量要求】

1. 外观质量 以质实、肉厚、色紫红、味酸者为佳。

2. 内在质量 ①浸出物含量：醇溶性浸出物（热）不得少于 15.0%。②含量测定：用高效液相色谱法测定，含齐墩果酸和熊果酸的总量不得少于 0.5%。

【性味功能主治】 酸，温。舒筋活络，和胃化湿。用于湿痹拘挛，腰膝关节酸重疼痛，暑湿吐泻，转筋挛痛，脚气水肿。

【贮藏养护】 用密封塑料袋装。本品易受潮、虫蛀，应贮于阴凉干燥处。

【用法用量】 6～9g。

车前子 Cheqianzi

Plantaginis Semen

【别名】 牛舌草子、凤眼前仁（江西）、车前。

【商品来源】 为车前科植物车前 *Plantago asiatica* L. 或平车前 *Plantago depressa* Willd. 的干燥成熟种子。

【商品产地】 车前主产于江西泰和、吉安、修水、新干、吉水，多为人工栽培，习称"大车前子"。平车前主产于河北、辽宁、山西、四川等地，习称"小车前子"。

【采制及商品种类】

车前子 夏、秋二季种子成熟时采收果穗，晒干，搓出种子，除去杂质，复晒至足干。

盐车前子 取净车前子，炒至起爆裂声时，喷洒盐水，炒干。

【商品特征】

车前子 呈椭圆形、不规则长圆形或三角状长圆形，略扁，长约 2mm，宽约 1mm。表面黄棕色至黑褐色，有细皱纹，一面有灰白色凹点状种脐。质硬。气微，味淡。

盐车前子 形如车前子，表面黑褐色。气微香，味微咸。

【规格等级】商品按品种分为大车前子、小车前子，均为统货。

【化学成分】含车前子苷、高车前苷、桃叶珊瑚苷、熊果酸、京尼平苷酸、毛蕊花糖苷、胆碱、腺嘌呤、琥珀酸等。

【鉴别与检查】取本品粗粉，加甲醇超声处理，滤液蒸干加甲醇溶解，作为供试品溶液。另取京尼平苷酸对照品、毛蕊花糖苷对照品，加甲醇分别制成对照品溶液。用硅胶 GF$_{254}$ 薄层板，以乙酸乙酯－甲醇－甲酸－水（18∶2∶1.5∶1）为展开剂，展开，置紫外光灯（254nm）下检视。供试品色谱中，在与对照品色谱相应的位置上，显相同颜色的斑点；喷以 0.5% 香草醛硫酸溶液，在 105℃ 加热至斑点显色清晰，在与对照品色谱相应的位置上，显相同颜色的斑点。

车前子水分不得过 12.0%，总灰分不得过 6.0%，酸不溶性灰分不得过 2.0%，膨胀度应不低于4.0。盐车前子水分不得过 10.0%，总灰分不得过 9.0%，酸不溶性灰分不得过 3.0%，膨胀度应不低于 3.0。

【质量要求】

1. **外观质量**　以粒大、黑棕色、饱满、微有光泽者质佳。

2. **内在质量**　含量测定：用高效液相色谱法测定，车前子含京尼平苷酸不得少于 0.50%、含毛蕊花糖苷不得少于 0.40%；盐车前子含京尼平苷酸不得少于 0.40%、含毛蕊花糖苷不得少于 0.30%。

【性味功能主治】甘，寒。清热利尿通淋，渗湿止泻，明目，祛痰。用于热淋涩痛，水肿胀满，暑湿泄泻，目赤肿痛，痰热咳嗽。

【贮藏养护】用密封塑料袋装。本品易吸潮板结，应贮于通风干燥处。

【用法用量】9~15g，包煎。

艾叶 Aiye

Artemisiae Argyi Folium

【别名】艾、蕲艾、艾蒿、陈艾。

【商品来源】为菊科植物艾 *Artemisia argyi* Levl. et Vant. 的干燥叶。

【商品产地】主产于湖北、河南、河北，全国各地都产。其中湖北蕲州产者习称"蕲艾"。

【采制及商品种类】

艾叶　夏季花未开时采摘，除去杂质，晒干。

醋艾炭　取净艾叶，置热锅内，用武火炒至表面焦黑色，喷醋，炒干，取出。

【商品特征】

艾叶　多皱缩、破碎，有短柄。完整叶片展平后呈卵状椭圆形，羽状深裂，裂片椭圆状披针形，边缘有不规则的粗锯齿；上表面灰绿色或深黄绿色，有稀疏的柔毛和腺点；下表面密生灰白色绒毛。质柔软。气清香，味苦。

醋艾炭　呈不规则的碎片，表面黑褐色，有细条状叶柄。具醋香气。

【规格等级】商品一般为统货。

【化学成分】含挥发油 0.02%，油中主要成分为桉油精、侧柏酮、杜松烯等。

【鉴别与检查】取本品粉末，加石油醚（60~90℃），置水浴上加热回流 30 分钟，滤过，滤液挥干，残渣加正己烷使溶解，作为供试品溶液。另取艾叶对照药材，同法制成对照药材溶液。用硅胶 G 薄层板，以石油醚（60~90℃）－甲苯－丙酮（10∶8∶0.5）为展开剂，喷以 1% 香草醛硫酸溶液，在105℃ 加热至斑点显色清晰。供试品色谱中，在与对照药材色谱相应的位置上，显相同颜色的主斑点。

水分不得过 15.0%，总灰分不得过 12.0%，酸不溶性灰分不得过 3.0%。

【质量要求】

1. 外观质量 以色青、背面灰白色、绒毛多、叶厚、质柔软而韧、香气浓郁者为佳。

2. 内在质量 含量测定：用气相色谱法测定，含桉油精不得少于 0.050%，含龙脑不得少于 0.020%。

【性味功能主治】 辛、苦，温；有小毒。温经止血，散寒止痛；外用祛湿止痒。用于吐血，衄血，崩漏，月经过多，胎漏下血，少腹冷痛，经寒不调，宫冷不孕；外治皮肤瘙痒。醋艾炭温经止血，用于虚寒性出血。

【贮藏养护】 用密封塑料袋装。置阴凉干燥处。

【用法用量】 3 ~ 9g。外用适量，供灸治或熏洗用。

>>> 知识链接 o -

艾绒是由艾叶经过反复晒杆、捶打、粉碎，筛除杂质、粉尘，而得到的软细如棉的物品。艾绒是制作艾条的原材料，也是灸法所用的主要材料。

- o

百合 Baihe
Lilii Bulbus

【别名】 野百合、山丹、麝香百合、黑百合。

【商品来源】 为百合科植物卷丹 *Lilium lancifolium* Thunb.、百合 *Lilium brownii* F. E. Brown var. *viridulum* Baker 或细叶百合 *Lilium pumilum* DC. 的干燥肉质鳞叶。

【商品产地】 主产于江苏宜兴、连云港、东台、海安，湖南邵阳、隆回、安化、长沙、岳阳、平江、沅江、浏阳、龙山，甘肃兰州、平凉，浙江湖州、桐庐、龙泉、遂昌。

【采制及商品种类】

百合 秋季采挖，洗净，剥取鳞叶，置沸水中略烫，干燥。

蜜百合 取净百合，照蜜炙法炒至不黏手。

【商品特征】

百合 呈长椭圆形，表面黄白色至淡棕黄色，有的微带紫色，有数条纵直平行的白色维管束。顶端稍尖，基部较宽，边缘薄，微波状，略向内弯曲。质硬而脆，断面较平坦，角质样。气微，味微苦。

蜜百合 本品形如百合，表面棕黄色，偶见焦斑，略带黏性。味甜。

【规格等级】 商品一般为统货。

【化学成分】 主含甾体皂苷类成分，此外还有酚类、黄酮类和生物碱等成分。

【鉴别与检查】 取本品粉末，加甲醇，超声处理 20 分钟，作为供试品溶液。另取百合对照药材，同法制成对照药材溶液。用硅胶 G 薄层板，以石油醚（60 ~ 90℃）－乙酸乙酯－甲酸（15∶5∶1）的上层溶液为展开剂，喷以 10% 磷钼酸乙醇溶液，加热至斑点显色清晰。在与对照药材色谱相应的位置上，显相同颜色的斑点。

水分不得过 13.0%，总灰分不得过 5.0%。

【质量要求】

1. 外观质量 以鳞叶均匀、肥厚、色白带微黄（牙色）、质细腻者为佳。

2. 内在质量 ①浸出物含量：水溶性浸出物（冷）不得少于 18.0%。②含量测定：用蒽酮－硫酸比色法测定，含百合多糖以无水葡萄糖计，不得少于 21.0%。

【性味功能主治】 甘，寒。养阴润肺，清心安神。用于阴虚燥咳，劳嗽咯血，虚烦惊悸，失眠多梦，精神恍惚。

【贮藏养护】用密封塑料袋装。本品易虫蛀，受潮生霉、变色，应贮于通风干燥处。

【用法用量】6～12g。

苍术 Cangzhu
Atractylodis Rhizoma

【别名】赤术、山苍术、华苍术、山刺儿菜。

【商品来源】为菊科植物茅苍术 *Atractylodes lancea*（Thunb.）DC. 或北苍术 *Atractylodes chinensis*（DC.）Koidz. 的干燥根茎。

【商品产地】茅苍术主产于江苏、湖北、河南等省。北苍术主产于河北、山西、内蒙古、陕西等省。茅苍术质量最好，市场主流品种为北苍术。

【采制及商品种类】

苍术　春、秋二季采挖，除去泥沙，晒干，撞去须根。

苍术片　取苍术，除去杂质，洗净，润透，切厚片，干燥，筛去碎屑。

麸炒苍术　取麸皮撒入热锅中，用中火加热，待冒烟时，投入苍术片，不断翻炒，炒至表面深黄色时，取出，筛去麸皮，放凉。

【商品特征】

茅苍术　呈不规则连珠状或结节状圆柱形，略弯曲，偶有分枝。表面灰棕色，有皱纹、横曲纹及残留须根，顶端具茎痕或残留茎基。质坚实，断面黄白色或灰白色，散有多数橙黄色或棕红色油室，习称"朱砂点"，暴露稍久，可析出白色细针状结晶，习称"起霜"，也称"吐脂"。气香特异，味微甘、辛、苦。

北苍术　呈疙瘩状或结节状圆柱形。表面黑棕色，除去外皮者黄棕色。质较疏松，断面散有黄棕色油室，习称"雄黄点"，久置不起"白霜"。香气较淡，味辛、苦。

苍术片　呈不规则类圆形或条形厚片。外表面灰棕色至黄棕色，有皱纹，有时可见根痕。切面黄白色或灰白色，散有多数橙黄色或棕红色油室，有的可"起霜"。气香特异，味微甘、辛、苦。

麸炒苍术　形如苍术片，表面深黄色，散有多数棕褐色油室。有焦香气。

【规格等级】

商品　一般常分茅苍术和北苍术两种规格，一般不分等级，但要求茅苍术中部直径在0.8cm以上，北苍术在1cm以上。

出口商品　分为以下三等。

统货：不分等级、大小均有，但不得掺入毛须和碎末。

大苍术：每千克50～60个。

小苍术：每千克60个以下者均称"小苍术"，但不得掺入毛须和碎末。

【化学成分】茅苍术含挥发油5%～9%，其中有茅术醇、β-桉油醇、苍术素、苍术醇等。北苍术含挥发油3%～5%，其中茅术醇、β-桉油醇，苍术素、苍术醇、α-没药醇等。

【鉴别与检查】取本品粉末，加甲醇超声处理，滤过，取滤液作为供试品溶液。另取苍术对照药材，同法制成对照药材溶液。再取苍术素对照品，加甲醇制成对照品溶液。用硅胶G薄层板，以石油醚（60～90℃）-丙酮（9∶2）为展开剂，展开，取出，晾干，喷以10%硫酸乙醇溶液，加热至斑点显色清晰。供试品色谱中，在与对照药材色谱和对照品色谱相应的位置上，显相同颜色的斑点。

苍术水分不得过13.0%，苍术片水分不得过11.0%，麸炒苍术水分不得过10.0%。苍术总灰分不得过7.0%，苍术片和麸炒苍术总灰分不得过5.0%。

【**质量要求**】

1. 外观质量 以个大、色灰棕、质坚实、断面朱砂点多、香气浓者为佳。

2. 内在质量 含量测定：用高效液相色谱法测定，苍术、苍术片含苍术素不得少于 0.30%，麸炒苍术含苍术素不得少于 0.20%。

【**性味功能主治**】辛、苦，温。燥湿健脾，祛风散寒，明目。用于湿阻中焦，脘腹胀满，泄泻，水肿，脚气痿躄，风湿痹痛，风寒感冒，夜盲，眼目昏涩。

【**贮藏养护**】用密封塑料袋装。贮于阴凉、干燥处，避光。

【**用法用量**】3~9g。

牡丹皮 Mudanpi
Moutan Cortex

【**别名**】丹皮、连丹皮、刮丹皮、粉丹皮。

【**商品来源**】为毛茛科植物牡丹 *Paeonia suffruticosa* Andr. 的干燥根皮。

【**商品产地**】主产于安徽铜陵、南陵、青阳、泾县，四川垫江、都江堰、康定，湖南邵阳、长沙、衡阳，此外，河南、陕西、山东、湖北、甘肃、贵州等地亦产。安徽铜陵产者习称"凤丹皮"，四川产者习称"川丹皮"。

【**采制及商品种类**】

牡丹皮 栽培 3~5 年后采收，于秋季采挖根部，除去细根和泥沙，剥取根皮，晒干；或刮去粗皮，除去木心，晒干。前者习称"连丹皮"，后者习称"刮丹皮"。

牡丹皮片 取牡丹皮，迅速洗净，润后切薄片，晒干。

【**商品特征**】

连丹皮 呈筒状或半筒状，有纵剖开的裂缝，略向内卷曲或张开。外表面灰褐色或黄褐色，有多数横长皮孔样突起及细根痕，栓皮脱落处粉红色；内表面淡灰黄色或浅棕色，有明显的细纵纹，常见发亮的结晶。质硬而脆，易折断，断面较平坦，淡粉红色，粉性。气芳香，味微苦而涩。

刮丹皮 外表面有刮刀削痕，外表面红棕色或淡灰黄色，有时可见灰褐色斑点状残存外皮。

牡丹皮片 呈圆形或卷曲形的薄片。连丹皮外表面灰褐色或黄褐色，栓皮脱落处粉红色；刮丹皮表面红棕色或淡灰黄色，内表面有时可见发亮的结晶。切面淡粉红色或灰白色，粉性。气芳香，味微苦而涩。

【**规格等级**】商品按加工不同分为原丹、刮丹、丹须三种，均分为 1~4 个等级。其规格等级标准如下。

凤丹皮 一等：呈圆筒状，条均匀，微弯，两端剪平，纵向隙口紧闭，皮细肉厚，表面褐色，质硬而脆。断面粉白色，粉质足，有亮银星，香气浓，味微苦涩。长 6cm 以上，中部直径 2.5cm 以上。无木心、青丹、杂质、霉变。

二等：长 5cm 以上，中部直径 1.8cm 以上，余同一等。

三等：长 4cm 以上，中部直径 1cm 以上，余同一等。

四等：凡不符合一、二、三等的细条、断枝、碎片，均属此等。但最小直径不低于 6mm，无木心、杂质、霉变。

连丹皮 一等：呈圆筒状，条均匀，微弯曲，表面灰褐色或棕褐色，栓皮脱落处呈粉褐色。质硬而脆。断面粉白色或淡褐色，有粉性，香气浓，味微苦涩。长 6cm 以上，中部直径 2.5cm 以上，碎节不超过 5%。去净木心，无杂质、霉变。

二等：长 5cm 以上，中部直径 1.8cm 以上，余同一等。

三等：长4cm以上，中部直径0.9cm以上，余同一等。

四等：凡不符合一、二、三等的细条及断枝碎片，均属此等。但最小直径不低于6mm，无木心、杂质、霉变。

刮丹皮　一等：呈圆筒状，条均匀，刮去外皮，表面粉红色，在节疤、皮孔、根痕处偶有未去净的栓皮，形成棕褐色的花斑。质坚硬，断面粉白色，有粉性。气香浓，味微苦涩。长6cm以上，中部直径2.4cm以上，碎节不超过5%，无木心、杂质、霉变。

二等：长5cm以上，中部直径1.7cm以上，余同一等。

三等：长4cm以上，中部直径0.9cm以上，余同一等。

四等：凡不符合一、二、三等的断枝、碎片均属此等，无木心、碎片、杂质、霉变。

出口商品　分刮丹和连丹两种，均分为一、二等。

一等刮丹：口径2.4～3.5cm，长6～13cm。

二等刮丹：口径1.8～2.2cm，长6～12cm。

一等连丹：口径2.4～3.5cm，长8～15cm。

二等连丹：口径1.8～2.2cm，长7～13cm。

【化学成分】含丹皮酚、牡丹酚苷等酚类化合物，芍药苷、羟基芍药苷、苯甲酰芍药苷等萜类化合物。

【鉴别与检查】取本品粉末，加乙醚，密塞，振摇，滤过，滤液挥干，残渣加丙酮使溶解，作为供试品溶液。另取丹皮酚对照品，加丙酮制成对照品溶液。用硅胶G薄层板，以环己烷－乙酸乙酯－冰醋酸（4∶1∶0.1）为展开剂，展开，取出，晾干，喷以2%香草醛硫酸乙醇溶液（1→10），在105℃加热至斑点显色清晰。供试品色谱中，在与对照品色谱相应的位置上，显相同颜色的斑点。

水分不得过13.0%，总灰分不得过5.0%。

【质量要求】

1. 外观质量　以条粗长、皮厚、无木心、断面白色、粉性足、内表面结晶多、香气浓者为佳。

2. 内在质量　①浸出物含量：醇溶性浸出物（热）不得少于15.0%。②含量测定：用高效液相色谱法测定，含丹皮酚不得少于1.20%。

【性味功能主治】苦、辛，微寒。清热凉血，活血化瘀。用于热入营血，温毒发斑，吐血衄血，夜热早凉，无汗骨蒸，经闭痛经，跌扑伤痛，痈肿疮毒。

【贮藏养护】用密封塑料袋装。本品易发霉、变色，应贮于阴凉干燥处。

【用法用量】6～12g。孕妇慎用。

青黛 Qingdai
Indigo Naturalis

【别名】靛、靛花、靛沫、蓝靛。

【商品来源】为爵床科植物马蓝 *Baphicacanthus cusia*（Nees）Bremek.、蓼科植物蓼蓝 *Polygonum tinctorium* Ait. 或十字花科植物菘蓝 *Isatis indigotica* Fort. 的叶或茎叶经加工制得的干燥粉末、团块或颗粒。

【商品产地】主产于福建仙游、建瓯，四川江油，河北安国等地；福建所产者习称"建青黛"。

【采制及商品种类】夏、秋二季采收茎叶，置于大缸或木桶内，加水浸泡2～3昼夜，至叶腐烂，茎脱皮，捞去枝叶残渣，加入石灰（每100kg加石灰8～10kg），充分搅拌，待浸液由乌绿色变为紫红色时，捞取液面产生的蓝色泡沫状物，晒干即得。

【商品特征】本品为深蓝色的粉末，体轻，易飞扬；或呈不规则多孔性的团块、颗粒，用手搓捻即成细末。微有草腥气，味淡。

【规格等级】商品一般为统货。

【化学成分】主要成分为靛蓝、靛玉红、异靛蓝等化合物。

【鉴别与检查】①取本品加三氯甲烷，充分搅拌，滤过，滤液作为供试品溶液。另取靛蓝对照品、靛玉红对照品，加三氯甲烷制成对照品溶液。用硅胶 G 薄层板，以甲苯－三氯甲烷－丙酮（5∶4∶1）为展开剂，展开，取出，晾干。供试品色谱中，在与对照品色谱相应的位置上，显相同的蓝色和浅紫红色的斑点。②本品加水，振摇后放置片刻，水层不得显深蓝色（水溶性色素检查）。

水分不得过 7.0%。

【质量要求】

1. 外观质量　以粉细、色蓝、质轻而松、能浮于水面、以火烧之呈紫红色火焰者为佳。

2. 内在质量　含量测定：用高效液相色谱法测定，含靛蓝不得少于 2.0%，含靛玉红不得少于 0.13%。

【性味功能主治】咸，寒。清热解毒，凉血消斑，泻火定惊。用于温毒发斑，血热吐衄，胸痛咯血，口疮，疥腮，喉痹，小儿惊痫。

【贮藏养护】用密封塑料袋装，置干燥处。

【用法用量】1～3g，宜入丸散用。外用适量。

<h2 style="text-align:center">香薷 Xiangru</h2>
<h3 style="text-align:center">Moslae Herba</h3>

【别名】江香薷、青香薷。

【商品来源】为唇形科植物石香薷 *Mosla chinensis* Maxim. 或江香薷 *Mosla chinensis* 'Jiangxiangru' 的干燥地上部分。前者习称"青香薷"，后者习称"江香薷"。

【商品产地】石香薷主产于广东粤北山区各县，广西桂林、全县、梧州，湖南郴州等地。江香薷主产于江西新余，人工栽培。

【采制及商品种类】

石香薷　夏初植株未长花穗前拔取全草，拌净泥沙，或割取地上部分，晒干。

江香薷　夏春播者 7 月可采收，夏播者 9 月可采收。在果穗长成时，割取地上部分，晒干。

【商品特征】

青香薷　长 30～50cm。基部紫红色，上部黄绿色或淡黄色，全体密被白色茸毛。茎方柱形，基部类圆形，节明显；质脆，易折断。叶对生，多皱缩或脱落。穗状花序顶生及腋生；花萼宿存，钟状，淡紫红色或灰绿色，先端 5 裂，密被茸毛，小坚果 4，直径 0.7～11cm，近圆球形，具网纹。气清香而浓，味微辛而凉。

江香薷　长 55～66cm。表面黄绿色，质较柔软。边缘有 5～9 疏浅锯齿。果实直径 0.9～1.4mm，表面具疏网纹。

【规格等级】商品分江香薷、青香薷 2 种规格，一般不分等级。

【化学成分】江香薷主含挥发油，油中主含百里香酚 46.43%，香荆芥酚 39.68%，对－聚伞花素 3.0%。青香薷也主含挥发油，油中主含香荆酚 28.24%，β－紫罗兰酮 24.35% 等。

【鉴别与检查】取挥发油，加乙醚制成供试品溶液。另取麝香草酚对照品、香荆芥酚对照品，加乙醚分别制成对照品溶液。用硅胶 G 薄层板，以甲苯为展开剂，展开，喷以 5% 香草醛硫酸溶液，在 105℃加热至斑点显色清晰。供试品色谱中，在与对照品色谱相应的位置上，显相同颜色的斑点。

水分不得过 12.0%，总灰分不得过 8.0%。

【质量要求】

1. 外观质量　以枝嫩、穗多、香气浓者为佳。

2. 内在质量　①挥发油：含挥发油不得少于0.60%（ml/g）。②含量测定：用气相色谱法测定，含麝香草酚与香荆芥酚的总量不得少于0.16%。

【性味功能主治】　辛，微温。发汗解表，化湿和中。用于暑湿感冒，恶寒发热，头痛无汗，腹痛吐泻，水肿，小便不利。

【贮藏养护】　用密封塑料袋装，贮于阴凉干燥处。

【用法用量】　3~10g。

莲子 Lianzi
Nelumbinis Semen

【别名】　莲实、莲肉、莲米。

【商品来源】　为睡莲科植物莲 *Nelumbo nucifera* Gaertn. 的干燥成熟种子。

【商品产地】　主产于湖南常德、衡阳、华容、沅江、岳阳，湖北江陵、公安、洪湖，福建建阳、建瓯、建宁，江苏宝应、镇江，浙江龙游、丽水，江西广昌等地。

【采制及商品种类】　秋季果实成熟时采割莲房，取出果实，除去果皮，干燥，或除去莲子心后干燥。

【商品特征】　略呈椭圆形或类球形。表面红棕色，有细纵纹和较宽的脉纹。一端中心呈乳头状突起，深棕色，多有裂口，其周边略下陷。质硬，种皮薄，不易剥离。子叶2，黄白色，肥厚，中有空隙，具绿色莲子心；或底部具有一小孔，不具莲子心。气微，味甘、微涩；莲子心味苦。

【规格等级】　商品因产地不同分为湘莲、建莲、湖莲。一般不分等级。

【化学成分】　主含淀粉、蛋白质、脂肪、微量元素。

【鉴别与检查】　①取本品粉末少许，加水适量，混匀，加碘试液数滴，呈蓝紫色，加热后逐渐褪色，放冷，蓝紫色复现。②取本品粗粉，加三氯甲烷，振摇，放置过夜，滤过，滤液蒸干，残渣加乙酸乙酯使溶解，作为供试品溶液。另取莲子对照药材，同法制成对照药材溶液。用硅胶G薄层板，以正己烷-丙酮（7:2）为展开剂，展开，取出，晾干，喷以5%香草醛的10%硫酸乙醇溶液，有105℃加热至斑点显色清晰。供试品色谱中，在与对照药材色谱相应的位置上，显相同颜色的斑点。

水分不得过14.0%，总灰分不得过5.0%。

【质量要求】　外观质量：以个大饱满、无抽皱、无破碎、色棕黄、质坚实者为佳。

【性味功能主治】　甘、涩，平。归脾、肾、心经。补脾止泻，止带，益肾涩精，养心安神。用于脾虚泄泻，带下，遗精，心悸失眠。

【贮藏养护】　用缸或密封塑料袋装。本品易虫蛀、霉变，应贮于干燥处。

【用法用量】　6~15g。

葛根 Gegen
Puerariae Lobatae Radix

【别名】野葛。

【商品来源】　为豆科植物野葛 *Pueraria lobata*（Willd.）Ohwi 的干燥根。

【商品产地】　主产于湖南大庸、耒阳，广东增城、龙门，浙江长兴、安吉、建德、淳安，江西修水、铅山，四川旺苍、北川等地。

【采制及商品种类】

葛根　秋、冬二季采挖，趁鲜切成厚片或小块，干燥。

葛根片　取葛根，除去杂质，洗净，润透，切厚片，晒干。

炒葛根　取麦麸撒在热锅中，加热，待冒烟时，加入葛根片，拌炒至葛根片呈焦黄色，取出，筛去焦麸，放凉。

【商品特征】

葛根　呈纵切的长方形厚片或小方块，长 5～35mm，厚 0.5～1cm。外皮淡棕色，有纵皱纹，粗糙。切面黄白色，纹理不明显。质韧，纤维性强。气微，味微甜。

葛根片　呈不规则的厚片、粗丝或边长为 5～12mm 的方块。切面浅黄棕色至棕黄色。质韧，纤维性强。气微，味微甜。

炒葛根　形如葛根片，表面微黄色、米黄色或深黄色。

【规格等级】　分为葛方和葛片，均为统货。

葛方　纵横切成 1cm 的骰形方块。切面粉白色或淡黄色，有粉性，质坚实。气微味甘平。无杂质、虫蛀、霉变。

葛片　类圆柱形，横切成厚 0.6～0.8cm 厚片。表皮多黄白色。切面粉白色或黄白色，具粉性，有纤维和环状纹理。质坚实，间有碎片、小片。无杂质、虫蛀、霉变。

【化学成分】　主含黄酮类：葛根素、黄豆苷、黄豆苷元等，三萜类：槐花二醇、大豆皂醇 A、大豆皂醇 B 等。尚含香豆素类、皂苷类化合物。

【鉴别与检查】　取本品粉末，加甲醇放置，作为供试品溶液。另取葛根对照药材，同法制成对照药材溶液。再取葛根素对照品，加甲醇制成对照品溶液。用硅胶 G 薄层板，以三氯甲烷 – 甲醇 – 水（7：2.5：0.25）为展开剂，展开，取出，晾干，置紫外光灯（365nm）下检视。供试品色谱中，在与对照药材色谱和对照品色谱相应的位置上，显相同颜色的荧光斑点。

葛根水分不得过 14.0%，葛根片水分不得过 13.0%；葛根灰分不得过 7.0%，葛根片灰分不得过 6.0%。

【质量要求】

1. 外观质量　以色黄白、质韧、纤维性强者为佳。

2. 内在质量　①浸出物含量：用稀乙醇作溶剂，醇溶性浸出物（热）不得少于 24.0%。②含量测定：用高相液相法色谱法测定，含葛根素不得少于 2.4%。

【性味功能主治】　甘、辛，凉。解肌退热，生津止渴，透疹，升阳止泻，通经活络，解酒毒。用于外感发热头痛，项背强痛，口渴，消渴，麻疹不透，热痢，泄泻，眩晕头痛，中风偏瘫，胸痹心痛，酒毒伤中。

【贮藏养护】　用密封塑料袋装。本品易虫蛀，应贮于干燥通风处。

【用法用量】　10～15g。

>>> 知识链接 o -

《中国药典》现行版一部将粉葛单列，来源为豆科植物甘葛藤 *Pueraria thomsonii* Benth. 的根。主产于广西、广东、江西等地，四川、云南地区亦产，多为栽培。块根呈圆柱形、类纺锤形，有的为纵切、斜切的厚片，大小不一。除去外皮的表面黄白色或淡黄色。质坚硬而重，纤维性弱，富粉性。甘葛藤根含大豆苷、葛根素、4′– 甲氧基葛根素大豆苷元及痕量大豆苷元 –4,7′– 二葡萄糖苷。粉葛的总黄酮含量较野葛根为低。

目标测试

答案解析

一、单选题

1. 建泽泻主产地是
   A. 福建　　　　　　　B. 四川　　　　　　　C. 河北
   D. 安徽　　　　　　　E. 山东

2. 薄荷质量要求叶不得少于
   A. 50%　　　　　　　B. 40%　　　　　　　C. 30%
   D. 20%　　　　　　　E. 10%

3. 百部药材来源
   A. 五加科　　　　　　B. 石竹科　　　　　　C. 百部科
   D. 天南星科　　　　　E. 蔷薇科

二、多选题

1. 下列药材要求浸出物测定的是
   A. 鳖甲　　　　　　　B. 蟾酥　　　　　　　C. 蕲蛇
   D. 百部　　　　　　　E. 龟甲

2. 蕲蛇的商品特征有
   A. 翘鼻头　　　　　　B. 方胜纹　　　　　　C. 连珠斑
   D. 佛指甲　　　　　　E. 白颈

3. 薄荷药材性状特征有
   A. 茎方形　　　　　　B. 叶对生　　　　　　C. 轮伞花序腋生
   D. 揉搓后有特殊清凉香气　　E. 味辛凉

三、配伍选择题

1. 选出下列药材主要化学成分类型
   A. 生物碱　　　　　　B. 淀粉　　　　　　　C. 黄酮
   D. 挥发油　　　　　　E. 环烯醚萜类
   （1）芡实（　）（2）百部（　）（3）葛根（　）（4）苍术（　）（5）栀子（　）

2. 选出下列药材的药用部位
   A. 块根　　　　　　　B. 根茎　　　　　　　C. 果实
   D. 种子　　　　　　　E. 地上部分
   （1）车前子（　）（2）百部（　）（3）栀子（　）（4）苍术（　）（5）薄荷（　）

3. 写出下列药材的所在科名
   A. 菊科　　　　　　　B. 芸香科　　　　　　C. 石竹科
   D. 百合科　　　　　　E. 唇形科
   （1）枳壳（　）（2）百合（　）（3）太子参（　）（4）苍术（　）（5）薄荷（　）

四、判断题

1. 《中国药典》2020年版规定泽泻为泽泻科植物东方泽泻 *Alisma orientale*（Sam.）Juzep. 的干燥

块茎。

    2. 蟾酥以红色或紫黑色、半透明、断面光亮如胶（角质状）、有光泽者为佳。

    3. 蕲蛇鉴别与检查采用聚合酶链式反应法。

书网融合……

思政导航　　　　　本章小结　　　　　微课　　　　　题库

第二十章　进口药

◎ **学习目标**

知识目标

1. 掌握　进口药的含义及其主要药材品种；丁香、马钱子、血竭、没药、乳香、番泻叶、西红花的主产地、商品种类、商品特征、商品等级、质量评价、使用。

2. 熟悉　豆蔻的主产地、商品特征、商品等级、质量评价、使用。

3. 了解　燕窝的商品特征、商品等级、使用；进口药材商品的产销行情。

能力目标　通过本章学习，具备获取、应用和分析进口药材市场波动信息的基本能力。

一、进口药概述

（一）进口药的含义

凡以全部或大部分从国外进口的大宗商品药材称为进口药。

（二）进口中药的历史及现状

中药在国际市场上进行商品交换已有悠久的历史。宋元时期，在我国与日本的物资交流中，中药贸易是重要的一项。当时我国输出日本的中药主要是"香药"，而日本输入的中药则以硫黄为大宗商品。之后，我国政府又派医官去朝鲜教学，朝鲜栽培的人参、白附子等药材亦输入中国。公元 1132 年前后，中外进行贸易的中药品种逐渐增多，如犀角、象牙、玳瑁、乳香、丁香、鸡舌香、豆蔻、茴香、沉香、檀香、麝香、安息香、龙涎香、木香、荜澄茄、胡椒、胡黄连、紫草、苏木、白梅、蔷薇水、阿魏、硼砂、龙骨、五味子、琥珀、人参、硫黄、水银等，既推动了世界药学的发展，又从其他国家的药学中汲取了学术精华。明代，郑和率领庞大船队 7 次下南洋，不仅带去了中药，还有医生偕同前往，与 30 多个国家建立了外交贸易关系，促进了经济、文化、医药的交流，外国药物的输入也丰富了本草学的内容。公元 1606 年，西方医生熊三拔来到中国，结合西药的制造方法，编著了《药露说》一书，从而有了苏合油、丁香油、檀香油、桂花油、冰片油等用于临床。清代引进的外国药物仅在《本草纲目拾遗》中有记载，如强水、刀创水、日精油、西洋参、东洋参等。但是，随着西方药物的输入，毒品鸦片亦随之进入我国。唐代的《新修本草》中就有"底野迦"（即鸦片）的记载，可见鸦片早在唐代就已输入我国。据文献记载，清朝起，英国商人为弥补中英贸易逆差，从印度向中国大量走私鸦片，给中国人民的健康造成了极大的危害。

中药是我国的传统药物，药材品种多，用量大，除了我国自主生产之外，也从国外进口一部分。进口的药材品种中涉及一部分野生动物保护种类，如麝香、熊胆、豹骨、羚羊角等。这类药材疗效确切，不仅常用于中医临床调配，也是中成药生产的重要组成。但随着动植物保护国际公约的施行，某些药材的使用受到限制，已影响到了临床调配和制药。另外，有的进口中药，如主产于俄罗斯的羚羊角，由于辗转出口，价格成倍增加，同时成药用药量扩大，成本增高，致使这类成药的生产受到一定的影响，因此，使这类药材的进口品种及数量减少，用此类药材生产的成药品种相应也减少。有的进口品种如高丽参、燕窝、胖大海、海狗肾、蛤蚧、海马、玳瑁等药材，尚缺乏专属性强的鉴别方法和先进的质量标准，大多停留在经验鉴别的基础上。如高丽参因无客观检验数据作为指标，完全靠经验鉴别，而这种传统的质量鉴别技术较难把握，所以常出现假冒的现象。再如胖大海的霉变问题，目前从外表很难判断其内在是否霉变，只有剖开子叶后才能发现，要解决这一问题，必须追溯胖大海的加工干燥技术方法。

（三）主要进口中药的品种及产地

我国进口中药的主要品种及主产地有：西洋参（美国、加拿大），高丽参（韩国、朝鲜），肉桂（越南、柬埔寨、斯里兰卡），海马（马来西亚、新加坡、日本），蛤蚧（越南、泰国），公丁香、鸡舌香（斯里兰卡、桑给巴尔地区），肉豆蔻（泰国、印度尼西亚、马来西亚、印度、缅甸），草果（越南），荜茇（印度、越南、菲律宾），胖大海（泰国、印度尼西亚、缅甸），西红花（西班牙、伊朗、希腊），番泻叶（印度），乳香、没药（索马里、埃塞俄比亚），阿魏（阿富汗、伊朗、印度），血竭（印度尼西亚、马来西亚），苏合香（土耳其、伊朗、索马里、印度），豆蔻（泰国、印度尼西亚），羚羊角（俄罗斯、蒙古国），海狗肾（加拿大、墨西哥、俄罗斯、日本、朝鲜），玳瑁（印度尼西亚、菲律宾），牛黄（美国、澳大利亚、尼泊尔、印度尼西亚、加拿大、阿根廷），龙涎香（太平洋和南洋群岛），安息香（印度尼西亚、泰国、越南、伊朗），燕窝（泰国、马尔加什、马来西亚、印度尼西亚），马钱子（泰国、印度尼西亚、越南），猴枣（印度、马来西亚、印度尼西亚），儿茶（马来西亚、印度尼西亚）等。

二、药材品种

丁香 Dingxiang
Caryophylli Flos

【别名】公丁香、丁子香。

【商品来源】为桃金娘科植物丁香 *Eugenia caryophyllata* Thunb. 的干燥花蕾。

【商品产地】主产于坦桑尼亚的桑给巴尔岛以及马来西亚、印度尼西亚、马达加斯加等国。现我国海南、广东、广西有引种栽培。

【采制及商品种类】通常在 9 月至次年 3 月，当花蕾由绿转红、花瓣未开放时采收，除去花梗、晒干。

【商品特征】花蕾略呈研棒状，丁字形。花冠圆球形，花瓣 4，覆瓦状抱合。花瓣内为雄蕊和花柱，搓碎后可见众多黄色细粒状的花药。萼筒圆柱状，略扁，有的稍弯曲，上部有 4 枚三角状的萼片，十字状分开。花冠棕褐色或褐黄色，萼筒红棕色或棕褐色。坚实，富油性。气芳香浓烈，味辛辣、有麻舌感。

【规格等级】商品分为玫瑰子、中花公丁香、丁香三种。其规格等级标准如下。

玫瑰子　粒长饱满，色红，油性足，全为含苞未放者。

中花公丁香　粒小，色红黑，杂有开放者。

丁香　梗黑色，粗糙，油性不足，杂有落苞者。

【化学成分】含挥发油 15% ~ 20%，油中主要成分为丁香酚（含量为 80% ~ 95%）、β - 丁香烯（9.12%）、乙酰基丁香酚（7.33%），以及其他少量成分如甲基正戊酮、醋酸苄酯、苯甲醛、水杨酸甲酯、葎草烯、α - 依兰烯、胡椒酚等。

【鉴别与检查】取样品加乙醚，振摇数分钟，滤过，滤液作为供试品溶液。另取丁香酚对照品，加乙醚制成溶液，作为对照品溶液。用硅胶 G 薄层板，以石油醚（60 ~ 90℃）- 醋酸乙酯（9:1）为展开剂，喷以 5% 香草醛硫酸溶液。供试品色谱中，在与对照品色谱相应的位置上，显相同颜色的斑点。

杂质不得过 4%，水分不得过 12.0%。

【质量要求】

1. 外观质量   以完整、个大、油性足、颜色深红、香气浓郁、入水下沉者为佳。

2. 内在质量   含量测定：按气相色谱法测定，含丁香酚不得少于 11.0%。

【性味功能主治】温，辛。温中降逆，补肾助阳。用于脾胃虚寒，呃逆呕吐，食少吐泻，心腹冷痛，肾虚阳痿等。

【贮藏养护】袋装，套纸箱或木箱。本品易散气走油，应置阴凉、干燥处。

【用法用量】1～3g。不宜与郁金同用。

>>> **知识链接** o--

　　母丁香为丁香 *Eugenia caryophyllata* Thunb. 的干燥成熟果实，又名"鸡舌香"。果实呈长倒卵形至长圆形，顶端有齿状萼片 4 枚，向中央弯曲，基部具果柄残痕。表面棕褐色，粗糙，多细皱纹。果皮与种皮薄壳状。质脆，易破碎脱落，有的已无果皮或种皮，仅为种仁。种仁倒卵形，暗棕色，由两片肥厚的子叶抱合而成，子叶形如鸡舌，不规则抱合。质坚硬，难破碎。气微香，味辛辣。含淀粉及少量挥发油。性温，味辛辣，温中散寒。

马钱子 Maqianzi

Strychni Semen

【别名】番木鳖。

【商品来源】为马钱科植物马钱 *Strychnos nux-vomica* L. 的干燥成熟种子。

【商品产地】主产于印度、越南、泰国、缅甸等国。

【采制及商品种类】

马钱子   冬季采收成熟果实，取出种子，洗净附着的果肉，晒干。

制马钱子   取净沙子置锅内，用武火炒热，加入净马钱子，拌炒至棕褐色或深棕色，鼓起，内面红褐色，并有小泡时，取出，除去毛，放凉。

油制马钱子   取净马钱子，放入沸油锅内炸至表面棕褐色，内部棕黄色，并浮出油面时捞出。

马钱子粉   取制马钱子，粉碎成细粉，按照质量要求项下的方法测定士的宁含量后，加适量淀粉，使含量符合规定，混匀。

【商品特征】

生马钱子   呈钮扣状扁圆形，通常一面隆起，另一面微凹，直径 1.5～3cm，厚 3～6mm。灰棕色或灰绿色。表面密被绢状茸毛，自中央向四周呈辐射状排列，有丝样光泽。边缘稍隆起，较厚，有突起的珠孔，底面中心有突起的圆点状种脐。质坚硬，不易碎断。沿边缘剖开，平行剖面可见淡黄白色胚乳，角质状，子叶心形，有叶脉 5～7 条及短小的胚根。无臭，味极苦。

制马钱子   形如生马钱子，中间略鼓，表面棕褐色或深棕色。质坚脆。断面红褐色，中间有裂缝。无臭，味苦。

油制马钱子   中间略鼓，表面老黄色，无毛绒，质坚脆，有油香气，味苦。

马钱子粉   为黄褐色粉末。味极苦。

【规格等级】一般均为统货。

【化学成分】马钱种子含总生物碱 2%～5%，主要为番木鳖碱（士的宁）约 1.23%，马钱子碱约 1.55%。番木鳖碱为马钱子的最主要成分，约占总生物碱的 45%；马钱子碱的药效只有番木鳖碱的

1/40。

【鉴别与检查】 取样品加三氯甲烷－乙醇（10∶1）混合液与浓氨试液，振摇，滤过，滤液作为供试品溶液。另取士的宁和马钱子碱对照品，加三氯甲烷制成混合溶液，作为对照品溶液。用硅胶 G 薄层板，以甲苯－丙酮－乙醇－浓氨试液（4∶5∶0.6∶0.4）为展开剂，喷以稀碘化铋钾试液。供试品色谱中，在与对照品色谱相应的位置上，显相同颜色的斑点。

马钱子水分不得过 13.0%，制马钱子水分不得过 12.0%，马钱子粉水分不得过 14.0%；马钱子、制马钱子总灰分不得过 2.0%，马钱子粉总灰分不得过 1.6%；生马钱子每 1000g 含黄曲霉毒素 B 不得过 5μg，含黄曲霉毒素 G_2、黄曲霉毒素 G_1、黄曲霉毒素 B_2 和黄曲霉毒素 B_1 的总量不得过 10μg。

【质量要求】

1. 外观质量 以个大、肉厚饱满、表面灰棕色微带绿、有细密毛茸、质坚硬无破碎者为佳。

2. 内在质量 含量测定：按高效液相色谱法测定，马钱子、制马钱子含士的宁应为 1.20% ~ 2.20%，马钱子碱不得少于 0.80%；马钱子粉含士的宁应为 0.78% ~ 0.82%，马钱子碱不得少于 0.50%。

【性味功能主治】 温，苦；有大毒。通络止痛，散结消肿。用于跌打损伤，骨折肿痛，风湿顽痹，麻木瘫痪，痈疽疮毒，咽喉肿痛。生马钱子一般仅供外用。

【贮藏养护】 多以麻袋包装，置干燥通风处。生品专库保管。

【用法用量】 马钱子炮制后入丸散，0.3 ~ 0.6g（一日量）。

>>> **知识链接** o -

马钱子同属植物云南马钱 *Strychnos pierriana* A. W. Hill 的干燥成熟种子，曾被《中国药典》1995 年版收载作马钱子药用。其主要鉴别点：本品呈扁椭圆形或扁圆形，边缘较薄而微翘，子叶卵形，叶脉 3 条。种子表皮毛茸平直或多少扭曲，毛肋常分散。种子含总生物碱 2.18%，番木鳖碱占 1.33%，亦含马钱子碱等。

- •

血竭 Xuejie

Draxonis Sanguis

【别名】 麒麟竭、血竭花、血结。

【商品来源】 为棕榈科植物麒麟血竭 *Daemonorops draco* Bl. 果实中渗出的树脂经加工而成。

【商品产地】 主产于印度尼西亚及马来西亚，土耳其、叙利亚、埃及、索马里和波斯湾附近各国也产。

【采制及商品种类】

原装血竭 采集成熟果实，充分晒干，加贝壳一起放入容器内强力振动，松脆的红色树脂即脱落，筛去果实鳞片等杂质，用布包裹，放入热水中使树脂软化成团，取出放冷。

加工血竭 加入辅料（如达玛树脂等）加工而得。

【商品特征】

原装血竭 呈扁圆形、圆形或不规则块状。表面红褐色、红色、砖红色，附有因摩擦而成的红粉。质硬而脆。断面有光泽，破碎面黑红色，研粉为血红色。无臭，味淡。

加工血竭 呈扁圆四方形，表面暗红色或黑红色，有光泽，底部平圆，顶部有包扎成形时所成的纵折纹。质硬而脆，破碎面黑红色，粉末为血红色。气无，味淡。嚼之有砂粒感。

【规格等级】 进口血竭有血竭花、加工血竭等，再分等级或统装。过去商品分为血竭花、五星牌、手牌、皇冠牌、A牌等规格，以血竭花为最佳。以总灰分、醇不溶物、吸收度分为一、二等及原状。

【化学成分】　含红色树脂约57%，为血竭树脂鞣醇与苯甲酸及苯甲酰乙酸的化合物，从中分离出结晶形红色素：血竭红素和血竭素、去甲基血竭红素、去甲基血竭素、（2S）－5－甲氧基－6－甲基黄烷－7－醇（简称黄烷素）、（2S）－5－甲氧基黄烷－7－醇。

【鉴别与检查】

取样品粉末，置白纸上，用火隔纸烘烤即熔化，但无扩散的油迹，对光照视呈鲜艳的红色。以火燃烧则产生呛鼻的烟气。

取样品加乙醚振摇，滤过，取滤液作为供试品溶液。另取血竭对照药材同法制成对照药材溶液。吸取供试品溶液、对照药材溶液及血竭素高氯酸盐对照品溶液，分别点于同一硅胶G薄层板上，以三氯甲烷－甲醇（19∶1）为展开剂，展开，取出，晾干，置日光下检视。供试品色谱中，在与对照药材色谱和对照品色谱相应的位置上，显相同的橙色斑点。

取样品加乙醇振摇，过滤，滤液加稀盐酸，混匀，析出棕黄色沉淀，放置后逐渐凝成棕黑色树脂状物。取树脂状物，用稀盐酸分次充分洗涤，弃去洗液，加20%氢氧化钾溶液研磨，加三氯甲烷振摇提取，三氯甲烷层显红色，取三氯甲烷液作为供试品溶液。另取血竭对照药材同法制成对照药材溶液。用硅胶G薄层板，以三氯甲烷－甲醇（19∶1）为展开剂，置日光下检视。供试品色谱中，在与对照药材色谱相应的位置上，显相同的橙色斑点。

总灰分不得过6.0%；醇不溶物不得过25.0%；松香检查，以松香酸为对照品，石油醚（60～90℃）－乙酸乙酯－冰醋酸（9∶1∶0.1）为展开剂，紫外光灯（254nm）下检视，供试品色谱中，在与对照品色谱相应的位置上，不得显相同颜色的斑点；再喷以10%硫酸乙醇溶液，置紫外光灯（365nm）下检视，不得显相同的蓝白色荧光斑点。

【质量要求】

1. 外观质量　以表面黑红色、研末鲜红色、火烧呛鼻、无松香气、无杂质、有苯甲酸样香气者为佳。

2. 内在质量　含量测定：按高效液相色谱法测定，含血竭素不得少于1.0%。

【性味功能主治】　平，甘、咸。活血定痛，化瘀止血，生肌敛疮。用于跌打损伤心腹淤痛，外伤出血，疮疡不敛。

【贮藏养护】　木箱或纸箱装，置阴凉干燥处。

【用法用量】　1～2g。

>>> 知识链接 o－－

国产血竭为百合科植物海南龙血树 *Dracaena cambodiana* Pierre ex Gagnep. 的含脂木质部的树脂，称为龙血竭。主产于海南、广西、云南等。

－－－●

豆蔻 Doukou
Amomi Rotundus Fructus

【别名】　白蔻、白豆蔻、圆豆蔻、紫蔻、白蔻仁、元蔻、老蔻。

【商品来源】　为姜科植物白豆蔻 *Amomum kravanh* Pierre ex Gagnep. 或爪哇白豆蔻 *Amomum compactum* Soland ex Maton 的干燥成熟果实。商品药材分别称作"原豆蔻"和"印尼白蔻"。

【商品产地】　白豆蔻主产于柬埔寨、泰国、越南、缅甸等国。海南省和云南南部有少量栽培。爪哇白豆蔻多由印度尼西亚进口，海南省和云南南部有栽培。

【采制及商品种类】

豆蔻 夏、秋间果实即将成熟但未开裂时采集果穗，去净残留的花被和果柄，晒干或低温干燥。

豆蔻仁 取净豆蔻，除去果皮。

豆蔻壳 豆蔻的果皮。

【商品特征】

原豆蔻 呈类球形。表面黄白色至淡黄棕色，有 3 条较深的纵向槽纹，顶端有突起的柱基，基部有凹下的果柄痕，两端均被浅棕色绒毛。果皮薄。体轻，质脆，易纵向裂开，内分 3 室，每室含种子约 10 粒；种子呈不规则多面体，背面略隆起，表面暗棕色，有皱纹，并残留假种皮。气芳香，味辛凉略似樟脑。

印尼白蔻 个略小。表面黄白色，有的微显紫棕色。果皮较薄。种子团，每室种子 2～8 粒，种子瘦瘪。气味较弱。

豆蔻仁 种仁集结成团，习称"蔻球"，蔻球 3 瓣，有白色隔膜，每瓣有种子 7～10 粒，习称"蔻米"；种子为不规则的多面体，表面暗棕色或灰棕色；质坚硬，断面白色粉质，有油性；气芳香，味辛凉。

豆蔻壳 呈不规则薄片，黄白色。气微香，味辛。

【规格等级】 进口品常以大小分等。国产品一般为统货。

【化学成分】 两种豆蔻均含挥发油。原豆蔻油中主成分为 1,8 - 桉油精（1,8 - cinole）、α - 蒎烯、β - 蒎烯、丁香烯等；印尼白蔻油中主成分为 1,8 - 桉油精、葛缕酮、α - 松油醇等。还含皂苷、色素及脂肪油等。

【鉴别与检查】 取种子挥发油作为供试品溶液，以桉油精为对照品（必要时可分别加乙醇适量稀释），用硅胶 G 薄层板，以环己烷 - 二氯甲烷 - 乙酸乙酯（15：5：0.5）为展开剂，喷以 5% 香草醛硫酸溶液，检视。供试品色谱中，在与对照品色谱相应的位置上，显相同颜色的斑点。

杂质原豆蔻不得过 1%，印尼白蔻不得过 2%；水分原豆蔻不得过 11.0%，印尼白蔻不得过 12.0%。

【质量要求】

1. 外观质量 均以个大饱满、果皮薄而完整、皮色洁白、气味浓者为佳。

2. 内在质量 ①挥发油含量：按挥发油测定法测定，原豆蔻仁含挥发油不得少于 5.0%（ml/g），印尼白蔻仁不得少于 4.0%（ml/g）。②含量测定：用气相色谱法测定，豆蔻仁含桉油精不得少于 3.0%。

【性味功能主治】 温，辛。化湿行气，温中止呕，开胃消食。用于湿浊中阻，不思饮食，湿温初起，胸闷不饥，寒湿呕逆，胸腹胀痛，食积不消。

【贮藏养护】 袋装或箱装，密闭，置阴凉干燥处，防蛀。

【用法用量】 3～6g。入汤剂后下。

>>> **知识链接** •--

《中药材商品规格等级标准汇编》按照药材直径和百粒重把原豆蔻和印尼白蔻均分为选货和统货两个等级。原豆蔻：选货，直径 1.6～1.8cm，百粒重 40～50g；无瘪子及空壳。统货，大小不等，有瘪子及空壳。印尼白蔻：选货，直径 1.4～1.5cm，百粒重 25～30g；无瘪子及空壳。统货，大小不等，有瘪子及空壳。

没药 Moyao
Myrrha

【别名】明没药、末药。

【商品来源】为橄榄科植物地丁树 *Commiphora myrrha* Engl. 或哈地丁树 *Commiphora molmol* Engl. 的干燥树脂。分为天然没药和胶质没药。

【商品产地】主产于索马里、埃塞俄比亚、阿拉伯半岛南部以及印度等地。以索马里所产质量最佳，行销世界各地，以亚丁港为集散地。

【采制及商品种类】

没药 11月至次年2月间将树刺伤，树脂由伤口或裂缝自然渗出（没药树干的韧皮部有多数离生的树脂道，受伤后，附近的细胞逐渐破坏，形成大型溶生树脂腔，内含油胶树脂）。初为淡黄白色液体，在空气中渐变为红棕色硬块。采后拣去杂质。

醋没药 取净没药大小分开，置锅内用文火加热，炒至冒烟，表面微溶，喷淋米醋，再炒至表面显油亮光泽时，取出放冷。

炒没药 取净没药大小分开，置锅内用文火炒至冒烟，表面显油亮光泽时，取出放冷。

【商品特征】

天然没药 呈不规则颗粒状或黏结成团块，大小不一。表面凹凸不平，被有粉尘。红棕色或黄棕色。质坚脆，嚼时黏牙。破碎面呈颗粒状，带棕色油样光泽，并常伴有白色斑点或纹理；打碎后的薄片有亮光或半透明。气香而特异，味苦，微辛。

胶质没药 呈不规则块状和颗粒，多黏结成大小不等的团块，大者直径长达6cm以上，表面棕黄色至棕褐色，不透明，质坚实或疏松，有特异香气，味苦而有黏性。

醋没药 为小碎块或圆形颗粒，表面黑褐色或棕褐色，有光泽；微有醋香气。

炒没药 为小碎块或圆形颗粒，表面黑褐色或棕褐色，有光泽；气微香。

【规格等级】商品分为天然没药和胶质没药两种规格，一般不分等级。按产地分为非洲没药、阿拉伯没药和也门没药等，习惯认为索马里产品质优。

【化学成分】含有树脂25%~40%、树胶55%~65%、挥发油3%~9%等，但因来源不同常有差异。此外，尚含有苦味质、蛋白质、甾体、没药酸、甲酸、乙酸及氧化酶等。树脂水解得到阿拉伯糖、半乳糖和木糖等。

【鉴别与检查】取样品挥发油加环己烷，作为供试品溶液。取天然没药或胶质没药对照药材，同法制成对照药材溶液。用硅胶G薄层板，以环己烷－乙醚（4：1）为展开剂，喷以10%硫酸乙醇溶液。供试品色谱中，在与对照药材相应位置上显相同颜色的荧光斑点。

天然没药的杂质不得过10%，胶质没药的杂质不得过15%；总灰分不得过15.0%；酸不溶性灰分没药不得过10.0%，醋没药不得过8.0%。

【质量要求】

1. 外观质量 一般以黄棕色、破碎面微透明、显油润、香气浓、味苦、无杂质者为佳。

2. 内在质量 挥发油含量：按挥发油测定法测定，天然没药含挥发油不得少于4.0%（ml/g），胶质没药不得少于2.0%（ml/g），醋没药不得少于2.0%（ml/g）。

【性味功能主治】平，辛、苦；散瘀定痛，消肿生肌。用于胸痹心痛，胃脘疼痛，痛经经闭，产后瘀阻，癥瘕腹痛，风湿痹痛，跌打损伤，痈肿疮疡。

【贮藏养护】本品贮藏用塑料袋密封，装木箱内。置阴凉干燥处，防止挥发性成分散失；本品易燃烧，注意防火。

【用法用量】3～5g，炮制去油，多入丸散用。外用适量，研细末调敷患处。

【注意】孕妇及胃弱者慎用。

>>> 知识链接 ○－－－

本品与少量水共研，能形成黄棕色乳状液。粉末遇硝酸呈紫色。

－－－●

乳香 Ruxiang
Olibanum

【别名】乳头香、明乳香、乳香珠、滴乳香。

【商品来源】为橄榄科植物乳香树 *Boswellia carterii* Birdw. 及同属植物鲍达乳香树 *Boswellia bhaw-dajiana* Birdw. 树皮渗出的树脂。

【商品产地】主产于索马里、埃塞俄比亚及阿拉伯半岛南部。土耳其、利比亚、苏丹、埃及亦产。我国广西有引种。

【采制及商品种类】

乳香　春、夏季均可采收，春季为盛产期。采收时，于树干的皮部由下至上顺序切伤，开一狭沟，使树脂从伤口处渗出，流入沟中，数天后凝成硬块，即可采取。落于地上者常黏附泥沙杂质，品质较次。需防尘，遇热易软化，宜密闭贮存于阴凉处。采后拣去杂质，打碎成黄豆大小。

炒乳香　取净乳香，置热锅中，用文火炒至表面光亮，取出，放凉。

醋制乳香　取净乳香，置热锅中，用文火炒至表面溶化时，喷洒米醋，继续炒至表面油亮，透香时，迅速取出，倒在先洒水湿透的篾席上摊开放凉，将结块的打散成小块。

【商品特征】

乳香　呈小形乳头状、泪滴状或不规则小块状，有时粘连成团块。大者长达 2cm（乳香珠）或 5cm（原乳香），表面黄白色或灰白色，久贮色加深。半透明，有的表面无光泽并带有一层类白色或淡黄色的粉尘。质坚脆，嚼时开始碎成小块，后迅速软化成胶块状，黏附牙齿，唾液呈乳白色。断面蜡样，无光泽，亦有少数呈玻璃样光泽。气微芳香，味微苦，并微有香辣感。

炒乳香　形状同生乳香，表面显油亮。

醋制乳香　呈小圆珠或圆粒状，表面淡黄色，显油亮；质坚脆，稍具醋气。

【规格等级】商品均为进口品。按产地分索马里乳香和埃塞俄比亚乳香，每种乳香又分乳香珠和原乳香。按性状分为滴乳、乳珠、原乳、乳香米、乳香末 5 种规格，以滴乳最佳。现在多分为原乳香、一号乳香珠、二号乳香珠、豆乳香等规格。

【化学成分】含树脂 60%～70%、树胶 27%～35%、挥发油 3%～8%。树脂的酸性部分主要为 α-、β-乳香酸及其衍生物，约占 33%；中性部分 α-、β-香树脂素的衍生物（α-香树脂酮、乳香树脂烃等），约占 33%。树胶为阿糖酸的钙盐和镁盐，含西黄芪黏胶素、苦味质等。挥发油中含有蒎烯，α-水芹烯，二戊烯等；树脂挥发油含有 α-樟脑烯醛，d-马鞭草烯醇及马鞭草烯酮等。

【鉴别与检查】乳香珠杂质不得过 2%，原乳香杂质不得过 10%。

【质量要求】

1. 外观质量　以颗粒状、色黄白、半透明、质硬而脆、断面具玻璃样光泽、杂质少、气芳香者为佳。

2. 内在质量　挥发油含量：按挥发油测定法测定，索马里乳香含挥发油不得少于 6.0%（ml/g），埃塞俄比亚乳香挥发油不得少于 2.0%（ml/g）。

【性味功能主治】温，辛、苦。活血定痛，消肿生肌。用于胸痹心痛，胃脘疼痛，痛经经闭，产后瘀阻，癥瘕腹痛，风湿痹痛，筋脉拘挛，跌打损伤，痈肿疮疡。

【贮藏养护】本品易走失香气，受热易变色、变软、黏结成块，遇火易燃烧。宜贮藏在密闭的容器内，置于阴凉干燥处。

【用法用量】3～5g。

【注意】孕妇及胃弱者慎用。

>>> 知识链接 o -

本品遇热易变软，烧之微有香气（但不应有松香气），冒黑烟，并遗留黑色残渣。与少量水共研，能形成白色或黄白色乳状液。

洋乳香（Mastix）为漆树科植物粘胶乳香树 *Pistacia lentiscus* L. 的树干或树枝切伤后流出的干燥树脂。主产于希腊。与乳香相似，但颗粒较小而圆。新鲜品表面有光泽，半透明。质脆，断面透明，玻璃样。气微香，味苦。咀嚼时先碎成砂样粉末，后软化成可塑性团状，不黏牙齿。与水共研磨，不形成乳状液体。含树脂酸约43%、树脂烃约50%、挥发油约2%。从树脂中曾分离出薰陆香二烯酮酸和异薰陆香二烯酮酸等药用硬膏原料和填齿料。

番泻叶 Fanxieye
Sennae Folium

【别名】泻叶。

【商品来源】为豆科植物狭叶番泻 *Cassia angustifolia* Vahl 及尖叶番泻 *Cassia acutifolia* Delile 的干燥小叶。

【商品产地】狭叶番泻主产于红海以东至印度一带，印度南端丁内未利（Tinnevelly）地区大量栽培，故商品又名印度番泻叶或丁内未利番泻叶；埃及和苏丹亦产。尖叶番泻主产于埃及的尼罗河中上游地区，由亚历山大港输出，故商品又称埃及番泻叶或亚历山大番泻叶。现我国广东省、海南省及云南西双版纳等地均有栽培。

【采制及商品种类】

狭叶番泻叶 在开花前摘下叶片，阴干后用水压机打包。

尖叶番泻叶 在9月间果实将成熟时，剪下枝条，摘取叶片晒干，按全叶与碎叶分别包装。

【商品特征】

狭叶番泻叶 呈长卵形或卵状披针形，全缘，叶端急尖，叶基稍不对称。上表面黄绿色，下表面浅黄绿色。表面无毛或近无毛，叶脉稍隆起，有叶脉及叶片压迭线纹（加压打包所成）。革质。稍有黏性，用开水浸泡为茶色。气微弱而特异，味微苦。

尖叶番泻叶 呈披针形或长卵形，略卷曲，叶端短尖或微凸，叶基不对称。上面浅绿色，下面灰绿色。两面均有细短毛茸，无叶脉压迭线纹。较薄脆，微呈革质状。气微弱而特异，味微苦。

【规格等级】番泻叶规格较多，目前市场品主为印度产品，分狭叶和尖叶两种。我国进口商品为一等、二等和大路货三种。

一等：叶大、尖、色绿无黄叶及枝梗，碎叶及杂质不超过5%。

二等：叶尖、色绿、梗小、碎叶、黄叶及杂质不超过8%。

大路货：黄叶不超过20%，枝、碎叶及杂质不超过12%。

【化学成分】狭叶番泻叶含番泻苷A及B（两者互为立体异构）、番泻苷C及D（两者互为立体异构）、芦荟大黄素双蒽酮苷、大黄酸葡萄糖苷、芦荟大黄素葡萄糖苷及少量大黄酸、芦荟大黄素。此外，尚含山柰素、番泻叶山柰苷、蜂花醇、水杨酸、棕榈酸、硬脂酸、植物甾醇及其苷等。

尖叶番泻叶含蒽醌衍生物0.85% ~2.86%，其中有番泻苷A~D、芦荟大黄素 – 8 – 葡萄糖苷、大黄酸 – 8 – 葡萄糖苷、大黄酸 – 1 – 葡萄糖苷、芦荟大黄素、大黄酸、异鼠李素、山柰素、植物甾醇及其苷等。

【鉴别与检查】取样品加乙醇和水的等量混合溶液超声处理，离心，吸取上清液，作为供试品溶液。另取番泻叶对照药材，同法制成对照药材溶液。硅胶G薄层板上，以醋酸乙酯 – 正丙醇 – 水（4∶4∶3）为展开剂，置紫外光灯（365nm）下检视。供试品在与对照药材色谱相应的位置上，显相同颜色的荧光斑点；依次喷以20%硝酸溶液和5%氢氧化钾的稀乙醇溶液，在日光下检视。供试品在与对照药材色谱相应的位置上，显相同颜色的斑点。

杂质不得过6%，水分不得过10.0%。

【质量要求】

1. 外观质量　以叶片大、完整、色绿、梗少无杂质者为佳。

2. 内在质量　含量测定：照高效液相色谱法测定，含番泻苷A和番泻苷B的总量不得少于1.1%。

【性味功能主治】寒，甘、苦。泻热行滞，通便，利水。用于热结积滞，便秘腹痛，水肿胀满。

【贮藏养护】竹席装，再用水压机打包。本品易发霉变质。置阴凉、干燥处，避光保存，注意防潮。

【用法用量】2~6g，入煎剂后下，或开水泡服。

【注意】孕妇慎用。

>>> 知识链接 o--

1. 番泻实　为狭叶番泻 *Cassia angustifolia* Vahl 及尖叶番泻 *Cassia acutifolia* Delile 的干燥未成熟果实。亦含蒽醌衍生物1.3% ~1.4%。在国外药用。

2. 耳叶番泻叶　为同属植物耳叶番泻 *Cassia auriculata* L. 的干燥小叶。常混在进口的狭叶番泻叶中，有时甚至可达60%左右。本品含蒽醌苷量极微，应注意鉴别。与以上两种的不同点为：小叶片卵形或倒卵圆形，先端圆钝或微凹陷，或具刺凸，叶基不对称或对称，表面灰绿色或红棕色，被有极多灰白色短毛。

3. 卵叶番泻叶　为同属植物卵叶番泻 *Cassia obovata* Colladon 的干燥小叶。主产于埃及、意大利。又称意大利番泻叶。叶片呈倒卵形，具棘尖，被短毛。本品含蒽醌总量约3.8%。

西红花 Xihonghua
Croci Stigma

【别名】番红花、藏红花。

【商品来源】为鸢尾科植物番红花 *Crocus sativus* L. 的干燥柱头。

【商品产地】主产于西班牙，意大利、德国、法国、美国、奥地利、伊朗、日本等亦产，以西班牙产量最大。我国上海、浙江、江苏等地有少量栽培，但产量不大，主要为进口。

【采制及商品种类】

干西红花　每年9~10月晴天早晨采集花朵，摘取柱头，在55~60℃烘干，但不宜烘得过干，使其保持色泽鲜艳，品质优良，暗红色。或晾干，不宜晒干及阴干。

湿西红花　西红花加入辅料加工使其油润光亮者为"湿西红花"，但目前此法已经极少采用。

【商品特征】

进口西红花　干燥柱头为弯曲的细丝状或呈线形，顶端三分叉，长2~3cm，每一分叉上部较宽而略扁平，顶端边缘显不整齐的齿状，内侧有一短裂隙，下端有时残留一小段黄色花柱。暗红色。体轻，松软，无油润光泽，干燥后质脆易断。气特异，微有刺激性，味微苦。

湿西红花　全体呈棕红色，具油润光泽。单一的柱头如线性，略弯曲，长约3cm，顶端较宽，基部较窄，用放大镜观察，内方有一短裂缝。置于水中，柱头扩大膨胀，开口呈长喇叭状，水被染成黄色。具特异香气，味微苦而后甘凉。

干西红花　全体呈暗红棕色，间有浅黄色花柱。柱头常分2~3叉。质轻松而不粘连，无光泽及油润感。其余同湿西红花。

国产西红花　性状基本与进口品相同，但柱头较短，一般不带花柱，色泽较暗，质地不如进口品柔软。水泡色稍淡。

【规格等级】　商品西红花有干红花（人头牌）、湿红花（象牌）。以干红花（人头牌）品质为优。

【化学成分】　含有西红花苷-Ⅰ、西红花苷-Ⅱ、西红花苷-Ⅲ、西红花苷-Ⅳ、西红花二甲酯、α-西红花酸、玉米黄质、西红花苦苷、苦番红花素等化合物。此外含挥发油0.4%~1.3%，油中主为西红花醛（为西红花苦苷的分解产物），次为桉脑、蒎烯等。

【鉴别与检查】　取样品加甲醇，超声处理，放置澄清，取上清液作为供试品溶液。取西红花对照药材同法制成对照药材溶液。用硅胶G薄层板，以乙酸乙酯-甲醇-水（100：16.5：13.5）为展开剂，置紫外光灯（365nm）下检视。供试品与对照药材在相应的位置上显相同颜色的荧光斑点。

干燥失重不得过12.0%，总灰分不得过7.5%。照紫外-分光光度法，在432nm的波长处，甲醇提取液吸光度不得低于0.50。

【质量要求】

1. 外观质量　以体轻、质松软、柱头色暗红、黄色花柱较少者为佳。

2. 内在质量　①浸出物含量：醇溶性浸出物（热）不得少于55.0%。②含量测定：用高效液相色谱法测定，含西红花苷-Ⅰ和西红花苷-Ⅱ的总量不得少于10.0%；含苦番红花素不得低于5.0%。

【性味功能主治】　平，甘。活血化瘀，凉血解毒，解郁安神。用于经闭癥瘕，产后瘀阻，温毒发斑，抑郁痞闷，惊悸发狂。

【贮藏养护】　用铁盒、玻璃瓶或纸盒装。可按其数量的多少放入小石灰包，以保持色泽和防潮。少量置石灰箱或缸内保存，置阴凉、通风、干燥处，遮光、密闭贮存。本品极易吸潮霉变，易泛油、变色，在贮存养护期间，若发现受潮，可开箱晾晒，但不可暴晒或熏蒸，否则易褪色。可以火烘。

【用法用量】　1~3g。

【注意】　孕妇慎用。

>>> **知识链接** ●------------------------------------

本品价格昂贵，易出现掺伪掺杂。如以其他植物花丝、花冠狭条或纸浆条片等染色后伪充，可于显微镜下检识；若掺有合成染料或其他色素，则水溶液常呈红色或橙黄色，而非黄色；淀粉及糊精等的掺伪，可用碘试液检识；若有矿物油或植物油掺杂，则在纸上留有油渍；若有甘油、硝酸铵等水溶性物质掺杂，则水溶性浸出物含量增高；掺杂不挥发性盐类，则灰分含量增高。

《中药材商品规格等级标准汇编》按照药材长度、断碎药材占比及残留花柱的长度把进口西红花分为四等、国产西红花分为三等。

燕窝 Yanwo
Cubilose

【别名】　燕根、燕菜、白燕、屋燕、血燕。

【商品来源】　为雨燕科动物金丝燕 *Aerodramus maximus* L. 及同属多种燕用唾液与绒羽等混合凝结所筑成的巢窝。

【商品产地】　主要分布于东南亚一带及太平洋各岛屿上，国外主产于印度尼西亚、泰国、缅甸、日本等国。国内主产于海南省。附着于岩石峭壁的地方。

【采制及商品种类】　一般 2、4、8 月份采集，采集时要尽量保持巢之完整性，阴干或低温干燥即成。

【商品特征】　燕巢呈半月形，形状似人耳，基底厚，廓壁薄，重 5～15g。燕巢外围整齐，内部粗糙，有如丝瓜网络。整个燕窝洁白晶莹，富有弹性。

【规格等级】　商品上分为白燕（官燕）、毛燕、血燕三种规格。

【化学成分】　含燕窝酸，50% 蛋白质，30% 碳水化合物和一些矿物质。

【鉴别与检查】　"发头"按重量计算，燕窝在浸透后，在重量上与干燥时的差异，倍数越大，即"发头"越好，一般优质燕窝有 6 倍以上的"发头"。泡发率是衡量燕窝品质优劣的最基本特征。

【质量要求】　外观质量以洁白晶莹，富有弹性为佳。

【性味功能主治】　平，甘。养阴润燥、益气补中。用于治虚损、咳痰喘、咯血、久痢，适于体质虚弱、营养不良、久痢久疟、痰多咳嗽、老年慢性支气管炎、支气管扩张、肺气肿、肺结核、咯血吐血和胃痛患者食用。

【贮藏养护】　避光冷藏。燕窝可放进冰箱保鲜，足干燕窝可放置于避阳及干爽地方存储。阳光直接照射可令燕窝进一步氧化及干燥，若化学加工燕窝在阳光照下会呈现绿色；若燕窝已发霉到黑色，则不能再使用，因燕窝已经被细菌侵蚀，当中的营养成分亦已经丧失。

【用法用量】　10～20g。

目标测试

答案解析

一、多选题

1. 丁香的商品规格包括

　　A. 公丁香　　　　　　B. 母丁香　　　　　　C. 丁香

　　D. 玫瑰子　　　　　　E. 中花公丁香

2. 西红花的主要进口国是

　　A. 西班牙　　　　　　B. 俄罗斯　　　　　　C. 伊朗

　　D. 希腊　　　　　　　E. 越南

3. 乳香的主要进口国是

　　A. 索马里　　　　　　B. 美国　　　　　　　C. 日本

　　D. 法国　　　　　　　E. 埃塞俄比亚

4. 燕窝的主要进口国是

　　A. 泰国　　　　　　　B. 印度尼西亚　　　　C. 马尔加什

　　D. 马来西亚　　　　　E. 埃塞俄比亚

二、简答题

1. 简述血竭的质量要求。
2. 简述我国的主要进口中药品种。
3. 简述丁香的商品特征。
4. 简述乳香的贮藏注意事项。
5. 简述番泻叶的商品规格等级。
6. 简述生马钱子的商品特征。
7. 简述原豆蔻和印尼白蔻的商品特征。

书网融合……

思政导航   本章小结   题库

第二十一章　中成药

PPT

◉ **学习目标**

知识目标

1. 掌握 中成药的含义和特点；安宫牛黄丸、板蓝根颗粒、川贝枇杷糖浆、复方丹参片、龟龄集、藿香正气水、九味羌活丸、六神丸、六味地黄丸、片仔癀、生脉饮、云南白药的性状、鉴别、检查、质量要求、贮藏方法。

2. 熟悉 中成药的分类；中成药的鉴别与检查。

3. 了解 中成药的发展概况。

能力目标 通过本章的学习，初步具备在中成药理论指导下经营中成药产品的能力。

一、中成药的含义与特点

中成药是以中药饮片为原料，在中医药理论指导下，按法定处方和制法大批量生产，具有特定名称，并标明功能主治、用法用量和规格，实行批准文号管理的药品。中成药具有疗效确切，质量稳定，携带、贮藏、服用方便等特点。

中成药剂型不但有传统的丸、散、膏、丹等剂型，还包括了片剂、胶囊剂、颗粒剂、注射剂等现代剂型。我国现有中成药数千种，常用剂型 20 余种，涉及内、外、妇、儿、骨伤、皮肤、五官等科。中成药有着悠久的历史，应用广泛，在保障人民健康方面发挥了巨大的作用。

中成药的设计、生产、使用均需在中医药理论指导下进行，具体体现在如下几方面：①中成药的处方必须符合传统中医药理论的组方配伍原则；②剂型选择方面，要注重剂型－疾病－方药相结合的原则；③研发、生产方面，要落实以临床价值为导向，以患者为核心的研发理念；④质控方面，在注重君、臣药质控的基础上，对制剂质量进行全面、全周期控制；⑤临床应用方面，需在中医辨证论治的基础上进行使用。

二、中成药的发展概况

古代先民通过长期的医疗实践，逐渐掌握、积累了一定的药物知识；通过在生产实践中的不断探索，逐渐产生了各种剂型的制备技术；随着处方的固定、制备技术的标准化，中成药也随之产生。

中成药的起源，可上溯到先秦时代，在长沙马王堆汉墓中发现的"五十二病方"（部分考证认为成书于战国时期）中，载方 283 首，涉及丸、散、膏、汤多种剂型。我国现存的第一部医学经典著作《黄帝内经》中，载方 13 首，涉及丸、散、膏、药酒等 9 种剂型。

东汉末年，著名医学家张仲景撰写的《伤寒杂病论》被誉为"方书之祖"。书中载方 113 个，涉及汤剂、丸剂、灌肠剂、肛门栓剂等多个剂型，记载了五苓散、禹余粮丸、麻仁白蜜煎等多个成药。

晋代葛洪所撰《肘后备急方》中于卷八《治百病备急丸散膏诸要方》中提到"成剂药"一词，记载了金牙散、玉壶黄丸、三物备急药、华佗虎骨膏等多种药物，并主张"自常和合，贮此之备，最先于衣食耳"。南朝梁代陶弘景编撰了《本草经集注》，书中对前代度量衡（如铢两、古秤、刀圭、方寸比等）进行了考证，并初步提出对汤、酒、膏、丸的前处理技术、制备技术进行标准化的要求，对于后世进一步规范制剂工艺具有重要意义。

唐宋时期，中成药的发展较为兴盛。唐显庆年间所编撰的《新修本草》是第一部具有国家药典性质的本草著作，在一定程度上为中成药原料的质量控制提供了保障。唐代各类成药皆散见于医药典籍之中，如《备急千金要方》《千金翼方》等典籍中所载石斛酒、防风补煎等。受当时制药技术所限，成药以丸、散居多。宋熙宁九年，官府设立了第一所官办专营药物的机构—卖药所（亦名熟药所，属太医局管辖）；崇宁二年，制药业务与售药业务相分离，设立二处"修合药所"；政和四年，修合药所更名为医药和剂局。自元丰始，太医局编印《太医局方》，大观年间修订后更名为《和剂局方》，南宋绍兴年间再次修订后更名为《太平惠民和剂局方》。全书 10 卷，收录方 788 首，皆载药味组成、使用剂量、炮制要求、生产工艺、用法用量等，是我国历史上第一部成药制剂规范。

明末时期，制剂学的发展已较为全面。明代李时珍著《本草纲目》一书，载方 1300 余首，亦包含丸、散、膏、丹等多种成药。清代吴尚先所撰《理瀹骈文》是一部外治专著，书中记载了大量外用膏剂，既有麻油、铅丹炼制所得之硬膏剂，也有用蜡、动物油脂调制所得之软膏剂；对于外用制剂的制备具有一定的指导意义。明代后期开始，逐渐涌现出众多中药老字号药堂，如广誉远、陈李济、潘高寿、同仁堂等，多以"前店后厂"的模式制作和销售中成药。

清末至中华民国初期，西学东渐，在此时代背景下，医药领域不少人士主张"研究学术，改进医药"、"中药西制"，以期实现"国产药物之科学化"。在此期间，上海粹华制药厂、国华制药厂、佛慈制药厂先后创立，主张通过科学方法"提取药物有效精华"，制造便于服用和贮存的中成药（如浓缩丸、片剂等），在风雨飘摇的时代之中开始了艰辛的探索。

20 世纪 30 年代，中国共产党在根据地也开始自设药厂，制备部分中药丸剂、片剂等成药，为保障根据地军民健康提供了有力支持。抗日战争时期，在急需药物紧缺的情况下，边区政府也大力提倡"土药西制"，著名的柴胡注射液即诞生于晋冀鲁豫边区，是中医药史上供肌肉注射的第一支中药注射液。

中华人民共和国成立以来，中成药有了迅速的发展。一方面，中成药的发掘、整理工作不断取得可喜的成果。1957 年郑显庭编著的《丸散膏丹集成》，收载历代中成药 2782 种。1962 年冉小峰、胡长鸿主编的《全国中药成药处方集》，收载各类中成药共 2623 种。《中国药典》1963 年版一部，收载了 197 种中成药，这在中成药的发展历史上具有里程碑式的意义。另一方面，在国务院的指示下，全国各地相继成立了中成药研发、生产的专门机构，大量现代剂型（如颗粒剂、合剂等）被应用于中成药。

1973 年国务院批转商业部和国家计委《关于改进中成药质量的报告》，各级政府部门高度重视，进一步推动了中药制药设备和制药技术的发展。改革开放以来，中成药工业高速发展。中成药剂型由过去的以丸、散、膏、丹为主，发展成以颗粒剂、片剂、胶囊剂、口服液为主，而且还有粉针剂、输液剂、气雾剂、滴丸、软胶囊等现代剂型。1983 年出版的《中药制剂汇编》收载中成药计 3873 种。《中国药典》2020 年版一部收录中成药 1600 余种。

为加速我国中药现代化进程及与国际接轨的步伐，1997 年以来，国家科委先后批准成立了"国家中药现代化工程技术研究中心""国家中药制药工程技术研究中心"等多个机构，以集中科研、生产之优势，致力于中药现代化的研究，增强中药产品在国际市场上的竞争力。目前已有多个中成药在海外市场获批上市。

为全面落实《中共中央 国务院关于促进中医药传承创新发展的意见》，2023 年 2 月国家药监局发布了《中药注册管理专门规定》，该规定与新修订《中华人民共和国药品管理法》《药品注册管理办法》有机衔接，在药品注册管理通用性规定的基础上，进一步对中成药研制相关要求进行细化。为全方位、系统地构建了中成药的注册管理体系提供了有力保障。

三、中成药的鉴别、检查与含量测定

（一）中成药的鉴别

中成药的鉴别是利用制剂中各单味药的微观组织特征及所含化学成分的物理常数、理化反应特性、光谱色谱特征来鉴别制剂中各单味药真伪及存在与否的过程。常用于中成药鉴别的方法主要包括显微鉴别法、理化鉴别法。

1. 显微鉴别　显微鉴别是利用显微技术对中成药进行鉴别的一种方法，通常适用于含有饮片原粉的中成药，如散剂、水丸、大蜜丸等剂型的中成药，可利用成药中原料药粉末的组织、细胞或内含物特征来鉴别制剂处方投料的真实性。

中药制剂的组方通常由多味饮片组成，故而其显微鉴别与单味饮片相比更为困难、复杂。可能多味饮片皆具有相似的显微特征，导致在寻找某一味饮片的专一性特征时存在较大的难度。同一药味可能需要利用不同的显微特征才能在不同制剂中与他药相区别。如《中国药典》2020 版中牡丹皮药材、饮片的鉴别特征为：淀粉粒甚多，单粒类圆形或多角形，直径 3～16μm，脐点点状、裂缝状或飞鸟状，复粒由 2～6 分粒组成；草酸钙簇晶直径 9～45μm，有时含晶细胞连接，簇晶排列成行，或一个细胞含数个簇晶；连丹皮可见木栓细胞长方形，壁稍厚，浅红色。在六味地黄丸、强肾片中对牡丹皮进行鉴别时，选择的特征为：草酸钙簇晶存在于无色薄壁细胞中，有时数个排列成行；在归芍地黄丸中对牡丹皮鉴别时，选择的特征为：木栓细胞长方形，壁稍厚，浅红色至微紫色。

中成药显微鉴别的制片方法如下：对于含有饮片原粉的散剂、胶囊剂、片剂、水丸、锭剂、颗粒剂，可取一定数量（或重量）的制剂，去除包衣或胶囊壳，破碎、研成粉末，取适量粉末，置于载玻片上，摊平，选用适当试剂（如水合氯醛、甘油等）处理后，装片观察；对于含有蜂蜜的制剂，如蜜丸，则需切碎后，通过多次加水洗涤，离心分离以去除蜂蜜，以沉淀物装片观察。

2. 理化鉴别　常用的理化鉴别方法有化学反应法、显微化学法、光谱法、色谱法及指纹图谱或特征图谱鉴别技术。

（1）化学反应鉴别法　是利用中成药中的化学成分（群），在特定条件下与适宜的试剂试药发生理化反应，根据所产生的颜色变化或沉淀等现象，来对成药中某药味进行鉴别的方法。常用的显色反应有：黄酮类成分的盐酸 - 镁粉反应，皂苷类成分的 Liebermann - Burchard 反应等。

（2）显微化学鉴别法　是将中药粉末（中成药原料或制剂）置于载玻片上，滴加适宜化学试剂，通过观察微观现象来进行鉴别的方法。如大黄流浸膏的鉴别：取本品 1ml，置瓷坩埚中，在水浴上蒸干后，坩埚上覆以载玻片，置石棉网上直火徐徐加热，至载玻片上呈现升华物后，取下载玻片，放冷，置显微镜下观察，有菱形针状、羽状和不规则晶体，滴加氢氧化钠试液，结晶溶解，溶液显紫红色。

（3）光谱鉴别法　是采用荧光法、紫外 - 可见分光光度法、红外光谱法等对中成药进行鉴别的方法。如天王补心丸、木香槟榔丸鉴别项分别采用了荧光法、紫外 - 可见分光光度法。红外光谱法目前在标准中的应用较少。

（4）色谱法　是利用纸色谱、薄层色谱、气相色谱、高效液相色谱等方法对中成药进行鉴别的方法，以薄层色谱法最为常见。如六味地黄丸采用薄层色谱法对制剂中山茱萸、牡丹皮、泽泻进行了鉴别；感冒清热颗粒采用薄层色谱法对制剂中荆芥穗、柴胡、葛根、桔梗、苦地丁等进行了鉴别。以气相色谱、高效液相色谱作为鉴别方法目前在标准中的应用较少，但二者在分离效率方面具有突出的优势，对于一些成分复杂或薄层板分离效果较差的制剂可以考虑采用。如少林风湿跌打膏、七叶神安片即分别采用了气相色谱和高效液相色谱进行了鉴别。

目前指纹图谱或特征图谱多用于植物油脂、提取物的鉴别。

（二）中成药的检查

不同剂型的中成药品种应符合该剂型项（《中国药典》2020 年版四部制剂通则部分）下有关的各项规定。如颗粒剂应检查粒度、水分、溶化性、装量、装量差异、微生物限度等项目；贴膏剂应检查含膏量、耐热性、赋形性、黏附力、含量均匀度、微生物限度等项目；中药注射剂应检查装量、装量差异、渗透压摩尔浓度、可见异物、不溶性微粒、有关物质、重金属及有害元素残留量、无菌、细菌内毒素等项目。

不同的制剂品种还可能有单列检查项，如某种成分的限量检查、物理常数、相对密度、pH、乙醇量、总固体、水分、炽灼残渣、重金属、砷盐、残留树脂有机物、残留溶剂、含量均匀度等等。

（三）中成药的含量测定

用于中成药含量测定的方法有重量法、滴定法、分光光度法、薄层色谱扫描法、高效液相色谱法、气相色谱法。常见的滴定法包括酸碱滴定法、银量法、容量沉淀滴定法、络合滴定法、碘量法、重铬酸钾法和硫氰酸铵滴定法；常见的分光光度法包括紫外可见分光光度法、原子吸收分光光度法。此外，在少数品种还可能将挥发油测定法、氮测定法用于含量测定。

上述含量测定方法中以高效液相色谱法最为常用，如栀子金花丸即采用高效液相色谱法对成药中栀子苷含量进行检测：以 50% 甲醇作为提取溶剂，超声提取，本品每 1g 含栀子以栀子苷计，不得少于 2.8mg。

四、中成药的分类

宋代以前，中成药的发展较慢，更无专书收载，多与医籍中汤剂或其他治法并录，其分类受七方、十剂影响较大。自《太平惠民和剂局方》问世以后，中成药始有专集，有了独立分类方法。由于中成药注重临床实用，所以分类多以临床各科为纲，以病证为目，便于查找使用。《太平惠民和剂局方》将所载中成药分为治诸风、治伤寒、治一切气、治痰饮、治诸虚和治痼冷、治积热和治泻痢、治眼目疾和治咽喉口齿、治杂病和治疮肿伤折、治妇人诸疾、治小儿诸疾等十类，这种分类方法沿用至今，仍被广泛使用。

基于中成药的给药途径及制剂质量要求，亦可按照剂型对其进行分类，如丸剂、散剂、膏剂、丹剂、露剂、胶剂、酒剂、酊剂等，现代的剂型尚有片剂、颗粒剂、糖浆剂、注射剂、滴丸剂等剂型。

为了便于中医临床科室的使用，中成药按照临床使用可以分为：内科用药（外感病证、肺病证、心脑病证、脾胃病证、肝胆病证、肾病证、气血津液病证、经络四肢病证），外科用药（咬伤类、冻伤类、烧伤类、疮疡类、痔疮类），妇科用药（月经不调类、痛经类、带下病类），儿科用药（感冒类、咳嗽类、积滞类、厌食类、脾虚类），五官科用药（眼科用药、耳鼻喉科用药、口腔科用药），骨伤科用药，皮肤科用药等。

国家基本药物目录及国家基本医疗保险、工伤保险和生育保险药品目录主要依据中成药功能进行分类，如分为：内科用药（解表剂、泻下剂、清热剂、温里剂等）、外科用药（清热剂、温经理气活血剂、活血化瘀剂）、妇科用药（理血剂、清热剂、扶正剂、散结剂）、眼科用药（清热剂、扶正剂）等等。

五、中成药品种

安宫牛黄丸
Angong Niuhuang Wan

【处方】 牛黄 100g，水牛角浓缩粉 200g，麝香或人工麝香 25g，珍珠 50g，朱砂 100g，雄黄 100g，黄连 100g，黄芩 100g，栀子 100g，郁金 100g，冰片 25g。

【制法】 以上十一味，珍珠水飞或粉碎成极细粉；朱砂、雄黄分别水飞成极细粉；黄连、黄芩、栀子、郁金粉碎成细粉；将牛黄、水牛角浓缩粉、麝香或人工麝香、冰片研细，与上述粉末配研，过筛，混匀，加适量炼蜜制成大蜜丸 600 丸或 1200 丸，或包金衣，即得。

【性状】 本品为黄橙色至红褐色的大蜜丸，或为包金衣的大蜜丸，除去金衣后显黄橙色至红褐色；气芳香浓郁，味微苦。

【鉴别】

（1）取本品，置显微镜下观察：不规则碎片灰白色或灰黄色，稍具光泽，表面有灰棕色色素颗粒，并有不规则纵长裂缝（水牛角浓缩粉）。不规则碎块无色或淡绿色，半透明，有光泽，有时可见细密波状纹理（珍珠）。不规则细小颗粒暗棕红色，有光泽，边缘暗黑色（朱砂）。不规则碎块金黄色或橙黄色，有光泽（雄黄）。纤维束鲜黄色，壁稍厚，纹孔明显；石细胞鲜黄色（黄连），韧皮纤维淡黄色，梭形，壁厚，孔沟细（黄芩）。果皮含晶石细胞类圆形或多角形，直径 17～31μm，壁厚，胞腔内含草酸钙方晶（栀子）。糊化淀粉粒团块几乎无色（郁金）。

（2）以胆酸对照品作为对照，进行薄层色谱法鉴别，以乙醚 – 三氯甲烷 – 冰醋酸（2：2：1）为展开剂，以 10% 磷钼酸乙醇溶液显色，供试品色谱中，在与对照品色谱相应的位置上，显相同颜色的斑点。

（3）以盐酸小檗碱对照品、黄芩苷对照品作为对照，进行薄层色谱法鉴别，以乙酸乙酯 – 丁酮 – 甲酸 – 水（10：7：1：1）为展开剂，置日光和紫外光灯（365nm）下检视。供试品色谱中，在与黄芩苷对照品色谱相应的位置上，日光下显相同颜色的条斑；在与盐酸小檗碱对照品色谱相应的位置上，紫外光下显相同的黄色荧光条斑。

（4）以冰片对照品为对照，进行薄层色谱法鉴别，以甲苯 – 丙酮（9：1）为展开剂，5% 香草醛硫酸溶液显色，在与对照品色谱相应的位置上，显相同颜色的斑点。

（5）麝香酮对照品为对照，照气相色谱法（《中国药典》通则 0521）试验，以苯基（50%）甲基硅酮（OV – 17）为固定相，涂布浓度为 9%，柱长为 2m，柱温为 210℃。供试品色谱中应呈现与对照品色谱峰保留时间相同的色谱峰。

【检查】

猪去氧胆酸 以猪去氧胆酸对照品为对照，照薄层色谱法试验，以环己烷 – 乙酸乙酯 – 醋酸 – 甲醇（20：25：2：3）的上层溶液为展开剂，展开 2 次，以 10% 硫酸乙醇溶液显色。供试品色谱中，在与对照品色谱相应的位置上，不得显相同颜色的斑点。

酸不溶性灰分 取本品 1g，金衣丸除去金衣，剪碎，精密称定，依法（《中国药典》通则 2302）检查，不得过 1.0%。

其他 应符合丸剂项下有关的各项规定。

【含量测定】

胆红素 照高效液相色谱法测定（避光操作）。本品每丸含牛黄以胆红素（$C_{33}H_{36}N_4O_6$）计，〔规格（1）〕不得少于 9.3mg，〔规格（2）〕不得少于 18.5mg。

黄芩、黄连 照高效液相色谱法测定。本品每丸含黄芩以黄芩苷（$C_{21}H_{18}O_{11}$）计，〔规格（1）〕不得少于 5.0mg，〔规格（2）〕不得少于 10.0mg；含黄连以盐酸小檗碱（$C_{20}H_{17}NO_4 \cdot HCl$）计，〔规格（1）〕不得少于 2.3mg，〔规格（2）〕不得少于 4.5mg。

【功能与主治】 清热解毒，镇惊开窍。用于热病，邪入心包，高热惊厥，神昏谵语；中风昏迷及脑炎、脑膜炎、中毒性脑病、脑出血、败血症见上述证候者。

【用法与用量】口服。一次 2 丸〔规格（1）〕或一次 1 丸〔规格（2）〕，一日 1 次；小儿三岁以内一次 1/2 丸〔规格（1）〕，四岁至六岁一次 1 丸〔规格（1）〕或一次 1/2 丸〔规格（2）〕，一日 1 次；或遵医嘱。

【注意】孕妇慎用。

【规格】（1）每丸重 1.5g；（2）每丸重 3g。

【贮藏】密封。

<h2 style="text-align:center">板蓝根颗粒</h2>
<h3 style="text-align:center">Banlangen Keli</h3>

【处方】板蓝根 1400g。

【制法】取板蓝根，加水煎煮两次，第一次 2 小时，第二次 1 小时，煎液滤过，滤液合并，浓缩至相对密度约为 1.20（50℃）的清膏，加乙醇使含醇量达 60%，静置使沉淀，取上清液，回收乙醇并浓缩至适量，加入适量的蔗糖粉和糊精，制成颗粒，干燥，制成 1000g〔规格（1）、规格（2）〕或 800g〔规格（3）〕；或加入适量的糊精，或适量的糊精和甜味剂，制成颗粒，干燥，制成 600g〔规格（4）〕；或回收乙醇并浓缩至相对密度约为 1.25（60~65℃）的清膏，干燥，取干膏，加入适量的甜味剂，制成颗粒，干燥，制成 500g〔规格（5）〕；或回收乙醇并浓缩至相对密度约为 1.10（50℃）的清膏，喷雾干燥，取干浸膏粉，加入适量的麦芽糊精、糊精和甜菊素，混匀，制成颗粒，干燥，制成 360g〔规格（6）〕；或回收乙醇并浓缩至相对密度为 1.32~1.35（60℃），干燥，粉碎，加入适量的淀粉及湿润剂，混匀，制成颗粒，干燥，制成 200g〔规格（7）〕，即得。

【性状】本品为浅棕黄色至棕褐色的颗粒；味甜、微苦〔规格（1）、规格（2）、规格（3）〕，或味微苦〔规格（4）、规格（5）、规格（6）、规格（7）〕。

【鉴别】

（1）取板蓝根对照药材、L-脯氨酸对照品、精氨酸对照品、亮氨酸对照品为对照，进行薄层色谱法鉴别，以正丁醇-冰醋酸-水（19∶5∶5）为展开剂，以茚三酮试液显色，供试品色谱中，在与对照药材色谱和对照品色谱相应的位置上，显相同颜色的斑点。

（2）取尿苷、鸟苷、（R，S）-告依春、腺苷对照品为对照，照〔含量测定〕项下的方法试验，注入液相色谱仪，记录色谱图。供试品色谱中，应呈现与对照品色谱峰保留时间相对应的色谱峰。

【检查】应符合颗粒剂项下有关的各项规定。

【含量测定】照高效液相色谱法测定。本品每袋含板蓝根以尿苷（$C_9H_{12}N_2O_6$）、鸟苷（$C_{10}H_{13}N_5O_5$）、腺苷（$C_{10}H_{13}N_5O_4$）的总量计，〔规格（1）、规格（3）、规格（4）、规格（5）、规格（6）、规格（7）〕不得少于 0.70mg；〔规格（2）〕不得少于 1.4mg。

【功能与主治】清热解毒，凉血利咽。用于肺胃热盛所致的咽喉肿痛、口咽干燥、腮部肿胀；急性扁桃体炎、腮腺炎见上述证候者。

【用法与用量】开水冲服。一次 5~10g〔规格（1）、规格（2）〕，或一次 1~2 袋〔规格（3）、规格（4）、规格（5）、规格（6）、规格（7）〕，一日 3~4 次。

【规格】（1）每袋装 5g（相当于饮片 7g）；（2）每袋装 10g（相当于饮片 14g）；（3）每袋装 4g（相当于饮片 7g）；（4）每袋装 3g（无蔗糖，相当于饮片 7g）；（5）每袋装 2.5g（无蔗糖，相当于饮片 7g）；（6）每袋装 1.8g（无蔗糖，相当于饮片 7g）；（7）每袋装 1g（无蔗糖，相当于饮片 7g）。

【贮藏】密封。

川贝枇杷糖浆

Chuanbei Pipa Tangjiang

【处方】　川贝母流浸膏 45ml，桔梗 45g，枇杷叶 300g，薄荷脑 0.34g。

【制法】　以上四味，川贝母流浸膏系取川贝母 45g，粉碎成粗粉，用 70% 乙醇作溶剂，浸渍 5 天后，缓缓渗漉，收集初渗漉液 38ml，另器保存，继续渗漉，俟可溶性成分完全漉出，续渗漉液浓缩至适量，与初渗漉液混合，继续浓缩至 45ml，滤过。桔梗和枇杷叶加水煎煮二次，第一次 2.5 小时，第二次 2 小时，合并煎液，滤过，滤液浓缩至适量，加入蔗糖 400g 及防腐剂适量，煮沸使溶解，滤过，滤液与川贝母流浸膏混合，放冷，加入薄荷脑和含适量杏仁香精的乙醇溶液，加水至 1000ml，搅匀，即得。

【性状】　本品为棕红色的黏稠液体；气香，味甜、微苦、凉。

【鉴别】　依次采用水饱和的正丁醇、D101 型大孔吸附树脂柱对糖浆进行预处理，以枇杷叶对照药材为对照，进行薄层色谱法鉴别，以环己烷 - 乙酸乙酯 - 冰醋酸（8：4：0.1）为展开剂，以 5% 香草醛硫酸溶液显色。供试品色谱中，在与对照药材色谱相应的位置上，显相同颜色的主斑点。

【检查】　相对密度　应不低于 1.13。

其他　应符合糖浆剂项下有关的各项规定。

【含量测定】　照气相色谱法，以萘为内标进行测定，本品每 1ml 含薄荷脑（$C_{10}H_{20}O$）应不少于 0.20mg。

【功能与主治】　清热宣肺，化痰止咳。用于风热犯肺、痰热内阻所致的咳嗽痰黄或咯痰不爽、咽喉肿痛、胸闷胀痛；感冒、支气管炎见上述证候者。

【用法与用量】　口服。一次 10ml，一日 3 次。

【贮藏】　密封，置阴凉处。

复方丹参片

Fufang Danshen Pian

【处方】　丹参 450g，三七 141g，冰片 8g。

【制法】　以上三味，丹参加乙醇加热回流 1.5 小时，提取液滤过，滤液回收乙醇并浓缩至适量，备用；药渣加 50% 乙醇加热回流 1.5 小时，提取液滤过，滤液回收乙醇并浓缩至适量，备用；药渣加水煎煮 2 小时，煎液滤过，滤液浓缩至适量。三七粉碎成细粉，与上述浓缩液和适量的辅料制成颗粒，干燥。冰片研细，与上述颗粒混匀，压制成 333 片，包薄膜衣；或压制成 1000 片，包糖衣或薄膜衣，即得。

【性状】　本品为糖衣片或薄膜衣片，除去包衣后显棕色至棕褐色；气芳香，味微苦。

【鉴别】

（1）取本品，置显微镜下观察：树脂道碎片含黄色分泌物（三七）。

（2）以丹参酮 $Ⅱ_A$、冰片对照品为对照，进行薄层色谱法鉴别，以甲苯 - 乙酸乙酯（19：1）为展开剂，供试品色谱中，在与丹参酮 $Ⅱ_A$ 对照品色谱相应的位置上，显相同颜色的斑点；以 1% 香草醛硫酸溶液显色，在与冰片对照品色谱相应的位置上，显相同颜色的斑点。

（3）采用 C_{18} 小柱对〔含量测定〕三七项下续滤液进行预处理，取三七皂苷 R_1、人参皂苷 Rb_1、人参皂苷 Rg_1 及人参皂苷 Re 对照品为对照，进行薄层色谱法鉴别，以二氯甲烷 - 无水乙醇 - 水（70：45：6.5）为展开剂，以 10% 硫酸乙醇溶液显色，分别置日光和紫外光灯（365nm）下检视。供试品色谱中，在与对照药材色谱和对照品色谱相应的位置上，显相同颜色的斑点或荧光斑点。

【检查】 应符合片剂项下有关的各项规定。

【含量测定】 丹参酮 II_A、丹酚酸 B 以及人参皂苷 Rg_1、人参皂苷 Rb_1、三七皂苷 R_1、人参皂苷 Re 的总量照高效液相色谱法测定。本品每片含丹参以丹参酮 II_A（$C_{19}H_{18}O_3$）计，〔规格（1）、规格（3）〕不得少于 0.20mg；〔规格（2）〕不得少于 0.60mg。本品每片含丹参以丹酚酸 B（$C_{36}H_{30}O_{16}$）计，〔规格（1）、规格（3）〕不得少于 5.0mg；〔规格（2）〕不得少于 15.0mg。本品每片含三七以人参皂苷 Rg_1（$C_{42}H_{72}O_{14}$）、人参皂苷 Rb_1（$C_{54}H_{92}O_{23}$）、三七皂苷 R_1（$C_{47}H_{80}O_{18}$）及人参皂苷 Re（$C_{48}H_{82}O_{18}$）的总量计，〔规格（1）、规格（3）〕不得少于 6.0mg；〔规格（2）〕不得少于 18.0mg。

【功能与主治】 活血化瘀，理气止痛。用于气滞血瘀所致的胸痹，症见胸闷、心前区刺痛；冠心病心绞痛见上述证候者。

【用法与用量】 口服，一次 3 片〔规格（1）、规格（3）〕或 1 片〔规格（2）〕，一日 3 次。

【注意】 孕妇慎用。

【规格】 （1）薄膜衣小片，每片重 0.32g（相当于饮片 0.6g）；（2）薄膜衣大片，每片重 0.8g（相当于饮片 1.8g）；（3）糖衣片（相当于饮片 0.6g）

【贮藏】 密封。

龟龄集

Guilingji

【制法】 本品为红参、鹿茸、海马、枸杞子、丁香、穿山甲、雀脑、牛膝、锁阳、熟地黄、补骨脂、菟丝子、杜仲、石燕、肉苁蓉、甘草、天冬、淫羊藿、大青盐、砂仁等药味经加工制成的胶囊。

【性状】 本品为硬胶囊，内容物为棕褐色的粉末；气特异，味咸。

【鉴别】

（1）取本品，置显微镜下观察：内种皮厚壁细胞黄棕色或棕红色，表面观类多角形，壁厚，胞腔含硅质块（砂仁）。未骨化的骨组织淡灰色或近无色，边缘及表面均不整齐，具不规则的块状突起物，其间隐约可见条状纹理（鹿茸）。鳞甲碎片无色，有大小不等的圆孔（穿山甲）。横纹肌纤维近无色或淡黄色，有细密横纹，明暗相间，横纹平直或微波状（海马）。

（2）以淫羊藿苷对照品为对照，进行薄层色谱法鉴别，以乙酸乙酯 - 丁酮 - 甲酸 - 水（10：1：1：1）为展开剂，喷以三氯化铝试液显色，置紫外光灯（365nm）下检视。供试品色谱中，在与对照品色谱相应的位置上，显相同颜色的荧光斑点。

（3）以补骨脂素对照品为对照，进行薄层色谱法鉴别，以石油醚（60～90℃）- 乙醚 - 三氯甲烷（5：1：5）为展开剂，置紫外光灯（365nm）下检视。供试品色谱中，在与对照品色谱相应的位置上，显相同颜色的荧光斑点。

（4）以人参皂苷 Rg_1 对照品、人参皂苷 Re 对照品、人参皂苷 Rb_1 对照品为对照，进行薄层色谱法鉴别，以三氯甲烷 - 甲醇 - 水（13：7：2）10℃以下放置的下层溶液为展开剂，以 10% 硫酸乙醇溶液显色，分别置日光及紫外光灯（365nm）下检视。供试品色谱中，在与对照品色谱相应的位置上，日光下显相同颜色的斑点；紫外光下显相同颜色的荧光斑点。

【检查】 应符合胶囊剂项下有关的各项规定。

【浸出物】 取本品内容物 2g，依法 〔《中国药典》（通则 2201）挥发性醚浸出物测定法〕测定。本品含挥发性醚浸出物不得少于 0.25%。

【含量测定】 照高效液相色谱法测定。本品每粒含红参以人参皂苷 Rg_1（$C_{42}H_{72}O_{14}$）、人参皂苷 Re

（$C_{48}H_{82}O_{18}$）的总量计，不得少于 60μg。

【功能与主治】 强身补脑，固肾补气，增进食欲。用于肾亏阳弱，记忆减退，夜梦精溢，腰酸腿软，气虚咳嗽，五更溏泻，食欲不振。

【用法与用量】 口服。一次 0.6g，一日 1 次，早饭前 2 小时用淡盐水送服。

【注意】 忌生冷、刺激性食物；孕妇禁用；伤风感冒时停服。

【规格】 每粒装 0.3g

【贮藏】 密封。

藿香正气水
Huoxiang Zhengqi Shui

【处方】 苍术 160g，陈皮 160g，厚朴（姜制）160g，白芷 240g，茯苓 240g，大腹皮 240g，生半夏 160g，甘草浸膏 20g，广藿香油 1.6ml，紫苏叶油 0.8ml。

【制法】 以上十味，苍术、陈皮、厚朴（姜制）、白芷分别用 60% 乙醇作溶剂，浸渍 24 小时后进行渗漉，前三种各收集初漉液 400ml，后一种收集初漉液 500ml，备用；继续渗漉，收集续漉液，浓缩后并入初漉液中。茯苓加水煮沸后，80℃ 温浸二次，第一次 3 小时，第二次 2 小时，取汁；生半夏用冷水浸泡，每 8 小时换水一次，泡至透心后，另加干姜 13.5g，加水煎煮二次，第一次 3 小时，第二次 2 小时；大腹皮加水煎煮 3 小时，甘草浸膏打碎后水煮化开；合并上述提取液，滤过，滤液浓缩至适量。广藿香油、紫苏叶油用乙醇适量溶解。合并以上溶液，混匀，用乙醇与水适量调整乙醇含量，并使全量成 2000ml，静置，滤过，灌装，即得。

【性状】 本品为深棕色的澄清液体（贮存略有沉淀）；味辛、苦。

【鉴别】

（1）以苍术对照药材为对照，进行薄层色谱法鉴别，以石油醚（60~90℃）- 乙酸乙酯（20∶1）为展开剂，以 5% 的对二甲氨基苯甲醛 10% 硫酸乙醇溶液显色。供试品色谱中，在与对照药材色谱相应的位置上，显相同颜色的斑点。

（2）以陈皮对照药材为对照，进行薄层色谱法鉴别，以乙酸乙酯 - 甲醇 - 水（100∶17∶10）为展开剂，以 5% 三氯化铝乙醇溶液显色。供试品色谱中，在与对照药材色谱和对照品色谱相应的位置上，显相同颜色的荧光斑点。再以 5% 香草醛硫酸溶液显色。供试品色谱中，在与对照药材色谱和对照品色谱相应的位置上，显相同颜色的斑点。

（3）以厚朴酚、和厚朴酚对照品为对照，进行薄层色谱法鉴别，以石油醚（60~90℃）- 乙酸乙酯 - 甲酸（85∶15∶2）为展开剂，以 5% 香草醛硫酸溶液显色。供试品色谱中，在与对照品色谱相应的位置上，显相同颜色的斑点。

（4）以百秋李醇对照品为对照，进行薄层色谱法鉴别，以石油醚（60~90℃）- 乙酸乙酯 - 甲酸（85∶15∶2）为展开剂，以 5% 香草醛硫酸溶液显色，供试品色谱中，在与对照品色谱相应的位置上，显相同颜色的斑点。

（5）以白芷对照药材，欧前胡素、异欧前胡素对照品为对照，进行薄层色谱法鉴别，以石油醚（30~60℃）- 乙醚（3∶2）为展开剂，置紫外光灯（365nm）下检视。供试品色谱中，在与对照药材色谱和对照品色谱相应的位置上，显相同颜色的荧光斑点。

（6）以甘草对照药材、甘草酸铵对照品为对照，进行薄层色谱法鉴别，以正丁醇 - 甲醇 - 氨溶液（8→10）（5∶1.5∶2）为展开剂，置紫外光灯（254nm）下检视。供试品色谱中，在与对照药材色谱和对照品色谱相应的位置上，显相同颜色的斑点。

【检查】

乙醇量　应为 40% ~ 50%。

装量　每支装量与标示装量相比较，少于标示装量的不得多于 1 支，并不得少于标示装量的 95%。

其他　应符合酊剂项下有关的各项规定。

【含量测定】

本品每 1ml 含厚朴以厚朴酚（$C_{18}H_{18}O_2$）及和厚朴酚（$C_{18}H_{18}O_2$）总量计，不得少于 0.58mg。

本品每 1ml 含陈皮以橙皮苷（$C_{28}H_{34}O_{15}$）计，不得少于 0.18mg。

【功能与主治】　解表化湿，理气和中。用于外感风寒、内伤湿滞或夏伤暑湿所致的感冒，症见头痛昏重、胸膈痞闷、脘腹胀痛、呕吐泄泻；胃肠型感冒见上述证候者。

【用法与用量】　口服。一次 5 ~ 10ml，一日 2 次，用时摇匀。

【规格】　每支装 10ml

【贮藏】　密封。

九味羌活丸
Jiuwei Qianghuo Wan

【处方】　羌活 150g，防风 150g，苍术 150g，细辛 50g，川芎 100g，白芷 100g，黄芩 100g，甘草 100g，地黄 100g。

【制法】　以上九味，粉碎成细粉，过筛，混匀，用水泛丸，干燥，即得。

【性状】　本品为棕褐色的水丸；气香，味辛、微苦。

【鉴别】

（1）取本品，置显微镜下观察：淀粉粒单粒类圆形或椭圆形，直径 21 ~ 26μm（白芷）。油管含金黄色分泌物，直径约 30μm（防风）。纤维束周围薄壁细胞含草酸钙方晶，形成晶纤维（甘草）。韧皮纤维淡黄色，梭形，壁厚，孔沟细（黄芩）。薄壁组织灰棕色至黑棕色，细胞多皱缩，内含棕色核状物（地黄）。

（2）以苍术对照药材为对照，进行薄层色谱法鉴别，以石油醚（60 ~ 90℃）为展开剂，以 5% 对二甲氨基苯甲醛的 10% 硫酸溶液显色。供试品色谱中，在与对照药材色谱相应的位置上，显相同的暗绿色斑点。

（3）以川芎对照药材为对照，进行薄层色谱法鉴别，以正己烷 - 乙酸乙酯（9∶1）为展开剂，置紫外光灯（365nm）下检视。供试品色谱中，在与对照药材色谱相应的位置上，显相同颜色的荧光斑点。

（4）以羌活对照药材为对照，进行薄层色谱法鉴别，以石油醚（30 ~ 60℃）- 乙酸乙酯（3∶1）为展开剂，以 5% 香草醛硫酸溶液显色。供试品色谱中，在与对照药材色谱相应的位置上，显相同颜色的主斑点。

（5）以甘草对照药材为对照，进行薄层色谱法鉴别，以乙酸乙酯 - 甲酸 - 冰醋酸 - 水（15∶1∶1∶2）为展开剂，以 10% 硫酸乙醇溶液显色。供试品色谱中，在与对照药材色谱相应的位置上，显相同颜色的斑点。

【检查】　总灰分不得过 7.0%，酸不溶性灰分不得过 2.0%。

马兜铃酸 I　以 70% 甲醇制成每 1ml 含 20ng 的马兜铃酸 I 对照品溶液为对照，照高效液相色谱法 -

质谱法（《中国药典》通则 0512 和通则 0431）试验，以质荷比（m/z）359.0→298.0 和 359.0→296.0 离子对提取的供试品离子流色谱中，应不得同时出现与对照品色谱保留时间一致的色谱峰；若同时出现，则供试品中（m/z）359.0→298.0 的色谱峰应小于对照品色谱峰。

其他 应符合丸剂项下有关的各项规定。

【浸出物】 照浸出物测定法（《中国药典》通则 2201 挥发性醚浸出物测定法）测定。本品含挥发性醚浸出物不得少于 0.30%。

【含量测定】 照高效液相色谱法测定。本品每 1g 含黄芩以黄芩苷（$C_{21}H_{18}O_{11}$）计，不得少于 5.0mg。

【功能与主治】 疏风解表，散寒除湿。用于外感风寒挟湿所致的感冒，症见恶寒、发热、无汗、头重而痛、肢体酸痛。

【用法与用量】 姜葱汤或温开水送服。一次 6～9g，一日 2～3 次。

【贮藏】 密闭，防潮。

六神丸
Liushen Wan

【处方】 牛黄，珍珠，麝香，冰片，蟾酥，雄黄。

【制法】 本品由麝香等药味经适宜的加工制成的小水丸。

【性状】 本品为黑色有光泽的小水丸；味辛辣。

【鉴别】 取麝香酮对照品为对照，照气相谱法试验。供试品色谱峰应与对照品色谱峰的保留时间相同。

【检查】 应符合丸剂项下有关的各项规定。

【含量测定】 照薄层色谱扫描法进行，本品含胆酸不得少于 1.0%。

【功能与主治】 清凉解毒，消炎止痛。用于烂喉丹痧，咽喉肿痛，喉风喉痛，单双乳蛾，小儿热疖，痈疡疔疮，乳痈发背，无名肿毒。

【用法与用量】 口服，一日 3 次，温开水吞服；一岁每服 1 粒，两岁每服 2 粒，三岁每服 3～4 粒，四岁至八岁每服 5～6 粒，九岁至十岁每服 8～9 粒，成年每服 10 粒。另可外敷在皮肤红肿处，以丸十数粒，用冷开水或米醋少许，盛食匙中化散，敷搽四周，每日数次常保潮润，直至肿退为止。如红肿已将出脓或已溃烂，切勿再敷。

【注意】 孕妇忌服。

【规格】 每 1000 粒重 3.125g

【贮藏】 密封。

六味地黄丸
Liuwei Dihuang Wan

【处方】 熟地黄 160g，酒萸肉 80g，牡丹皮 60g，山药 80g，茯苓 60g，泽泻 60g。

【制法】 以上六味，粉碎成细粉，过筛，混匀。用乙醇泛丸，干燥，制成水丸，或每 100g 粉末加炼蜜 35～50g 与适量的水，制丸，干燥，制成水蜜丸；或加炼蜜 80～110g 制成小蜜丸或大蜜丸，即得。

【性状】 本品为棕黑色的水丸、水蜜丸、棕褐色至黑褐色的小蜜丸或大蜜丸；味甜而酸。

【鉴别】

（1）取本品，置显微镜下观察：淀粉粒三角状卵形或矩圆形，直径 24～40μm，脐点短缝状或人字状（山药）。不规则分枝状团块无色，遇水合氯醛试液溶化；菌丝无色，直径 4~6μm（茯苓）。薄壁组织灰棕色至黑棕色，细胞多皱缩，内含棕色核状物（熟地黄）。草酸钙簇晶存在于无色薄壁细胞中，有时数个排列成行（牡丹皮）。果皮表皮细胞橙黄色，表面观类多角形，垂周壁连珠状增厚（酒萸肉）。薄壁细胞类圆形，有椭圆形纹孔，集成纹孔群；内皮层细胞垂周壁波状弯曲，较厚，木化，有稀疏细孔沟（泽泻）。

（2）以莫诺苷、马钱苷对照品为对照，进行薄层色谱法鉴别，以三氯甲烷－甲醇（3：1）为展开剂，以 10%硫酸乙醇溶液显色，置紫外光灯（365nm）下检视。供试品色谱中，在与对照品色谱相应的位置上，显相同颜色的荧光斑点。

（3）以丹皮酚对照品为对照，进行薄层色谱法鉴别，以环己烷－乙酸乙酯（3：1）为展开剂，以盐酸酸性5%三氯化铁乙醇溶液显色。供试品色谱中，在与对照品色谱相应的位置上，显相同颜色的斑点。

（4）以泽泻对照药材为对照，进行薄层色谱法鉴别，以三氯甲烷－乙酸乙酯－甲酸（12：7：1）为展开剂，以 10%硫酸乙醇溶液显色。供试品色谱中，在与对照药材色谱相应的位置上，显相同颜色的斑点。

【检查】应符合丸剂项下有关的各项规定。

【含量测定】照高效液相色谱法测定。本品含酒萸肉以莫诺苷（$C_{17}H_{26}O_{11}$）和马钱苷（$C_{17}H_{26}O_{10}$）的总量计，水丸每1g不得少于0.9mg；水蜜丸每1g不得少于0.75mg；小蜜丸每1g不得少于0.50mg；大蜜丸每丸不得少于4.5mg；含牡丹皮以丹皮酚（$C_9H_{10}O_3$）计，水丸每1g不得少于1.3mg；水蜜丸每1g不得少于1.05mg；小蜜丸每1g不得少于0.70mg；大蜜丸每丸不得少于6.3mg。

【功能与主治】滋阴补肾。用于肾阴亏损，头晕耳鸣，腰膝酸软，骨蒸潮热，盗汗遗精，消渴。

【用法与用量】口服。水丸一次 5g，水蜜丸一次 6g，小蜜丸一次 9g，大蜜丸一次 1 丸，一日 2 次。

【规格】（1）大蜜丸每丸重9g；（2）水丸每袋装5g。

【贮藏】密封。

片仔癀
Pianzaihuang

【处方】牛黄、麝香、三七、蛇胆等。

【制法】本品为牛黄、麝香、三七、蛇胆等药味经加工制成的锭剂。

【性状】本品为类扁椭圆形块状，块上有一椭圆环。表面棕黄色或灰褐色，有密细纹，可见霉斑。质坚硬，难折断。折断面微粗糙，呈棕褐色，色泽均匀，偶见少量菌丝体。粉末呈棕黄色或淡棕黄色，气微香，味苦、微甘。

【鉴别】

（1）以三七对照药材，人参皂苷 Rb_1、人参皂苷 Rg_1、三七皂苷 R_1 对照品为对照，进行薄层色谱法鉴别，以三氯甲烷－甲醇－水（65：35：10）10℃以下放置过夜的下层溶液为展开剂，以 10%硫酸乙醇溶液显色。供试品色谱中，在与对照药材色谱和对照品色谱相应的位置上，显相同颜色的斑点。

（2）以胆红素、胆酸、去氧胆酸对照品为对照，进行薄层色谱法鉴别，以甲苯－冰醋酸－水（10：10：1）10℃以下放置分层的上层溶液为展开剂，供试品色谱中，在与胆红素对照品色谱相应的位置上，显相同的黄色斑点。以 10%硫酸乙醇溶液显色，供试品色谱中，在与胆红素对照品色谱相应的位置上，显相同的绿色斑点。置紫外光灯（365nm）下检视。供试品色谱中，在与胆酸对照品色谱及去氧胆酸对照品色谱相应的位置上，显相同颜色的荧光斑点。

【检查】

重量差异　按丸剂项下〔重量差异〕第三法检查。

干燥失重　取本品约1g，精密称定，在105℃干燥至恒重，减失重量不得过13.0%。

其他　应符合锭剂项下有关的各项规定。

【含量测定】照气相色谱法测定，以百秋李醇为内标溶液计算校正因子。本品每1g含麝香以麝香酮（$C_{16}H_{30}O$）计，不得少于0.27mg。

【功能与主治】清热解毒，凉血化瘀，消肿止痛。用于热毒血瘀所致急慢性病毒性肝炎，痈疽疔疮，无名肿毒，跌打损伤及各种炎症。

【用法与用量】口服。一次0.6g，八岁以下儿童一次0.15～0.3g，一日2～3次；外用研末用冷开水或食醋少许调匀涂在患处（溃疡者可在患处周围涂敷之），一日数次，常保持湿润，或遵医嘱。

【注意】孕妇忌服。

【规格】每粒重3g

【贮藏】密封，置干燥处。

生脉饮

Shengmaiyin

【处方】红参100g，麦冬200g，五味子100g。

【制法】以上三味，粉碎成粗粉，用65%乙醇作溶剂，浸渍24小时后进行渗漉，收集渗漉液约4500ml，减压浓缩至约250ml，放冷，加水400ml稀释，滤过，另加60%糖浆300ml及适量防腐剂，并调节pH至规定范围，加水至1000ml，搅匀，静置，滤过，灌封，灭菌，即得。

【性状】本品为黄棕色至红棕色的澄清液体；气香，味酸甜、微苦。

【鉴别】

（1）以人参二醇、人参三醇对照品为对照，进行薄层色谱法鉴别，以环己烷-丙酮（2：1）为展开剂，以硫酸甲醇溶液（1→2）显色，置紫外光灯（365nm）下检视。供试品色谱中，在与对照品色谱相应的位置上，显相同颜色的荧光斑点。

（2）以麦冬对照药材为对照，进行薄层色谱法鉴别，以三氯甲烷-丙酮（4：1）为展开剂，以10%硫酸乙醇溶液显色。供试品色谱中，在与对照药材色谱相应的位置上，显相同颜色的主斑点。

（3）以五味子对照药材、五味子醇甲对照品为对照，进行薄层色谱法鉴别，以石油醚（30～60℃）-甲酸乙酯-甲酸（15：5：1）的上层溶液为展开剂，置紫外光灯（254nm）下检视。供试品色谱中，在与对照药材色谱和对照品色谱相应的位置上，显相同颜色的斑点。

【检查】

相对密度　应不低于1.08。pH应为4.5～7.0。

其他　应符合合剂项下有关的各项规定。

【含量测定】照高效液相色谱法测定。本品每支含五味子以五味子醇甲（$C_{22}H_{32}O_7$）计，不得少于0.25mg。

【功能与主治】益气复脉，养阴生津。用于气阴两亏，心悸气短，脉微自汗。

【用法与用量】口服。一次10ml，一日3次。

【规格】每支装10ml。

【贮藏】密封，置阴凉处。

云南白药
Yunnan Baiyao

【处方】草乌（制）等。

【制法】上述药味经加工制成散剂。

【性状】本品为灰黄色至浅棕黄色的粉末；具特异香气，味略感清凉，并有麻舌感。保险子为红色的球形或类球形水丸，剖面呈棕色或棕褐色；气微，味微苦。

【鉴别】

（1）取本品，置显微镜下观察：淀粉粒多为单粒，呈类圆形、卵圆形，直径 3～60μm；复粒为 2～3 分粒组成。草酸钙针晶成束或散在，长 80～250μm。石细胞长方形或椭圆形，长径 80～150μm，短径 30～60μm，沟纹明显。导管为网纹、梯纹及螺纹，直径 10～100μm。

取保险子，研细置显微镜下观察：淀粉粒单粒类圆形或卵圆形，直径 3～40μm，复粒为 2～4 分粒组成。草酸钙针晶成束或散在，长 40～250μm。导管为网纹、梯纹及螺纹，直径 8～26μm。

（2）以人参皂苷 Rg_1、三七皂苷 R_1 对照品，云南白药对照提取物为对照，进行薄层色谱法鉴别，以二氯甲烷 – 四氢呋喃 – 甲醇 – 水（30：20：10：3.3）为展开剂，以 10% 硫酸乙醇溶液显色。供试品色谱中，在与对照品色谱和云南白药对照提取物色谱相应的位置上，显相同颜色的斑点。

【检查】应符合散剂项下有关的各项规定。

【含量测定】照高效液相色谱法测定。本品每 1g 含人参皂苷 Rg_1（$C_{42}H_{72}O_{14}$）不得少于 3.0mg。

【功能与主治】化瘀止血，活血止痛，解毒消肿。用于跌打损伤，瘀血肿痛，吐血、咯血、便血、痔血、崩漏下血，手术出血，疮疡肿毒及软组织挫伤，闭合性骨折，支气管扩张及肺结核咯血，溃疡病出血，以及皮肤感染性疾病。

【用法与用量】刀、枪、跌打诸伤，无论轻重，出血者用温开水送服；瘀血肿痛与未流血者用酒送服；妇科各症，用酒送服；但月经过多、红崩，用温水送服。毒疮初起，服 0.25g，另取药粉，用酒调匀，敷患处，如已化脓，只需内服。其他内出血各症均可内服。

口服。一次 0.25～0.5g，一日 4 次（两岁至五岁按 1/4 剂量服用；六岁至十二岁按 1/2 剂量服用）。凡遇较重的跌打损伤可先服保险子一粒，轻伤及其他病症不必服。

【注意】孕妇忌用；服药一日内，忌食蚕豆、鱼类及酸冷食物。

【规格】每瓶装 4g，保险子 1 粒。

【贮藏】密封，置干燥处。

>>> 知识链接 •- -

中成药命名的基本原则

1. "科学简明，避免重名"原则

（1）中成药通用名称应科学、明确、简短、不易产生歧义和误导，避免使用生涩用语。一般字数不超过 8 个字（民族药除外，可采用约定俗成的汉译名）。

（2）不应采用低俗、迷信用语。

（3）名称中应明确剂型，且剂型应放在名称最后。

（4）名称中除剂型外，不应与已有中成药通用名重复，避免同名异方、同方异名的产生。

2. "规范命名，避免夸大疗效"原则

（1）一般不应采用人名、地名、企业名称或濒危受保护动、植物名称命名。

（2）不应采用代号、固有特定含义名词的谐音命名。如 XOX、名人名字的谐音等。

（3）不应采用现代医学药理学、解剖学、生理学、病理学或治疗学的相关用语命名。如癌、消炎、降糖、降压、降脂等。

（4）不应采用夸大、自诩、不切实际的用语。如强力、速效、御制、秘制以及灵、宝、精等（名称中含药材名全称及中医术语的除外）。

3. "体现传统文化特色"原则　将传统文化特色赋予中药方剂命名是中医药的文化特色之一，因此，中成药命名可借鉴古方命名充分结合美学观念的优点，使中成药的名称既科学规范，又能体现一定的中华传统文化底蕴。但是，名称中所采用的具有文化特色的用语应当具有明确的文献依据或公认的文化渊源，并避免夸大疗效。

目标测试

答案解析

一、单选题

1. 中成药的起源，可上溯到先秦时期，在长沙马王堆汉墓中发现的"五十二病方"（部分考证认为成书于战国时期）中，载方

A. 283 首　　　　　　B. 1600 首　　　　　　C. 788 首　　　　　　D. 197 首

2. 我国历史上第一部成药制剂规范是

A.《伤寒杂病论》　　　　　　　　B.《太平惠民和剂局方》

C.《理瀹骈文》　　　　　　　　　D.《本草经集注》

3. 抗日战争时期，在急需药物紧缺的情况下，边区政府大力提倡"土药西制"，下列哪项即诞生于晋冀鲁豫边区，是中医药史上供肌肉注射的第一支中药注射液

A. 双黄连注射液　　　　　　　　B. 柴胡注射液

C. 丹红注射液　　　　　　　　　D. 参附注射液

4.《中国药典》2020 年版一部收录中成药

A. 1300 余种　　　　B. 1600 余种　　　　C. 788 种　　　　D. 2600 余种

5. 中成药的显微鉴别最适用于

A. 用药材提取物制成中成药的鉴别

B. 用水煎法制成中成药的鉴别

C. 用制取挥发油方法制成中成药的鉴别

D. 含有原药粉末的中成药的鉴别

6. 在中成药的理化鉴别中，最常用的方法为

A. 红外光谱法　　　　B. 荧光法　　　　C. 薄层色谱法　　　　D. 高效液相色谱法

7. 国家基本医疗保险、工伤保险和生育保险药品目录中，中成药主要依据是

A. 剂型　　　　　　B. 给药途径　　　　C. 组成　　　　D. 功能

8. 板蓝根颗粒的功能是
   A. 清热解毒，镇惊开窍
   B. 清热解毒，凉血利咽
   C. 活血化瘀，理气止痛
   D. 疏风解表，散寒除湿

9. 复方丹参片的药物组成是
   A. 丹参，三七，冰片
   B. 丹参，茯苓，冰片
   C. 牡丹皮，党参，冰片
   D. 牡丹皮，太子参，冰片

10. 根据《中国药典》2020 年版一部，生脉饮的 pH 规定范围是
   A. 4.0 ~ 9.0
   B. 6.0 ~ 8.0
   C. 4.5 ~ 7.0
   D. 4.5 ~ 7.5

书网融合……

思政导航　　　本章小结　　　微课　　　题库

参考文献

［1］周小江，杨华．中药鉴定学［M］．北京：科学出版社，2022．

［2］卫莹芳．中药鉴定学［M］．上海：上海科学出版社，2010．

［3］国家药典委员会．中国药典［S］．北京：中国医药科技出版社，2020．

［4］李峰，蒋桂华．中药商品学［M］．中国医药科技出版社，2018

［5］广西壮族自治区药品监督管理局．广西壮族自治区中药饮片炮制规范．2022 年，2022.12.30. http：//yjj. gxzf. gov. cn/yp/ypgzwj/t14959082. shtml.

［6］广西壮族自治区卫生厅．广西中药材标准［S］．广西壮族自治区卫生厅，1996，212－217．

［7］辽宁省药品监督管理局．辽宁省中药材标准［M］．沈阳：辽宁科学技术出版社，2019，109－114．

［8］中华中医药学会团体标准，《中药材商品规格等级（226 种）》［S］．中华中医药学会，2018．

［9］肖小河．中药材商品规格标准化研究［M］．北京：人民卫生出版社，2016．

［10］彭成．中药学专业课程思政教学指南［M］．北京：中国医药科技出版社，2022．

［11］费曜，刘莉，王刚．"中药鉴定学"课程思政实践探索［J］．西部素质教育，2022，8（11）：60－62．

［12］黄璐琦．中药材商品规格等级标准汇编［M］．北京：中国医药科技出版社，2019．

［13］国家医药管理局、中华人民共和国卫生部制订．七十六种药材商品规格标准［S］．国药联材字（84）第 72 号文，1984．

［14］王晶娟，周小江．中药商品学［M］．北京：人民卫生出版社，2021．

［15］康廷国，闫永红．中药鉴定学［M］．北京：中国中医药出版社，2021．

［16］杨琳．中药学类专业课程思政教学设计与案例［M］．北京：中国中医药出版社，2022．

［17］王惠清．中药材产销［M］．成都：四川科学技术出版社，2007．

［18］卢先明．中药商品学［M］．北京：中国中医药出版社，2014．

［19］周小江，郑玉光．中药材商品学［M］．北京：人民卫生出版社，2020．

［20］吴启南，闫永红．中药材商品学［M］．北京：中国中医药出版社，2013．

［21］宋捷民，袁强．中药商品学［M］．杭州：浙江科学技术出版社，2016．

［22］朱圣和．现代中药商品学［M］．北京：人民卫生出版社，2006．